teraria

ORIGEN Y EVOLUCION DE LA NOVELA HISPANOAMERICANA

por

MANUEL ANTONIO ARANGO L.

Calle 69 No. 6-46 Tels.: 217-6756, 249-9824 Bogotá - Colombia

portada de felipe valencia

segunda edición: mayo de 1989

ISBN 958-601-134-8

preparación litográfica,
impresión y encuadernación
tercer mundo editores

impreso y hecho en colombia
printed and made in colombia

1428-89/52

A Gloria, mi esposa

INDICE

trato en la geografía, **Estación de máscaras, La lluvia y otros cuentos, En busca de un mundo perdido, Moscas, árboles y hombres, Camino de cuentos, Oficio de difuntos** y **Obras selectas.** Mario Monteforte Toledo, **Anaité, Entre la piedra y la cruz, Donde acaban los caminos, Una manera de morir.** Enrique Anderson Imbert, **El mal de Juan Rouski, Vigilia, La flecha en el aire, Las pruebas del caos** y **Fuga.** Enrique Labrador Ruiz, **Gaseiformes y Laberinto, Cresival, Anteo, Carne de quimera, Trailer de sueños, La sangre hambrienta.** Hernán Robleto, **Sangre en el trópico** y **Los estrangulados.** Andrés Requema, **Caminos de fuego, Cementerio sin cruces, Carlos Luis Pallas, Mamita Juna.** Rogelio Sinán, **Conflicto de Sangre, Las Aventuras en el Lejano Oriente, La boina roja y cinco cuentos, Los pájaros del sueño, Plenilunio.** Salvador Salazar Arrué, (Salarrué), **Cuentos de barro, El cristo negro, El señor de la burbuja, O'Yar Mnadal, Remontando el Oluán** y **Trasmallo.** Joaquín Beleño, **Luna verde.** Ramón H. Jurado, **San Cristóbal, El desván** y **Desertores, Tristán Solarte, El guitarrista** y **El abogado.** Joaquín Gutiérrez, **Manglar y Puerto Limón, Hugo Lind, El anzuelo de Dios y Justicia, Señor Gobernador.** César Andreau Iglesias, **Los derrotados.** José Luis González, **Paisa.** José Marín Cañas, **Lágrimas de acero, Tú, la imposible: memorias de un hombre triste, El infierno verde** y **Pedro Arnáez.** Carlos Martínez Moreno, **Los días por vivir, Los aborígenes, Cordelia, El perdón** y **El paredón.** Mario Benedetti, **Esta mañana, El último viaje y otros cuentos, Quién de nosotros, Montevideanos, La tregua, Gracias por el fuego, Datos para el viudo, Esta mañana y otros cuentos, La muerte y otras sorpresas, Cuentos completos** y **El cumpleaños de Juan Angel.** Marcos Reyes, **Trópico.** Ramón González Montalvo, **Las tinajas y Barbasco.** Napoleón Rodríguez Ruiz, **Jaragua.** Adolfo Calero Orozco, **Sangre Santa.** Emilio Quintana, **Contra Sandino en la montaña y Almidó.** Renato Ozores, **Playa honda** y **Puente del mundo.** Enrique Serba, **Contrabando** y **La trama.** Juan Bosh, **La mañosa, Camino real, Indios** y **La muchacha de Guaira.** Manuel A. Amiama, **Viaje.** Horacio Ren, **Los civilizadores** y **De la sombra.** Angel Rafael Lamarche, **Los cuentos que Nueva York no sabe.** Virginia de Leno de Borda, **Toaya.** Andrés Francisco Requema, **Los enemigos de la tierra, El camino del fuego, Cemenrio de cruces.** Ramón Manero Aristy, **Balsi, Over.** Frody y Presta Castilla, **Pablo Mama.** Enrique A. Laguerre, **La llamarada, Solar Montoya, El 30 de febrero, La resaca, Los dedos de la mano, La ceiba en el tiesto, El laberinto, Cauce sin río, Diario de mi generación** y **El fuego y su aire.** César Falcón, **El pueblo sin Dios** y **El buen vecino Sambria.** Rona Arciniegas, **Engranajes.** Fernando Romero, **Doce novelas de la selva, Mar y plaga.** Guillermo Meneses, **Canción de negros, La balandra, Isabel llegó esta tarde, Campeones, El mestizo José Vargas.** José Fabián Ruiz, **Agua salada, Valle hondo, Mar de lava, La dolida infancia** y **Perucho González.** Francisco Coloane. Nico-

ADVERTENCIA

Esta obra, modesto compendio histórico-literario para uso de estudiantes universitarios, profesores y estudiosos de la novela hispanoamericana, representa el trabajo de diez años de investigación.

Agrupando los capítulos por períodos literarios, tratando de sistematizar en cada uno de ellos el análisis de las novelas más importantes, el autor se ha esforzado en dar una imagen lo más exacta posible del **Origen y evolución de la novela hispanoamericana**, desde el primer intento en la América Hispana de la primera novela con las características formales que estructuran este género, o sea, **El desierto prodigioso y prodigio del desierto**, escrita a mediados del siglo XVII por el colombiano Pedro Solís y Valenzuela, considerada desde 1983 como la primera novela escrita en la América Hispana, y pasando lógicamente por la maravillosa novela el **Periquillo Sarniento**, del mexicano José Joaquín Fernández de Lizardi, hasta llegar al estudio de la novela de los escritores contemporáneos de Hispanoamérica.

Estudiar a los novelistas por países hubiera resultado un conjunto de diecinueve nacionalidades, de ahí que hemos preferido el período literario antes que caer en un nacionalismo.

Para ofrecer un panorama más o menos completo de las novelas escritas durante más de tres siglos en la América Hispana, es necesario tomar datos y juicios ajenos, a fin de complementar lo mejor posible el cuadro de la novela que nos hemos propuesto realizar. Por tal razón el lector hallará a menudo referencias bibliográficas, notas a pie de página, citas dentro del texto y juicios de gran mérito de colegas. De esta manera hemos estructurado una historia crítico-literaria de las principales novelas de la América Hispana desde sus orígenes hasta nuestros días.

El autor desea explicar que ha omitido en **Origen y evolución de la novela hispanoamericana**, tres valiosas fases de la novela en la América Hispana:

a) **La novela de la violencia en Colombia**; b) **La novela de la Revolución Mexicana** y c) **La novela del "boom" hispanoamericano.**

Las dos primeras fases mencionadas se hallan publicadas por el mismo autor, en dos libros por separado bajo los títulos de **Gabriel García Márquez y la novela de la violencia en Colombia**, editado por el Fondo de Cultura Económica, México, 1985, y **Tema y estructura en la novela de la Revolución Mexicana**, editado por la Editorial Tercer Mundo, Bogotá, Colombia, 1984.

En cuanto a la novela del "boom" en que aparecen novelistas tan importantes como Gabriel García Márquez, Mario Vargas Llosa, Carlos Fuentes, Agustín Yáñez, Juan Rulfo, Roa Bastos, Julio Cortázar y otros más, aparecerá su análisis crítico en el libro titulado **La novela del "boom" hispanoamericano**, que se halla en preparación por el mismo autor.

EL AUTOR

INTRODUCCION

La novela es uno de los géneros más representativos de la literatura latinoamericana. Se desarrolla con vertiginoso auge en los últimos ciento setenta años, con caracteres propios. Aparece, justamente, en la agonía del dominio español, y las primeras obras se escriben dentro de la difícil situación en que los pueblos de Hispanoamérica luchan por su independencia.

A partir de 1800, las naciones que en América dependían de la Corona de España, manifestaron su individualidad en una u otra forma, bien tratando de captar el fenómeno de compensación síquica del proceso de transculturación, o bien situándose en la problemática del momento de llegar a la mayor edad.

Cuando Cristóbal Colón toma posesión de las tierras americanas, su hazaña coincide con la literatura hispánica en la aparición de grandes obras como **La Celestina, Amadís de Gaula**, y en pocos años las prensas españolas sorprenden a la intelectualidad de entonces con su primera novela, el **Lazarillo de Tormes**, de autor anónimo, pues hasta la fecha no se le puede atribuir paternidad, que fue publicada por primera vez en 1554 y alcanzó tres ediciones en el mismo año. La obra fue impresa en Burgos, Alcalá y Amberes. Inmediatamente apareció la **Diana** de Jorge de Montemayor y el **Abencerraje**, o sea, los tres primeros modelos de la novela picaresca, pastoril y morisca que poco tiempo después irían a influir en las primeras novelas hispanoamericanas.

El **Amadís de Gaula.** En el siglo XV hay que situar la primera versión de **Amadís.** En 1508 se publicó **Los cuatro**

libros del último virtuoso caballero de Gaula en Zaragoza. La obra fue terminada antes de 1492, pues en el prólogo se habla de la conquista como hecho reciente. Con el **Amadís** se inicia el género de caballerías. Esta novela fue el doctrinal del cumplido caballero, el código del honor y la epopeya de la fidelidad amorosa.

El **Amadís**, la novela de caballerías por excelencia, tiende hacia un tono de idealismo sentimental que contrasta con la dura austeridad de las gestas castellanas. Es un libro anónimo. Se considera como el libro de caballerías más famoso de la época, "obra capital —dice Menéndez Pelayo— en los anales de la ficción española y una de las que por más tiempo y más hondamente imprimieron su sello no sólo en el dominio de la fantasía, sino en el de los hábitos sociales" (1).

Esta novela apareció como obra, no original, sino corregida, de García Ordóñez de Montalvo, hombre aficionado a los placeres literarios. Se estima como el mejor de los libros de caballerías españoles, pues pinta con gran fidelidad las costumbres y el espíritu caballeresco de la época.

El **Amadís de Gaula**, prototipo del caballero puro, aparece en los primeros años del siglo XVI. Esta novela será la base en que se proyectarán los futuros libros de este género, que constituye el ideal caballeresco de los siglos medios.

En el **Lazarillo**, y en general en todo el género de la "novela picaresca", el factor social predomina en su contenido. "Tal como se halla la picaresca en el **Lazarillo**, pertenece, pues, a la literatura realista caracterizada en el personaje central, uno antihéroe por diversos elementos: uno, anarquizante, de desprecio de las leyes, contrario a la sociedad y a sus formulismos; otro, en la técnica del mozo de muchos amos, que ofrece a través de su historia una galería de tipos de clases diversas en forma caricatural. Esta breve novela estaba destinada a revolucionar todo el arte de la novelística europea y quizá podríamos afirmar que con ella nace la novela moderna" (2).

Es un libro nuevo en lo que se refiere a su estructura li-

1. E. Díez-Echarri y J.M. Roca Franquesa, **Historia general de la literatura española e hispanoamericana**, Madrid, Juan Bravo,38, Edit. Aguilar, 1968, p. 232.
2. Angel Valbuena Prat, **Historia de la literatura española**, 4ª ed., Barcelona, Edit. Gustavo Gili, S.A., 1953, T. I, p. 485.

teraria, a su forma externa y a su espíritu. "Situado dentro de una corriente que podríamos llamar general, usada por todos los países (el motivo artístico basado en el desheredado, el vagabundo, el hampón) solamente en España alcanza un desarrollo literario universal, lejos de la anécdota. En todas partes ese motivo se queda en la corteza, como risa o burla. En España penetra en el hondón de la realidad vital, y se convierte en una resonancia humana de la más depurada calidad" (3).

La novela picaresca, como su nombre lo indica, tiene como personaje central al pícaro. Pero no se puede olvidar que la vida se convierte en una forma picaresca. Se trata de una idea vulgar, condicionada por diferentes medios, que podría ser útil en un detallado análisis sicológico y sociológico en el marco histórico de la España del siglo XVI.

El **Lazarillo de Tormes** es una obra que muestra un marcado contraste con la novela de temas pastoriles y caballerescos; novelas que idealizaban la vida en su temática frente al tema picaresco del **Lazarillo**, donde se nos muestra la realidad en muchos aspectos, en los cuales los problemas de la primera mitad del siglo XVI de la sociedad española eran: religión, honor y clases sociales.

Esta novela, escrita en forma autobiográfica, revela la sombría realidad de su época. El **Lazarillo** gozó de extraordinaria popularidad, y sin duda fue leído por los españoles de todas las clases sociales, que se veían captados en sus páginas en la forma más real. La novela picaresca es esencialmente satírica. La sociedad está reflejada con todas sus miserias y lacras morales. La sátira se coloca al servicio moralizador de la época.

"El pobre que sólo puede subir dependiendo de los demás, lo conseguirá aprendiendo que la respetabilidad y la prosperidad son máscaras que ocultan una deshonra complaciente. Este es un juicio que depende, por lo que se refiere a la ironía, de la preocupación por los valores morales dentro de un determinado marco socio-económico. Y esto, en 1554, era algo totalmente nuevo en la novela.

La sátira más fuerte del **Lazarillo** va dirigida contra la observancia hipócrita de la religión, tema en el que la novela

3. Alonso Zamora Vicente, **¿Qué es la novela picaresca**, "Colección Esguerra", Buenos Aires, Edit. Columba, 1962, p. 8.

se adapta al ambiente de reforma religiosa de aquel tiempo. Hallamos sátiras similares más adelante, en la novela corta de Cervantes, **Rinconete y Cortadillo**, escrita antes de 1604 y, por tanto, contemporánea de la aparición del género picaresco. Este es el único intento de Cervantes de hacer novela picaresca" (4).

La novela picaresca es uno de los grandes aportes de la literatura española, ya que este género tiene la virtud de haber hallado la verdadera forma de la epopeya de la vida humana. Para Salillas, "el pícaro es un tipo, una revelación de la conciencia nacional, hecha en una literatura que del todo nos pertenece, y confirmada enteramente por el sentido popular" (5).

Sea cual fuere el concepto que merezca el pícaro en la sociedad, es un hecho innegable que se daba en el siglo XVI, como resultado de un proceso social. "Mientras los héroes, sentados en sus altos sitiales, banqueteaban, sabandijas de todas las clases —astrólogos, alquimistas, enanos, bufones, lacayos, verdugos y ministros de iniquidades— se disputaban debajo de la mesa las sobras del festín sangriento" (6).

Junto a las figuras de Velázquez, el realismo del pintor nos enseña los prototipos de sus bufones y bobos, llenos de malicia unos, degenerados otros, pero siempre trazados con una técnica admirable. La novela picaresca viene a llenar en el plano literario ese mismo lugar que nos señala Velázquez: los vicios y degeneración moral de una sociedad que vive, sufre y perece de hambre y toma con burla lo que produce dolor y lo transforma en tono de alegría en el elemento picaresco.

La novela picaresca es la antítesis de la novela caballeresca. El pícaro tiene que constituirse en autor y él mismo dar cuenta de sus actos, ya que no tiene biógrafos ni panegiristas como en la novela de caballerías. El pícaro observa cuidadosamente que en su vida nadie se detiene; por lo tanto, él tiene que transmitir la problemática que lo agobia a la sociedad que lo rodea. Así, de esta manera, resulta biógrafo de sí mismo.

4. Alexander A. Parker, **Los pícaros en la literatura**, Madrid, Editorial Gredos, S.A., 1971, pp. 68 y 69.
5. **La vida de Estebanillo González**, Edición y notas de Juan Millé y Jiménez, Edit. Espasa-Calpe, 1934.
6. Obra citada.

La sátira del **Lazarillo** se mantuvo dentro de su ambiente y su realidad histórica, y evolucionó en la novela de Mateo Alemán hasta crear la crítica del hombre en sí, en su valor real como hecho social, convirtiéndose en una crítica universal. El **Guzmán de Alfarache** describe por vez primera en forma novelística, la experiencia de la delincuencia en diferentes maneras. Se sirve del fenómeno religioso de la Contrarreforma y refleja las grandes preocupaciones teológicas del marco histórico de Mateo Alemán.

"El hecho de recurrir a la forma autobiográfica era un problema que dificultaba aún más las cosas a Alemán. En este aspecto, no es probable que estuviera influido solamente por el **Lazarillo de Tormes** porque, por supuesto, el estilo autobiográfico tenía una tradición larga e importante en la literatura religiosa, desde **Las Confesiones de San Agustín**. La dificultad que presenta esta forma de narración reside en el hecho de que la carrera del delincuente es contada por él junto con los pensamientos y sentimientos que tenía en el momento en que experimentaba esos acontecimientos, aunque en realidad son narrados por una persona que ha pasado ya por una conversión de tipo religioso. Alemán no puede o no quiere describir, desde el principio, el hecho de la conversión futura para no fallar el clímax ascendente, rompiendo el interés novelístico. Desde el comienzo nos dice que quien está escribiendo la historia de su vida es un forzado de galeras" (7).

En la segunda mitad del siglo XVI aparece la novela pastoril, canto a la vida natural: verdes prados, arroyos cristalinos y florestas silenciosas.

Entre los cultivadores de este género sobresale Jorge de Montemayor (1520-1561), quien publicó **Los siete libros de Diana**, que fija el género pastoril en la novela española. El tema del amor es el asunto principal: tristes amores de pastores, celos y desengaños. La novela mezcla la prosa con el verso.

Completa la trilogía de la novela fina y cortesana del siglo XVI el tema morisco que desenvuelve en la **Historia del Abencerraje y de la Hermosa Jarifa**. Literatura cortesana de moros, escrita con refinamiento, fineza y nostalgia del mun-

7. Obra citada de Parker, p. 77.

do árabe. Se da a la publicidad en dos entregas (1559 y 1619). La primera parte tiene carácter novelesco, aunque de fondos tradicionales, y la segunda ofrece un grado de historicidad y dramatismo, menos poesía, más eco directo en cuanto a las impresiones del personaje central. Esta novela se considera de autor anónimo, figura en el **Inventario** de Antonio de Villegas, impreso en Medina del Campo, 1566, aunque su aprobación data de 1551.

La inquisición impidió drásticamente el paso de las primeras novelas españolas a América, y las pocas obras que se conocieron del mismo género en este siglo, llegaron sin el respectivo permiso de sus gobernantes. "Los decretos reales que desde 1531 prohibieron la circulación de novelas no se cumplieron, pero había además de los legales otros impedimentos físicos y sicológicos que desanimaban a los posibles novelistas" (8).

Refiriéndose a este mismo tema, Arturo Souto Alabarce, en la introducción de la novela **Amadís de Gaula** (9), considera que "quizá la explicación está en el hecho de que la principal preocupación de los censores inquisitoriales del siglo XVI eran las desviaciones de carácter religioso y no tanto las costumbres o el gusto literario. Lo que sí lograron los seguidores de Vives fueron los decretos reales por los cuales se prohibía la importación en América del **Amadís** "e historias vanas y de profanidad", con lo cual quiere explicar la tardía aparición de la novela en América. La explicación no es del todo satisfactoria. El decreto se dio en 1531, para ser repetido en 1536, y la realidad es que apenas se cumplió y los libros de caballerías siguieron llegando a este continente. La moda era difícil de extirpar; duró todo el siglo XVI y parte del XVII. En España, después de 1586, no se vuelve a imprimir el **Amadís**. Quizá tuviera que ver en ello la derrota de la Armada Invencible, y desde luego fue decisiva la penetrante ironía de Cervantes, quien debió sentir a fondo aquel desastre para el que le obligaron a sangrar a los campesinos españoles".

Según el dato histórico de acentuada importancia, el 4 de abril de 1531 se dictó una cédula real prohibiéndose el en-

8. Anderson Imbert y Florit, **Literatura hispanoamericana**, New York, Rinehart and Winston, Inc, 1960, p. 89.
9. México, Edit. Porrúa, S.A., 1971, XVII y XXIII.

vío a Indias de "Libros de romance de historias vanas o de profanidad, como son de **Amadís** e otros de esta calidad, porque esto es mal ejercicio para los Indios, e cosa en que no es bien que se ocupen ni lean".

Este fenómeno es el que el gran humanista mexicano Alfonso Reyes ha señalado como principio de regresión colonial, pues en cambio de la difusión de la poesía lírica italiana, la novela española y el teatro renacentista, se cultivaron en las colonias hispanoamericanas el romance de los siglos trece y catorce, el auto sacramental y el poema épico narrativo.

En el Nuevo Reino de Granada, en particular, la situación fue diferente en cuanto a la difusión de los libros: "Como observa Irving Leonard, escritor norteamericano especializado en la historia de los impresos en la época colonial, cien de los primeros ejemplares del **Quijote** fueron remitidos a Cartagena de Indias para ser divulgados en nuestro territorio" (10).

El hispanista Leonard, siguiendo las huellas del investigador español F. Rodríguez Marín, investigó con mayor detalle el Archivo General de Indias y llegó a resultados de gran interés para la historia literaria hispanoamericana. Le fue fácil determinar la distribución geográficamente del Quijote a su llegada a América a mediados de 1605. "Según Leonard, de la primera edición hecha por Juan de la Cuesta llegaron 184 ejemplares, tal vez más; de los cuales 100 fueron a Cartagena, Colombia, y 84 al Ecuador y al Perú. No todos los ejemplares despachados al Perú alcanzaron su destino: algunos quedaron en Panamá. En Lima se repartieron 63: otros fueron al Cuzco" (11).

Según la investigación de Leonard sobre estadísticas de libros enviados a América, comprobó que de los 2.895 enviados desde 1580 a 1665 sólo un 12% estaba constituido por obras de imaginación. En su gran mayoría se trataba de libros eclesiásticos, de medicina, de veterinaria, compendio de leyes, obras de historia, de filosofía y de geografía.

Esta es la razón fundamental para explicar la casi ine-

10. Fernando Caro Molina, **Studium**. "La difusión del libro en el Nuevo Reino de Granada y el **Antijobio** de Jiménez de Quesada", U. Nacional de Colombia, Facultad de Filosofía y Letras, Bogotá, Colombia, abril, 1957, p. 100.
11. Fernando Alegría, **Historia de la novela hispanoamericana**, México, D.F., Ediciones de Andrea, 1966, p. 10.

xistencia del género de la novela durante la Colonia: la novela fue censurada por los moralistas del siglo XVI y las autoridades de España impidieron su amplia difusión en América.

No se puede dejar de aceptar que España en esta época es una nación todavía de tradición medieval y muchas de las instituciones que erige en la Colonia y muchos hombres que la establecen son medievales. Al mismo tiempo, el descubrimiento y la conquista de América son una empresa renacentista.

"El orden colonial fue un orden impuesto de arriba hacia abajo; sus formas sociales, económicas, jurídicas y religiosas eran inmutables. Sociedad regida por el derecho divino y el absolutismo monárquico, había sido creada en todas sus piezas como inmenso, complicado artefacto destinado a durar, pero no a transformarse" (12).

Antonio Tovar, en su planteamiento honesto y objetivo sobre el aporte cultural en la conquista de América, considera que "como la cultura española revistió los aspectos concretos del catolicismo contrarreformista, se comprende que el juicio que se hace sobre ella responde precisamente al que se haga de aquél. Desde el punto de vista moderno parece una cultura tradicional, autoritaria, desprovista tanto de ciencia como de una noción razonable de lo útil. Sus defensores, los españoles de entonces, creían poseer la verdad absoluta, y se pusieron a luchar para detener el curso de la historia. Es ciertamente este deseo lo que expresa la palabra atribuida a Nietzsche: "Los españoles han querido demasiado". Pero cada pueblo que llega a su plenitud desea extender a los demás lo que considera razón de su éxito y de su triunfo" (13).

Cuarenta años antes de la publicación del **Periquillo Sarniento** se divulgó en el Perú la obra del peruano Calixto Bustamante Carlos Inca (conocido como "Concolorcorvo"), **El lazarillo de ciegos caminantes** (1773), obra del tipo de la picaresca española, con propósito satírico y subversivo, característica singular de las primeras manifestaciones de la novela en la América Hispana. Para ser novela, le falta a esta

12. Octavio Paz, **El laberinto de la soledad**, 4a. Edición, México, D.F., Fondo de Cultura Económica, 1959, p. 92.
13. Antonio Tovar, **Lo medieval en la Conquista y otros ensayos americanos**, Madrid, Seminarios y Ediciones, S.A., 1970, pp. 67 y 68.

obra un argumento literario estructurado. El protagonista central nos cuenta en primera persona el **clásico** vagabundear, pues nos narra un viaje desde Montevideo hasta Lima al servicio de diferentes amos. La sátira empleada tiene ya una intención social, y es un claro anuncio del **Periquillo** de Lizardi.

La tentativa novelada de "Concolorcorvo" se refiere ya a los gauchos, aspecto que pasa a la poesía gauchesca, la cual se estructura en los antiguos moldes de juglares y trovadores y en los viejos temas de la novelística popular, difundida por toda Europa desde el siglo X al XV, y que pasaron en una u otra forma a la América. Esta literatura tradicional que penetra en Hispanoamérica a través de los libros y mediante la tradición oral, tiene sus raíces en los romances, los cantares y las coplas de los siglos XV y XVI.

"Concolorcorvo", en **El lazarillo de ciegos caminantes**, hace referencia a los gauderios. "Estos son unos mozos nacidos en Montevideo y en los vecinos pagos, mala camisa y peor vestidos procuran encubrir con uno o dos ponchos de que hacen cama con los sudaderos del caballo, sirviéndoles de almohada la silla. Se hacen una guitarra que aprenden a tocar muy mal y a cantar desentonadamente varias coplas, que estropean, y muchos que sacan de su cabeza que regularmente ruedan sobre amores" (14).

"Concolorcorvo" es un itinerario de viajes, una guía pintoresca bien documentada con "jocosidades para entretenimiento de caminantes", según su mismo prólogo lo asegura. El viaje tiene lugar en la segunda mitad del siglo XVIII (1771 a 1773). El itinerario que va desde Montevideo hasta Lima por Buenos Aires, Córdoba, Salta, Potosí, Chuquisaca y Cuzco, ofrece una visión concreta de la época de la Colonia.

El lazarillo de ciegos caminantes apareció en un volumen en octavo menor, como impreso en Gijón, el año de 1773. En la portada de la edición original se afirma que el texto fue "sacado de las memorias que hizo Don Alonso Carrió de la Vandera en este dilatado viaje, y comisión que tuvo por la Corte para el arreglo de correos y estafetas, situación y ajuste de postas, desde Montevideo, por Don Calixto Bustamante Carlos Inca, Alias Concolorcorvo, natural del Cuz-

14. John F. Garnigo, Walter Rela, **Antología de la literatura gauchesca y criollista**, Montevideo (Uruguay), Edit. Delta, 1969, p. 13.

co, que acompañó al referido comisionado en dicho viaje, y escribió sus extractos" (15).

Esta obra, de carácter picaresco, describe con bastante detallismo a los "gauderios" o paisanos que viven en la pampa argentina y suelen acompañarse de la guitarra mientras cantan sus improvisaciones.

"Following the conventions of the picaresque gente, Carrió has Concolorcorvo explain the latter's origins in these terms": "Yo soy indio, salvo las trampas de mi madre, de que no salgo por fiador". "(This suggestion is later echoed by Carrió himself, p. 310). So much for the necessary suspicious cast on the legitimacy of the picaro. After implying dishonesty for this mother, Concolorcorvo proceeds to attain the honor of other female relatives". "Dos primas mías coyas conservan la virginidad, a su pesar en un convento de el Cuzco, en donde las mantiene el rey nuestro señor". "In ironic imitation of his master, he writes of himself: 'Yo me hallo en ánimo de pretender la plaza de perrero en la catedral del Cuzco para gozar inmunidad eclesiástica y para lo que me servirá de mucho mérito el haber escrito este itinerario..." (p. 19). "Concolorcorvo remembers little, however, of his life in Cuzco", "...pero como yo había salido de ella muy niño, no tenía idea fija de sus edificios, entradas y salidas, y solamente me acordé que mi padre vivía en unos cuartos bajos bien estrechos y con un dilatado corralón", (p. 262). "Here then, is the typically vague sketch of a picaresque hero: with very few additional details about his person, the rest consists of his or his master's physical and moral observations" (16).

"**El lazarillo de ciegos caminantes** es una obra de un obvio contenido social. En sus páginas se reconstruye la sociedad colonial americana. Su valor reside en que refleja los prejuicios sociales que explican las actuales confrontaciones entre las clases. No he querido desmerecer su carácter literario. Este se encuentra allí, sólo que no merece un reconocimiento tan excesivo como el que se le ha otorgado. Las constantes referencias literarias tienen un propósito didáctico.

15. Portada de la edición original. Tomado de Ediciones Argentinas Solar, Buenos Aires, 1942.
16. Richard Mazzada A., **Some picaresque elements in Concolorcorvo's, El lazarillo de ciegos caminantes**, Hispania, Vol. XCIX, p. 324.

Carrió de la Vandera quería instruir en materia humanística a la vez que mostraba orgulloso el territorio americano. Esto último debe quedar claro en la mente del lector, pues el lazarillo como itinerario de viaje es un género de por sí, que exige un acercamiento distinto al resto de las composiciones literarias" (17).

No es exacto afirmar que con el **Periquillo Sarniento**, del mexicano José Joaquín Fernández de Lizardi, aparece la primera novela formal de Hispanoamérica, pues en el año de 1650 se escribe **El desierto prodigioso y prodigio del desierto**, del colombiano Pedro Solís y Valenzuela, considerada desde 1983 como la primera novela en la América Hispana.

"El contenido del libro del clérigo santafereño se desarrolla en el siglo XVII. El padre Briceño Jáuregui esboza en su trabajo una reconstrucción del ámbito histórico, geográfico y cultural de aquellos lugares, hechos y noticias que estrictamente tienen que ver con los personajes y aventuras que aparecen en la obra colonial. Tales personajes existieron en la realidad, convivieron con otros seres auténticos, viajaron por ciudades, campos y aldeas conocidos, aun cuando el libro del santafereño las aventuras supuestamente sucedidas se conviertan en novela, la primera novela hispanoamericana. Es la tesis sostenida en el Estudio histórico-crítico" (18).

La novelística hispanoamericana plantea la preocupación del hombre americano. En ella se traduce el esplendor del hombre criollo en cuanto al conflicto de su fatalidad, de grandeza y de miseria. La novela americana es la filosofía del hombre autóctono, su canto, su reflexión, su protesta y la continua meditación de lo americano, hombre que debía coincidir interiormente con la idea de lo fundamental de una sociedad nueva. "Se hace de la palabra un ideal o de la palabra existencia la materia de corrientes intelectualmente conductoras o reveladoras, etiquetas o modas; pero el sentido inigualable del término 'libertad' como sinónimo de una filoso-

17. Rafael Ocasio, "**El lazarillo de ciegos caminantes**, una visión de la organización social en el mundo virreinal". Cuadernos Americanos, México, No. 4, Año XLIV, 1985, p. 182.
18. Comentario aparecido en **Noticias Culturales** del Instituto Caro y Cuervo de Bogotá, Colombia (mayo-junio de 1983), con motivo de la publicación del libro **Estudio histórico-crítico de El desierto prodigioso y prodigio del desierto**, de don Pedro Solís y Valenzuela. Instituto Caro y Cuervo, Bogotá, 1983.

fía interior de la belleza y proporción, eso no ha sido aún desarrollado hasta su última evidencia. Y sobre eso me parecía a mí que había que centrar luminosamente el proyector" (19).

La novela es, indiscutiblemente, la expresión literaria más importante de la América en el siglo XX, y los novelistas hispanoamericanos contemporáneos ocupan un sitio privilegiado junto a los escritores de este género en el mundo moderno.

El género novelístico hispanoamericano es fundamentalmente interesante no sólo por su mérito intrínseco, que es grande, sino que en la novela se refleja la grandeza y la cultura de todo un continente. La narrativa de nuestros pueblos constituye una prueba de la pasión del hombre americano por la creación literaria: creación literaria que a la vez se constituye en elemento básico para denunciar las injusticias sociales, políticas y foráneas de que son víctimas nuestros hermanos, ya que ellas en su mayoría son del género realista, donde sus autores tratan de reproducir e interpretar la vida que los rodea.

"Así, en el siglo XIX, los novelistas hispanoamericanos describieron las luchas intestinas de las jóvenes repúblicas, la formación de una sociedad estratificada, el crecimiento de las grandes ciudades y la tragedia de existencias individuales hundidas en la vida de pobres y degradación del hampa. Y en el siglo XX se han observado algunos de esos mismos fenómenos, pero en general han escrito con percepción más amplia del hombre en lucha con la naturaleza primitiva: hombres que trabajan en las minas, en las plantaciones y en las fábricas, espíritus sensibles incapaces de hacer frente a la vida moderna, o almas sencillas empeñadas en una revolución que no pueden comprender. Por su tratamiento de estos temas, la novela realista se convierte en un precioso documento, donde se puede estudiar la vida del continente hispanoamericano" (20).

El mensaje en la novela conduce innegablemente a una teoría de compromiso, pero mensaje y teoría son paralelos, y los dos nos demuestran el camino de la denuncia y de la

19. Eduardo Mallea, **Poderío de la novela**, Ensayistas hispánicos, Buenos Aires, México, 1965, p. 25.
20. Torres Rioseco, **Nueva Historia de la gran literatura iberoamericana, 4a.** Ed., Buenos Aires, Emecé Editores, 1961, p. 174.

protesta social. Así la novela, en razón de la fuerza comunicativa, sirve de medio para crear una conciencia de la injusticia o del abuso, de los prejuicios o iniquidades a que es sometido el hombre en su medio. Sobre estas premisas ha descansado el valor de toda una literatura: el realismo.

El buen novelista no debe olvidar su condición de hombre, su conciencia individual frente a la conciencia colectiva, o mejor, su compromiso. El mensaje del novelista latinoamericano generalmente sigue la línea del testimonio, la protesta y el combate.

Si este juicio sigue paralelo a la tesis de J. A. Portuando sobre lo social y combativo como "rasgo predominante" en la novela iberoamericana, esta opinión está dotada de validez —en cuanto al testimonio, a la protesta y el combate— a que nos hemos referido en las últimas líneas.

[illegible] social. [illegible]

[illegible] el valor de [illegible]

[illegible]

[illegible] a mejor [illegible]

[illegible] y el [illegible]

[illegible] de saber [illegible]

[illegible]

CAPITULO I

ANTECEDENTES DE LA NOVELA HISPANOAMERICANA

Como lo advertía en la introducción, la novela hispanoamericana comienza a mediados del siglo XVII, con **El desierto prodigioso y prodigio del desierto**, del colombiano Pedro Solís de Valenzuela.

Pero no es enteramente exacto afirmar que con esta novela nace la novela hispanoamericana. Antes de este acontecimiento intelectual hubo rasgos novelados, algunos de gran valor en la vida americana y que están representados en las crónicas de los primeros conquistadores, a quienes denominamos **Los primeros cronistas**, los que, impulsados por las fuerzas espirituales del Renacimiento, con pensamiento medieval, no tenían raciocinio contemplativo y creación artística, sino que eran simplemente hombres de acción. De ahí que sus crónicas carezcan de la composición, la unidad, la congruencia, el orgullo artístico e intelectual del Renacimiento. Empero, los primeros cronistas dieron a sus páginas una nueva clase de la vitalidad, emoción y visión de un nuevo mundo.

Cronológicamente, el primer cronista fue, como es natural **Cristóbal Colón** (1451-1506), quien al enviar sus relaciones al Rey en forma de inventario, lo que por primera vez percibía, y si hoy nos detuviéramos en sus escritos, sentiríamos la emoción de algo remoto y asombroso. En línea sistemática y cronológica lo siguen Fray Bartolomé de Las Casas (1474-1556); Hernán Cortés (1485-1547); Bernal Díaz del Castillo (1495-1584); Albar Núñez Cabeza de Vaca (1504-1584); Pedro Cieza de León (1520-1554); Fray Gaspar de Carvajal; Juan de Castellanos (1522-1607); Francisco de Terrazas (1525-1600) y Antonio de Saavedra Guzmán (1576).

A partir de 1598 tropezamos con otro grupo, entre los que sobresalen: José de Acosta (1539-1616); Juan Suárez de Peralta (n. entre 1537-1545; m. después de 1590); Ruy Díaz de Guzmán (1554-1620); Alonso de Ercilla y Zúñiga (1533-1594) y el Inca Garcilaso de la Vega (1539-1616).

Indudablemente, **La Araucana**, de Ercilla, cuya primera parte se publicó en 1569, señala ya un arte novelado en Hispanoamérica. Escrita en verso, **La Araucana** canta las hazañas de los primeros chilenos, en donde los indios araucanos toman el prestigio de los héroes clásicos. Con esta obra se empieza a tomar conciencia de los indios araucanos con la dimensión de héroes, pues allí se narra la defensa de sus tierras, de sus costumbres, de su valor y de su honor. De ahí parte la problemática de Hispanoamérica, la lucha entre conquistadores y conquistados. Ya se refleja la lucha de clases. **La Araucana** personifica los primeros héroes. Caupolicán, Cocolocolo hablan ya como simbolizando los sentimientos autóctonos de lo americano.

Con **La Araucana** se crea un estilo panegírico americano, que se repetiría a menudo durante mucho tiempo. Su aparición marca una pauta en la literatura hispanoamericana. Antes de **La Araucana**, la crónica, el teatro, después de esta obra, predomina lo literario con rasgos esencialmente sociales. Y se empieza a crear y a sentir algo realmente americano. El Inca Garcilaso, en sus **Comentarios Reales**, explica y denuncia una insatisfacción de los primitivos incas. Escrita en dos partes, la primera narra cómo se formó el imperio inca, los diferentes incas gobernantes y las costumbres de este grandioso pueblo; la segunda parte, que apareció en 1617, narra la conquista del Perú y las guerras civiles entre los conquistadores.

La costumbre imponía que los conquistados trabajaran para los conquistadores. En la práctica, los indios eran explotados como siervos, aunque su situación jurídica, según las Leyes de Indias, era de hombres libres. Habían de trabajar bajo los encomenderos a quienes se les asignaba, o si permanecían con sus antiguos jefes, los caciques, debían pagar un tributo estipulado por la Corona.

Aunque en virtud de las Capitulaciones de la Real Provisión del 17 de noviembre de 1526, de las Leyes Nuevas de 1542, y de las ordenanzas de Felipe II, de 1573, donde se articuló por juristas y teólogos un cuadro de teorías sobre el buen tratamiento de los indios, el statu quo del indio continuó como una institución de origen castellano que pronto adquirió en las Indias caracteres peculiares que la hicieron diferenciarse plenamente de su precedente peninsular.

"Por la Encomienda, un grupo de familias de indios, mayor o menor según los casos, con sus propios caciques, quedaba sometido a la autoridad de un español encomendero. Se obligaba éste jurídicamente a proteger a los indios que así le habían sido encomendados a cuidar de su instrucción religiosa con los auxilios del cura doctrinero. Adquiría el derecho de beneficiarse con los **Servicios personales** de los indios para las distintas necesidades del trabajo y de exigir de los mismos el pago de diversas prestaciones económicas" (1).

En torno a estas instituciones se suscitaron posteriormente polémicas doctrinales constantes, las que culminaron con la célebre discusión sostenida por Fray Bartolomé de Las Casas, el apóstol de los indios, y Juan Ginés de Sepúlveda, jurista español formado en las doctrinas del Renacimiento. Como consecuencia de estas polémicas se promulgaron leyes **Protectoras** de trabajo del indio y se llegó a decretar en 1542 la abolición de las encomiendas. Su aplicación provocó protestas generales de los colonizadores y en el Perú rebeliones sangrientas que culminaron con la muerte violenta del Virrey Blanco Núñez Vela.

"Se ordenó su derogación, pero esta derogación no fue total. Persistieron las encomiendas, pero justo con otros preceptos favorables a los indios, quedaron vigentes aquellas disposiciones que prohibieron los servicios de los indios encomenderos.

"A partir de esta fecha, sólo fue lícito a los encomenderos exigir de sus indios el pago de un tributo, tasado por las autoridades. Hay, sin embargo, testimonios históricos de que esta abolición de los servicios personales dentro de las

1. José María Ots Capdequi, **El Estado español en las Indias, Buenos Aires**, Fondo de Cultura Económica, 1941, pp. 25 y 27.

encomiendas no se logró de un modo absoluto general" (2).

"El nuevo régimen no significó de ninguna manera la liberación del indio". Su situación real no se puede juzgar a través de la legislación, que no pasó muchas veces de ser una simple emulación de ideales jurídicos. ¿No habían proclamado la libertad del indio las declaraciones de Isabel la Católica y de Carlos V? ¿No habían abolido la encomienda y la servidumbre personal las Leyes Nuevas de 1542? (3).

Los indígenas recibieron los fundamentos de la religión católica y de la cultura europea y a una minoría se le permitió estudios académicos, comenzando por el latín.

"La cristianización del continente, la llamada conquista espiritual, ha sido casi absoluta, y sólo las tribus inaccesibles de la selva conservan un mundo de creencias. El indio ha adaptado el cristianismo con un fervor religioso que es raro observar hoy entre los europeos; es impresionante, en la ciudad de Quito, por ejemplo, ver la unión con que asisten a los oficios de la Natividad o de la Pasión. Casi siempre sobreviven también sus ídolos, sus hechiceros, sus totems y tabús, sus danzas, pero apenas como reliquia de su viejo mundo como han permitido en Europa a través de veinte siglos de cristianización" (4).

Analizando los preceptos que contiene la **Recopilación** de 1680 sobre la situación de los indios en la esfera del derecho de obligaciones, responden al principio general en cuanto a la condición jurídica de los aborígenes sometidos; consideran éstos como personas a las llamadas en derecho —miserables— y, por lo tanto, de capacidad restringida y necesitados de una especie de tutela local. De esta "tutela", se estructuró a su vez jurídicamente el abuso de los patrones.

"Así, la nueva sociedad de la América Hispánica retrocedió, en ocasiones, a formas medievales que ya estaban desapareciendo en Europa, pero en conjunto se mantuvo en una condición fluida, debido a los cambios frecuentes en las fortunas de los individuos, a su movilidad y a su adaptación a las nuevas circunstancias. Hubo un continuo flujo y reflujo entre España y sus colonias, un movimiento general de la

2. J. M. Ots Capdequi, op. cit., p. 27.
3. Angel Rosenblat, **La población indígena y el mestizaje en América**, Col. Biblioteca Americanista, Buenos Aires, Edit. Nova, 1954, T. I, p. 46.
4. Opus, cit., p. 33.

sociedad que obedecía a las nuevas posibilidades de viaje y lucro, y todo esto contribuyó a derrumbar viejas reglas sociales en ambas orillas del océano. Todo aquél que había tomado parte en las conquistas, todo el que llegó a enriquecerse después, se sentía merecedor de cuantas distinciones pudieran otorgarle: y, a veces, no esperaba a que se le otorgara" (5).

Dentro de este marco histórico (1492-1600), hombres enteros o parcialmente de raza india sobresalieron como escritores y artistas. Hubo unos cuantos que ostentaron con orgullo sus nombres indios: el Inca Garcilaso de la Vega, Juan Zapata (Inca), Fernando Alvarado Tezozómoc, hijo del emperador azteca Guitláhuac, Fernando de Alba, Felipe Huaman de Ayala.

Así, deducimos que el indio, el indio sedentario dio un tono peculiar a la nueva sociedad del Nuevo Mundo. Y este indio aportó a las nobles artes, obras del tipo del **Inca Garcilaso** o de **Ollantay**, romántica historia de amor y de contienda civil. **Ollantay** se representó en 1770 ante Túpac Amaru, el último rebelde Inca alzado contra la Corona española.

Posteriormente en el marco histórico de 1598-1701, aparecen escritores como el colombiano Juan Rodríguez Freile (1556-1640), Francisco Muñoz y Bascuñán (Chile, 1607-1682); Juan Ruiz de Alarcón (México, 1580-1639); Pedro de Oña (Chile, 1570-1643); Jacinto de Ovia (Ecuador, n. 1620); Hernando Domínguez Camargo (Colombia, 1556); Carlos de Sigüenza y Góngora (México, 1645-1700); Sor Juana Inés de la Cruz (México, 1648-1695) y Sor Francisca Josefa del Castillo y Guevara (Colombia, 1671-1742).

La figura representativa en este marco histórico en lo que corresponde a nuestro tema —la novela—, es sin duda la del colombiano Juan Rodríguez Freile, quien en **El Carnero** se propuso narrar, con tono que casi llega a la frontera de la novela, la vida de su época en la antigua Santa Fe de Bogotá, en forma de anécdotas, chistes, reflexiones, reminiscencias de la literatura, sermones, cuentos picarescos, aventuras, amores, crímenes y venganzas. Utiliza un estilo humorístico, satírico y narrativo, que tiene muchos rasgos de novela.

5. Pedro Henríquez Ureña, **Las corrientes literarias en la América Hispana**. Biblioteca Americana, México, Fondo de Cultura Económica, 1965, p. 39.

Juan Rodríguez Freile nació en la ciudad de Santa Fe de Bogotá en 1566. Por lo tanto puede considerarse como uno de los primeros escritores nacidos en Colombia.

El Carnero fue escrito entre 1636 y 1638. Su intención era la de escribir una crónica general de los habitantes del Nuevo Reino de Granada en su época. Su título mismo ya nos intuye su contenido: **Conquista y descubrimiento del Nuevo Reino de Granada de las Indias Occidentales.**

El autor quiere ilustrar a base de episodios, la vida de los habitantes bogotanos. Su obra es histórica y de carácter moralizante.

"De cualquier manera, la intención, en el caso freiliano, resulta principal y explícitamente moralizante, lo cual no implica que sus procedimientos no sean de genuina estirpe literaria, cuentística o incluso novelística. Y aquí reside una de las características fundamentales de la obra del cronista bogotano: su intención es casi siempre historiográfica o moralizante, pero en ella se desliza un prurito de amenidad que la avecina a la literatura entendida como "adorno", distracción, diversión del lector, en primer lugar: y, también, los procedimientos utilizados para la actualización, ilustración, amenización o particularización de esa historia o de esos principios morales (el caso), son genuinamente literarios.

En cuanto a su intención, pues, el caso freiliano no puede calificarse de literatura. Su autor no tiene la intención de hacer literatura. Ya en el prólogo lo declara:

(...) aunque en tosco estilo, será la relación sucinta y verdadera, sin el ornato retórico que piden las historias, ni tampoco lleva raciocinaciones poéticas, porque sólo se hallará en ella desnuda la verdad, así en los que le conquistaron como en caso en él sucedidos (...).

Además, hay en **El Carnero** páginas muy explícitas en las que el autor diferencia muy nítidamente su obra de las de creación literaria. Para Freyle hay una evidente separación entre poetas, a quienes se les permite "fingir" en razón del arte; autores de libros de caballerías, "sacadineros" y mentirosos sin licencia, y cronistas, siempre "obligados a la verdad" (6).

6. Eduardo Camacho Guisado. "Juan Rodríguez Freile". **Historia de la literatura hispanoamericana.** Tomo I. Epoca colonial. Ediciones Cátedra, S.A., Madrid, 1982, p. 147.

En un estudioso trabajo titulado **Realidad y fantasía en El Carnero**, Raquel Chang Rodríguez considera que en **El Carnero** Rodríguez Freyle narra la historia del "indio dorado". Ella está vinculada a un antiguo ritual para consagrar al nuevo cacique. Los indígenas, aderezados con vistosas plumas y joyas, "desnudaban al heredero en carnes vivas y lo untaban con tierra pegajosa y lo espolvoreaban con oro en polvo molido, de tal manera que iba cubierto todo de este metal. Metíanle en la balsa en la cual iba parado, y a los pies le ponían un gran montón de oro y esmeraldas para que ofreciese a su dios" (p. 65). Los relatos de esta ceremonia y de los tesoros ofrendados a los dioses indígenas, dieron lugar a la leyenda de "El Dorado". Nuestro autor lamenta las muchas vidas y haciendas que su búsqueda ha costado, (p. 66). Cabe anotar que la difusión de esta antigua tradición, aumentada por la fantasía europea, tiene consecuencias muy reales para la Nueva Granada: la fama de "El Dorado" difundida por España, trajo más conquistadores. Su búsqueda determina el descubrimiento de otras tierras, de otras civilizaciones que se aportan nuevos mitos y contribuyen a crear más leyendas. La ruda mezcla de realidad y fantasía presente en **El Carnero**, recalca la antigüedad de ambas vertientes en nuestra literatura, y puede considerarse como antecedente remoto de supersticiones, creencias y mitos fundidos en la ficción latinoamericana posterior" (7).

Freyle presenta una situación que se daba en su época pero no denuncia; considera que los problemas de orden social parten de la voluntad divina, actitud propia de la ideología que venía unida a la conquista española.

Silvia Benso en un extenso y cuidadoso trabajo sobre **El Carnero** considera que "Freyle tal vez calló unas cosas o atenuó otras que consignó en sus memorias; sin embargo, la visión que presenta de la sociedad santafereña es coherente, y destaca los rasgos más importantes para comprender la época y la situación colonial. No llega a ser un crítico radical de su sociedad, solamente enfoca, por medio de historietas, los conflictos, pero no descubre o no quiere descubrir las causas de lo que critica. Los puntos neurálgicos criticados

7. Ponencia leída por **Raquel Chang Rodríguez** en el XVI Congreso del Instituto Internacional de Literatura Iberoamericana. East Lansing, Michigan, 1973.

por Freyle tocan las instituciones civiles y religiosas y sus interrelaciones con los habitantes y constituyen las constantes que están sintetizadas en las funciones **intrusión, engaño, daño** y **castigo** y puntualizan el campo ideológico en que se desarrolla la acción y la postura del autor frente a los problemas de su época. La constante de negatividad puesta de relieve, precedentemente, se difunde también en uno de los temas que Freyle explota con mayor insistencia: se trata del tema de la mujer, que es causa de innumerables conflictos.

"Con espíritu burlón se ríe de sus contemporáneos, inventa personajes que pone junto a toros que realmente existieron en su época. Aunque toma personajes de la historia, no se detiene sobre períodos históricos de relieve y, a veces con demasiada rapidez, comenta Oscar Gerardo Ramos, pasa por encima de todo un período de enorme importancia. En el último capítulo de **El Carnero** se nota un afán histórico repentino: el autor transcribe catálogos historiales sobre presidentes, oidores y visitadores, y reúne a los personajes que animaron los "casos", cuya estructura ha sido materia para enfocar la técnica narrativa del santafereño que se había propuesto no dejar en el olvido al Nuevo Reino de Granada" (8).

Concluido este marco histórico, llegamos a la generación de 1800, o sea, a la del siglo XIX. "Generaciones van, generaciones vienen, pero la tierra siempre queda", dice el **Eclesiastés**. Esta generación se ve iluminada por enciclopedistas y escritores del tipo de José Joaquín Fernández de Lizardi. Con Lizardi, al escoger modelo, siguió a los que en América le habían prendido. Recuérdese que el Alonso Ramírez, biografiado por Sigüenza, comienza como hambriento picaruelo. Sus aventuras le llevan hasta Filipinas, de allí a la Nueva España, y en el proceso nos deja una velada crítica del imperio que se desmoronaba, y el Concolorcorvo, inventariado por Carrió, comienza por describirse a sí mismo como un pícaro antes de dedicarse a retocar las memorias que en sus manos deja su propio creador. Y así, adaptación de la novela picaresca al medio y a la época de Lizardi con las aventuras que llevan a Periquillo a recorrer distintos estratos de la sociedad mexicana, a ir también a las Filipinas, y

8. Silvia Benso: **Técnica narrativa de Rodríguez Freyle**. Thesaurus, Instituto Caro y Cuervo, Bogotá, Tomo XXXII, 1977, pp. 163 y 164.

a regresar a su país natal para acabar honradamente su larga y azarosa carrera. Periquillo no es, por tanto, un verdadero pícaro. Es un pobre sin voluntad, producto de padres que no han sabido educarlo, de maestros que no han sabido enseñarlo, de malas compañías que han ido hundiéndolo. En esas aventuras, y en las disgregaciones que lo suscitan, cuaja la intención reformadora de Lizardi. Adoptación por tanto, y no mera imitación" (9).

9. Obra citada de **Arrón**, p. 123.

CAPITULO II

LA PRIMERA NOVELA DE HISPANOAMERICA

A partir del estudio del padre Manuel Briceño Jáuregui, S.I., titulado **Estudio histórico-crítico de "El desierto prodigioso y prodigio del desierto de don Pedro de Solís y Valenzuela"**, publicado en 1983 por el Instituto Caro y Cuervo de Bogotá, Colombia, se cambió el concepto crítico-histórico que venía desarrollándose desde algunas décadas de que el **Periquillo Sarniento**, publicado en 1816 en México por el mexicano José Joaquín Fernández de Lizardi (1776-1827), era la primera novela formal escrita en Hispanoamérica.

En 1977, el Instituto Caro y Cuervo de Colombia publica la novela colonial titulada **El desierto prodigioso y prodigio del desierto** (1), del colombiano Pedro Solís y Valenzuela (1624-1711). Esta obra escrita a mediados del siglo XVII se considera cronológicamente como la primera novela escrita por un criollo en Hispanoamérica.

Pedro Solís y Valenzuela nació en la antigua Santa Fe de Bogotá, ciudad que se conoce actualmente como Bogotá, y actual capital de Colombia.

"Por su riqueza y contenido **El desierto prodigioso** constituye uno de los textos fundamentales de la literatura colonial de Colombia y dará tema para muchos estudios posteriores. Básicamente es una obra narrativa, pero también incluye abundante poesía, prosa ascética, biografía, teatro y

1. Pedro Solís y Valenzuela, **El desierto prodigioso y prodigio del desierto.** Instituto Caro y Cuervo, Bogotá, 1977.

varias leyendas o cuentos, entre los que por lo menos uno tiene el carácter de novela breve. De hecho, sin embargo, su importancia capital reside en que la obra se perfila como el verdadero comienzo del género novelístico en Hispanoamérica" (2).

La novela se divide en XXII Mansiones, las cuales corresponden a capítulos, y la acción se desarrolla hacia 1635 en el desierto de la Candelaria en la Nueva Granada en Colombia.

La trama del argumento **Del desierto prodigioso** está resumida por H. Orjuela de la siguiente manera:

> Cuatro jóvenes de alto nivel social: los hermanos Fernando y Pedro, su primo Andrés y un amigo, Antonio, salen de cacería por la región del Desierto de la Candelaria, cerca de Ráquira, durante las vacaciones de diciembre. Uno de ellos, Andrés, que va en persecución de un ciervo, penetra con sus perros en una cueva donde encuentra inscripciones en verso, objetos de devoción, un esqueleto, cilicios, una calavera, etc., y un cartapacio con versos y meditaciones sobre la muerte. El joven se conmueve profundamente y hace el propósito de cambiar la vida e imitar al morador de la cueva. Escribe varias poesías que deja en el recinto, y como su dueño no regresa, sale llevándose el cartapacio. Lo reciben alegremente sus compañeros y por la noche relata a Fernando lo sucedido. Al día siguiente Andrés pone en conocimiento de los otros la existencia de la cueva y se dedican, en un lugar ameno, a leer los papeles del cartapacio y a escribir versos que incluyen en el mismo cuaderno. Mientras tanto el morador de la cueva ha regresado y encuentra unas armas, que Andrés dejó olvidadas, y los versos que escribió. Decide quedarse en el recinto esperando que regrese el propietario de estas cosas.
>
> Los jóvenes, guiados por Andrés, llegan a la cueva y conocen a Arsenio, el anciano ermitaño, quien se emociona al escuchar un poema de Andrés a Cristo Crucificado y al notar en él vocación religiosa. A petición de los jóvenes, comienza a contar su vida de pecador mundano e intercala la historia de su amigo Leoncio, quien es ejecutado por haber dado muerte a su esposa. Al día siguiente Arsenio y Andrés visitan el vecino convento de La Candelaria. Andrés logra, por intercesión del ermitaño, ser aceptado como fraile en el convento. Recibirá el hábito próximamente. A su regreso, todos se dedican a escribir versos. El joven Fernando, que ha sentido deseos de hacerse cartujo, se inspira en San Bruno, en tanto que Andrés dedica sus versos a San Agustín.
>
> Arsenio continúa el relato de su vida y cuenta en sonetos la his-

2. Héctor H. Orjuela, **El desierto prodigioso y prodigio del desierto,** de Pedro Solís y Valenzuela, primera novela hispanoamericana. Thesaurus, Instituto Caro y Cuervo, Bogotá, 1983, No. 2, p. 295.

toria del hijo pródigo para relacionarla con su propia experiencia. Una noche, estando con Pedro Padilla, otro amigo de libertinaje, se le aparece un caballero sin cabeza, en quien Pedro reconoce al ajusticiado Leoncio. Se arrepiente y entra en la Orden de los Carmelitas Delcalzos. Arsenio, que aún no se ha reformado, se casa con la joven Leonor Federici (Delia) y por un tiempo es feliz. Sin embargo Leonor muere dejando una hija recién nacida (Clori). Vuelve entonces Arsenio al libertinaje y se enamora perdidamente de su prima Casimira, quien vive en un convento al cuidado de una tía. Le confiesa su amor, pero la joven lo rechaza, pues ama a otro. Muerto de celos, Arsenio urde un astuto plan y después de haber dejado a Clori en el convento con la tía, rapta a Casimira, la obliga a que se vista con ropas de varón, le cambia el nombre por el de Ascanio y en un buque fletado en Cádiz se dirige con ella a América en donde espera recobrar cuantiosas deudas. Durante el viaje, ya cerca de Cartagena, hay una terrible tempestad que deja la nave muy maltrecha. Los pasajeros salvan la vida y expresan su arrepentimiento. Arsenio interrumpe aquí el relato y al día siguiente entrega a Fernando otro cartapacio, con nuevas meditaciones, cuya lectura los impresiona vivamente. El ermitaño comienza entonces a contar la extensa leyenda de Pedro Porter, quien visitó en vida los infiernos guiado por el demonio. El relato se prolonga durante la travesía al Convento de La Candelaria, donde Andrés toma el hábito de San Agustín (24 de diciembre), hecho que emociona a su primo Fernando. Hay festejos, celebraciones, despedidas, y la representación de una comedia, **El hostal**, que no se conserva en el manuscrito.

El prior del convento y sus invitados van a visitar las cuevas donde vivieron los fundadores del monasterio. Componen y recitan versos y el prior narra la historia del Convento de La Candelaria. Al otro día, cerca de la laguna de Ráquira, Arsenio hace una larga narración (Mansiones XII-XVIII) sobre el origen de la vida anacorética, la historia del monacato y la vida de San Bruno.

Arsenio retoma el relato de su vida: Después de la tempestad, caen en manos de piratas holandeses, a pesar de una brava lucha en en la que muere don Lope (Vicente, un primo suyo que lo acompaña), y donde él mismo queda mal herido. Compone entonces un soliloquio en que pide perdón a Dios. Los piratas, apiadados, los dejan en tierra, cerca de Cartagena, y allí se refugian en una choza de pescadores. Ascanio (Casimira) cuida de Arsenio, pero después de unos días desaparece. Este la busca desesperadamente y al fin la encuentra en una gruta, dedicada a la penitencia. Arsenio le pide perdón y le ofrece unos diamantes, que ha traído atados al cuerpo, los cuales en un principio ella rechaza, pero finalmente acepta. Casimira revela que ha conocido a un viejo ermitaño, quien al enterarse de su condición de mujer, ha ido a Cartagena a conseguirle plaza en un convento. Pero se necesita una dote, y precisamente los diamantes de Arsenio le servirían. Van luego a visitar al anciano, que ya ha regresado, y éste le aconseja a Casimira que huya y que se dirija al convento en Cartagena. Así lo hace ella y Arsenio la busca afanosamente sin poder hallarla. Una noche, en medio de una tempestad, encuentra refugio en el tronco de un árbol hueco. Se queda dormido y sueña que ha bajado al sepulcro de Casimira donde ve su cuerpo comido por los gusanos. Al despertar se da cuenta de que la piedra donde ha descansado la cabeza es una calavera. Arrepentido, decide quedarse allí en penitencia y al cabo de dos años sale en busca del viejo ermitaño que protegió a Casimira. Cuando lo encuentra, el anciano le hace saber que su prima profesó de clarisa en el convento de Cartagena. El viejo ermitaño también se llama Arsenio y convence al joven de que se dedique a la vida de penitente como lo ha hecho él. Después de indicarle el camino a Cartagena, muere, dejándolo heredero de su nombre y de sus pertenencias, incluso versos suyos y de Casimira. Lo entierra en la misma cueva y, cuando ya han pasado dos años, sale a rescatar sus dineros con el fin de estudiar y prepararse para la vida religiosa. Vistiendo los harapos del viejo ermitaño, Arsenio va al convento a ver a Casimira, quien le cuenta su vida y le da 500 ducados que le sobraron de su dote. Con estos dineros, y lo que logra recuperar de su hacienda, envía dinero a su hija Clori, monja ahora en España, estudia y se ordena de sacerdote. Hace enterrar los restos del viejo Arsenio en el convento de Casimira y celebra a menudo misa en La Popa, donde viven los agustinos recoletos. Por ellos tiene noticias del Desierto de la Candelaria y allí se dirige a pasar en oración el resto de su vida. De esto hace doce años, pero ahora quiere entrar en la orden de los agustinos y así lo suplica el Prior que está presente. Lo aceptan y toma el hábito con el nombre de Arsenio de San Pablo.

Ya es tiempo de que los jóvenes vuelvan a Santa Fe, pues sus padres los esperan con ansiedad. A su regreso, se acentúa el deseo de Fernando de entrar en la Cartuja. La oportunidad se presenta al ser comisionado para llevar a España el cuerpo del Arzobispo Almansa. Con este motivo los jóvenes viajan a Villa de Leiva, ya convertidos en personajes históricos: Fernando y Pedro de Solís y Valenzuela, el pintor Antonio Acero de la Cruz. Andrés, que está en el monasterio, es Andrés de San Nicolás. En el curso de las despedidas vuelven a visitar el Convento de la Candelaria donde hay oficios religiosos y representaciones de piezas teatrales y de un auto sacramental. Fernando viaja a España, pasando por México, y en Madrid entrega el cuerpo del Arzobispo. Viene luego un período de libertinaje de Fernando en la Corte, hasta que por fin decide entrar en la Cartuja después de la conversión de su compañero Jacinto y de la muerte trágica de un amigo. La noticia de la toma de hábito llega a Bogotá y es celebrada en poemas, cartas y elogios. El padre de los Solís hace testamento y se retira a vivir como ermitaño en Guaduas.

Un día llega correo de Fernando, quien ahora se llama Bruno, y con este motivo Pedro, Antonio y unos religiosos van a visitar al anciano padre para hacerle conocer el contenido de las cartas. Por la noche los visitantes, excepto Pedro, se encaminan al cercano Convento de San Francisco en Guaduas y quedan solos padre e hijo, circunstancia que aprovechan para hablar sobre Bruno y contestar el correo. Por la mañana se dirigen al convento, pero antes de llegar los alcanza un mensajero con una carta enviada por Andrés desde el Convento de la Candelaria, en la que cuenta la muerte de fray Arsenio de San Pablo. Se celebran honras fúnebres en su honor y después

Pedro hace una sucinta relación de la vida de Arsenio, por la que se sabe que Casimira también ya ha pasado a mejor vida. La novela termina abruptamente cuando Pedro está leyendo la carta de Andrés en que éste relata el fin de Arsenio" (3).

La novela tiene algo en común con las novelas en llave, o sea la típica **Roman à clef**, pues al parecer todos sus personajes son históricos. Así el fondo de la novela es histórico y el autor quiere revelar sucesos de la época colonial santafereña.

En la novela se perciben tres niveles narrativos. El primero de ellos, quizá uno de los más importantes, corresponde a Arsenio, personaje que aparece a través de toda la obra. El segundo nivel pertenece al plano histórico, nivel que narra la vida de los cuatro jóvenes. El tercer nivel corresponde a los relatos que hace a menudo Arsenio. Así la acción de la novela se desarrolla en diversos planos narrativos que se entrelazan y se entrecruzan.

La descripción es muy rica en **El desierto prodigioso**, lo mismo los lugares, personas y cosas que rodean el marco escénico:

> "Convidó la tarde, con un viento fresco y suave que se levantó, a hacer apacible ruido entre el ojoso ornato de los árboles, aromatizando el ambiente con el olor del azahar y a gozar de su agasajo a la feliz compañía que, junta en un apacible sitio instó a Arsenio prosiguiese" (4).

Dentro del marco novelado se observa una superposición de novelas. Así se percibe el relato de la vida de Arsenio, las vicisitudes del malogrado matrimonio del personaje central con doña Leonor Federici, la muerte de ésta, los nuevos amores con la prima Casimira, etc.

"**El desierto prodigioso** es una novela abierta, manierista-barroca, del tipo de las ejemplares, pero mucho más compleja que éstas, ya que presentan rasgos que asocian con los libros bizantinos de aventuras, el relato histórico, el ambiente idílico pastoril, los episodios macabros de la literatura gótica y la sensiblería de la novela sentimental. Por su índole podría clasificarse, de acuerdo con las categorías de Kayser,

3. Opus, cit., pp. 301 al 305.
4. **El desierto prodigioso**, obra citada, p. 69.

en novela de personaje, teniendo en cuenta que su estructura y el hilo narrativo, como ya se ha observado, dependen de las acciones del héroe que —en la terminología de Lukács— busca como agonista problemático un valor auténtico (en este caso el religioso) en un mundo degradado. No llega a convertirse, por fortuna, en novela de tesis, pero es claro que la vocación religiosa de dos jóvenes (Andrés y Fernando), el retiro al yerno del anciano padre de los Solís, las numerosas conversiones que hay en la obra, y la vida y labor proselitista de Arsenio, indican el propósito del libro, ceñido al ideal barroco, se dirige a exaltar la búsqueda de Dios a través de la oración, la penitencia y la vida religiosa. El espíritu ascético se proyecta no sólo como el **desiderátum** de los personajes, y desde luego del mismo autor, sino como elemento integrador de una visión barroca del mundo en la que predominan la reflexión sobre el destino humano y la obsesión por la muerte" (5).

Veamos cómo se refleja esa visión barroca:

> "Vieron luego un venerable viejo arrodillado sobre una rambla de piedra que formaba el risco, tan amarillo, flaco y macilento, que más parecía retrato de la muerte que cuerpo de mortal criatura. Era una túnica de sayal pardo su débil tumba; el rostro, hermoso en las facciones, aunque tostado de los rigores del sol, los labios de color de cárdenas violetas; la barba, blanca, crecida y larga; los ojos, cerrados; juntas las manos, cuyos nervios parecían de silvestres raíces. Finalmente todo su cuerpo era un original muerto y una imagen del rijón y de la penitencia" (6).

El autor inicia las **Mansiones** generalmente con descripciones matutinas, o paisajes de la naturaleza o bien con mención a situaciones de los personajes. Veamos un ejemplo que corresponde a la Mansión II:

> "Lustrosamente apacible, con luces cariñosas, con afectuosos rayos, salió el planeta más bien hecho de los astros y desembozándose de tinieblas, con su apresurado curso dio cortesano las pascuas a las flores llorosas con su ausencia, que ocasionó la noche, que separar amantes corazones ¿quién pudo hacerlo sino una tenebrosa y villana voluntad? Salió, pues, el sol desbaratando ceños, deshaciendo floridas quejas, que a la vista de lo que se estima no hay sentimiento que

5. Obra citada de Orjuela, p. 307.
6. **El desierto prodigioso**, obra citada, pp. 152-153.

dure. Fue, pues, como digo, ensartado cuidadoso en dorados hielos las perlas de su llanto, que, aunque de menos quilates, su valor se adorna con estas lágrimas de un no sé qué que les da nueva gracia a sus resplandores, que el oro hizo siempre vistoso maridaje con la plata. Fue su ausencia la causa de avivar afectos, pues fatigado de sed, debió alientos a las flores, y ellas le ofrecieron, en concepciones de rocío, partos envueltos en hermosos, coloridos, circunstanciados de aromas y belleza, con que a un mismo tiempo le hechizaba su hermosura y deleitaba su olor fragante, quedando de nuevo unidos estos dos amantes, aunque con efectos mudos significativos de lo que pudo la ausencia, pues ocasionó que las flores diesen las pascuas al sol y él a ellas unas pascuas de flores" (7).

El desierto prodigioso descubre uno de los primeros rasgos novelescos de Hispanoamérica. Nos revela la historia de una sociedad típica del antiguo Santa Fe de Bogotá a mediados del siglo XVII. Pedro de Solís nos muestra cómo se movía una sociedad en la cual vivió, al igual que sus preocupaciones y principales aspiraciones. Una de las grandes preocupaciones era indudablemente la del destino de su alma después de la muerte, lo mismo que el premio o castigo que obtuviera. Así pues se vivía rigurosamente la tradición medieval. Con relación a la muerte consideraba:

"...no sólo como un hecho natural, postulado por la unión del alma inmortal con un cuerpo corruptible, sino también como pena del pecado original, y término del período de prueba concedido por Dios al llamar a cada uno a la vida terrena" (8).

En este sentido **El desierto prodigioso** constituye una crónica real del siglo XVII en Santa Fe, donde vivió el autor don Pedro de Solís y Valenzuela rodeado de los protagonistas principales de la novela.

"En este mundillo, pues, tan reducido de la Santa Fe colonial, con sus estrechas calles y riachuelos, puentes y construcciones, clima sin igual, sencillos habitantes vestidos a la usanza de los chapetones, hallamos que los cuatro amigos salen por las vecindades —muy alejados para esos medios de locomoción— donde van a tropezar con eremitas de una re-

7. Opus, cit., pp. 49-50.
8. **Enciclopedia de la religión católica**, Barcelona, Dalmar y Jover, 1953, T. V, p. 880.

forma conventual, cuyo marco histórico es indispensable conocer" (9).

Es preciso señalar las palabras finales del estudio de H. Orjuela sobre **El desierto prodigioso**, a fin de comprender el porqué se le considera la primera novela hispanoamericana:

"Por lo pronto nuestro estudio —el primero que se escribe sobre la novela con la intención de hacerla conocer al público lector— ha descubierto, mediante un análisis general, su valor como novela y los elementos constitutivos de su mundo de ficción. Sin embargo básicamente este trabajo ha intentado demostrar que, por lo que se conoce hasta la fecha, **El desierto prodigioso y prodigio del desierto**, de Pedro de Solís y Valenzuela, es la primera novela del barroco en las letras coloniales del Nuevo Mundo y la primera novela hispanoamericana" (10).

9. Manuel Briceño Jáuregui, S. I. **Estudio histórico-crítico de "El desierto prodigioso y prodigio del desierto"** de don Pedro de Solís y Valenzuela. Bogotá, Colombia, Instituto Caro y Cuervo, 1983, p. 18.
10. Obra citada de Orjuela, pp. 323-324.

CAPITULO III

LA PRIMERA NOVELA MEXICANA

La primera novela formal que se escribe en México es el **Periquillo Sarniento**, de José Joaquín Fernández de Lizardi (1776-1827), la cual surge de la situación política de la época.

Fernández de Lizardi fue influido por la cultura de la ilustración francesa. Nació en un hogar modesto de Teopezotlan, México. Hizo sus primeros estudios en el seminario de jesuitas y posteriormente continuó en la capital mexicana. Desde muy joven ganó él mismo el sustento y pagó sus estudios. El medio le fue propicio para mezclarse con el pueblo, y allí captó el lenguaje popular que llevó a su obra.

Lector incansable, se familiarizó con Rousseau, cuyo credo político le sirve dentro de la estructura de su credo reformista. Sus ideas de reforma política y social provocan la ira de las autoridades, y durante toda su vida será perseguido sin compasión.

La época es justamente la de la independencia de las naciones hispanoamericanas, época de inestabilidad y agitación, en las que interviene de continuo.

A partir de 1811 comienzan a publicarse sus primeros versos satíricos. El 9 de octubre de 1812 aparece el primer número de su periódico, **El Pensador Mexicano**, donde divulga las nuevas teorías de la ilustración francesa y critica al régimen español. La edición del número 9 provocó un escándalo público y Lizardi fue a parar a la cárcel; empero, en 1815, lanza un segundo periódico, **Alacena de Frioleras**. La situación es difícil para expresar los sentidos de libertad y tiene que suspender su periódico; entonces se decide a publicar una novela por entregas, pues por el carácter de la misma, podría pasar inadvertida a la censura de los gobernantes. En 1816 escribe su novela por entregas, el **Periquillo Sarniento,** donde une la propaganda política con la técnica de la novela picaresca española. Su forma, siguiendo el género novelesco, es autobiográfica.

En 1816 aparece la primera entrega. En el fondo, es un periódico político bajo la forma de novela. El propósito que movió a Lizardi no fue el de escribir una novela, sino que tuvo que idearse esta forma a fin de continuar la divulgación de sus ideas. La obra nace en el momento en que la novela picaresca española se consolida en virtud de la crisis social del siglo XVIII, que era propicia para su temática. Tan permanentes habían de ser esas raíces de la picaresca en el México de Lizardi como en la España del padre Isla, que por ello su tradición continúa y el género no muere ni en España, ni en México, ni en Latinoamérica y, posteriormente, en los siglos XIX y XX encontramos, en las novelas de Pereda o de un Barona, de un Barrios o de un Rojas, que éstos adaptan el género a las más modernas técnicas del arte de novelas. **Periquillo Sarniento** es una bien lograda descripción del pueblo mexicano en la época del autor. Escrita en primera persona, Lizardi narra su experiencia con un propósito bien claro. La novela es el fiel relato de las aventuras y de las peripecias de un pícaro. Todos los elementos de la picaresca española están presentes en la obra de Lizardi.

"Lizardi continúa el optimismo del racionalismo del siglo XVIII y pese a que al describir las malas costumbres de la ciudad de México parecía autor picaresco, no creó un pícaro. El periquillo no es ya un pícaro sino un débil de carácter arrojado a las malas influencias. El acierto de Lizardi viene del siglo XVIII; por eso su novela se parece más a la picaresca de Lesage, del padre Isla, de Torres y Villarroel que a la del barroco. En general, el **Periquillo** está en la tradición realista. Un realismo que no toma en serio sus temas, sino que los rebaja al plano de lo cómico" (1).

El interés del **Periquillo** radica en la autenticidad del re-

1. Anderson Imbert y Florit, **Literatura hispanoamericana,** New York, Holt, Rinehart and Wineton, Inc. 1969, p. 194.

flejo de las condiciones sociales de México a principios del siglo XIX, en el sabor regional del lenguaje, en ciertos detalles de la vida del hampa, y en el deseo del autor de analizar lo más fielmente posible los problemas sociales de la época.

En 1818 publica su segunda novela, **Noches tristes**. Y el primer volumen de **La quijotita y su prima**, cuyo segundo volumen apareció en 1819 y fue editado entre 1831 y 1832.

En 1819 dio a conocer su novela, **Don Catrín de la Fachenda**. En 1825 escribió una obra dramática en defensa de los negros y en contra de la esclavitud, **La segunda parte del negro sensible**, que no llegó a representarse.

Las descripciones del **Periquillo** están llenas de un realismo acendrado que conduce al lector a admirar un documental de la época, lleva a la novela el lenguaje popular con una fidelidad absoluta, y sus personajes quedan subordinados a la propaganda política. Así surge la primera novela hispanoamericana dentro de la estructura formal.

Si se analiza detenidamente su desarrollo en determinadas etapas de la evolución de la cultura y civilización de los pueblos, se puede observar que en su primer momento la novela tiene un gran valor didáctico: está destinada a enseñar, a despertar la conciencia del mundo inmediato. Esto nos lo demuestra la primera novela mexicana, el **Periquillo Sarniento**, que es en esencia pedagógica. Muchas de las ideas de Fernández de Lizardi tienen vigencia todavía hoy para la mayor parte de los países latinoamericanos.

Esta novela presenta un cuadro vivo de la sociedad mexicana en los finales del siglo XVIII y principios del siglo XIX, en el cual, a la manera picaresca española, refleja la condición social de la época, y ataca la descomposición de la sociedad.

Lizardi, nutrido de la filosofía racionalista del siglo XVIII, se limita a reproducir la realidad tal como se presenta ante sus ojos; pero analiza que esta realidad desconsoladora puede mejorarse mediante la educación y la instrucción.

Completa su producción literaria con una serie de folletos y artículos: "Alacena de frioleras", "Ratos entretenidos", "El conductor eléctrico", "El negro sensible" y "La noche más venturosa", producción que refleja el espíritu liberal, nutrido de las doctrinas frente a las cosas de la época.

Estéticamente, el **Periquillo Sarniento** no ofrece un gran valor; pero, en cambio, el valor filosófico y sicológico es incontrovertible, al igual que su típico costumbrismo, que no puede considerarse como calco de ninguna otra obra. La vida que refleja en sus descripciones es peculiarmente mexicana, y su vocabulario es original y pintoresco.

"En esta obra, Lizardi rebasa el objetivo que se propuso y traspone los límites reformistas y moralizantes que se había fijado, y nos da una creación plena de dinamismo y de color, de atisbos sicológicos y de sagaces observaciones, a pesar de la impedimenta ejemplarizante que la afea. En el **Periquillo** hay verdadera —aunque fragmentada— intuición artística, tanto en la elección del género picaresco como en la elaboración. La filosofía estoica y cínica del pícaro español se acoplaba perfectamente con el genio del "pensador". Por lo demás la realidad social mexicana debió ofrecerle más que suficiente material psicológico para su fantasía creadora" (2).

Periquillo Sarniento también tiene el mérito de ser la primera obra novelada que expone la explotación de los esclavos negros, y de protestar asimismo contra tan cruel y sangriento sistema esclavista que se mantenía en las colonias españolas. Veamos algunos trozos de la novela, los cuales relatan que, cuando se encuentra en la cárcel, Periquillo conoce allí un personaje, al que se le llamaba Aguilita o Aguilucho:

"Pero con quien más intimé fue con un mulatillo gordo, aplastado, chato, cabezón, encuerado y demasiadamente vivo y atrevido, que le llamaban la Aguilita, y yo jamás le supe otro nombre, que verdaderamente le convenía así por la rapidez de su genio, como por lo afilado de su garra".

Periquillo se sorprendió un poco por la manera como razonaba Aguilita o Aguilucho, cuando éste hábilmente le dijo:

"Aunque no es esa regla tan general como la supones —me contestó—, sin embargo es menester conceder que es así, por la mayor parte; mas esa dureza o idiotismo que adviertes en los indios, mulatos y demás castas, no es por defecto de entendimiento, sino por su ninguna cultura y educación. Ya habrás visto que muchos de esos mismos que no saben hablar, hacen mil curiosidades con las manos, como en

2. Manuel Pedro González, **Trayectoria de la novela en México**, México, D.F., Ediciones Botas, 1951, p. 32.

cajitas, escribanías, monitos, matraquitas, y tanto cachivache que atrae la afición de los muchachos y aún de los que no lo son.

Esto prueba bien que tienen más talento del que tú les concedes, porque si no, siendo escultores, carpinteros, carvoceros, etc., y teniendo conocimiento en las reglas de las artes que te he nombrado, hacen una figura de hombre o de un animal, una mesa, un ropero, un cochecito... si hubieran aprendido esos oficios claro es que harían obras perfectas en su línea.

Pues de la misma manera debes considerar que si los dedicaran a los estudios y su trato ordinario fuera gente civilizada, sabrían muchos de ellos tanto como el que más, y serían capaces de lucir entre los doctos, no obstante la opacidad de su color" (Primera parte, capítulo XXIII).

De este diálogo deducimos que el mulato refuta los argumentos racistas del **Periquillo**. Aquí observamos una nueva crítica social de parte de Lizardi hacia el régimen dominante de la época.

La denuncia de las torturas y maltratos a los esclavos y la protesta contra el bárbaro comercio esclavista están plenamente expuestas en estas páginas del **Periquillo Sarniento**. Lizardi pone en boca del comerciante negro un fragmento de Buffon, tremenda condenación del sistema esclavista, tomada, según cita Jefferson Rea Spell, de la **Historie Naturalle de l'home (1749)**, (3).

"La humanidad, dice el célebre Buffon, grita contra estos odiosos tratamientos que ha introducido la codicia y que acaso renovaría todos los días si nuestras leyes, poniendo freno a la brutalidad de los amos, no hubiera cuidado de hacer algo menor la miseria de sus esclavos; se les hace trabajar mucho, y se les da de comer poco, aún de los alimentos más ordinarios, dando por motivo que los negros toleran, fácilmente, el hambre, que con la porción que necesita un europeo para una comida tienen ellos bastante para tres días, y que por poco que coman y duerman, están siempre igualmente robustos y con iguales fuerzas para el trabajo. ¿Pero cómo unos hombres que tengan algún resto de la humanidad pueden adoptar tan crueles máximas, erigirlas en preocupa-

3. Jefferson Rea Spell, The Genesis of the First Mexican **Novel, on Bridging the Gap**, México, 1971, p. 145.

ciones y pretender justificar con ellas los horribles excesos a que la sed del oro los conduce? Dejémonos de tan bárbaros hombres..." (4).

"Periquillo", según el nombre popular que le dieron, es un producto típico de la educación y del medio de su tiempo. Moralmente va en una gradación descendente hasta llegar al camino del hampa.

Fernández de Lizardi presenta un Periquillo básicamente bueno y moral, al cual el medio lo corrompe y lo lleva hacia el mal camino. Pero el propósito y el optimismo del autor defiende la perfectibilidad humana, haciendo que su "antihéroe" regrese al bien. Lizardi quiere mostrar con una perspicaz observación el estado social, las costumbres y la filosofía de la sociedad de la época. Indudablemente el autor toma el gusto picaresco en la novela,ya que éste le da la oportunidad de presentar los estratos sociales al igual que presentar una protesta contra las injusticias sociales. Veamos un párrafo en el cual nos narra la injusticia de la época:

"—Señor cura, desde anoche murió mi marido, no me ha dejado más bienes que estas criaturas, no tengo nada que vender ni con qué amortajarlo, ni aún velas qué poner en el cuerpo; apenas he juntado de limosna estos doce reales que traigo a su mercé; y a esta misma hora, no hemos comido ni yo ni esta muchachita; le ruego a su mercé que por el siglo de su madre y por Dios, me haga la caridad de enterrarlo, que yo hilaré en el torno y le abonaré dos reales cada semana.

—Hija —dijo el cura— ¿qué calidad tenía tu marido?

—Español, señor.

—¿Español? Pues le faltan seis pesos para completar los derechos, que esos previene el arancel; toma, léelo.

Diciendo esto, le puso el arancel en las manos, y la infeliz viuda, regándole con el agua del dolor, le dijo:

—¡Ay, señor Cura! ¿Para qué quiero este papel si no lo sé leer? Lo que ruego a su mercé es que por Dios entierre a mi marido.

—Pues, hija —decía el cura con gran socarra—, ya te entiendo; pero no puedo hacer estos favores; tengo que mantenerme y que pagar al padre vicario. Anda, mira a don Blas, a don Agustín o a otro de los señores que tienen dinero, y

4. Opus, cit., p. 145.

ruégales que te suplan por tu trabajo el que te falta y mandaré sepultar el cadáver.

—Señor cura —decía la pobre mujer—, ya he visitado a todos los señores y ninguno quiere.

—Pues alquílate; métete a servir.

—¿Dónde me han de querer, señor, con estas criaturas?

—Pues anda, mira lo que haces y no me muelas —decía el cura muy enfadado—; que a mí no me han dado el curato para fiar los emolumentos, ni me fía el tendero, ni el carnicero, ni nadie.

—Señor —instaba la infeliz—, ya el cadáver se comienza a corromper y no se puede sufrir en la vecindad.

—Pues cómetelo, porque si no traes cabales los siete pesos y medio, no creas que lo entierro por más plagas que llores". (Cap. XIII, 2a. parte, Ed. Porrúa, 1969, México, D.F.).

Este valioso párrafo basta para formarnos una idea de la sociedad colonial y la injusticia de la iglesia y la sociedad. Toda la novela gira en torno a una continua protesta social y hacia una meta moralizante y pedagógica, donde en forma realista nos muestra la tragedia de un pueblo antes de la independencia.

Nadie en América —dice Manuel Pedro González— durante los primeros cincuenta años de vida republicana señaló con más ahínco y tan sagaz perspicacia las taras de la sociedad colonial, ni combatió tan denodadamente la corrupción y la hipocresía del clero, la inmoralidad de las costumbres, el atraso y la negligencia de la docencia —pública y privada— ni propugnó con tanta tesonera valentía, una total renovación de métodos, hábitos y costumbres, lo mismo públicas que privadas" (5).

La novela responde a una necesidad urgente de los hispanoamericanos de la época: plantear la vida infrahumana de la colonización española, mostrar sus grandes errores y horrores a fin de afirmar la necesidad de la independencia.

Lizardi defendía en su novela a los indios, los negros, al igual que a todos los pobres que eran carne de cañón del sistema gubernamental. Dos párrafos son representativos para ilustrarnos a lo que nos venimos refiriendo:

5. Manuel Pedro González, **Trayectoria de la novela en México**, México, D.F., México, Botas, 1951, p. 26.

"Que se hacía servir a las indias, llevando a su casa tres cada semana con el nombre de semaneras, sin darles nada, y no se libraban de esta servidumbre ni las mismas hijas del gobernador.

Que les exigía a los indios los mismos derechos en sus demandas que los que cobraba de los españoles" (Opus, cit., p. 319).

La defensa de los negros al igual que la de los indios es muy clara, así vemos cómo señala lo referente al problema de los negros:

"Lo que me admira y me escandaliza es ver estos comercios tolerados y estos malos tratamientos consentidos en aquellas naciones donde dicen reina la religión de la paz, y en aquellas en que se recomienda el amor del semejante como el propio del individuo. Yo deseo, señores, que me descifréis este enigma. ¿Cómo cumpliré bien los preceptos de aquella religión que me obligaba a amar al prójimo como a mí mismo, y a no hacer daño a nadie el daño que repugno, comprando por un vil interés a un pobre negro, haciéndolo esclavo de servicio, obligándolo a tributarnos a fuerza de un amo tirano, descuidándome de su felicidad y acaso de su subsistencia, y tratándolo a veces quizá poco menos que bestia? Yo no sé, repito, cómo cumpliré en medio de estas iniquidades con aquellas santas obligaciones" (Opus, cit., p. 347).

Indudablemente el éxito del **Periquillo Sarniento** radica en la denuncia que Lizardi logró al presentar por medio de tipos, escenas, diálogos, costumbres, ideas y ambiente general de la época a fin de crear una conciencia de la injusticia social de la sociedad colonial. Desde este aspecto merece un cuidadoso estudio que muchos autores han dejado pasar desapercibidamente.

Lizardi desea hacer énfasis en el problema socio-económico al censurar abiertamente a los terratenientes. El autor critica la propiedad feudal, institución que mantenía y fortificaba la propiedad privilegiada: el mayorazgo. "El mayorazgo es una preferencia injustamente concedida al primogénito, para que él solo herede los bienes que por iguales partes pertenecen a sus hermanos, como que tienen igual derecho" (II, pp. 187-188).

J.J. Fernández de Lizardi considera que los "mayorazgos" arruinan la economía de un país: las tierras de los privilegiados son improductivas en cierto modo por no cultivarse los grandes latifundios constituyendo así un mal nacional. "No es lo que importa al Estado el que unas pocas familias conserven su lustre y esplendor a costa de infinitas sumergidas en la desdicha y oscuridad, sino el que por medio de la mejor distribución de las riquezas puedan todos los ciudadanos vivir con desahogo y comodidad..." (II, p. 187).

Con estas citas que acabamos de mencionar, Lizardi intuye la necesidad de una reforma agraria a corto plazo y presenta los vicios del sistema económico instituido por el régimen colonial.

Refiriéndose a tan importante tema N. Salomón dice: "Con el sistema colonial todo el aparato estatal contribuye a la explotación del pueblo y este mecanismo ha sido descrito con lucidez por J.J. Fernández de Lizardi. En el **Periquillo Sarniento** los letrados (simbolizados por el escribano Chanfaina, personaje odiado y repugnante), los alcaldes, los alcabaleros participan, salvo en contadas excepciones, en esta obra de opresión. Veamos cómo actúa el "subdelegado" (representante de la autoridad real en el campo) de Tixtla. Este cobrador de contribuciones exprime sin compasión a los indios, con el fin de amontonar cada vez más dinero:

> Pobre labrador hubo de éstos que en multas se le fue la abundante cosecha de un año. Otro se quedó sin su ranchito por la misma causa; otro tendero quebró y los muy pobres se quedaron sin camisa" (II, p. 285).

A la acción del aparato estatal se sobrepone la de unos eclesiásticos poco escrupulosos que no tienen el menor empacho en explotar la fe simple de los indios. El cura de Tixtla es uno de ellos al sonsacar dinero y ofrendas a la gente pobre con el pretexto de los entierros y de la salvación de las almas:

> A todo lo que no era darle dinero estaba inexorable; jamás le afectaron las miserias de los infelices, y las lágrimas de la desgraciada viuda y del huérfano triste no bastaban a enternecer su corazón (II, p. 294)

Así, pues, todo el peso del sistema colonial, tanto por sus relaciones de clase como por su aparato estatal y su superestructura de J.J. Fernández de Lizardi es que lo haya mostrado tan nítidamente en una novela estructurada con arreglo a la vieja fórmula de la "revista de los Estados" (6).

Refiriéndose a esta novela, Manuel Pedro González, fino observador de la literatura mexicana, considera lo siguiente:

"Lizardi adopta la vieja fórmula de la novela picaresca española combinándola con el dinamismo de Gil Blas, pero el contenido del **Periquillo** es auténticamente mexicano. La elección de la modalidad picaresca fue un gran acierto. Ningún otro estilo o género de novela se adaptaba tan bien al temperamento del autor y a lo que se proponía, que era darnos el panorama completo de la vida metropolitana, desde sus clases más encumbradas hasta las más humildes. Lizardi, seguramente, conocía todas las otras categorías o variedades narrativas que antes de él se habían cultivado en España y Francia y su preferencia por la picaresca no fue un mero accidente.

El patrón que emplea no le pertenece, pero él supo vaciar en el viejo molde esencias nuevas. Todo en el **Periquillo** es autóctono: el ambiente, las costumbres, los tipos, los vicios, el lenguaje, hasta la miseria y la roña que describe son de legítima e inconfundible prosapia mexicana. Como dice Julio Jiménez Rueda: **Periquillo Sarniento** es un escaparate de tipos interesantes y curiosos: escribanos, doctores, licenciados, frailes, léperos, serenos, currutacos, toda la galería criolla de sujetos que cuentan sus penas y planean sus trampas, desfila por las páginas de la novela" (7).

6. Nöel Salomón, **La crítica del sistema colonial en la nueva España en el Periquillo Sarniento**. Cuadernos Americanos, México, 1972, pp. 177 y 178.
7. Manuel Pedro González, **Trayectoria de la novela en México**. Ediciones Botas, México, D.F., 1951, pp. 32-33.

CAPITULO IV

EL ROMANTICISMO EN LA AMERICA HISPANA

Situado en el siglo XIX, con algunas excepciones de ese tiempo, el romanticismo tiene para los hispanoamericanos un sentido especial que, según mi opinión, no tiene la misma importancia para los europeos, ya que en este siglo se constituyen como naciones independientes la mayor parte de las repúblicas que permanecían bajo el dominio de la Corona española. El romanticismo, en Hispanoamérica, coincide con el comienzo de la vida independiente de la mayoría de los países. Los problemas políticos y sociales repercutieron hondamente en la vida espiritual de los intelectuales americanos. Justamente, en esta época y en virtud de la problemática de las luchas por la independencia, un escritor, Manuel González Prada, decía:

"Ardua tarea corresponde al escritor nacional, como llamado a contrarrestar al pernicioso influjo del hombre público; su obra tiene que ser de propaganda y ataque. Tal vez no vivimos en condiciones de intentar la acción colectiva, sino el esfuerzo individual y solitario; acaso no se requiere tanto el libro como el folleto, el periódico y la hoja suelta. Hay que mostrar al pueblo el horror de su envilecimiento y de su miseria; nunca se verificó excelente autopsia sin despedazar el cadáver, ni se conoció a fondo una sociedad sin descarnar su esqueleto" (1).

1. Manuel González Prada, **Propaganda y ataque, en horas de lucha.** (Véase Biblioteca de Cultura Peruana, Número 9, París, 1933, p. 330).

Por esta razón, algunos críticos asocian siempre la política y la literatura en este período para afirmar un verdadero romanticismo literario. El tema político, en muchas ocasiones, adquiere un predominio sobre la mayor parte de los escritores americanos. A pesar de este acentuado fenómeno, no puede negarse la existencia de un período esencialmente romántico en la literatura hispanoamericana.

Influencia europea. No se puede desconocer la trascendencia que en muchos aspectos tiene la corriente romántica europea. Los nombres de **Hugo, Byron, Lamartine, Musset, Chateaubriand, Walter Scott, Larra, Bécquer y Espronceda** son de vital importancia al sugerir un análisis.

El modelo francés es quizá el más notable, pues Francia continúa una influencia que había comenzado a manifestarse en el siglo XVIII y que el siglo XIX puede extender sin mayores obstáculos. **Hugo, Lamartine, Chateaubriand** son, en verdad, los de mayor difusión. De éstos, Chateaubriand es, sin duda el que más influye sobre los novelistas de América Latina, con su obra **Atala,** cuya primera edición, en 1801, estuvo a cargo de fray Servando Teresa de Mies y Simón Rodríguez.

Los románticos ingleses tuvieron menos expansión en Hispanoamérica que los románticos franceses. A pesar de esto, el prestigio de Byron fue extraordinario. Las novelas del escocés Walter Scott fueron muy leídas en América. Algunas llegaron a ser difundidas, logrando más éxito **Ivanhoe** y **El talismán**. Penimore Cooper, novelista estadounidense de gran fama en Hispanoamérica, influyó en muchos de nuestros novelistas del romanticismo.

España. De los escritores españoles que dieron su aporte a los escritores de esta generación, puede citarse a Larra, Espronceda, Zorrilla y Bécquer. Larra fue, a no dudarlo, el escritor español del siglo XIX que mayor interés despertó en América durante el romanticismo.

"En Larra admiraban los americanos su ingenio sin desperdicio, su sátira acerada, sobre el ridículo aproximador de su espíritu "progresista" y liberal. Ideas fundamentales de Larra fueron rápidamente captadas en estas regiones. Su concepto de la literatura como un reflejo de las costumbres y del espíritu social aunque la idea venía ya del siglo XIII, su análisis sereno de la literatura española (la falta de "escritores razonados" y el exceso de místicos y teólogos), su análisis descarnado de la sociedad española de la época (sin pasar mientes, por supuesto, en exageraciones de la sátira), sus ansias de la libertad en la lengua, en la literatura, en la política" (2).

El prestigio de Espronceda es casi similar al de Larra. Se distinguió por su lírica en el verso, que transmitió a muchos hispanoamericanos, especialmente a los siguientes poetas y escritores: José Mármol (**Canto al poeta, mi reloj**); Juan María Gutiérrez (**Canto del grumete, Canto de la sirena, El capitán pirata**); Bartolomé Mitre (**El corsario periódico**); Leopoldo Arias Vargas (**El suicida**); Jorge Isaacs (**María**); y muchos otros.

Después de Larra y Espronceda, Zorrilla continúa en la línea española en cuanto al aporte a Hispanoamérica. Del colorido y la musicalidad de sus versos y ciertas combinaciones métricas gustaron y captaron en sus obras muchos escritores, entre ellos el venezolano Heriberto García de Quevedo; el colombiano Julio Arboleda; los mexicanos José Peón y Contreras, Ignacio Rodríguez Galván y Manuel Acuña; el peruano Manuel Nicolás Corvacho; los cubanos Gertrudis Avellaneda, Joaquín Lorenzo Luaces y José Joaquín Palma.

Los románticos alemanes también aportaron alguna influencia a Hispanoamérica. Entre ellos puede citarse a los hermanos Guillermo y Federico Schlegel, Schiller, Goethe, Hoffman, y también Hegel. El colombiano Vargas Tejada tradujo directamente textos alemanes; lo mismo el cubano José de la Luz y Caballero, quien conoció a fondo la lengua y la literatura alemanas y transmitió su conocimiento a sus contemporáneos. Otro colombiano que tradujo del alemán al español en esta época fue el poeta Gregorio Gutiérrez González, al traducir **En boca de una mujer**, de Schiller.

Italia. Los escritores italianos más famosos en este marco histórico para la cultura de la América Hispana fueron Hugo Fóscolo, Silvio Pellico y especialmente Alejandro Manzoni. De Fóscolo fueron muy leídas sus **Ultimas cartas de Jacobo Ortiz**, al igual que **Los sepulcros** y **Mis prisiones**,

2. Emilio Carilla. **El romanticismo en la América Hispánica**, Madrid, Biblioteca Romántica Hispánica, Edit. Gredos, S.A., 1967, p. 100.

de Pellico; pero, realmente, el más conocido y difundido fue Manzoni, sobre todo por su novela **Los novios.**

El romanticismo penetró en Hispanoamérica a través de un género definido: la lírica o, en otras palabras, la poesía. Esto fue el punto de partida para este movimiento. Pedro Henríquez Ureña observó este fenómeno cuando escribió: "El romanticismo comenzó en la poesía y después siguió con el drama y la novela".

Durante la época del romanticismo hay una intensa prédica social, en virtud de la independencia de los pueblos hispanoamericanos.

"Una visión unilateral nos ha acostumbrado a ver en el romántico un egocéntrico, temperamento individualista, que se cree en el centro del mundo y vivo para sí. La verdad es que hoy se ha salvado el aspecto social del romanticismo. El escritor se siente a menudo miembro de la comunidad, se siente solidario con sus semejantes, y aún propone remedios para los males sociales. Por supuesto, dentro de claras soluciones liberales" (3).

Dos temas se pueden destacar en el romanticismo con relación al lenguaje romántico en función de lo social: el indianismo y el tema del negro, visto a través de la novela y de la poesía. La novelística se centra en defensa e idealización del indio y del negro, y la poesía se coloca al servicio de determinados tipos sociales (enfermos, prostitutas y mendigos).

La influencia francesa. En lo que se refiere a la técnica de la novela en el período romántico, esta generación siguió las técnicas creadas por Balzac, Chateaubriand, Sand, Mérimée, Hugo, Lamartine, Vigny, Musset, hasta el punto que, a fin de variar esta modalidad del romanticismo francés, los escritores latinoamericanos trataron de cambiar y adoptar nuevas modalidades. No se puede dejar pasar inadvertido el hecho de que existe una analogía bastante estrecha entre el romanticismo en literatura y la revolución en política. Este hecho común de las dos culturas, determina una similitud en diferentes aspectos de la cultura general.

De 1830 a 1840 explota triunfalmente la revolución, o mejor, las dos revoluciones que hizo la revolución política

3. Benedetto Croce, **Páginas della desestima verso la "Poesía" pura.** En "Cuaderni della Critica", París, 1947, Núm. 9, p. 37.

liberal y la revolución literaria romántica; la cátedra conquista el poder, la poesía conquista el teatro, la novela conquista el público.

"Bonaparte, Chateaubriand, Madame de Staël, habían vivido la revolución, eran arrastrados e influidos por ella como una **Naturaleza**. Solamente un artista tenía las llaves de las esclusas: Chateaubriand. El personificaba en ella, él únicamente, a la literatura, a la gran naturaleza literaria. Era la literatura la que partió para América con él en 1791, con el tema de "**Lafayette y yo**", y la que en 1880 regresó de la emigración con **La Revolución y Yo** del **Essai** y del **Génie** y la que desde el día de 1811 en que comenzó sus memorias arreglara su vida pasada de acuerdo con un **Bonaparte y Yo.**

El principio de la revolución queda, pues, incorporado a las letras como lo estará el principio de autoridad desde 1635. Pero, en fin, con Chateaubriand y Madame de Staël esta generación, aunque había vivido la Revolución desde dentro, la había pensado y medido desde fuera" (4).

La generación literaria hispanoamericana que siguió fielmente a la francesa, tomará esta revolución política como una especie de antiguo testamento, que simbolizará la Revolución del espíritu y la del arte en general.

Ante todo, el romanticismo francés se introdujo a la vida literaria bajo la forma de una oposición entre lo clásico y lo romántico, oposición que creó dos ideologías políticas: la de derecha y la de izquierda. Las ideas que no eran corrientes en otro tiempo, la de la Revolución y la de la Restauración, se convirtieron en maneras habituales de analizar la vida política. Lo mismo ha ocurrido en la vida literaria, la lucha de lo clásico y lo romántico adquirió el mismo carácter. La diversidad de los gustos que reina en este tiempo en la literatura, tiene dos públicos. Y esa claridad de los partidos literarios tiene su origen en el romanticismo.

4. Albert Thibaudet, **Historia de la literatura francesa**, Buenos Aires, Edit. Lozada, 1966, p. 107.

libertad y la revolución literaria fundando la cuestión con-
quista del poder [illegible] conquista [illegible] la vida con-
quista republicana.

(Thompson) [illegible] Chateaubriand [illegible] [illegible] [illegible] [illegible] estado de revolución [illegible] arrastrados [illegible] por [illegible] Naturaleza [illegible] [illegible] [illegible] [illegible] [illegible] [illegible] las [illegible] [illegible] [illegible] en el [illegible] [illegible] [illegible] [illegible] [illegible] literatura [illegible] parte [illegible] [illegible] tema de [illegible] y [illegible] la [illegible] [illegible] [illegible] [illegible] [illegible] y [illegible] que [illegible] [illegible] [illegible] [illegible] [illegible] [illegible] [illegible] [illegible] [illegible] [illegible] [illegible] y [illegible]

[illegible] de la revolución [illegible] pues [illegible] las letras [illegible] [illegible] [illegible] [illegible] [illegible] Pero [illegible] [illegible] y [illegible] [illegible] [illegible] [illegible] [illegible] [illegible] [illegible] [illegible] [illegible] la [illegible] [illegible] y [illegible] de [illegible] [illegible]

La [illegible] literaria [illegible] que [illegible] [illegible] francés [illegible] revolución [illegible] una especie de [illegible] [illegible] que simboliza [illegible] [illegible] [illegible] [illegible] [illegible]

Ante todo, el [illegible] francés [illegible] [illegible] [illegible] la forma de una [illegible] [illegible] [illegible] [illegible] [illegible] [illegible] políticas [illegible] [illegible] [illegible] [illegible] [illegible] [illegible] [illegible] [illegible] [illegible] [illegible] la [illegible] [illegible] [illegible] [illegible] [illegible] [illegible] [illegible] [illegible] política [illegible] [illegible] [illegible] [illegible] [illegible] [illegible] [illegible] [illegible] [illegible] La [illegible] [illegible] [illegible] [illegible] [illegible] [illegible] [illegible] [illegible] [illegible] [illegible] [illegible] [illegible] [illegible]

[illegible] [illegible] [illegible] [illegible] [illegible] [illegible] [illegible]

CAPITULO V

LA NOVELA ROMANTICA

LA NOVELA SENTIMENTAL, POLITICA E IDILICA

Cuba. Cronológicamente, la primera novela romántica hispanoamericana que puede denominarse así estrictamente, por su tono dentro de un romanticismo continental, es la del cubano Cirilo Villaverde (1812-1894), la primera figura del romanticismo hispanoamericano.

Villaverde repartió su actividad entre la política y la literatura, y fue uno de los que más se distinguieron en la lucha por la independencia cubana, lo mismo que por la enseñanza y las letras. Su producción literaria es abundante, y especialmente su producción novelística. Hacia 1837 agrupa bajo el título de **Miscelánea de útil y agradable recreo,** cuatro novelas cortas: **La peña blanca,** con el tema de incesto; **El ave muerta,** de tema similar; **La cueva de Taganana,** de tema pasional y **El perjurio,** la mejor de las cuatro, llena de bellísimas descripciones, donde también se desarrolla un drama de celos. Posteriormente publicó una serie de relatos, en los cuales sobresalen: **El espetón de oro, Encañar con la verdad, Excursión a vuelta de abajo, El penitente, La peineta calada, El guajiro, El ciego y el perro, La joven de la flecha de oro, El misionero del Caroní, Dos amores,** y su famosa novela **Cecilia Valdés.**

Sobre toda esta producción literaria se impone la última citada. En 1839 se publicó la primera versión de **Cecilia Valdés** o **La loma del ángel.** La estructura es esencialmente romántica y se anota una directa influencia de Walter Scott y de Manzoni. El fondo del libro tiene por objeto suscitar la indignación de sus lectores contra la institución de la esclavitud: El autor dice que su obra **Cecilia Valdés** constituye "una novela de costumbres urbanas, y declara en su prólogo que sus modelos son Walter Scott y Manzoni, su propósito es el de presentar la descripción de las costumbres de un pueblo de carne y hueso, especialmente sometidas a leyes políticas y civiles, imbuido en cierto orden de ideas y rodeado de influencias reales y positivas".

Esta obra está considerada como la mejor novela cubana dentro de este marco histórico y una de las obras maestras de la literatura de aquel país. Fue publicada en dos partes: la primera, en La Habana, el año 1839; la segunda, en New York, en 1882. El subtítulo, **La loma del ángel**, responde al barrio de este nombre en la capital cubana, principal escenario de la acción. Esta es simplísima.

"Cecilia, gallarda joven, fruto de las relaciones ilícitas entre una mulata, Charo, y el acaudalado español don Cándido Gamboa, llama la atención de todo el barrio del Angel por su espléndida belleza. Nadie conoce su origen, por haber sido llevada, recién nacida, desde el regazo de su madre al trono de la Casa-Cuna; pero, ya fuera del benéfico establecimiento, y en libertad por las calles, va levantando en todas partes pasiones tumultuosas. Por su belleza y color la llaman la virgencita de bronce. Uno de sus enamorados es el sastre y músico mulato José Dolores Pimienta; otro, el joven honrado Gamboa, hijo de don Cándido. Este procura a todo trance impedir las relaciones. Pero el joven se las ingenia para atraer a Cecilia y hacerla suya. Esta, ignorante, como Leonardo, de los lazos de sangre que los une y enamorada de él locamente, no opone resistencia. Don Cándido denuncia el caso al alcalde, quien ordena la reclusión de Cecilia en una casa de recogidas. Pronto es extraída de allí por su amante. Nueva luna de miel y nuevos apasionados transportes. Pero el amor de Leonardo, más curioso y sincero, empieza a enfriarse. Sobreviene el desvío. Cecilia, herida en lo más íntimo de sus sentimientos, al enterarse de la boda de su amado con una antigua novia, Isabel, acude a José Dolores Pimienta y le promete ser suya si mata a Leonardo. El mulato se dirige a la iglesia del Angel, donde había de efectuarse la boda, y clava su cuchillo en el pecho de Leonardo, que cae muerto a los pies de su prometida. Cecilia, internada en el hospital de

Paula, como cómplice, aun es reconocida por su madre antes de morir. Isabel ingresa en un convento".

El argumento no tiene un papel principal; lo más interesante es el desarrollo de la obra, en cuanto al cuadro sentimental, histórico y costumbrista. Toda La Habana del siglo XIX se encuentra reflejada en sus páginas. Villaverde quiere mostrarnos un amplio panorama de tipos, costumbres y vida en general. Sus descripciones son de una técnica y de un detallismo sorprendentes. Sus personajes, al igual que los de Lizardi, están tomados de la vida real.

Cecilia Valdés es, en realidad, una novela que mezcla los géneros característicos de la novela histórica y la costumbrista. Tanto la novela histórica como la novela costumbrista son géneros realistas. Desde un principio, el autor se sitúa ante una historia con lujo de detalles y nos dice que su novela es una fiel pintura de la existencia.

Quizás Villaverde trató de escribir una novela histórica a la manera de Scott, pero la verdad es que lo que llega al lector es una novela de carácter costumbrista.

Es preciso señalar que tanto la novela histórica como la costumbrista se basan en realidades concretas y, desde las primeras líneas, **Cecilia Valdés** se nos presenta como una novela apoyada en la realidad.

De Villaverde hay un instinto realista en su novela, pero no llega a darnos una clara visión de la historia como proceso, como sí lo hace Scott. Por esta razón en muchas ocasiones la posible denuncia social de Villaverde se pierde en virtud del deseo de crear el retrato, por la plasmación de la simple apariencia.

Refiriéndose al narrador como elemento estructural de la novela, Barrera Tomás señala que "Villaverde emplea la técnica de un narrador omnisciente que relata en la tercera persona y que interviene frecuentísimamente en su relato. Estas muy frecuentes intervenciones tienen como objeto intimar con el lector para predisponer favorablemente su ánimo, pero, sobre todo, el de guiarle en el entendimiento de la dimensión supraepisódica de lo que se narra y asegurarle de la veracidad histórica del mundo que se crea, todo ello desde la perspectiva de un específico marco de referencia; marco de referencia que, en última instancia, es lo que se quiere transmitir al lector. Así, la omnisciencia magisterial de este narrador refleja, de modo muy claro, toda una concepción de la vida (la del llamado liberalismo decimonónico) y del arte narrativo (la novela como edificación moral), puntales básicos de todo el aparato novelesco que es **Cecilia Valdés.**

"En **Cecilia Valdés**, por tanto, nos enfrentamos a un narrador que se siente maestro de moral y de política, cronista de una época cuyo horror y caos está obligado a plasmar; por otra parte, estos elementos de su carácter los percibe como ineludibles el autor que los crea. Por ello, este narrador, que responde clarísimamente a los postulados teóricos expuestos en el prólogo, narra con el marco de referencia de Villaverde, fin último de su magisterio, al mismo tiempo que con el sentimiento de repulsa que le provoca el mundo que configura. En esencia, las intervenciones del narrador se encaminan a señalar al lector hipotético la dimensión histórica y conflictiva del mundo narrado y su tajante oposición al mismo. Así, comparte con Cirilo Villaverde la visión crítica de la sociedad cubana y su específico enjuiciamiento moral. Deviene este narrador, por tanto, parte primordial en acentuar el conflicto entre la realidad que se narra (la historia) y el ideal político y ético que se propone como su correctivo (el pensamiento reformista que informa el relato).

Si por medio del narrador se contrasta el es de la realidad social con el debe ser de la utopía política, la estructura externa y el tratamiento de la trama en **Cecilia Valdés** acusan, asimismo, un procedimiento contrastante que se deriva de la percepción que tiene el narrador de la materia novelesca. El relato se divide en cuatro partes —de extensión no muy variable— y una conclusión que, por lo abrupta, contrasta marcadamente con el tono de lentitud que caracteriza las otras porciones de la novela. Estas cuatro partes agrupan un total de 45 capítulos de semejante extensión. Si bien estos capítulos parecen gozar de cierta autonomía, en realidad se agrupan en unidades superiores a ellos e inferiores a las partes en que se divide la novela. Así, en la primera, que consta de doce capítulos, éstos pueden agruparse en tres núcleos nítidamente delimitados. Los capítulos de antecedente (I, II y III) en los que se narra el dramático origen de la mulata Cecilia Valdés y su niñez ingenua, libre y despreocupada. Contrastando con éstos, en los tres siguientes se ofrece una de las manifestaciones más agudas y características del libertinaje de un "pueblo sensual y desmoralizado", cierto tipo de baile popular que posibilita el comercio sexual entre las razas. Sin embargo, el contraste entre estos dos núcleos narrativos es más de accidente que de sustancia, habida cuenta que constituyen las dos caras de una misma moneda. Son dos momentos en la relación ilícita entre el blanco y la mulata (la tragedia y el triunfo de ésta), cuya lógica secuencial temporal se ha invertido, ya que el caso de Cecilia es uno más en una serie de concubinatos. El novelista nos narra primero el drama de la abuela y de la madre para proceder luego a ofrecernos el éxito sensual de la muchacha, la que por ello ya quedó colocada en el mismo declive moral de las que le antecedieron. Es realmente un contraste trágico entre dos situaciones de un mismo tipo humano (la mulata) que se encarnan en personajes diferentes. Por último, el núcleo narrativo final de la primera parte (capítulos VII a XII), al desarrollar el tema del pensamiento rectificador cubano, mediante la narración de una jornada académica en el Colegio Seminario, y la crítica de la depravación personal y social, centrada en el joven Leonardo y su aristocrática familia, está construido a base de constantes choques internos y, en su totalidad, contrasta con los capítulos que le anteceden. El narrador, en este último núcleo de la primera parte, elabora —ya muy nítidamente— el conflicto entre la historia (la depravada realidad que configura) y la posible reforma de la misma (el ideal político que propone). Y estos dos polos son los términos del conflicto decimonónico cubano'' (1).

Argentina. Posteriormente aparece el argentino José Mármol (1817-1871), quien realiza la primera obra de dimensión perdurable dentro del romanticismo histórico-político, con su novela **Amalia**, una de las novelas más populares en la literatura romántica hispanoamericana.

Amalia, escrita entre 1851-55, se comenzó a publicar, al igual que el **Periquillo Sarniento** de Lizardi, por entregas, en **La Semana** de Montevideo. Allí se unían los temas de la lucha política, las influencias literarias románticas de la época y el credo americanista de la ''Asociación de Mayo''.

Es, pues, novela política, y como Mármol vivió y sufrió las consecuencias del régimen del tirano Rosas, es también una novela autobiográfica.

1. Pedro Barreda Tomás, **Tema y estructura de ''Cecilia Valdés''**. Anales de Literatura Hispanoamericana, No. 5. Universidad Complutense. Madrid, 1976, pp. 135, 137 y 138.

Amalia es un ataque directo a Rosas, fundamentado en documentos oficiales, panfletos y cartas, donde el autor trata de probar su argumento.

No es la primera novela romántica cronológicamente considerada, pero sí la que alcanzó mayor difusión y popularidad en su época. La acción transcurre en el plazo de cinco meses: exactamente, entre el 4 de mayo de 1840, cuando un grupo de **unitarios** fue sorprendido al intentar escapar hacia Montevideo, y el 5 de octubre del mismo año, cuando la **mazorca** de Rosas descubrió y asesinó a Eduardo Belgrado, único superviviente de los fugitivos. Entre estas escenas dolorosas se desarrolla la acción, en las cuales el autor logra mantener el interés del lector. No se puede negar que **Amalia** está llena del máximo sentimentalismo característico de la época. Sin duda, al escribirla, su autor tuvo presente las líneas líricas de Scott y Chateaubriand. El gran valor de la novela está en que hechos y personajes pertenecen a la vida real: y Mármol nos los presenta con toda su autenticidad, con sus nombres y apellidos. Veamos la trama:

"Eduardo Belgrado y cuatro amigos más, traicionados por un mazorquero que se había comprometido a facilitarles la fuga hasta Montevideo, se ven sorprendidos por la ronda de facinerosos que acaudilla el comandante Cuitino. Todos caen degollados, menos el joven Eduardo, que, auxiliado por su amigo Daniel Bello, logra escapar gravemente herido. Para librarle de la persecución de Rosas, el mismo Bello le esconde en casa de su prima Amalia, viuda joven y hermosa.

Enamoramiento de los dos jóvenes: búsquedas inútiles por parte de Rosas, quien confía a su cuñada María Josefa Escurra la busca y la captura del fugitivo. Lo identificará por una cicatriz enorme que lleva en el muslo. Por confidencias de unos sirvientes negros, Josefa empieza a sospechar de Amalia; se decide a visitarla y, al despedirse, apoya su mano en el muslo de Eduardo, comprobando la cicatriz. El joven, en constante peligro, huye de casa en casa. Contrae matrimonio con Amalia, y cuando se dispone a pasar a Montevideo, es asesinado por la policía de Rosas, justamente con su fiel criado Pedro".

"Lo fundamental en la trama es la intención; el violento ataque a un régimen y a la persona que lo dirige. Nos hallamos frente a una obra doctrinaria.

"**Amalia** es el verdadero retrato del Buenos Aires de Rosas. El autor se centra siempre en el objetivo político, mezclado con razones realistas y con un diálogo de extraordinaria vivacidad y dinamismo dentro de las situaciones noveladas.

"Editada en dos tomos, fue la obra maestra de José Mármol, quien se ganó el título de 'verdugo poético de Rosas'. Hoy, el principal interés de **Amalia** es el interés histórico: es la primera novela escrita en la Argentina, y para el lector moderno los horrores de la tiranía, las altisonantes páginas de Mármol, adquieren vida cuando describe detalles menudos de la dictadura, acontecimientos reales y personajes históricos que aparecen con sus verdaderos nombres, atrocidades referidas con el más crudo realismo. Desde las primeras páginas una pesadilla de sangre se cierra sobre la novela y el argumento es sin embargo arrebatador: seis unitarios intentan escapar de Buenos Aires a Montevideo en la trágica noche del 4 de mayo de 1840, pero son traicionados por su guía" (2).

Amalia es una de las obras más importantes escritas bajo la tiranía de Rosas; de ahí que ocupe un lugar de prioridad junto a las obras **El matadero**, de Echeverría, y **Civilización y barbarie**, de Sarmiento.

Amalia, en un todo, resulta una larga digresión en las páginas de la historia, a la que reproduce con cierto valor sociológico, si no artístico, y recrea el ambiente del régimen rosista.

En un plano estético, esta novela podría considerarse como una de las expresiones más auténticas del romanticismo literario hispanoamericano. El conjunto de cuadros y tonos perfectos singulares de la época, ligados a la exaltación sentimental e idealista de la juventud romántica, nutrida intelectualmente en las corrientes europeas, nos dan una visión clara de la modalidad sicológica típica del tiempo y medio en que fue escrita. El romanticismo hispanoamericano no era solamente tema literario; había allí reflejado un estado de alma y un estilo de vida; no sólo se escribía en ese tono, sino que se vivía en esa forma. Sobre el particular, afirma Alberto Zum Felde.

2. Arturo Torres Rioseco, **Nueva historia de la gran literatura iberoamericana**, Buenos Aires, Emecé Editores, 1945, p. 70.

"La figura de Rosas que vive en esas páginas, es la mejor que se ha pintado hasta hoy literalmente, por la justeza representativa de sus rasgos. Es un retrato novelístico magistral. Ni magnificado, ni empequeñecido, ni deformado; un retrato del personaje como los mejores de la literatura de cualquier época y país. No es poco mérito, máxime si se tiene en cuenta la dificultad del motivo, en esa hora tremenda. Esa figura, como el cuadro todo, en conjunto, de esa gran tragicomedia política, son los que perduran como imagen de una realidad histórica que se va haciendo mito, más que todas las prolijas documentaciones de los historiadores. Igualmente auténticos, por la justeza sobria de sus rasgos, son otros personajes representativos de la época y la situación, como el doctor Agüero, el solemne unitario, ex-ministro de Rivadavia, cuya estampa coincide con la definición famosa de Sarmiento, haciendo de él una cabal personificación de su tipo. Destacado asimismo, entre sus muchas escenas notables, por el vigor y la exactitud de su trazo, la célebre visita, a lo de Amalia, de doña Encarnación Escurra, esa precursora de la sagacidad y la técnica detectivesca inglesa, abuela de Conan Doyle" (3).

Colombia. La culminación de la novela romántica hispanoamericana de difusión continental se anota en **María**, del colombiano Jorge Isaacs (1837-1895). Isaacs nace justamente cien años después de Bernardin de Saint Pierre, pero en **María**, publicada en 1867, pertenece a la familia literaria de **Pablo y Virginia**, cuyo autor creó el idilio de las criaturas inocentes que, en medio de una naturaleza también inocente, se aman con un amor puro, del que sólo los puede separar la muerte en forma definitiva. **María** es la historia de Efraín y María en el escenario maravilloso del Valle del Cauca, de Colombia, y en el ambiente de la familia tradicional de la época. Constituye **María** la representación auténtica del sentimentalismo de su tiempo: presentimientos poco halagüeños, suspiros, añoranzas y la interpretación romántica del paisaje.

"Las garzas abandonaban sus dormideros ondulantes que plateaba el sol, como cintas abandonadas al capricho

3. Alberto Zum Felde, **La narrativa en Hispanoamérica**, Madrid, Editorial Aguilar, S.A., 1964, p. 43.

del viento. Bandadas numerosas de loros se levantaban de los guaduales para dirigirse a los maizales vecinos, y el diostedé saludaba el día con su canto triste y monótono desde el corazón de la tierra" (4).

La sensibilidad de la descripción da a la obra de Isaacs un valor permanente, añadiendo a su vez americanismos dentro del escenario del paisaje, al igual que en los episodios locales.

María es, sin lugar a dudas, la expresión máxima de la novela romántica hispanoamericana. Su tono lírico y la emoción tensa y permanente de la obra nos lleva al recuerdo de las más famosas novelas del romanticismo europeo, especialmente a **Pablo y Virginia**, **Atala** y aun al **Werther** de Goethe. Isaacs, en su obra, menciona sus modelos: Efraín habla de Byron y lee apasionadamente a **Atala**.

Escrita en primera persona, Isaacs combina en forma artística la evocación romántica del Valle del Cauca con la apasionada confesión de un joven que acaba de perder su amor.

La influencia de Chateaubriand es palpable en la descripción. Pero en el paisaje es enteramente americano: es el sentir de su propia tierra colombiana. Nadie puede afirmar con criterio positivo que esta obra es una simple imitación. Su unidad, su espontaneidad y su autenticidad artística lo niegan.

No se puede negar el influjo de los novelistas europeos de su marco histórico, pero también se puede afirmar el valor auténtico de su obra. **María** es una síntesis lírica de las experiencias amorosas de Isaacs y una reminiscencia de la sociedad feudalista de su tiempo.

Esta novela llegó a ser prontamente una de las más difundidas en el continente americano. Escrita en breves capítulos, con una fuerza expresiva en sus cuadros, la nota final es esencialmente la tristeza criolla de la época: llantos, añoranzas y suspiros.

La presencia del paisaje es un factor fundamental para el estudio estilístico de **María**. El paisaje del Valle tenía, hasta la aparición de la obra de Isaacs, tan sólo una existencia física. Después de conocerse a **María**, adquirió el valor poético que es propio de esta porción de tierra colombiana.

4. Jorge Isaacs, **María**, capítulo IX, Cali, Ediciones Universidad del Valle, 1967.

A más de la belleza del paisaje, le une a la novela una encarnación misteriosa del mismo. La novela se torna en un poema permanente, donde se advierte una especie de itinerario místico, a veces casi cósmico, que llega hasta una identificación vital de la persona con el medio natural en que se mueve. La naturaleza ondula en su ritmo sincrónico en todo el poema.

El valor máximo de Isaacs está en la interpretación de su paisaje y en la representación auténtica del sentimentalismo.

"That Jorge Isaacs, author of the South American classic, **María**, was strongly influenced by Chateaubriand is obvious to anyone. Sentimentality pervades the central love story of Efraín and María. The hero frankly expresses his admiration for Chateaubriand and entertains María and his sister Emma, by reading the story of **Atala** aloud to them" (5).

Indudablemente Isaacs tiene una influencia no sólo de Chateaubriand en **Atala** sino de Bernardin de Saint Pierre en **Paul et Virginie**. María continúa esa línea romántica del amor imposible. Cuando Paul desea reunirse finalmente con Virginie, la pierde en el naufragio; cuando Chactas gana el corazón de Atala, la precipita al suicidio. Cuando Efraín anhela tomar por esposa a María, la muerte le arrebata a María.

"Al dar la vuelta a un grupo de corpulentos tamarindos, quedé enfrente de un pedestal blanco y manchado por las lluvias, sobre el cual se elevaba una cruz de hierro: acerquéme. En una plancha negra que las adormideras medio ocultaban ya, empecé a leer: "María"...

Aquel monólogo terrible del alma ante la muerte, del alma que la interroga, que la maldice... que le ruega, que la llama... demasiado elocuente respuesta dio esa tumba fría y sorda, que mis brazos oprimían y mis lágrimas bañaban" (6).

El amor de Efraín, aun separado por la muerte de María, sobrevive al tiempo. Así se percibe su recuerdo:

"...porque no he vuelto a oírlas (las palabras de María), porque pronunciadas por otros labios, no son las mismas, y

5. Donald F. Brown, **Chateaubriand and the story of Feliciana in Jorge Isaacs's María**. Modern Language Notes, May, 1974, p. 326.
6. Opus, cit., de J. Isaacs, p. 45.

escritas en estas páginas aparecerían sin sentido. Pertenecen a otro idioma, del cual hace muchos años no viene a mi memoria ni una frase".

De la misma manera Chactas, fiel a la memoria de Atala, llora su partida y al mismo tiempo la evoca:

"¡Oh! Première promenade de l'amour il faut que votre souvenir soit / bien puissant, puisque, après tant / d'années d'infortune vous remuez / encore le cour du vieux Chactas" (7).

María parte dentro de esa corriente romántica más antigua: la novela sentimental del creador del prerromanticismo J. Rousseau con su obra **La Nouvelle Heloise** (1761) que a su vez tiene una fuerte influencia de Richarson con sus novelas Pamela et Clarissa. Luego como lo hemos ya señalado continúa bajo la línea de **Atala** (1801), de René de Chauteaubriand, y Pablo y Virginia (1787), de Bernardin de Saint Pierre.

El paisaje como ya lo hemos anotado juega un papel importante en la novela. Seymor Menton considera que "entre los recuerdos de Efraín, van paralelos el amor por María y el amor por la tierra. Este se manifiesta en el paisaje natural y en el paisaje humano. En los dos casos hay una doble función que encaja bien en la estructura dualística de toda la novela. La naturaleza tiene un gran valor artístico en sí, pero también sirve para reflejar los altibajos sentimentales del narrador. Las descripciones poéticas de las montañas, los árboles, los ríos, las flores y los pájaros a distintas horas del día y a distinta luz han contribuido a inmortalizar la geografía del Valle del Cauca y de la ruta fluvial desde Buenaventura. Por ejemplo la escena siguiente, vista a través de un vidrio azulado, con sus colores, su delicadeza, su "artificialización de la naturaleza" y el símil final que es idéntico a aquel usado décadas después en **Los volcanes** por Santos Chocano, indica el fuerte parentesco entre Isaacs y los modernistas, tema que se volverá a tocar más adelante" (8).

"Levanteme al día siguiente cuando amanecía. Los resplandores que delineaban hacia el Oriente las cúspides de la

7. François-René de Chateaubriand, **Atala-Rene**, París, 1960, p. 72.
8. Seymour Menton, **La estructura dualista de "María"**, Thesaurus, Instituto Caro y Cuervo, Bogotá, Colombia, Tomo XXV, agosto 1970, número 2, p. 262.

cordillera central, doraban en semicírculos sobre ella algunas nubes ligeras que se desataban las unas de las otras para alejarse y desaparecer.

Las verdes pampas y selvas del valle se veían como al través de un vidrio azulado, y en medio de ellas algunas cabañas blancas, humaredas de los montes recién quemados elevándose en espiral, y alguna vez las revueltas de un río. La cordillera de Occidente, con sus pliegas y senos, semejaba mantos de terciopelo azul oscuro suspendidos de sus centros por manos de genios velados por las nieblas. Al frente de mi ventana, los rosales y los follajes de los árboles del huerto parecían temer las primeras brisas que vendrían a derramar el rocío que brillaba en las hojas y en sus flores'' (p. 34).

Como podemos apreciar el paisaje en la novela es definitivo. La presencia de él llega a convertirse en una encarnación misteriosa del mismo. El paisaje se convierte en una constante permanente, el que está ligado estrechamente a la intriga idílica. Cuando Efraín y María se separan ella le dice: ``—cómo se han entristecido las noches—''.

Mario Carvajal en el prólogo de la edición que venimos citando, refiriéndose al paisaje con relación a la acción amorosa considera que ``esta correspondencia del corazón y la naturaleza se muestra como nota permanente, como perseverante vena de emoción que va corriendo y humedeciendo el relato desde el comienzo ilusionado hasta el abatido desenlace. Cuando al regreso de prolongada ausencia, acércase Efraín a la casa paterna, lo recibe e idílicamente, ``la más perfumada mañana de verano''. Y al dejar para siempre a María, yacente bajo sus propias azucenas, la misma alegre llanura de aquel lujoso, feliz amanecer, de tan dulces promesas, convertida ya en pampa ennegrecida por la noche —dolor ilímite y sombrío— es la que lo recibe entonces y apaga en un silencio adusto y definitivo el galope de su fuga desesperada'' (p. XV).

En el capítulo décimo, Efraín, dudando de ser correspondido por María como él lo esperaba, toma la naturaleza para expresar la significación de su verdadero amor:

``A mi regreso, que hice lentamente, la imagen de María volvió a asirse a mi memoria. Aquellas soledades, sus bosques silenciosos, sus flores, sus aves y sus aguas, ¿por qué me hablaban de ella? ¿Qué había allí de María? En las sombras húmedas, en la brisa que movía los follajes, en el rumor del río... Era que veía el Edén, pero faltaba ella; era que no podía dejar de amarla, aunque no me amase. Y aspiraba el perfume del ramo de azucenas silvestres que las hijas de José habían formado para mí, pensando yo que acaso merecerían ser tocadas por los labios de María: así se habían debilitado en tan pocas horas mis propósitos de la noche" (p. 40).

Seymor Menton considera que **María** puede ser ya una precursora del Modernismo, el que sólo ha sido reconocido por algunos autores:

"Aunque se acepte que el contenido coloca a la novela dentro del romanticismo: el amor sentimental con el desenlace trágico, la naturaleza como reflejo de los sentimientos, el egocentrismo del narrador y el costumbrismo, el lenguaje empleado por Isaacs para contar la historia revela ciertos rasgos que anuncian que los primeros escritos de José Martí no sólo revelan un gran don poético a base de la combinación delicada de sensaciones de los cinco sentidos sino que la frase siguiente podría destacarse como el principio del Modernismo" (9). "Las verdes pampas y selvas del Valle se veían a través de un vidrio azulado, y en medio de ellas algunas cabañas blancas, humaredas de los montes recién quemados elevándose en espiral, y alguna vez las revueltas de un río" (p. 34).

"Si el paisaje natural ocupa un puesto tan destacado en los recuerdos del narrador, el paisaje humano no le queda muy atrás. La observación tanto de las costumbres como de las condiciones sociales contribuye a enriquecer la novela.

Desde mediados del siglo diecinueve los autores colombianos mostraron una predilección por el costumbrismo heredado de Larra y de Mesonero Romanos. En efecto, en 1866, sólo un año antes de la publicación de María, apareció en Bogotá el **Museo de cuadros costumbristas**, dos tomos de cuadros escritos por los miembros del círculo literario "El Mosaico". Isaacs, que formaba parte del mismo ambiente literario, no pudo por lo tanto resistir la tentación de incorporar en su novela toda una serie de cuadros y de personajes costumbristas. Además tuvo el acierto de colocarlos en el lugar más apto y de integrarlos en la estructura novelística" (10).

9. Opus, cit., de S. Menton, p. 273.
10. Opus, cit., pp. 265-266.

La simbología de las flores como emblema de amor constituye otra constante en **María**. Las rosas y las azucenas silvestres representan la constancia del amor entre Efraín y María. Al hablar de símbolos sexuales, Munro considera que algunas flores pueden asociarse con el sexo femenino: "Flowers are usually regarded as feminine, being soft, concave, and receptive to fertilization, which they attract by the aid of color and perfume. Gardens, Walley in, protected and protecting" (11).

Mario Carvajal en el prólogo de la edición que venimos analizando dice: "Las azucenas del huerto habían llegado a ser para él algo del espíritu de María que vagaba a su alrededor... que se mecía en las cortinas de su lecho durante la noche" (p. XV).

C. Enrique Pupo Walker, en su estudio titulado "Relaciones internas entre la poesía y la novela de Jorge Isaacs", publicado en **Thesaurus**, Instituto Caro y Cuervo, T. 22, 1967, pp. IX-XX, considera que "desde el comienzo de la novela, María se ve envuelta en compleja simbiosis artística con la naturaleza. Isaacs multiplica los lazos que unen la heroína al paisaje, para luego, en cuidadosa progresión simbólica, llevar el personaje a la categoría de mujer-flor. La figura de María, envuelta en la fantasía artística, vive como las flores...".

Veamos algunas escenas representativas que nos ilustran la mujer-flor: "Dábamos ya la vuelta a una de las colinas de la vereda, en la que solían divisarse desde la casa viajeros deseados; volví la vista hacia ella buscando uno de tantos seres queridos: María estaba bajo las enredaderas que adornaban las ventanas del aposento de mi madre" (p. 7).

Otra descripción envuelve a María directamente con la flor que conlleva a un símbolo erótico femenino: "Llevaba, como mis hermanas, la abundante cabellera castaño-oscura arreglada en dos trenzas, sobre el nacimiento de una de las cuales se veía un clavel encarnado. Vestía un traje de muselina ligera, casi igual, del cual sólo se descubría parte del corpiño y la falda, pues un pañolón de algodón fino, color de

11. Tomás Munro, "Suggestion and Symbolism in the Arts. The journal of Aestheties and Art". University, Altimore, M.D., Cleveland, Ohio, T. 15, 1956, pp. 155-156 and 162.

púrpura, le ocultaba el seno hasta la base de su garganta, de blancura mate" (p. 13).

"Hermosas azucenas tienes en los cabellos: yo no he visto de esas en el jardín.

María, tratando de disimular su desconcierto, respondió con voz casi imperceptible:

—Es que de estas azucenas sólo hay en la montaña" (p. 43).

Por los pasajes que acabamos de señalar vemos cómo se une la mujer y la flor, a fin de mostrar un paralelo de la belleza natural y la humana. La flor simboliza la belleza de la naturaleza, la mujer, la belleza humana. Pero ambos paralelos se unen para simbolizar la belleza de la flor como la más pura belleza femenina. Así vemos cómo Jorge Isaacs va uniendo permanentemente ese vínculo íntimo entre la mujer, la flor y el amor. Desde las primeras páginas de la novela hasta el fin de la misma, se aprecia el sentido sensorial de las flores, lo que constituye a su vez una connotación sensual de las flores, las cuales figuran en **María** no sólo como símbolos socio-históricos culturales sino un medio para percibir inconscientemente la sensualidad de Efraín.

Válerie Masson de Gómez considera que "Jorge Isaacs hace de la flor símbolo de la mujer mientras la mujer se convierte en una flor y, como hemos visto, la flor es un símbolo erótico del sexo femenino. Así es que tanto en María, la casta mujer-flor que crece en el hermoso Valle del Cauca, como en la mujer voluptuosa que se rinde "a orillas del torrente", la naturaleza esconde para Isaacs-Efraín los secretos del amor" (12).

En cuanto a la estructura sólo podemos decir que la acción gira en tres temas: el amor, el dolor y la muerte. Desde el comienzo hasta el fin la novela está saturada de presentimientos dolorosos.

Tres planos de importancia se pueden apreciar en los cuales introducen a los personajes. El primero corresponde al núcleo de la acción novelada que está representado por Efraín y María. El segundo corresponde a los padres y hermanos de Efraín. El tercero está personificado por sus ami-

12. Thesaurus, **Las flores como símbolos eróticos en la obra de Jorge Isaacs**. Instituto Caro y Cuervo, Tomo XXVIII, enero-abril 1973, No. 1, p. 127.

gos Carlos y Emigdio, al igual que por los peones José y Braulio, con sus respectivas familias.

Un símbolo representativo de presentimientos fatídicos está representado por el ave negra que aparece en cuatro nefastas ocasiones.

"No sé cuánto tiempo había pasado, cuando algo como el ala vibrante de un ave vino a rozar mi frente. Miré hacia los bosques inmediatos para seguirla: era un ave negra" (p. 54).

Esta ave negra símbolo fatídico, anuncia la gravedad de María. Así no lo hace percibir el autor:

"Acababa de dar las doce el reloj del salón. Sentí pasos cerca de mi puerta y muy luego la voz de mi padre que me llamaba: "Levántate, me dijo tan pronto como le respondí, María sigue mal" (p. 55).

La segunda aparición del ave negra nos lo revela el autor en el siguiente diálogo:

—Abrimos la puerta, y vimos posada sobre una de las hojas de la ventana, que agitaba el viento, un ave negra y de tamaño como el de una paloma muy grande: dio un chillido que yo no había oído nunca; pareció encandilarse un momento con la luz que yo tenía en la mano, y la apagó pasando sobre nuestras cabezas a tiempo que íbamos a huir espantadas. Esa noche me soñé... Pero ¿por qué te has quedado así?

—¿Cómo? le respondí, disimulando la impresión que el relato me causaba. Lo que ella me contaba había pasado a la hora misma en que mi padre y yo leíamos aquella carta malhadada; y el ave negra era la misma que me había azotado la sienes durante la tempestad de la noche en que a María le repitió el acceso; la misma que, sobrecogido, había oído zumbar ya algunas veces sobre mi cabeza al ocultarse el sol" (p. 197).

La tercera aparición del símbolo fatídico lo encontramos en la siguiente escena:

"Algo oscuro como la cabellera de María y veloz como el pensamiento cruzó por delante de nuestros ojos. María dio un grito ahogada, y cubriéndose el rostro con las manos, exclamó horrorizada:

—¡El ave negra!

Temblorosa se asió de uno de mis brazos. Un escalofrío de pavor me recorrió el cuerpo. El zumbido metálico de las alas del ave ominosa no se oía ya. María estaba inmóvil. Mi madre, que salía del escritorio con una luz, se acercó alarmada por el grito que acaba de oírle a María: ésta estaba lívida" (pp. 294 y 295).

La última aparición del ave negra constituye la más trágica noticia: la muerte de María. Y con esta fatídica aparición termina la novela.

"Había ya montado, y Braulio estrechaba entre sus manos una de las mías, cuando el revuelo de un ave que al pasar sobre nuestras cabezas dio un graznido siniestro y conocido para mí, interrumpió nuestra despedida: la vi volar hacia la cruz de hierro, y posada ya en uno de sus brazos, aleteó repitiendo su espantoso canto.

Estremecido, partí a galope por en medio de la pampa solitaria, cuyo vasto horizonte ennegrecía la noche" (p. 416).

Cada aparición del ave negra tiene un descenlace fatídico. La primera anuncia la gravedad de la enfermedad de María, la segunda tiene una significación similar a la primera: enfermedad y peligro de muerte. En este caso es el padre de Efraín el que se halla en peligro de muerte. También anuncia la muerte de Feliciana, vieja esclava de la hacienda.

La tercera aparición está ligada quizá a la separación de Efraín y María, pues Efraín viaja a Londres y no volverá ya jamás a ver a María.

La última aparición del ave negra como lo anotamos anteriormente constituye la tragedia final. La vemos volando hacia la cruz de hierro sobre la tumba de María y "posada ya en uno de sus brazos, aleteó repitiendo su espantoso canto".

Es preciso señalar el juicio de Alegría para comprender la problemática central de la obra:

"El problema central de la novela nos puede parecer falso en sus premisas reales, pero perfectamente válido en el mundo literario de su época. Es precisamente en la pericia con que Isaacs lleva a cabo esta trasposición de una realidad vivida y una realidad imaginada, donde descansa el valor sicológico de la novela. Tan pronto nos damos cuenta de que María es una niñita, de quince años, las dificultades que el padre de Efraín pone al matrimonio se nos aparecen del todo razonables: el problema de ser natural, pero no deja de ser "novelesco". El novelista que se encierra en Isaacs busca, como por instinto, la presentación del conflicto a través de una mentalidad adolescente, de modo que el mundo al que se enfrenta al lector es siempre el mundo "ideal", vale decir, novelesco, de Efraín y María, donde el sentido común y las prosaicas soluciones y contradicciones están de más" (13).

Para finalizar este breve análisis de **María**, sin lugar a dudas, una de las novelas románticas más difundidas en el continente americano y de buena acogida también en Europa, pues sus ediciones son incontables, y quizá una de las novelas hispanoamericanas más comentadas, más leídas y más editadas, es preciso citar el valioso juicio del hispanoamericanista Kurt L. Levy sobre la inmortal obra de Jorge Isaacs.

"Precisamente en la acertada y delicada visión de la humanidad que no puede envejecerse yace la perpetua actualidad de esta gran novela que, en época de "postulantes y protestantes", no postula nada ni protesta contra nadie, que no tiene ni marco histórico ni preocupación social, que no tiene sino dos jóvenes perplejos ante el primer amor, y nada más. "Es la prosa de la vida, vista con el lente de la poesía", escribió José María Vergara y Vergara en la fina introducción a la primera edición de la novela en 1867. Es como si hubiera intuido Isaacs la tesis de que "la misión del novelista no es relatar grandes hechos sino hacer interesantes los pequeños".

Captando la esencia de América, capta en sus mejores páginas los íntimos resortes del corazón. Se comunica con nosotros en el nivel humano y artístico, dirigiéndole al lector moderno un mensaje de corazón y de lenguaje, que proclama su realidad vital y constante" (14).

México. Ignacio Manuel Altamirano, mexicano (1834-1893). Digno seguidor de Jorge Isaacs fue Altamirano. Es indudablemente uno de los novelistas principales en el romanticismo mexicano. Nació en Tixtla, de padres indios. Su apellido fue dado por un español que bautizó a uno de sus ascendientes. Hombre de espíritu liberal, lo mismo que Lizardi, conocedor de la historia de su país, fundó el semanario **Renacimiento**, con el cual trató de fomentar en el país una literatura de sello nacional.

La gloria de Altamirano estriba en la novela, antes que

13. Fernando Alegría, **Historia de la novela hispanoamericana**, México, D.F., Ediciones Andrea, 1966, p. 145.
14. Kurt L. Levy: **Releyendo a "María"**. XIII Congreso Internacional de Literatura Iberoamericana, Univ. Central de Venezuela, Caracas, 1968, p. 349.

en el ensayo. En 1871 escribe una novela costumbrista: **Navidad en las montañas**, la cual no tuvo mayor difusión, pero esta difusión la obtiene en sus famosas novelas posteriores: **Clemencia**, relato incluido en **Cuentos de invierno** (1869), y **El Zarco** (1887-1889). **Clemencia** es una historia de amor y refleja, al parecer, el drama íntimo del propio novelista. Es eminentemente romántica, sentimental, sicológicamente falsa, sin relieve sobre la gran masa de las novelas del mismo tipo que se producen en esos años, encuadra en la época, fines de 1863 y principios de 1864, cuando el ejército francés de Maximiliano avanzaba obligando a los mexicanos patriotas a replegarse constantemente. **Clemencia** refiere los amores desdichados, en Guadalajara, de cuatro jóvenes.

"La importancia de **Clemencia** radica en el hecho de ser una de las primeras novelas mexicanas con cuidado en el estilo y en la forma y técnica del género. Sigue las orientaciones de los mejores novelistas europeos. La novela responde a las ideas de Altamirano como defensor del nacionalismo y utilitarismo literarios. A las narraciones llenas de episodios y de personajes, Altamirano opuso una trama sencilla. Como **María**, esta novela es una obra maestra del romanticismo hispanoamericano. Tiene muchos defectos como es el uso de recursos usados por los seudo-sicologistas franceses y el contraste demasiado evidente entre los dos jóvenes oficiales, pero son los mismos defectos propios de la escuela romántica. El análisis sicológico es bastante agudo, salvo por la tendencia a poner todas las virtudes en un personaje y los defectos en otros, cuando en realidad en todos los seres humanos los hay de ambos. La prosa tiene un sentido de equilibrio y sensatez propios de Altamirano" (15).

De más estructura literaria es **El Zarco**, escrita en 1887 y 1889, aunque publicada solamente en 1900. **El Zarco** es un episodio de la vida mexicana en 1861-1863, cuando al acabar la guerra civil entre los liberales de la reforma y los clericales, grupo de bandidos desalmados aterrorizaba en la tierra caliente. Al autor no le interesa la reconstrucción de una época más o menos inmediata; intenta más bien reflejar un estado de opinión, una forma de vida, un ambiente provocado por la

15. Orlando Gómez Gil, **Historia crítica de la literatura hispanoamericana**. Holt, Rinehart and Winston, New York, London, Toronto, 1968, pp. 325 y 326.

presencia de los forajidos. La trama novelesca es el pretexto para sobre ella ir trazando un cuadro político y social.

El proceso sicológico de esta novela tiene una línea definitiva: **El Zarco**, sanguinario, traidor y cobarde, es el representante de una tipología humana, quizá muy frecuente en México, sobre todo en la época del autor.

"Ella suponía que aun entre los ladrones, la mujer del jefe debía ser un objeto sagrado, algo como la mujer de un general entre los soldados. Lejos de eso, se la trataba como una mujerzuela, como la presa de un asalto, y venía a aumentar el número de las desdichadas criaturas que componían aquella especie de harén nauseabundo, que se alojaba, como una tribu de gitanos, en la vieja capilla" (Capítulo, **La Orgía**).

Mariano Azuela en su obra **Cien años de la novela mexicana** considera que **El Zarco** aspira a ser novela mexicana; su argumento, sus personajes, el medio en que actúan, todo ha querido ser mexicano, pero su contenido carece de lo auténticamente nacional. Tiene el convencionalismo de los tipos europeos a que se refería José Ferrel en el prólogo de **Tomochic** de Heriberto Fría. "Nuestros tipos literarios —dice—, son la falsificación más grosera del tipo europeo, regularmente del francés; tipos que bailaban de incomodidad por las calzoneras con que pretendían naturalizarlos; cegaban y ensordecían por el monumental sombrero de charro bordado que se les resbalaba hasta los bigotes; y, al expresarse, embarullaban su lenguaje pringado de dicharajos mexicanos una fraseología transcrita de los folletines ultramarinos".

Siempre que he leído a ciertos autores muy elogiados como Altamirano y José López Portillo y Rojas me he acordado de esas acertadísimas palabras de Ferrel.

Se basa **El Zarco** en el manido tema del bandolero legendario por sus amores y aventuras. Una dama de buena posición social se enamora locamente de él y, deslumbrada por su fama, se le entrega.

Ciertas ideas preconcebidas acerca del papel que la novela debe desempeñar en la educación del pueblo, obligan al autor a torcer o retorcer la verdad, a deformar los acontecimientos, las cosas, los personajes, encaminándolo todo de acuerdo con una idea fija. Esto, que en el caso de Fernández de Lizardi es explicable por tratarse de un hombre sencillo, de indiscutible buena fe e ingenuidad, causa cierta repulsa en

Altamirano, escritor inteligente, culto, muy ilustrado y que sabe bien lo que quiere y lo que puede.

La obra basada en la mentira está destinada inevitablemente al fracaso. En ninguna actividad humana la mentira ha hecho más que daño. La mentira política, del ciudadano hace un pelele; la social un comediante, la religiosa un fariseo y la literatura convierte al hombre de letras en marioneta" (16).

16. Mariano Azuela, **Cien años de novela mexicana**. Editorial Botas, México, D.F., México, 1947.

CAPITULO VI

LA NOVELA INDIANISTA, HISTORICA Y ANTIESCLAVISTA EN HISPANOAMERICA

Una de las principales finalidades que se propusieron los escritores de Hispanoamérica al finalizar el siglo XIX fue la idealización del indio en la literatura. Los escritores antillanos españoles querían hacer una literatura de rasgos nacionales y este rasgo se estructuró en el indio más que en el paisaje.

Los rasgos característicos del indianismo romántico son idealización del indio y vilipendio del español. El indio aparece como sencillo, amable e ingenuo, frente al español que es cruel, alevoso, humillante y mentiroso.

Concha Meléndez (1), en **La novela indianista en Hispanoamérica**, considera que "tres sentimientos fundamentales dominan esta literatura: antiespañolismo, asimiento a la tradición indígena —principalmente al incaico— y optimismo exultante acerca del futuro de América.

"En la expresión del antiespañolismo se anotan las crueldades de la Conquista y la triste historia del gobierno español en la América.

"En la tradición indígena, el indio fue motivo patriótico, remontándose los escritores a la conciencia de la época, 'que de alegoría poética se convirtió en programa político de aquellos revolucionarios que después de 1814 soñaron con la res-

1. Concha Meléndez, **La novela indianista en Hispanoamérica, (1832-1889)**, Río Piedras, Ediciones de la Universidad de Puerto Rico, 1961, p. 65.

tauración del trono de los incas como una de las posibles formas de gobierno' ".

Conviene destacar el profundo significado de los novelistas indianistas hispanoamericanos, ya que el tema indianista lleva a pensar más allá del colorido local y del idealismo romántico. El indianismo constituye, pues: Una identificación de los americanos libres e independientes de las ex-provincias españolas, con los indios viejos moradores del suelo de América. Un deseo de afirmar un pasado no español en América. Esta identificación, que se realiza a través de poemas y novelas, es, si se quiere, puramente gratuita y artificial, ya que el indio romántico es un tipo completamente falso, sin ninguna realidad ni verosimilitud, ni en el pasado ni en el presente. Sin embargo, tiene un profundo significado dentro de la sicología del nacionalismo, y no cabe duda que los lectores hispanoamericanos de poemas y novelas sobre temas indios se identificaban espiritual y emotivamente con sus antepasados, si no raciales, por lo menos territoriales, y no cabe duda que el lector cubano, dominicano, argentino o mexicano, de mediados del siglo pasado que leía los sufrimientos de los indios, las crueldades de los españoles, los heroicos esfuerzos de los indios por defender su tierra y su dignidad, contra los intrusos, se sentía indio. Desde este punto de vista, el indianismo desempeñó un papel de integración nacional y patriótica, puesto que proporcionaba al ciudadano de las nuevas repúblicas una vinculación emocional del pasado y los pasados pobladores de su tierra. En Cuba, colonia hasta el fin del siglo XIX, el indianismo emotivo había de tener un arrastre doblemente fuerte, puesto que los cubanos todavía luchaban contra el dominio español" (2).

Este nexo entre el indianismo literario emotivo y sentimental, y el desarrollo de las ideas políticas en América hispana se pone de relieve en una interesantísima declaración de Max Henríquez Ureña:

"La literatura indigenista surge, pues, en la república Dominicana, después de la efímera reanexión a España, consumada en (1861). Antes el tema patriótico pudo ser, frente a las invasiones haitianas, el de las Vírgenes de Galindo, que cantó Del Monte para recordar los horrores del largo cautive-

2. Gabriel Coulthard, **Raza y color en la literatura antillana**, Publicaciones de la Escuela de Estudios Hispanoamericanos de Sevila, Sevilla, España, 1958, p. 5.

rio de los dominicanos bajo las banderas de Haití. El hecho de la reanexión es el que por primera vez pone el dominicano frente a España, la que mueve a los dominicanos a recordar a los desaparecidos aborígenes y a llevar sus desventuras" (3).

Desde un punto de vista puramente literario, los románticos latinoamericanos seguían el derrotero que les trazó el romanticismo europeo, buscando una literatura con temas distintamente nacionales, y el indio aborigen tenía todos los requisitos para jugar este papel.

"El deseo también, como salta a la vista, de tener una literatura nacional, americana, con temas distintos de los temas europeos, tampoco es puramente literario, pues corresponde a una actitud en el fondo político de afirmación patriótica y separatista" (4).

Dos tipos de novelas de este género son representativas: la sentimental o idílica, y la de evocación histórica. Ambos tipos marchan bajo la misma tendencia idealista de pintar al indio como héroe romántico. El influjo de los escritores de novelas indianistas hispanoamericanos parte de Chateaubriand, en **Atala**, Bernardin de Saint Pierre, Walter Scott y James Fenimore Cooper.

Podríamos afirmar que la crónica de la Conquista, que siempre bordeó el tema novelado, encuentra en esta obra su máxima expresión artística. Los autores que cultivaron la novela histórica en el romanticismo hispanoamericano, estuvieron inspirados en episodios de las guerras entre españoles e indios.

"Hacia fines del siglo la novela histórica hispanoamericana se va a hacer más personal, más interesada, más 'comprometida' en el caudal de hechos políticos y sociales que maneje. El novelista argumentará cada vez un plano más directo y con voz más airada a favor o en contra de causas que atañen y cuya significación se impone al interés circunstancial de los episodios propiamente literarios" (5).

La idealización romántica del indio, sustentada en el plano filosófico por Rousseau y en el literario por Voltaire,

3. Max Henríquez Ureña, **Panorama de la literatura dominicana**, Río de Janeiro, 1945, pp. 197-198.
4. Obra citada de **Coulthard**, p. 7.
5. Fernando Alegría, ob. cit., p. 75.

Saint Pierre y, especialmente, por Chateaubriand, tuvo una gran repercusión en la América, al igual que en la poesía, la narrativa, el teatro y la novela. Imitando a Chateaubriand, los novelistas descubren el paisaje americano, con interpretación lírica, al que incorporan voces y tradiciones indígenas. En la América, las primeras raíces del romanticismo indianista comenzó como prédica social, basado en la **Brevísima relación** del padre Bartolomé de las Casas y en **La Araucana** de Ercilla. Esta temática le es propicia a Montaigne para uno de sus famosos ensayos, **Des Cannibales**, para Voltaire en su tragedia **Alzine** (1736) y en su novela **Candide** (1759).

La época de mayor desarrollo en este tipo de novela puede situarse por los años de 1860 a 1880. Cronológicamente, en este marco histórico podríamos considerar a la primera novela, **Jicotencal**, publicada en Philadelphia en 1826, de autor anónimo. El tema central se basa en la conquista de México por Hernán Cortés. Se supone que esta novela fue escrita por algún mexicano, ya que se anota una animosidad contra Hernán Cortés. Los personajes de **Jicotencal** constituyen la libertad y el heroísmo. La clasificamos dentro de la novela indianista romántica, ya que trata de la vida de Moctezuma y los indios. "Sus méritos literarios son escasos: paisajes convencionales, falta de ambientación, ausencia de perspectiva histórica y una manera de pensar y de expresarse en los personajes, que recuerda más a un racionalista de la ilustración que a un indígena de los tiempos de la Conquista. Poco o nada de Walter Scott; mucho de Marmontel, de Madame de Genlis, de Madame Cottin. En esta novela, como acertadamente lo ha dicho Anderson Imbert, "no se cuenta, se predica" (6).

Posteriormente encontramos a **Netzula** (1832), del mexicano José María Lafragua (1813-1875), y su fondo radica en la grandeza de Moctezuma.

En efecto, la novela se remonta a los tiempos de Moctezuma. Ixtlou, bravo guerrero, se había retirado a una cueva de las montañas "porque no quería presenciar la esclavitud de su patria". En las últimas páginas se describe la derrota

6. **Notas sobre la novela histórica en el siglo XIX**, Estudios sobre escritores de América, Edit. Raigal, Buenos Aires, 1954, pp. 27-30.

de los indios. El autor quiso narrar el dramatismo de la derrota de los aztecas, quizá sin lograrlo plenamente.

Lafragua, en ciertos pasajes, quiere imitar a **Atala**:

"La noche estaba serena: la luna brillaba en toda su luz, y la hija del guerrero caminaba tímida y silenciosa a visitar al héroe: vestida de blanco y suelto el cabello, se estremecía al oír el ruido de la yerba que movía con sus pasos, y la sombra de los árboles, que se agita pausadamente con la brisa, la hacía temblar" (7).

En otro párrafo encontramos lo siguiente:

La hija de Ixtlou sentía arder sobre su frente la fiebre que la conducía a la tumba; pero no queriendo afligir a su padre, callaba y miraba la muerte como el hecho de su descanso, el asilo contra la tormenta (8).

En 1841 aparece **Sab**, escrita por la poetisa cubana Gertrudis de Avellaneda (1814-1873), novela de ambiente antillano donde se describen los amores idealizados de un esclavo con la hija de un propietario de ingenios.

"La orientación espiritual de **Avellaneda** es profundamente romántica y todas sus novelas están dentro de esta corriente. Así, en **Sab**, el personaje principal es un héroe romántico típico (como los héroes de sus demás novelas), hombre de corazón y sentimientos nobles, alma apasionada y tierna, afronta el sacrificio de sí mismo. Al mismo tiempo, **Sab** es un rebelde, aunque su rebeldía no va más allá de las palabras. Y como tantos héroes románticos es "maldito": "una maldición terrible pesa sobre mi existencia". Es de origen aparentemente humilde-bastardo, pero su madre nació libre y princesa en Africa y él "tiene libre y noble el alma, aunque el cuerpo es esclavo y villano" (9).

De modo que **Sab** es un tipo literario, más que un esclavo cubano, retratado directamente sobre la realidad. Hay, sin embargo, una protesta implícita contra la esclavitud, puesto que destroza la vida de un hombre noble y bueno y permite la supervivencia y éxito de su rival, hombre de sentimientos bajos, totalmente desprovisto de idealismo. La

7. **Novelas cortas de varios autores del primer tercio del siglo XIX**, Biblioteca de autores mexicanos, México, Imp. de V. Azuero, Vol. XXXIII, pp. 265-306.
8. Obra citada, pp. 301-302.
9. Enrique Anderson Imbert, **Historia de la literatura hispanoamericana**, Fondo de Cultura Económica, 1954, Vol. I, p. 29.

Avellaneda parte de lo que hemos llamado su protesta implícita: critica abiertamente la institución de la esclavitud, pero de una manera un poco especial. La tesis de la autora es que **Sab** es un hombre bueno y generoso, que tiene la desgracia de haber nacido esclavo y llevar el estigma de una piel oscura. Hay también una protesta contra la institución de la esclavitud, en nombre de principios humanitarios y liberales muy en boga en la época romántica.

La novela se divide en 16 capítulos narrativos: 11 en la primera parte y 5 en la segunda, más la Conclusión, fragmento quizá el de mayor valor en cuanto a la protesta social. En la Conclusión captamos el mensaje que la autora se propuso expresar: la protesta antiesclavista. Veamos lo siguiente:

"...Pero ¿qué es la virtud? ¿en qué consiste?... Yo he deseado comprenderlo, pero en vano he preguntado la verdad a los hombres. Me acuerdo que cuando mi amo me enviaba a confesar mis culpas a los pies de un sacerdote, yo preguntaba al ministro de Dios qué haría para alcanzar la virtud. La virtud del esclavo, me respondía, es obedecer y callar, servir con humildad y resignación a sus legítimos dueños, y no juzgarlos nunca".

Esta explicación no me satisfacía. ¡Y qué!, pensaba yo: ¿la virtud puede ser relativa? ¿La virtud no es una misma para todos los hombres? ¿El gran jefe de esta gran familia humana, habrá establecido diferentes leyes para los que nacen con la tez negra y la tez blanca? ¿No tienen todos las mismas necesidades, las mismas pasiones, los mismos defectos? ¿Por qué, pues, tendrán los unos el derecho de esclavizar y los otros la obligación de obedecer? Dios, cuya mano suprema ha repartido sus beneficios que Dios le dispensó, abdicar la dignidad con que le ha revestido, y besar la mano que le imprime el sello de la infamia? "No, los hombres mienten: la virtud no existe entre ellos" (10).

Como vemos, esta Conclusión de **Sab** constituye una crítica enérgica contra la esclavitud, pues el protagonista negro y esclavo reclama la igualdad de derechos y denuncia la injusticia social.

10. Gertrudis Gómez de Avellaneda, **Sab**. Instituto Cubano del Libro. La Habana, 1973, pp. 309-310.

Mary Cruz, en su valioso estudio de presentación de la novela considera que "Los valores ideológicos en **Sab** son evidentes: Por boca de tres de sus personajes (el mulato esclavo, Carlota y Teresa) hace los pronunciamientos más románticos y quijotescos, pero que alcanzan a dar una dimensión revolucionaria inesperada en obra de puro entretenimiento, como la ideó su autora. Es de veras sorprendente, para su momento de creación y de publicación, una novela como **Sab** que resulta encendida denuncia contra la esclavitud" (11). Al año siguiente (1842), esta misma autora publicó la obra **Dos mujeres**, en la cual ya se ve clara la influencia francesa, y de modo especial la de Jorge Sand. En 1844 publica **Espatolino**, novela que responde al cuadro romántico: exaltación del bandido y la protesta contra la sociedad. Y en 1846 da a conocer **Guatimozín**, novela con fundamentos históricos. Describe el ambiente del México de Moctezuma con riqueza de detalles, y destaca las acciones guerreras de los indios y el sacrificio de Guatimozín, lo mismo que el de los príncipes aztecas.

La obra está dividida en cuatro partes. La primera tiene características similares a la de Scott, donde nos muestra un precioso fondo histórico.

En la segunda parte se resalta la rebeldía de los mexicanos, el furor de la guerra y la muerte de Moctezuma. La tercera parte habla del poder de Guatimozín, quien asume la dirección de la lucha y desciende al primer plano. La cuarta parte relata la derrota de Xochimilco, la conspiración de Villafaña y la muerte heroica de Xicotencal. Los dos últimos capítulos narran la prisión y el martirio de Guatimozín, y el epílogo describe la muerte en la horca del noble prisionero acompañado por los príncipes Metzala y Coanacot.

"No sólo se ha propuesto la Avellaneda ofrecernos en **Guatimozín** la narración novelada del último emperador azteca. Su intención ha sido más ambiciosa: desplegar ante nuestros ojos el lienzo de dimensiones colosales que constituye la conquista de México. Novela histórica de amplias proporciones que toma como modelo inmediato a las de Walter Scott, el primer prosista de Europa, el novelista más distinguido de la época".

11. Opus, cit., p. 121.

Tal interpretación de novelar el proceso histórico de la Conquista nace en **Tuba** de la positiva valorización que tiene la cultura azteca. El México precortesiano en modo alguno era "bárbaro" para la autora. "Poseía una alta y refinada civilización en la que florecieron la poesía, el teatro y la danza". Al mismo tiempo manifiesta sus simpatías por las virtudes de los americanos (72) y por la intensidad de la pasión amorosa en las mujeres de nuestro continente (280). Este americanismo ferviente le hace documentarse en las propias **cartas de relación** de Hernán Cortés y en las detalladas crónicas e historias de Bernal Díaz del Castillo, Antonio de Solís, Robertson, Clavijero, Boturini y Acosta a los cuales menciona en el texto (195). Así nada hay de improvisación en estas páginas aunque cometa el disparate histórico de atribuir a las construcciones aztecas cópulas y otros ornamentos de la arquitectura europea occidental (71). Por último, podemos encontrar una tremenda simpatía por los vencidos que irrumpe lírica y patéticamente en la narración (226). La Avellaneda ha tratado de ser imparcial en la versión que nos da de los acontecimientos, pero no ha podido ser indiferente.

El análisis del contenido nos revela el romanticismo integral que pervade todo el texto de **Guatimozín**. A este respecto lo que primero llama nuestra atención es el idealismo de que impregna la autora a casi todos los personajes importantes. El aspecto externo de Cortés es el de un perfecto héroe caballeresco (60); Moctezuma "era liberal, magnífico, justiciero" (61); Guatimozín poseía una "tez perfectamente blanca" (64); Gualcazinba, su esposa, un rostro sereno y suave con "expresión casi sublime" (48). Tecuixpa nada más que logra ser simplemente "linda", pero su amante (en el sentido romántico), Velázquez de León, hace gala de una "frente blanca y hermosa como la luna" (119). Contrastando con estos personajes Pedro de Alvarado es también idealizado a la inversa "colérico, imprevisor, violento, feroz por instinto" (144). Constituye el villano por excelencia.

Tales son los caracteres que mueven la acción del relato. Dos niveles se pueden distinguir en su argumento. Por una parte, el desarrollo de los acontecimientos históricos de la conquista de México; por otra, la relación amorosa entre Guatimozín y Gualcazinla y Velázquez de León y la princesa Tecuixpa que añaden interés narrativo a la novela. En el primer estrato, manteniéndose fiel a la veracidad histórica, la Avellaneda sigue la fórmula de Scott; en el segundo, el idilio, la idealización y la firmeza de estas relaciones, recuerdan el tono y la sensibilidad de **Atala.** Como en esta obra, el amor del español y de la india queda consagrado por la virginidad que le impone la muerte. Tema que se reiterará en la novelística hispanoamericana hasta llegar a ser lugar común" (12).

Esta novela tuvo gran difusión y de ella se hicieron tres ediciones: México (1853), Valparaíso (1847) y otra vez en México en 1887. Fue traducida al inglés por Mrs. Blake, en México en 1889. Por último, Avellaneda escribió **La velada del hecho o el donativo del diablo** (1849), **Dolores** (1851) y **El Cacique de Turmequé,** en 1860.

El Cacique de Turmequé se desarrolla en el Nuevo Reino de Granada y la acción comienza en 1579 con la llegada a Bogotá del visitador Juan Bautista Monzón. El personaje femenino central es Estrella, célebre por su belleza, quien casó con un capitán español. La figura del mestizo juega un papel importante, y la autora le da una especial simpatía. "Elegante de talle, de negros y fulgurantes ojos, de tez ligeramente bronceada, pero admirable por su juvenil tersura. Profusa cabellera sombreada, prestándole gravedad melancólica, una frente altiva y espaciosa, hecha al parecer para ostentar una corona" (13).

Sobre el tema indianista también escribe el mexicano Crascencio Carrilla y Ancora (1836-1897). Se destaca en su novela **Historia de Velina** (1862), un fondo del paisaje e historia de la provincia de Yucatán en México.

Otro mexicano digno de mención es Eligio Ancona (1836-1893), sobre todo por su novela **Los mártires del Anáhuac.** La tendencia es antiespañola y romántica en cuanto al trato del indio.

Esta novela es una de las más representativas en el tema indianista del grupo romántico mexicano, y puede considerarse como una de las más antiespañolas. El título de-

12. Obras completas de la Avellaneda, **El cacique de Turmequé,** La Habana, Imprenta de Aurelio Miranda, 1914, V. 754.
13. Pedro M. Barreda Tomás, **El indianismo y el indigenismo en la narrativa hispanoamericana: estudio de algunas de sus confluencias.** En el libro de homenaje a Luis A. Sánchez en los 40 años de su docencia universitaria. Talleres Gráficos P.L. Villanueva, S.A., Lima, Perú, 1968, pp. 46 y 47.

muestra una síntesis de la actitud de **Ancona** ante los aztecas, a quienes tiene por nobles mártires. El indianismo del autor se aprecia con mayor intensidad en el capítulo segundo:

"Los dioses son testigos de mi inocencia en el supuesto crimen que se me imputa. Yo no he hecho más que lo que debe hacer todo hijo de Anáhuac que tenga sangre azteca en las venas: combatir contra los rebeldes totonacas. ¡Hijo mío! valientes guerreros de Nauthtlan: no olvidéis en este último trance que habéis cumplido siempre con vuestro deber y que enemigos os contemplan" (14).

Posteriormente, encontramos en la novela esta descripción: "¡Nobles mártires del Anáhuac, sacrificados a la cobardía de un rey, y al canibalismo de vuestros enemigos! Vuestro cadalso fue como el de otros muchos que ha levantado en todo el ámbito de la tierra la injusticia de los hombres: el pedestal de vuestra gloria".

Mexicana, de fondo indianista en este período, es la obra de Ireneo Paz, titulada **Amor y suplicio** (1873). Un exceso de sentimentalismo romántico envuelve al personaje central Cuauhtemoc.

"Le dirás que desfallezco por ella, que no duermo en las noches contemplando su imagen grabada en mi corazón, y que el día lo paso pensando en sus ojos".

El mismo autor Paz publica en 1883 su segunda novela indianista: **Doña Marina**, escrita en dos volúmenes. "El elemento ibérico es aquí más importante que el indígena. Asistimos a un momento histórico, 1552, de singular interés, en que las dos culturas empezaban a mezclarse" (15).

Azcaxochial, o La flecha de oro, novela escrita por J. R. Hernández en 1878. La acción se desenvuelve en la época precortesiana, en el reino de Acolhuacán, los aztecas y Malinalco, Estado tributario de Colhuaca. Hernández nos da una rápida visión del bosque de Chapultepec y de la heroína de la novela: "Mirar centelleante y altivo, boca comprimida por el desdén, con indomable bravura en sus marciales movimientos, encarnada perfectamente la representación de esa Amé-

14. Eligio Ancona, **Los mártires del Anáhuac**, México, Impr. de José Bastiza, 1870, p. 24.
15. Concha Meléndez, ob. cit., p. 99.

rica Virgen que ha sido calumniada por mucho tiempo y cuyas glorias en esos pasados tiempos han quedado en parte ignoradas" (16).

Una de las figuras importantes que trata el mismo tema, el ecuatoriano Juan León Mera (1832-1894) autor de **Cumandá**, o un drama entre salvajes. Esta novela constituye una verdadera expresión del aspecto romántico de Hispanoamérica, cuyo fondo central está en el sentido y en el tema histórico que aparece en la trama de la obra con típica expresión romántica, aunque casi todo el contenido sea inverosímil. Valoriza los cuadros de la naturaleza ecuatoriana, en donde resalta la majestad de sus montañas y de sus selvas.

Es la novela de la naturaleza del indio. El argumento gira alrededor de los indios "jíbaros". Entre ellos creció Cumandá, la heroína central, cuya belleza es como un símbolo de la América primitiva y legendaria.

Cumandá tiene cierta frescura virginal y cierto encanto, que parten de las costumbres y de la naturaleza desconocida en un mundo civilizado. El argumento, al parecer, se encuentra en un hecho histórico. Según este fragmento de la novela:

En 1791 hay una sublevación de los indios de Guamote y Cumbe. Matan a cuantos españoles hallan a mano, y entre ellos a los miembros de la familia del rico hacendado don José Domingo de Orozco. Sólo se salvan, por hallarse ausentes, éste y su hijo Carlos, niño de diez años. Abrumado por la desgracia, Orozco se ordena en la orden de Santo Domingo, y dieciocho años después se le destina a la misión de Andoas, a donde va en compañía de su hijo. Carlos conoce allí a la india Cumandá, se enamora de ella, y surge entre los dos una honesta pasión. Varias veces la india salva a su amado constantemente perseguido por las gentes de la tribu. Su terrible jefe, Yahuarmaqui, elige a Cumandá por esposa y ordena matar a Carlos; pero éste se salva por intervención de un guerrero aliado de Yahuarmaqui. Cumandá huye y se refugia al lado del padre Orozco. Recibe éste un mensaje por el que solicita la devolución de la hermosa india a cambio de Carlos, a quien tienen prisionero. Muere Yahuarmaqui y se condena a Cumandá a la última pena, para que su espíritu vaya a unir-

16. **Azcakochial**, p. 41.

se al difunto. La india se reintegra a la tribu, con la esperanza de salvar a Carlos; el padre Orozco acude también; pero sólo logra liberar al joven, ya que, ocupado en la conversación del indio Tongana, llega a la tribu cuando Cumandá, entregaba voluntariamente sacrificio, es ya cadáver. Por Tongana se entera Orozco de que Cumandá era hija suya, salvada de la matanza por su nodriza, esposa del mismo Tongana. Este, y no los indios sublevados, había sido el verdadero causante de la desgracia de Orozco. Al servicio de don José Domingo, había aprovechado la revuelta para vengar en la familia, incendiando la hacienda, los malos tratos recibidos de su señor. Carlos muere de pesar, dos meses más tarde. Y el padre Domingo vuelve a su convento de Quito para continuar su vida de penitencia.

La novela está en la línea literaria de **Atala**, con la excepción de que **Mera**, respecto de Chateaubriand, es más auténtico en su obra, pues conoce el lenguaje de los indios al igual que sus costumbres y sus supersticiones.

La descripción del paisaje es admirable y está muy bien logrado. Mera nos muestra la majestuosidad de la cordillera de los Andes. El autor nos lleva hacia esas misteriosas montañas donde habitan las tribus de indios salvajes en la cual se mueve la acción novelada.

"En sus crestas más elevadas, esto es, a una altura de cerca de mil metros, descuellan centenares de palmas que parecen gigantes extasiados en alguna maravilla que está detrás, y que el caminante no puede descubrir mientras no pise el remate del último escalón. Y cierto, una vez coronada la cima, se escapa de lo íntimo del alma un grito de asombro: allí está otro mundo; allí la naturaleza muestra con ostentación una de sus fases más sublimes: es la inmensidad de un mar de vegetación prodigiosa bajo la azul inmensidad del cielo. A la izquierda y a lo lejos la cadena de los Andes semeja una onda de longitud infinita, suspensa un momento por la fuerza de dos vientos encontrados; al frente y a la derecha no hay más que la vaga e indecisa línea de horizonte entre los espacios celestes y la superficie de las selvas, en la que se mueve el espíritu de Dios como antes de los tiempos se movía sobre la superficie de las aguas" (17).

17. Juan León Mera, **Cumandá**. Colección Austral, Espasa Calpe, Madrid, S.A., 1967, p. 43.

Pedro Antonio de Alarcón, en carta enviada al Director de la Academia ecuatoriana, considera que es Cooper y no Chateaubriand la que influye literariamente a Cumandá.

"Dijérase que está escrita por Fenimore Cooper del Sur, más caliente y brillante que el del Norte. No hay en él brumas y aguas frías, sino toda la pompa india de Decidente. Chateaubriand es siempre reflexivo y triste... ¡Repito que es Cooper!".

Sobre este juicio reacciona Concha Meléndez, diciendo lo siguiente:

"Justo es subrayar, sin embargo, que Mera en Cumandá nunca cruza los límites del arte para entrar en los del melodrama, como hace Cooper una y otra vez. Por ejemplo, el poeta ecuatoriano no describe la muerte de Cumandá. El Padre Domingo y Carlos encuentran su cadáver, bello todavía, junto al del cacique. Contrasta la muerte de Cumandá con la de Cora en **The last of the Mohicans**, atravesada por el puñal de Magua, muerte melodramática como un episodio de vulgar cinema" (18).

Juan León Mera tiene un gran mérito, y es el de que con él se inicia la novela en el Ecuador. Desde un principio tuvo gran inclinación por los temas indianistas.

Mera trata de idealizar románticamente al indio, falseando así la realidad del indígena de su época. Los indios descritos por él en su época no son de carne y hueso, sino producto de una gran fantasía. Por tal razón algunos críticos consideran a **Cumandá** una novela inverosímil, que llega a las puertas de la falsedad, pues sus personajes están fuera de una existencia real. Angel F. Rojas refiriéndose a la novela dice lo siguiente:

"Una generación de novelistas y críticos que busca ahincadamente la realidad ante todo, es de pensar que haya condenado con severidad la novela de Mera. En particular, su idealización del salvaje. Se le ha reprochado su falta de sensibilidad ante el drama del indio siervo del feudalismo serrano. Impugnan su evasión de ese problema, su cobardía o carencia de visión para tratarlo literariamente, en la obra novelesca. Afirman que, en vez de presentar unos **natchez** sofisticados en lo más enmarañado de nuestras selvas, debió

18. Concha Meléndez, **La novela indigenista en Hispanoamérica** (1832-1889). Ediciones de la Universidad de Puerto Rico. Río Piedras, 1961, p. 165.

haber detenido sus miradas en el espectáculo tremendo que daban los indios en medio de los cuales vivía rodeado, en su risueña campiña ambateña. Y lamentan que su conservadorismo político, que le hacía admirar sin tasa las figuras del pasado y las fórmulas medievales que García Moreno pretendió imponer en el Ecuador, impidiera que el novelista tratara con sinceridad nuestro problema medular, en la obra de ficción'' (19).

Empero, de vez en cuando percibimos pequeñas protestas sociales en **Cumandá**, pero en realidad insuficientes para su largo contenido. Así al culminar el capítulo V encontramos lo siguiente:

''...Vuestra alma tiene mucho de la naturaleza de vuestros bosques: se la limpia de las malezas que la cubren y la simiente del bien germina y crece en ella con rapidez; pero fáltale la afanosa mano del cultivador, y al punto volverá a su primitivo estado de barbarie.

Vosotros no sois culpables de esto; lo es la sociedad civilizada, cuyo egoísmo no le permite echar una mirada benéfica hacia vuestras regiones; lo son los gobiernos que, atentos sólo al movimiento social y político que tienen delante, no escuchan los gritos del salvaje, que a sus espaldas se revuelca en charcos de sangre, y bajo la lluvia del ''ticuna'' (20) en sus espantosas guerras de exterminio'' (21).

Sin duda, uno de los juicios más fuertes en contra de **Cumandá** es el del hispanoamericanista E. Anderson Imbert, quien considera que ''la vena poética es lo que permanece fresco en **Cumandá**: humedece con líricas metáforas la descripción de selva, montañas y ríos de la parte oriental del Ecuador y el cuadro de las costumbres de los salvajes jíbaros. Sin duda lo nuevo de estos escenarios y escenas de la virgen América fue lo que admiró a los europeos que consideraron **Cumandá** como una de nuestras obras maestras. Pero, al fin y al cabo, es una novela; y juzgándola como tal es falsa desde la primera línea. Transcurre en 1808; pero la acción arranca del histórico alzamiento de los indios de Guamote y Columbe, en 1790. Inmediatamente el lector adivina que los

19. **La novela ecuatoriana**. Fondo de Cultura Económica, México, Buenos Aires, 1948, pp. 54 y 55.
20. El veneno más activo que usan aquellos salvajes.
21. **Cumandá**, opus. cit., p. 70.

amantes Cumandá y Carlos son, en realidad, hermanos separados en la niñez por aquellos acontecimientos. De un golpe queda destruido el interés en lo que **Cumandá** tiene de novela de aventuras. Pero la peor torpeza de Mera en tanto narrador está en su desbordante sentimentalismo, convencional e hinchado. En vez de invitar al lector a que entre imaginativamente en la historia de esos amores infortunados y de crearle así las condiciones para que se emocione desde dentro, lo agobia con pesados fardos de emociones ya preparados, comprimidos y atadas con la marca de la fábrica del romanticismo ñoño. Así, no hay un solo personaje que conmueva, un solo episodio que convenza, un solo diálogo que recuerde el habla viva de las gentes. Todo es absurdo y a veces ridículo. La actitud europeísta en literatura, españolizante en política y católica en metafísica que Mera tenía ante los indios de su propio país falsificó también eso que, no sabemos por qué, se ha llamado "indianismo" de Cumandá" (22).

En 1878 aparece **Enriquillo**, del dominicano Manuel de Jesús Galván (1834-1910). Galván se situó en la parte histórica, apoyando sus apreciaciones en documentos originales, hasta el punto de transcribir páginas enteras de Las Casas. La primera parte de **Enriquillo** se publicó en 1878, y la edición completa, en 1882. La historia de la primera mitad del siglo XVI en Santo Domingo surge con lujo de detalles: **Enriquillo** es una de las novelas históricas más famosas del siglo XIX. Sobre el particular, afirma Anderson Imbert: "Es asombroso que Galván haya logrado una novela de tanta calidad literaria, a pesar de las dificultades de su complejo tema histórico y de su método académico a consecuencia de la política española: y así los dominicanos, enfrentándose a España, la conjuraron como símbolo del espíritu de la libertad. El indianismo obedecía a un móvil de restauración nacional. Galván, en medio de este florecimiento indigenista —Joaquín Pérez acababa de publicar **Fantasías indígenas**, en 1877, comenzó su novela idealizando también a los indios.

Pero Galván, aunque siente la atracción de la simpatía romántica por el indio, no se deja arrastrar por ella. Nos ad-

22. E. Anderson Imbert, **Historia de la literatura hispanoamericana**. Tomo I, Fondo de Cultura Económica, México, D.F., México, 1957, pp. 259 y 260.

vierte, explícitamente, que está de parte de la civilización europea: "Suplicamos al lector que no nos crea atacados de la manía indiófila. No pasaremos nunca los límites de la justa compasión". Hay, pues, una diferencia de actitud entre Galván y otros escritores indigenistas de su época. Galván convirtió al padre de Las Casas en el eje doctrinario de su novela: siguió sus escritos al pie de la letra y a veces textualmente. Pero Galván no interpretó la prédica de Las Casas como una prueba de la bajeza moral de España, sino como un noble ejemplo que España ofreció al mundo" (23).

Galván, antes que una obra de recreación, quiso escribir una obra histórica. Y ello con toda la trascendencia que el concepto de historia implica en la época moderna: exposición de hechos y enjuiciamiento de estos desde un ángulo político-social.

Junto a los episodios narrados en su novela, Galván explica las causas de la lucha, las razones de unos y de otros —indios y españoles— y las consecuencias que de ahí dimanaron. **Grosso-modo**, su novela trata el enjuiciamiento de todo un régimen de conquista y de colonización, visto a través de la crónica. En muchas partes de su obra, Galván llega a transcribir páginas enteras de Las Casas.

A pesar de todo, **Enriquillo** tiene, para los hispanoamericanos, un gran interés. La novela nos conduce a ver objetivamente el primer centro de trasplante de la cultura española en América, pues la obra enmarca la historia de Santo Domingo de 1503 a 1533. Dos núcleos centrales nos muestra la obra, la corte de los Virreyes don Diego Colón y doña María de Toledo, y **Enriquillo**, propiamente, el cacique Guaracuya. Tres partes fundamentales forman la novela: a) evocación de la matanza de los caciques de Jarama, medida de conquista realizada por el comendador don Nicolás de Ovando; b) Episodio donde las intrigas de Pedro Mojica a favor de Velázquez llevan a la separación de los jóvenes románticos; c) la narración del alzamiento de **Enriquillo**, quien asume la categoría de protagonista central.

Enriquillo representa un símbolo nacional para la nación dominicana. Galván, después de escribir su novela, afir-

23. Enrique Anderson Imbert, **Historia de la literatura hispanoamericana**, México, D.F., Fondo de Cultura Económica, 1954, p. 29.

mó: "Mientras los de mi nación sean maltratados, la tristeza habitará aquí".

Galván introduce artísticamente el matiz nacional y la libertad de su pueblo, cuando dice: "Enriquillo no quiere ni crímenes. Quiere tan sólo, pero quiere firme y amorosamente su libertad y la de todos los de su raza. Quiere llevar consigo el mayor número de indios armados, dispuestos a combatir en defensa de sus derechos; de derechos que los más de ellos no han conocido jamás y que es preciso ante todo hacerlos concebir y enseñarles a definir. Y este trabajo docente, y este trabajo reflexivo activo lo hacen en tan breve tiempo la prudencia y la energía de Enriquillo y Tamayo combinadas" (24).

Los intelectuales dominicanos lo consideran como símbolo nacional. Federico García Godoy (1857-1923) se detiene en la reflexión del símbolo: "Es un tipo representativo que condensa bella y eficazmente los dolores, los infortunios, las amarguras, los heroísmos de un pueblo que parecía tomado ya de irremediable decadencia. Ese libro, es, y seguirá siendo, a lo que pienso, la más fiel y artística evocación de la época en que empieza a encubrirse nuestro destino histórico. Y, como dice el gran **Martí**, "será, en cuanto se le conozca, cosa de toda nuestra América" (**Reveu Hispanique**, Vol. 37, 1916, p. 83).

En cuanto a la estructura de la novela, se divide en tres grandes partes. La primera presenta los personajes principales, entre ellos a Enriquillo; la segunda, nos muestra la adopción de Enriquillo por Diego Velázquez y estudia en el convento de San Francisco, en el cual se halla Fray Bartolomé de Las Casas. La tercera, quizá la más interesante, se centra en la vida y obra de Enriquillo. Muestra la tragedia de los indios sufrida por parte de los conquistadores.

"—¡Eso es! ¡Siempre en el tema...! Que los indios de esta Española no son aplicados al trabajo... Item, que han acostumbrado siempre a holgar... Que se van huyendo a los montes por no trabajar... Veis aquí la fama que los matadores dan a sus víctimas. ¡Oh! y qué terrible padecerán ante Dios estos verdugos, por forjar tan grandes falsedades y mentiras, para consumir aquestos inocentes, tan afligidos,

24. Manuel de Jesús Galván, **Enriquillo**. Colección Pensamiento Dominicano. Santo Domingo, R.D., 1970, p. 421.

tan abatidos y menospreciados, tan desamparados y menospreciados y olvidados de todos para su remedio, tan sin consuelo y sin abrigo. No huyen de los trabajos, sino de los tormentos infernales que en las minas y en las otras obras de los nuestros padecen: huyen del hombre, de los palos, de los azotes continuos, de las injurias y denuestos, oyéndose llamar perros a cada hora; del riguroso y acérrimo tratamiento a que están sujetos de noche y de día" (25).

Posteriormente Galván nos lleva a presenciar la rebelión de los indios y el pacto de paz con el Capitán San Miguel.

Galván defiende con amor a los indios, pero no ataca a los españoles, sino a los conquistadores bárbaros, en otras palabras a aquellas personas que han destruido el honor hispánico. Por tal razón a través de toda la novela exalta al padre de Las Casas, defensor de los indios.

"En lo sustancial, la novela se ciñe con extraordinaria fidelidad a la historia; por lo menos, a la historia de la conquista como la contó Fray Bartolomé de Las Casas. Galván, hondamente español en sus devociones y en su cultura, no solamente participó en la reintegración de su país al decaído imperio hispánico; después, en su restaurada república, mantuvo el culto de España: así, en 1900, lo vemos defenderla como la tesis extravagante de la insensibilidad que postuló Nicolás Heredia. Y sin embargo, para escribir su novela escoge como asunto la primera rebeldía consciente y organizada de América contra España y como fuente y autoridad al gran acusador de los conquistadores. Quiere que su obra sirva, en parte, como lección que ayude a resolver los problemas de España en Cuba y en Puerto Rico" (26).

Toda la novela es en realidad un tratado de historia. Muchos de los protagonistas principales son personajes históricos. Hay una gran fidelidad histórica que muchas veces le impide al autor la fantasía novelada. Quizá Galván tuvo también un propósito didáctico: enseñar a gobernar. Galván participó en las actividades gubernamentales y esta experiencia la captó en su obra.

Refiriéndose a los caracteres E. Anderson Imbert considera que "los personajes viven vidas originales, con excep-

25. Opus, cit., p. 326.
26. Henríquez Ureña, **Obra crítica**, Fondo de Cultura Económica, México, D.F., 1975, p. 672.

ción de Las Casas. Las Casas no es un carácter novelesco, sino una figura histórica consagrada, y Galván prefirió mostrar sus rasgos conocidos, sin recrearlo imaginativamente. Enriquillo, en cambio, se prestó a una libre elaboración sicológica. No es un héroe simbólico sino un mestizo de carne, hueso y alma. Lo vemos de niño, afligido por su orfandad, respetuoso con los españoles que lo educan, compasivo siempre con los indios maltratados; aguanta bromas y aun impertinencias porque busca el lado bueno de las cosas; al crecer le crece también por dentro su idea de la justicia, y un día, al ver que los españoles golpean con varas a unos indios, siente el primer brote de una nueva vocación: defender a los de su raza" (27).

Indudablemente la fuente principal de la novela es la **Historia de las Indias**, de Las Casas, de la que Galván en ocasiones cita textualmente casi páginas enteras. Sigue en orden cronológico las **Décadas**, de Herrera, y las **Elegías**, de Juan de Castellanos. Por tal razón el arte novelesco de **Enriquillo** está estrechamente ligado con la historia.

Sin lugar a dudas el cacique del Bahoruco representa uno de los símbolos más significantes para la nación dominicana. Galván, comentando la rebelión, amplía el valor simbólico de Bahoruco dándole una interpretación nacionalista que trasciende a lo universal.

"El alzamiento de Bahoruco aparece como una reacción; como el preludio de todas reacciones que en menos de cuatro siglos han de aniquilar en el Nuevo Mundo el derecho de conquista".

Las últimas líneas de la novela afirman el símbolo de Bahoruco, en esta ocasión en las montañas, que constituye un hermoso monumento a la memoria de Enriquillo.

"Este nombre vive y vivirá eternamente: un gran lago lo perpetúa con su denominación geográfica; las erguidas montañas de Bahoruco parece como que lo levantan hasta la región de las nubes, y a cualquier distancia que se alcance a divisarlas en su vasto desarrollo, la sinuosa cordillera, contorneando los lejanos horizontes, evoca con muda elocuencia el recuerdo glorioso de Enriquillo".

José Joaquín Pérez, refiriéndose a ese símbolo naciona-

27. **Revista Iberoamericana**, XV, 1950, p. 224.

lista al que nos venimos haciendo mención, escribió en el prólogo para la edición de **Enriquillo** de 1882 lo siguiente:

"Enriquillo es un símbolo y una enseñanza. Es el símbolo perfecto de los oprimidos de cuantas generaciones han venido batallando contra ese inmenso océano de tempestades que se llama la vida. Sufriendo por él, y más que por él por los hermanos en quienes se cebaba la codicia, la ambición y la ruindad de todas las pasiones que engendra el egoísmo, es la imagen de la humanidad, que viene derramando lágrimas y sangre en cada etapa de la sucesión de los tiempos, para levantarse un día y otro día a conquistar sus derechos. Diríjase una mirada al vastísimo campo de la Historia, y desde Espartaco hasta John Brown y Lincoln se verá reflejado el espíritu que animó al infortunado último cacique de la extinta raza de Haití".

El negro no pasó inadvertido en esta generación. La primera obra de esta clase es **Francisco** de Anselmo Suárez y Romero, cubano, publicada en 1880 en Nueva York. La idea de **Francisco**, novela antiesclavista, nació en las reuniones literarias en casa de **Del Monte**, donde liberales y partidarios de la independencia de Cuba discutían problemas relacionados con la situación política de Cuba y, como hemos visto, el propósito inmediato del libro fue proporcionar una documentación concreta al comisionado británico. El libro, pues, fue concebido como documento social, encaminado a exhibir ante el mundo los aspectos más repugnantes de la institución de la esclavitud, provocando el máximo asco e indignación. Cuenta la historia del esclavo **Francisco**, castigado por haber seducido a una esclava de la casa de un amo. Para castigarlo lo mandan al ingenio, y allí el amo, que había tratado, sin éxito, de seducir a la misma esclava, le inflige una vida de suplicios.

La novela pone frente a frente dos mundos: el de los amos y el de los esclavos. A los amos, los pinta desmoralizados y envilecidos por la institución de la esclavitud, e incapaces de tratar a sus esclavos como seres humanos.

El siguiente párrafo bastará para formarnos una idea de las escenas de crueldad que abundan en el libro: "Trescientos cinco azotes recibió Francisco en el breve espacio de diez días, de cuyas resultas se postró de tal modo, que, por dos semanas, estuvo sin moverse en la tarima: el mayoral le había dejado las nalgas despedazadas, en carne viva, que daba lástima mirárselas. Pero no quedó satisfecho: así, viendo que no podía salir al campo, trató de martirizarlo por otro medio cualquiera. Entre cuantos le sugirió su crueldad, ninguno le pareció tan a propósito como el de estregarle cinco a seis veces al día, hasta que a chorros le saltase la sangre, las mismas llagas, las mismas sajaduras, con pajas secas de maíz mojadas en aquella terrible composición de aguardiente, orines y tabaco, que usan muchos mayorales después de un gran castigo. Esto era un placer, un recreo inocente para don Antonio; riéndose a carcajadas, hacíales bajar los calzones y luego, con sus propias manos los crucificaba, no sin antes darles muchos maniatazos y puntapiés porque se estuviesen quietos y decirles mil chanzas y desvergüenzas. Excusando será pintar los recios dolores que sufriría el negro calasero cuando le sucedió varias ocasiones de desmayarse y volver en su acuerdo de ahí en dos o tres horas. Pues el mayoral, en lugar de compadecerse entonces a la vista de un hombre medio muerto, se reía y se chanceaba más y le estregaba las nalgas con mayor aspereza" (28).

La obra de Suárez y Romero había sido publicada antes en forma fragmentaria y parece que estaba escrita desde 1839. Conviene hacer mención que **Francisco** es un grito de libertad de razas anterior al de Harriet Beecher Stowe, en **La cabaña del tío Tom.** Además de **Francisco,** su autor describió cuadros costumbristas; entre ellos sobresalen los titulados **El Guardiero, Debajo de las cabañas bravas** y, sobre todo, **Carlota Valdés.**

José Ramón Yepes, venezolano (1822-1881) publicó **Anaida**, novela indianista, en donde exalta el paisaje. También es autor de otra del mismo género: **Iguarayá**. Ambas novelas tienen influencias de Chateaubriand.

Iguarayá cuenta las costumbres de los mitos de las tribus a orillas del lago de Maracaibo. No hay conflictos de razas, las narraciones se encaminan hacia lo pintoresco en el paisaje y la vida de los indios.

Juan Darío Parra refiriéndose a **Anaida** considera que "está cargada de una acentuada influencia homérica en sus aspectos de ambiente general, costumbres del hogar, prácti-

28. Anselmo Suárez y Romero, **Francisco, El ingenio o las delicias del campo,** La Habana, 1947, p. 81.

cas guerreras y ritos religiosos" (29). Veamos un trozo de la novela:

> "Sola viene, porauca de las carnes rojas... No te muevas, hija de las selvas... es, Aruao, corzo desnudo... Veteando como la gacela del desierto; y al choque compasado de los platillos de barro se dejan oír los sonidos del caracol salvaje".

Venezuela es el país en Suramérica que más contribuyó a la literatura indianista. En esta línea lírica podemos citar a los venezolanos Fermín Toro (1807-1868) y Francisco Guayacapuro Pardo (1829-1872), quienes escribieron poemas en tono elegíaco y novelas sobre los indios. Fermín Toro se conoce más por sus relatos costumbristas que por sus novelas. Escribe su novela **Los mártires** (1842), novela documental matizada de fondo romántico realista. Juan Darío Parra refiriéndose a la obra de Toro considera que "cuando leemos **Los mártires**, sin ideas preconcebidas nos damos cuenta de los grandes esfuerzos de Toro, por apartarse de las reglas del discurso, que era su fuerte; esas dificultades para su novela le dieron un estilo simple, lleno, coloquial, que tanto lo aparta y lo distancia de la prosa de Blanco, en **Zárate**" (30).

La acción novelada se desarrolla en Londres. La obra tiene un fondo humano. El autor quiere mostrar que la desigualdad social es un hecho. Veamos cómo describe las clases menos favorecidas:

> "Desgraciada condición del pobre! La sociedad le hunde en un abismo, le destruye todo auxilio, le niega todo socorro; pero en el momento de su lucha con las necesidades, allí está ella como testigo acusador para exigirle esfuerzos, sacrificio, heroísmo, y condenarle al aprobio y a la infamia si la humanidad sucumbe bajo el peso del infortunio y la miseria" (30).

Salvador Sanfuentes (1817-1860), chileno, escribió a **Huicanhual**, que fue su primera novela. El fondo se centra en la vida de los indios araucanos. La descripción de la naturaleza es muy abundante en esta obra. Veamos un pasaje:

"Todo el verdor en el seno prodigioso de las selvas; verdor en las ramas que, allá arriba, forman una bóveda espesa

29. Juan Darío Parra, **Orígenes de la novela venezolana**. Universidad del Zulia, Maracaibo, 1973, p. 63.
30. Opus, cit., p. 127.

de follaje; verdor en el suelo, como sobre una alfombra de césped: verdor en los arbustos, helechos y orquídeas que brotan a porfía al pie de las raíces nudosas de los árboles; verdor, en fin, sobre el borde solitario de los arroyos, cuyas aguas los retratan al pasar" (31).

Ricardo Palma (1833-1919), eminente escritor peruano, cuyas famosas **Tradiciones peruanas** publicó entre 1863 y 1899. Escribió además algunas obras de temas indígenas, entre las que sobresale **Palla-Huarcuna**, publicada en 1860. El tema central lo constituye la victoria de Túpac Yupanqui, "el rico de todas las virtudes". Del mismo tema son: **La Achyrana** del Inca y la **Gruta de las maravillas.** Las otras tradiciones que escribió Palma de tema indígena son **Los tesoros de Catalina Pylarca, Orgullo de caciques, Los caciques suicidas** y **La muerte de Manco Inca.**

La primera novela indianista donde aparecen los indios como elemento central, es **Aves sin nido,** de la peruana Clorinda Matto de Turner, publicada en 1889. Esta novela, de tipo indianista, es la primera que constituye la verdadera expresión de la novela indigenista. La denominaremos indigenista, porque ya tiene una explicación en la historia social y literaria del Perú, razón por la cual también la incluimos como representativa en la novela **indigenista** que estudiaremos más adelante.

En el ensayo **Perfil de lo romántico y técnica de la lejanía,** el profesor Luis Alberto Sánchez considera que la política de centralización limeña dio por resultado el desconocimiento del resto del país y, desde luego, del indio. Los autores románticos se ocuparon en el tema del indio, y lo presentaron siempre como espectáculo, sin siquiera mencionar su verdadero problema social.

"Un indio en esas obras —dice Sánchez— era tan exótico como un turco de Estambul, como el pirata de **Espronceda,** como Ben Humeya de la leyenda granadina, como el nibelungo Gunnar, que simbólicamente aparecía en una poesía de González Prada". Y termina: "El indio espectáculo proporcionó abundantes estrofas a los escritores. Quedó inédito, intacto, el indio problema".

Por esta razón, **Aves sin nido** se incorpora a la literatura

31. **Huicanhual,** obras completas, T. II, pp. 56-57.

indianista de reivindicación social, pues Clorinda Matto de Turner es la primera escritora que coloca el dedo en la herida del gran problema humano del indígena; por eso marca una transición entre la novela indianista y la indigenista. Por un lado, el tono romántico, y por el otro, el realista. Veamos dos partes diferentes:

"Amo con amor de ternura a la raza indígena, por lo mismo que he observado de cerca sus costumbres encantadoras por su sencillez y la abyección a que someten a esa raza aquellos mandones de villorrios, que, si varían de nombres, no degeneran siquiera del epíteto de tiranos". Otro párrafo nos demuestra un sentimentalismo acendrado, mezclado con alusiones a la naturaleza:

"Pobre flor del desierto; Marluca: tu corazón es como los frutos de la penca: se arranca uno, brota sin necesidad de cultivo. ¡Yo soy más viejo que tú, y yo he llorado sin esperanzas!". Posteriormente encontramos el tono social, lleno de amarguras y a la vez de esperanza:

"La tumba debe ser tranquila como la noche de luna en que se oye la quema del pastor. Nacimos indios, esclavos de todos los que agarran la vara del mandón. ¡Indios, sí! ¡La muerte dulce esperanza de libertad!

Aves sin nido narra la infrahumana vida de los indios en el pueblo de Killac y sus alrededores. Muestra sus miserias, e introduce dos personajes generosos: don Fernando Marín y su esposa Lucía, quienes tratan de ayudar a la india Marcela y a sus parientes, pero tropiezan con la trilogía opresora que definen los escritores indigenistas: la crueldad y usura del gobernador, el cura y el feudalista.

Concha Meléndez, en su obra **La novela indianista en Hispanoamérica**, dice lo siguiente:

"En su aspecto histórico, la novela indianista va a las fuentes coloniales y a la historia posterior y trata de imitar con más o menos éxito a Scott y sus discípulos. La tradición incaica, que durante la época de la Revolución es la más evocada, pasa a segundo término en la novela romántica, que aprovecha las tradiciones mexicanas, principalmente la azteca y la maya.

La actitud ante España varía: el antiespañolismo se atenúa en la Avellaneda, para reaparecer con intensidad equivalente a la de la época revolucionaria, en la novela de Eligio Ancona; se justifican las crueldades de la Conquista en las novelas de Ireneo Paz, y en **Enriquillo** encontramos la apología de las nobles glorias hispanas.

"El indianismo precolombiano tiene sólo dos manifestaciones, por ser la novela puramente arqueológica, casi irrealizable por los románticos hispanoamericanos, sin descriptivas adecuadas para la investigación.

Por las descripciones de las costumbres indígenas y del trasplante de las españolas, estas novelas preparan el advenimiento de las costumbres americanas en la época modernista. En ellas encontramos, aunque sea imperfecto, el cuadro literario de aquel momento único, en que iberismo e indianismo comenzaron el lento y doloroso proceso de fusión" (32).

Abel Alarcón (1881-1954), boliviano, escribe su novela "incaica" **En la corte de Yahuar-Huac** (1915). Novela que desarrolla episodios tomados de los **Comentarios reales que tratan de los Incas** (1609) del Inca Garcilaso de la Vega. "Obra llevada solamente por la imaginación del autor, no da una impresión muy definida del ambiente geográfico ni de las costumbres. Los personajes actúan para los fines de la intriga con su comportamiento más episódico que novelesco. Rivalidad de vasallos por los favores del Inca y del cariño de la princesa" (33).

Refiriéndose a esta novela Barreda Tomás indica lo siguiente: "Como queda dicho, la trama integra la peripecia amorosa que viven dos jóvenes amantes —un poeta de sangre plebeya pero de espíritu aristocrático y la hermana menor del monarca— con la coyuntura política que sufre el imperio en ese momento. Luego de la plástica descripción de las ceremonias de coronación del Inca Yahuar-Huac, el autor procede a presentarnos las personalidades del amauta Rimac-Masi y del haravec Muytu-Hanac. Ambos personifican la grandeza moral, la verdadera aristocracia del talento y la sensibilidad. El poeta se halla enamorado de la princesa Quilla y cuenta con la envidia de Hacha-Ahi, poetastro improvisador de baja condición humana que "no ha nacido para hacer buenos versos". Este cuenta con la intrigante figura del alfarero Condorcanqui y ambos se las han arreglado

32. Concha Meléndez, opus, cit, p. 106.
33. Augusto Guzmán, **La novela en Bolivia. Proceso 1847-1954.** Librería Editorial Juventud. La Paz, Bolivia, 1955, p. 79.

para que Pankara, la prometida de Honcohuello —el hijo del curaca—, pase a aumentar el número de las mujeres del Inca. Tal hecho determina la sublevación de aquellas tribus de la que sale triunfante el príncipe Viracoha, pero antes el caudillo chanca ha dado muerte a Yahuar-Huac y emasculado a Hacha-Ahi. Los jóvenes amantes escapan en medio de gran confusión y sin saber el triunfo del nuevo Inca; cansados de no hallar un lugar en este mundo donde reposar su amor, deciden suicidarse lanzándose a las aguas refulgentes del Titicaca'' (34).

34. **Obra citada de Barreda Tomás, p. 55.**

CAPITULO VII

LA NOVELA ROMANTICA-REALISTA GAUCHESCA

Mucho se ha escrito del gaucho como figura social, étnica, poética, sociológica e histórica. Dentro de estos estudios básicos realizados en la Argentina, Uruguay y Estados Unidos, se encuentran obras excelentes como las de P. Assuncao, Emilio Coni, Arturo Scarone, Martiniano Leguizamón, Ezequiel Martínez Estrada, Augusto Raúl Cortázar, Ricardo Rojas, Domingo Cillava, Mandeline W. Nichols, Jorge Furt y John F. Garganigo.

Debido al fondo central de nuestro tema, no queremos disminuir el valor de grandes poetas que inmortalizaron al gaucho en la poesía, concretamente, los casos de Bartolomé Hidalgo, Hilario Ascasubi, Jorge Hernández y muchas otras figuras representativas, sino que nos centramos directamente en nuestro tema: la novela gauchesca, romántica y realista.

Antes de seguir una línea cronológica de las novelas más representativas gauchescas, debemos aclarar —**grosso modo**—, por qué hemos elegido la figura del gaucho como héroe.

Basamos el criterio de héroe en la cita de Boris Tomashevsky, que dice: "El carácter que recibe un colorido emocional más agudo o más vívido es llamado héroe. Es el personaje a quien el lector sigue con mayor tensión y atención" (1).

1. Boris Tomashevsky, **Teoría literatury**, Moscú, 1928.

En nuestro modesto análisis de las novelas encontramos diferentes tipos de gaucho, en diferentes décadas del ciclo romántico.

"Es importante establecer en este momento que cada autor contribuyó al mito del gaucho, ya en una forma positiva, ya negativa. Cada uno representa al lector su particular concepción del personaje, influido, en alguna manera, por las corrientes literarias de su momento" (2).

La primera manifestación en la novela gauchesca, aunque sin estructura formal dentro de este género, se halla en la obra de "Concolorcorvo"; en **El lazarillo de ciegos caminantes**, publicada en Gijón en 1773 y escrita por Calixto Bustamante Carlos Inca, alias Concolorcorvo. **El lazarillo**, que es un heredero de la novela picaresca, toma como personajes principales a los gauchos, a los que denominaba gauderios. Estos son unos mozos nacidos en Montevideo y en los vecinos pagos. Mala camisa y peor vestido procuran encubrir con uno o dos ponchos, de que hacen casa con los sudaderos del caballo, sirviéndoles de almohada la silla. Se hacen de una guitarra, que aprenden a tocar muy mal y a cantar desentonadamente varias coplas, que estropean, y luchas que sacan de su cabeza, que regularmente ruedan sobre amores (3).

El sobrenombre de "Concolorcorvo" lo justifica el autor por tener el color de alas de cuervo. **El lazarillo** es un libro ameno, que mantiene el interés permanente del lector desde el principio hasta el fin.

"Yo soy indio neto —nos dice ya en el prólogo—, salvo las trampas de mi madre, de que no salgo por fiador. Dos primas mías, coyas, conservan la virginidad, a su pesar, en un convento de Cuzco, en donde las mantiene el rey nuestro señor. Ya me hallo en ánimo de pretender la plaza de perrero de la catedral de Cuzco para gozar de inmunidad eclesiástica, y para lo que se servirá de mucho mérito el haber escrito este itinerario".

Esta obra es un valiosísimo documento de la época, que ofrece el triple interés descriptivo, didáctico y crítico. En lo que se refiere a lo descriptivo, la naturaleza desempeña un

2. John F. Garganigo, **El perfil del gaucho**, Montevideo, Ed. Síntesis, 1966.
3. John F. Garganigo y Walter Rela, **Antología de la literatura gauchesca y criollista**, Montevideo, Edit. Delta, 1968, p. 13.

papel importante en la obra. En lo didáctico, transmite al lector su propia experiencia al igual que sus sinceros consejos como crítico, censura la sociedad llena de vicios y señala las consecuencias de éstos.

En segundo término, podríamos citar a Domingo Faustino Sarmiento, quien en prosa literaria trae el tema del gaucho en su obra **Facundo**. Esta obra fue publicada en Chile en 1845, durante el exilio de su autor en este país. "El tema central de este libro, que no se considera novela, y la detallada descripción de varios tipos que serán incorporados a la narrativa posterior, es lo que hace de esta obra un trabajo monumental en la consideración total del gaucho como personaje novelístico" (4).

En la prosa de **Facundo**, obra que no podemos clasificarla como novela, se anota que Sarmiento personifica a los tipos clásicos gauchescos: el rastreador, el baqueano, el gaucho malo y el cantor.

También merecen puesto de honor en este género los siguientes uruguayos: Alejandro Margarinos Cervantes (1825-1839), publica su novela **Caramarú** en 1848 y es la primera novela uruguaya que tiene al gaucho como personaje central.

Caramarú es una novela estructurada con todos los ingredientes del romanticismo sentimental. La acción se desarrolla durante la revolución emancipadora. "Caramarú" rapta una doncella, la original Lía, a la que lleva consigo en sus andanzas de prófugo, asesino y aventurero de la peor ralea. Enterado de que la joven es hija de un abogado de Montevideo, antiguo protector del gaucho, domina su pasión y la reintegra al hogar paterno. El padre, vencido por este generoso rasgo de "Caramarú", se la entrega por esposa. Pero un joven conde brasileño pretende también a la joven, y "Caramarú", para dirimir la contienda, ha de batirse con él. El conde perece en la batalla de Itazaingó, entre brasileños y argentinos. Al final se descubre que Lía y el noble eran hermanos" (5).

Santiago Estrada (1841-1891), da a conocer su obra, **El hogar en La Pampa**, en 1866. Es también otra de las novelas

4. Lichtalan, **Para un ensayo sobre el género de Facundo**, Nueva York, 1959, p. 41.
5. Obra citada por Diez-Echarri y J.M. Roca Franquesa, en **Historia general de la literatura española e hispanoamericana**, Madrid, Edit. Aguilar, 1969, p. 910.

uruguayas que toma al gaucho como figura central. Esta tiene los caracteres bien desarrollados y las costumbres locales en forma artística.

José Joaquín de Vedia escribe su novela **Aventuras de un centauro de la América Meridional**, en 1868. Aquí ya aparece el gaucho como un perseguido de la justicia.

Eduardo Acevedo Díaz (1851), aunque lo estudiaremos en el capítulo titulado "La novela histórica-costumbrista", lo incluimos dentro del romanticismo gauchesco, en virtud de su aporte a este género. Acevedo Díaz, en su famosa trilogía de novelas integrada por **Ismael** (1888), **Nativa** (1890) y **Grito de gloria** (1893), toca la figura del gaucho como personaje dentro de las mismas.

Ismael, la primera de la trilogía, es quizá la mejor lograda y la que mejor resalta la acción del gaucho. Su autor profundiza en las páginas de la historia, en las que capta la esencia del gaucho. Dice: "El gaucho va a ocupar la escena, a llenarla con sus pasiones primitivas, sus odios, sus amores, sus celos obstinados, sus aventuras de leyenda; pero el gaucho que sólo vive ya en la historia, el engendro maduro de los desiertos y el tipo activo y errante de un tiempo de transición y transformación étnica" (p. 52).

La figura de Ismael Velarde es descrita por el autor retrospectivamente: "Era éste un pequeño gaucho joven. Representaba apenas unos veintidós años, y sólo un bozo ligero sombreaba su labio grueso y encendido. El cabello castaño y ensortijado, caíale sobre los hombros en forma de melena. Sus facciones, tostadas por el sol y el viento de los campos, ofrecían, sin embargo, esa gracia y viril hermosura que acentúan más la vida azarosa y errante, transmitiendo a sus rasgos prominentes una expresión perenne de las melancolías y tristezas del desierto" (pp. 54-55).

Ya nos describe el novelista la imagen del gaucho de la época, con algunas de sus características principales. Posteriormente encontramos al gaucho perseguido por la ley, y aún frente al peligro de ella se mantiene tranquilo y activo. Su vestuario, a la manera típica del gaucho: poncho, pañuelo de seda al cuello, chiripa de lanilla, botas, daga y pistola.

La naturaleza, áspera y terrible, tiene un marcado efecto en la vida del gaucho. A medida que la novela desarrolla la figura del gaucho, esta va tomando caracteres peculiares de él: "La fuerza brutal, desde luego, la destreza, la astucia, la habilidad para tañer, para bailar, cantar, domar, pelear y vencer, eran cualidades y condiciones sobresalientes" (pp. 171-172).

Esta novela emerge como creación literaria del autor, ya que el protagonista central, como figura literaria y como héroe, está por encima de los demás.

"Parece existir un mensaje expresado en la novela y ejemplificado en la figura del protagonista. La nación, en lucha por su libertad, necesita de estos hombres que son, quizá, temerarios, crueles y violentos, pero valientes. La nación necesita de estos hombres que ignoran la causa por la que luchan, pero que actúan. Como un símbolo, Ismael quizá representa la idea de libertad, individualidad y coraje, fuerzas necesarias para el triunfo de todo cambio social" (6).

Sus novelas **Nativa** y **Grito de gloria**, también toman el tema gauchesco pero en menor grado en relación con **Ismael.**

Roberto Payró (1867-1928), argentino, escribió las siguientes novelas: **El casamiento de Laucha** (1906), **Pago Chico** (1908), y **Las divertidas aventuras del nieto de Juan Moreira** (1910).

En este pequeño análisis de las obras de Payró nos detendremos tan sólo en su obra **El casamiento de Laucha,** ya que presenta un aspecto del gaucho, personificado en Laucha. La novela está escrita en primera persona y es el relato de un gaucho lleno de picardía. Veamos un pequeño fragmento: "A mí no me gustan mucho estas cosas, ¿a qué decir? Yo soy bajito, bastante delgadón, no tengo fuerza, y más, no entiendo mucho de cuchillo. Pero el hombre me apuraba, los paisanos habían corrido a ver, y había que hacer la pata ancha... Me tiró dos puñaladas que conseguí atajarme, mal que mal. ¡Pero las papas quemaban, compañero!" (p. 100).

Laucha, a fin de no trabajar para sostener a su esposa, la abandona y así elude responsabilidades. El que el gaucho abandonara la familia en esta época era común; por lo tanto, el autor describe uno de los casos. "Podemos conjeturar que el autor ha elegido este personaje para representar en él los males de la sociedad argentina a fines del siglo. En muchos aspectos, sin embargo, está trazado de modo semejante a otros gauchos. Es irónico que el único personaje de la no-

6. Cita de Garganigo, en **El perfil del gaucho**, p. 20.

vela sea uno de esos a quienes los criollos consideran intrusos, la gringa Carolina. En este sentido puede verse una actitud crítica hacia este tipo de vida gauchesca, aunque en ningún momento de la novela se lo muestre abiertamente. Presentando los hechos de manera autobiográfica, el autor ha permitido que el personaje de Laucha viva como figura literaria, una figura que concentra la esencia del gaucho en su ambiente de la pulpería" (7).

Javier Viana (1869-1926), uruguayo, publicó su primera novela, **Gaucha** en (1883). Posteriormente escribió: **Campo** (1886), **Gury** y otras novelas (1901). Después de estas narraciones, se desenvuelven con más prisa: **Macachines** (1900), **Leña seca** (1911) y **Yuyos** (1912).

"Había aprendido a contar —él lo dice— en Zola, Maupassant, Turgeney y Sacher-Masoch. No obstante, su arte es tan espontáneo, tan típico de la conversación, que citar a esos maestros fue una coquetería. Su tema fue la vida del campo: destruyó la imagen romántica del gaucho, presentándola como un animal. Hombres, mujeres, son producto del suelo: la concepción naturalista de la vida era en él tan urgente, que cada imagen, cada adjetivo, le daba luz" (8).

Fundamentalmente, la obra de Viana gira alrededor del gaucho y de la vida rural. Se caracteriza su prosa por un tono pesimista y prefiere pintar al gaucho como una figura decadente.

La producción total de Javier de Viana puede ser considerada como "...Un documento humano y social que deja en la conciencia del lector un sombrío pesimismo. Brutalidad y miseria llenan sus páginas. La vida de nuestra campaña que nos presenta en sus narraciones es de una barbarie desolante. No es la barbarie primitiva, sana, pujante y heroica que aparece en **Ismael**; es una barbarie triste y corrupta de generación" (9).

La novela más importante de Viana es **Gaucha**, escrita dentro de la corriente del naturalismo. Por esta razón, el novelista hace énfasis en una sociedad llena de problemas so-

7. Cita de Garganigo, en **Antología de la literatura gauchesca y criollista**, p. 48.
8. Enrique Anderson Imbert, en **Historia de la literatura hispanoamericana**, p. 354.
9. Cita de Zum Felde, en **La narrativa en Hispanoamérica**, p. 304.

ciales, para lo cual recoge detalles repugnantes y de violencia a fin de probar su tesis. En esta obra, Juana es la figura central, en quien el autor desarrolla tres caracteres diferentes de gauchos. De todos los personajes de la novela, se puede apreciar que tan sólo el más fuerte es el que sobrevive. "Y éste es Lorenzo o la figura del gaucho que, fiel a las tendencias del naturalismo, ha triunfado sobre el medio y la herencia. Representa bien la sobrevivencia del más apto en un grupo de ineptos" (10).

10. Cita de Garganigo, en ob. cit., p. 43.

CAPITULO VIII

LA NOVELA ROMANTICA, HISTORICA Y COSTUMBRISTA

La primera novela mexicana en el siglo XIX está representada por la obra del mexicano José Fernández de Lizardi, **Periquillo Sarniento**, la cual parte del proceso revolucionario.

Si analizamos en detalle y en conjunto la novela hispanoamericana del siglo XIX, encontramos un rasgo, que es el que la caracteriza y la define. Se trata de concebir la novela en una sucesión de cuadros de costumbres, donde se indaga lo pintoresco y lo típico de la realidad americana junto a un plano de realidad económica, política y social. Tomando la base económica y social dentro de la problemática para el novelista hispanoamericano en el siglo XIX, afirma Angel Rama: "Si conviniéramos en empezar con buen orden, o sea refiriéndose a la existencia real del novelista (escritor), a sus necesidades concretas de vida, entraríamos a considerar el plano económico de fundamentación de su actividad. Tendríamos entonces que registrar un principio general, casi ley cultural del continente, la cual afirma que nadie (salvo esas poquísimas excepciones que no afectan el cuadro general) vive de su trabajo creador y, cuando ello llega a ocurrir, es en general luego de cumplir toda su carrera, como un medio de subsidio a la edad proyecta de un fecundo escritor. Si bien no se trata de una situación única en el mundo, Latinoamérica es, dentro de la civilización occidental, la zona donde esta imposibilidad de especialización absoluta se cumple en forma más amplia y rigurosa" (1).

Puede anotarse que este fenómeno, generalizado a todas las actividades de tipo artístico, refleja un estado de sub o semi desarrollo económico social; en el proceso de progresiva y ramificada especialización que registra una sociedad a lo largo de un período de desarrollo intenso, todavía no les ha llegado el momento a estas actividades culturales. Si echamos una mirada al pasado siglo XIX, observamos que son los profesionales (antes que nada los juristas, luego los médicos) quienes primero alcanzan dentro de las actividades intelectuales el **status** de especialización, desplazando la exclusiva que habían ostentado durante la Colonia los sectores clericales; serán luego los maestros, los profesores y, más recientemente, los técnicos, quienes conquisten esa posibilidad, y alcancen una retribución por sus servicios a la comunidad, que les permita vivir consagrados a su tarea profesional. No se trata solamente de que los servicios de esos grupos sean indispensables como para que la sociedad se apresure a asegurárselo mediante apreciables retribuciones, sino que en muchos casos se trata de un sacrificio que se impone la sociedad (ejemplo, la educación) para costear un equipo de intelectuales cuya actividad entiende que le es beneficiosa, a largo plazo. O sea que esas especializaciones son consecuencias de una determinada valorización (una precisa visión del futuro) que asume el cuerpo social, la cual acarrea una inversión de la renta nacional para asegurarlas y hasta propiciarlas.

"En el siglo XIX no sólo se contó con apoyo sostenido al escritor por parte del Estado, que entregó a esa zona, con un criterio mercantil, el simple juego de oferta y demanda, típico de cualquier otra actividad comercial, a sabiendas de que se lo condenaba a una vida desmedrada, sino que tampoco se dispuso a la protección particular (el mecenazgo tradicional), al menos en números apreciables. Sin duda, esto es parte del laborioso proceso de desarrollo económico-social de las comunidades latinoamericanas, y quizá sea difícil hacer en líneas generales sus consecuencias que pueden definirse por esa curiosa serie de obras talentosas, pero sin continui-

1. Angel Rama, **Problemas para el novelista americano,** Col. "Letras Nacionales", Bogotá, Colombia, julio-agosto 1966, p. 59.

dad, que fue la norma de la literatura del siglo XIX. En muchas ocasiones, más que de autores debe hablarse de obras, porque aunque fuera larga la vida del creador, su aporte a la cultura se dio en términos reducidos: uno o dos libros juveniles, y luego años de trabajo destinados a actividades productivas" (2).

El fenómeno costumbrista se anota en el **Periquillo**, en **Cecilia Valdés**, en **Amalia**, en **María**, en la novela indianista y antiesclavista, en la pre-realista, en la realista, y especialmente en el novelista de talla universal, el colombiano Tomás Carrasquilla.

Este costumbrismo arranca de la dualidad del realismo español, por una parte, y por la otra, del aporte del romanticismo europeo que se difundió rápidamente por América. La influencia de este marco histórico se refleja en Walter Scott, Dumas, Balzac, Pérez Galdós, Valera, Perea, Bernardin de Saint Pierre, Chateaubriand, Hugo Musset, Lamartine, Vigny y Manzoni.

"En general, el costumbrismo suele hallarse como ingrediente en gran parte de las novelas hispanoamericanas de todo tipo, de la misma manera que suele hallarse el paisaje americano. Así como a veces recurrían a épocas y tierras lejanas, en ansia de evasión, otras veces gustaban de lo cercano y cotidiano, que entonces, sobre todo, despuntaba primicias inéditas. Era ésta también una manera de ganar lectores y aún de dar "sello" americano a las novelas. Por una parte, realidad conocida (para el lector de estas tierras) y, por otra, diferenciación frente a obras más famosas que venían del otro lado del Atlántico. Naturalmente, resultaba común que la obra costumbrista americana, en su afán de reflejar de la manera más fiel posible una realidad, abundara en localismos. De ahí también las notas y las explicaciones en textos que aspiran a ganar lectores" (3).

Después de la obra del mexicano Lizardi —el primer novelista mexicano—, aparece **Jicotencal**, publicada en 1826. Nos encontramos ya en plena novela romántica. "Después de 1830, las novelas se suceden en Hispanoamérica, y la su-

2. Rama, ob. cit., pp. 59 y 60.
3. Emilio Carilla, **El romanticismo en la América hispánica**, Biblioteca Hispánica, Biblioteca Románica-hispánica, Madrid, Edit. Gredos, S.A., 1967, p. 75.

cesión no hace sino descubrir un nutrido tributo. A su vez, ese grupo compacto sirve para destacar la importancia de la novela en determinadas regiones de Hispanoamérica y la variedad de temas que la caracterizan" (4).

En esta época se percibe una porción del espíritu romántico dentro del período realista, aunque sea el realismo el que marque el tono de la época.

El romanticismo tiende a una creación individual y subjetiva: quizá sea el triunfo del sentimiento sobre la razón. Para el arte realista, por el contrario, se aleja de la concepción romántica y se inclina por los temas sociales. La sociedad existe y de ella se extrae la materia de la temática y del análisis.

En Colombia. Eustaquio Palacios inicia el grupo de la novela romántica, realista costumbrista. Nace en 1830 y muere en 1889. Su obra cumbre se titula **El alférez real**, publicado en 1886. La acción se desarrolla en el Valle del Cauca, en la hacienda de "Cañas Gordas", en la ciudad de Cali. El Alférez Real es la figura central de la obra, en la que se notan repetidas descripciones históricas. El drama de la novela se desarrolla en el siglo XVIII, período en que la familia Caycedo sirve de fondo para unirla a escenas de la vida y costumbres de los campesinos y de la descripción del Valle del Cauca.

"Se nos da a conocer en tal obra la persona histórica de don Manuel Caycedo, alférez de Cali, quien pasa su vida en la hacienda de Cañas Gordas, aledaña a la ciudad, y comparece en la novela dotado de una rancia reciedumbre de conciencia y de convencionalismos, a la vez que delineado con psicología bastante satisfactoria. El enlace de las crónicas se ejecuta mediante el amor, inconfesado e imposible a causa del desnivel social, de Daniel y doña Inés, pupila del riguroso alférez. Con el reconocimiento postrero de la personalidad de Daniel, quien resulta noble, primo de Inés y rico como ella, la novela acaba en rosa. Aparte de la figura simpática y excelentemente definida de don Manuel, los personajes están desdibujados, y hasta la pasión de Daniel e Inés, muy precariamente presentada.

4. Carilla, ob. cit., vol. II, p. 61.

Sería un gran mérito de la novela el intento de darnos a conocer la vida colonial con sus hechos menudos y tediosos. Pero el intento casi se malogra por el afán que el autor pone en idealizar la tradición de los usos del tiempo. Como en la gran mayoría de las novelas de esta forma, el mundo presentado en **El alférez real** es un mundo deshumanizado, sin pecados ni vicios, y más angelical que el medioevo europeo. Pertenece esta sociedad al mundo más dichoso, puro y sencillo, en donde el hombre no parece concebido en pecado, y en el cual hasta los esclavos son felices, viven contentos con su suerte y salen a escena sólo para mostrar que el amo es bueno. Son los mismos esclavos agradecidos y hogareños de la novela de Jorge Isaacs, en boca de los cuales pone Palacios el canto repetido cada noche del Super flumina Babylonis (p. 55). El negro aparece marcado a hierro, pero el autor rehúsa describir una escena de dolor. Los delitos, ningunos: un vecino fue juzgado por el hurto de una novilla: "se le condenó a presidio y después del presidio al destierro, y antes del presidio y del destierro le cortaron las orejas" (p. 76). Los pleitos se reducen a establecer quién tiene derecho al uso del bastón o a llevar el palio en una solemnidad" (5).

En Bolivia. La novela en este marco histórico está caracterizada por el fondo moralista, ya que su contenido reside más en la dirección educativa y ejemplarizadora de los hechos, que en el estudio sicológico de los personajes o la finalidad recreativa del relato.

"A pesar del factor humano dominante en la escena, la sicología es exterior y superficial, más objetiva, descriptiva y convencional. Esta es la razón, porque las novelas románticas tienen mucha letra y poca humanidad. Por otro lado, la difundida noción de que la novela boliviana desborda la naturaleza, en perjuicio y mengua de la acción humana, no es verdadera, si se trata de los románticos. La actitud evocadora genera la novela histórica con Vaca Guzmán, Aguirre, De Campero y Arguedas. En cierto modo era también histórica, por el ambiente y por el personaje. Pero solamente con Aguirre la novela histórica cobra la calidad y perfección, acierto

5. Antonio Curcio Altamar, **Evolución de la novela en Colombia**. Instituto Colombiano de Cultura. Bogotá, Colombia, 1975, p. 90.

técnico y modulación evocativa de cepa romántica. Su obra es la más importante de la época" (6).

Cronológicamente, la primera novela que surge en Bolivia es la del prócer argentino Bartolomé Mitre (1821-1906), **La soledad**, publicada por primera vez en La Paz en 1874 y luego en Buenos Aires en 1907 y 1928. En línea ascendente del tiempo aparece la obra **Los misterios de Sucre** de Sebastián Dalenze; Manuel María Caballero (1810-1885) publica **La leyenda y la isla** (1864-1876).

Félix Reyes Ortiz (1828-1882) da a conocer **El temple y la zafra**, en 1864. Otro novelista de la época en Bolivia es Santiago Vaca Guzmán (1846-1896). Su primera novela, **Aves sin corazón**, Sucre (1867), es el paso adolescente poético del relato amoroso y sentimental, con signo de desventura. La segunda, **Días amargos**, Buenos Aires (1886), es la de mayor éxito. La tercera, **Su excelencia y su ilustrísima** (1889), trata de un caso histórico en la parte fundamental. La cuarta y última novela, **Sin esperanza**, Buenos Aires (1891), no tiene igual importancia literaria que la segunda, **Días amargos**.

A este grupo de bolivianos pertenecen también Terraza y Aguirre. Mariano Terraza (1833-1878) escribió su novela **Misterios del corazón**, Lima (1869).

Natanael Aguirre (1843-1883), es el autor de **Juan de la Rosa Cochamba** (1885), obra romántica en que se mezclan escenas de costumbres con la acertada evocación del pueblo en la primera fase de la Independencia. En las fronteras del realismo, surge en el Uruguay Eduardo Acevedo Díaz (1851-1921), novelista de la Independencia y de las guerras civiles, con sus obras: **Ismael** (1888); **Nativa** (1890), **Grito de Gloria** (1893) y **Lanza y sable** (1941). Fue el fundador de la novela nacional en el Uruguay. Comenzó en 1884 con una novela sentimental: **Brenda. Soledad** es quizá su creación más artística y poética dentro de su producción literaria. Las cuatro novelas de Acevedo forman un conjunto armónico, tríptico que nos muestra una vasta galería de tipos originales y, en un todo, nos presenta la realidad de la sociedad uruguaya en la época de la formación de su nacionalidad. El espíritu y la

6. Augusto Guzmán, **La novela en Bolivia**, proceso (1847-1954). La Paz, Librería Editorial Juventud, 1955, p. 18.

comparación de esta tetralogía heroica, excediendo los límites normales de la novela (aunque el género sea tan vasto y tan relativamente delimitado), alcanzan un tono y un sentido epopéyico. Faltando en la literatura uruguaya, como en otras de las naciones americanas, el gran poema épico representativo de la gesta emancipadora y del siglo guerrero gauchesco de su historia, la novela de Acevedo Díaz viene a cumplir en cierto modo esta función. Y la cumple no sólo con respecto al Uruguay, sino al ambiente regional rioplatense en conjunto, pues tampoco en la literatura argentina existe esa epopeya nacional, ni en verso ni en prosa.

"Unicamente los relatos de Leopoldo Lugones en **La guerra gaucha**, inspirados en el levantamiento del caudillo Guames, en Salta, pueden competir en algo con la novela de Acevedo Díaz, así por el vigor de la pintura de ambiente y caracteres como por el tono épico que las levanta. Pero el tríptico que señorea **Ismael** le es superior en valores fundamentales. También podría citarse, a propósito el **Facundo**, por la autenticidad, reciedumbre y colorido de sus escenas, pero el genial panfleto político de Sarmiento es de otro género y trasunta otra época" (7).

"Entre las novelas de Acevedo Díaz la más notable es sin duda **Ismael**. En ella se actualizan los rasgos dominantes de su narrativa. El narrador aparece con toda su potencia interpretativa ahondando en el conocimiento de la generación de los tiempos heroicos, que despiertan al debilitarse la autoridad española y quedan en evidencia los factores locales que explicaban la adhesión a la Corona. La interpretación es rica y abundante pero está esencialmente desarrollada en capítulos definidos, dejando luego que las imágenes, las situaciones mismas, los caracteres, el paisaje, desplieguen su propia presencia en el mundo.

La disposición de la novela es muy definida, al quedar enmarcada entre los primeros capítulos, I-VIII y los dos últimos LV y LVI, la narración de los hechos mismos. Los capítulos señalados del marco constituyen la visión de la ciudad de Montevideo —de sus representantes intelectuales, en el caso de los franciscanos— de la realidad política del país.

7. Alberto Zum Felde. **La narrativa hispanoamericana**, Ensayistas Hispánicos, Madrid, Aguilar, S.A., Ediciones, 1964, p. 60.

En las escenas preliminares junto con las profecías de Fray Benito, sus sueños y sus cuentos proféticos, se traza la visión de los nuevos tiempos con la incorporación al primer plano de la historia de esa réplica del **bon sauvage** que —con rousseauniano espíritu—, Fray Benito descubre en el gaucho oriental. Estas páginas traen ya los elementos de horror que permitirán ambientar el desarrollo ulterior de muy ásperos acontecimientos.

La novela se cierra con la expulsión de los franciscanos de la ciudad fortificada al comenzar el sitio de Montevideo y con una visión de Fray Benito, quien ve sangre en el horizonte y en la figura de Artigas la esfinge que observa las posibilidades del futuro inmediato" (8).

Juan María Gutiérrez, argentino (1809-1878). Escribe en 1870 su novela **Un capitán de Patricios**. Se trata de unos amores idílicos interrumpidos por la guerra de la independencia. En la misma línea cabe citar a **La novia del hereje, o La inquisición en Lima**, de Vicente López (1815-1903), la cual relata los amores de Henderson, lugarteniente de Drake, con la bella limeña María Pérez. "Sobre un fondo histórico, la expedición inglesa contra Lima, se desarrolla un amplio cuadro novelesco, en que los personajes más destacados son —aparte la pareja de enamorados— el santo arzobispo Toribio y el capitán Sarmiento de Gamboa. El defecto capital es el amontonamiento de lances, en buena parte inverosímiles. Con la liberación de presos, víctimas de la Inquisición de Lima, por los piratas ingleses, concluye esta novela, bien arropada en toda clase de tópicos románticos: incendios, muertes violentas, traiciones, amores imposibles, entrevistas nocturnas, subterráneos y puñales" (9). Este mismo autor escribió **La gran semana.**

Manuel Payno (1816-1894). Por los años de 1845 y 1865 publica: **Entrenamientos de amor** y **El fistol del diablo**, interesante la última por la descripción de costumbres y el uso de giros idiomáticos. Posteriormente da a conocer una serie de relatos conocidos bajo el nombre de **Tardes nubladas, El hombre de la situación** (1861) y **Los bandidos de Río Frío** (1889-1891).

8. Cedomil Goic. **Historia de la literatura hispanoamericana.** Ediciones Universitarias de Valparaíso. Universidad Católica de Valparaíso, Chile, 1972, pp. 122-23.
9. Obra citada por Diez-Echarri y J.J. Roca, p. 908.

En México. Entre los novelistas mexicanos, figuran: Fernando Orozco Berna (1821-1851), autor de **La guerra de los treinta años** (1850), una novela pesimista en su tono, pero rica en sus caracteres y con un buen desarrollo de tipo romántico.

Pedro Costera (1838-1906). Su novela **Carmen** tiene la misma tonalidad de **María** del colombiano Isaacs.

Otro que rinde culto al costumbrismo romántico es José María Ramírez (1834-1892), autor de: **Celeste, ellos y nosotros** (1864), **Gabriela** (1862), **Avelina** (1864), **Mi frac** (1868) y **Una rosa y un harapo** (1868).

Juan Antonio Mateos (1831-1913). Narra los hechos históricos en forma de novela: **El cerro de las campanas** (1868), **El sol de mayo** (1868), **Sacerdote y caudillo** (1860), **Los insurgentes** y **Memorias de un guerrillero de la reforma** (1887).

Justo Sierra O'Reilly (1814-1861), merece gran atención por ser uno de los iniciadores de la novela histórica en México. Dejó las siguientes obras: **El filibustero**, **Doña Felipa de Sanabria** y **El secreto del ajusticiado**, publicadas entre 1840 y 1850. Están inspiradas en hechos históricos.

Vicente Riva Palacio (1832-1896). Las siguientes producciones suyas vinieron a enriquecer la novela romántica hispanoamericana: **Calvario y tabor** (1868), **Monja y casada, virgen y mártir** (1868), **Martín Garatuza** (1868), **Los piratas del golfo** (1869), **Los dos emparedados** (1869) y **Memorias de un impostor** (1872).

Eligio Ancona (1836-1893). Otro mexicano que escribió bajo la evocación histórica las siguientes novelas: **La cruz y la espada** (1886), **Los mártires del Anáhuac** (1870), **El Conde de Peñalva** (1879), **La mestiza** y **Memorias de un alférez.**

Los temas de la conquista de México atraen la atención de muchos escritores de la época, especialmente a Eulogio Palma, y Clemencio Carrillo y Ancona. El primero, con su obra **La hija de Tumul-Xiu,** aspira a darnos una visión de las costumbres mayas; y Carrillo y Ancona escribió la **Historia de Velina**, que es una hábil pintura de la conquista de Yucatán.

En la novela de costumbres de la época, finalmente sobresalen en México Luis G. Inclán (1816-1875) y José T. Cuéllar (1830-1894). El primero fue autor de la obra **Astucia o el jefe de los hermanos de la hoja**, en la cual nos muestra un cuadro ambiental del México invadido por las tropas extranjeras; y Cuéllar escribió las novelas **El pecado del siglo** y **La literatura mágica**, donde nos muestra una descripción animada de la sociedad de su tiempo, con tipos de caricatura muy bien logrados.

José Milla (1827-1882), a quien se le conoce como el padre de la novela guatemalteca. Además de novelista, Milla está considerado como uno de los literatos más importantes del siglo XIX en Guatemala. Firmaba bajo el seudónimo de Salomé Jil y fue uno de los autores que cultivó sistemáticamente la novela histórica en su tiempo. Antes de Milla, se escribieron algunas otras novelas en Guatemala como en el caso de Antonio José de Irisarri (1776-1868), quien escribió la novela **El cristiano errante**, novela publicada por entregas entre el 8 de agosto de 1846 y el 6 de marzo de 1847, en Bogotá, Colombia, en el periódico que llevaba el mismo nombre de la novela, la cual llevaba el seudónimo de Romualdo Villapedrosa. Posteriormente se publicó en 1929, en Santiago de Chile y en Guatemala en 1932 y en junio de 1935. Las novelas más representativas de Milla son **La hija del adelantado**, **Los Nazarenos** y **El visitador**. Le siguen en su orden de importancia las novelas que llevan por título **Historia de un Pepe**, **Memorias de un abogado** y **El esclavo de Don Dinero**. La mayor parte de su obra novelada se puede enmarcar dentro del historicismo romántico muy de moda en su época. **La hija del adelantado** (1866), novela situada en la época colonial, refleja la temática histórica que se daba en el período romántico de Hispanoamérica. "Entretejidos con los acontecimientos y personajes históricos, se hallan las figuras y los episodios creados por la pluma del autor. Por regla general, los personajes son de una sola pieza. Casi todos pueden clasificarse entre buenos y malos, a pesar de que el autor nos explica muchas veces los orígenes de la maldad. La base de la trama novelesca es siempre un amor imposible complicado por otros amores no correspondidos. Los protagonistas, ambos históricos, doña Leonor y Pedro de Portocarrero, se conocieron y se enamoraron en México pero no pueden casarse porque Alvarado ya tiene a su hija destinada para su cuñado Francisco de la Cueva. El amor puro de doña Leonor y Portocarrero se ve también amenazado por Agustina Córdoba, una viuda coqueta, quien todavía lo quiere. Por eso, Agustina no corresponde al amor que le profesa Diego Robledo. Este, secretario de Alvarado, sintiéndose desdeñado, trata de vengarse intrigando contra Portocarrero. Para complicar más el asunto, Milla introduce otro amor imposible: el que siente el médico Juan de Peraza por Juana de Artiaga, una de las damas de doña Leonor. A pesar de haber sido despreciado por ella en España a causa de sus orígenes humildes, Juan de Peraza persiste en su loco deseo al volver a encontrarla en el palacio del Adelantado" (10).

La hija del adelantado, la segunda novela de Milla, está escrita con el tono lúgubre típico del romanticismo hispanoamericano. Juan de Peraza, uno de los protagonistas centrales de la novela, es sentenciado a la horca pero por arte de magia resucita en el cementerio. Así la novela se complementa con cuadros melodramáticos comunes en el romanticismo. Veamos un trozo de la obra:

> "Una extrema languidez de los movimientos y de la inteligencia fueron los primeros síntomas de la debilidad de las funciones orgánicas del infeliz herbolario. Después comenzó a sufrir dolores atroces en los intestinos; sentía la boca árida y ardiente, seca la piel y los ojos inyectados en sangre; fenómenos que no escaparon a la inteligencia profesional del médico. Al abatimiento sucedió el delirio, con una sobreexcitación momentánea de las fuerzas. Oía o imaginaba oír sobre su cabeza el bullicio de la población, el tropel de los corceles de los caballeros, el sonido de los clarines y tambores y el estampido del cañón. Otras veces era el manso rumor del río, que se deslizaba suavemente no lejos del sótano, besando el pie del gigantesco volcán de agua. El canto del ave, el murmullo de la onda, el chirrido agudo de la rama que se desgaja, el zumbido del insecto, el eco lejano de la campana que llama a la oración: todo resonaba en el oído del desgraciado hambriento" (11).

Aunque **La hija del adelantado** es inferior a las otras novelas por ser el primer ensayo de Milla en este género, no deja de ser una obra interesante. Lo que resalta es el don de narrador que tiene Milla, el cual le permite captar y mantener el interés del lector. Como buen narrador, Milla emplea un estilo directo, claro y llano. En las oraciones predominan los verbos. Los adjetivos se usan relativamente poco, pero cuando se usan contribuyen a crear el ambiente misterioso, lúgubre

10. Seymour Menton. **Historia crítica de la novela guatemalteca.** Editorial Universitaria, Guatemala, 1960, pp. 25-26.
11. José Milla. **La hija del adelantado,** 4ª edición, Guatemala, Tipografía Nacional, 1936, pp. 199-200.

y brillante a la vez del romanticismo. Milla es poco aficionado al empleo de los símiles y metáforas que prestarían a la obra un aire más literario. En cambio, los refranes, los giros populares, los guatemaltequismos y los juegos lingüísticos afirman el carácter popular de la obra y explican en parte su gran éxito entre el pueblo guatemalteco" (12).

Los Nazarenos es su segunda novela. El personaje César de Carranza juega un papel importante novelado aunque desconoce su propio origen. Obra romántica de amores imposibles y llena de elementos históricos románticos. La novela incluye a dos jefes indios que presentan paralelos con los indios enaltecidos por la novela indigenista hispanoamericana de Juan León Mera y de la corriente indianista en general. La mayor parte de la acción transcurre en las antiguas capitales de Guatemala. El espíritu religioso es muy importante en la obra y se representa en parte por el milagro de la resurrección de Elvira al final del libro. Veamos un trozo de la novela:

> "¡Cuántos otros personajes de aquellos a quienes vimos figurar en primera línea en el estrado de doña Elvira, o en las salas de juego del Presidente, al principio de esta narración, habían desaparecido de la escena! Don Diego de Padilla, jefe de una familia ilustre y rica, acababa de terminar su vida en un presidio. Su cajero mayor, aquel hombre tan leal como insensible, tan valeroso como implacable, había muerto en un patíbulo, despidiéndose del mundo con un acto de la más fría y premeditada venganza. Don Fabrique de Guzmán, en quien estaban recopilados los peores instintos de la raza humana, fue víctima de la locura de don César, en cuya desgracia tenía la parte principal. Doña Violante de Padilla había sepultado en un claustro su juventud, su belleza y sus decepciones, y don César, en quien el destino se complaciera en acumular los más acerbos sufrimientos, arrastraba una existencia atormentada por las penas insufribles que causa el extravío de la razón" (13).

"Aunque **Los Nazarenos** es una obra más amplia que **La hija del adelantado**, el plan básico no es muy distinto. Milla se sirve de los mismos trucos para despertar y mantener el interés en el lector... En general, lo histórico y lo fantástico están mejor fundidos en esta obra que en **La hija del adelantado**. Los personajes históricos y los que deben su exis-

12. Opus, citada de Menton, p. 31.
13. José Milla. **Los Nazarenos**, Guatemala, Tipografía Nacional, 1960, p. 426.

tencia a la imaginación del autor están completamente entremezclados, salvo pocas excepciones. Esas excepciones reflejan el deseo de Milla de fundar su libro sobre la base sólida de la historia y constituye un defecto de la novela" (14).

El visitador es su tercera novela. La acción gira a través de un solo protagonista, quien domina la acción desde el segundo capítulo hasta el final del libro. Novela histórica también como las anteriores, nos muestra el autor una conspiración detallada contra el gobierno representado por el visitador Juan de Ibarra y el oidor Ambrosio Fernández de Araque contra el Conde de la Gomera, quien era presidente de Guatemala a principios del siglo XIX. Veamos un trozo de la novela:

"—Que entre para que lo veamos y después que se marche muy en hora mala si le acomoda, decía una respetable ciudadana que había dejado sus verduras en la plazuela de Candelaria y situándose en Jacotenago desde las cuatro y media de la mañana.

—¿Y cómo es un Visitador, nanita? preguntaba una moza a su anciana abuela, que llegaba arrastrándose, habiendo tenido que correr desde cerca del Calvario, donde vivía.

—Es un señor muy grande, contestó la buena mujer.

—¿Será más grande, replicó sencillamente la muchacha, que el San Cristóbal que está en la Compañía?

—No es de cuerpo, boba, dijo la abuela, sino de acciones.

—¡Con cierto que si quiere, puede apresar al Presidente y a los Oidores!

—¡Ave María! exclamó la joven santiguándose. Entonces, mejor se resolviera.

—¡Que se resolviera! Pues no faltaba más; después que nos ha costado tanto llegar hasta aquí. Que entre y aprese y "ajorque", que a bien que nos ha de "ajorcar" ni a vos ni a mí, que eso no reza con nosotros los "pobres" (p. 183).

"De las tres novelas colonialistas de José Milla, **El visitador** es la mejor. La trama novelesca histórica está mejor armonizada. Algunas escenas importantes tienen lugar en la iglesia de La Merced, sin que el autor caiga en la tentación de describirla con datos sacados íntegramente de las crónicas. El capítulo dedicado a las fiestas reales del peñón constituye un descanso en el desarrollo de la acción novelesca, pero tiene tanto colorido que no sólo vale por sí mismo sino que tiende a evocar un sentimiento nacional más intenso que las

14. Obra citada de S. Menton, p. 39.

descripciones de las fiestas en las otras novelas. Es que la fiesta del peñón es un simulacro del asedio del volcán de Quezaltenango por los españoles contra los indios. Ese asedio marca el comienzo de la fusión de las dos culturas que han dado carácter a la Guatemala de hoy día. En efecto, en **El visitador**, Milla revela tanto una conciencia nacional como una conciencia social" (15).

En 1890 aparece póstumamente la novela **Historia de un Pepe**, después de haber aparecido por entregas en 1882. Novela histórica como las anteriores de Milla se sitúa en la época colonial española. La acción novelada transcurre entre 1792 y 1823 y toma, aunque muy ligeramente, el tema de la independencia. Refiriéndose el autor a los brotes independistas dice lo siguiente:

> "—¿Serán conspiradores? se dijo a sí mismo don Diego. En aquella época comenzaban ya a germinar las ideas de insurrección, suscitadas por las noticias de lo que acontecía en otros reinos de América. Más todavía. Circulaban rumores de que se habían introducido en el país emisarios franceses que trabajaban ocultamente en sembrar ideas subversivas. No sin razón hubo, pues de sospechar, Arochena, que las reuniones en casa de Pedrera pudiesen tener un carácter político. Pero la circunstancia de que concurrían sujetos notoriamente realistas, hizo que no se fijara en aquella conjetura. ¿Serán jugadores que se ocultan por temor de las penas con que se ha amenazado recientemente a los de ese oficio? se decía también el abogado. Todo podía ser; pero ni aquella ni otras sospechas que lo asaltaron, le parecían suficientemente fundadas" (16).

Memorias de un abogado, novela escrita en 1876, se caracteriza porque en ella el autor quiere librarse de la línea romántica que venía sosteniendo en sus novelas anteriores. Novela de tendencia costumbrista y realista trata de mostrar las condiciones de la sociedad de su época. "Aunque **Memorias de un abogado** no tiene ningún personaje histórico y es narrada en primera persona por el abogado, se parece a las novelas históricas en varios episodios y situaciones. El protagonista Francisco Roxel es la encarnación del bien. Su amor por Teresa es completamente idílico. No sufre las distintas tentaciones que amenazan el amor del protagonista de la **Historia de un Pepe**. Sin embargo, conforme a la pauta

15. Obra citada de Menton, p. 46.
16. José Milla. **Historia de un Pepe**, Guatemala, Tipografía Nacional, 1937, p. 193.

de las novelas sentimentales del siglo XIX, Teresa enferma y muere. Esta muerte tranquila y la decisión subsiguiente de Francisco de continuar viviendo se distinguen de la disposición final de los personajes de las novelas históricas" (17).

Posteriormente Milla escribe una pequeña novela titulada **El esclavo de Don Dinero** (1881), que sólo abarca ochenta y dos páginas. "La gracia de esta novelita está no solamente en las situaciones sino también en su lenguaje. Como se ha visto antes, Milla era muy adicto a los juegos lingüísticos. Esa tendencia, que se ve un poco en las novelas históricas, predomina en los artículos de costumbres. En **El esclavo de Don Dinero**, ampliación de éstos, claramente se percibe el gusto con que Milla saborea esos juegos, sobre todo en los nombres muy descriptivos de los personajes. La dueña de la casa de huéspedes se llama doña Tomasa Malabriego; el abogado es el licenciado Matraca; el barbero es Teodoro Rajacuero y su socio costarricense en San José se apellida Tijerino; la sobrina nada angélica de doña Tomasa se llama Gabriela, mientras que el estudiante de medicina se apellida Socarrera" (18).

En Puerto Rico. Alejandro de Tapia y Rivera (1827-1882). Su producción novelística se distribuye en dos grupos: Relatos breves o "leyendas" y relatos extensos. Al primero pertenecen **La palma del cacique, La angua sirena y un alma en pena.** Al segundo pertenecen: **Póstumo, El transfigurado: Historia de un hombre que resucitó en el cuerpo de su enemigo** (Madrid, 1872), y **Póstumo envirginado o Historia de un hombre que se trasladó al cuerpo.**

Eugenio María de Hostos (1839-1903). En 1863 publica **La peregrinación de Bayoán.** Dejó dos novelas inéditas, tituladas **La novela de la vida** y **La tela de araña**, de menor importancia con relación a la primera.

Completa el cuadro de la novela puertorriqueña: Francisco Quiñones (1830-1908), quien cultiva el tema oriental; y Manuel Corchado, autor de **Historia de ultratumba** (1872).

17. Obra citada de Menton, p. 56.
18. Opus, cit., p. 61.

CAPITULO IX

LA NOVELA COSTUMBRISTA EN EL PERIODO DE TRANSICION ROMANTICO-REALISTA

Difícilmente puede situarse el género realista en un marco histórico determinado y exacto, ya que muchas veces encontramos valores en el campo del romanticismo al igual que en el modernista. Pero lo que sí podemos determinar es el predominio de los aspectos y propósitos de la novela realista sobre los elementos y propósitos de la novela romántica.

La escuela costumbrista, que empieza a cultivarse en Hispanoamérica a partir de 1860, dentro del marco histórico del romanticismo y bajo el influjo de los novelistas franceses y españoles, se caracteriza por mostrar la objetividad experimental a fin de dar un cuadro exactamente realista.

La mayor parte de la novela realista maneja el tema urbano y se centra en la problemática de las clases sociales de las ciudades criollas. Las demás utilizan el cuadro de costumbres, y este cuadro es el que denominamos **costumbrismo**.

El realismo descubre el otro lado de la realidad hispanoamericana. Sirve como medio de denuncia, a fin de mostrarnos el militarismo político, la anarquía, la fuerza bárbara del feudalismo terrateniente, sus pueblos afianzados en una moral falsa, la explotación de la ignorancia y sus vicios.

Los escritores de la promoción realista, a fines del siglo XIX, profesan el positivismo científico de la época, hermano gemelo del realismo literario, en la evolución de la cultura y especialmente en Francia, cuyo influjo intelectual es el predominante de esta etapa. Es lo que llega a esta América que hemos citado. Su tono de admonición moral, que pintan con sombría crudeza, su protesta por las injusticias humanas, su sátira hacia los convencionalismos, están siempre planteados en el terreno de la crítica ético-sociológica y remitidos a enmendar el orden positivo. Ninguno invoca como Tolstoi al frente de **Ana Karenina** un versículo de los evangelios. Lo que citan en los epígrafes son pensamientos de los sociólogos contemporáneos.

"Tal vez por aquello de **Costumbres de provincia** que subtitula a **Madame Bovary**, Flaubert haya tenido alguna influencia en las citadas novelas americanas del primer período, y hasta Balzac, que le precediera en sus estudios de costumbres, características de la época, pudo tenerla en **Parientes ricos**, del mexicano Rafael Delgado, título que recuerda a **Los parientes pobres**, del ciclópeo precursor del realismo, por entonces algo alejado ya, detrás de las posteriores y más radicales formas de la escuela. Pero la manera puramente objetiva de aquellos maestros que se limitan a la cual pintura de la vida sin introducirle su tesis moral o social, parece no avenirse con sus necesidades espirituales de la sociedad americana en ese período, y lo que prevalece desde el primer momento es el tono de la admonición y la tesis sociológica, tal como se halla en la **Gran Aldea**, en **Aves sin nido**, en **Blanca sol**, en **El conspirador**, en **Débora**, en **Beba** y también en el **Libro extraño**, de Sicardi; en **Mi tío**, en el empleado de **Ramón Meza**, y en los demás. Por eso no son ni Balzac ni Flaubert, ni Dickens, ni los Goncourt, ni Daudet, los que ejercen mayor influjo manifiesto, sino Zola, porque es él, precisamente, y no obstante ser quien presenta las más crudas, más densas formas del naturalismo, y es también quien presenta más definitivamente la tendencia admonitiva, moralizante, sociológica, que habría de culminar en las obras de su última época" (1).

Los novelistas de América Hispana tomaron como modelo al naturalismo francés y en especial el de Zola. Está a su vez influido por el pensamiento racionalista de su época, en particular de las ideas de Taine y Claude Bernard y creyó poder participar con su obra literaria en la revolución que ame-

1. Alberto Zum Felde, **La narrativa en Hispanoamérica**, Ensayistas Hispánicos, Madrid, Edit. Aguilar, S.A., 1964, pp. 77-78.

nazaba los fundamentos de la sociedad burguesa europea. La misma idea fue tomada por los novelistas hispánicos en este marco histórico, especialmente Federico Gamboa, Luis Orrego Lugo, José Miro, Eugenio Cambaceres, Lucio López, Gonzalo Picón Febres y Manuel Treno Gandía.

Por motivo de los problemas económicos, de las luchas civiles y de las campañas políticas, las naciones hispanoamericanas estaban rodeadas de la servidumbre de la herencia colonial y del imperialismo económico criollo. A partir de esta época se empieza a consolidar una conciencia social que de hecho se refleja en la novela en forma directa.

Posteriormente vemos otros escritores que se lanzan hacia nuevos enfoques sicológicos de los caracteres, que están abandonando ya el modelo francés y buscando raíces en la obra de Pérez Galdós y de otros escritores de esta época.

Es el caso de Luis Orrego Luco, Carlos María Ocantos y Tomás Carrasquilla.

Tres etapas marcadas en la novela realista hispanoamericana podríamos destacar: La primera, que tiene la influencia de Stendhal, Flaubert y Daudet, caracterizándose por las descripciones minuciosas y la equilibrada interpretación sicológica; la segunda, que se distingue por los aspectos típicos del paisaje y del costumbrismo; y la tercera, la inspirada directamente del realismo de Zola y los Goncourt.

Para analizar la novela realista hispanoamericana es preciso partir de los rasgos realistas establecidos en la obra de Balzac. Pierre Mastino hace la siguiente exposición de características basadas en Balzac:

a) La labor del novelista realista será mostrar todo lo más que pueda de los sucesos comunes de la existencia humana;
b) El amor no ocupará el lugar principal que en otras novelas: se tratará como cualquier otra pasión;
c) Nada se resistirá a la necesidad, o a la pasión, del dinero;
d) Las observaciones son hechas desde un punto de vista materialista y se dirigen a todo aquello que es tangible o fácilmente comprobable;
e) El interés por situaciones, sin que haya necesidad de poner en juego las emociones;
f) Se harán analogías entre la sociedad y la naturaleza, se estudiarán todas las especies sociales;

g) Los personajes elegidos serán los tipos (modelos) de una especie y valdrán para representar a todos los demás individuos de dicha especie;
h) El novelista debe determinar las leyes que rigen la sociedad;
i) El novelista deberá hacer la crítica de las instituciones, los gobiernos y las clases dirigentes;
j) Al final de la novela deben deducirse importantes conclusiones (2).

A los puntos anteriores se pueden agregar algunos preceptos diez años después de la muerte de Balzac, los que marcan nuevas características en la novela realista:

k) Importancia de la documentación científica dentro de los hechos;
l) La novela realista busca una verdad más intensa, más "eficaz" como documento: se pide que escoja casos de verdadero dramatismo. Por estos caminos, la novela realista cae en la fórmula del materialismo proclamado por Zola; estudio documentado del medio y concepción de la novela como experimento de laboratorio.

Quizá la primera novela de manifestación realista se encuentra en **El matadero**, del argentino Esteban Echeverría (1805-1851).

Esta no llegó a publicarse en vida del autor, pero en ella se advierte ya el rasgo realista de su obra, la cual nos pinta con crudos y rigurosos cuadros y con un lenguaje directo: escenas de barbarie efectuadas en el famoso matadero de Buenos Aires.

Echeverría nos ofrece en **El matadero** un anticipo de la novela realista, con todas las condiciones exigidas para este género: fiel reflejo de la realidad, escenas de dolor, de sangre y de miseria. Escrita en dos partes, presenta dos panoramas: el primero, donde se describe con técnica casi fotográfica el funcionamiento de un matadero; y el segundo, donde capta la vida de la capital de la Argentina bajo el imperio de Rosas.

"El artículo de costumbres que descubre un ambiente,

2. Joaquina Navarro, **La novela realista mexicana**, México, Compañía General de Ediciones, S.A., p. 28.

despliega de ordinario un pequeño acontecimiento que sirve para animar el cuadro, conferirle unidad formal y concitar la unidad de atención en su breve desarrollo. **El matadero** tiene todo esto, pero por duplicado. Por una parte, se anima con exceso si lo comparamos con el artículo de ambiente ordinario en un primer cuento, grotesco, de gran viveza de movimiento, dirigido a un clímax definido con el motivo de la fuga y la caza de un toro. La animación de la escena se consigue además con el pormenor nauseabundo y miserable del lugar en el que se quiere representar la situación política del país —el matadero—; y con el **Pathos** que desata la cacería del toro que al ser enlazado y tesarse la cuerda violentamente, cercena la cabeza de un niño. La caza del toro y su sacrificio, encontrarán un desarrollo paralelo en la aprehensión de un joven unitario y en su muerte que se desarrolla en la segunda parte o escena del relato. A manos de los carniceros federales, el joven unitario va a morir reventado de coraje y de vergüenza. Con ello se resuelve la significación apenas disimulada del cuadro inicial.

Como primera y representativa incursión en la narrativa romántica, el fuerte empleo de contrastes, la contraposición de dos fuerzas de signo diverso, lo grotesco y repugnante del medio y de los aprehensores y la sublimidad del sacrificio del joven mártir libertino, se manifiestan con cierta exageración enfática autorizada por la legitimación del entusiasmo en literatura y por el ardor político que se ponía en el castigo de las formas respulsivas de la dictadura. El humor satírico de que hace gala Echeverría es de una acritud dolorosa y violenta" (3).

Quien viene a dar mayor estructura en línea directa al realismo costumbrista hispanoamericano, es el chileno Alberto Blest Gana (1830-1920). Educado en París, leyó a Balzac, a quien toma como modelo literario, lo mismo que a Stendhal. De 1853 a 1863 escribe diez novelas. De 1897 a 1912, sólo cuatro novelas. Del primer período se destaca la **Aritmética del amor**, publicada en 1860.

Blest Gana relata la vida chilena, siguiendo el modelo de **La comedia humana**, donde, en documentos detallados, nos muestra la evolución moral y social.

3. Obra citada de C. Goic, p. 54.

Sus personajes representativos se hallan en las distintas clases sociales santiaguinas a mediados del siglo XIX, los que están retratados por el novelista con gran objetividad. Sus relatos son bien conocidos y sus personajes actúan dentro de la vida real. El mismo Blest Gana dio la forma de su realismo: "La pintura de incidentes verosímiles y que no tengan nada de extraordinario puede, si el colorido es vivo y verdadero, interesar al lector tanto como los hechos descomunales con que muchos novelistas modernos han viciado el gusto de los pocos letrados".

Su novela **Los trasplantados** (1904), aborda un tema similar al que con acierto planteó Güiraldes en su novela **Raucho**: el tema de la burguesía adinerada hispanoamericana que va a residir y a estudiar en Europa, especialmente en París o en Londres, a fin de evitar el contacto con sus coterráneos y obtener así un **status** superior al conseguir un diploma de otra nacionalidad. Acerca de **Los trasplantados**, afirma Zum Felde: "**Los trasplantados** documenta con severidad de trazo la cómica vanidad arribista de las clases pudientes de estos países de vinculación con la rancia aristocracia del viejo mundo, tema que resulta interesante, más que por la pequeña vida de esos círculos mundanos, por cuanto ese complejo de arribismo aristocratizante trasciende al ambiente social de estos países, en los que esos círculos suelen tener influencias dirigentes. Mejor dicho, solía, porque este fenómeno pertenece ya un poco al pasado; el clima social y las condiciones generales de la segunda postguerra en Europa y en América han decretado la caducidad "aunque no total de esas vanidades". Quedará como fidedigno documento, válido no solamente para la gente de Chile, sino para otros países".

Realmente, **Los trasplantados**, de Blest Gana, muestra a los chilenos decadentes que derrochan en París sus energías y al mismo tiempo nos pinta esta sociedad que viaja al extranjero llevando una vida de lujo y de ostentación, a fin de casar a sus descendientes con nobles europeos.

La aritmética del amor (1860), marca el comienzo de la madurez en la novela de Blest Gana con los rasgos definidos de un modo de representación de la realidad que acentúa las motivaciones del interés codicioso y del dinero de la sociedad. Pero será **Martín Rivas** (1862) la obra que desarrollará con mayor propiedad los rasgos distintivos de la narración blestganiana. Es también la novela chilena que ha alcanzado cosa de treinta ediciones. El interés que esta obra despertó desde un comienzo no ha decrecido y se ofrece ciertamente como un caso de observación para la sociología de la literatura.

"La novela muestra las características de la ciudad de Santiago y de la sociedad chilena de 1850. Esta se representa movida por los intereses de clase y de dinero y animada universalmente por ideales de moda y elegancia en el vestir. Estos ideales son imitados por las clases más bajas cuya imitación da lugar a lo que la época llamó "siúticos", cuyos propósitos de elegancia daban lugar a grotescas manifestaciones de mal gusto. Los acontecimientos se desenvuelven en dos planos, el de la clase y el de la llamada de "medio pelo". Escenarios, personajes, costumbres animan en ambos planos la vida de la ciudad y describen las tendencias y aproximaciones entre grupos sociales.

Si bien sobre las condiciones sociales triunfa el amor de los protagonistas igualados en "las nobles virtudes del corazón", el narrador no deja de fustigar una sociedad inclinada al culto de las apariencias, ignorante y voluble, ordinariamente transformada en sus principios por el interés pecuniario y el dinero.

"**Durante la reconquista** (1897) es considerada la mejor novela de Blest Gana. Fue publicada después de 30 años de silencio del escritor. Se trata de una novela histórica de gran extensión referida al período que le da título, correspondiente a la recuperación del poder por los españoles después de las primeras batallas de la independencia. En ese lapso de venganzas crueles y de severo régimen policial, se narra las relaciones de españoles y criollos y los ardides de amor que unen a personajes de bandos contrapuestos. La evocación histórica y la fiel documentada reconstrucción del pasado es virtud alcanzada con el rigor del realismo novelístico. Los aspectos más variados tienen lugar en el mundo de Blest Gana y las actitudes se matizan en un grado que no se le conoce en su obra anterior. Lo trágico y lo heroico dominan con notable elaboración pero hay un lugar importante, para lo amable y cortesano, para el gracejo y el humor cómico; para lo brutal y lo sanguinario, pero también para el encanto infantil —raro en un novelista en cuyo mundo regularmente no hay niños—, para el juego y la fiesta. En **Durante la recon-**

quista es donde mejor se muestra el logrado talento narrativo de Blest Gana, con toda variedad de matices.

El loco estero (1909) es su última novela de importancia por la fecha de publicación. Es interesante por su método y disposición narrativos, pues recurre a una narración enmarcada de extensa dimensión para atraer los antecedentes necesarios a la historia. Blest Gana explotó varias de las posibilidades que la novela moderna le proporcionaba con originalidad, separándose del hábito, un tanto monótono en estos aspectos, de la narrativa hispanoamericana de la época" (4).

Dentro del realismo, también puede situarse el venezolano Daniel Mendoza (1823-1867), autor de **El llanero**, que, como su nombre lo indica, es la descripción de los llanos y el carácter y tradición de sus habitantes; y el argentino Lucio Victorio Mansilla (1831-1913), cuya obra capital es **Una excursión a los indios Ranqueles**, publicada en 1870. Se trata de una crónica de la pampa y del indio. "Como Gulliver en su viaje a Liliput —dice el autor— yo no he visto el mundo tal cual es sin mi viaje al país de los ranqueles".

La comunidad humana que describe Mansilla es compleja. "Indios, mestizos, blancos aventureros o perseguidos de la justicia, cautivos, etc. Mansilla los ve a todos como una porción de la Argentina, porción en la que actúan los males que vienen de la ciudad; muchos de los blancos son peores que los indios. Cada vida es un drama. Mansilla la presenta dramáticamente y el escenario de la pampa que Echeverría había idealizado y Sarmiento había descrito sin ver en Mansilla, es verdadero. Su aire de naturalidad, que llega a ser descuidado de maneras literarias, a veces, tuvo la virtud de resistir la oratoria" (5).

Dentro del período realista mezclado con elementos románticos, cabe situar a los románticos colombianos Eugenio Díaz y José Manuel Marroquín.

Eugenio Díaz (1804-1865), periodista y agricultor, fue famoso en Colombia por su novela **Manuela**, publicada en 1858. Esta obra consta de treinta cuadros, en los cuales el autor describe los campesinos de su región, en un diálogo

4. Opus, cit., pp. 90 al 93.
5. Enrique Anderson Imbert. **Historia de la literatura hispanoamericana**, México, Fondo de Cultura Económica, Tomo I, 1954, p. 265.

animado y minuciosamente realista. El procedimiento empleado es esencialmente pictórico, con tendencia hacia lo objetivo. Díaz escribe también dos novelas más: **El rejo de enlazar** y **Los pescadores de Funza**, novelas de menor importancia literaria con respecto a **Manuela**. **El rejo de enlazar**, tiene un valor histórico y documental, mientras que **Los pescadores de Funza** está impregnada de valor sicológico.

Se destaca en **Manuela** el diálogo con plena libertad en el cual deja hablar directamente a los personajes, a fin de mostrar las características sociales y culturales de la época. El lenguaje coloquial da un cariz especial a la obra, pues en él se traduce el lenguaje popular, con las variantes léxicas y fonéticas que se hallan en los contornos locales.

"El narrador posee una acusada personalidad y su presencia se hace sentir con humor e ironía en una multiplicidad de apreciaciones que alcanzan desde la ideología liberal de Don Demóstenes, el protagonista —a quien ironiza con frecuencia hasta el ridículo amable, pero no por ello menos fustigante—, hasta la tradición literaria en que opera. La tonalidad irónica y humorística, desprovista de acrimonia, pero grandemente objetiva para apuntar las condiciones perversas y viciosas de la sociedad rural, se manifiesta especialmente en las dos primeras partes de la novela: en el último tercio, el tono se hace paulatinamente lúgubre hasta culminar en el fin funesto de la narración. La modificación del temple de la narración acompaña las modificaciones que experimenta el clima social del mundo representado. Así, mientras los términos ordinarios del mundo, incluida su degradación y las depredaciones ordinarias del cacique lugareño, permanecen constantes, la vida discurre con su claroscuro, triste y alegre, confiada y angustiosa, a la vez. Pero cuando, hacia el final, se despliega en toda su crudeza la intriga infame de los tadeístas y la imagen demoniaca del gamonal en persecución de los principales personajes del lugar y, en consonancia con ello, numerosos hechos funestos se precipitan, el mundo se oscurece y los personajes se llenan de presentimientos y visiones. Todo ello gradúa la presentación del final con su trágico desenlace y el triste fin de los amores de la hermosa negra Manuela. Al exacerbarse la persecución de los amantes la violencia irrumpe en los personajes y desata en ellos rebeldías de una intensidad insospechada.

La perspectiva del narrador intenta moverse en el fiel de

una consideración ecuánime de los acontecimientos y las actitudes políticas. Su posición puede caracterizarse como el concepto tradicional del bien intencionado conservadurismo cristiano. Desde ella, repara que las reformas liberales han precipitado al país —del cual la parroquia es sólo una muestra— a males graves por la precipitada premura con que se hicieron, sin esperar la evolución y asimilación lenta de las formas de vida democrática y de instituciones por el pueblo. Critica también la tentativa de otros de imitar formas extrañas a la realidad del país para ahormarlo mediante modelos extranjeros. Pero más allá de la opción política partidista la ley de estructura del espacio presentado puede reconocerse entregada como constante que se despliega a lo largo de toda la obra como la antítesis que configura la construcción misma del mundo en su imagen de totalidad y en sus numerosos momentos parciales: teoría y práctica. Ni las formas ni los principios socialistas se muestran capaces de modificar la realidad precaria de la miseria y de la explotación social en los trapiches norteños. Hay aquí un escepticismo frente a los principios reformistas y la convicción de que los vicios sociales requieren de una modificación real y práctica, que es necesario desplazar la retórica política, puramente aparente, que no impide que un liberal draconiano, como don Tadeo, sea un criminal y perverso, y arribar la transformación de la vida social por un régimen justo y equitativo. La superficialidad de la esfera política queda así denunciada como mera apariencia: la realidad de verdad tiene exigencias que apelan de modo más radical a la solidaridad humana. Es en la esfera económico-social donde las desigualdades fundamentales se denuncian y donde hacen crisis la letra muerta y el verbalismo. De esta manera, la perspectiva sostenida es, a fin de cuentas, progresista e ilustrada con una apelación enérgica a la resolución directa de las situaciones deformes de la vida nacional. Castiga sí, como apariencias nocivas, por igual, el revolucionario violento de los liberales draconianos y el idealismo quiliástico, utopista de los gólgotas o radicales.

El cura representa el punto más próximo a la perspectiva del narrador; Don Demóstenes, el idealismo que aspira a la realización terrestre de la "república cristiana". Ese idealismo es ironizado por el cura y castigado en sus continuas comparaciones con la perfección de la democracia norteamericana y su superioridad frente a las limitaciones rurales colombianas. Lo que hace ridículas y divertidas las apreciaciones del joven viajero. Don Tadeo representa las perversiones del régimen liberal draconiano que en nombre de los ideales que sostiene, expropia abusivamente y persigue, apoyado en su poder político y su habilidad de tinterillo enredoso, a los más débiles. Encona de este modo las desiguales relaciones entre las dos clases que se representan en el país: la clase de botas y la de los descalzos. Esta última división denuncia, en fin de cuentas, que los ideales libertarios de la independencia no llegaron a realizarse en el plano social prolongado, más acá de la época colonial y de los prejuicios arraigados en el pasado, la injusticia del orden social. Este es el reparo fundamental que desde un punto de vista político se hace a la tradición liberal" (6).

José Manuel Marroquín (1827-1908), personaje de prestancia en la política y en las letras colombianas. Ocupó el cargo de vicepresidente (1898), y el de presidente (1900). Rindió culto a los estudios filosóficos, como también a los de tipo didáctico. Fue el fundador de "El Mosaico" y de la Academia Colombiana de la Lengua. En 1897 publicó su novela **El Moro**. Esta pertenece al género costumbrista, ya que predomina el delineamiento de cuadros de este género, y se percibe una bien lograda descripción del campo y de las gentes de la Sabana de Bogotá, vista a través de los ojos de un caballo. En efecto, el personaje central se personifica en un caballo, a fin de darnos una visión sicológica y filosófica de la problemática de la novela.

Escribió Marroquín cuatro novelas: **Blas Gil, Entre primos, El Moro y Amores y leyes**. En 1897 publicó su novela **El Moro**, indudablemente la más importante de su obra novelística.

"Como es de esperar, no podía el Moro, en los estrechos límites de su personalidad, abundar en aventuras extraordinarias, ni lardear de patetismo o siquiera de enlaces temáticos en su autobiografía. Pero al narrar su vida este héroe esquino, filósofo comprensivo —sin la superioridad, claro es, de los houyhnhnms de J. Swift—, nos pone de presente un sentimiento de pura raigambre humana y una intención vital que nos hacen recordar involuntariamente, por la benevo-

6. Obra citada de Goic, pp. 59 al 61.

lencia y la jovialidad inteligente con que se miran las tristezas del hombre, algunas grandes obras de las letras universales. Y es esta cualidad la que nos hace colocar a Marroquín entre los realistas, no obstante sus prolijas y hermosas descripciones de la meseta de Cundinamarca, con sus costumbres mejores o peores, sus crías de caballos, sus hacendados socarrones, sus caballeros enchapados, los petimetres, los honradotes o taimados **orejones**, y en fin, escenas de nuestras guerras civiles, con una que parece parodia de la "carga de la brigada ligera" (pp. 118-119).

El autor se contaba sin duda entre aquellas personas que debió haber oído (Morgante). "Jovial, vivaracho y bullicioso" acompañado del Moro, "personas dadas a las chanzas y a los donaires, porque se esforzaba" Morgante "por decir chistes" p. 40. "Ya usted había caído, dice el triturado, era el lazo de mi cabezal, que se había confundido con los bejucos. Ese lazo estaba muy sucio, y es sabido que toda mugre es salada, cualesquiera que sean su origen y su naturaleza" p. 46.

Y ese pobre caballito sensitivo, que nació "desalentado y resuelto a rendirse a su destino", y sus pequeñas alegrías, se le alegró una mañana "echado y sin movimiento, a pocos pasos del charco que servía de abrevadero. Se suscitaron dudas sobre si estaba vivo o muerto; Juan Luis se le acercó, lo punzó en varias partes del cuerpo y dijo: Está muerto. ¡Ya no colea!" p. 342. Se vio que había muerto porque, ni picándolo, daba señales de su resabio" (7).

Fernando Antonio Martínez, refiriéndose a **El Moro**, considera que "Se basa, a mi modo de ver, en la articulación de tres planos que se sostienen recíprocamente, sin que cada uno pierda por ello nada de la autonomía individual que le corresponde. En primer término —lo mismo para el autor que para el lector— aparece la vida del caballo, **El Moro**, que se traduce en un relato particular de aventuras, relato que corre ininterrumpido desde el principio al fin, desde el nacimiento, en una noche estrellada, hasta la muerte, precedida de oscuro presentimiento, en un día cualquiera. El relato, por tanto, se apoya en la serie de sucesos que acaecen al animal, cada uno de los cuales puede considerarse como un pequeño cua-

7. Antonio Curcio Altamar. **Evolución de la novela en Colombia.** Instituto Colombiano de Cultura. Bogotá, Colombia, S.A., 1975, pp. 137-138.

dro de costumbres ejecutado por un amoroso observador de la vida del campo para el que éste poco o nada significa en cuanto a fuente de riqueza o de lucro, sino en cuanto tiene de honda virtualidad para conmover estéticamente y para provocar a la contemplación desinteresada de los fenómenos y las cosas. Esos sucesos parecen tener un sentido último, primigenio. Son —y en esto se alcanza a percibir una intención de raíz pedagógica— como la consecuencia trágica del abandono del campo por parte de la bestia, pues hay que observar que cada una de las aventuras de **El Moro** está ligada, como por un sino, a su ingreso o salida de una hacienda. Y la hacienda, la hacienda sabanera, es para el animal el escenario en que se mueven dos clases de seres: los hombres, las gentes que la suelen frecuentar, de una parte, y los demás caballos que, como por un instinto, imitan a las personas en la comunicación de sus cuitas. La vida de **El Moro** se ofrece, así, esencialmente asociada a la de toda la especie equina y, a su turno, la de la especie, retratada primero, a trozos, por cada uno de sus individuos, pero después, de manera integral, por el conjunto de éstos, por la comunidad, es decir, por "Merengue", "Morgante", "el Mohíno", etc. Siendo por naturaleza episódica, es la parte propiamente central de la narración, el eje del relato, la dimensión ideal en que se mantiene, con rasgos cada vez más acusados, la vida del héroe, el perfil, el paso, el color de **El Moro**.

Pero está, en segundo término, el plano de las que podemos llamar, a falta de otra cosa mejor, reacciones de "El Moro" mismo y de sus congéneres. El autor, con maestría que hay que desentrañar poco a poco, no ha querido que ese plano se presente de una vez y con caracteres demasiado ostensibles, sino que lo ha dejado en una especie de trasfondo, evitando de este modo los riesgos y peligros de una intención abiertamente satírica. Pero ello no obsta para que, precisamente, se constituya en el núcleo del que brota la vena irónica del relato, que dan tan particular fisonomía a la obra toda. En efecto, de ese plano proceden, y en él se hallan encuadrados, los diversos trazos con que son bosquejados los tipos de propietarios de hacienda y los de otros moradores de la sabana que se cruzan por los caminos de "El Moro" y de sus compañeros, para los cuales las costumbres, los hábitos, la conducta, en suma el espíritu, bueno o malo, de tales gentes es mucho menos objeto de reproche que recurso de sana y realística evocación. Es en esta pintura donde Marroquín, extremando su sensibilidad, deja escapar dos notas de intenso poder expresivo: la ternura, que fluye incontenida, y la cólera que, lejos de exaltarse, se refrena y contiene. Por la primera confiere a la bestia el don supremo humano, el de la palabra; por la otra le transfiere su propio pathos vengativo mediante el cual los ejemplares de la raza caballar devuelven, en vívidas imágenes, cuanto ha quedado grabado en su ojo trashumante. Se ven, entonces, desfilar por la pupila humedecida del caballo mayor y de los menores, los rostros de don Cesáreo, del amansador, del picador, del fiero Garmendia (inolvidable en su mezquina y horripilante ruindad), de don Alipio (digno, a pesar del apodo "Maravillas", de vivir innominado). Todavía, al ritmo de sus andanzas, el ojo infatigable de "El Moro" copia otros rostros, y por fin, la ciudad, los pueblos, los caminos, el paisaje.

El paisaje, sí, última instancia en la estructura del relato, que lo penetra por todas partes y lo hace, desde diferentes ángulos, permeable a los distintos temperamentos. ¿Qué paisaje? Paisaje nada lírico, sobrio y objetivo, que parece haber dejado encerradas bajo llave a la emoción y a la fantasía y que, sin embargo, se impone por sí solo gracias a la virtud estética de cada uno de los elementos que lo componen. Como la vida de los caballos que se congregan en torno a "El Moro", rescatada en su totalidad mediante sucesivos enfoques, también el paisaje se nos entrega aquí por fragmentos, por unidades, que es preciso incorporar en un conjunto espiritual superior si se quiere dar con la plenitud de su contenido. Marroquín, conocedor, como pocos, de los secretos del paisaje de la Sabana, comprende que no es posible ofrecerlo de un golpe a la contemplación inmediata de los sentidos, y menos al sentido profundo de la conciencia; sabe que éste, en armonía con la realidad, debe habituarse a la morosa individualización de las impresiones; piensa que, sobre todo, es necesario que el espectador participe activamente en algo que no es dable brindar como ultimado y estático. Obedeciendo a esta experiencia —conceptualmente depurada, pero no por ello menos vivida— se cuida de acumular piezas ornamentales y detalles decorativos, estorbosos más bien que sugeridores. Deja, por tanto, que una vez, al paso de "El Moro", se avisten, arriba, el páramo o, abajo, los tremendales; que, otra vez, sea el río el que le cierra la llegada al potrero;

que un día la lluvia desgajada o la llovizna pertinaz caigan incesantes sobre él; que, otro, el viento helado pase como racha por encima de sus orejas; que, en cierta ocasión, el polvo de la trilla amenace sus ojos; que, en otra, la niebla le borre el perfil del camino; en fin, que los juncos, los sauces, los eucaliptos, en medio de las aguas inundadas, se alcen como flechas para indicarle el peligro o anticiparle el gozo detrás de la fatiga; que una garza, en la altura, lo haga pensar de nuevo en un pedazo de tierra para su salvación. Es un paisaje que no se satisface con el cielo, cambiante y policromo, sino que debe llamar, para completarse e integrarse, a las demás criaturas de la tierra, comenzando por el carretón en la planicie y acabando por los frailejones en la cumbre solitaria. Paisaje limpio, desnudo, libre de escoria humana por ser compañero, y no sólo testigo de la inocencia de "El Moro" (8).

Lucio Vicente López (1848-1894), argentino, publica **La gran aldea**, obra de testimonio, pues relata la transformación del Buenos Aires de unitarios y federales, en gran metrópoli moderna.

Otro argentino, **Martiniano Leguizamón** (1858-1935), es el autor de **Montaraz**. La acción se sitúa por el año de 1820. Retrata la vida del caudillismo realista ligada a una influencia española.

Emilio Rabasa (1856-1930), mexicano, interesado en los problemas histórico-sociológicos, publica en 1887 su novela **La bola**. Se anota un estilo similar al de **Galdós**. En ella trata de enfocar la realidad social de su época, analizando el caciquismo provincial de la dictadura de Porfirio Díaz. La otra obra, **La guerra de tres años** (1891), analiza el mismo problema: caciquismo, militarismo, clericalismo, burocracia, politiquería, etc.

Rabasa es un importante novelista, infortunadamente olvidado por los críticos. Publicó, bajo el seudónimo de Sancho Polo, cuatro novelas: **La bola** y **La gran ciencia**, ambas en 1887; **El cuarto poder y moneda falsa**, en 1888 y **La guerra de los tres años** en 1891. En toda su obra se anotan una actitud y una técnica definidas. El período en que escribió las novelas, justamente con sus ideas como sociólogo y

8. José Manuel Marroquín. **El Moro**. Edición crítica por Fernando Antonio Martínez. Instituto Caro y Cuervo. Bogotá, 1971, XLI al XLV.

jurisconsulto, hay que tenerlo presente, sobre todo ante críticas de su obra. "La obra de Rabasa practica por primera vez en la novela mexicana las aspiraciones y la técnica de la escuela realista. Sus temas abandonan la aventura inverosímil del romanticismo y las escenas de costumbrismo típico que habían dibujado los escritores mexicanos anteriores a él. La ambición dominante; los tipos son modelos de las especies que representan; los episodios acumulan, de cada ambiente estudiado, la información palpable necesaria para complementar la conclusión que el autor se propuso sacar de dicho estudio" (9).

Literariamente más conocido y apreciado que Rabasa es Rafael Delgado, también mexicano y cultivador del género realista en la novela. Delgado escribió cuatro novelas: **La calandria** (1891), **Angelina** (1893), **Los parientes ricos** (1902) e **Historia vulgar** (1904).

Sus argumentos son sencillos y originales. En **La calandria** el autor se concreta al ambiente artesano y obrero de la ciudad; en **Angelina** define la clase media de provincia; en **Los parientes ricos** describe los círculos altos de la sociedad de la capital mexicana y en **Historia vulgar** retorna a la descripción de un ambiente semejante al de **Angelina.**

Delgado presenta, en conjunto, las inquietudes y defectos de la vida mexicana en la época porfirista. Es la "intuición" del artista verdadero, dice Azuela al referirse a Delgado: Delgado presenta en el conjunto de sus obras una amplia visión de la vida mexicana y de la sociedad que lo rodeaba.

José López Portillo y Rojas (1850-1923). También mexicano como Rabasa y Delgado. La vida mexicana está relatada por López Portillo y Rojas, en sus tres novelas, que en conjunto describen tres aspectos fundamentales de México: el campo, las ciudades de los Estados Unidos y la ciudad de México. Sus novelas son: **La parcela, Los precursores** y **Fuertes y débiles.**

En sus novelas, López Portillo pretendió constituirse en un vocero de ideas tradicionalistas, en religión, moral y política.

9. Joaquina Navarro. **La novela realista mexicana,** México, Compañía General de Ediciones, S.A., 1955, p. 80.

Quizá la obra fundamental del realismo mexicano sea **La calandria** (1891), de Rafael Delgado (1853-1914), quien realiza en ella una obra de gran estructura literaria. En 1890, el venezolano Manuel Vicente Romero García (1865-1917) publicó su única novela, **Peonía.** En ella se mezclan elementos realistas y románticos, y se funden los cuadros de costumbres con las ideas reformistas.

En el Perú se destaca Clorinda Matto de Turner (1854-1904), con su novela **Aves sin nido** (1886), que tiene el privilegio de ser la primera manifestación en un género que plantea el problema social del indio. Con esta obra se abre el ciclo de la llamada novela **indigenista andina**, género que años después vendrá a tener amplia acogida en Hispanoamérica y a colocarse a la cabeza de la novela americana, por denunciar las injusticias cometidas contra los indios en Bolivia, Ecuador y el Perú. Posteriormente publica **Indice, herencia y tradiciones cuzqueñas** (1874-1876), pero no de la talla literaria y contenido de su primera novela.

Matto de Turner investigó las raíces de los males sociales de su país y atacó con valentía a la sociedad burguesa que la rodeaba.

Una parte del prólogo de **Aves sin nido** se caracteriza por su contenido. "Amo con amor de ternura a la raza indígena —dice—, por lo mismo que he observado de cerca sus costumbres encantadoras por su sencillez y la abyección a que someten a esa raza aquellos mandones de Villorrio, que, si varían de nombre, no degeneran siquiera del epíteto de tiranos".

En Costa Rica "la tradición del cuadro de costumbres duró en América más que en ninguna otra parte. Muchos escritores, por pegarse a la realidad, apenas conseguían expresarse literariamente. Emergían de fondos cenagosos, asomaban la frente, eran parte de la naturaleza que describían. No vale la pena de dar nombres. En Costa Rica el costumbrismo —viejo en otras partes— surgió apenas a fines del siglo con fuerza nueva, como si fuera revolucionario. De esas tierras de América salió esta nación, Costa Rica, pero salió sin literatura. Durante casi cuatro siglos esas tierras no produjeron escritores, ni significativos ni significantes: ni siquiera tuvieron imprenta hasta 1830. Cuando empezaron a aparecer, se dividieron en dos familias: una de esteticistas cosmopolitas, otra de realistas regionales. Y fue la familia realista la que por estar más cerca de las cosas, ha sido estimada como la mayor. Después de Pío Víquez (1848-1899), rico temperamento aunque pobre escritor, de Manuel Agüello Mora (1845-1902), el primer narrador considerable, y el padre de Juan Garita (1859-1914), costumbrista, surge la figura importante en Costa Rica de Juan Manuel González Zeledón (1864-1936), más conocido con el seudónimo Magón. Describió la ciudad de San José, ciudad que no alcanza a ser ciudad; la describió por dentro y por fuera, la vida del hogar, de la escuela, de la burocracia, de las tertulias del club y de café, de las vegas, de los valles y los cafetales; describió la pobreza, las fiestas, el amor, los tipos populares, lo cotidiano (y, en el campo, entrevistas). Y todo con la rapidez del conversador con los coloquialismos dialectales, sin preocuparse de crear situaciones o dibujar caracteres. Era un observador de detalles, con preferencia por los groseros, porque era un naturalista. Literatura del pueblo, para el pueblo y por el pueblo: fórmula democrática de escaso valor estético pero documental. Eso sí: no hay en Magón cursilería. Es un valor negativo. Tampoco hay empaque: otro valor negativo. No es que Magón sea natural y desenvuelto, sino que en sus costumbres no hay lugar para la cursilería; no para el empaque, porque tampoco hay lugar para la literatura. El tono es de regocijo, de ironía, de travesura. Pero el intelectual de esta actitud no va más allá y por eso rara vez el cuadro de costumbre adquiere la arquitectura del cuento. Magón hacía en prosa lo que su primo Aquileo Echeverría hacía en verso. Lo emularon otros narradores costumbristas, como Manuel de Jesús Jiménez (1854-1916), Claudio González Rucavado (1865-1925), Carlos Gagini (1865-1925) y Ricardo Fernández Guardia (1867-1950). El novelista de mayor fusta en estos años de Costa Rica: Jenaro Cardona (1863-1930), autor de **El primo** (1905), novela de la ciudad, con gente de la clase media, y la **Esfinge del sendero** (1914) todavía más apartada del costumbrismo por el análisis del conflicto de conciencia en un sacerdote" (10).

En Colombia se distingue el gran novelista de talla universal, Tomás Carraquilla (1858-1940). Es una de las figuras más valiosas de la novelística hispanoamericana y uno de los

10. Obra citada de Anderson Imbert, Ib., p. 343.

escritores más originales de América. Dentro de sus grandes méritos está el de llevar la lengua popular de la región de Antioquia —los antioqueñismos— al plano de la literatura universal.

"Siempre me han fascinado —declara Stefan Zweig— las personas ceñidas a una sola idea". En la parte que vamos a analizar, la obra literaria de Carrasquilla habría brindado a Zweig un amplio motivo de fascinación. Desde **Frutos de mi tierra** hasta la **Marquesa de Yolombó** —que abarcan un período de casi treinta y cinco años— la mayoría de los personajes adultos de Carrasquilla, y aun algunos de sus protagonistas juveniles, como acabamos de verlo, entran en esa categoría; los inspira una idea, exclusiva, única, que psicológicamente los aparta del conjunto humano que determina lo pintoresco del ambiente, conjunto que mantiene marcado contraste con los extremos distintos y a menudo hechizantes en las vidas de los protagonistas.

"Cuando los hipersensitivos caracteres infantiles de Carrasquilla crecen, desarrollan idiosincrasias que colindan con lo obsesivo y aun con lo neurótico. Son vidas regidas por deseos avasallantes que necesitan satisfacer. Algunos son sórdidamente materialistas; otros alcanzan la esfera de los ideales y toman un tinte espiritual. Atractivos o repugnantes despiertan interés psicológico: las reacciones normales de la mediocridad ambiente sirven para relievar la naturaleza básicamente destructora de su debilidad. Sin duda este último aspecto teníalo ya en la mente nuestro autor cuando indagaba en las obsesiones que incapacitan para una estimación objetiva de valores" (11).

Sus novelas son: **Frutos de mi tierra** (1896), **Luterito** (1889), **Salve, Regina** (1903), **Entrañas de niño** (1906), **Grandeza** (1910), **Ligia Cruz** (Acuarela H) (1920), **El zarco** (1922), **La Marquesa de Yolombó** (1926) y **Hace tiempos** (tres tomos): a) **Por aguas y pedrejones** (1955), b) **Por cumbres y cañadas** (1935), c) **Del monte a la ciudad** (1936). Principalmente Carrasquilla sobresale en el género del cuento, al cual legó la siguiente producción: **Simón el mago** (1890), **En la diestra de Dios Padre** (1897), **Blanca** (1897), **Dimitas Arias** (1897), **El ánima sola** (1898), **San Antoñito** (1898), **¡A la plata!**

11. Kurt Levy. **Vida y obras de Tomás Carrasquilla.** Editorial Bedout, Medellín, Colombia, 1958, p. 139.

(1901), **Mirra** (fragmento), (1909), **El prefacio de Francisco Vera** (1914), **El ángel** (1914), **El gran premio** (1914), **La perla** (1914), **El rifle** (1915), **La mata** (1915), **Esta sí es bola** (1921) y **Rogelio** (1926).

La corriente modernista hispanoamericana va paralela con la vida y obra de Carrasquilla. Su primera novela, **Frutos de mi tierra**, se publicó en 1896, justamente cuando aparece **Prosas profanas** de Rubén Darío.

"Carrasquilla, aunque parezca ser todo lo contrario, pertenece a su época, o sea el modernismo, que él combatió. El, como Unamuno, combatió a un lado del modernismo, que quizá fue el más extendido, y por eso es para algunos el único: el extranjerismo y el decadentismo. Pero en cambio, lo mismo que Unamuno, defendió y practicó toda su vida otra tendencia más honda y definitiva en el modernismo: la expresión subjetiva de la personalidad individual en el arte. Cuando critica a su amigo el poeta Max Grillo por sus veleidades modernistas, le dice con su gracia habitual: "Cuando te desgrillas te dañas", implicando que el artista debe ser quien es, y que el valor de su obra radica en su íntima y personal originalidad" (12).

Las novelas que escribió contienen elementos característicos de sus cuentos. Resaltan más en ellos los pormenores, personajes, costumbres, conversaciones, descripciones, que la trama novelesca del conjunto.

La primera novela, **Frutos de mi tierra**, el mundo que pinta es el de las clases bajas de su región. Kurt Levy considera que "el elemento espiritual, que iba a ocupar tan prominente lugar en sus últimas obras está ausente, casi por completo, en esta novela. No se figuran sacerdotes; apenas una ceremonia religiosa cuya descripción anuncia casos similares de aguda observación y expresivos trozos en las últimas obras, como cuando Pepa asiste a un oficio piadoso y entretanto le bullen a Martín, en vez de ideas devotas, pensamientos de venganza.

En una palabra, en esta novela el primer rango lo tienen las cosas materiales; las cinco figuras principales tienen un rasgo común que por fortuna halla expresión en diversas for-

12. Tomás Carrasquilla. **Obras completas**. Editorial Bedout, Medellín, Tomo I, 1964, p. XXI.

mas: todos son seres "asociales" que sufren, en diversos grados, de un concepto super-desarrollado de la propia importancia, habiendo perdido —tal vez, nunca tenido— el sentido de la proporción. El "delirio del yo" los estimula" (13).

La novela **Grandeza** describe la sociedad de Medellín. De allí viene la trama. Quizá sea una de las obras más modernas. "Hay un mosaico humano: intelectuales, artistas, literatos; hay una hermosa naturaleza, escenario de la vida social en sus diversos aspectos, brillante a veces, demasiado transparente a ratos" (14).

La novela más popular de Carrasquilla es indudablemente **La Marquesa de Yolombó**, un verdadero panorama de la "Antioquia que fue". "La clase dirigente y la más alta categoría de la sociedad de Yolombó están representadas por las familias más influyentes —los Caballeros y los Morenos— entroncados por la unión entre los respectivos hijos. Pedro Caballero, alcalde de Yolombó, es un oficial español, magnánimo, altamente respetado, sin gota de sangre mora ni judía" (**Marquesa**, p. 16).

En rededor de los protagonistas gira una abigarrada multitud compuesta de mineros, campesinos, trabajadores, criados domésticos, que representan las variedades del elemento racial, crisol de América Latina. Indios, españoles, negros: criollos, mestizos, mulatos, todos concurren a refrendar la autenticidad pintoresca de la narración.

El ambiente histórico capacita al autor para abordar muchos problemas de un relieve menor en obras de tema contemporáneo; problemas aquellos para los cuales se documentó, ya recogiendo el relato, ya consultando obras de aquella época; al respecto de todo lo cual dice con cierta modestia Carrasquilla: "Comprendía al fin que si no estaba documentado para escribir historia seria y auténtica, bien pudiera estarlo para una leyenda o cosa así".

Sobre el fondo de "una población de relativa importancia" situada en una "región muy rica en minerales" (**Marquesa**, p. 11), desfilan asuntos religiosos, sociales, históricos y educativos, algunos orgánicamente ligados a los principales acontecimientos; otros en función decorativa o de co-

13. Obra citada de Kurt Levy, p. 143.
14. Opus, cit., pp. 155-156.

lor local. A las manifestaciones del culto se les da el debido relieve, aunque en el criterio del autor no pocas veces las supersticiones sientan plaza de creencias religiosas" (15).

"¿Qué época abarca la novela? Es difícil definirlo con exactitud. No hay duda de que enfoca la Colonia y la Independencia, a fines del siglo XVIII y principios del XIX. Además de los pocos años exactos que cita para documentar la historicidad de los acontecimientos (1789, 1794, 1810, etc.), la cronología tiene en cuenta a cuatro personajes, o sea, Doña Bárbara, el Taita Moreno, Martín y Fernando de Orellana. La novela termina por 1830 y los datos cronológicos conflictivos involucran sobre todo a la heroína y al Taita. El conflicto cronológico se resolverá si el detalle inicial "en los promedios" se interpreta, de un modo amplio, como por el año de 1770. En este caso la Marquesa tendría las "tres docenas" que afirma tener por 1790, mientras que el Taita tendría unos noventa. El Taita sin duda seguiría presentando problemas —inevitables tal vez— dada la personalidad veleidosa del Sevillano...".

Carrasquilla entoca a su protagonista al nivel histórico y humano, enlazando íntimamente tales enfoques y filtrando los acontecimientos de dimensiones históricas a través de las reacciones de un ser humano, rodeado por los atributos de su ambiente "vulgar y cuotidiano". El método literario recuerda al que emplea Mariano Azuela al retratar a Demetrio Macías, Arturo Uslar Pietri a Presentación Campos y Carlos Fuentes a Artemio Cruz. La historia se nos hace más inmediata, por medio de lo vivo del personaje común y corriente, avasallado por una idea obsesionante. Es un método que combina historia con humanidad.

En **La Marquesa de Yolombó**, Carrasquilla brinda un testimonio histórico, cultural y humano a su tierra antioqueña. Escribiendo, fiel a su credo estético, "sin idealizar en nada la realidad de la vida" (O.C., I, XXVI), elimina la tendencia hacia la caricatura que perjudica a ciertos personajes de su primera etapa. A partir de **Entrañas de niño**, y específicamente en la década que se inaugura con **Ligia Cruz y El Zarco** y que culmina en **La Marquesa de Yolombó**, el autor

15. Opus, cit., p. 167.

toma cada vez más conciencia psicológica de los matices de sus personajes.

Dejando vislumbrar los acostumbrados tintes del "understatement" para con su producción literaria, Carrasquilla califica la novela de "cronicones" destinados a evocar "una faz de la Colonia". Esta "faz de la Colonia", en mi concepto, cifra la plenitud del arte de Carrasquilla: al evocar un cuadro histórico, no sacrifica ni su imaginación avasallante ni la abundante materia prima de su estilo. El tema y el ambiente responden al postulado de su corazón, los personajes a la madurez de su visión humana y la forma a su inagotable deleite de narrar" (16).

Generalmente, este autor describe en primera persona y esta primera persona que habla es el mismo Carrasquilla, desde lo más hondo de su ser, es decir, su infancia. "Identificado con ella que es su propio ser, ve el mundo que le rodea y le informa: su región de Antioquia, que para él no es campo de observación sino vida perdurable en el recuerdo".

Era como él lo afirmaba: "Un viejo memorioso" que tenía para las cosas menudas e insignificantes una memoria tamaña de grande. Cuanto en la vida me ha impresionado, lo guardo en el archivo de mi cabeza tal como ha acontecido: lo que me entró por mis oídos puedo repetirlo hasta textualmente".

"En conjunto, la narrativa de Carrasquilla se caracteriza por los innumerables personajes que presenta, arrancados todos de las minas, campos, sierras, aldeas y caminos colombianos y enredados en circunstancias ordinarias; estos personajes no muestran directamente su intimidad. **El Padre Casafús** es un ejemplo excepcional de interés por lo sicológico, sino que vive hacia afuera, en constante voluntad de diálogo. En sus páginas se oye hablar, hablar: chismes, anécdotas, murmuraciones, con una genuina malicia popular. Pero la conversación de estos personajes no está "puesta" mecánicamente en sus bocas —como hacían los escritores costumbristas, sino que Carrasquilla se la ha apropiado primero y luego la usa con su propio estilo, por lo que se anticipó al modo de los novelistas— sino que mira sinceramente desde su mirador solitario. Mira con ojos tan penetrantes, que es

16. Tomás Carrasquilla. **La Marquesa de Yolombó.** Edición crítica de Kurt L. Levy. Instituto Caro y Cuervo. Bogotá, pp. 65-83 y 84.

de dolerle. Observa los movimientos de la masa de las acciones individuales. Su actitud es de amor a su región y a los humildes, pero con filosófico recogimiento. Por eso ha creado personajes de hondura y complejidad —mujeres, niños—; por eso tienen los recuerdos personales tanta fuerza en sus relatos. No ofrece tesis, no protesta, no predica, no moraliza, pero tiene una filosofía, la naturalista, que lo lleva a comparar la humanidad con la animalidad; para que la comparación se defienda mejor, Carrasquilla muestra sifilíticos, suicidas, ignorantes elementales sumidos en el "basurero" de la naturaleza. Carrasquilla prefería **Salve Regina** y **La Marquesa de Yolombó**. Con sus arreglos, la historia de la hermosa Regina, consumida de pureza, de fe, de amor, de escrúpulos, de duda y de fiebre, hubiera ganado en fuerza trágica. Posibilidad de gran novela podríamos llamar a **La Marquesa de Yolombó**. Es novela histórica, puesto que su acción transcurre desde mediados del siglo XVIII hasta después de terminar las guerras de la Independencia. Sin embargo, no parece novela histórica sino etnográfica. Nos cuenta la vida de la criolla Bárbara, desde que, a los dieciséis años, quiere ser minera, hasta cuando enriquece, obtiene de Carlos IV el título de Marquesa, es víctima de un pillo que la desposa para robarle los caudales de oro, pierde la razón y la recobra en la ancianidad, cuando América es ya una gusanera de repúblicas. Historia, no: en todo caso, crónica. Y lo mejor que se ve en esta delgada línea novelesca, sino las grandes manchas de color con que describe las costumbres de las minas de Yolombó: costumbres de las típicas familias españolas, costumbres de las pobres familias negras, con simpatía artística para ambas. Folclor y masa humana es lo que está en el primer plano. De aquí se alejan en el fondo unos pocos episodios nítidos: el grotesco idilio entre don Chepe y Silverita, la cruel escena de Martín y el negro crucificado, la canallada de Orellana. Y, más borrosos todavía, unos pocos, muy pocos, intentos de perfilar caracteres: Barbosa, don Chepe, Martín, María de la Luz.

"En general, **La Marquesa de Yolombó** está mal construida: digresiones, reflexiones anacrónicas, lecciones de historia o de etnografía que rompen la unidad del relato. En cambio, la prosa es sabrosísima con regionalismos y neologismos.

"**Carrasquilla** está dentro de la lengua antioqueña y desde allí habla con libertad. El efecto es sorprendente. No podemos colocar esta prosa en la historia del realismo español: Galdós, por ejemplo, **Carrasquilla** vivía aislado de los gustos literarios (aunque en **La Marquesa de Yolombó** cita a **Balzac** y a **Flaubert**). No sólo aislado en su Antioquia, sino poniendo entre él y Antioquia unos lentes estéticos. A través de estos lentes deformaba las cosas regionales. Descubría con agudeza, con ironía. Escudriñaba el detalle y lo captaba con palabras asombrosas. Por eso es por lo que, para él, escribir era un juego solitario. Por eso no fue —no puede ser popular—. Si le llamamos realista, es por falta de otra palabra. Hacía cristalizar la realidad en una lengua; así cristalizadas, son una creación nueva, como esperpentos (y Carrasquilla, en efecto, nos habla de personajes, "entran hechos unos esperpentos"). Descripciones esperpénticas, como las que más tarde emprenderá Valle Inclán. Hay una atmósfera de farsa, como en los capítulos II y III en el que el viejo don Chepe pretende a Silverita. Las figuras se estiran o se acortan, como en caricatura, y el placer de esta distorsión no es el de la novela realista del siglo XIX sino el de la prosa artística del siglo XX. En sus mejores momentos, Carrasquilla no documenta la realidad: la somete a las refracciones de lentes y espejos aberrantes. La realidad podrá ser humilde —españoles ignorantes, criollos perdidos en la naturaleza americana, negros prendidos a sus tradiciones africanas, indios-sombras— pero la óptica es aristocrática. Esto, en sus mejores momentos que de conocerlos Valle Inclán los hubiera gozado y aún aprovechado para su **Tirano banderas**, porque **La Marquesa de Yolombó**, juzgada en su totalidad, es novela fracasada. Como ejemplo de cuentos populares léase **En la diestra de Dios Padre**, donde uno admira la gracia, la ironía con que viejos temas folklóricos se visten de costumbres de Antioquia" (17).

Característica fundamental en la obra de Carrasquilla, es el profundo disgusto del autor por las leyes didácticas; afirma en diferentes ocasiones en su producción literaria que lo que va a decir son "ideas mías muy personales"... "No es

17. Enrique Anderson Imbert. **Historia de la literatura hispanoamericana**, México, D.F., Fondo de Cultura Económica, 1957, Vol. I, pp. 347-350.

de tesis sino hipótesis... no es para enseñar... sino para advertir" (O.C.P., 1959).

Refiriéndose a la generación modernista hispanoamericana, la consideraba como "horda de salvajes" (O.C.P., 1963) cuyos métodos son contrarios al arte mismo. "¿De qué sirve —pregunta Carrasquilla— publicar poesía deliberadamente abstrusa, que no manifiesta, sino esconde... (O.C.P., 1964) y que consecuentemente no encierra significado ni mensaje alguno para la humanidad? A esto se llega con los simbolistas, elaboradores de lo raro y lo extraordinario, empeñados en diferenciarse del común de los mortales, distorsionando el genio natural, encaminado todo al efecto perseguido". Todo es para Carrasquilla el más vergonzoso y el menos perdonable de los pecados, por ser un pecado contra la vida y contra la sinceridad: "la estética no es otra cosa que lo verdadero en lo bello" (O.C.P., 1965). Conviene hacer énfasis en que, por lo que se refiere al movimiento modernista y su padre Rubén Darío, la crítica del maestro Carrasquilla se dirigía particularmente a la primera fase de la creación literaria de aquél, **La torre de marfil**, la fase del **Cisne**, la princesa y la divina Eulalia, y en cuanto a los modernistas colombianos, dirigía su protesta sobre el hecho de que ellos continuaban dentro de la "Torre de marfil" lo que se tornaba en ira para el maestro.

En lo tocante al estilo, Carrasquilla enuncia su teoría favorita diciendo: "Cuando se trata de reflejar en una novela el carácter, la índole propia de un pueblo o de una región determinada, el diálogo escrito debe ajustarse rigurosamente al diálogo hablado, reproducirlo hasta donde sea posible" (O.C.P., 2003). Consideraba que si el hablar regional es lo que más nos interesa en su obra, hay que tratar de reproducirla hasta lo máximo, aún desafiando las reglas gramaticales. Aquí es donde él plantea: "¿Es el arte más hermoso que la naturaleza? La propia respuesta de Carrasquilla es: no. La naturaleza no necesita que la embellezcan; cualquier intento de hacerlo vale tanto como querer falsificarla". "Las ideas no tienen dueño... son todos", repite una vez más el maestro (O.C.P., 2005). "Los pocos muchos valen más que los muchos pocos", era su opinión. "La gramática, la retórica y la poética enseñan a expresarse, pero no a pensar, ni menos a sentir", son los principios fundamentales en la estética suya.

Carrasquilla fue siempre enemigo de los convencionalismos, a través de toda su obra. Su gran admiración por **Unamuno** reside en que éste ataca mil convenciones y no es influido por nadie: "Es enteramente original, en ideas y en sentimientos" (O.C.P., 1991). "La opinión es opinando", sostenía a menudo belicosamente el maestro. Severo con los demás, lo era consigo mismo. "Cada día me parece más malo lo que he publicado".

Según el mejor especialista de la obra crítica de don Tomás Carrasquilla, Kurt Levy, refiriéndose a la produción literaria y a la estética del maestro, dice: "La teoría estética de Carrasquilla refleja su filosofía de la vida y lo muestra como una persona clásica en el gusto, aunque libre de rasgos románticos, como hemos esforzado en señalarlo. Aunque no siempre consciente, sabía ser, en todo momento, vibradamente humano. Ponía más vigor en el desarrollo sicológico que en la estrecha urdimbre del argumento. Un personaje sicológicamente interesante era, a su parecer, un factor y una fuente de goce estético mayor que el que pudiera derivarse de una serie de acontecimientos pintorescos, ágiles y coloridos. Finalmente, tenía convicción de que lo "cotidiano y vulgar" debía invadir la imaginación del lector, sin esfuerzo alguno y constituirse en manantial constante de placer, como expresión del propio genio innato del autor, en un estilo acorde con el tema, libre de reminiscencias librescas.

Sentada como principio fundamental la supremacía del estilo, por ser la más personal de las cualidades, en una obra estéticamente armoniosa, Carrasquilla fija igual categoría a la calidad de "obra nacional con información moderna". Sólo que eclipsando el resto de su doctrina está el apasionado amor por la verdad y la sinceridad, (por muchos aspectos reminiscente del "ardiente y casi temerario odio por la hipocresía" de **Sinclain Lews**), por la certidumbre que tenía de que "en literatura sólo perdura lo sincero".

"Esta convicción, profundamente arraigada, fue norma de su vida e inspiración de su pluma; sobre ella era absolutamente inconcebible la más leve transacción. Cuando se vio afrontado a un angustioso dilema, en 1898, a saber: "Si pienso y escribo según mi estética, choco con la de éste, riño conmigo mismo", Carrasquilla no vaciló en decidirse por lo primero, sin importarle las consecuencias respecto al favor público" (18).

En Guatemala dos novelistas se destacan en este período: J. Fernando Juárez Muñoz y Elisa Hall. Juárez Muñoz escribe las siguientes novelas: **El grito de la sangre** (1930), **El secreto de una selva** (1937) y **El hijo del bucanero** (1952). Elisa Hall escribe las discutidas novelas tituladas **Semilla de Mostaza** y **Mostaza** (1939).

Las tres novelas de Juárez tienen influencia romántica a pesar de estar publicadas en los años de 1930 a 1952. En la primera página de **El secreto de una celda** publicada en 1937, la descripción tiene tintes eminentemente románticos:

> Obscura y lóbrega la calle, bien encubría el andar precipitado de alguien que, a la hora de las ocho de la noche, avanzaba en dirección del secreto postigo del lado Oriente del Convento de Nuestro Padre de San Francisco.
>
> No tan sólo presuroso era el paso del viandante: también receloso, no como quien desconoce el terreno que pisa, sino como quien teme ser descubierto. Y a buen seguro que eran temores exagerados por la gravedad del motivo que allá lo llevara, cuando el silencio de la calleja, lo avanzado de la hora y la ausencia total del importuno vigilar de las rondas del no menos celoso Alguacil Mendoza, dejaban aquel paraje en el más completo abandono.
>
> Al amparo de las sombras caminaba el individuo, que hombre debía ser, tal vez no declarado por el negro sombrero, largo capote y recio paso, cuanto por el valor que era necesario para aventurarse a aquellas horas, por las puertas traseras del famoso convento (19).

En algunos aspectos, más que inspirarse en Milla, se puede decir que Juárez Muñoz imitó a Milla. El conflicto histórico de **El secreto de una celda** es la rivalidad entre los dominicos y los franciscanos y la oposición de las dos órdenes al capitán general. A través del libro, hay alusiones al Hermano Pedro de Bethancourt y a Sor Juana de Maldonado. Un novio que había sido abandonado en otro país de repente aparece en Guatemala y la novela termina con un terremoto en Antigua en el siglo XVIII. **El hijo del bucanero** se parece aún más a las obras de Milla, sobre todo a **El visita-**

18. Kurt Levy. **Vida y obra de Tomás Carrasquilla**, Medellín (Colombia), Bedout, 1958, p. 104.
19. J. Fernando Juárez Muñoz. **El secreto de una celda**, Guatemala, Tipografía Nacional, 1937, p. 5.

dor. Firmada en 1940, esta obra no fue publicada hasta 1952. Su mismo título nos hace pensar en Francisco Molinos, el hijo de Sir Francis Drake en la obra de Milla. El protagonista de la novela de Juárez Muñoz también es hijo de un pirata inglés. Como Francisco Molinos, Samuel no sabe el secreto de su nacimiento; se hace artesano contra las fuerzas del visitador. Como Milla, Juárez Muñoz sentencia a sus protagonistas a fines trágicos" (20).

En 1938 salió una novela histórica con más pretensiones artísticas. **Semilla de mostaza** de Elisa Hall profesa ser las "Memorias" fidedignas de don Sancho Alvarez de Asturias, "cavallero del siglo XVII, en las quales relata las curiosas aventuras que le acaecieron en España y el cómo y por qué tomó providencia de venir al reyno de Goathemala". Alrededor de la novela surgió una polémica muy amarga. El libro capta tan bien el sabor de la España del siglo XVII que a la autora la acusaron de haber encontrado el viejo manuscrito de uno de sus antepasados coloniales y de haberlo plagiado. Muchos literatos guatemaltecos la defendieron y ella quiso comprobar la autenticidad de la novela escribiendo una continuación que lleva el título de **Mostaza.** Para este estudio, sin hacer indagaciones muy profundas sobre el asunto, conviene aceptar el hecho de que en 1938 se publicó la novela histórica **Semilla de mostaza.** Ahora bien, tanto por su estilo como por el tema, no se parece a las obras de Milla sino a **La gloria de don Ramiro** del argentino Enrique Larreta. Como ésta, **Semilla de mostaza** se sirve de su protagonista para crear el ambiente de la época. El personaje por sí mismo no interesa y es sólo un medio de referir los acontecimientos de aquella época. Cronológicamente, el libro abarca los años entre el nacimiento del protagonista don Sancho en 1640 hasta su salida para Guatemala en 1665, años que corresponden al reinado de Felipe IV" (21).

20. Obra citada de Menton, p. 278.
21. Obra citada de Menton, p. 283.

CAPITULO X

LA NOVELA MODERNISTA HISPANOAMERICANA

La generación modernista se manifiesta principalmente en la prosa y en la técnica de la narrativa. Uno de los rasgos principales fue el orgullo de formar parte de una minoría. "Tenían el concepto heroico de la vida; pero puesto que las circunstancias sociales y políticas de América habían cambiado, y ya no podían ser héroes de acción, se convirtieron en héroes del arte. Lo importante era no sucumbir en la mediocridad. Había que desviarse enérgicamente de toda línea. Cultivaban las formas literarias como valores supremos. Todo podía entrar en esas formas, lo viejo tanto como lo nuevo, pero por las formas debían ser provocadores, desafiantes, sorprendentes. El problema era positivo: levantar, palabra sobre palabra, rascacielos verbales. Y sus polémicas no iban, en verdad, contra el pasado —al contrario: les encantaba el pasado—, sino el presente, contra un presente burgués de clisés, lugares comunes, perezas y pequeñas satisfacciones. La pasión formalista los llevó al esteticismo y generalmente este aspecto es el que más han estudiado los críticos; pero con la misma voluntad de formas nuevas, los modernistas hicieron también literatura naturalista, filosófica, política y americana" (1).

Los novelistas modernistas hispanoamericanos no pueden negar la influencia francesa en su prosa. La narrativa de **Rubén Darío** revela un estilo similar a la de los parnasianos

1. Enrique Anderson Imbert. **Historia de la literatura hispanoamericana.** México, Breviarios del Fondo de Cultura Económica, 1954, p. 362.

y simbolistas franceses. El sello de Gilbert, Groussac y Gamboa se aprecia en muchos hispanoamericanos.

Los aforismos y las parábolas de **Azul**, así como sus técnicas en el cuento y el lenguaje que lo expresa, son productos de una estética subjetivista del simbolismo francés. Con razón dice **Federico de Onís**: "La novela del modernismo no puede reducirse a una fórmula estética; en ella conviven las nuevas tendencias de fines del siglo hacia la narración lírica con la verdadera incorporación a las letras americanas del realismo y el naturalismo europeos del siglo XIX" (C.F. **La novela iberoamericana**, Nuevo México, 1951, p. 135).

Las primeras manifestaciones se conocen en el cuento de **Rubén Darío** (1867-1916) y con Gutiérrez Nájera, en sus **Cuentos frágiles de color y de humo**, aparecidos por los años de 1883-1845. Darío publica su primer libro de cuentos, **Azul**, en 1888; los cuentos del nicaragüense son casi, como adaptación de los que el decadentismo francés contemporáneo había llamado "conte parisien".

Al correr del tiempo, la generación modernista, en el momento de novelar, cambia la simple frase llena de colorido fundamental por el desenvolvimiento real de la acción. Tomaron como modelo a determinados autores europeos, en los que sobresalen: Oscar Wilde, Huysamans, Lorrain, Gautier, Rooget de Lisle, D'Annunzio y el norteamericano Edgar Allan Poe.

Cronológicamente, encontramos a la primera novela modernista titulada **De sobremesa**, del colombiano José Asunción Silva (1865-1896), obra que el poeta dejó inédita a su muerte. Se trata de una novela hija del decadentismo francés que estaba en su apogeo al momento de la muerte de Silva. Esta obra refleja la sicología del autor en todo su contenido. Esta clase de literatura era fruto de la época. Así se creía, se vivía y se sentía. Quizás era una serie de revelaciones sicológicas de Silva, ordenadas a manera de diario.

Esas revelaciones sicológicas giran en torno de "la realidad y el deseo". Así en una temporada europea, y a partir de "París, 3 de junio 189...", se centra en la historia de un amor irrealizado: el amor por Helena en un hotel de Ginebra. En el ambiente refinado de su palacio, Fernández lee a unos pocos amigos el diario en que se desenvuelve la trama narrativa.

"Mañana estará levantada desde temprano, se sonreirá al contemplar en el espejo su tez aterciopelada y rósea como un durazno maduro, los grandes ojos castaños que se sonríen al mirar; la espesa cabellera que le cae sobre los hombros de graciosa curva, y ebria de vida, y hambrienta de sentir comenzará el día, lleno de las mismas fiebres, de los mismos desalientos de la víspera.

Es así como la he visto al leer el diario. Esa es la **composición del lugar**, que para proceder de acuerdo con los métodos exaltantes de Loyola, el sutil sicólogo, ha hecho para sentir todo el encanto de aquélla a quien Mauricio Barrés propone que veneremos bajo la advocación adorable de Nuestra Señora del Perpetuo Deseo... Jamás figura alguna de virgen, soñada por un poeta, Ofelia, Julieta, Virginia, Graziella, Evangelina, María, me ha parecido más ideal ni más tocante que la de la maravillosa criatura que nos dejó su alma escrita en los dos volúmenes que están abiertos ahora, sobre mi mesa de trabajo y sobre cuyas páginas cae, al través de las cortinas de gasa japonesa que velan los vidrios del balcón, la diáfana luz de esta fresca mañana de verano parisiense..." (2).

La América del Sur de Silva no aparece para nada en la novela. La menor referencia a estas bellas tierras tropicales se omite, ignorándose completamente la patria del nacimiento del poeta. En cambio, lo extranjero resalta hasta convertirse en medida desproporcionada.

Veamos la primera página de la obra: "Recogida por la pantalla de gasa y encajes, la claridad tibia de la lámpara caía en círculo sobre el terciopelo carmesí de la carpeta, y al iluminar de lleno tres tasas de China, doradas en el fondo por un resto de café espeso, y un frasco de cristal tallado, lleno de licor transparente entre el cual brillaban partículas de oro, dejaba ahogado en una penumbra de sombría purpúrea, producida por el tono de la alfombra, los tapices y las colgaduras, el resto de la estancia silenciosa.

En el fondo de ella, atenuada por diminutas pantallas de rojiza gasa, luchaba con la semioscuridad circunvecina, la luz de las bujías del piano, en cuyo teclado abierto oponía su blancura brillante el marfil al negro mate del ébano.

2. J. A. Silva: **De sobremesa**. Biblioteca Shering Corporation, U.S.A., de Cultura Colombiana, Bogotá, 1965, pp. 42 y 43.

Sobre el rojo de la pared, cubierta con opaco tapiz de lana, brillaban las cinceladuras de los puños y el acero terso de las hojas de dos espadas cruzadas en manopla sobre una rodela, y destacándose del fondo oscuro del lienzo, limitado por el oro de un marco florentino, sonreía con expresión bonachona, la cabeza de un burgomaestre flamenco, copiada de Rembrandt.

El humo de dos cigarrillos, cuyas puntas de fuego ardían en la penumbra, ondeaba en sutiles espirales azulosas en el círculo de luz de la lámpara y el olor enervante y dulce del tabaco opiado de Oriente, se fundía con el cuero de Rusia en que estaba forrado el mobiliario" (3).

Eduardo Camacho, refiriéndose a ese ambiente exótico de lo extranjero, dice lo siguiente:

"La novela está llena de ese exotismo asfixiante, tan de época y tan americano, como puede verse en la obra de los poetas del movimiento modernista. Hay, en la gran mayoría de ellos, como es sabido, un vivo deseo de apartarse de sus lugares de origen para lanzarse al mundo de la cultura y del refinamiento europeo u oriental. Esta actitud, que no es otra cosa, en nuestra opinión, que provincialismo intelectual, es, por ejemplo, la de Rubén Darío por los jardines de Versalles. Y de ella se deriva la tendencia esteticista del movimiento. El fenómeno podría ser explicado literariamente como una retorización de la tendencia escapista de toda la poesía de fines del siglo pasado, es decir, como una derivación ya retórica, domesticada, de la angustia que produjo **Le bateau ivre** de Rimbraud o **Invitation au voyage** de Baudelaire, por ejemplo. Estos poemas y todos los que son expresión de anhelo de libertad de los poetas finiseculares, ahogados por el cientifismo, por la esperanza de un mundo que se iniciaba en la técnica y por la tremenda agitación social, pertenecen a la misma tendencia. Pero en la mayoría de poetas americanos se ven viciados de ese provincialismo a que nos venimos refiriendo" (4).

Carl W. Cobb considera que **De sobremesa** tiene una marcada influencia de Oscar Wilde, especialmente en su obra **The Picture of Dorian Gray.**

3. Opus, cit., pp. 13 y 14.
4. Eduardo Camacho Guisado. **La poesía de José Asunción Silva.** Ediciones de la Universidad de Los Andes. Bogotá, 1968, p. 53.

"One long episode in **De sobremesa** recalls sharply a part of Wilde's novel, even though the details are much changed. Silva would certainly have been impressed by the striking story of the portrait that ages in **The Picture of Dorian Gray**, and in the mental wandering of the protagonist who is causing it to age. In **De sobremesa**, Fernández sees once in Geneva a girl who continues to exert a strange and purifying influence on his soul. After a long spell of suffering he recieves a painting from his friend in London, which turns out to be the likeness of the girl. This Helen of the portrait is also the Preraphaelite ideal, and there is a suggestion of Rossetti. Later, however, while Fernández is searching for the girl, the portrait is guarded as sacred in a locked room, among dying roses and strange jewels. Admittedly the details of the story suggest the life of the Rossetti's, but the weird treatment of the portrait and its relations to the now dead Helen recall Wilde's story of Dorian Gray" (5).

La técnica utilizada por Silva en **De sobremesa** es propia de la literatura decadentista de su época. Los episodios que mueven la estructura interna marcan un "tempo" rápido. Podría decirse que los recursos utilizados por Silva en su novela es una amalgama de los empleados por el modernismo.

Helena podría constituirse en símbolo de una abstracción del autor, para lo cual el héroe romántico José Fernández se convierte en arquetipo de Silva. Tanto Helena como su romántico admirador Fernández representan símbolos del amor estético del autor. Helena nunca toma caracteres reales femeninos sino una absoluta fantasía creada por Fernández. Veamos un párrafo que nos ilustra al respecto:

"¿Muerta tú, Helena?... No, tú no puedes morir. Tal vez no hayas existido nunca y seas sólo un sueño luminoso de mi espíritu; pero eres un sueño más real que eso que los hombres llaman la realidad. Lo que ellos llaman así, es sólo una máscara oscura tras de la cual se asoman y miran los ojos de sombra del misterio, y tú eres el Misterio mismo".

De sobremesa fue publicada por vez primera en 1925, aproximadamente treinta años de la muerte de José Asun-

5. **José Asunción Silva and Oscar Wilde.** Hispania, V, 45, 1062, p. 660.

ción Silva, y posteriormente en 1928 se edita una segunda edición.

Como lo repetimos anteriormente **De sobremesa** está bajo la línea del decadentismo francés y se orienta hacia la búsqueda de personajes con problemas sicológicos y completamente desadaptados.

La estructura narrativa es de carácter autobiográfico, en forma de novela-diario, forma apropiada para el análisis del protagonista central José Fernández el **alter ego** de Silva, que sirve de eje central para unir los episodios que estructuran la temática central. Característica singular de la novela es el culto apasionado por el arte de la época, especialmente de la pintura. Veamos un párrafo representativo sobre lo que venimos analizando:

"Quiero oírte leer unas páginas que según me dijiste una vez, tienen relación con el nombre de tu quinta, con un diseño de tres hojas y una mariposa que llevan impreso en oro, en la pasta blanca, varios volúmenes de tu biblioteca, y con aquel cuadro de un pintor inglés... ¿Cómo dices tú?, ¿decadente? no... ¿simbolista?... no, ¿prerrafaelista? Eso es, prerrafaelista, que tienes en la galería y que no logro entender...".

"El modernismo hispanoamericano como el decadentismo europeo entronizan un nuevo tipo de héroe que refleja el conflicto del intelectual entre los valores de la sociedad burguesa. El nuevo héroe es un inconformista, un desadaptado, un romántico que opone a la realidad circundante y a la chatura ideológica su propia realidad, forjada a través de la fantasía o de la evasión. La amenaza avasallante de la mediocridad ambiental y de las ideas positivas que condicionan el clima espiritual de la época, explican la actitud del escritor que confiere al artista la calidad de pequeño dios, de individuo de selección, cuyas proclividades hacen que se le considere como un "raro", o por lo menos como un ser excéntrico. De esta manera surge en la literatura toda una pléyade de héroes-artistas signados por la neurosis, enfermedad puesta de moda por los decadentistas, quienes pretendieron convertirla en pose estática y en una forma refinada de conocimiento. Arquetipo del héroe-artista para la novela finisicular fue Des Esseintes, el personaje de A. Rebours de J.K. Huysmans, obra que ejerció profunda influencia en **De sobremesa.** José Fernández, el colombiano cosmopolita que vive en Europa al estilo de los **rastaquères** de la "Belle-époque", pertenece a la estirpe de Des Esseintes y de otros famosos personajes decadentistas: Andrés Sperelli, el señor de Phocas, Dorian Gray, etc., popularizados en novelas por D'Annunzio, Jean Lorrain y Oscar Wilde, y que tienen en común su rebeldía, su desmesurado culto por el arte, una hipersensibilidad enfermiza y el dandysmo que se revela en el gusto por el lujo, los placeres y las sensaciones exquisitas y equívocas. De hecho, José Fernández, el Des Esseintes de la novelística del modernismo, cumple las condiciones del héroe-dandy romántico que omitió Luis B. Eyzaguirre en su penetrante análisis del héroe en la novela contemporánea de Hispanoamérica" (6).

Refiriéndose al mismo tema y concretamente al **alter ego** José Fernández, Rafael Maya considera que "No hay duda de que Silva creó a José Fernández para objetivar su propia contradictoria sicología. El gran sueño frustrado del poeta iba a cobrar vida espléndida por medio de la creación artística. **De sobremesa** es la novela de la evasión y de la compensación. De la evasión, porque le permitió a Silva sustraerse metódicamente a las vulgares necesidades que lo acuciaban, en días verdaderamente amargos, y de compensación, porque vivió sus mejores sueños en la figura de su protagonista, que estaba modelado con los más amplios toques de la imaginación creadora" (7).

Siguiendo la línea cronológica, encontramos al venezolano Manuel Díaz Rodríguez (1871-1927). Sus primeros libros, **Confidencias de psiques y sensaciones de viajes**, ambos publicados en 1889. En 1901 publica su primera novela, **Ídolos rotos**. Trata de enseñar a su país, dándole una lección a las bárbaras masas venezolanas, en virtud de un culto estético. Díaz considera que el arte desinteresado puede por lo menos salvar la libertad de expresión dentro del pensamiento de la voluntad humana, y escribe otra novela esteticista: **Sangre patricia** (1902). El ambiente es esteticista: cuadros de **Bottocelli**, poesía de **Swedenborg**, música de **Shuman**, de **Wagner** y discursos sobre **Nietzsche**.

En 1908 publica su obra **Peregrina o el pozo encantado** (1922). Díaz Rodríguez intentó la narración criolla, en la cual

6. Héctor H. Orjuela. **"De sobremesa" y otros estudios sobre José Asunción Silva.** Instituto Caro y Cuervo, Bogotá, Colombia, 1976, pp. 33-34.
7. Rafael Maya. **Orígenes del modernismo en Colombia.** Bogotá, (s.f.), pp. 84-85.

los ideales se perciben muy bien frente a su tierra y a sus hombres en donde discurre la acción, tratando con buen equilibrio y con marcada visión realista sus elementos. "De la muy elaborada producción novelesca de Díaz Rodríguez, **Idolos rotos** es la obra típica de la narración imaginativa modernista, por sus aciertos y por las limitaciones que tal carácter le impone. Desarrolla el tema modernista, de la incomprensión de los artistas en la sociedad en que viven. Arturo Soria, el escultor formado en París, que sueña con la regeneración de su pueblo, que ingenuamente cree en la eficacia de su esteticismo para conseguir la transformación social, ve fracasar su utopía, y ante la derrota, en lugar de cambiar de procedimientos, abandona de nuevo su país. La lección humana de su ejemplo no es precisamente positiva y estimulante; pero toda la obra está transida de un idealizado amor a la belleza formal, y más que obra de novelista, es obra de escritor. Sus descripciones son cuadros de trabajada composición; su prosa busca perfección en lo pictórico, en la plasticidad y en la armonía; pero sus personajes son tipos, individuos de sicología unilateral en función de la cual actúan el político ambicioso, el joven frívolo y crapuloso, la mujer sensual, el académico incomprensivo, el artista soñador y toda la novela, dentro de esa buscada perfección, más que a los impulsos vitales, responde a la voluntad esquematizada del autor" (8).

Indudablemente **Idolos rotos** es la obra magistral del venezolano Díaz, obra publicada en (1901) y una de las más destacadas en la generación del Modernismo. Refiriéndose a esta obra el crítico C. Goic considera que hay una duplicidad de su carácter y una ambigüedad en el espacio.

"La novela es narrada por un narrador básico cuya presencia es ostensible y significativa. Domina con omnisciencia el mundo narrado e interpreta la realidad con criterio cientificista; la sociedad y su moral, con criterio racial y atávico; y los personajes, a través de su temperamento peculiar y su herencia familiar. La gravitación determinante atribuida al medio es fundamental. La fatalidad del destino a la que suele invocarse, refiere derechamente a la permanencia inconmovible de los factores determinantes: ciertos valores de la situación, una fatalidad orgánica. El análisis del

8. R. Lazo. **Historia de la literatura hispanoamericana**. E. Porrúa, México, p. 237.

síndrome neurótico, maniático, de una sensibilidad de artista, en Alberto Soria, entrega una explicación causal definida para su inestabilidad patológica y para las expresiones de su conciencia hiperestésica, cuyas modificaciones tienen momentos de cambio repentino, brusco e insospechado, que son de ordinario suscitados por estímulos insignificantes para el común de las gentes, pero que en él adquieren dimensiones desproporcionadas e insólitas por sus efectos. Una fantasía en constante actividad, que se extiende más allá del campo estético y artístico al del amor o la vida práctica, desrealiza los datos y le conduce a erigir su propio infierno.

"La perspectiva se sitúa preferentemente en la conciencia sensible, permitiendo de esta manera que el mundo se revele en sus formas y sus colores y que la esfera de las sensaciones, en toda la gama, desde las primarias hasta las espirituales, ocupe un lugar determinante en la configuración de Soria y del mundo de su experiencia" (Opus, cit., de Goic, p. 138).

Otro novelista venezolano de este marco histórico es Pedro Domínici, nacido en 1872 y quien publica sus novelas **La tristeza voluptuosa** (1899) y **El triunfo del ideal** (1901). Son dos obras influidas grandemente por Jean Lorrain y en las cuales se anota también el predominio estético parnasiano, donde se reconstruye con sentido plástico la vida antigua de Grecia y en 1935 escribe su novela **El cóndor**, obra de género indianista.

Baldomero Lillo (1867-1923). Con base en la observación directa, por haber trabajado en un pueblo al sur de Chile, escribe **Subterra** (1904), en la cual denuncia la miseria y el dolor humano de los mineros de su tierra. Muestra con vigoroso realismo el calvario de aquellos en la producción de carbón. Hay denuncia y protesta en su obra, que se trasluce en literatura. Los realistas de este marco histórico chileno se dedicaron por entero a temas campesinos. El primer novelista de esta promoción, Luis Orrego Luco (1866-1949), se destaca por el cuidadoso manejo de temas urbanos y por temas de las altas clases sociales más distinguidas y afortunadas. En sus novelas **Casa grande**, **En familia** y **El tronco herido**, trata cuadros de tipo moral de las clases adineradas y burguesas de su país. "En la novela de Orrego Luco, este proceso de decadencia, iniciado en los últimos lustros, aparece cruelmente indicado, aunque sus personajes se ostentan todavía en la plenitud dominante de sus caracteres; ello permite al novelista amplio campo para el desarrollo de su pintura cruel, no demasiado severa de concepto pero sí de tono, es decir, que se echa de menos la gran dosis de humorismo que requieren las flaquezas humanas" (A. Zum Felde, **Indice de la literatura hispanoamericana.** Tomo II, p. 336).

En 1905 da a conocer **Memorias de un voluntario de la patria vieja**, en donde la escena se remonta hacia el año de 1810. "El libro fue saludado por don Gonzalo Fulnes como una contribución literaria encaminada a familiarizar al público con los estudios de la historia. Pero el historiador hizo también reservas. Para Orrego Luco la idea de la independencia había germinado en el espíritu de don Juan Martínez de Rozas, quien había dado maña para aconsejar a la autoridad realista, de la cual era consejero y asesor letrado, ciertas medidas que estaban encaminadas a producir su descrédito y, finalmente, su ruina" (9).

En 1903 publica la obra más famosa de su producción literaria: **Casa grande**, de la cual se han hecho varias ediciones. Tiene características costumbristas. En ella trata el problema del divorcio y exhibe crudamente las pasiones que se presentan en el hogar, cuando las incompatibilidades de caracteres distancian a los cónyuges. Veamos un trozo:

> "Angel Heredia, joven perteneciente a una gran familia de Santiago, está enamorado de Gabriela Sandoval, de gran familia también... Pero a don Leonidas, padre de la niña, no le gusta el mozo. Sus razones tiene. Gabriela, hija sumisa, se somete y ya no hay matrimonio. No lo hay, por lo pronto; pero he aquí que don Leonidas muere. Con esto, los amores de Angel y Gabriela se renuevan. Se casan. Es un matrimonio de gran resonancia en Santiago. Los dos ricos, buena familia, buenos mozos, elegantes. Según todas las apariencias, debían ser una pareja muy feliz. Sin embargo, comienza el desacuerdo... Esta desinteligencia es tanto más grave y profunda cuanto que, no sólo ignoran sus causas, sino que tampoco se manifiesta de una manera visible. En suma: son desgraciados, ya no se aman, ya no se quieren. Un escándalo en que aparece mezclado Heredia con una artista del Municipal, ha hecho más honda la división. Gabriela se va de casa de su marido; va a vivir a la de su madre. El presbítero, señor Correa, viene a ver a Angel y le dice que su mujer está muy herida; que al fin se reducirá, pero con el tiempo, y que, por lo pronto, lo mejor es un viaje a Europa... Angel acepta el conse-

9. R. Castro. **Panorama de la literatura chilena.** F. de C. Económica, México, 1955, p. 90.

jo y parte. A los pocos meses vuelve. Su mujer lo espera. Parece que van a comenzar una nueva vida... Esta bonanza dura poco. Comienza la misma desinteligencia de antes, agravada ahora con la sospecha de que su mujer lo engaña con Leopoldo Ruiz. Ha recibido anónimos en este sentido. En fin, una noche, al regresar de una comida de etiqueta, Angel (por cuyo cerebro había pasado ya varias veces, aunque vagamente, la idea de desembarazarse de su mujer), le hace una inyección de digitalina con atropina en vez de hacerle una con morfina que ella pedía. Gabriela muere" (**Astorquiza**).

"Fue el novelista del rápido crecimiento económico y social de Chile. Con algo, no mucho, del naturalismo francés; con algo, bastante, del naturalismo español, observó la vida de la alta burguesía. No muestra la vida sana, sino las enfermedades morales. Se propuso una vasta serie de "Escenas de la vida de Chile". La primera fue **Un idilio nuevo** (1900), que transcurre en la ciudad de Santiago, en la época contemporánea, en la alta sociedad; su tema es la impotencia del amor y de la honradez ante la fuerza del dinero. En **Casa grande** (1908), la más famosa de sus novelas, expuso la desavenencia matrimonial de un hogar de: ese mundo de negocios, fiestas, lujos, neurosis e inmoralidades termina con el marido asesinando a su mujer. Es una novela de costumbres y chismes de salón, la primera en que se analiza el modo de sentir, pensar y actuar del chileno de las clases pudientes. En **Familia** (1912), **Tronco herido** (1929), **Playa negra** (1947) son otras tantas iniciaciones en la carne de la sociedad chilena. Sus novelas componen un ciclo novelístico monocorde y, estilísticamente, desafinado; pero valen como crónicas de la vida chilena" (10).

Carlos Reyles (1868-1938) es quizá uno de los mayores novelistas que nos ofrece esta generación en Uruguay. Su obra arranca de una técnica eminentemente realista. Sus principales producciones son: **La raza de Caín** (1900), **El gaucho florido** (1932), **El embrujo de Sevilla**, (1922) y **El terruño**. Su obra **Beba** (1934) es una novela concebida en la tradición naturalista francesa, cuya idea básica representa, como en muchas obras de Zola y los Concourt, una teoría de índole biológico-social.

Reyles dio una perfecta armonía a la mezcla del naturalismo y de la renovación poética del modernismo. Conocía a

10. Obra citada de E. Anderson Imbert, p. 352.

fondo la literatura europea, artífice lento y deliberado de su estilo en la novelística.

El escritor que más afirma el arte de novelar en la Argentina durante esta promoción, es Roberto J. Payró (1867-1923). Sus obras capitales son: **El casamiento de Laucha** (1906), **Pago chico** (1908), y **Divertidas aventuras del nieto de Juan Moreira** (1910). Su técnica directa y simple, en un estilo narrativo, describe la vida de los pícaros de Argentina. Payró se cuenta entre los primeros novelistas que acertó en el sentido de los valores autóctonos y es quizás uno de los primeros escritores que contribuyeron a la transformación de la novela americana con que experimentó el modernismo.

En **El casamiento de Laucha,** estudió el pícaro con compasión y comprensión, lo que ve como un producto del ambiente argentino. Esta idea logra transmitirla a la novela **Divertidas aventuras del nieto de Juan Moreira**, reconocida como su obra maestra. Allí recoge el hilo de la novela picaresca, en la cual considera que el pícaro es parte del pasado argentino y del futuro. En **Pago Chico** reúne varios tipos camperos y les da vida por medio de un estilo humorístico. **Sobre las ruinas** (1904), **Marco Sevelino** (1905) y **El triunfo de los otros** (1907), nos ofrece temas de verdadero contenido social.

"En las **Divertidas aventuras del nieto de Juan Moreira** (1910), Roberto Payró ha dado una de las novelas más representativas de la tipología criolla y el clima moral predominante en la Argentina, no va en la época del siglo pasado en que la sitúa (de 1830 a 1900), sino en el presente siglo y en modo permanente; tal permanencia histórica del tema le confiere su importancia, en tal sentido. El ambiente político social de antaño, en que se desenvuelve, no es más que la actualidad circunstancial de sus sustancias, que se va manifestando con iguales caracteres intrínsecos de la evolución exterior de las cosas, adaptadas a nuevas condiciones" (11).

José María Vargas Vila (1886-1933). El colombiano es quizás un escritor romántico que gozó de mucha popularidad en su tiempo. Para pocos escritores hispanoamericanos distintos de José María Vargas Vila, la crítica ha sido más severa, más punzante y más injusta. Siempre fue negativa. Se

11. Obra citada de **Zum Felde**, p. 100.

habló de todo lo malo y nunca de lo bueno del escritor. Un escritor polifacético y prolífero como Vargas Vila, no es frecuente en tierras americanas. Diversa y multiforme, como la de Voltaire, Víctor Hugo y D'Annunzio, la obra de este escritor comprende: novelas, cuentos, ensayos suficientes para un análisis objetivo, alejado del dogmatismo político de sus compatriotas, que siempre lo juzgan por este aspecto, crítica que conduce a un silencio de muchos y a un desconocimiento de su valor literario.

Tal vez como novelista Vargas Vila no descuella entre los escritores de este género en Hispanoamérica, ya que no logró crear una sola novela de valor universal. Pero este antecedente no le resta mérito a su creación ensayística, que podría formar algunos volúmenes, los cuales darían un amplio margen para analizar su esfuerzo de libertad y de justicia. Noventa y ocho obras constituyen el legado literario de José María Vargas Vila. Con ellas atacó las tiranías, fustigó a los hipócritas, a los criminales políticos y a la explotación e injusticia foránea.

Sobre el dominio de los Estados Unidos en la América Latina, escribió: "Es así como la visión de una América deslatinizada por su propia voluntad, sin la extorsión el arquitecto del Norte, flota ya sobre los sueños de muchos sinceros interesados por nuestro porvenir, inspira la fruición con que ellos a cada paso los más sugestivos paralelos, y se manifiesta por constantes propósitos de innovación y de reforma. Tenemos nuestra nordomonía. Es necesario oponerle los límites que la razón y el sentimiento señalan de consuno" (12).

La figura representativa en la novela modernista argentina es **Enrique Larreta** (1873-1961). Su obra más notable, **La gloria de Don Ramiro** (1908), es una novela histórica sobre la época de Felipe II. Publica a **Zogoibi** (1926) con temas diferentes: relata una aventura trágica en la llanura argentina.

En **La gloria de Don Ramiro** logró Larreta una síntesis maestra de los ideales literarios propios de la novela modernista hispanoamericana. Esta obra nos muestra una galería de hermosos y melancólicos grabados, donde lo arqueológico

12. Arturo Escobar Uribe. **El Divino Vargas Vila.** 1ª Ed., Bogotá, Edit. Gráficas Venus, 1968, Vol. I, p. 72.

predomina sobre lo humano. Sus personajes centrales viven fantasmalmente, ansiosos de belleza, replegados en los museos, en la literatura o en las historias del arte. Larreta se situó en la época de Felipe II y en ese marco histórico narró la vida de su personaje central. En sus cuadros dinámicos y apasionantes y en la descripción de hazañas heroicas, de amores sentimentales y sensuales, odios y traiciones, **La gloria de Don Ramiro** es un cuadro lleno de imaginación y de ambiente sicológico de uno de los períodos más importantes en la historia de España. Bastante fama alcanzó para Larreta esta novela, llegando a considerarse como una de las mejores de su tiempo.

"**La gloria de Don Ramiro** vive, sobre todo, por la magia estilística de su prosa, cuyo sabor arcaizante, que, para la forma necesaria de su carácter, tiene la virtud de crear el clima estético de la obra. Si tal arcaísmo, aplicado a una novela moderna, sería incongruente, a la inversa, tal obra, en otro estilo, perdería su carácter: probablemente su gracia. Pocas veces se ha dado el caso de una obra narrativa que exista, como ésta, apoyada principalmente en el lenguaje. En poesía esto sería normal; pero en la novela es raro, aunque no único caso: Gabriel Miró y Valle de Inclán (ambos modernistas como Larreta), se hallan en idéntica posición. Y, como en el caso de aquéllos sus ilustres congéneres españoles, la originalidad de Larreta consiste en haber escrito, no exactamente a la manera de los clásicos del Siglo de Oro, imitándolos en lo que era más fácil, sino en haber logrado una estilización del lenguaje, que representa, a la vez el carácter, el tono de la época evocada, el esteticismo de su época, su modernismo" (13).

La gloria de Don Ramiro, tanto en la concepción general como en su prosa, se mueve entre condiciones de dos órdenes: la primera, bajo el modelo de la novela histórica; la segunda, dentro de la concepción del modernismo, escuela literaria que en los años en que Larreta escribía su novela estaba en apogeo, tanto en Hispanoamérica como en España. La mezcla de estos dos órdenes constituye el éxito de dicha obra; es, pues, una novela histórica hecha con prosa modernista. Este escritor adoptó el tipo de novela histórica en for-

13. Obra citada de **Zum Felde**, p. 284.

ma similar al fijado por Flaubert en su **Salambo**, aplicando a un tema del pasado los procedimientos de la novela actual, guardando siempre la tónica del impresionismo, a pesar de que Larreta no era un estricto impresionista: era un modernista. Conviene señalar también que muchos de los procedimientos de la novela —scoctians— inglesa, francesa y española se encuentran con frecuencia en su novela.

Larreta nos da una visión general de la vida española en el siglo XVI. Junta rasgos documentales y luego los dispone en la novela, de modo que forman un sentido, una fisonomía con expresión de vida interior. La fisonomía que describe de la España imperial tiene un acentuado aire de familia o, dicho en términos de historia literaria, forma tradición: **La gloria de Don Ramiro** abarca pensamientos históricamente valiosos: es el caso de lo que los historiadores definen hoy como el Estado-Iglesia de Felipe II, al igual que algunos aspectos de la contrarreforma.

Amado Alonso, en su **Ensayo sobre la novela histórica**, publicado en Buenos Aires en 1945, considera que **La gloria de Don Ramiro** "es una inundación de materia novelesca, ya previamente literalizada, en parte por los cultivadores de la leyenda negra de España, en parte por los simpatizantes románticos de la **Sauvage beaute** española, en parte por **Walter Scott** y por todos sus secuaces en la novela medievalista. Pero además de seguir en esto la triunfante tradición novelesca scotiana, además de hacer suya la visión de España elaborada en Francia también según una tradición literaria, Larreta ha tenido, para acumular tantas negruras, motivos estructurales propios de esta particular novela. La idealización del carácter de Ramiro, tal como lo hemos consignado, influye en Larreta para la representación del mundo ambiente, de "la tierra vieja y maligna en que había nacido, aquella tierra en que todo era adversidad, maleficio, embrujamiento" (III, 5). Se resalta lo negativo, lo inerte. Del monarca, el despotismo, con alusión a la idea a que sirve el despotismo, pero sin vivir su lado positivo; de la hostilidad a los moriscos, la injusticia sentimental, el perjuicio industrial y agrícola; la inquisición quema santos, como Alixa, o a pobres locos; de las damitas elige a una iletrada; todo el mundo español era un cadáver en pie: "Las calles estaban llenas de limosneros fingidos; los campos, de falsos anacoretas; los puertos, de famélicos hidalgos que venían a pedir una plaza en los galeones" (II, i).

La gloria de Don Ramiro pertenece al tipo que Kayser denomina "de formación", donde se presenta al protagonista en búsqueda del ideal juvenil. En estas novelas, dice Kayser, el peligro que corre el novelista es que "las premisas ideológicas de este tipo llevan... con facilidad a una estilización y esquematización, impidiendo así el pleno desarrollo de lo épico: la visión clara y amplia que debía abarcar toda la varia plenitud del mundo se enturbia y se limita" (14).

Justamente este puede ser el riesgo que corre Larreta en su novela. Larreta persiste en una visión original y su novela tiende a diluirse bajo una estilización lingüística y una esquematización romántica. Estas novelas de formación giran en torno de una tendencia escapista. Así vemos cómo **La gloria de Don Ramiro** se va perdiendo en un pasado que poco tiene que agregar al lector moderno. El protagonista principal deambula en un pasado lejano en el tiempo y en el espacio. El protagonista tiene muchos rasgos románticos que tomó la generación modernista. Ese escapismo que hemos hecho mención no rechaza el plano físico, ya que vemos a Don Ramiro huir de Avila a Toledo, y de ahí a América, donde se esfuma. Pues hasta la noticia de su muerte nos llega en forma indirecta.

Luis A. Sánchez refiriéndose a la falta de autenticidad en la novela escribe en **América, novela sin novelistas**, p. 192, que "constituye un alarde de dominio en la pasamanería, ebanistería, y demás artes aplicadas del 600 español, pero no en la técnica de la novela, ni en el poder de sugestionar al lector, ni en los resortes psicológicos del personaje". En su obra sobre la crítica de la novela, **Proceso y contenido de la novela hispanoamericana**, Sánchez añade, p. 386, que "Ramiro no es el prototipo del caballero español, del hidalgo, puesto que creció entre deslealtades pequeñas y grandes, desde el sofaldeo y violación de Aldona, la mujer del campanero, hasta la vil entrega de Aixa, su amante islámica".

En la novela, Don Ramiro trata de ir en búsqueda de un vagabundeo-romántico que a su vez implica una disociación

14. Wolfang Kayser. **Interpretación y análisis de la obra literaria**. Editorial Gredos, Madrid, 1961, p. 480.

de los conceptos ante la realidad e idealidad. El héroe está agobiado por el cúmulo de problemas hasta llegar a la extinción. Así Don Ramiro felizmente se acoge al refugio que le brinda la muerte.

Algo impresionante en la novela es que su protagonista no responde a ninguna concepción artística definida. Su personalidad completamente confusa, por lo tanto nunca llega a constituirse en un conjunto armónico. No logra convertirse en un verdadero arquetipo romántico, pues Ramiro carece de una verdadera conciencia de sus actos.

Don Ramiro, desde su nacimiento, está señalado por el signo de la tragedia. La vida familiar está llena de augurios de mala fortuna. En su casa los habitantes sienten en los corredores ecos, como heraldos de muerte, que sirven para que el joven se forme una serie de fantasías que se contraponen a través de su vida. Pero Don Ramiro no tiene la voluntad necesaria para que todas las fantasías se conviertan en realidad. Todo se esfuma, todo se frustra, toda su vida está llena de contradicciones, lo que impide que el protagonista pueda alcanzar algo positivo.

En esta novela, Larreta muestra ser romántico desde el principio hasta el fin. Ramiro va a través de la obra tras la convicción de que los deseos que le abrigan son los propios suyos. Cuando el mundo de los deseos se cae del abismo, no le queda otra solución que huir y finalmente la muerte. Final eminentemente romántico, pues los finales románticos se presentan generalmente bajo una desaparición o muerte del protagonista al tratar de hallar una verdad absoluta.

En **Zogoibi**, Larreta utiliza los aspectos criollos de la Argentina, tocando los temas gauchescos con elementos heroicos y regionales. Apareció por la época en que se publicó **Don Segundo Sombra** y ésto hizo que la opacara la obra de Güiraldes. Las imágenes de la prosa en esta novela son ricas en sensibilidad y también en cultura, ya que en ella se encuentran frecuentes alusiones a las artes en general; se nota que los personajes de **Zogoibi** no son fruto de la tierra, sino personajes de la fantasía.

"**Zogoibi**, pues, transcurre en una estancia, y sus personajes se sienten invadidos por ese 'anhelo' del que habla el soneto. Si son desventurados (Zogoibi quiere decir desventurado) o si la desgracia se ceba en ellos, es a causa del destino que aflora por cada hendidura de la tierra. Lo misterioso gobierna la voluntad de estos señoritos, que expresan sutiles sentimientos con el tono de los diplomáticos y con el telón de fondo de las labores viriles del campo. El campo, en consecuencia, es una cantera de misticismos, de fuerzas extrañas (de lo cual se nos informa explícitamente a cada rato), y no una zona económica. En cambio, Larreta, la siente como historia, pero en función de la búsqueda de nobleza, tras la que ha concebido toda su obra.

Para muchos, **Zogoibi** despierta entusiasmo en los hombres de campo pues su conocimiento de las cosas de la "estancia" y además por la cultura que destila. No se discute, pero hay que entender quiénes son esos hombres del campo. Para estos lectores, la realidad "estancia" carece de relieve económico-sociológico; es, como sostiene Juan Pichón-Riviére, "escuela de señorío, que no consiste en explotar sino en dar, proteger, iluminar". Aun a riesgo de parecer demasiado maximalista, digamos que esta interpretación no es la que aparece en la obra de Benito Lynch, cuyos libros principales ya han aparecido en esa época. Los estancieros de Lynch son "Caranchos", el gaucho explotado y reducido al servilismo y a la humillación, no existe ni siquiera la posibilidad en ese ambiente de un sentimiento que no esté corrompido por el hecho de la propiedad. La obra de Lynch traza una verdadera elegía, casi patológica, del gaucho desaparecido y pone muy en tela de juicio el papel que cumplen los dignos señores tan solemnes y sentenciosos que recorren las grandes casonas construidas en la época liberal y rejuvenecidas, con piletas y libros en francés, durante el ganadero período alvearista.

Larreta continúa empleando procedimientos típicos: sensaciones, plasticidad, dignidad en el lenguaje, maneras exquisitas, objetos refinados. Lo curioso es que todo eso reunido crea un ambiente que el novelista va jugando como deletéreo o culpable en parte de la catástrofe final; en ese sentido, se parece un poco a Don Ramiro: afirman las dos novelas un fatalismo en el cual la cultura entendida como propiedad de objetos juega un importante papel. Y esa idea justifica que haya ubicado su tragedia en el campo porque esa cultura implica decadencia, la pérdida de las viejas virtudes de la raza que se encontraban o realizaban en medio de los vigores campestres o militares. Los verdaderos aristócratas son esos y están abandonados y, por lo tanto, los espera la liquidación. Advertencia, pues, de Larreta. Además, como **Zogoibi** muere a causa de sus amores culpables con una extranjera, por la cual abandona a su novia pura, la advertencia se torna xenofobia, las situaciones melodramáticas adquieren ideología y la novela, en su conjunto se sitúa en el terreno en que los hombres del 80, arrepentidos de haber dejado entrar a tanto gringo, ponían su capacidad de reacción" (15).

Las últimas novelas de Larreta son: **Grillas del Ebro** (1949), **En la Pampa** (1955), **Cebado en la Pampa** (1956), las cuales no han gozado de la difusión y del prestigio de su primera obra maestra.

Quizá cabe mencionar en esta misma generación al famoso guatemalteco Enrique Gómez Carrillo (1872-1927), quien escribió varias novelas, entre ellas: **Bohemia sentimental** (1889), **Maravillas** (1917), **Tres novelas inmorales** (1920), y el **Evangelio del amor** (1922).

En Bolivia, en el período de (1905), la novela realista entra en acción, caracterizándose como novela costumbrista, social y pintoresca. "Por primera vez el novelista estudia directamente costumbres de ciudad, pueblo y campo, en las diferentes clases sociales del agregado boliviano. Describe también, con paciencia sicológica, formas de vida social, llegando inclusive a la actitud de plantear los problemas de señalarlos con énfasis acusatorio, si no con humor literario, sarcástico y ridiculizante. Esta novela de sensibilidad y curiosidad, de observación informativa y crítica, carece de orientación intelectual, y aunque influido en algún modo sobre los políticos de su época, no debe tomarse como expediente de una literatura militante en el plano histórico".

"El aspecto pintoresco es inherente al estilo realista. La naturaleza boliviana: antiplánica, valluna o tropical, entra también en la novela, ocupando su sitio como expresión telúrica. La sicología del realismo ya no es la rutinaria de los románticos, sino más directa y penetrante, aunque por lo general prefiera ser incisiva y no comprensiva. La influencia europea y rusa continúa presente, pero en condición distinta al romanticismo, que apenas pudo crear la novela nacional. De allá nos viene el realismo con su exceso documental, el naturalismo, que Bolivia recoge en dosis mínima en este pe-

15. Noe Jitrik. **Zogoibi, de Enrique Larreta. El escritor argentino.** Ediciones del Candil. Buenos Aires, 1967, pp. 106, 107 y 108.

ríodo y en escala mayor solamente después de la guerra del Chaco. Es que el romanticismo se defiende. No nos extrañemos de verlo patente y reverdecido en algunas obras del siglo realista y aún más tarde. Ningún sistema de creación artística perece en absoluto; periclita y se eclipsa, pero no sucumbe. Por eso creamos estas divisiones de acuerdo con la tendencia dominante y no totalitaria precisamente. La república de las letras será siempre de libertad y variedad, y no de servidumbre y uniformidad. Esa república es universal y universalista.

"Figuran como campeones de este período Arguedas, Chirveches y Mendoza. Por lo menos son los autores que han conquistado mayormente el interés de la crítica. Una selección correcta incluye más nombres" (16).

Alcides Arguedas (1879-1946). Se inicia con una novela de sabor indigenista, **Watawara** (1904), escrita a los veinticinco años. Al año siguiente publica **Vida criolla**, novela de ambiente urbano, sumida en el feudalismo colonial. La obra capital de Arguedas es **Raza de bronce**, publicada en 1919, con la cual se incorporó a los nombres famosos de los novelistas hispanoamericanos. Al igual que Icaza y Alegría, los dos notables escritores indigenistas, su tema se centra en la comunidad indígena que le sirve de intérprete. Para Arguedas, el indio no es solamente tema literario, sino que se inspira en un verdadero espíritu reivindicador de los fueros humanos, frente a la injusticia del feudalismo colonial que había condenado a los indios a la vida de parias.

Armando Chirveches (1881-1926). Escribió seis novelas de diversos ambientes. Su principal se titula **La candidatura de Rojas**, impresa en París en 1908, narración agradable, ligera, de estilo jocundo y desenvuelto realismo. **Casa solariega**, publicada en La Paz (1916), es una novela social de ambiente realista. En 1920 publica, también en La Paz, **La virgen del lago**, la cual presenta una narrativa ligera, quizá de menos valor literario que las anteriores.

Jaime Mendoza (1874-1938). Médico, periodista, sociólogo, novelista e historiador de Bolivia. Hacia 1911 publica **En las tierras del Potosí** (editada en Barcelona), en cuya

16. Augusto Guzmán. **La novela en Bolivia.** Proceso (1847-1954), La Paz, Librería Editorial Juventud, 1955, pp. 55-57.

trama maneja a fondo el drama social de los mineros de Bolivia.

En 1914 da a conocer su novela **Páginas bárbaras**, diferente de la anterior y, posteriormente, **Arbol de oro**, de estilo regional y ambiente selvático, que tiene alguna similitud con **La Vorágine**, famosa novela del colombiano José Eustasio Rivera, pues toma el mismo aspecto de la explotación del hombre en la selva por los colonizadores feudalistas. En 1916 publica **Vida criolla**, de ambiente urbano y tal vez inferior en calidad literaria a las anteriores.

Enrique Gómez Carrillo, guatemalteco (1873-1927). Es quizá uno de los escritores más prolíficos de Guatemala. Los críticos señalan ochenta y siete títulos de obras literarias. De su gran producción literaria se puede sólo clasificar dentro del género novelístico las siguientes obras: Tres novelas inmorales: **Del amor, del dolor y del vicio**; **Bohemia sentimental** y **Maravillas** (Pobre Clown), y su novela más famosa, **El evangelio del amor.**

La primera novela de Gómez Carrillo es **Del amor, del dolor y del vicio**. Las tres novelas fueron escritas entre 1894 y 1899. La primera de ellas, **Del amor, del dolor y del vicio**, tiene una edición con prólogo de Rubén Darío. "Aunque esta novela, lo mismo que las demás de Gómez Carrillo, no tiene absolutamente nada que ver con Guatemala, representa otro paso hacia adelante en la historia guatemalteca. Dio a conocer el ambiente cosmopolita de París; introdujo un estilo rápido y hermoso de la novela. De sus precursores románticos, no se perciben más restos que una advertencia del autor referente al idilio de Liliana y Carlos. "Hablaban, hablaban; eran felices; y sin contar con el destino, edifican una vida color de rosa en la arena movediza del porvenir" (17).

Bohemia sentimental (1899), novela que trata de la vida de los bohemios y de sexo. Por lo ambiental podría tener influencia de las óperas **La bohème** de Puccine y **La traviata** de Verdi.

"En esta novela, Gómez Carrillo logró más unidad artística que en **Del amor, del dolor y del vicio.** Hay menos personajes y los únicos que sobresalen son Luciano y Violeta. Sin embargo, los dos personajes secundarios, sin dejar de

17. Seymour Menton. **Historia de la novela guatemalteca.** Editorial Universitaria, Guatemala, 1960, p. 106.

serlo, también son creaciones vivas. El millonario René Durán, frustrado por su falta de talento literario, se ilusiona "colaborando" con los jóvenes literatos hambrientos. De cuando en cuando se necesita una mujer que lo adore pero no se preocupa por la infidelidad de Violeta. Más se fastidia cuando ella se duerme mientras él le lee parte de su libro sobre la bohemia literaria del siglo XIX" (18).

Maravillas es la tercera novela del ciclo de las **Tres novelas inmorales** de Gómez Carrillo. Novela mejor estructurada que las anteriores pues abarca un grupo de personajes, dándole a cada uno el valor que cada uno merece. El libro además tiene tres marcadas épocas que corresponden a tres etapas de la vida de la protagonista central Luisa. "Tanto por la trama como por la acción rápida del personaje individualizados, **Maravillas** es superior a las otras dos **novelas inmorales** de Gómez Carrillo. En ese respecto, también representa un progreso sobre gran parte de las novelas guatemaltecas anteriores. Hasta hay un leve intento de reforzar la construcción de la novela cuando, en la tercera parte, la desgraciada Luisa recuerda a su madre, quien en el primer capítulo del libro se había opuesto a que Luisa se fuera con Eugenio" (19). Veamos un trozo de la novela:

> "Sin contestar, Luisa se detuvo ante el escaparate de un joyero, para ver, por milésima vez, las piedras preciosas que lucían en sus estudios de raso bajo la lluvia de luz blanca de las lámparas eléctricas. Los diamantes de que ambas hubieran querido adornar sus pechos juveniles, parpadeaban allí con sus facetas multicolores, haciendo brillar ante las pupilas fascinadas, la gama inquieta de los rojos ígneos, de los verdes de esmalte, de los azules minerales, de todos los matices del arco iris, en suma, que palpitaban entre las aguas claras del cristal como chispas flotantes" (20).

Veinte años después Gómez Carrillo escribe su novela **El evangelio del amor**, novela con características históricas. La acción se desarrolla en el siglo XIV en la ciudad de Bizancio y en el Monte Athos. "A diferencia de las **Tres novelas inmorales**, en **El evangelio del amor** se intercalan muchas descripciones, discusiones y relatos... La trama de **El evan-**

18. Obra citada de Menton, p. 107.
19. Obra citada de Menton, p. 108.
20. Enrique Gómez Carrillo. **Maravillas**. Madrid, Imprenta de A. Marzo, 1899, p. 12.

gelio del amor es igual a la de **Inútil combate** de Martínez Sobral: la lucha entre el amor humano y el amor divino. Ahora bien, en la novela naturalista de Martínez Sobral, el amor humano es casi exclusivamente físico mientras que en la novela modernista de Gómez Carrillo, es principalmente espiritual: "Qué me importan los actos de mi carne, si con ellos mi espíritu no experimenta placer ninguno?... Teófilo Constantino, exconde de Bizancio, ha huido de los placeres del mundo después de reponerse de una puñalada que por poco lo mata y se ha refugiado en un monasterio. Turbado por recuerdos de su vida interior, se maltrata en vano y acaba por pedirle a Jesús que le indique el camino de la gracia. Recibe la respuesta: "—Vuelve al mundo y ama a la que te espera"...

Aunque el **Evangelio del amor** es más artista que las **Novelas inmorales**, no se destacan tanto los personajes. El mismo protagonista Teófilo no vive por su propia cuenta ya que la novela es principalmente artista e ideológica y el autor no se preocupa por los seres humanos" (21).

Máximo Soto-Hall (1871-1944), guatemalteco. Escribió seis novelas con ideal diferente a su inmediato coterráneo Gómez Carrillo. Las novelas de Soto-Hall tienen vestigios románticos mientras que las de Gómez Carrillo tienen características naturalistas. Soto-Hall vivió en el período modernista, admiraba la corriente modernista y tiene una marcada influencia de ellos en sus obras. El prólogo de su primera novela, **El ideal** (1894), nos aclara su posición modernista.

> "Querido amigo y admirado poeta: Cumpliendo con un deber y satisfaciendo un deseo, le dedico este libro. Su único mérito, si alguno tiene, es la espontaneidad. En **Dijes y bronces** hice una verdadera gimnasia literaria, midiendo mis fuerzas en el cultivo de una escuela que admiro, pero en el cual encajo por completo y, aunque en verso, hice lo mismo en la segunda parte de **Poemas y rimas**. En éste, por el contrario, he querido ser independiente; porque, en mi sentir, es absurdo que un escritor se proponga sujetar su obra a los principios estrictos de una determinada escuela literaria, cuando tal vez, ni sus gustos, ni sus tendencias, ni su temperamento artístico le predisponen para ello.
>
> "Este afán de seguir los ritos de una escuela sin omitir detalle, causa ha sido de que muchos grandes talentos, que tal han hecho, alucinados por el aplauso fácil, o seducidos por la magistral ejecución de los grandes artistas, hayan producido obras que no corresponden

21. Obra citada de Menton, pp. 113-114.

a sus altas facultades intelectuales y, a mi ver, esto causa será también, de que se extingan en flor muchas inteligencias privilegiadas de la naciente generación literaria americana. El exagerado **modernismo**, llamémoslo así, está haciendo verdaderos desastres en el nuevo continente.

"Triste es ver cómo algunos jóvenes **decadentes** o **parnasianos** o lo que sean, están poblando nuestra despoblada América de silfos, sátiros, gnomos, hadas, elfos, faunos y de todos los seres fantásticos que ha podido crear la imaginación del hombre, no faltando, por supuesto, en ninguna parte el inevitable Puck; y cómo en aquel mundo, cuna de la democracia, han dado en prodigarse hasta lo indecible los títulos nobiliarios; las palomas son marquesas, duques los gavilanes, y hasta el pollino, siempre tan mal quisto, no faltará quien le conceda, por lo menos, el título de barón; pero, sobre todo, lo que más aflige es ver cómo se posponen las más hermosas ideas a las frases primorosas, frases de similor, que si en Rubén Darío y algunos más son bellas, porque su genio todo lo embellece, en los otros que las hacen, y las hemos hecho, resultan artificiosas y poco elegantes".

El ideal es completamente modernista. El ambiente donde se desarrolla la acción novelada es eminentemente modernista. El libro sólo consta de unas ciento cincuenta páginas. Un trozo de su novela nos muestra el pleno sabor modernista:

> En el hecho, como Venus saliendo de la espuma, entre un hervidero de blondas y encajes de blancura eucarística asomaba el rostro de Elena. Sus ojos cerrados dejaban ver sus largas pestañas negras, negrura que era realzada por la cadavérica palidez de su rostro; la boca entreabierta, lo mismo podía decirse que sonreía o que suspiraba, y su rizada y blonda cabellera, como ella solía llevarla en las mañanas, flotaba en torno de su artística cabeza, semejando culebras de oro dormido sobre la albura de las almohadas. La desfiguraba solamente una herida pequeña que recibiera en la mejilla derecha y que la muerte había hecho horrible, dándole tonos violáceos, amarillentos, blancuzcos; parecía la puerta por donde la podredumbre con todos sus horrores debía entrar en aquel cuerpo hermoso que parecía incorruptible.
>
> Una sola palabra no se oía en la alcoba; ya en ella reinaba el silencio de la tumba, en tanto que la desesperación y el olor tendían sobre aquel santo hogar sus alas negras (22).

Catalina (1900). La acción de la novela transcurre en San José de Costa Rica, y en una hacienda llamada **San Rafael de Desamparados**. Todo el ambiente de la obra es eminentemente modernista. Veamos un trozo:

22. Máximo Soto-Hall. **El ideal**. Madrid, Hijos de M. G. Hernández, 1894, pp. 56-57.

> "Al día siguiente Ricardo no se contentó con dar a Catalina el acostumbrado ramillete de flores, quiso acompañarla hasta la cañada en cuyo fondo el Horco retorcía convulso su hilo de plata, adelgazado por la ya larga ausencia del invierno. La tarde a la inversa de la del día anterior, que había sido triste y apagada, era alegre y luminosa. Moría el sol con la pompa de un magnate oriental, infundiendo en todo el sello de su postrer esplendor. A lo lejos se veían, turbando la aparente monotonía del color, las plantaciones de caña bañando en luz sus manojos de espadas verdes, de un verde tierno que agonizaba en amarillo hacia la base. Los montes vecinos con su variedad de cultivos, cortados en desiguales figuras, distintos en su tonalidad semejaban un dechado, obra de mano torpe hecho con lanas color de musgo, color de mar, color de esmeralda. Los cafetos, próximos casi todos al camino reflejaban la luz sobre sus hojas de esmalte, donde hormigueaban el oro, y lucían sus flores como estrellitas de marfil que la gran labor se habían dado cita para cantar y revolotear. Preludiaban los yigüiros su gorjeo aflautado, cadencioso, triste" (23).

"No obstante estas descripciones romántico-modernistas, por lo demás no muy abundantes y empleadas sólo para crear el ambiente, el tono general de todo el libro es realista. La narración de los hechos se hace de una manera directa y rápida. En contraste con la bondad ingenua del campo, sobresale la preocupación en la ciudad por las riquezas y por las apariencias. La participación de las familias extranjeras en la fiebre comercial, ya observadas en Humo de Martínez Sobral, refleja el cambio fundamental que se efectuaba en la sociedad hispanoamericana de fines del siglo XIX" (24).

El problema (1899), escrita justamente entre la guerra entre España y los Estados Unidos. La obra presenta una visión de Centroamérica treinta años más adelante, o sea, en 1928. La novela nos lleva a presenciar el total dominio de los gringos en Centroamérica. El inglés se impone en muchas partes, llegando al caso de anunciar productos nacionales en lengua inglesa para el mercado centroamericano.

"A pesar de la trama romántica y los trozos modernistas, que son poco largos dados el tamaño y el ritmo rápido de todo el libro, lo importante de **El problema** es que allí, por primera vez, se expusieron de una manera clara y directa los temores de Latinoamérica frente al "Coloso del Norte". Mucho de lo que pronosticó Máximo Soto-Hall en su visión del

23. Máximo Soto-Hall. **Catalina**. San José de Costa Rica, Imprenta y Librería Española, 1900, pp. 115-116.
24. Obra citada de Menton, pp. 123-124.

futuro en **El problema** aconteció en los próximos treinta años; uno de los casos más descarados de intervención de los Estados Unidos en los asuntos domésticos de un país latinoamericano ocurrió en 1927 en Nicaragua. Las intrigas que precedieron la invasión de ese país por la infantería de Marina están bien entretejidas con una trama novelesca en **La sombra de la casa Blanca** (1927), "libro de emoción, de pasión, de verdad y de justicia". Escrita en el mismo momento en que sucedían los hechos provocadores, esta obra, lo mismo que **El problema**, tiene una gran sinceridad. En lo que podría llamarse epígrafe, el autor establece la nota de la hipocresía que va a prevalecer entre los agresores. Hace contraste, sin comentarios, entre las palabras democráticas altisonantes de Elihu Root, Charles Evans Hughes y Teodoro Roosevelt; y los informes que rinde la revista **The Nation** sobre la guerra que Coolidge y su secretario Kellog estaban haciendo contra Nicaragua. Para comprobar aún más la verdad de sus acusaciones, el autor incluye en el mismo epígrafe una crítica que hizo el senador norteamericano Burton K. Wheeler de la política latinoamericana de los Estados Unidos" (25).

El fin del libro trae un tono exaltado, Virginia, quien se une con los rebeldes, apostrofa la bandera de los yanquis:

> "—Bandera mía, adorada bandera, prefiero verte arriada, si has de ser conducida en son de conquista y tu emblema sacrosanto ha de servir para humillar a pueblos débiles! ¡Flamea, sí, soberbia, como tantas veces has flameado, en homenaje a grandes hechos o en defensa de nobles causas!
>
> "Después entró en la caverna, se arrodilló junto al cuerpo de su amigo y besó con unción la frente pálida del héroe, que parecía circundada por una aureola. El sol, próximo a ocultarse, hacía llegar hasta el pétreo recinto sus últimos rayos, como si quisiera sustituir con el oro de sus destellos la ausencia de los cirios en aquella capilla ardiente" (26).

La sombra de la Casa Blanca es una novela de tono realista pero de escuela ecléctica. "Si se compara **La sombra de la Casa Blanca** con las novelas que se escribían en Europa, Estados Unidos y algunas partes de Sudamérica hacia 1927,

25. Obra citada de Menton, p. 127.
26. Máximo Soto-Hall. **La sombra de la Casa Blanca**. Buenos Aires, El Ateneo, 1927, p. 130.

el libro no tiene mucho valor literario. No obstante, tomándose en cuenta la falta absoluta de buenas novelas en todos los países centroamericanos en aquel entonces, hay que afirmar que la novela, sin contener ningún progreso técnico, trata de un tema candente de una manera relativamente desapasionada y lo entrelaza bien con el desarrollo del argumento novelístico. El mismo tema tratado por el nicaragüense Hernán Robleto en **Sangre en el trópico** y los **Estrangulados** se desbordó de los límites del género novelesco a causa de la pasión del autor" (27).

Sus dos novelas últimas se titulan **Don Diego Portales** (1935) y **La divina reclusa** (1938). La primera de ellas se considera "su mejor novela-biografía". Veamos un trozo de esta novela:

> El día de la ejecución del capitán Enrique Paddock, por el camino de Quillota, a la entrada de Valparaíso, se detuvo a eso de las dos de la tarde, una carreta. Los bueyes que la conducían, lustrosos, robustos, bien cuidados, el toldo que la cubría, de lona resistente, antaño blanca y por obra del tiempo y la lluvia, amarillenta y pringona, el material de construcción cuidadoso y de maderas buenas, denunciaban que los ocupantes eran gente de campo que disponían de una holgada posición. Del clásico vehículo descendieron un anciano, una joven y un joven (28).

"**La divina reclusa**, lo mismo que **Don Diego Portales**, acusan un parentesco innegable con las novelas históricas de José Milla. Por ser una imitación de las obras de Milla, **La divina reclusa** resulta muy inferior, principalmente por la falta de acción y de intriga ingeniosa. Dentro de la época en que se escribió, 1938, sólo merece la atención por ser una curiosidad anacrónica. La reputación novelística de Soto-Hall se basa en la gran popularidad de **El problema**. Por haber pasado tantos años en el extranjero —Europa, Estados Unidos, Costa Rica, Argentina— a Soto-Hall le pasa lo mismo que a Gómez Carrillo: se conoce muy poco su obra en su propia patria. Dentro del desarrollo de la novela guatemalteca, sus primeras dos novelas, **El ideal** y **Catalina**, sí caen dentro del modernismo en el afán de embellecer el lenguaje literario

27. Obra citada de Menton, p. 131.
28. Máximo Soto-Hall, **Don Diego Portales**, Guatemala, Ediciones del Gobierno de Guatemala, 1950, p. 62.

y de refinar todo el género. Sus dos novelas anti-imperialistas, **El problema** y **La sombra de la Casa Blanca**, corresponden a dos momentos históricos en que se presentó más crudamente el choque entre la cultura yanqui y la latina. Soto-Hall tiene la distinción de haber introducido la novela anti-imperialista en Hispanoamérica varios años antes de que se generalizara por Centroamérica y el Caribe. Además, **La sombra de la Casa Blanca**, con todos los defectos, es superior a **Mamita Yunai** del costarricense Carlos Luis Fallas y a otras obras anti-imperialistas más conocidas'' (29).

Rafael Arévalo Martínez (1834), Guatemala. Autor de una vasta producción dentro de la cual se puede clasificar como novelas las siguientes obras: **Una vida** (1914), **Manuel Aldano** (1914), **La oficina de paz de Orolandia** (1925), **El mundo de los malharachías** (1938), **Viaje de Ipanda** (1939) y **Honduras** (1947) y su famoso cuento **El hombre que parecía un caballo** (1915).

''**Una vida** (1914) y **Manuel Aldeano** (La lucha por la vida), (1914), si se juntaran, formarían parte de una novela autobiográfica. La primera consta de sólo cuarenta y seis páginas de tamaño reducido y se refiere en primera persona a la vida del protagonista desde la edad de cinco años hasta su salida del colegio de Infantes. **Manuel Aldeano** es un libro más extenso (cuenta ciento cuarenta y nueve páginas) que continúa el relato hasta los veintiún años. La importancia de estas dos obritas es que por primera vez en la historia de la novela guatemalteca, se presenta el alma desnuda del autor'' (30).

''Para el despotismo no había redención. Todos los medios habían escollado contra el mezquino y terrible mandatario que oprimía el país desde hacía tres lustros'' (31). ''Mi caso, el caso clínico de Manuel Aldeano, me pareció el emblema de la doliente nación del trópico: era una nación necesitada de médico'' (32).

''El análisis que hace Arévalo Martínez de los males de su patria muestra la inquietud del modernismo frente al im-

29. Obra citada de Menton, pp. 136-139.
30. Obra citada de Menton, p. 140.
31. Rafael Arévalo Martínez. **Manuel Aldeano.** Guatemala, Talleres ''Gutemberg'', 1922, p. 143.
32. Opus, cit., p. 146.

perialismo yanqui y lo coloca al lado de Soto-Hall, Rodó, Rubén Darío y Blanco Fombona, quienes también habían señalado el peligro. Sin embargo, la inclusión de estas ideas en **Manuel Aldano** altera un poco el carácter autobiográfico del relato. Chocan con la gran sinceridad de los sentimientos íntimos del protagonista, quien se imagina un **Poquita cosa** de Daudet. Tanto **Una vida** como **Manuel Aldeano** se distinguen por su estilo directo, ameno y poco preciosista. El autor sigue el orden cronológico en la narración de los sucesos, la cual se interrumpe felizmente de vez en vez para dejar a la vista las heridas de su alma. Así es que la impresión total del hombre predomina sobre los distintos datos autobiográficos. En sus novelas posteriores, Arévalo Martínez trató de eliminar a su propia persona para expresar mejor sus ideas políticas" (33).

Su cuento más importante es quizá **El hombre que parecía un caballo** (1915), inspirado en la vida del poeta colombiano Porfirio Barba Jacob. Su protagonista central "el señor de Aretal" es sencillamente la figura del poeta colombiano, del que logra Arévalo Martínez conseguir la realización de un retrato sicológico, con un arte lleno de fantasía sorprendente.

El hombre que parecía un caballo, escrito en 1914, por el conocido escritor guatemalteco Rafael Arévalo Martínez, inicia en la prosa hispanoamericana una forma que suele apartarse en parte del molde modernista. Tanto el escritor como el cuento han sido clasificados por algunos críticos como netamente modernistas. Sin embargo una cuidadosa lectura nos revela la presencia de algo que sugiere tintes surrealistas. Alberto Zum Felde fue quien señaló por vez primera que la aparición de **El hombre que parecía un caballo** en 1914 permite asignar a su autor el calificativo de precursor del surrealismo (34).

La narración en primera persona está dominada por el plano subjetivo sobre el objetivo. Dos narradores estructuran los protagonistas: el narrador, un hombre de claros valores morales, y un poeta de enorme sensibilidad a quien se le denomina el señor de Aretal.

33. Obra citada de Menton, p. 142.
34. Alberto Zum Felde. **La narrativa en Hispanoamérica**. Madrid, Aguilar, 1964, p. 370.

"Pero mi impresión de que aquel hombre se asemejaba por misterioso modo a un caballo, no fue obtenida entonces sino de una manera subconsciente, que nunca surgiese a la vida plena del conocimiento, si mi anormal contacto con el héroe de esta historia no se hubiese prolongado" (35).

Así vemos cómo la conversión de Aretal en un caballo no es para el narrador una fantasía, sino una realidad eminente. Esta realidad sugerida por el subconsciente, corresponde a una evidencia en el plano de la superrealidad. La obra se desarrolla en un ambiente de irrealidad que se percibe en forma nítida en muchas partes. Cuando el narrador descubre los defectos del señor de Aretal lo transforma en la narración en una imagen de rasgos expresionistas en la siguiente forma:

"...el señor de Aretal estiraba el cuello como un caballo... el señor de Aretal veía como un caballo... mientras sus brazos desataban algo en el aire como las manos de un caballo... El señor de Aretal se acercaba a las mujeres como un caballo" (36).

A pesar de que Arévalo Martínez nos indica en su prosa un precursor del surrealismo, su estilo en la prosa corresponde a los moldes propios del modernismo.

"Y yo, en aquellos instantes, me asomé al pozo del alma del señor de los topacios. Vi reflejadas muchas cosas. Al asomarme, instintivamente, había formado mi cola de pavo real; pero la había formado sin ninguna sensualidad interior, simplemente solicitado por tanta belleza percibida y deseando mostrar mi mejor aspecto, para ponerme a tono con ella.

"¡Oh las cosas que vi en aquel pozo! Ese pozo fue para mí el pozo mismo del misterio. Asomarme a un alma hermana, tan abierta como un pozo, que es un ojo de la tierra, es lo mismo que asomarse a Dios. Nunca podemos ver el fondo. Pero nos saturamos de la humedad del agua, el gran vehículo del amor; y nos deslumbramos de luz reflejada" (37).

En el hombre que parecía un caballo, muchas palabras usadas por los modernistas para embellecer su prosa se perciben a menudo: "collares de ópalos, de amatistas, de esmeraldas y carbúnculos", "azul del cielo", "oro rojo", etc.

35. Porfirio Barba Jacob. **Obras completas.** Ediciones Académicas. Año de MCMLXII, Medellín, Colombia, p. 65.
36. Opus, cit., p. 73.
37. Opus, cit., pp. 67 y 68.

"Para dar fin a su obra, Arévalo Martínez utiliza dos símbolos claves para el entendimiento de este cuento. Uno de estos símbolos, "la Esfinge en su eterno reposo de misterio", desaparece en el momento de irse Aretal galopando por el desierto. Para el narrador, la Esfinge representa el eterno enigma, el secreto o misterio de la verdadera naturaleza del hombre, y la Esfinge desaparece cuando Aretal demuestra su naturaleza mezquina y cobarde. El otro símbolo empleado por Arévalo Martínez es el de un centauro que ya es fácil de entender. Como la Esfinge, el centauro es un ser fabuloso y mítico de rostro humano y cuerpo de bestia que con su imagen plástica nos explica el misterio de las relaciones entre los dos protagonistas. Como nos dice José Antonio Pérez en su **Diccionario de símbolos y mitos**, "(el centauro significa) la inversión del caballero, esto es, la supremacía de lo inferior... sobre las facultades superiores". Al lograr su victoria sobre la amenaza del señor de Aretal, el Narrador ha podido devolver a las regiones del inconsciente la bestia que se le había visualizado en la imagen de un ser mostruoso" (38).

"Escrita **La oficina de paz de Orolandia** en 1925 como reacción al imperialismo yanqui, Arévalo Martínez escribió otras dos novelas de índole política frente a la amenaza de la Segunda Guerra Mundial: **El mundo de los malharachías** (1938) y **Viaje a Ipanda** (1939). En estas dos novelas, que como **Una vida** y **Manuel Aldeano**, pueden considerarse juntas, Arévalo Martínez combina con ingeniosa visión de los hombres-animales con su concepto de una sociedad utópica. En la tradición de **Don Bonifacio** de José Milla, **A vista de pájaro** de Francisco Lainfiesta y **Stella** de Ramón A. Salazar, estas dos obras de Arévalo Martínez son relatos fantásticos...

En su última novela, Hondura (1947), Arévalo Martínez adoptó otro plan para intentar la presentación de sus ideas políticas junto con una trama novelesca. Su propósito principal es captar la vida guatemalteca durante la época del dictador Manuel Estrada Cabrera mediante los treinta años de vida, 1890-1920, del protagonista Alfonso Celada. A diferencia de sus dos novelas utópicas, **Hondura** comienza con el

38. Daniel R. Reedy. **La dualidad del "Yo" en "El hombre que parecía un caballo"**. University of Toronto. El ensayo y la crítica en Iberoamérica, 1970, p. 172.

énfasis en el protagonista novelesco. En efecto, los primeros tres capítulos dan la impresión de una novela picaresca con reminiscencias del **Epaminondas del Cauca** de Antonio José de Irisarri. Alfonso Celada, hijo ilegítimo de un poeta-político hondureño y una linda y ligera muchacha del pueblo, comienza a vivir bajo malos agüeros. De niño buscaba leña y después viajaba con su tío el arriero por Guatemala, El Salvador y Honduras. Como en el libro de picaresco de Irisarri, se plantea el problema de la definición de la democracia'' (39).

"Caracterízase la obra, extensa y multiforme de Arévalo Martínez, por la inquieta y escrutadora fantasía y por su intenso lirismo, concentrado, insinuado, con uso sin abuso de la imagen y de la metáfora, de voz melodiosa, que avanza a contracorriente de modas y tendencias, y con el tiempo se simplifica y acrisola en un leve, sencillo, personal y posmodernismo, con el de **Por un caminito así** (1974), que recuerda uno de los aspectos del posmodernista cubano Agustín Acosta'' (40).

Se distinguió Arévalo Martínez más en el campo del cuento que en la novela. "Es su obra un intento accionar de símbolos y mitos, un complejo mecanismo en que las sutilezas de una literatura de invernadero se mezclan a subterráneas corrientes indígenas. Dinámico, en un sentido especial que raya en lo morboso, hay en sus fantasías cierta diabólica condición que proviene acaso de su hábil manejo de las zonas subconscientes de su pueblo'' (41).

César Brañas (guatemalteco-1900). Distínguese Brañas por aplicar en sus novelas la estética modernista al escenario guatemalteco. Su primera novela **Alba Emérita** transcurre en Antigua sin hacer referencia a los acontecimientos de su época. La novela se divide en tres partes y tiene una construcción sencilla. Veamos un trozo de la novela:

> "Empenechado de ceniza, el cigarrillo ascendía en una suave voluta azul de humo que se creyera un bohemio sueño de poeta. En la

39. Obra citada de Menton, pp. 143-144-147.
40. Raimundo Lazo. **Historia de la literatura hispanoamericana**, México, D.F., Edit. Porrúa, S.A., 1973, p. 248.
41. Fernando Alegría. **Historia de la novela hispanoamericana**, México, D.F., Ediciones de Andrea, 1966, p. 130.

penumbra lunar que envolvía la estancia, surgían sensuales, sobre chinescos vasos, hortensias azules, como para rimar con sus lujuriosos desmayos un poema de ardientes lascivias en orientales arenas" (42).

Escribe Brañas siete novelitas más, obras que fueron escritas entre 1918 y 1939. Por ser de una extensión tan pequeña no se les puede dar el nombre de novelas sino de **novelitas**, ya que tampoco se puede enmarcarlas dentro del cuento. La primera de esta serie es la novelita **Sor Candelaria, leyenda lírica** (1918). Le siguen **La divina patoja** (1926); **La vida enferma** (1926); **Tú no sirves** (1926); **La tapia florida** (1927); **Un hombre solo** (1932) y **Paulita** (1939).

"Con las novelitas de César Brañas, que datan desde 1918 hasta 1939, se cierra el ciclo del modernismo en Guatemala. Algunos de los escritores de ese movimiento se cuentan entre los guatemaltecos que gozan de más fama en el exterior. Dentro del país, hicieron la contribución valiosa de realzar la novela a un nivel artístico. Aunque la mayor parte de las novelas modernistas tratan temas exóticos o muy personales, en algunas se encuentran indicaciones de la novela criolla que había de florecer a partir de 1932 y que estaba destinada a representar la madurez del género novelesco por toda Hispanoamérica" (43).

En la generación modernista podría situarse la novela **Pax**, escrita por los colombianos Lorenzo Marroquín y José María Rivas Groot, que toma como fondo la guerra civil "de los mil días" en Colombia, obra que alcanzó difusión en su tiempo. **Pax** gira a través de esa hecatombe nacional, al igual que tras las perspectivas de la paz. A pesar de sus defectos, los autores nos presentan caracteres bien definidos como en el caso de Roberto, Alejandro, Bellegarde y la hermana San Ligorio. "El catolicismo de los héroes novelescos de **Pax** no puede ser más sincero, aunque mezclado con mundanidades de fin de siglo y extraviado por el extraño criterio de que el objeto más deseable de la vida es la emoción estética. La hermana San Ligorio y las figuras femeninas de **Pax**, especialmente doña Ana, sí dan en su plenitud la impresión de una

42. César Brañas. **Alba Emérita**. San José de Costa Rica, Imprenta y Librería Alsina, 1920, p. 25.
43. Obra citada de Menton, p. 161.

fe vivida y actuante" (44). **Pax** fue editada en Bogotá en 1907, en París en 1914 y traducida al inglés por W.V. Schierbrand e Isaac Goldberg, en Nueva York en 1920 bajo el título de **Peace**. Veamos un trozo del capítulo **Música y política** de la novela:

"El general Ronderos suspendió su paseo, se detuvo en mitad de la sala: '¡sostendré la paz a todo trance!' dijo. La luz de una haraña hiriéndole de lleno, destacó los rasgos de su fisonomía enérgica: las facciones de un dibujo firme, la frente vasta y bronceada, las cejas pobladas, los bigotes recortados sobre el labio, la quijada saliente, toda aquella cara que revelaba un alma dominadora, predestinada para la lucha y para el mando.

"—Y yo respondo de ella, observó Roberto; pero mientras usted esté en el Ministerio ya verá cómo se va a abrir toda una campaña para que deje ese puesto, y desencadenar la guerra.

"—¿Es posible? exclamó Bellegarde. Este país tan desgraciado y tan rico, sólo necesita de paz. Es seguro que todos los habitantes, comprendiendo sus propios intereses, trabajarán contra la guerra civil, que sólo trae la ruina y la muerte. Al oír esta última palabra doña Ana, con un estremecimiento, volvió instintivamente la mirada hacia el boceto en que Roberto estaba pintado agonizante en el páramo sombrío.

"—En estos países, amigo Bellegarde, dijo Roberto, en estas tierras de América, hay elementos interesados en la paz, y elementos interesados en la guerra... ¡Cosa extraña! Aquí la guerra es el campo de los débiles, de los vencidos de la vida. La paz es el campo de los fuertes, que por el talento, el trabajo y la constancia logran una posición, una fortuna, un nombre... Y cosa curiosa también: las revoluciones vencidas fortifican más que destruyen a los gobiernos contra los cuales se hacen" (45).

"La publicación de la obra, primera novela colombiana de acción política, fue un verdadero acontecimiento literario y social por la novedad del asunto y por haber sido considerada como novela en clave, en cuyos personajes las gentes señalaron a determinadas figuras de la época.

Mejor que ninguna otra novela, **Pax** presenta la verdad del país por los años que se escribía; los caracteres influyentes, en bien o en mal, en la marcha de la nación, justamente con el confuso escenario en que obraban. Ella viene a demostrar plenamente cómo en la novela en Colombia no ha estado

44. Lorenzo Marroquín. **Pax**. Introducción de Francisco José González. Editorial Bedout, Medellín, Colombia, 1971, p. 11.
45. Obra citada de Marroquín, p. 34.

al margen de los sucesos y de la idiosincrasia de la nación, sino que los ha tomado desde principios del siglo especialmente, y teniéndolos por materia de arte, los ha subido a categoría novelada.

Dos aspectos tiene la novela como tal: demasiada extensión para su plan, relleno de digresiones, descripciones y cuadros costumbristas, a la vez que un recargo en mostrar a los hijos de la luz como personajes angélicos sin sombra de defectos, y a los de las tinieblas como seres fatídicos, endemoniados y "carbonientos". Tal falta de impasibilidad y de sobria contención es un lastre para la técnica de **Pax**" (46).

46. Obra citada de Curcio Altamar, pp. 160-161 y 162.

CAPITULO XI

LA NOVELA NATURALISTA HISPANOAMERICANA

No se puede desconocer la presencia del naturalismo francés en la novela de esta generación en Hispanoamérica. Este conjunto se distingue por una producción abundante y sostenida, llena de experiencias variadas y de una real visión para llenar los cuadros y para adaptarse la novela a toda naturaleza de ideas, mensajes o influencias. "Renán tiene sus epígonos en France o en Lemaitre, Taine en Bouuget o en Rod. La literatura se dirige hacia la novela rápidamente. Se piensa en lo que en la edad precedente se había producido en poesía, cuando los epígonos parnasianos ponían a no importa qué en cuartetos o sonetos.

El beneficio ha sido, sin embargo, mucho mayor para la novela que para la poesía. Gracias a la novela autobiográfica (Vallés o Fromentin) por una parte, y a la novela naturalista por otra parte, esta generación parece ser la primera que haya realizado el carácter universal de la novela y que haya comprendido que todo el mundo tiene en sí mismo y alrededor de sí asuntos de novela. Este estado es poco favorable, evidentemente, para el nacimiento de un Balzac y creador. Pero facilita, evidentemente también, la vitalidad ordinaria y media de un género literario. Nos damos cuenta por la multiplicidad de las ramas que forma durante esos treinta años la novela literaria" (1).

1. Alberto Thibaudet, **Historia de la literatura francesa**, Buenos Aires, 1966, p. 372.

El naturalismo francés se ha caracterizado como sistema de visión, dividido en naturalismo épico y naturalismo documental. Nosotros entendemos por un naturalismo épico, no la tradición del estilo épico que se oponía en Flaubert y Zola a la "escritura artística" de los Goncourt, sino al género de empresa cíclica monumental que recoge la tradición de los Rougon-Macquart, como Zola recogió la de la **Comedia humana**. Dos de estas empresas son notables: la de Paul Adam y la de J. H. Hosny.

"La vasta y profunda producción que amontonó Paul Adam es hoy en día poco leída y su carrera da la impresión de fracaso. Sin embargo, **Le temps et la vie**, de la que se escribieron cuatro volúmenes, biografía novelesca de la familia de Adam desde el consulado, era un momento original. Y sobre todo Adam ha influido en parte notable en la literatura de la postguerra, por su estilo dinámico, su modernismo, su colonialismo, su antihumanismo, su moral deportiva. Era por lo menos un paso hacia un balzacismo nuevo" (2).

Con el naturalismo documental la novela tiene ya un índice que adquirirá las proporciones de una enciclopedia. Desde 1914, la novela documental de Francia contará con su especialista: Pierre Hamn y su ciclo de la Peine des homes.

También podríamos relacionar con el naturalismo documental francés a Gustave Gaffroy, el autor de la novela, L'apprente (1904) y a Lucian Descaves, que en la época del naturalismo fue perseguido por **Sous-Offs,** y **Philémon** (1913), novelas de un veterano de la comuna, obras de un rico matiz parisiense.

La novela burguesa francesa está representada por las obras de Paul Hervieu en **Peints par aux-menes,** y en las novelas de Abel Hermant y Mercal Prévost. En la novela personal se encontrará a Huysmans y Jules Renard.

La novela artística es una tradición sólida de la novela francesa y su estructura está representada en Gautier y Merimée, por una parte, y en Flaubert y Balzac, por otra. En 1520 aparece Zola con **J'acusse**, el novelista que más influirá en lo sucesivo sobre la novela hispanoamericana.

"Junto con las ideas positivas y evolucionistas y con los principios del determinismo histórico, llega a la influen-

2. Thibaudet, op. cit., p. 234.

cia de la novela naturalista. Sus raíces principales están en el naturalismo francés, en la novela experimental de Zola, en la tentativa de hacer la novela un frío laboratorio de estudio de las enfermedades del organismo social. Es una tendencia hacia lo documental, que se complace en lo patológico, que hace ostentación de una forma áspera, simple y directa" (3).

"En suma —escribe Zola— toda la operación consiste en tomar los hechos de la naturaleza, estudiar su mecanismo y obrar sobre ellos por las modificaciones circunstanciales y del medio, sin apartarse jamás de las leyes de la naturaleza".

Zola observaba con atención las consecuencias estéticas, para él positivistas, que podrían derivarse de esta actitud en el novelista. Para este autor, la presente constante del autor de la novela, como el fenómeno que se presenta en la novela romántica, resta vitalidad y permanencia universal a la integridad del pensamiento del escritor.

En cuanto a la moral atacada por la nueva literatura, según los críticos, "Zola pensaba que fuera de la verdad no había moral posible", y, por consiguiente, la objetividad y la libre mostración del vivir eran las únicas garantías para que la obra se inscribiera dentro de los valores éticos. Su ideal era que el novelista llega a "ser superior a las cosas mismas y las redujera así al estado de mecanismos obedientes" (4).

La minuciosidad en el relato de Zola y que sus seguidores heredaron, se consideraba también por él como un medio de completar al personaje con su ambiente, porque, como él dice, "el yo no es más que una abstracción intelectual, una bestia pensante que forma parte de la gran naturaleza y que está sometido a múltiples influencias del suelo, donde ella lo ha puesto".

En Hispanoamérica, el naturalismo mostró una conducta instintiva, primaria, quizá como fuerza potencial. Se anotó que el organismo social carecía de poder para mostrar con mayor claridad que las exigencias biológicas no se cumplían con satisfacción. El naturalismo considera en primer plano el cumplimiento de las necesidades biológicas del hombre,

3. Arturo Uslar Pietri, **Breve historia de la novela hispanoamericana**, Caracas, Madrid, 1965, Edit. Edime, p. 88.
4. Guillermo Ara, **La novela naturalista hispanoamericana**, Univ. de Buenos Aires, 1965, p. 5.

necesidades de las cuales, como animal que es al fin, no puede escapar.

El naturalismo hispanoamericano presenta casi todos los aspectos del naturalismo europeo:

a) Relativa objetividad: pintura del ambiente.
Observación menuda y precisa del contorno.
Atmósfera con preferencia de bajo fondo; de vida y trabajo manual.

b) Pretensión cientifista. Se apoya en las conclusiones de Mendel, Saint Hilaire, Darwin, Comte, Spencer, Claude Bernard, tanto en la afirmación de un determinado biológico como en las definiciones psicológicas o de predominio instintivo.

c) Tiene dos direcciones: la del retrato externo y la de su refracción interna. Por el primero, suele llegar a la generalización colectiva del grupo social. Es aquí donde obran más los factores políticos y económicos. Por el segundo, a la inspección minuciosa y terca de las reacciones más refinadas de la sensibilidad.

d) Como consecuencia del poder que la acción católica ejerce en casi toda la América Hispana, se produce una casi general revuelta contra el clero (más o menos como en Francia) y un ataque contra el capitalismo, la exhibición orgullosa de riquezas, el falso proteccionismo imperialista y los males eternos de la política caudillesca y egoísta. Salva la culpa de la mujer caída y ataca la prepotencia y el desplante del machismo brutal.

e) A pesar del declarado anticlericalismo, reconoce, aunque no siempre, la existencia de sentimientos elevados y salva la fe en Dios y en la belleza. Lo instintivo y natural se halla en conflicto, casi siempre, con lo civilizado y la vida de la ciudad.

f) El espíritu dominante es amargo y pesimista. Pocas veces acompaña la exhibición del desorden, la enfermedad y la miseria con posibles salidas del orden, la salud y el bienestar social. Parece creer en soluciones. Esto, aparte de la intención declarada y subrayada por Zola y todos sus discípulos.

g) A veces llega a culminaciones de relativo optimismo:
   1) El amor satisfecho y triunfante sobre la religión y los prejuicios sociales de posición o de raza.

2) La ambición egoísta que triunfa por la astucia: Juan Criollo, de Loveira.
3) El triunfo sobre los prejuicios y las formas convencionales se da en alguna obra como **Beba**, de Reyles, pero el desafío a las leyes de herencia biológica precipita a los protagonistas en la derrota.

h) En lo formal, puede decirse que el naturalismo se confunde a veces con el modernismo y da, como en Reyles, formas de cuidadosa estructura y hasta el alambicamiento bien visible. Alfredo Roggiano nos ha mostrado el positivo aporte del modernismo a la novela naturalista. Lo considera como "expresión de la originalidad individual de los artistas y de los pueblos de América en el momento de la Independencia" (5).

Así, el naturalismo, bajo las influencias anotadas, entra de lleno en la literatura hispanoamericana, sobre el impulso de una descripción objetiva de la realidad.

En Chile, surge **Baldomero Lillo** (1867-1923), parte de una observación directa, aunque se nota el influjo de los naturalistas franceses, especialmente de "Germinal", de Zola, donde aprendió a contar y denunciar al tiempo.

"En los relatos de **Sub-terra** (1904) Lillo realiza uno de los cuadros más vigorosos de la vida de los mineros explotados, en las minas chilenas. El motivo, de clima sombrío, donde predomina la angustia y el terror, aunque tratado con crudeza realista, tiende, sin embargo, a la primacía del elemento estético, emocional, más que del sociológico, lo que le aleja de Zola, acercándose en cambio a la escuela de cuentistas provenientes de Poe, que ha hecho del género un arte de composición. El sentido social del tema, el problema humano del régimen de explotación —de los más importantes de la región andina del continente— está más sugerido que expuesto, lo cual, si probablemente redunda en beneficio artístico del relato, deja en un segundo plano algo vago aquel sentido y aquel problema. **Los inválidos, La compuerta, Número 12, El Crisé, El pozo, El registro,** son relatos que señalan en Lillo a uno de los mejores cuentistas chilenos y uno de los mejores en América, lugar que compartiría con Mariano La-

5. Ibídem, pp. 9 y 10.

torre, tan distinto, siendo este gran pintor paisajista y costumbrista de modalidad más objetiva, y sin olvidar los excelentes relatos de Martha Brunet. En **Subsele** (1907) se acusa más en Lillo la tendencia estética en el estilo como en la concepción, llegando a lo frecuentemente poemático, como en el **Rapto del sol**, **Las nieves eternas**; **El oro** y algunos más de estos relatos, aunque también contiene el volumen otros de carácter realista, semejante a los del anterior, como **El remolque**, magistral escena de un naufragio. **En la rueda**, pintura de una riña de gallos, cuadro de ambiente de los mejores, **Ovilapán**, cuya tremenda escena del incendio del campo —en la que muere el protagonista arrastrado por un caballo— recuerda la de Acevedo Díaz en **Soledad**, por su grandeza bárbara'' (6).

Otro naturalista chileno importante es **Alberto Blest Gana** (1830-1920), que comienza su obra literaria en 1853 y continúa hasta la primera década del siglo XX. Su novela más importante es **Durante la Reconquista**, publicada en 1897.

''El protagonista de la obra es sin duda el joven patriota Abel Malsira, y el autor cuida de mostrarnos dos aspectos paralelos de la vida de este muchacho. Forman el primero sus aventuras de guerrillero interesado en la causa de la revolución de la independencia como amigo y colaborador de Manuel Rodríguez; el segundo es el desarrollo que en su alma cobra la pasión por su prima Brisa Bustos, que al principio él no conoce, cegado como está por la atracción que sobre sus sentidos descubre solo al final del libro. De esta doble presentación de Abel Malsira surgen todos los incidentes de la novela, y el autor no puede menos que dar a cada uno de ellos la extensión, a veces enorme, que tiene, porque quiere informar cabalmente al lector de la marcha de los sentimientos de su protagonista y de todas las circunstancias que obran sobre un carácter juvenil. Al escoger como época de su novela el período de la Reconquista, el escritor se propuso reconstruir, como todos los grandes novelistas de la historia que él conocía; pero sin adoptar servilmente la receta de ninguno, una etapa de vida nacional. La reconstrucción es fiel, completa y oportuna. Los elementos históricos están siem-

6. Alberto Zum Felde, **La narrativa en Hispanoamérica**, Ensayistas hispánicos, Madrid, Aguilar, S.A., 1954, p. 149.

pre mezclados tan fuertemente a los novelescos, o fabulosos, que no sería posible separarlos. Las costumbres están bien observadas, y sólo se le podría reprochar al autor, en lo que toca a ellas, que repite demasiado algunas escenas en circunstancias similares, para producir siempre en el lector una sola impresión, que a las veces termina por cansar" (7).

Posteriormente escribe su novela **Los trasplantados**, en París (1904). En ella describe con verdadero lujo de detalles la sociedad de París, en la cual la aristocracia francesa está retratada fielmente.

"En la obra novelesca de Blest Gana, en la que se combinan la laboriosidad y vocación, pueden distinguirse tres períodos: el de los primeros esbozos románticos, iniciados en 1853 con **Una escena social**; el de su anticipada madurez, que comienza con la **Aritmética en el amor**, en 1860, y se prolonga con **Martín Rivas** (1862). **El ideal de una calavera** (1863) y la primera redacción no publicada de **Durante la Reconquista** (1897), obra a la que siguen **Los trasplantados** (1904), **El loco estero** (1909) y **Gladys Fairfield** (1912)" (8).

Otro novelista de Chile que se puede nombrar en su género es **Luis Orrego Luco** (1866), quien publica en 1900 su novela **Un idilio nuevo**. Ubicado en la línea de Balzac, Galdós y Flaubert, su obra está dentro del conjunto de ideas relativas a la presión de la herencia y del medio ambiente. **En casa grande** (1908), sostiene la misma línea de su temática: el clima social. Posteriormente publica **El tronco herido** (1904), centrado en los tiempos que siguieron a la guerra del Pacífico, y **A través de la tempestad**, escrita en 1914.

Quizá uno de los más representativos naturalistas en la narrativa hispanoamericana sea el mexicano Federico Gamboa (1864-1939), quien, sobre un tema romántico tradicional, trata una serie de fórmulas naturalistas que caen en una técnica sicológica a lo Paul Bourget. Su primera novela naturalista aparece en 1896, **Suprema ley**; en ella analiza las pasiones y los vicios, basado en el estudio de la estructura sicológica y social. El amor es la "Suprema ley": Gamboa lo define en esta obra como una fuerza arrolladora, primitiva e inconsciente que anula cualquier escrúpulo "divino y humano".

7. Raúl Silva Castro, **Panorama de la novela chilena (1843-1953)**, México, Buenos Aires, 1955, pp. 82 y 83.
8. Obra citada de Raimundo Lazo, p. 116.

Tres años después de **Suprema ley**, publica **Metamorfosis** 1899.

El tema de monasterio muestra la problemática que se cruza entre el misticismo y la sensualidad. Su obra capital es **Santa** (1903), novela de tipo documental, donde pinta la vida de burdel y la vida de la prostitución. Es la más difundida de Gamboa. "La figura central del sexo femenino está bien lograda, ya que recoge maravillosamente el ambiente de los bajos fondos mexicanos y utiliza una técnica de oposiciones tanto en el dibujo de personajes como en algunos elementos simbólicos". Posteriormente escribe **Reconquista** (1908), en la cual repite tópicos tratados en sus novelas anteriores. En 1910 publica **La llaga**, novela también centrada en la vida de los bajos fondos sociales. Gamboa de nuevo hace énfasis en esta obra de la alucinante visión de un mundo corrompido y brutal; un mundo donde "no se pueden sustraer a la férrea implacabilidad de estigmas y atavismos ancestrales".

Al igual que los demás novelistas hispanoamericanos llamados "naturalistas", encontró una nueva fórmula muy personal en la incorporación al cultivo del realismo de algún elemento imitada del naturalismo. **Del natural** (1888), el primer libro de Gamboa, contiene cinco relatos o novelas muy breves: **El mechero de gas, La excursionista, El primer caso, Uno de tantos** y **Vendía cerillos.** En 1892 publica **Apariencias**; en 1896, **Suprema ley**; en 1899, **Metamorfosis**; en 1903, **Santa**; en 1908, **Reconquista,** y en 1910, **La llaga.**

Gamboa elige temas que incluyen personajes representativos para la descripción del realismo: la prostituta y su ambiente, el criminal y la cárcel, el alcohólico, el artista y la monja.

"El arte realista de Gamboa, con su crudeza, su imaginación, su sentimentalismo gesticulante, su estilo esquinado y sus secretos ambiciosos de novela literaria, rompe la nota de mesura y discreción con que la novela venía desarrollándose entre los literatos más representativos del período. El último crítico citado, Salado Alvarez, ajustando inconscientemente el ritmo de sus palabras al tono del novelista, resume con agudeza el juicio que le merece la obra de Gamboa: "El mundo de Gamboa, a manera de Carlyle, es un montón de fango fétido cubierto por una atmósfera de plomo, en donde se escuchan solo ayes y gritos de desesperación; pero, como la temible imaginación del pensador británico, surcan el ciclo de esa gehoma rayos de filantropía que infunden consuelo y resignación" (9).

Dentro de este marco histórico podemos agregar la novela **A la costa** (1904), del ecuatoriano Luis A. Martínez (1868-1909), en la cual describe un extenso panorama de la vida social del serrano y del montuno de su país, con un dramático realismo. Su novela está estructurada a fin de servir de medio para mostrar "las asquerosas llagas de la sociedad quiteña" y, como muchos de los novelistas aquí someramente analizados, Martínez nos muestra en su obra los vicios, los convencionalismos y los prejuicios de una sociedad.

Otro de esta misma generación es Rufino Blanco Fombona (1874-1944), quien contribuyó con varias obras a enriquecer el mismo tema. Su primera novela, denominada **El hombre de Hierro** (1907), es una sátira y trágica imagen de la vida de Caracas a comienzos del actual siglo. Posteriormente publica: **El hombre de oro** (1916); **La mitra en la mano** (1927), **Máscara heroica** (1928) y **La bella y la fiera** (1931). Por su temática y por la posición que toma Rufino Blanco Fombona, su obra pertenece, como **Idolos rotos**, a la novela de compromiso y de denuncia.

La novela naturalista en Bolivia estuvo representada por Enrique Remarque (alemán), con **Sin novedad en el frente**, y por Henrs Barbusse (francés), con **El fuego**, respectivamente. Las dos novelas se encontraban en pleno apogeo cuando estalló la guerra del Chaco. "Históricamente este período es el de la lucha por la justicia social cuyo corolario más notable es **La reforma agraria**, actualmente en la etapa inicial, todavía confusa, de su aplicación. La literatura, parte integrante del proceso histórico, y en verdad estructura biológica de los pueblos, tenía que reflejar y reflejó en primer término la tremenda experiencia, y luego las inquietudes renovadoras, así sea acusando formas feudales de vida, de trabajo y de explotación; pintando la vida con pincel nativista o narrando escenas y costumbres con ánimo de caracterizar literariamente nuestro modo de ser. Claro que en esto

9. Joaquina Navarro, **La novela realista mexicana**, México, D.F., Compañía General de Ediciones, S.A., 1955, p. 312.

hay reiteración inevitable de técnicas y temas del pasado, mas de ningún modo repetición invariable. Hay un espíritu nuevo" (10).

En Argentina encontramos a Eugenio Cambaceres (1843-1888). Publicó a **Pot-Pourrí** en 1881. Luego a **Música sentimental** (1884), **Sin nombre** (1885) y cumplió su ciclo con **En la sangre** (1887), su última novela, una de las más importantes, ya que se encamina hacia los temas nacionales y sociales. El mismo decía: "La exhibición sencilla de las lacras que corrompen el organismo social es el recreativo más enérgico que contra ellos puede emplearse" (11).

Sus cuatro novelas fueron escritas a manera de Zola, es decir, con predominio del naturalismo. "Cambaceres aprovechó de Zola no tanto la técnica de la novela experimental, sino el ejemplo de que era legítimo en el arte de pensar al desnudo la sórdida condición del hombre. Franco, inteligente, libre, agnóstico, atrevido, no se hace ilusiones sobre lo poco que valemos. Su sentido moral se manifiesta aún en la filosofía cínica y brutal de sus principales personajes, desafía las mentiras de la sociedad pero con un gesto de cansancio y, a regañadientes, deja caer los brazos y reconoce que el poder de la naturaleza nos relaja al grado de animales. Con amargura, casi con valía, describe la indignidad humana" (12).

Cambaceres fue uno de los más fieles seguidores de Zola en Hispanoamérica, por tal razón, la temática de Cambaceres es generalmente la presentación ruda y descarnada de hechos que conciernen al brutal instinto sexual, la sintomatología de las enfermedades venéreas especialmente la de la sífilis, las heridas y las lacras sociales, motivos preferenciales en la temática de la novela naturalista. **Sin rumbo** (1885) quizá sea la mayor obra de Cambaceres y típica descripción del naturalismo hispanoamericano. La narración está en tercera persona y con esmero cuidado fija su meta en la observación de las lacras sociales, siguiendo cuidadosamente al personaje en todos los movimientos centrales.

"El modo narrativo es eminentemente pictórico, parco y sumario haciendo progresar los acontecimientos de modo

10. Opus, cit., pp. 153-154.
11. Augusto Guzmán, **La novela en Bolivia.** Librería Ed. Juventud, La Paz, p. 110.
12. Obra citada de A. Limbert, p. 30.

objetivo y sin anticipaciones que no quepan en el ánimo del protagonista como presentimientos o malos augurios. El diálogo ocupa un lugar importante por su carácter espontáneo, natural y vívido, expresivo variadamente de autenticidad o falsía, de afectación o naturalidad. Entre los elementos significativos están los momentos en que se pone el acento sobre el hablar vacío y retórico: el discurso del juez de paz (I, VIII), o la intervención del amigo de Andrés ante Dorrini para evitar el duelo (I, XXII) y otros momentos. Un aspecto de interés lo constituye, dentro de la modalidad narrativa, el sueño —que posee relieve también en otras novelas de Cambaceres, como el sueño lúbrico de Pablo en música sentimental— de temor y anticipación por el destino del hijo natural que domina a Andrés a su regreso (I, XXVIII). El sueño grotesco representa en su primer momento la imagen grande y poderosa del hijo vencedor; pero luego e intempestivamente, esa imagen desaparece para ser sustituida por una figura monstruosa: la de un enano horrible que luego se muda en cerdo, corre y embiste a las gentes, para transformarse en escuerzo que salta, hinchándose y agrandándose mientras la multitud intenta destruirlo. En medio del desordenado embate, Andrés lucha con la gente intentando proteger a su hijo hasta conseguir retirarse con el escuerzo protegido en su pecho y, dominado por la angustia, desplegado a pesar de todo un poder descomunal para vencer toda la clase de obstáculos. Luego disipa, dentro del sueño, la realidad de éste, pues no tiene hijo ni hay monstruo ni mutaciones reales.

La disposición se ciñe a lo que será sistemáticamente la exposición lógica del naturalismo. La observación preliminar presenta los antecedentes del caso y diferencias adecuadamente al personaje, su experiencia y su conciencia del medio. Luego se le verá actuando en los motivos dominantes de la novela que se corresponden con los cambios estacionales y los espacios característicos en la vida de un hacendado rico que deja el campo en el invierno para vivir en la ciudad. La hipótesis la establece un **dictum** de Shopenhauer proporcionado por la lectura de Andrés. En el proceso experimental se cumplirá en dos etapas, verificándose lo previsto y estableciéndose la ley final e inequívocamente.

Dividida la novela en dos partes, se reserva a la primera los motivos de desvío patológico y de hastío esencial como los motivos de conciencia brutal de la crudeza de la vida. En la segunda parte, se abre la esperanza regeneradora, mera ilusión sin embargo que desembocará en la más brutal de las decepciones, confirmando el pesimismo atroz de la novela" (13).

Aunque en el capítulo sobre el **modernismo** ha sido brevemente nombrado Carlos Reyles, consideramos importante hacer mención sobre él en la corriente naturalista hispanoamericana. Reyles publicó su primera novela en 1888: **Por la vida**. "Damián creía —dice Reyles— que el verdadero motor de las acciones humanas eran los apetitos del cuerpo y juzgarle malo todo sistema social o moral que no lo tuviese en cuenta". La lucha por la vida y todos los factores que determinan la evolución natural —biológicos y ambientales—, son constantes en su primera obra. En 1884 a **Beba**, donde concreta claramente a fondo el pensamiento de la novela experimental.

Después de esta obra, Reyles dio a la publicidad un ciclo de pequeñas novelas, bajo el título general de **Academias**, con **Primitivo** (1886), **El extraño** (1897) y **El sueño de rapiña** (1898). "Reyles opuso ya desde el prólogo a **Primitivo**, a la tendencia puramente esteticista de Darío, un propósito de hurgamiento en las zonas profundas del ser. Por esto a la objetividad calculada de **Beba** sucede un buceo sicológico más arduo y sostenido. Puede decirse que en **Primitivo**, sin abandonar su concepto materialista del hombre y de la sociedad, Reyles orienta sus búsquedas en planos más completos del vivir íntimo. Luis A. Mebafra considera que en los propósitos de la renovación modernista se hallaba esa concepción capital de lo humano, aparte de su regusto enfadoso por lo decorativo y formal, remedo de los modelos franceses. Esto es discutible, pero lo cierto es que Reyles se halló pronto en las arduas búsquedas, en el camino de Huysmans, un D'Annunzio o un Paul Bourget más afines con su temperamento y su acuciosa necesidad de crearse una base sólida y personal. Así alcanza el positivismo de Reyles la forma de una experiencia más riesgosa y profunda que lo apasiona".

En Puerto Rico, el naturalismo convivió con el romanticismo durante el siglo XIX y parte del XX. Se distinguieron como naturalistas los siguientes: Abelardo Morales Ferrer,

13. Obra citada de C. Goic, pp. 119-120.

con **Idilio fúnebre**; González García, con **Escándalo**; Manuel Gandía, con sus **Crónicas de un mundo enfermo** y con **La charca, Garduña, El negocio** y **Redentores**. Son dignos de mención asimismo, Fernández Juncos, autor de **El buscapié** (1882), y Salvador Brau, por su obra **La pecadora** (1887).

El naturalismo incluyó a José Elías Levys, autor de las obras: **Estercolero** (1900), **Mancha de lodo** (1903), **Planta maldita** (1906) y **Vida nueva** (1911). Y, por último se pueden agregar los nombres de Félix Matos Bernier y Ramón Marín, este último por su obra **La gleba** (1913).

En Cuba surgen algunos nombres que pueden ubicarse en el naturalismo: Ramón Mesa (1861-1911), Nicolás Heredia (1854-1905) y Ramón de Palma y Román (1812-1860), quien publicó en 1938 **El cólera en La Habana**, Jesús Castellanos (1879-1912), autor de **Tierra adentro**, y **Manigua sentimental**. También pueden considerarse como naturalistas Miguel de Carrión (1875-1929) y Carlos Loveyra (1862-1928).

En el Perú sobresalen en dicho género Manuel Bedoya (1888-1941), con **El hermano mayor**, aparecida en 1908. Parte en su obra de los principios positivistas, reflexionando sobre esta filosofía permanentemente. He aquí algunas de las ideas de Bedoya: "La sociedad es la mejor casa de compradores". "Todo eso no era sino un pantano... un pantano iluminado por la luz de la suerte. Pasa la suerte y solo queda un charco de podredumbre".

En Paraguay puede citarse, en primer término, a Josefina Pla, Rafael Barret, José Rodríguez Alcalá, Juan Stefanich y Benigno Casaccia Bibliolini. El período de la guerra del Chaco (1932-1935) estimuló la narrativa en este país con tono nacionalista y mostró en su literatura situaciones brutales. Josefija Pla anota que con **El gusjhu (El aullido)**, de Casaccia Bibliolini, "un novelista local se aproxima por primera vez a la sicología profunda del hombre de su tierra", y que **La babosa** inicia en el país "la novela sicológica y a la vez social". Lo que en general se mira como naturalismo es la utilización de una técnica característica para expresar una temática social, que llegase en forma directa por medio de un lenguaje crudo y audaz a los lectores. El tema de burdel o del hampa, por ejemplo, no es privativo de la novela naturalista: es una imposición que surge más de un deseo de fidelidad y de denuncia, que de una concepción científica. Pero como en esos antros es donde la sociedad suele cobijar sus lacras morales y físicas, los motivos de bajo fondo incitan poderosamente la imaginación de los escritores naturalistas: estas reflexiones convienen a toda la novelística europea o americana, pero en particular a nuestro hemisferio, por el predominio que alcanza en la pintura del medio y el propósito de análisis espectral de almas y de ambientes. El naturalismo francés, por ejemplo, aparece mucho más fácilmente localizado y catalogable.

Una nueva figura importante en esta generación es el chileno Eduardo Barrios. Nació en Valparaíso, en 1884. En 1915 publicó en Santiago la novela **El niño que enloqueció de amor**, obra escrita en forma de diario íntimo, en la cual describe la tragedia de un chico enamorado de una mujer adulta, incomprendido y sometido a suplicios sentimentales. Posteriormente escribió **Un perdido** (1917), en donde la materia pictórica característica es abundante y exacta y de una concepción realista.

"En **Un perdido** hay, por ejemplo, una serie de cuadros autobiográficos, ya que Barrios hubo de pasar, en los años de andanzas que evocábamos más arriba, no pocas peripecias similares a las de su héroe. Y se halla, en fin, una pintura muy animada, viva, veraz y seductora de la vida iquiqueña y santiaguina. Se codean ambientes diversos: la oficina pública pringosa en que el jefe maniático hostiliza a los empleados, mientras otro, que tiene su corazoncito, procura defenderles; la existencia pueblerina, el matrimonio pobre, la casa de prostitución" (14).

"En concordancia con el tema y con la elevada esfera en donde, por lo general, discurren los sentimientos de sus personajes, con esta obra ensayó Eduardo Barrios además nuevas formas de estilo. Escribió con extrema finura, con pocas imágenes, procurando hallar siempre palabras simples, claras, que eran las que le parecían más adecuadas al plan de perfección en que vivían sus héroes. Resultó, gracias a este empeño, una obra totalmente nueva, y tanto, que hasta hoy ha quedado un poco incomprendida dentro del conjunto" (15).

Después de una prudente pausa de varios años, publicó sus **Páginas de un pobre diablo** (1932), y una recopilación de

14. Obra citada de Silva Castro, p. 119.
15. Ibídem, p. 121.

cuentos y escritos de diferente índole. **Y la vida sigue** (Buenos Aires, 1925); más tarde, la novela **Gran señor y rajadiablos** (1948), la que puede considerarse como la obra más completa de este escritor, "no sólo por la amplitud de sus grandes cuadros de la vida chilena —rurales y urbanos—, sino por la mayor significación social del personaje; por su mayor valor representativo de los rasgos típicos del chilenismo de prosapia y hacienda, el que ha ocupado el primer plano de su escenario histórico en todos los órdenes de su vida. Es ésta una plena semblanza biográfica del personaje representativo, desde mocedades turbulentas hasta su cristiana muerte en el viejo caserón que guarda el olor de la tradición colonial y patriarcal".

Retrato recio y magnífico, en medio de un cuadro rico y exacto de colorido regional, cuyas lejanías evocativas se pierden en las perspectivas poemáticas de la infancia. Aquí el ambiente de frescura y, al mismo tiempo, de sabor añejo, de fines del siglo XIX, anima otras figuras características de fuertes relieves, cuyos primeros planos encaran ya la evolución del medio social traído por los nuevos tiempos, y a cuyo proceso el ya anacrónico señor feudal ha contribuido en no poca medida con sus esfuerzos constructivos y a pesar de sus normas despóticas; este personaje es la antítesis del que protagoniza **Un perdido**, pero en su plano de nobleza.

"La novela es una sucesión de cuadros diversos en que aparecen vigorosamente esbozadas las costumbres del vivir campestre, unidos todos por la existencia de don José Pedro. Se le ve comenzar la vida briosamente, mantenerse varios años en pleno vigor de sus fuerzas, y declinar, en seguida, lentamente, hasta extinguirse en la paz de los años, postrado con una dolencia natural, sin nombre, pero muy legítima: la vejez. Lo que le distingue, para que justifique cabalmente el remoquete de "rajadiablos" que le da el autor, es la rebeldía que asoma en él, inclusive cuando ya las fuerzas lo están abandonando, para hacer cosas de joven y reeditar, a destiempo, las hazañas audaciosas de la mocedad. Pero no se crea que aquí es genio brusco, irascibilidades y genialidad desbordada. Hay un trasfondo al cual es conveniente seguir la pista" (16).

16. Obra citada de Silva Castro, p. 124.

En 1950, Barrios escribe su novela **Los hombres del hombre**, obra en la cual dialogan diferentes personajes en constante preocupación espiritual. "El drama que allí se esboza es de celos, y sirve, de paso, para que el autor esboce cuadros de arrebatada ternura, tal vez los de más penetrante tono que se han escrito en Chile. Pero la deliberación obstinada de los miembros de aquella asamblea, inoportuna a veces, distrae la atención del lector y lo deja, como decíamos, un tanto ajeno de la efectiva tragedia" (17).

Posteriormente escribe **El hermano asno** y como ya lo anotamos **Los hombres del hombre**, novelas donde la exposición narrativa se halla en la primera persona. En juicioso estudio sobre la técnica narrativa en estas dos novelas, Alberto Rábago considera que "habiendo limitado las novelas de **El hermano asno** y **Los hombres del hombre** al tipo de narrativa "Diario" en primera persona, debemos analizar a quien selecciona el autor narrar la historia, si ese narrador es el personaje principal o secundario de la historia y cuánta credibilidad debemos darle. El autor literario debe buscar una técnica narrativa que vaya de acuerdo con el tipo de novela que está escribiendo. En nuestro caso, Barrios ha seleccionado un narrador que es el personaje principal. Esto nos da de inmediato la respuesta al "punto de vista", que consiste en la modalidad que el autor toma con respecto a su narrativa, o sea, la manera en que nos hace seguir los sucesos de la narración.

"De un modo general, se puede afirmar que hay dos clases principales de "puntos de vista", aquélla en que el autor guarda una posición externa, subjetiva y omnisciente en su narración; y aquella en que el autor desaparece como narrador para darnos la historia a través de uno o varios de sus personajes, en cuyo caso podemos decir que se trata de una narración objetiva e interna. Tanto **El hermano asno** como los **Hombres del hombre** pertenecen a la segunda categoría. El que el autor abandone su omnisciencia no significa que no haya autor como tal, sino que éste se esconde, por así, en el narrador-personaje. Esto, como se había indicado, es una de las características de la novela escrita en primera persona. Por último, hay que tener en cuenta que el narrador-personaje puede tomarse ciertas libertades que pudie-

17. Ibídem, p. 126.

ran definirlo como narrador omnisciente; esto le viene por formar parte del mundo de ficción, lo cual le da una flexibilidad en su visión narrativa. Esas libertades de ninguna manera rompen la ilusión de realidad, ni deben considerarse intrusiones del tipo narrador-autor omnisciente.

Debemos investigar cuán eficazmente emplea Barrios esa técnica en la que el "punto de vista" se limita al personaje principal, y ver qué consecuencias tiene en la consideración total de las dos novelas" (18).

Otro chileno es **Augusto Goemine Thonson, conocido** como Augusto D'Almar (1880-1950), quizá uno de los representantes más notables de la prosa modernista y naturalista de la literatura chilena. Comenzó con **Juan Lucero** (1902), novela corta, dura, proyectada sobre la problemática de una mujer lesbiana. En 1917 publica **Gatita** (esta es la protagonista central), novela extra en la que muestra la desnudez de los instintos. En 1924 da a conocer su obra **Pasión y muerte del cura Deusto**, acción que discurre en Sevilla en 1913. Hace un análisis de tipo sicológico alejado del estilo modernista.

"Vuelto a Chile cuando ya la madurez había pasado, **D'Almar** encontró editor para casi todo lo escrito en tierras distantes. Aparecieron así **Capitanes sin barco** (1934) y **Amor, cara y cruz** (1935), en que sendas novelas cortas sirven de centro a grupos de narraciones más breves. Novela propiamente tal no hay, pero sí esbozos en que la pluma del escritor no ahonda. Del mismo corte es **Mar**, novela breve, o cuento tal vez, ya que las fronteras son en **D'Almar** generalmente inciertas" (19).

Colombia aporta varios valores en este marco histórico, entre quienes se puede citar a Emilio Cuervo Márquez (1873-1937), autor de **Phinés** (1909); pero su mayor crédito está en las narraciones sueltas. "Pero su mejor novela, no obstante la dificultad del tema, es sin duda **Phinés**, de la cual existe una tradición francesa de 1935. **Phinés** es una tragedia de los tiempos de Cristo. Para su composición el autor permaneció largo tiempo en Palestina. Se siente verdadero hálito novelesco en la historia de este judío grecorromano, enamorado

18. Alberto Rábago. Técnica narrativa en "El hermano asno" y "Los hombres del hombre". **Revista Canadiense de Estudios Hispánicos**. Volumen III, No. 2. Invierno, 1979, pp. 122-23.
19. Obra citada de Castro, p. 103.

de Cornelia, la hija del procurador romano, y que nos hace poner en contacto con Herodes, Salomé y Poncio Pilatos. El libro, con un ámbito asiático bien captado, aunque el paisaje "se disuelve (como en la obra de Silva) en su velo de gasa azul y diáfano", recuerda los intentos eruditos de **Los últimos días de Pompeya**, de Edward Bulwer Lytton, y pertenece a la vena de **¿Quo Vadis?**, de Sienkiewiez, y de Fabiola, de Wiseman, viniendo a ser en la literatura colombiana el equivalente en prosa de los poemas **En el circo** y **El triunfo de Nerón**, de Guillermo Valencia, con esa victoria, siempre embellecida, del cristianismo sobre las mentalidades paganas" (20).

Clímaco Soto Borda (1870-1919), colombiano. En **Diana cazadora** describió con finos toques naturalistas, el ambiente social que le rodeaba en su época.

"A pesar de su dramático final, **Diana cazadora** es un mar de risa, porque su autor es uno de los mejores, el epígono quizá, de los novelistas bogotanos del humor. Diana no es la diosa, es una Diana ventera, Maritornes de malas entrañas, que caza un muchacho de "buena familia" y le chupa la vida y los bienes. La vida de éste y de su hermano constituyen la trama. Es otro aspecto del Bogotá de principios del siglo, filmado ahora por el lado de la vida bohemia y de los bajos fondos, pero con los mismos colores de exotismos que el autor quiso criticar. Por la gracia y el garbo con que está escrita, el interés sostenido y la presentación de esta otra manera de la vida bogotana, en cuyo ambiente no faltan los personajes drogómanos, con guantes oscuros, sombreros tiroleses y que "como un clérigo la liturgia, se saben de corrido el mundo", es **Diana cazadora** una novela de línea. Pelusa, el bobo inteligente, "el vago más ocupado de Bogotá", y Velarde, el jocoso, actúan con verdadera eficacia novelística" (21).

Pero el narrador de mejores méritos de ese entonces fue el antioqueño Francisco Gómez Escobar, quien se distinguió con el seudónimo **Efe Gómez** (1867-1938). Su novela **Mi gente** (1936), **Almas rudas, Póstuma,** son títulos que denuncian el tema que trata en su literatura, que era sencillamente pintar y, quizá, junto con Carrasquilla, fueron los dos mejores de Colombia en este género.

20. Obra citada de A. Curcio Altamar, p. 167.
21. Obra citada de Curcio Altamar, pp. 165-166.

Las estrellas son negras (1948), novela del colombiano Arnoldo Palacios, de la cual Curcio Altamar la considera como "la mejor y más cumplida naturalista de Colombia, tanto en la ejecución como en la impasibilidad cruda del estilo y en la preferencia por explotar el elemento sórdido, roñoso y cruel de la existencia humana.

Es de reconocer en esta obra el grafismo escueto, descarnado y aún repugnante de los episodios, junto a la exactitud fotográfica del habla regional chocoana, en justo encuadre con el desgreño estilístico. Como pocos de nuestros novelistas, tiene Palacios el don de los diálogos, que, si bien raspan los oídos y hieren el gusto, en su espontánea fluidez disimulan el mal sabor de la composición. Hambre de pan y de un mundo de justicia, reclamos del sexo insatisfecho o dolorosamente asqueado, olores malos y vocablos gruesos y vulgares, sirven de condensado en una trama de ambiciones, de anhelos de "ser alguien", de desazones, de náuseas, de mugre, de acritud y de ruindad" (22).

La novela nos lleva a presenciar por medio de sus diálogos y de sus escenas la inequidad social. El argumento se introduce con la angustia de Irra que busca en vano algo de comer, sintiendo la desesperación del hambre. Cada episodio es una historia prolongada de la miseria y de la injusticia social. Después de quedar en la ruina, Irra, el negro protagonista central de la novela, cae en una crisis psíquica en la cual se refleja una confusión entre la realidad y los delirios de la imaginación, producto de un hambre tremenda. El protagonista sufre una transición caótica del espíritu, la cual se convierte en una metamorfosis total, donde se aprecia una actitud estoica.

La temática principal se centra en el hambre, la miseria y la injusticia. Veamos cómo enfoca el tema del hambre el autor:

"Irra empezó a sentir una desazón en el estómago. Hambre. ¿Cómo era posible tanto tiempo sin comer? Miró su anzuelo y las lombrices dentro de su totumita llena de barro. "Pueda que me pesque unos cuantos charres hoy —pensaba—. Aun cuando rabicoloradas prende este anzuelo...". La desazón se iba esparciendo a todo el cuerpo... Sintió náu-

22. Antonio Curcio Altamar. **Evolución de la novela colombiana.** Bogotá, Instituto Caro y Cuervo, 1957, p. 251.

seas, un vahído... Se incorporó, sosteniéndose del borde de la champa. El estómago se revolvía produciéndose un cosquilleo, ansias de vomitar... Sacó la cabeza hacia el río... Se miró su imagen en el agua... Y el primer empujo de vómito... Su garganta gorgoteaba y sentía que el estómago se le saltaba por la boca... Pero nada arrojaba... Se apretó el vientre y luchaba por vomitar... Hasta que fue saliendo una cosa verde, viscosa, que sabía amarga..." (23).

En las ciento ochenta páginas el autor acumula un conjunto de cuadros de hambre y de la vida infrahumana del negro. La acción transcurre en un día cualquiera hasta el próximo. Los acontecimientos transcurren lentamente, como la vida de los pobres. Los cuatro capítulos o "libros", como los denomina el autor, ilustran la tragedia: 1) Hambre, Ira, Nive, Luz interior.

Palacios logra conseguir la atención del lector al narrar la tragedia del negro africano, con una técnica de tipo balzaciano:

"Los labios gruesos, salivosos, se mantenían abiertos, mientras cuatro dientes curtidos mordían el cabo de madera de la pipa de barro... La cabeza dura forjada a martillazos sobre una roca milenaria, se erguía sobre el cuello rígido saliente del busto esquelético que descubría patente la forma de las costillas, del esternón y de las clavículas. ¡Oh, qué brazos más lánguidos pendientes de unos hombros! Se creyera que al morir el viejo esos brazos con los cuales se habrá batido podrían servirle de cirios".

La voz omnisciente está a través de Irra. El repite a menudo lo que percibe su siquis, mezclando sus propios pensamientos con los acontecimientos que ocurren alrededor. El autor a menudo hace énfasis en el lenguaje típico del protagonista mostrándonos así la idiosincrasia lingüística del negro en su medio.

> —¿Qué é lo que te pasa, eh? Yo
> te dije que me veníai a peltolbá mi
> estino... ¿Y eso que tái gomitando nu
> é bile, que? Sea pol Dió... (p. 31).

Bernardo Arias Trujillo (1905-1939), colombiano. Publi-

23. Arnoldo Palacios. **Las estrellas son negras.** Editorial Revista Colombiana Ltda. Bogotá, 1971, p. 31.

ca su novela **Risaralda** en 1935. Es una obra sobre "negredumbre y vaguería". En medio del valle de Risaralda se cruzan mulatos, negros, zambos y blancos que trabajan, pelean y se aman con pasión. El resultado de esta novela fue una fusión del regionalismo poético y el folclor, en que descuellan dos elementos: la naturaleza y la violencia.

Risaralda

La novela anota la vida de los negros que se refugian en medio de la sociedad blanca, que llegan al valle de Risaralda y fundan la Sopinga. Aquí restablecen la tradición de la vida africana, llena de superstición, amor libre y primitivismo. Según el autor los emigrados son todos "unos ginesillos sinvergüenzones, unos avispados cojuelos de rompe y rasga, una alegre canalluza de guerras civiles, morralla de guerrillas, contrabandistas de profesión... aficionados a hacer firuletes con la peinilla del prójimo que no les eran simpáticos. Menos hábiles para el trabajo..." (p. 12).

El novelista lamenta la extinción de la tradición africana en la comunidad. La novela constituye un balance biográfico de un pueblo en un momento especial de la historia colombiana. El propósito fundamental y deliberado de Arias Trujillo es elogiar a los negros que han sido víctimas de la discriminación y de la violencia.

"Para vosotros, negros litorales y mediterráneos de Colombia, es éste un saudoso libro de elegías, que es como un canto llano, como un responso fraternal y colombianista a vuestra estirpe moribunda en las páginas del libro y vemos cómo ellos en momentos de angustia recurren a sus manicongos "unos fetiches por ellos mismos construidos, hechos a su imagen y semejanza, para implorarles ayuda divina" (p. 71).

CAPITULO XII

LA NOVELA INDIGENISTA

Una de las más representantivas y valiosas fases de la novela hispanoamericana es la que se designa con el nombre de **Novela Indigenista**. Su temática, implícita en su propia antropología sociológica, siempre está dirigida a la denuncia de la explotación del indio por el feudalismo, las autoridades y el clero. De ahí que sus personajes, característicos y contrapuestos, son: el indio reducido al servilismo, y embrutecido; el patrón de la clase alta, inhumano y explotador; y los representantes de la autoridad y de la iglesia, descritos las más de las veces como sus cómplices directos.

"Durante los tres siglos de dominio absolutista hispano, la masa indígena, teóricamente amparada bajo el régimen de tutela establecido por las leyes de Indias, pero prácticamente sometida a la terrible servidumbre de mitas y encomiendas, no cuenta en la vida política, social y cultural del coloniaje; es puesta al margen de la sociedad civil, reducida ésta exclusivamente a la minoría blanca de origen europeo, que va incorporando luego elementos mestizos. Mientras esta minoría dominante se agrupa en las ciudades, a la que se trasplanta la cultura hispánica, la masa indígena sigue conservando en la mayoría del territorio sus antiguas costumbres y su lengua propia, ya por la fuerza, al catolicismo oficial. La República no cambia, fundamentalmente, después de tres siglos, la situación social del indio. A la falsa tutela teórica de las leyes de Indias sucede el falso derecho teórico de las Constituciones; pero el indio sigue, prácticamente, al margen de la sociedad y del Estado, sometido al mismo régimen de servidumbre en haciendas y minas, el **Gamonal**, terrateniente, perpetúa al encomendero bajo el idéntico régimen de despotismo feudal; las minas de plata o de estaño siguen devorando, año tras año, la carne de las recuas sumisas, y en el infierno verde de los siringales (o campo de extracción) el peón indígena es bestia de labor, privado de todo fuero humano, agotándose bajo el látigo del capataz y las fiebres palúdicas" (1).

Al superponerse las pequeñas huestes de conquistadores sobre las jerarquías caciquiles del régimen indígena, el indio se transformó en abastecedor de mano de obra. La política colonial —por imperativos de subsistencia— pronto procuró mantener y aumentar esa mano de obra. La historia del indio en este período es la historia del régimen de trabajo, en lo fundamental, de la encomienda y de la mita. La novela indigenista brota en los países de mano de obra india: Ecuador, Perú y Bolivia. Estos tres países tienen un alto porcentaje de indios en Hispanoamérica, dentro de los cuales millares no se han incorporado a la sociedad, desconociendo del todo la misma y las leyes que los rodean.

"Las cifras de 1950 nos dan unos quince millones de indios, un 4.58 por ciento, perdidos dentro de la enorme población del continente. Pero ese porcentaje de indios, aun cuando el 12.9 por ciento es de mestizos, nos da la idea de la verdadera magnitud del problema. Sumemos aisladamente los resultados de México, Guatemala, Ecuador, Perú y Bolivia, y obtendremos 13.027 indios y 20.961.025 mestizos. De modo que en cinco países hispanoamericanos tenemos el 27 por ciento de la población aborigen del continente. Pero aún más: dentro de esos países la población indígena está concentrada en los distritos rurales en proporción que pasa de muchas veces el 90 por ciento y hasta hay grandes regiones, habitadas por miles de indios, adonde ni siquiera ha llegado el blanco. Bastan las cifras" (2).

Ecuador, Perú y Bolivia son los países que aún continúan con un alto porcentaje de mano de obra india en grandes regiones, lo que constituye un núcleo que a su vez se ha transformado, en diferentes partes, en un proletariado ur-

1. Alberto Zum Felde, obra citada, p. 208.
2. Angel Rosenblat, **La población indígena y el mestizaje en América**, Biblioteca Americana, Buenos Aires, Editorial Nova, 1954, p. 20.

bano o rural. "En el Ecuador, por ejemplo, indios e indias, con una resistencia física que parece sobrehumana, trabajan en las plantaciones, en la edificación, en el transporte de pesadas cargas y hasta en la construcción de carreteras. En general, el desarrollo de la población obrera y campesina más pobres de la tierra y es compatible con cierto crecimiento demográfico" (3).

Esto nos demuestra que estamos en presencia de un serio problema que nos conduce a reflexionar. Escritores, arqueólogos, historiadores, filólogos, lingüistas y sociólogos quieren centrarse en un pasado mítico, a fin de afianzar las nacionalidades latinoamericanas bajo una tradición, donde se intuye un retorno al Imperio Inca o Azteca. El folklore indígena es notorio especialmente en la música paraguaya, donde la letra de sus canciones está escrita en lenguaje guaraní. La pintura, la artesanía y una rica producción literaria, han despertado en toda América la conciencia de que el indio existe y de que una problemática indígena está latente y la cual tendremos que solucionar.

"Los países de América procuraban hasta hace poco ignorar al indio y borrar sus huellas de la vida para aparecer como países de corte europeo. El indio desaparecía, como una mancha del pasado, hasta de las estadísticas. Ahora, en cambio, se exalta con orgullo el pasado indígena y se buscan en ese pasado las raíces de una nueva nobleza y hasta de una nueva conciencia nacional. Se proclama al indio como "el primer hijo de América", como "el hombre olvidado de América" (4).

Las raíces de este nuevo género novelístico están en la ideología marxista y socialista, y el gran interés por la suerte del indio, que despertó en algunos años después de la primera guerra mundial.

Es necesario remontarnos al siglo XVI para encontrar las primeras bases de esta literatura, y así descubrir la medula formal del indigenismo en cuanto a la realidad histórica.

Refiriéndose al calvario de los incas, afirma Arturo Capdevila: "Si cada cosa tiene su razón, muy cierto es que el tiempo más propicio para recoger la verdad histórica de los

3. Op., cit., p. 25.
4. Op. cit., p. 28.

incas —el agua límpida, en una fuente límpida— hubiera sido la segunda del siglo XVI, de haberse blandido menos aquella siempre sedienta de los castellanos. No se pudo. Humo de cañones y tufo de sangre nublaron totalmente la atmósfera del Perú. Primero fue la tragedia de Cáxamalca; después la guerra de exterminio; después, todavía, la lucha banderiza de Almagros y Pizarros" (5).

Cronológicamente, la primera manifestación literaria de inconformidad y de protesta en la literatura hispanoamericana se encuentra en **Ollantay**, leyenda literaria atribuida a los —amautas incaicos—. Según el texto de las **Antigüedades peruanas**, de Rivero y Techudi, se supone que **Ollantay** fue compuesto en el siglo XV y representado en la plaza del Cuzco, con asistencia del Inca.

De acuerdo con afirmaciones de Mitre, este drama quechua fue escrito a fines del siglo XVIII por el cura de Tinta, don Antonio Valdez, acaso en celebración del alzamiento de Túpac Amaru. "Es notorio a este respecto que la obra se representó en presencia de ese insurrecto, que era un buen amigo del cura escritor.

"La comedia es la debatida pieza **Ollantay**, escrita en quechua y representada, cerca del Cuzco, en 1780. Una larga polémica sobre si dicha comedia es o no prehispánica apasionó por casi un siglo a eruditos europeos y americanos. Hoy ya no tiene razón de ser. La evidencia —que se ha analizado en otra parte— demuestra que si el asunto se basa en una leyenda prehispánica, la factura de la pieza, y sobre todo la intención de la misma, corresponde a esta época. Comparable leyenda y comedia, es palmario que el anónimo autor modifica la estructura de la tradición incaica para acomodarla a las convicciones del teatro español. Y aún más, que altera el desenlace dándole un fin feliz y aprobando implícitamente la sublevación del protagonista contra el emperador. Todo lo cual se explica al tener en cuenta las circunstancias en que se presentó. En 1780 el cacique José Gabriel Condorcanqui, exasperado por la explotación que sufría el pueblo indígena, y sin esperanza de hallar justicia en los tribunales de los explotadores, se había levantado en armas,

5. Arturo Capdevilla. **Los incas**, Biblioteca de Iniciación Cultural, Barcelona, Buenos Aires, Edit. Solar, 1937, p. 57.

con el nombre de Túpac Amaru —II—. Y ante Túpac Amaru y su séquito se llevó a escena la obra. Rápida fue la represión de aquel temprano intento independista. Hecho prisionero el jefe rebelde y su familia, el visitador Areche lo condenó a que presenciara la bárbara ejecución de su mujer y sus hijos, y luego a que, atadas las extremidades a la cola de cuatro caballos, fuera descuartizado. Y previendo que las ideas no se descuartizan atándolas a la cola de cuatro caballos, Areche también prohibió las representaciones en lengua indígena. Hasta los comentarios reales del Inca Garcilaso fueron a parar al fuego. Y en tales circunstancias, ¿quién iba a reclamar la paternidad de la comedia? No el cura de Tinta, Antonio Valdez, entre cuyos papeles halló el manuscrito un sobrino en 1873" (6).

La historia americana empieza a considerarse desde el punto de vista del indio. En la problemática indígena está centrada la medula de la revolución completa dentro del concepto de la historia en la América Hispana.

"La mano bienhechora del ejército libertador ha curado las heridas que llevaba en su corazón la patria: ha roto las cadenas que había remachado Pizarro a los hijos de Manco Cápac, fundador del Imperio del Sol".

Con esta alocución saludó Simón Bolívar, héroe libertador de las cinco naciones bolivarianas: Colombia, Venezuela, Ecuador, Perú y Bolivia, al soberano Congreso constituyente, reunido en Lima en 1825, después de la última y decisiva derrota de los españoles en la guerra de independencia. La República que se constituyó en el Perú sería, por lo tanto, un restablecimiento del imperio del sol incaico. Doce años antes de esta famosa alocución, un congreso de independientes mexicanos había declarado: "El Congreso de Anáhuac... declara que por las presentes circunstancias de la Europa ha recobrado el ejercicio de su soberanía usurpado".

Anáhuac es el nombre del gran valle centro-mexicano y la soberanía **recuperada** por el reinstaurado Estado mexicano es la del imperio azteca, la soberanía que los españoles habían arrebatado a los indios en 1521.

"El indianismo de la guerra de la independencia había dejado su huella permanente del sol incaico en las banderas

6. José Juan Arrón. **Esquema generacional de las letras hispanoamericanas.** Ensayo de un método, Bogotá, Instituto Caro y Cuervo, 1963, pp. 111-112.

de Argentina y Uruguay y en la solemne invocación a los emperadores incas en el himno nacional de la Argentina. En el Congreso de Tucumán, que en 1817 proclamó la independencia de la Argentina, uno de los miembros propuso bajo grandes aplausos que se instaurase en el nuevo Estado de la dinastía incaica. Con esta propuesta se ha ido desde lo patético hasta lo caricaturesco en el culto del pasado.

"Bolívar expresa claramente el contraste entre los criollos, de preponderante nacimiento español, que derrotaron el dominio español en América para tomar ellos mismos el poder, por una parte, y los indios como una especie media entre los aborígenes y los españoles. Americanos por nacimiento y europeos por derechos, nos hallamos en el conflicto de disputar a los naturales los títulos de posesión de mantenernos en el país que nos vio nacer, contra la oposición de los invasores" (7).

La realidad hispanoamericana del siglo XIX no coincide del todo con los principios proclamados. "Encontrábamos que el tributo abolido en México por Hidalgo en 1810 se pagaba en Chiapas en 1824, en monedas de plata o en especies". "El tributo abolido en el Perú por San Martín y por Bolívar fue reemplazado, en vista de las necesidades del fisco, por una contribución especial que debía pagar el indígena. Las disposiciones de Bolívar no pudieron llevarse a la práctica, y en 1868 los decretos anti-indigenistas del presidente Melgarejo provocaron en Bolivia una sublevación sangrienta. Todo el siglo XIX trascurrió en el esfuerzo, a veces heroico, por acomodar la realidad a los principios. Lo más frecuente fue el divorcio entre los principios de la realidad.

Más que por las proclamas y decretos, la política hispanoamericana del siglo XIX se caracteriza ya por una nueva estructuración de la propiedad rural y la constitución del latifundio. Enormes extensiones de tierra, que eran antes campos de caza, de recolección o de producción agrícola extensiva y rudimentaria, pasaron a manos de propietarios nuevos. Se disolvió paulatinamente la propiedad comunal: el ejido de México, el resguardo de Colombia, el asilo del Perú. Las tierras de las comunidades indígenas cayeron en gran parte en poder de los terratenientes, usufructuarios de la Revolución. Los indios fueron desalojados violentamente o

7. Rosenblat, op. cit., p. 48.

se transformaban en peones, abrumados de trabajos y de deudas. En lugar de corregidores les dieron subprefectos, gobernadores, jefes civiles y comisarios; en lugar de encomenderos, tuvieron hacendados y gamonales. La época independiente ha significado la incorporación a la vida económica de enormes zonas donde el indio campaba a sus anchas. La empresa moderna ha llegado hasta el corazón mismo de la selva en busca de oro, de petróleo, de caucho. Dentro de este proceso no hubo más que dos posibilidades: la proletarización del indio pacífico y el exterminio del indio bravo" (8).

El **indianismo**, dentro de la terminología literaria, se distingue del **indigenismo** en la siguiente característica: el primero sirve para señalar la visión idílica, de sello romántico, del indio hispanoamericano; mientras que el segundo es el que trata el tema del indio desde el punto de vista social y humano. Según Aída Cometta de Manzoni, la literatura **Indianista** "se ocupa del indio en forma superficial, sin compenetrarse de su problema, sin estudiar su sicología, sin confundirse en su idiosincrasia (...). Para los indianistas, el indio es un ente abstracto, pierde su categoría social y humana para convertirse en objeto del pasado, o bien se le considera solo como realidad étnica". "La literatura indigenista, en cambio, trata de llegar a la realidad del indio y ponerse en contacto con él. Habla de sus luchas, de su miseria, de su dolor; expone su situación angustiosa; defiende sus derechos; clama por su redención (...). El indigenista considera el problema desde un punto de vista puramente humano y le interesa como 'obra política y económica de reivindicación, no de resurrección ni de restauración' " (9).

Característica singular de la literatura indigenista es la actitud de protesta contra su permanente explotación. Esta actitud parte de la posición de Bartolomé de las Casas, la voz de los primeros defensores del indio.

Lewis Hanke considera que el sermón del dominico Antonio Montesinos significó la primera protesta formal contra los abusos de los indígenas por parte de los peninsulares:

"Un domingo antes de la Navidad de 1511 —escribe Hanke—, un fraile dominico llamado Antonio Montesinos

8. Obra citada de Rosenblat, p. 49.
9. Cita de Mariátegui en sus **Siete ensayos de interpretación de la realidad peruana**.

predicó un sermón revolucionario en una rústica iglesia de la isla española. Comentando el texto bíblico 'soy una voz que grita en el desierto', Montesinos pronunció la primera importante y deliberada protesta pública contra el trato que daban a los indios sus compatriotas españoles. Este primer grito en nombre de la libertad humana de América y, según expresión de Pedro Henríquez Ureña, es uno de los mayores acontecimientos en la historia espiritual de la humanidad" (10).

H. Ernest Lewald, comentando el análisis de la tragedia del indio en la época colonial hecho por John Collier dice: "...En 1609, la corona recibió un detallado informe acerca de los beneficios morales de los indios en virtud del régimen minero de las "mitas". Messía informó que los indios enviados en mitas a las minas de Potosí, en el Perú, tenían que recorrer frecuentemente ciento cincuenta leguas de ida y otras tantas de vuelta. Por dos veces había él asistido a la partida, desde la provincia de Chutquito. Siete mil partieron; de ellos sólo unos dos mil regresaron. Cinco mil murieron o fueron incapaces de hacer el viaje de vuelta. Cada trabajador iba acompañado de su familia y de ocho a diez llamas y algunas alpacas, para su alimentación. Llevaban consigo mantas, porque dormían en el suelo y hacía mucho frío. Cada uno de esos viajes requería dos meses, ya que los animales eran muy lentos y los niños tenían que caminar también. Cuando terminaba la mita (el trabajo formado que se asignaba durante seis meses), era frecuente que los indios no contaran con animales de carga o de alimento para el viaje de regreso; sabían, además, que volverían a ser tomados para otra temporada de trabajo forzado. Ocasiones había en que los enganchaban inmediatamente después de la llegada a su casa, siendo devueltos a las minas de Potosí. Algunas provincias quedaron tan despobladas, que no tenían bastantes para cubrir la cuota. En semejantes casos, los "justicias" (procuradores de las mitas) y los propietarios x de las minas obligaban a los caciques indígenas a contratar indios de otros distritos, a expensas de los propios caciques. Cierto sacerdote dijo a Messía que un cacique se había acercado sollozando a él y le había dicho: "Padre, estoy obligado a entregar treinta y un indios,

10. Lewis Hanke. **La lucha española por la justicia en la conquista de América**, Madrid, Aguilar, S.A. de Ediciones, 1959, p. 39.

y de éstos me han faltado dieciséis por seis meses: he pagado veintiséis pesos por la contratación de los suplentes; para eso he vendido una mula que tenía, mis llamas y mis ropas, y he puesto un tributo sobre mis gentes. No teniendo otros medios para hacerme de los dieciséis indios, la semana pasada empeñé mi hija a un español, quien me dio por ella sesenta y cuatro pesos que me faltaban, pero la semana que viene ignoro lo que haré, a menos que me ahorque".

"En las audiencias de Lima y Chartes, por ejemplo, el número de indios descendió de 1.490.000 en 1561 a 612.000 en 1754. Antes de 1561 la despoblación había sido enorme. En 1665, Francisco de Vitoria del Consejo de Indias, informó que "las abominaciones clamaban al cielo. Hombres y mujeres, jóvenes y viejos —según el informe— se veían obligados a trabajar sin descanso en las minas, y como alimento solo se les entregaba un puñado de maíz al día. A medida que iba extinguiéndose la disponibilidad de indios, las mismas mujeres eran enviadas a las minas, despiadadamente, trabajando con agua a la rodilla durante la estación más fría del año.

"Finalmente, la corona misma empezó a preocuparse. En 1561 Felipe II se dirigió a la Audiencia de Guadalajara. Un tercio de los indios había sido aniquilado ya, según declaraba la Corona. Los que aún vivían se veían obligados a pagar tributo por los muertos. Además: eran comprados y vendidos. Dormían en campo abierto. Las madres daban muerte a sus hijos para que no fueran mandados, más tarde, a las minas. Así escribía el monarca mismo a sus subordinados" (11).

A partir de 1889 y a través de la novela, se presenta en Hispanoamérica una verdadera conciencia del mundo, de la situación infrahumana del indio. La novelística explica la indiferencia con que las autoridades y la sociedad han venido mirando la causa indígena y el comportamiento de estas dos colectividades hacia el pobre indio. Aparecen verdaderos apóstoles con energía revolucionaria en favor de esta humana causa, y los escritores de principios del siglo XX inician una campaña de reivindicación social. Es el caso, por ejemplo, del peruano González Prada, con **Nuestros indios**, texto de 1904, pero impreso posteriormente.

11. H. Ernest Lewald, **Latinoamérica: sus culturas y sociedades.** Graw-Mill Ryerson Limited, Ontario, Canadá, 1973, pp. 64, 66 y 67.

"La condición del indígena puede mejorar de dos maneras: o el corazón de los opresores se conduele al extremo de reconocer el derecho de los oprimidos, o el ánimo de los oprimidos adquiere la virilidad suficiente para escarmentar a los opresores. Si el indio aprovechara en rifles y cápsulas todo el dinero que desperdicia en alcohol y fiestas, si en un rincón de su choza o en un agujero de una peña escondiera un arma, cambiaría su condición, haría respetar su propiedad y su vida. A la violencia respondería con la violencia, escarmentando al patrón que le arrebata las lanas, al soldado que le recluta en nombre del gobierno, al montonero que le roba el ganado y las bestias de carga. Al indio no se le predique humildad y resignación, sino orgullo y rebeldía. ¿Qué ha ganado con trescientos o cuatrocientos años de conformidad y paciencia? Mientras menos autoridades sufra, de mayores años se liberta. Hay un hecho revelador: reina mayor bienestar en las comarcas más distantes de las grandes haciendas, se disfruta de más orden y tranquilidad en los pueblos menos frecuentados por las autoridades. En resumen: el indio se redimirá merced a su propio esfuerzo, no por la humanización de sus opresores. Todo blanco es más o menos, un Pizarro, un Valverde o un Areche" (12).

Las palabras del escritor peruano sirvieron de estímulo inmediato a los escritores de la época. Así aparece, en 1919, de Alcides Arguedas, la novela indigenista **Raza de bronce**, y en 1927, **Plata y bronce**, del ecuatoriano Hernando Chávez. Como veremos en el análisis de la novela indigenista, ya esta denuncia la había hecho Clorinda Matto de Turner, a través de su novela **Aves sin nido** (año de 1889), cuyas palabras preliminares son significativas para la temática, pues aparece el trío de explotadores clásico y esquematizado en la tradición de la novela del indio: el cura, el teniente político y el feudalista.

Aves sin nido, de la peruana Matto de Turner, discípula de González Prada, pinta por primera vez el sombrío drama de la servidumbre indígena, constituyendo un documento revolucionario sobre el tema indio. Esta es una de las primeras obras novelísticas de la literatura hispanoamericana que afirma una verdadera literatura reivindicatoria del indio, que to-

12. Manuel González Prada, **Nuestros indios**, Colección y prólogo de L. A. Sánchez, México, 1945, pp. 91-92.

ma posteriormente auge dentro de la narrativa y la sociología hasta nuestros días.

La parte central de esta novela reside en el hecho de denuncia, por una parte de la autora, de la inicua condición social del indio, despojado de todo derecho humano, sin protección ante la ley. Los núcleos explotadores del indígena son revelados en esta obra como los tradicionales de la estructura de la novela indigenista: el terrateniente, la autoridad y el clero.

Clorinda Matto de Turner nació el 11 de noviembre de 1852 en la ciudad del Cuzco, y murió el 25 de octubre de 1909. Al principio, colaboró frecuentemente con **El Heraldo, El Ferrocarril, El Rodadero** y **El Eco de los Andes**, colaboraciones que firmaba bajo los seudónimos de "Lucrecia", "Rodario", "Petsabé" y "Adelfa". Posteriormente, su labor periodística se extendió a **El Semanario del Pacífico, El correo del Perú, La Ondina del Plata, El Porvenir, El Obrero, La Ley, El Album, La Cartilla Popular** y **La Autonomía.**

En 1884 publicó el "tomo primero" de **Tradiciones cuzqueñas**, libro prologado por Ricardo Palma. Veintinueve narraciones forman este primer grupo de **Tradiciones cuzqueñas**, y la mayoría gira en torno de hechos históricos, políticos y sociales durante la época de la Conquista y la colonización. En 1886 aparece el "segundo tomo". En 1889 publica **Aves sin nido**, obra conocida como la primera novela latinoamericana de tema indígena de reivindicación social. Aquí el indio se presenta ya como un ser despojado de lo estético para transformarse en una entidad social. El título de la novela es simbólico y trata de significar la situación infrahumana de la raza indígena que son "aves" y a la vez "sin nido", a pesar de la amplitud del terreno que los rodea. **Aves sin nido** tiene un gran valor sociológico, pues el costumbrismo que fija y moraliza, se une estrechamente al plano sociológico.

Luis Alberto Sánchez afirma que Clorinda Matto de Turner, "Dueña de un temperamento esencialmente romántico, reclama quizá demasiado a propósito de la azotada raza indígena, pero eso mismo revela su valentía, su sincera pasión, al propio tiempo que su reto a los prejuicios reinantes y especialmente de la Iglesia".

Aída Cometta de Manzoni observa acertadamente el lugar que ocupa **Aves sin nido** dentro del concierto de la historia literaria hispanoamericana, cuando escribe: "Por primera vez en América la novela enfoca los problemas más urgentes que sufre la masa indígena, pintándonos, con toda crudeza, una realidad que hasta entonces no se había considerado digna de llevar a la literatura, o se había presentado deformada y estilizada".

La autora de la novela hace énfasis no sólo en la trágica situación del indio, sino en la trilogía explotadora de estos pobres esclavos desamparados y marginados de una sociedad que dice ser cristiana. Veamos dos párrafos: "En el cerebro de Juan Yupanqui no podían ya cobijarse los criminales pensamientos de la víspera. Ya no tocaría el tétrico umbral del suicida, cuya acción cubre de luto el corazón de los que quedan y mata la esperanza de los que creen.

"Dios puso a Lucía para que Juan volviera a confiar en la Providencia, arrancada de su corazón por el cura Pascual, el gobernador y el cobrador o cacique, trinidad aterradora que personificaba una sola injusticia" (13).

La novela recorre la misma temática a menudo: lo social. La protesta es constante a base de una serie de cuadros rurales en la que exhibe una realidad tremenda permanente. Aboga por una urgente necesidad de educar a la colectividad, lo que podría constituir la única fórmula positiva para salvar el núcleo humano que vive en Killac, sitio donde se desarrolla la trama de su obra. La escritora denota un marcado amor por su raza indígena y un nacionalismo positivo, cuando escribe en el proemio de la novela: "Amo con amor de ternura a la raza indígena, por lo mismo que he observado de cerca sus costumbres, encantadoras por su sencillez, y la abyección a que someten esa raza aquellos mandones de villorrios, que, si varían de nombre, no degeneran siquiera del epíteto de tiranos. No otra cosa son, en lo general, los curas, gobernadores, caciques y alcaldes" (14).

En 1891, Clorinda Matto de Turner publica su segunda novela, **Indole**, que en el fondo es una continuación de alguna de sus tesis tratadas en **Aves sin nido**. En 1895 da a conocer su tercer libro, **Herencia**, que lleva por subtítulo "Novela peruana". **Herencia** sigue la misma línea de las dos an-

13. Clorinda Matto de Turner, **Aves sin nido**, Nueva York, Las Américas Publishing Company, 1962, p. 47.
14. Opus cit., p. 1.

teriores en ciertos temas y continúa también ciertos moldes del naturalismo costumbrista.

En Bolivia, en 1911, aparece la novela **Tierras de Potosí**, del médico Jaime Mendoza, quien denuncia en patéticos cuadros la terrible realidad de la miserable vida del indio del altiplano, esclavo de las minas, en cuyos profundos socavones vienen desangrándose desde la época del coloniaje los indios de Bolivia. "En efecto, el indio, los indios, están pintados aquí con todos los defectos y vicios propios de gente reducida a un estado social inferior, los que genera la miseria, el alcohol, la ignorancia, la servidumbre, además de aquellas que ya son inherentes a la flaqueza común de la naturaleza humana, y se dan tanto en los pobres indios del altiplano como en los orgullosos ciudadanos de los países civilizados del mundo. Nada, pues, de pintar indios como gente angelical, dechado de virtudes, toda bondad, dulzura, honradez; los indios también practican la mentira, la lubricidad, el latrocinio, la borrachera, todos los pecados capitales que aprendemos en el Catecismo del Padre Astete, lo mismo que los blancos de aquende y allende el mar. Precisamente, uno de los mejores capítulos de esta novela es aquel que describe la bárbara orgía de alcohol y lujuria en un carnaval que se festeja en los campamentos de las minas, y del que no están excluidos blancos y mestizos —empleados administrativos en su mayoría—, no dando éstos, por cierto, ejemplo edificante de moralidad, ni mucho menos. Pero la literatura universal nos da también algunas escenas de esta índole, ubicadas en otros lugares, antiguos y modernos. Lo peor no son las orgías sino las iniquidades. En todos los casos, la culpa del embrutecimiento del indio, no por causa del indio, sino del blanco, que por la miseria y la esclavitud, lo han reducido a ese estado" (15).

Alcides Arguedas (1879-1919). Publica su novela indigenista **Raza de bronce**, en La Paz, Bolivia, en (1919) y posteriormente se reedita en Valencia (1924) y en Buenos Aires (1945). En esta novela se recogen los gérmenes de la literatura social indigenista de carácter político-social. Se nota en ciertas partes de esta obra alguna influencia modernista. La presentación temática indígena es de una realidad palpable. Novela apostólica del indio la llama Rosendo Villalo-

15. Zum Felde, op. cit., p. 217.

bos. "La acción se reparte entre el Valle y el yerro con excelentes paisajes. La raza fuerte y desdichada, raza de bronce, no surge del fondo de este libro con la majestad que prestan las leyendas a las razas del mundo. En la severa adustez del yermo, vencida de infortunio, se doblega la aymara sangrando bajo el látigo patronal del terrateniente explotador y lúbrico. Wara Wara, joven linda y pastora de la finca altiplánica de los Pantoja, es violada por el mayordomo Tronche, en ausencia de su prometido, Agiali, con quien se casa después de abortar la fecundación del abuso. Un día, el joven Pantoja y sus amigos, la sorprenden junto a una cueva, donde la arrastran para gozarla colectivamente. Ella se defiende y muere a consecuencia de la lucha. Los indios incendian la casa de la hacienda mientras descansan el patrón y sus huéspedes" (16).

La narración de Arguedas está matizada a menudo con juicios moralizantes y políticos y a veces coloca sus pensamientos en boca de un poeta modernista, Suárez, quien compara la miseria indígena con la de los mujiks rusos.

La **Raza de bronce** es vista por Arguedas como la "**masa** de resistencia pasiva". Para el escritor boliviano, esta masa constituye el pueblo primitivo, que trabaja de sol a sol en las grandes haciendas, bajo un trato infrahumano y una ignorancia absoluta, pueblo que a menudo se ha obligado a declararse en rebeldía por la brutalidad de sus amos. Veamos un párrafo: "El día en que al indio le pongamos maestros de escuela —declara el patrón—, la vida no será posible en estas alturas. ¡Ay el día en que esos dos millones sepan leer, hojear códigos y redactar periódicos! Ese día invocarán esos tus principios de justicia e igualdad, y en su nombre acabarán con la propiedad rústica y serán los amos..." (17).

La injusticia del feudalismo apoyada por el poder militar se refleja en los siguientes párrafos: "Se cogía a los adolescentes de ambos sexos para fusilarlos en presencia de los padres, atrincados como fieras, con lazos y grillos, a pilares de barro o madera; los soldados infantes se hartaron con forzadas caricias de doncellas, y llegaron a sentir asco por la

16. Augusto Guzmán, **La novela en Bolivia**, La Paz, Librería Editorial Juventud, 1955, p. 61.
17. Alcides Arguedas, **Raza de bronce**, Editorial Losada, Buenos Aires, 1960, pp. 92 y 93.

pegajosa humedad de la sangre tibia; los de a caballo ataron a los principales indios a la cola de sus brutos, y con el trote duro de sus corceles hallaron, como otrora los guerreros de la independencia, pero innoblemente ahora, la grave calma de estepa, tiñéndola de sangre, y todos se mostraron cínicamente crueles y heroicos...

"Así, a fuerza de sangre y lágrimas fueron disueltos, en tres años de lucha innoble, cosa de cien comunidades indígenas, que repartieron entre un centenar de propietarios nuevos, habiendo no pocos llegaron a acaparar más de veinte kilómetros seguidos de tierras de pan llevar. De este modo, más de trescientos mil indígenas resulta y otros desposeídos de sus tierras, y muchos emigraron para nunca más volver, otros, vencidos por la miseria, acosados por la nostalgia indomable de la heredad, resignáronse a consentir el yugo mestizo y se hicieron colonos para llegar a ser, como en adelante serían esclavos de esclavos... Con estos procedimientos había logrado entrar en posesión de la comunidad de Koahuyo don Manuel Pantoja, el padre del actual poseedor de la hacienda la que servían nuestros mal traídos viajeros" (18).

Sobre **Raza de bronce**, Hugo Lijerón Alberdi en su análisis publicado en **Hispania** (V. XLVI) acerca del medio en que Arguedas describe la sociedad de su tiempo, considera lo siguiente: "Después de leer la novela, se puede tener una idea de lo que era la sociedad de los terratenientes bolivianos de principios del siglo actual. Arguedas nos da la descripción de los tres elementos de esa sociedad: El blanco —en Bolivia se llama blanco al que tiene un personaje menor de sangre india— el mestizo y el indio. Si bien el blanco y el mestizo están admirablemente representados, el indio de Arguedas no tiene la fuerza suficiente como personaje; es indio con mentalidad de blanco —los personajes no tienen independencia propia, pues no es difícil encontrar el pensamiento del autor detrás de todos los personajes indios".

El personaje masa; estímulo épico; profunda preocupación social se destaca a través de toda la novela. Arguedas se interesa más por los problemas sociales del indio que escribir sobre una simple descripción sicológica. Veamos algunos pasajes donde el autor nos narra la tremenda injusticia del terrateniente y la autoridad:

18. Opus, cit., pp. 92 y 93.

—¡Ya no más, tata; te vamos a querer y respetar siempre!... ¡Ya no más! —seguían gimiendo los otros, que sentían vehementes deseos de escapar para librarse del horroroso espectáculo, mas ninguno abrigaba la más remota intención de hablar y delatar a los compañeros; primero se harían matar todos a azotes, antes que traicionar a los suyos.

Así lo comprendió Pantoja. Y en vez de deponer su encono a la vista de la sangre y de las lágrimas, sintióse más enfurecido todavía y renovó su orden a los cabos, recomendándoles extremasen el rigor de sus músculos.

Los soldados, excitados por la promesa de una buena prima y con el alma sorda a los sufrimientos de los indios, sus pares, así los hicieron, y a poco blanquearon los huesos. El paciente no daba señales de vida. Sólo de rato en rato un ronco gemido se escapaba de su pecho.

—¿Cuántos van, sargento?

—Setecientos, teniente.

—Bueno, basta; ahora a otro.

Y así, uno a uno, fueron flagelados los sindicados, sin que uno solo de esos siervos hiciese un movimiento de protesta, atontados, embrutecidos por el terror y el espanto" (19).

Estructuralmente la novela puede dividirse en dos partes fundamentales: la primera, titulada "El valle", constituye la tragedia del indio del altiplano que va hacia el valle a vender sus productos. La segunda lleva por título "El yermo", con una detallada descripción de los sufrimientos causados por los tres explotadores clásicos del indio: el terrateniente, la autoridad y el clero. Veamos un ejemplo donde el clero participa en la infamia:

"Se fatigó el buen cura con el piadoso ejercicio. Sobre su frente estrecha y deprimida saltaron algunas gotas de sudor, que él se enjugaba con un gran pañuelo de madraza, rojo y amarillo, hinchando los carrillos, y llamas de furor emergían de sus ojillos pequeños, cenicientos, de pestaña recta y dura y mirar cínico, solapado.

Se detuvo frente al indio humillado:

—Di, hereje, ¿no tienes miedo al infierno?

—Perdón, tatai —sollozó el mozo, de veras asustado.

—Pues si te parece caro cincuenta pesos, no te cases

19. Opus, cit., p. 123.

por la iglesia y vive como los perros, sin mis bendiciones; pero entonces teme al infierno!... ¿Entiendes, condenado? ¡El infierno, te digo!

Y al pronunciar con airada vehemencia el nombre del antro pavoroso, volvía a encenderse su cólera, briosa y potente, sincera cólera de despecho de la tacañería de los indios, todos los días más acentuada a medida que los malos años se hacían más frecuentes...

—Entonces, eres peón del **viracocha** Pantoja.

—Sí, tatai.

—Bueno; porque tu patrón es mi amigo, te voy a rebajar. Me pagarás veinte pesos. Esa cantidad le habían indicado al mozo, y Agiali tuvo que acceder.

—¿Es joven tu novia?

—Joven es.

—Probablemente bonita.

—No tiene igual —repuso con candidez y orgullo Agiali.

Sonrió el cura y volvieron a brillarle los ojos.

—Sabrá rezar...

—No tatai; no sabe.

Don Hermógenes fingió pavor y desconsuelo.

—¿No sabe rezar, dices? —y agrandó enormemente los ojos—. Pues hay que mandarla aquí para que aprenda, como esas otras que están afuera. Y con otro gesto señaló el patio asoleado, donde efectivamente, había visto el mozo al entrar algunas indias jóvenes y graciosas.

Era su contribución de la pernada, fructífera y llena de encantos, que demandaba el cura. Todas las mozas ligadas con compromiso de matrimonio estaban en la obligación de asistir por una semana a la casa cural, donde un indio viejo y malhumorado, que hacía de portero, campanero y a veces de sacristán, les enseñaba a rezar'' (20).

El cura descrito en la novela no constituye una excepción, centenares de casos similares podrían señalarse. La pregunta para formular es: ¿Cómo entiende el indio este problema? ¿Cómo relaciona sus dioses ancestrales con estos nuevos dioses cuyos representantes no son exactamente lo que podría llamarse ejemplo y conducta cristiana?

La intriga idílica se presenta entre los indios Agustín y Maruja. Al final, la muchacha es violada por el hijo del te-

20. Opus, cit., p. 157.

rrateniente, a pesar de estar embarazada por su esposo. La muerte de la indígena causa un levantamiento revolucionario de los indios que es aplastado por la fuerza gubernamental representada por el ejército. Veamos un pasaje que nos ilustra claramente esta situación: "¡A su perro! Wata-Wara de un salto púsose en pie y probó desasirse para huir; pero Pantoja la tenía cogida con la fijeza de un dogo de lucha. La india prorrumpió con estridente alarido, mas al punto cayó sobre su boca la pesada y gruesa mano de Ocampo. Probaron alzarla en vilo; pero ella, ágil y robusta, defendióse con las uñas, los dientes y los pies. Y a patadas, a mordiscos, a zarpazos, que herían como garra de rapaz, hirió a uno; pero los otros, excitados como bestias, innoblemente, la arrastraron al antro...

A poco salieron corriendo de la cueva. Pantoja y Ocampo traían sangre en las manos y en las ropas. Aguirre estaba lívido; Valle se tambaleaba, próximo al desmayo.

—¿No ven?... Ahora se muere.

—¿Qué hacemos? —preguntó con angustia Aguirre.

—Hay que llamar a alguien... ¿Quién le dio ese golpe?

—No sé —repuso Pantoja.

—Oí como si se hubiese roto un hueso" (21).

Al finalizar la novela encontramos la venganza de los indios por el asesinato de la india por parte del hijo del terrateniente y sus secuaces:

"La llama se convirtió en hoguera, y un ancho círculo rojo manchó la negrura del llano, iluminando gran trecho de él. A veces se desplegaba como una colosal bandera roja, achicábase en seguida, a un punto de morir, ondulaba, oscilaba, y de pronto resurgía más enhiesta, levantando sus flecos al cielo; y a su claror surgían de las sombras las lejanas casas de los indios y reflejaban los charcos diseminados en el **aijero**, como retazos de cristales purpurinos. Entonces chascaban las cañas de la techumbre, chirriaban los maderos, que, al quebrarse, se hundían entre los muros, sofocando las lenguas de fuego, que a poco volvían a aparecer, más altas y más anchas, entre miriadas de chispas que saltaban al cielo y se desvanecían, chascando, en las altas sombras. Dentro del círculo rojo, como abrasadas por las llamas, se

21. Opus, cit., p. 242.

veían cruzar las fugitivas siluetas de los indios corriendo de un lado para otro, agazapados al suelo..." (22).

El estilo de Arguedas refleja la influencia modernista. La novela toma mucho de los recursos expresivos de los modernistas. El empleo del color, de la luz y de sus efectos son frecuentes en la novela. La sinestesia y la expresión simbólica en la descripción son frecuentes. El deseo de elevar la expresión en prosa a un nivel poético es visible:

"Orlaba el terciopelo de la noche la celistia, claror de astros que da a las tinieblas una transparencia misteriosa, dentro de la que se adivinan los objetos sin precisar los contornos. Rutilantes y numerosas brillaban en el cielo las estrellas, tan vastas y tan puras, que aquello resultaba el apogeo del oro en el espacio y para celebrarlo se había recogido la llanura en un enorme silencio, turbado de tarde en tarde por el medroso ladrido de un perro o el chillido de alguna ave noctámbula. Y después, nada. Ningún rumor, ni el del río. Ningún susurro, ni el de la brisa. Aquel silencio era más hondo que el del sueño; parecía de la muerte".

Raimundo Lazo considera que Arguedas tiene una influencia no sólo del modernismo, sino del romanticismo y que ambos se unen en su estilo.

"Romántico-modernista son varios pasajes de lo anecdótico del relato como los cuadros eglógicos en que algunas veces aparece la pareja de indios enamorados. Lo romántico está en la actitud y el habla que entonces adoptan los dos personajes; lo modernista en el perfil, el enfoque y desarrollo estilístico peculiar de pasajes descriptivos, especialmente los relativos al lago Titicaca y la serena y luminosa altiplanicie con impresiones de inmensidad que lo circunda. En esos pasajes, como en el que se inicia la obra, las facetas de la descripción son como variantes de una nota fundamental de color:

"El rojo dominaba el paisaje. Fulgía el lago como un ascua a los reflejos del sol muriente y, tintas en rosa, se destacaban las nevadas crestas de la cordillera por detrás de los cerros grises que enmarcan al Titicaca poniendo blanco festón a su cima angulosa y resquebrajada, donde se deshacían los restos de nieve que recientes tormentas acumularon en sus oquedades".

22. Opus, cit., pp. 265 y 266.

"Aunque este ejemplo tenga lo consustancialmente ornamental de un frontispicio, además de que ejemplos como éste se reiteren, aparecen en ocasiones pinceladas o atisbos pictóricos del mismo carácter, con estudiadas fluencias o contrastes de color y no menos elaboradas estilizaciones de líneas y matices de refinada coloración.

Origen romántico-modernista hay en lo que precisamente es lo más objetable, por lo artificioso del habla que a veces emplean los indios, de lo que son ejemplario particularmente destacable algunos diálogos entre Agiali y Watawara, propios de mancebos y doncellas de una literatura como la española. A esto precisa agregar el contenido y la estructura artificiosamente oratorias de los discursos, arengas o disertaciones sentenciosas y persuasivas de Chaquehuanca, que son elementos de aun más remotos entronques literarios con lo europeo, que con lo hispánico, lo que se inicia con los cantos épicos de Ercilla y sus frustrados imitadores" (23).

La novela indigenista en el Ecuador está representada por la obra de Fernando Chávez, **Plata y bronce** (1927), en la cual se observa gran influencia de Arguedas. También está estructurada por la misma trilogía de explotadores de los indios: el gamonal, el teniente político y el cura. La ubicación geográfica de la acción se sitúa en la sierra ecuatoriana. La novela describe escenas típicas, al igual que borracheras de indios y blancos.

En (1928) se publica en Madrid **El pueblo sin Dios,** de César Falcón, novela de cuadros patéticos de la vida del indio, obra de gran riqueza de elementos y de una fina agudeza que conlleva a formar un espíritu de reivindicación nacional.

En el año de (1930), con un prólogo de "Mariátegui", se publica **El Amauta Ausparia**, de Ernesto Reyna, novela de evocación de una de las últimas insurrecciones indígenas del Perú, hecho histórico ocurrido en (1885), acaudillado por el Jefe **Ausparia**, el que le da el nombre a la novela, que no fue más que un movimiento de rebelión contra la tiranía y la esclavitud del régimen existente. "El libro de Reyna, al trazar esa crónica novelesca, dotándola de vida propia y desen-

23. Raimundo Lazo, **La novela andina**, Editorial Porrúa, S.A., México, 1973, pp. 37 y 38.

trañando su sentido intrahistórico, tiene el gran mérito de haber rescatado un episodio local y, como tal, semiborroso, semiperdido en la crónica de los grandes sucesos de la historia nacional, predominantemente política, reanimándola, recreándola artísticamente y convirtiéndole en el símbolo de una realidad fundamental, en signo de un problema humano y social más profundamente que todos los acontecimientos políticos —mera superestructura planteada a la conciencia de América en términos de magnitud y permanencia que no admite soslayo" (24).

Jorge Icaza, ecuatoriano, escribe en 1934, la más caracterizada novela de tendencia indigenista: **Huasipungo.** Ha sido considerada como una de las novelas más significativas, desde el momento en que se inicia el ciclo llamado novela indigenista, en la que se representa el problema de la explotación del indio, por la estructura de que hemos hecho mención antes. Desde luego, se trata de una novela social, ya que rebasa lo individual y afronta con hondo sentido humano los conflictos colectivos.

La trama ideada por el autor tiene como fin mostrar la realidad del estado social del indio en el Ecuador, donde está privado del más elemental derecho humano y reducido a la miseria, llegando a una verdadera situación infrahumana.

"Uno de los factores que más contribuyeron a dar realidad convincente a **Huasipungo** es que el autor no presenta a los indios bajo el falso aspecto favorable. Al contrario, el indio que presenta es, en general, un ser degradado hasta la bestialidad; su vivienda y su cuerpo son cosas nauseabundas de mugre, alcohol, hediondez y piojos: vive entre podredumbre y excrementos; su lenguaje se compone de palabras torpes y sucias. De ahí que todo el libro esté escrito con lujo de malas palabras, y de ahí que no se haya escrito otro libro en todo el mundo que contenga más iniquidades, asco y vergüenza. Con ello, Icaza es fiel a la realidad que pinta, y no trata de mejorar literariamente aquello mismo cuya redención implícitamente aboga" (25).

El indio huasipungo Andrés Chiliquinga es el héroe que en cierto modo encarna a su raza y a su clase. El desenlace se

24. Op. cit., pp. 37 y 38.
25. Zum Felde, obra citada, p. 222.

produce cuando los indígenas de una hacienda de propiedad extranjera se rebelan al no desocuparla. Interviene la fuerza pública y se masacra a los indios. Mientras la metralla del gobierno asesina a los miserables parias, el indio Chiliquinga —piojoso, hambriento y embrutecido— lanza la frase quechua que toma sentido simbólico: "Nucanchic huasipungo": ¡El huasipungo es nuestro!, que rápidamente se difunde a través de toda la comunidad como grito de rebelión.

"La acción tiene un desarrollo fácil y es conmovedora. No ahorra ninguna escena del dolor del indio. Aprovecha el presentarlo todas las líneas de su obra y todos los recursos de la exageración, lo teratológico y lo truculento. Trata, como si dejáramos de catalogar todos los horrores que en distintos lugares y momentos, se han desencadenado contra el indio. Nada de la leyenda negra del encomendero español y del señor feudal criollo ha sido omitido. El resultado es un tremendo alegato en favor del sobreviviente indígena, abyecto y degenerado, convertido en muchas partes en un subhombre, que vegeta con vida puramente animal en las breñas andinas; un documento social pavoroso y macabro, concebido y escrito con una objetividad desoladora; una proclama revolucionaria que, en medio de la más repugnante miseria e ignorancia ambiente, afirma que el indio empieza a encontrar el camino de su redención" (26).

Huasipungo es la verdadera representación de la novela indigenista ecuatoriana, en la cual el autor nos muestra la vida infrahumana del indio en el Ecuador. Allí el indio vive la plena vida de la encomienda colonial. La novela es la expresión más patética de una pintura trágica, escrita con sangre indígena.

La explotación de la trilogía típica de la novela indigenista aquí es más palpable que en otras novelas del mismo género. La novela muestra la explotación del hombre por el hombre, llenando al lector de indignación ante la infamia.

"**Huasipungo** penetró, de un tajo, en la problemática esencial del latifundio de huasipunguería, iluminando esa fase oculta de la violencia patronal y de la reiteración del drama de la conquista dentro del recinto amurallado de la hacienda. Los elementos substanciales de la trama social apa-

26. Angel F. Rojas, **La novela ecuatoriana**. Fondo de Cultura Económica, México, D.F., México, 1948, p. 199.

recían objetivamente señalados en esta primera gran novela del ciclo del descubrimiento: **la inmersión, el despojo y la subversión indígena**. El proceso del despojo es idealizado al enfocársele como simple ejercicio del derecho de conquista (elemento ideológico fundamental en la caracterización del hacendado tradicional) y se expresa en todas las formas y relaciones de la vida social: despojo del huasipungo ocupado por varias generaciones de indios (huasipungo); despojo de las "rayas" de trabajo devengados durante años y que nunca alcanzan a compensar el valor de los "socorros" y "suplidos", de los priostazgos o de las pérdidas del ganado encomendado a los pastores y cuentayos; despojo de la mujer, de la hermana, de la madre, por el Patrón Grande o por los mayordomos mestizos (Exodo); despojo de las pequeñas cosas llevadas a la ciudad señorial para obtener ingresos de centavos de Sucre, por la tropa de cholos, revendedoras y rapaces; despojo de los microscópicos cultivos hechos a medias en la tierra del huasipungo, con los intermedios cholos del poblado (chaquihuascas); despojo del poncho, del sombrero de lana y las bayetas, por los mayordomos de hacienda —a cambio de días gratuitos de trabajo— o de los cholos **enganchadores de indios**, a cambio de un pequeño avance en dinero guardado en la falda de la cotona, por el comisario de Policía, en la ciudad señorial ("ya no era concierto de nadie, ya no era huasipunguero de ningún latifundio. Pero era indio", dice Segundo Antonio Quisphe, en **Exodo**).

Es esta constante gravitación del despojo, la que ha creado la psicología del ser alienado, humillado en su dignidad humana y despojado de derechos. Corresponde, exactamente, al antiguo status del ilota. La población indígena forma parte de la hacienda, como uno de sus anexos y de allí que todavía recientemente —según lo testimonia el antropólogo mexicano Juan Comas— se anunciase la venta de latifundios de Colonato en Perú y el Ecuador, con tantos indios en servicio. "Toda propiedad rural se compra y se vende con sus peones", decía el viejo Pereira a su sobrino latifundista, en Huasipungo" (27).

Otro ecuatoriano que cultiva esta misma temática es Angel F. Rojas, autor de **Exodo de Yungana**. Valoriza esta

27. Antonio García, **Sociología de la novela indigenista en el Ecuador**. Editorial Casa de la Cultura Ecuatoriana, Quito, 1969, pp. 57, 58, 59 y 60.

novela de Rojas la recia pintura de paisajes, tipos, costumbres, escenas, a pesar de la exclusiva tendencia a convertirse en alegato sociológico contra el mal que denuncia y a exaltar en tono de propaganda al régimen agrario comunista del incanato. "Como la mayoría de las novelas y cuentos esta región temática es obra de un fuerte sentido político, en el que se percibe claramente la influencia marxista. Y lo que tiene malo, es porque lo necesita y lo sobrecarga: el hecho, el asunto por sí solo, es más que bastante para sugerir en el lector la protesta de su conciencia humana".

Uno de los nombres más significativos en la literatura indigenista y no sólo en ésta, sino en el conjunto de novelistas de Hispanoamérica, está representado en el peruano Ciro Alegría, nacido en (1909) y muerto en (1967). Autor de tres novelas, todas ellas famosas y ganadoras de premios internacionales. Las tres enfocan el mismo tema: la explotación del indio serrano del Perú y la lucha frente a los mismos explotadores por subsistir ante los poderosos enemigos sociales.

Revolucionario activo fue perseguido por el gobierno de turno de 1930 a 1934. Preso inicialmente en la ciudad de Trujillo, posteriormente en la penitenciaría de Lima y luego expulsado del país. En la época del destierro en Chile, es donde va a escribir sus tres famosas novelas que le dieron fama universal: **La serpiente de oro, Los perros hambrientos** y **El mundo es ancho y ajeno.**

"Alegría es uno de los típicos representantes de la joven novelística hispanoamericana, la cual ha escogido para sus temas el quehacer histórico que gravita sobre la masa popular, por lo que puede incluirse en la novela de protesta social, dentro de la que se encuentra la indigenista y de la que el autor peruano es una de las más destacadas figuras. Su motivación se debe a que está inmerso en una realidad donde brotan, de manera natural y espontánea, los temas acerca del problema actual del indio. El sentirse responsable, al igual que el historiador, de escribir y criticar con verdadero espíritu de investigador toda la problemática que le rodea, lo hace trasladarla, de una manera fiel y artística, a las páginas de tres novelas: **La serpiente de oro, Los perros hambrientos** y **El mundo es ancho y ajeno.**

De esta forma, las novelas se convierten en un verdadero documento, donde está, con gran viveza y valentía, la protesta. En ellas encontramos las causas de los hechos históricos y políticos, además del porqué de la enorme expansión que están tomando las doctrinas de tipo socialista en la América Hispánica, ya sean de matiz comunista o marxista. Entre todos los países hispanoamericanos, el Perú es uno de los que tienen mayor problema en su estructura social. Dentro de ella, el más grave consiste en la integración en la sociedad de la gran masa indígena, que en este momento histórico está siendo olvidada y marginada. Esta es la causa de que se haya refugiado en las regiones más inexpugnables del Perú, ya sea en la sierra o en la selva. Allí se encuentra en un estado de analfabetismo y superstición y sin contacto directo con la vida del siglo XX, lo que la hace estar más apegada a sus viejas tradiciones. Todo es debido a la escasez de vías de medios de comunicación que les actualice en su forma de pensar y obrar; a la falta de medios educativos que les enseñen a leer y a escribir, con el fin de poder salir de la ignorancia y, en tercer lugar, el abuso de las clases sociales más privilegiadas, que les han dejado postergados para que de esta forma sirvan mejor a sus propios intereses.

El problema ha sido estudiado por la literatura peruana. Esta ha tratado de acercarse al indio a través de varias generaciones, pero de una manera superficial, sin lograr penetrar en el espíritu reservado del aborigen. Por tanto, no ha reflejado con exactitud los problemas que emana de su vida, con sus sufrimientos y tragedias. No ha sabido matizar, cosa que sí ha logrado Ciro Alegría, el dramático problema de las diferencias sociales, la triste situación de estos indios, rodeados de una cómoda y exigente clase superior peruana.

Ello es recogido por el narrador peruano con gran justeza y acierto, que levanta con energía un grito de protesta, caracterizando su prosa por la fuerza de la fidelidad con que nos ha transmitido su mensaje a través de las novelas. Todas ellas tienen una gran carga de sinceridad, que las convierte en representaciones universales de los problemas sociales. Pero esta denuncia, que hace con una magistral técnica realista, nunca deja de ser estética, por lo que su intención social gana fuerza y sinceridad, traduciendo, con gran acierto, la psicología del indio a bellas formas de expresión. La simpatía con que nos aproxima a él nos hace comprender sus defectos e intuir su sentir, logrando familiarizarnos con esta clase oprimida que es el indio peruano. Llegamos a sentir sus graves problemas como propios del hombre universal. Consigue esto el autor al ofrecernos el mundo indio contemplado desde dentro, con lo que su visión adquiere profundidad humana e histórica" (28).

Su primera obra, **La serpiente de oro**, aparece en el año 1935. Ganadora del premio de la novela organizado por la Editorial Nascimiento y bajo los auspicios de la Sociedad de Escritores de Chile. **La serpiente de oro** es la novela del río. En ella Alegría toma conciencia del escenario del indígena de la cordillera de la llanura selvática y tropical del lado oriente, albergue de cholos del río Marañón. La novela es la unión de diversos episodios, enlazados artísticamente para mostrarnos la escena: "**La balsa**": "el Marañón" y "la serpiente de oro". La novela muestra el dominio de la naturaleza sobre el hombre, quizá con algo de criollismo representativo de la novela hispanoamericana.

"En la lucha con el río, la vida es peligro y la muerte nos duele en la medida justa". "El río ruge contra nuestro afirmativo destino"... "los peñascales —hitos de la tierra— trepan hasta el cielo para señalar a los hombres estos valles donde la vida es realmente tal".

En la visión del indio en Alegría hay inmenso dolor, pero lo lleva en tono armónico ligado a una plena serenidad, conjugando la aguda observación de la realidad, con el estudio de las características populares sin olvidar la más culta preocupación de la forma literaria.

Dentro del proceso de la novela indigenista peruana, las figuras más representativas son Ciro Alegría y José María Arguedas. Alegría y Arguedas representan la consolidación de la problemática del indigenismo, que viene del siglo XIX. La obra de Alegría responde como individuo y como medio social dentro de la expresión de un mestizo en lengua española, mientras que Arguedas envía su mensaje por medio del mestizo con preponderancia quechua.

La visión que Alegría nos presenta es una faz del mundo de la sierra, de los moradores de esta localidad, que los funde dentro del subjetivismo del personaje dándonos una realidad objetiva, sin restarle la profundidad del enfoque de su temática.

28. María Isabel Pérez de Colosía, **El indigenismo y las novelas de C. Alegría.** Anales de Literatura Hispanoamericana. Universidad Complutense, Madrid, 1976, pp. 166-167.

Esta novela nos muestra dos órbitas diferentes: la naturaleza, simbolizada por el río, y el hombre representado por los mestizos. La lucha entre estas dos potencias intuye lo mítico que se propone mostrar el autor. Ciro Alegría explica cuál fue la razón que le llevó a escribir esta novela:

"Con **La serpiente de oro**, como ya he manifestado muchas veces, no pretendí escribir una novela al mundo clásico. Quería que el personaje central fuera el "Marañón" mismo, presidiendo la vida de los balseros y gentes de aquellas regiones, presentada en cuadros rápidos de los cuales el nexo fundamental sería el río". (Prólogo a la décima edición de **El mundo es ancho y ajeno.** Novelas completas de A. Alegría, p. 327).

Alegría nos presenta la lucha tremenda de los balseros del Valle de Colamar con el río Marañón. El río es el sustento del indígena que a su vez paga esa ofrenda con sus propias vidas. Por tal razón el autor a menudo repite la siguiente canción:

> Río Marañón, déjame pasar:
> eres duro y fuerte,
> no tienes perdón.
> Río Marañón, tengo que pasar:
> tú tienes tus aguas;
> yo, mi corazón.

La novela repite desde el principio esta canción y termina con la misma. "La estructura de la novela está formada por una yuxtaposición de relatos, con valor independiente, que van ensamblados por el trágico episodio central de la pugna entre el cholo y el Marañón. Su prosa, clara y diáfana, va ganando cada vez más al lector. Con **La serpiente de oro,** el indigenismo se transforma en nativismo, lo local se hace universal y la vivencia transitoria se convierte en misión histórica: el destino de un pueblo. La intención ha sido la misma que en todas las obras de protesta social: denunciar que, frente a la absorbente oligarquía, hierve la vitalidad de la persona y la tradición comunal. Sin embargo, hasta este momento nunca se había escrito una obra tan hermosa, sencilla y convincente, que transmitiera el mensaje social descubriendo el destino de estos hombres a la conciencia de la humanidad" (29).

La segunda obra, **Los perros hambrientos**, publicada en 1939, es de una trama vigorosa y profunda. Novela de puna de la cordillera alta, trata el problema de la tierra, visto poéticamente y a la vez real. Su temática —ya se dijo— está centrada en el doloroso drama que viven los indios pastores y sus perros, el cual está representado en el hambre. En la zona abrupta de la puna, la vida del hombre indígena transcurre, a través de la novela, igual que la de los perros guardianes del ganado. Y el comienzo, Virgiliano, con pastores y ganados: Antuca, Zagala andina, se convierte en un trágico acontecer, con la sequía despiadada que termina con hombres y bestias. "La vida del hombre de la puna, unida a su choza, su pequeña parcela y su ganado, adquieren un clímax de violencia. Los cuatro perros ovejeros cuya biografía se seguirá a través de la obra, siguen conflictos de los amos. Wanka, Zambo, Güeño, Pellejo, tienen su propia historia, pero es a la vez la historia de Simón Robles, de Mateo, de los celedonios de mashe... Alrededor de la sequía hay otros problemas: la construcción vial, la conscripción militar, el terrateniente cercano que atropella los derechos de los indios: todo ello dominado por sentimientos de la tierra, factor importante que moldea los caracteres de los indígenas protagonistas de este acontecimiento trascendental de la sequía que rompe su vida rutinaria" (30).

El planteamiento inicial desea mostrar la felicidad y la paz. Analiza el autor la fidelidad de los perros a sus amos, análisis que se observa a través de toda la obra. Los primeros capítulos reflejan el bienestar:

"La Antuca y los suyos estaban contentos de poseer tanta oveja. También los perros pastores. El tono triste de su ladrido no era más que eso, pues ellos saltaban y corrían alegremente, orientando la marcha de la manada por donde quería la pastora, quien halando el copo de la lana sujeta a la rueca, iba por detrás en silencio o entonando una canción, si es que no daba órdenes". (Cap. I, pp. 175-76). La novela va tomando caracteres negativos, y así el ambiente se va llenan-

29. Opus, cit., pp. 175, 176.
30. Augusto Tamayo Vargas, **La novela iberoamericana contemporánea**. Universidad Central de Venezuela, Caracas, p. 129.

do de tintes sombríos. Surge la sequía, la pérdida de las cosechas y lógicamente aparece el cuadro del hambre.

"El sol había terminado por exprimir a la tierra todos sus jugos. Los que anteriormente fueron pantanos u ojos de agua, resaltaban en la uniformidad gris-amarillenta de los campos solamente por ser manchas más oscuras o blancuzcas. Parecían cicatrices o lacras", (Cap. XVIII, p. 309).

En el capítulo "Un pequeño lugar en el mundo", Alegría entra de lleno a explicar la injusticia que se comete contra el indio, relatándonos el despojo de las tierras a los indios.

"Provenían de la extinguida comunidad de Huaria. Después de algunos años de trámites judiciales, don Juvencio Rosas, hacendado de Sunchu, había probado su inalienable derecho a poseer las tierras de un Ayllu cuya existencia se prolongaba desde el incario, a través de la Colonia y de la República, sufriendo todos sus embates. Y el tal apareció un buen día por Huaria, acompañado de la fuerza pública y sus propios esbirros, a tomar posesión. Los indios, en un último y desesperado esfuerzo, intentaron resistir. Cayeron algunos. La contundente voz de los máuseres les hizo comprender bien pronto el poco valor de los machetes y las hondas", (Cap. XI, pp. 267-268).

"El símbolo de "Wanka" atacando para defenderse del hambre se completa con este relato que tan escuetamente nos narra Ciro Alegría. Es la lucha del indio por subsistir. Es la violencia que surge contra la violencia. Es la fábula en que el perro reclama por la dignidad del indio.

A partir de este punto surgen unas tras otras las escenas macabras, donde los hombres y perros van muriendo trágicamente. Pero en el último momento, como en todas las obras de Alegría, brota de nuevo la esperanza. No todos los perros mueren, algunos se salvan y entre ellos se encuentra "Wanka", la representativa de la raza indígena, que, como siempre, consigue sobrevivir al hambre y la miseria. La lluvia vuelve y renace el optimismo, porque con ella llega la vida, ya que es una firme promesa para las nuevas cosechas. Los hombres y los animales se unen otra vez con los fuertes lazos de amistad y cariño que rompió el infortunio. "Wanka" regresa buscando el perdón de su amo, Simón Robles...

El primer punto interesante que observamos al analizar la novela es la historia personalizada de animales. Esta sirve para presentar una acertada crítica social que va más allá de la simple inspiración zoomorfa. En segundo lugar es importante su estructura que se apoya en una serie de relatos interiores. Todos están ensamblados por un mismo **leitmotiv** que es la sequía, provocadora del gran drama de la violencia y la muerte" (31).

Su tercera novela, **El mundo es ancho y ajeno**, publicada en 1941, es la novela indigenista por excelencia; por lo tanto, conviene advertir que el personaje fundamental es toda una comunidad de indígenas. El tema versa sobre el despojo de la tierra a los primitivos, seculares comunidades indias. El discurrir de la novela es lento, pero simultáneo en acciones de contrastes y de caracteres; por ello ofrece oportunidad de descubrir, a través de su narración, un fluido de fraternal mansedumbre que se convierte, sin embargo, en valentía, y aun en violencia cuando las circunstancias lo imponen. "La comunidad, un ser vivo, un personaje masadentro de una tierra determinada que desangra y muere. El hombre andino de las comunidades indígenas vive dentro de ese pequeño microcosmos desconociendo el resto y las leyes del país —y para el que tiene su propio signo— no es sólo su persona, sus hermanos de comunidad, su perro, su ganado, sino también sus arbolitos y sus piedrecitas, su cerro, el pedazo cultivado y el eriazo, el retazo de valle que él puede ver, cerrada su vista por las montañas y también sus piedras" (32).

El título lo explica el autor al terminar la obra, y afirma que esto significa que para los pobres el mundo es ancho y ajeno, ya que los privilegiados los empujan de un lado a otro, pero siempre dentro de un ámbito mezquino, porque ni siquiera obtienen salarios suficientes para vivir. El personaje central de la novela es toda una comunidad indígena. El tema está basado en el despojo de la tierra a los primitivos, seculares comunidades indias.

"Se mueve en la novela todo un pueblo, y ningún personaje alcanza a vivir con toda la fuerza del arte, aunque se ve que Alegría ha querido hacerlo con el anciano alcalde indio: Rosendo Naqui. Monólogos interiores, soliloquios retrospectivos y procedimientos impresionistas meten la acción dentro de las almas de los indios, pero a pesar de todo, lo que se

31. Opus, cit., de María Isabel Pérez de Colosía, pp. 180-181.
32. Obra citada de Tamayo Vargas, p. 131.

sigue viendo es siempre la masa. La novela une languillos del siglo XIX, si bien hay en la acción cortos espacios temporales característicos del siglo XX" (33).

La novela, al igual que las dos anteriores está estructurada por una serie de elementos relacionados con el ambiente. Su característica principal es la de que en ella se mueve todo un pueblo, y que todo ese pueblo no puede vivir fuera de la comunidad.

El perfecto análisis social en la obra de Alegría puede darse en **El mundo es ancho y ajeno**; aquí se reflejan los problemas indigenistas más incitantes y presenta las perspectivas de un drama aún vigente y sin solución.

Este libro constituye una verdadera summa de la novela indigenista, por diferentes motivos: "Alegría narra desde la íntima entraña de los acontecimientos y los personajes, tanto desde la perspectiva de las criaturas por las cuales simpatiza abiertamente, como desde la que evidentemente repudia. He aquí (concluye Mario Arenas) el gran acierto narrativo de Alegría en **El mundo es ancho y ajeno**" (34).

Ciro Alegría en **El mundo es ancho y ajeno** nos induce a la reflexión sobre el problema del indio:

> "Era hermoso de ver cómo el cromo jocundo del caserío y era más hermoso vivir en él. ¿Sabe algo de la civilización? Ella, desde luego, puede afirmar o negar la excelencia de esa vida. Los seres que se habían dado a la tarea de existir allí, entendían, desde hacía siglos, que la felicidad nace de la justicia y que la justicia nace del bien de todos. Así lo había establecido el tiempo, la fuerza de la tradición, la voluntad de los hombres. Los comuneros de Rumi estaban contentos de su vida". (**El mundo es ancho y ajeno**).

El indio Rosendo, como todos los miembros de su comunidad, humanizaba los montes, la vegetación y la tierra. Así Ciro Alegría, al describir a Rosendo, lo une estrechamente a la tierra usando diferentes imágenes de la flora peruana:

"Tenía el cuerpo nudoso y cetrino como el lloque —palo contorsionado y durísimo— porque era un poco vegetal, un poco hombre, un poco tierra. Tras las duras colinas de los pómulos brillaban los ojos, oscuros lagos quietos. Las cejas eran una crestería. Podría decirse que el Adán americano

33. Enrique Anderson Imbert, op. cit., vol. II, p. 256.
34. Mario Castro Arenas, **La novela peruana y la evolución social**, Lima, Perú.

fue plasmado según su geografía, que las fuerzas de la tierra, de tan enérgicas, eclosionaron en un hombre con rasgos de montaña. Eran sus sienes, nevaba como en las del Tupillau", (Opus, cit...).

Idealiza el indio la tierra, porque el destino del indio, desde el nacimiento hasta la muerte está en la tierra.

Esta era la razón para que los comuneros miraran con desconfianza las leyes de los blancos. No entendían el injusto impuesto a la tierra, el servicio militar para el indio y la falta de leyes que hicieran justicia verdadera a la comunidad indígena.

Alegría nos narra con gran claridad el egoísmo de los hacendados como don Alvaro Amenábar Roldán, el que utilizaba reclamos injustos, iniciaba juicio de linderos que siempre salía vencedor con aprobación de la autoridad. Así al pobre indio tan sólo le quedaba el camino del éxodo, añorando todo el pasado de sus propiedades:

"No era dolor del entendimiento solamente. Su carne misma sufría al tener que abandonar una tierra donde amó con el espíritu de la naturaleza al sembrar y procrear, donde había esperado morir y reposar en el panteón que guardaba los huesos de innumerables generaciones" (Opus, cit...).

"Terminado el trasplante a Yanañahui, miembros de la comunidad se alejan del pueblo recién construido en busca de mejor suerte. Pero todos: Amadeo Illas en una hacienda de coca, Calixto Páucar en el asiento minero de Navilca, Augusto Maqui en el puesto de caucho de Conuco, Juan Medrano en la hacienda de Solma, sólo encuentran la explotación, el vejamen y, en el caso de Calixto, la muerte en una huelga el mismo día de su llegada. Alejados de su comunidad, estos hombres vuelven al recuerdo a ella con punzante nostalgia.

Benito Castro había salido de Rumi antes que todos, huyendo del castigo después de involuntario delito. Sirvió en el ejército, alcanzó el grado de sargento, descubrió también la crueldad y explotación que sufrían los suyos fuera de la comunidad. Volvió a ella para encontrar el pueblo vacío, la noticia dolorosa del despojo a Rosendo Maqui, el alcalde, preso injustamente por acusaciones falsas de don Alvaro Abenábar. Rosendo muere en la cárcel apaleado por la saña de sus carceleros. Benito Castro, elegido alcalde de Yanañahui, promueve un alzamiento, que es ahogado por las ametralladoras oficiales. Ante su marido muerto, Marguicha alza la voz implorante de su raza: "¿A dónde?".

Como novela, **El mundo es ancho y ajeno** no produce el goce de las líneas firmes, la concentración poética, la calidad sostenida de la **Serpiente de oro** y **Los perros hambrientos.** Al ensanchar su escenario, escribiendo una novela donde se expresa la mentalidad actual del indio peruano y la injusticia que le aprisiona, no pudo evadir Ciro Alegría el recargamiento de incidentes, la lentitud en el relato y hasta episodios que a mi ver sobran, como el viaje de Bismarck y la insistencia en escenas y semblanzas de la prisión.

Quedan, como valores artísticos perdurables, las descripciones de la naturaleza, de la vida agraria, del alma india de hoy. Y dentro y ajeno es lección de sinceridad. Da la fórmula única para ese tipo de arte: llevar el conflicto entrañablemente sembrado en propia conciencia". (C. M. **Rev. Iberoamericana**, V. 5, 1942, pp. 36 y 37).

Estas acertadas palabras de Concha Meléndez nos lleva a reflexionar sobre el sentido de la tierra para el indio peruano. Ciro Alegría en una prosa lenta pero culta nos lo demuestra una vez más:

"Sólo tú conoces nuestra confianza y su sabor áspero... ¿qué sabemos los indios peruanos de las rosas? Tú, maguey, te levantas como un brazo implorante y en tu gesto reconocemos nuestro afán que no alcanza el cielo... el viento no puede cantar en tu cuerpo entero y no sabes del trino y el nido... tienes el corazón sin miel y triste con la misma tristeza de nosotros, los hombres del Perú... y ahí estás con nosotros, frente a muchos bohíos y en las cercas que guardan las siembras de esperanza y martirios..." (**El mundo es ancho y ajeno**).

El autor confronta su personaje-símbolo con diferentes tipologías sociales que concluyen con el mismo drama del indígena: el gamonal, el tinterillo, el militar y el cura. El gamonal, o sea el patrono latifundista, en esta novela se refleja en el violento don Alvaro Amenábar, que constituye uno de los dos extremos sociales en pugna. Con el tinterillo, representado por Bismarck Ruiz, buscapleitos consuetudinario, y el cura, Alegría destaca los dos elementos negativos más sordos sobre la tragedia del indio: la burocracia y la iglesia.

Alegría nos muestra en toda la novela al indio como ser caído, imposibilitado para vivir una existencia auténtica.

El indígena es un ser marginado dentro de una sociedad que dice llamarse civilizada.

Rosendo Maqui, alcalde indio que muere injustamente en la cárcel, es indudablemente el personaje que más se destaca en la novela. No debe olvidarse que el personaje masa es el verdadero protagonista de la obra, pues la comunidad india de Rumi está presente a través de toda la acción novelada. El título está explicado en la novela: **La ley no los protege como hombres**. Los que mandan se justificarán diciendo: "Váyanse a otra parte, el mundo es ancho". Cierto, es ancho. Pero yo, comuneros, conozco el mundo ancho donde nosotros, los pobres, solemos vivir. Y yo les digo con toda verdá que pa nosotros, los pobres, el mundo es ancho pero ajeno. Ustedes lo saben comuneros. Lo han visto con sus ojos por donde han andao. Algunos sueñan y creen que lo que han visto es mejor. Y se van lejos a buscar la vida. ¿Quién ha vuelto? El maestro Pedro Mayta, que pudo regresar pronto. Los demás no han vuelto, yo les digo que podemos llorarlos como muertos y como esclavos. Es penosa esta verdá, pero debo gritarla pa que todos endurezcan como el acero la voluntá que hay en su pecho. En ese mundo ancho, cambiamos de lugar, vamos de un lao pa otro buscando la vida. Pero el mundo es ajeno y nada nos da, nada, ni siquiera un güen salario, y el hombre muere con la frente pegada a una tierra amarga de lágrimas. Defendamos nuestra tierra, nuestro sitio en el mundo, que así defenderemos nuestra libertá y nuestra vida. La suerte de los pobres es una, y pediremos a todos los pobres que nos acompañen" (35).

Como podemos observar, los terratenientes les dicen a los indios que el mundo es ancho... pero los indios saben que no les pertenece, que es ajeno.

La novela termina cuando aún se oye el sonido de los fusiles del ejército masacrando a los indígenas que se habían rebelado en defensa de sus propios derechos.

"La metralla barre los roquedales, los máuseres aguzan su silbo después de un seco estampido y toda la puna parece temblar con un gran estremecimiento. El sol del mediodía se aploma sobre los encrespados picachos.

En el caserío están solamente los enfermos, las muje-

35. Ciro Alegría, Obras completas citadas, pp. 983-984.

res y los niños. Hasta los ancianos han marchado a los desfiladeros para arrojar su piedra esperanzada. Las mujeres tratan de consolar a los niños, que lloran amargamente, llamando a sus padres: Taita, taita'' (36).

En cuanto a los recursos temporales que utiliza Alegría en **El mundo es ancho y ajeno**, el recuerdo, en la vigencia de la memoria juega un papel importantísimo, ya que el tiempo se percibe en diferentes perspectivas. El primer capítulo es sencillamente el tiempo que corresponde al pasado, donde la memoria revive el pasado. El tiempo es lento, un "andante majestuoso", el que marca la felicidad de los indios que conforman la comunidad de Rumi. Rosendo Maqui recrea el pasado por la memoria, reconquistando el pasado justamente en ese tiempo. Alegría ubica los personajes con todos sus problemas.

Alegría utiliza un imperfecto narrativo, donde nos presenta la actitud hacia sus personajes, una efectividad sutil, que suele ser visible con base en las observaciones minuciosas de todas las descripciones, así vemos algo como "era hermoso de ver el cromo jocundo del caserío".

El pretérito indefinido que suele alternar con el imperfecto estructura el presente en el pasado. Así al mismo tiempo, el pasado revivido por la memoria se convierte en presente real. Regresa a menudo Alegría al pasado para tomar presentes los instantes que constituyen lo actual.

Indudablemente Ciro Alegría es uno de los primeros novelistas indigenistas que utiliza la técnica del "flash back", donde a su vez se entrelazan monólogos interiores, retrospecciones, superposiciones y procedimientos que corresponden al impresionismo. Ese movimiento continuo de idas y venidas (presente-pasado) son técnicas que le sirven al autor para presentar a los respectivos personajes, bajo un proceso sicológico y donde Alegría se identifica con los habitantes de la comunidad indígena.

Cuando Alegría se refiere al tiempo cronológico manifiesta precisión, y a su vez lo alterna con el tiempo interior. El monólogo interior justamente Alegría lo contrapone al tiempo exterior. Así el monólogo interior se convierte en una desintegración del tiempo, a fin de que se pueda percibir

36. Opus, cit., p. 994.

el fluir continuo, mientras la narración lineal expresa libremente el tiempo exterior en su continuidad.

Generalmente Alegría utiliza un tiempo lento en la narración, pero de vez en cuando lo alterna con un tiempo rápido en la descripción. Hasta un limitado tiempo de la narración, la acumulación de los relatos y lugares marca una lentitud en la narración, pero al final vemos que hay una descripción veloz de los hechos concentrados en Rumi, contraste que nos indica el cambio de dos situaciones antagónicas: de la pasividad a la subversión.

"En **El mundo es ancho y ajeno**, grandioso desarrollo imaginativo de la original y aguda concepción que el título encierra, hay todo un pueblo que vive en los escalonados niveles de su pirámide social. Como del pueblo colonial de Cuba dijo el maestro del saber y de conducta José de la Luz y Caballero, los peruanos que presenta Ciro Alegría, casi un siglo después de las memorables palabras de Luz, no viven asociados sino **amontonados**. La gran mayoría de ese pueblo andino no está formado realmente por peruanos que antropológicamente son indios o mestizos, sino por indios y mestizos cuya peruanidad desaparece, sustituida por una inexorable condición de inferioridad perpetua y esclavizadora, en virtud de las escandalosas falsificaciones de una democracia nominalmente representativa. En el panorama narrativo de Ciro Alegría no conviven los componentes de aquella colectividad. Sólo coexisten en ella y exhiben la tragedia de tal concurrencia, en la que se contraponen y luchan con armas desiguales los de arriba, sus aliados oportunistas de los grupos intermedios y los de abajo, la anónima y menospreciada muchedumbre de indios y de cholos, oscilante entre la sumisión resignada o escondidamente rabiosa y momentos de confusa y dispersa rebeldía cuya reiteración pagada a precio de sangre y mayores penalidades es como una espera, fundada en la confusa esperanza de tiempos que permiten la acción reivindicadora generalizada, programada y sistemática. Para más incisivo dramatismo, sin efectivos indicios tangibles de ese futuro, **El mundo es ancho y ajeno** muestra su presente en ebullición con el revuelto amontonamiento de sus personajes, los que desde Lima imperativamente hacen leyes y órdenes ejecutivas, presidentes de la República, ministros, congresistas, magnates de la riqueza y la política, presentidos en su influyente lejanía; y en el primer plano de la acción, la ancha variedad de tipos y grupos en el desigual combate" (37).

José María Arguedas. El indigenismo en este escritor tiene otro carácter: el indio escribe su propia obra. Arguedas, lo mismo que José Eustasio Rivera, vivió parte de su tiempo en el ambiente que descubre. **Agua**, señaló el camino de la narración indigenista americana contemporánea, para continuar con **Yawar fiesta** y posteriormente **El sexto**, en que la preocupación social se convierte en una constante, analizando el espíritu del indio desesperado por la situación dramática que lo rodea.

Diamantes y pedernales (1954) y **Los ríos profundos** (1958), dan ya muestra en Arguedas de un verdadero arte de novelar en favor de la condición social del indio. **Los ríos profundos** es quizá la obra maestra de Arguedas. Dice Mario Vargas Llosa en el prólogo para la edición chilena de **Los ríos profundos**: "No faltarán quienes digan que se trata de un testimonio alienado sobre los Andes, que Arguedas falsea el problema al trasponer en una ficción las mistificaciones de una realidad en vez de denunciarlas. Reproche equivocado". "La literatura atestigua si sobre la realidad social y económica, por refracción, registrando las repercusiones de los acontecimientos y de los grandes problemas sociales a un nivel **individual** y no cristalice en un esquema muerto".

Arguedas funde en la novela con armonía el elemento estético y el elemento ideológico. El autor con destreza artística neutraliza a la crítica que le acusa de faltas de aspecto estético inclinándose a la denuncia de sabor ideológico. "El material político-social se encuentra totalmente integrado dentro del cauce artístico de la obra de Arguedas. José María logra encajar su sólida protesta por medio de su reprobación poética, que se apoya en la dramatización de la opresión, la violencia del lenguaje, la belleza de los cantos quechuas y la justicia poética que domina en las soluciones a los conflictos de su obra militante. Arguedas cumple así con las dos exigencias más apremiantes del autor: como creador que labora con excelencia dentro de la exigencia de este vehículo de expresión y como ser humano sobre el que gravitan fieramente las fuerzas socio-políticas que dominan su contorno vital, y que vierte la interioridad del mundo andino, lleno

37. Obra citada de R. Lazo, pp. 67 y 68.

de amor y de violencia, para dejarnos grabada, en forma indeleble su protesta contra la injusticia y la explotación del hombre por el hombre" (38).

La obra de José María Arguedas tiene un valor que, por encima de un regionalismo, trasciende el ámbito indígena y la sitúa en un plano universal. En 1964 publica su novela **Todas las sangres.** En ella logra un equilibrio y una perfecta armonía en su narración. El lenguaje mezclado de mestizaje en su vocabulario le da un tono peculiar a la obra. "No está dividida la acción entre los poseedores y los desposeídos, porque hay muchas luchas en el interior de cada cual. Personajes dostoiesvskianos algunos, como don Bruno, quien vive con su sentimiento de culpa y actúa de acuerdo con él. El hermano —don Fermín—, descendiende de españoles en una provincia de las serranías, es dueño y señor de la región —frente a señores desposeídos y comunidades y colonos indígenas—, pero lo impulsa un afán de riqueza que lo convierte en palanca de progreso, con peligro para las empresas poderosas y para la lenta y tradicional vida servil" (39).

Arguedas con lujo artístico nos describe, en realidad, una lucha conflictiva hacia un proceso de transformación socioeconómica y sociocultural, un momento donde se observa que se está pasando lenta y progresivamente del feudalismo al capitalismo, al mismo tiempo en que sus protagonistas sufren un proceso de mestizaje y aculturación. El novelista nos muestra esa situación conflictiva, que viene desde hace muchos años por la explotación y humillación del indio; situación que el autor señala precisamente en el momento en que el capitalismo serrano trata de sentar sus raíces, lo que lleva a la violencia represiva de las autoridades y del dominio central, que parte de los grandes **trusts** internacionales y nacionales.

Refiriéndose al tiempo histórico de la novela, Roland Forgues considera que "ese tiempo narrativo podría parecer, si lo considerásemos como un tiempo real, demasiado corto para presentarnos de un modo verosímil un fenómeno tan complejo como lo es el proceso de transformación socioeconó-

38. A. Urello, **El nuevo indigenismo peruano**. Cuadernos Americanos, México, D.F., Vol. 6, 1972, p. 188.
39. Obra citada de Tamayo Vargas, p. 135.

mico y sociocultural que, según José María Arguedas, está viviendo la sierra peruana. El tiempo narrativo corresponde en realidad a un tiempo histórico mucho más largo. Abarca varias generaciones desde la época colonial e incluso hasta la fecha de composición de la novela.

El momento evidenciado por nuestro novelista es puntualmente el momento en que estallan y se hacen más candentes los conflictos sociales entre los explotados y los explotadores y el momento en que aparece un cambio socioeconómico y sociocultural muy hondo que tiene sus raíces en un antaño más lejano.

Hay, indudablemente, en la novela de José María Arguedas una concentración del tiempo histórico que da en cierto modo una impresión de atemporalidad por la presentación casi simultánea de una larga sucesión de acontecimientos, espaciados en el tiempo real que han producido el proceso transformativo descrito por el novelista.

Esa sucesión de acontecimientos se reduce en la novela a un resumen casi atemporal para dar paso únicamente al fenómeno que producen. Al presentarnos casi como sincrónicos unos sucesos que en realidad han tenido una aparición diacrónica en el tiempo real, José María Arguedas utiliza conscientemente la deformación del tiempo natural, con el fin de desentrañar e interpretar la realidad presente a la luz de la larga convivencia de las dos comunidades étnicas" (40).

Yawar fiesta (1941), la primera novela de José María Arguedas, es una obra de estructura episódica. El relato, a través de una estructura compleja nos muestra la vida casi infrahumana de una comunidad indígena que vive en el pueblo de Puquio en la sierra peruana.

Veamos una descripción de la voz narrativa del pueblo de Puquio:

> El pueblo se ve grande, sobre el cerro, siguiendo la lomada; los techos de tejas suben a la orilla de un riachuelo, donde crecen algunos eucaliptus, hasta la cumbre; en la cumbre se acaban; porque en el filo de la lomada está el girón Bolívar, donde viven los vecinos principales, y allí los techos son blancos de calamina. En las faldas del cerro, casi sin calles, entre chacras de cebada, con grandes corrales y patios donde se levantan yaretas y molles frondosos, las casas

40. C. Hispanoamericanos, 1975, pp. 673-674.

de los comuneros, los ayllus de Puquio, se ven como pueblo indio. Pueblo indio, sobre la lomada, junto al riachuelo (41).

Tres clases sociales predominan en Puquio: mistis, blancos o criollos, los mestizos o cholos y los indios.

"El narrador, antes de presentar a sus personajes, hace una larga y detallada descripción de estas clases. Con ello, sienta las bases a través de las cuales buscará explicar la personalidad de la mayor parte de éstos, que después aparecerán en la narración de manera unidimensional y como símbolos de sus respectivas clases" (42).

Los indios se agrupan bajo el sistema de ayllus y según la historia los indios fueron los primeros habitantes de Puquio. Puquio tiene cuatro ayllus: Kollana, Chaupi, K'ayau y Pichachuri. Anteriormente estos ayllus eran cultivados por los indios, pero al llegar los mistis la situación cambió.

"Cada ayllu tenía también derecho a usufructuar las tierras de la puna donde guardaban el ganado. La puna está ubicada en altitudes donde es imposible sembrar y la única vegetación que se encuentra es un tipo de pasto llamado ichu y unos arbustos salvajes llamados K'eñwa. Los **punaruna** están ligados a los ayllus por lazos totemistas y rituales. Antes de la llegada de los mistis el uso de los pastos de la puna era libre y no estaba determinado por derechos personales. La tierra era de quien vivía en ella o la trabajaba. Los **punaruna** y sus familias vivían en chozas hechas por ellos mismos. La mayor parte de los pastores pertenecían al ayllus de Pichachuri porque éste era el que tenía menos tierra en el valle. Los ayllus de Kollana y Chaupi ocupaban las mejores y más grandes extensiones agrarias de Puquio. Fueron por eso los primeros en sufrir la pérdida de sus tierras a manos de los mistis" (43).

La organización del mundo indio es magnífica. La vida diaria gira a través de rituales y costumbres. "Es un mundo seguro. La desgracia más grande en esta sociedad es ser ocioso o cobarde. Los límites de dominio privado y las obligaciones sociales se hallan claramente definidas y observadas. El individuo no puede fácilmente justificar la usurpación de

41. José María Arguedas, **Yawar fiesta**. Editorial Losada, Buenos Aires, 1974, p. 5.
42. Sara Castro Klarén, **El mundo mágico de José María Arguedas**. Instituto de Estudios Peruanos, 1973, p. 25.
43. Obra citada de S. Castro Klarén, p. 26.

la propiedad de otro, ya sea agua, ganado o aun divinidades. Pero los ayllus, es decir, la colectividad, sí encuentra medios de exigir y reclamar derechos preferenciales. Tal es el caso cuando los K'ayau sienten la irredimible urgencia de contar con el amparo divino para capturar al Misitu y tratan de convencer a los K'oñani de lo inútil que es para éstos rogar por la vida y libertad del Misitu, en vista de que los K'ayaus, por ser el ayllu más importante, "tenían derecho" (a la protección) del tayta K'arwarasu porque "Puquio es el pueblo más grande" y los varayok's de Puquio pueden hacer andar y levantar a todos los pueblos que el tayta K'arwarasu cuida" (44).

Arguedas considera que los puquios tienen no sólo responsabilidad sino prioridad en el mundo de los negocios, por lo tanto la protección divina es casi un derecho. Esto puede ocurrir siempre y cuando funcionen en el mundo indígena, pues si se incluye el misti en estas determinaciones todo cambia. El misti rompe las reglas tradicionales indígenas y altera el mundo indio.

> Los indios de los echaderos se avisaban, corriendo de estancia en estancia, se reunían asustados; sabían que nunca llegaban para bien los mistis a la puna. E iban los comuneros de la puna a saludar al "ductur" Juez, al taita Cura, al "Gobiernos" de la provincia y a los werak'ochas vecinos principales de Puquio.
>
> Aprovechando la presencia de los indios, el Juez ordenaba la ceremonia de la posesión: el Juez entraba al pajonal seguido de los vecinos y autoridades. Sobre el ischu, ante el silencio de indios y mistis, leía un papel. Cuando el Juez terminaba de leer, uno de los mistis, el nuevo dueño echaba tierra al aire, botaba algunas piedras a cualquier parte, se revolcaba sobre el ischu. En seguida gritaban hombres y mujeres, tiraban piedras y reían. Los comuneros miraban todo eso desde lejos.
>
> Cuando terminaba la bulla, el Juez llamaba a los indios y les decía en Kechua:
>
> —Punacumunjuna: señor Santos es dueño de estos pastos; todo, todo; quebradas, laderas, puquiales, es de él. Si entran animales de otro aquí, de indio o vecino, es "daño". Si quiere señor Santos dará en arriendo, o si no traerá aquí su ganado. Conque... ¡indios! Werak'ocha Santos es dueño de estos pastos" (45).

Refiriéndose al fenómeno lingüístico de Arguedas en sus

44. Opus, cit., p. 28.
45. Obra citada de Arguedas, pp. 18-19.

obras, Earl M. Aldrich, Jr., considera que "La penetración especial que Arguedas ofrece de la visión del mundo quechua se debe tanto al uso del idioma, cuanto a su conocimiento y comprensión del tema que trata. Ha creado para sus personajes indios un modo de comunicación tan personal y expresivo que nos hace percibir, a través de sus ojos, la vida en muchos de sus aspectos. Al realizar esta innovación lingüística pasó a través de un interesante y penoso proceso. Escribió primero "Agua", cuento de su primer volumen de narraciones, en un español literario correcto. El resultado no fue satisfactorio, porque le sonaba tan falso como muchos de los trabajos que consideraba como inadecuadas expresiones de la realidad india (Aldrich, 1966, p. 129).

Los ríos profundos (1958), es una novela que gira a través de un mundo que oscila en una estructura pendular. Su personaje Ernesto se mueve en la población de Abancay que a su vez se halla separada por grandes diferencias socioeconómicas. Abancay es un pueblo que se halla en medio de las tierras de Patibamba, aislado del resto del país. La vida social de Abancay está dividida entre las familias de las autoridades del gobierno, generalmente de la costa peruana y la de los "serranos". Hasta en los barrios la diferencia es notoria.

> "Sólo un barrio alegre había en la ciudad: Huanupata. Debió ser en la antigüedad el basural de los **ayllus**, porque su nombre significa "morro del basural". En ese barrio vivían las vendedoras de la plaza del mercado, los peones y cargadores que trabajaban en menesteres ciudadanos, los gendarmes, los empleados de las pocas tiendas del comercio; allí estaban los tambos donde se alojaban los litigantes de los distritos, los arrieros y los viajeros mestizos. Era el único barrio donde habían chicherías. Los sábados y domingos tocaban arpa y violín en las de mayor clientela, y bailaban **huaynos** y marineras. Decían que en esas jaranas podían encontrarse mujeres fáciles y aun mestizas que vivían de la prostitución" (46).

El mundo de **Los ríos profundos** es la unión de las costumbres arcaicas que los españoles trajeron a la América y el sustrato de la cultura quechua. El quechua predomina al español como medio de comunicación. Ernesto, personaje prin-

46. José María Arguedas, **Los ríos profundos**, Buenos Aires, Editorial Losada, 1976, p. 49.

cipal de la novela, es testigo de que mucha gente cuando habla el castellano se pasa inconscientemente al quechua.

"—No vaya usted a creer nada, joven. Soy de Chalhuanca; he venido por un consejo para mi pleito. Ahí está el doctor. Como un gavilán ha visto. Yo ya estaba amarrado. Pero un abogado es un abogado y sabe más que un tinterillo. ¡Tinterillitos de porquería! ¡Ahura verán! ¡Payhuank'a nerk'achá...! Y continuó desahogándose en quechua" (47).

Otra de las características fundamentales de la novela es el claro y marcado sincretismo religioso. Se imaginaban el viaje al otro mundo como la más terrible de las odiseas. Veamos un diálogo:

"—Los condenados no tienen sosiego —nos decía Palacitos en el corredor—. No pueden encontrar siquiera quién los queme. Porque si alguien, con maña, los acorrala en una tienda o en una cancha de paredes altas, puede quemarlos, rodeándolos con fuego de chamizo o con querosén. Pero hay que ser un santo para acorralar a un condenado. Arden como cerdos, gritando, pidiendo auxilio, tiritando: hasta las piedras, dice, se rajan cuando les atraviesa el gruñido de los condenados que arden. Y si oyen tocar quena en ese instante, así, llameando, bailan tristes. Pero al consumirse ya, de sus cenizas una paloma se levanta. ¡Cuántos condenados sufrirán para siempre su castigo! En cuatro patas galopan en las cordilleras, pasan los nevados, entran a las lagunas; baja también a los valles, pero poco. El Lleras ya estará sintiendo que su piel endurece, que le aumenta la grasa bajo el cuero. ¡Ay, pobrecito!

—¿Y su mujer?

—¡A ella primero la devorará, Diosito!" (48).

"De abajo hacia arriba en la sierra sur del Perú, la jerarquía del camino hacia la salvación del mundo: indio-patrón-cura, se ha mantenido inalterada a través de siglos de tranquilidad. El concepto que el cura tiene del mundo es tradicional y en esencia refuerza la tesis medieval sobre el origen y delegación del poder. Dios, que rige su creación desde arriba, delega su poder en el rey y en la Iglesia para asegurar al mundo de la justicia y salvación. Durante la época anterior a la Reforma se admitía un orden jerárquico ascendente: súbito-Rey-Dios, que implicaba además de privilegios responsabilidades. En Abancay se siente palpitar la misma jerarquía

47. Opus, cit., p. 41.
48. Opus, cit., p. 165.

en el sermón del cura cuando predica que el patrón, el cura y Dios sufren por la condición del colono. Aquí, la jerarquía de responsabilidad sería: Colono (patrón-cura) Dios. Es importante marcar la dependencia religiosa o mágica bajo la cual este sistema coloca al colono en relación al cura y al patrón.

El cura de **Los ríos profundos** es un personaje retorcido, difícil de acomodar en la mente contemporánea. Vive una estructura mental predominantemente conservadora y cerrada que se hace más repugnante al darnos cuenta que es la persona más instruida y que goza de mayor prestigio "intelectual" en Abancay. Es partidario de la ley y el orden, está a favor de mantener el **statu quo** a cualquier precio y cree firmemente que los hacendados son gente virtuosa, digna de alabanza, por constituir las bases mismas del país, los pilares de su economía. Para el Padre Director, el hacendado por definición es bueno y necesario, ya que contribuye al creciento y manutención del clero y, más importante aún, provee los medios espirituales y físicos mediante los cuales los indios adoran a Dios en la única forma posible. "Se refería a la religiosidad de los señores..., a la obligación que imponían entre los indios de confesarse, de comulgar, de casarse y vivir en paz, en el trabajo humilde. Así, pues, nuestro cura tiende al mantenimiento de algo similar a las principales estipulaciones del sistema de **encomienda**" (49).

La base principal de la narración de **Los ríos profundos** parte de la memoria del autor. El recuerdo recorre a través de todas las páginas, y así Ernesto nos narra el pasado de una realidad que vive en el inconsciente colectivo. Veamos el recuerdo de algunas noches de insomnio de Ernesto:

> "La voz de los internos, la voz del Padre; la voz de Antero y de Salvinia, la canción de las mujeres, de las aves en la alameda de Condebamba, repercutían, se mezclaban en mi memoria; como una lluvia desigual caían sobre mi sueño. La luz del sol suele aparecer en medio de las lluvias dispares; fulge por algún vacío de las nubes, y el campo resalta, brilla el agua, los árboles y las yerbas se agitan, iluminados; empiezan a cantar los pájaros. El hombre contempla indeciso el mundo así disputado, sacudido por el sol y las nubes tenebrosas que se precipitan" (50).

49. Obra citada de S. Castro, pp. 110-11.
50. Obra citada de Arguedas, **Los ríos profundos**, p. 118.

Desde las primeras páginas de la novela encontramos los recuerdos de Ernesto. La imagen del Cuzco pervive en su memoria. El Cuzco añorado es mejor que el Cuzco real. Ernesto vive desilusionado y sigue las palabras de su padre: "Mejor es el recuerdo". Para Ernesto la realidad del pasado es más bella y pródiga que la realidad presente.

La visión del mundo añorado por Ernesto es completamente mágica, un paraíso maravilloso visto bajo un nivel mítico. La palabra **zumbayllu** le trae recuerdos cargados de música y de animales que vuelan en arbustos llenos de flores en los meses de abril y mayo.

> ¿Qué podía ser al **zumbayllu**? ¿Qué podía nombrar esta palabra cuya terminación me recordaba bellos y misteriosos objetos? El humilde Palacios había corrido casi encabezando todo el grupo de muchachos que fueron a ver el **zumbayllu**; había dado un gran salto para llegar primero al campo de recreo. Y estaba allí, mirando las manos de Antero. Una gran dicha, anhelante, daba a su rostro el esplendor que no tenía antes. Su expresión era muy semejante a la de los escolares indios que unen las chozas lejanas y las aldeas. El propio "Añuco", el engreído, el arrugado y pálido "Añuco", miraba a Antero desde su extremo del grupo, en su cara amarilla, en su rostro agrio, erguido sobre el cuello delgado, de nervios tan fluidos y tensos, había una especie de tierna ansiedad. Parecía un ángel nuevo, recién convertido.
>
> Yo recordaba al gran "Tankayllu", al danzarín cubierto de espejos, bailando a grandes saltos en el atrio de la iglesia. Recordaba también el verdadero **tankaillu**, el insecto volador que perseguíamos entre los arbustos floridos de abril y mayo. Pensaba en los blancos **pinkuyllus** que había oído tocar en los pueblos del sur. Los **pinkuyllus** traían a la memoria la voz de los **wak'rapukus**, ¡y de qué modo la voz de los pinkuyllus y **wak'rapukus** es semejante al extenso mugido con que los toros encelados se desafían a través de los montes y de los ríos! (51).

Todas las sangres (1964), constituye la visión de un mundo que cambia de piel. La primera escena del libro se inicia en la plaza decorada con papel de color. A medida que nos desplazamos hacia el resto del pueblo vamos viendo la ruina de la gente, al igual que un mundo lleno de problemas de la comunidad entera. Dos mundos giran a través de los personajes: el mundo de los antepasados y el nuevo. La acción transcurre en la sierra sur del Perú. Los personajes de **Todas las sangres** son entes de tipo moral. Son tipos que parten

51. **Los ríos profundos**, obra citada, pp. 73-74.

de un estado pecaminoso y tratan de conseguir la salvación. Los mejores pasajes narrativos giran a través de la conciencia de los personajes. Veamos un trozo que nos ilustra la escena:

> "Todos los niños iban detrás de los indios. Estaban atemorizados. Algunos cráneos eran visibles en las ventanas triangulares que formaban los adobes colocados en punta de la cima del muro del huerto. Los peones del cura echaban allí las calaveras que encontraban al tiempo de sembrar, porque ese campo cerrado fue panteón de notables en tiempos antiguos. Las calaveras se cubrían de musgo en los meses de lluvia y parecían brillar en las noches de luna de los inviernos. El muro era alto, inalcanzable para los niños".

"**Todas las sangres** presenta una sociedad en crisis y esa crisis se encuentra representada por dos hermanos, por dos ideologías, por dos fuerzas que se disputan el derecho de crear una sociedad futura. El mundo se debate entre "La Providencia" y "La Whister". Como término no medio debió surgir "La Esperanza", hecha del acomodo y la unión entre los que saben o están aprendiendo a luchar contra "el pulpo de la Wisther", el negocio internacional que no reconoce naciones o individuos, y los que saben o empiezan a vislumbrar lo que es el hombre, lo que es el indio peruano. "La Esperanza" debería estar hecha de la luz que descubren los dos hermanos ciegos. Los dos, en diferentes grados, finalmente palpan una realidad que los comuneros le han estado gritando a través de la novela entera: "Somos gente, señor"...

Arguedas aboga por un Perú en que continúe el proceso de asimilación cultural mutuo, en que se dé lugar a que el indio contribuya con su saber y con su sentir, ya que él, después de todo, ha estado asentado en esa tierra desde siempre y ha sabido hacer de ella y con ella lo que ninguno otro de los pobladores le ha sabido arrancar: un poco de "tranquilidad" para todos. Se opone Arguedas a que se piense que el indio es una fuerza bruta incapaz de generar su propio destino, un hombre al que hay que "asimilar" y "transformar" para darle una razón de ser. Se opone a que se le "aculturice" para "civilizarlo" y demuestra que si la "civilización" es el disminuir y el controlar los motivos y manifestaciones de la agresividad, para canalizarlos en la cooperación y bienestar de una sociedad, el indio es más civilizado que el ambicioso misti, que el alienado costeño, que el voraz cholo. La tesis de **Todas las sangres** propone una confluencia turbulenta de todos los afluentes, para labrar un nuevo cauce en el que la mayoría determine el curso del río de la vida" (52).

La última novela de Arguedas **El zorro de arriba y el zorro de abajo**, concluida días antes de morir en 1969, está construida en tres diferentes niveles: los diarios (trozos autobiográficos, cuerpo de la obra y el epílogo) que son diferentes cartas del autor antes de tomar su última determinación y que corresponden, en el fondo, a la conclusión del diario.

Las relaciones entre el discurso novelesco y el autobiográfico son de diferente índole. Los diarios afianzan el relato de Arguedas y lo proyectan hacia una perspectiva futura. Así los diarios se unen al cuerpo de la novela desde las primeras páginas hasta concluir la obra:

> "Voy a tratar, pues de mezclar, si puedo, este tema que es el único cuya esencia vivo y siento como para poder transmitirlo a un lector; voy a tratar de mezclarlo y enlazarlo con los motivos elegidos para una novela que, finalmente, decidí bautizarla: **El zorro de arriba y el zorro de abajo**; también lo mezclaré con todo lo que en tantísimos instantes medité sobre la gente y sobre el Perú, sin que hayan estado específicamente comprendidos dentro del plan de la novela" (53).

Arguedas funde novela y autobiografía, pero al mismo tiempo agrega un discurso estrictamente mágico. Así la novela trae repetidas referencias a seres mitológicos indígenas:

> "Hace dos mil quinientos años nos encontramos en el cerro Latausaco, de Huarochirí; hablamos junto al cuerpo dormido de Huatyacuri, hijo anterior a su padre, hijo artesano del dios Pariacaca. Tú revelaste allí los secretos que permitieron a Huatyacuri vencer el reto que le hizo el yermo de Tamtañamca, dios incierto, vanidoso y enfermo. El yerno desafió primero a Huatyacuri, a cantar, danzar y beber; y cantó y danzó doscientos bailes distintos con doscientas mujeres; Huatyacuri, acompañado de su esposa, que también era hija del simulador Tamtañamca, hizo danzar a las montañas cantando al compás de una tinya fabricada por un zorro" (54).

52. Obra citada de S. Castro Klarén, pp. 196-197.
53. José María Arguedas, **El zorro de arriba y el zorro de abajo.** Editorial Losada, S.A., Buenos Aires, 1971, p. 12.
54. Opus, cit., p. 60.

Un episodio representativo de dos mundos, el de la Zona Andina y el de la Costa, lo coloca el novelista en boca de los zorros el de arriba y el de abajo, donde se percibe la interpretación del sentido total de la obra, y la transformación de ciertos personajes que sin dejar de ser personajes en el sentido estricto de la terminología novelesca, asumen la condición de "zorros" en diferentes escenas. Son dos, Diego y el "Tarta" y también don Angel Rincón Jaramillo. El zorro de arriba representado por el "Tarta" temporalmente y por Diego permanentemente, mientras que Angel asume la condición a menudo del "zorro de abajo".

Arguedas nos va mostrando por medio de personificaciones a todo un grupo humano que se halla en la miseria: los indios que vienen de la sierra en grandes migraciones hacia Chimbote, a fin de evadirse de la vida infrahumana de la sierra, atraídos por la mejor vida que el puerto les ofrece.

> "Y, vea usted, así como los serranos se desgalgaron de las haciendas y de sus comunidades pueblos en que estaban clavados como siervos o como momias, se desgalgaron hasta aquí, al puerto, para coletear cual peces felices en el agua o para boquear como peces en la arena, es decir, pa' gozar o pa' cagar fuego, así los aficionados a industriales, se vinieron con sus capitalitos de mezquinas herencias y de ahorros. Ganaron mucho al principio, pero cuando los grandes empezaron a perfeccionar la industria, a comprar lanchas y maquinarias nuevas, a producir en una hora lo que aquéllos en un mes y decidieron fijar un precio bajo a la anchoveta, también cagaron fuego. Los barrimos casi a todos" (55).

Vemos cómo Chimbote atrae una avalancha humana de serranos y de indios en busca de mejor vida, como dice Arguedas ("los serranos se desgalgaron de las haciendas pueblos que estaban clavados hasta aquí, para colectar cual peces felices en el agua o para boquear como peces en la arena", p. 117).

Refiriéndose a la dimensión lingüística de la novela dice Cornejo Polar lo siguiente: "Hay en la novela, por lo pronto, un conflicto idiomático permanente y explícito. El español se convierte en una especie de campo de batalla donde contienden normas más o menos generalizadas, aunque inestables, y estilos absolutamente insólitos, a partir sobre todo de dos grandes interferencias: una del quechua, la más soste-

55. Opus, cit., pp. 117 y 118.

nida, y la otra del inglés. Cecilio, Bazalar, Esteban, Asto y muchos otros personajes se enfrentaron al español desde la vertiente del quechua; Cardoxo, Maxwell y algún otro personaje menor, desde la del inglés. En ninguno de los casos se trataba propiamente de un aprendizaje; más bien, aunque con diverso grado de conciencia y distinto nivel de intensidad, se trata de un proceso de legitimación de la pertenencia a un mundo y de actitudes individuales dentro de ese mundo''.

Desde la primera perspectiva, la posesión del español corresponde a un signo de ascenso social; al menos, puesto que los quechua-hablantes están rotundamente marginados, a la inserción en una estructura social determinada, aunque sea en sus estratos más humildes. Hablar español equivale, así, a pertenecer a un mundo. Don Esteban tiene conciencia de esto:

> "Ahora, tanto pujando pa'aprender castellano, poco no más hey cosechado. Me' hermano menor, ahistá, lindo habla castellano (...) ahora no quere hablar quichua (...) Lindo castellano habla; a so hermano, enjuermo, ambolante de mercado, desprecia ya. ¡Caracho!", (p. 162).

Aunque en el caso de Maxwell y Cardozo no puede hablarse de ascenso social en referencia al dominio del español, es claro que, aquí también, ese dominio implica la pertenencia a un determinado mundo. Ambos saben que sólo en la medida en que su español coincida con el de la comunidad, coincidencia por lo demás muy relativa puesto que la comunidad no está tampoco lingüísticamente integrada, podrán realizar sus proyectos individuales. Hay un trasfondo moral en todo esto: poseer la lengua es prueba, la menos controvertible, de la autenticidad de la inmersión de estos hombres en una realidad que originalmente no les pertenece.

Por otra parte, de manera expresa o tácita, todos los personajes rinden culto al poder del lenguaje. Bazalar es, en este orden de ideas, un personaje ejemplar. El cree que "la palabra es cosa del Dios" y considera que gracias a ella el hombre puede manejar "a los cristianos, más razón a los animales" (p. 246). Su trayectoria como líder popular está sustancialmente ligada, en su propia conciencia y en la realidad, al perfeccionamiento de su español. Inicia su vida pública con un discurso, como se sabe, y no cesa nunca de preocuparse por mejorar su idioma. En una conversación con Maxwell escucha la palabra "estentóreo" y queda, de verdad, embelesado. Exclama: "Eso mister, palabra bonito, expresiva. ¡Estentóreo!" (p. 237). La palabra ingresará a su léxico y compartirá honores con "singular", "senda", "pedestal" y, sobre todo, con "magnánimo". De hecho, nos dice el narrador, a su éxito como líder "debía contribuir (...) su castellano que, a pesar de los 'motes' no dejaba de imponerse porque lograba hacerse entender y respetar, y las palabras 'aseñoradas' que usaba, las empleaba con petulancia como legítimos" (pp. 247-248). Bazalar, en el fondo, es mucho más ambicioso. A su "política actuación", pero sobre todo a su "labia contundencia", encomienda el cumplimiento de su verdadero y más íntimo ideal:

> "Yo, quizás (...) puede ser capaz, en su exestencia de mí, no seré ya forastero en este país tierra donde hemos nacido. Premera vez e premera persona colmina ese hazaña difícil en so vida exestencia (p. 25)", (56).

El tema indigenista en la novela hispanoamericana no es frecuente en Colombia, por lo tanto, constituyen una excepción en este género las obras **TOA** de César Uribe Piedrahita, y **La Casimba**, de Isaacs López Freyle.

Isaac López Freyle, colombiano (1916), publica su novela **La Casimba** en 1952. La acción se desarrolla en la península de la Guajira, que cubre trece mil kilómetros cuadrados, los cuales son habitados por más de cien mil indígenas. La pampa y el desierto ocupan las dos terceras partes del territorio; el resto está repartido entre la serranía y la montaña. López Freyle, dentro de un ambiente sentimental y con dominio de una metáfora comparativa romántica, narra la situación de miseria, de explotación, de abandono y de dolor del indígena guajiro. La acción principal de la obra se basa en la tradicional compra de la india por el feudalista blanco y por el gamonal indígena. Los cuadros eróticos de la novela constituyen una constante, ya que el sexo juega un papel de primer orden, pues el abuso de los poderosos del dinero asoma a menudo en la descripción de la acción. "La lucha era violenta, desesperada. La india forcejeaba como una

56. **Los universos narrativos de M. Arguedas.** Buenos Aires, Editorial Losada, S.A., pp. 307-308.

loca, con figura salvaje, pero no abandonaba el fruto de su hazaña. Rafael, más fuerte, se veía sacudido por la fortaleza hercúlea de la guajira. De pronto logró dominarla. Tiraba de la cabellera hacia atrás y en un lance rabioso le metió la traba y como una masa rodaron por el suelo; se le montó encima y le agarró fieramente las greñas como a una potranca cerrera. Pero ¡ah misterios del trópico! Al contacto de las carnes femeninas los sentidos se despertaron. La lucha no era igual, había cambiado el rumbo" (57).

Dentro de la misma tonalidad, posteriormente encontramos la siguiente descripción: "Él la rodeó y empezó besándola pródigamente. Le palpó los senos erectos e incandescentes como una bala de cañón. Maggia, ya inquieta, gruñó: Katirra, pero Chema le atrajo así violentamente y le colocó su pierna izquierda entre las de ella, tersas y femeninas. En una tensión encabritada y sensual estalló la lucha. La hembra, acorralada y perseguida, pugnaba por desatarse; el macho, cruel y voluptuoso, sacaba fuerza para no dejar escapar la codiciada presa; sólo la aparición de un guajiro diluyó la lucha y la india se fugó como un pájaro prisionero de su jaula" (58).

El hambre y la explotación a cambio de una pequeña porción de maíz, es otro de los temas que toma a menudo el autor. "Aquí también que hay mucha hambre; —y mirando las pieles—: te cambio las pieles por maíz y panela.

Tú traer maiquí, yo cambiarla pieles.

Crisanto bajó de las mulas una mochila de maíz y en un paquete de panela, lo único que les quedaba. El resto lo habían cambiado en el camino, por otras pieles.

Ser poquito.

El maíz está caro; te lo cambio por todas las pieles.

No, dejar ni dos.

No, por todas.

Dejar una.

Por todas.

Güeno cambiarlas" (59).

El hambre esclaviza y convierte a las gentes en verda-

57. Isaacs López Freyle, **La Casimba**, Bogotá, Edit. Iquima, 1959, p. 48.
58. López Freyle, op. cit., p. 49.
59. Op. cit., p. 80.

deros siervos, retrocediendo así en ocasiones a milenios el proceso de la historia.

Otro aspecto importante que resalta el autor es el que en diferentes cuadros nos describe **La venta de las mujeres indígenas**. La madre regula la vida familiar, la ordena, la corrige y la maneja. El matrimonio es un negocio con todas sus formalidades, y el pago que se recibe por la mujer que se vende, es un resarcimiento al grupo, o a la casta que la educó, la alimentó y la defendió durante sus años de soltería. La novela nos ilustra este fenómeno en el siguiente diálogo: "—Maggia india perra, no hace caso Arpaná. Dí estar enamorá otro indio igual tí. —No gusta indio, no gusta Arpaná. A mí gusta Chema, hombre mío, Chema sabe todo. No molestá má. —No digo yo. ¿Tú ser loca? pensando Chema. Chema hombre güeno, él no ser indio y va allá Rioguacha, no viene má quí, tú quedar sola.

Chema ser pobre, no tener plata pa comprar ti. Tú sabes to, quiere sé mujé Chema. —Poquito mai, tú ser india loca, vagamunda puta.

Voy hablá tío tuyo, vender Arpaná, te voy a dar mucho palo, quitar cabeza locura, ser mujé Chema" (60).

Toá

Dentro de la excepción del tema indigenista en la novelística colombiana, aparece también **Toá**, del colombiano César Uribe Piedrahita (1897-1953), quien además de un buen novelista fue médico, farmacéutico, bacteriólogo, profesor universitario y pintor. Su primera obra, **Relatos de cauchería** (1934) y **Mancha de aceite**, que aparecen a continuación de esta novela. Posteriormente publica su famosa novela indigenista **Toá** en 1942.

Toá presenta un nuevo aspecto de la selva amazónica colombiana, con todos sus peligros y bellezas, pero centrándose siempre en la denuncia de la explotación, de la injusticia y del genocidio permanente de los indígenas. Esta obra de Uribe Piedrahita tiene un alto profundo valor. No existe en la obra el hombre síntesis, no hay personajes principales ni secundarios, sino el contenido social y humano de la vida de las diferentes tribus indígenas, diezmadas inmisericorde-

60. Ob. cit., p. 132.

mente por los explotadores del caucho, quienes sin el menor sentido de la dignidad humana, asesinan a millares de indígenas.

Anderson Imbert analiza a **Toá** de la siguiente manera: "El interés de Toá deriva de la realidad natural, social, etnográfica que describe, no del arte del novelar. La prosa es sencilla, comunicativa, realista, a veces de crónica o informe científico".

La novela tiene dos narraciones paralelas: la defensa de los caucheros explotados inicuamente por los empresarios del caucho, y el amor entre la mestiza Toá y el protagonista Antonio de Orrantía, joven médico bogotano.

Los cinco primeros capítulos constituyen la base esencial para la presentación de los personajes, para los acontecimientos, para el propósito del viaje del médico y su llegada al Alto Amazonas, donde empiezan las caucherías. La acción se inicia con la llegada del médico Antonio de Orrantía. Antonio y su rumbero Tomás Muñoz, llegan en una canoa a Tres Esquinas, lugar donde se encuentra con Pedro Pizarro, el gerente de las caucherías colombianas, quien le cuenta lo que ocurre.

Veamos algunas descripciones del autor:

"—Sin embargo doctor —arguyó el cauchero—, usted está joven y tiene conocimientos. Estoy seguro de que hará mucho por la industria, contribuirá a salvar nuestro trabajo y ayudará a los hombres que defienden su trabajo y que protegen a los indígenas. No se imagina usted la bestialidad de muchos caucheros, ni puede creer todos los horrores que los invasores cometen con los indios. Al paso que va la destrucción brutal de esos infelices, pronto acabarán con ellos. Otra cosa que es muy seria es el comercio de indios: los cazan como a fieras, los aprisionan y se los llevan a los mercados del Napo y del Alto Amazonas. Esa gente no respeta nada. Apenas hace poco que está en la "Chorrera", y todos los huitotos de Igaraparaná están en condición de esclavos. Casi es imposible creer todo lo que sucede en esas tierras. Sin embargo, hay que dar crédito a los colombianos que han presenciado cacerías de indios, degollinas, fusilamientos en masa y ejercicios de puntería, usando blanco a indefensos indígenas y muchas veces mujeres, sin respetar que estuvieran encinta, o criando un niño.

"Miles son ya las víctimas de la ferocidad e inclemencia de esos hombres" (61).

61. César Uribe Piedrahita, **Toá**. Colección Austral, Espasa Calpe, Argentina, Buenos Aires, México, 1945, p. 27.

Aunque el joven médico trate de ayudar a los indios, en vista de la condición infrahumana de los nativos, su intención se frustra ante la fuerza y ante la injusticia de los explotadores del caucho. Antonio va agotándose física y mentalmente, no por el ambiente hostil del "Infierno verde", sino por la barbarie de los blancos que destruyen el derecho humano. Antonio está impávido e impotente y deja la voz narrativa del autor que siga la descripción.

"Los indígenas, diezmados por la sífilis, las infecciones pulmonares y la disentería, eran escasos en el territorio ocupado por los conquistadores del Caquetá y Putumayo. Se sentía en el ambiente la sombra del abandono y de la muerte" (p. 108).

El novelista no utiliza metáforas: capta con mayor justeza o intensidad el dolor humano en sus pasajes sombríos y crudos. Uribe Piedrahita no busca el aspecto plástico y artístico de la forma, sino el aspecto más hondo de la vida: la protesta social en favor de una reivindicación del indígena. La obra gira en medio de la explotación del caucho, la siringa, la quina, la fauna y la flora.

Más adelante encontramos otra descripción del autor, dentro de la misma tonalidad, en la que se desarrolla el siguiente drama:

> "¡Allí viene la comisión! ¡No traen nada!
>
> A lo sumo, veinte cochinos indios.
>
> "—¡Los cogimos! ¡Los cogimos! ¡Aquí viene el sartal! —gritaba el tuerto Almeida—.
>
> Y aquí traemos el resto.
>
> "Al frente de la casa se reunieron los cazadores de indios y descargaron en el suelo el botín encerrado en canastas y palmicho.
>
> "—¿Cómo es que no traen sino veinticinco hombres?
>
> "—Son los caciques, señor Macedo. ¿No reconoce a Iutubide, a Güemi y a Tiracahuana?... ¿Los otros?... Aquí están.
>
> "—¡Abran a ver!— ordenó Macedo.

"Rompieron los toscos envoltorios de hojas verdes de palma y rodaron por el suelo las cabezas sangrientas de medio centenar de indígenas. Sacudieron los cestos y cayeron otros despojos exangües: manos, orejas, órganos genitales...

> "—¡Ja, ja, já!...
>
> —Eso es bien, muy bien. Avisaremos a don Julio —decía Jacobo, estrechando la mano del tuerto—.

—Muy bien, señor Ameidá.
—Y con el resto, ¿qué hacemos, don Jacobo?
—Yo le enseñaré qué es de hacer. Dame tu machete, señor Ameidá. Yo mostraré".

"El judío se acercó a los aterrados jefes de tribus que traían las manos atadas a la espalda y los cuellos amarrados a un palo que los ayuntaba, y empezó a dar tajos en el cuello, en el muslo y en los hombros de los prisioneros. Saltaron los chorros de las arterias cercenadas y corrió la sangre a borbotones, en torrentes...

"—¡Así! Así yo mostraré.
—¡Ja, ja, ja! ¡Así, así, don Jacobo!...
—¡Así es!
—¡Ja, ja...! ¡Ja, ja!
—¡Madona mía!...
—Linda cabeza para cocinarla en spaguetti —comentó el gringo—. Esa es buena pieza, por vender al próximo vapor. Mercado es duro. Yo mestro una mejor variedad. En mi país tener buen mercado. Pero gobierno Estados Unidos perseguiría mí" (p. 98).

Luego el novelista nos describe otro macabro drama:

"El inglés acarició la carabina de repetición y luego ordenó fríamente.
—Well, Stanley. ¡Call the other boys, Give the indians a bath with kerosene...!
And... you... know!... The blody rascals!

Los negros de Barbados bañaron con petróleo el cuerpo de los infelices caciques envueltos en sacos de yute y les arrimaron cerillas encendidas. Gritos desgarradores siguieron a los fogonazos, y los indígenas, vestidos de fuego, corrieron hacia el río con la esperanza de apagar en él la llama que los roía.

Sonó varias veces la carabina de Mormand, y las víctimas cayeron retorciéndose, crepitantes. Hacían muecas y saltaban como el rabo amputado de una lagartija. Algunas de las antorchas vivas lograron llegar hasta el río y se hundieron en el agua turbia.

—¡Oh! ¡Bello espectáculo! ¡Igual que las grandes fiestas del Circus Maximus!

¡Qué bonito... ¡Wonderful!... Y encendió la pipa", (p. 49).

La novela indigenista mexicana es muy valiosa, de la cual diferentes autores tratan el tema, pero al mismo tiempo suele confundirse con la novela de la Revolución, presentándose así un verdadero problema para su exacta ubicación. Empero, trataremos de mostrar algunas novelas que son eminentemente indigenistas, las que corresponden al período que nos hemos propuesto señalar.

Los novelistas mexicanos, a partir de la Revolución, tienen una conciencia más clara de las culturas indígenas pasadas y aún de idiosincrasia de los grupos étnicos indígenas que existen hoy y tratan de incorporar este espíritu vital que corresponde a las subestructuras de la cultura nacional.

"Después de la Revolución, se ha producido un fuerte movimiento nacionalista, de aquilatamiento de nuestros valores intrínsecos" (62).

1910 marca una pauta en la evolución del pueblo mexicano: la Revolución abre a los mexicanos una brecha para reencontrar las raíces y descubrir los valores que habían olvidado. Al mismo tiempo sirve para denunciar la tremenda tragedia del indio mexicano.

En México, después de los intentos indigenistas de Mauricio Magdaleno y Gregorio López y Fuentes, aparece un nuevo grupo de escritores que tratan el mismo tema, dentro de las cuales sobresalen las siguientes novelas: **Juan Pérez Jolote** (1948, de Ricardo Pozas), **El callado dolor de los Tzotziles** (1949, de José Rubín), **El diosero** (1952, de Francisco Rojas y González), **Balún Canán** (1957, de Rosario Castellanos) y **Oficio de tinieblas** (1962, también de Rosario Castellanos).

Luis Villorio dice que en México el indigenismo "(movimiento de reivindicación social y cultural del indígena), apoyado en el período independista por el partido liberal, de burgueses recientes que abogan por la industrialización, en contra del partido conservador y reaccionario, ha tenido siempre una connotación burguesa. Más tarde, este movimiento fue de intelectuales burgueses que tratan de expresar y representar la situación y las pretensiones (o los débitos) de

62. José Juan Tablada, **Historia del arte en México**, Compañía Nacional Editora Aguilas, México, 1927.

los grupos sociales y explotados. Y por ser en México el indígena el grupo más explotado, el indigenismo es accidentalmente, un movimiento liberador contra la opresión; por tanto, económico y social" (63).

Empero, Villorio resume su punto de vista sobre los fines indigenistas en la nota No. 58 de su libro en lo siguiente:

"El indigenismo puede expresar el punto de vista de una pequeña burguesía en lucha contra la gran burguesía, que busca alianza y apoyo en el campesinado, tanto como el de la clase proletaria, que quiere igualmente la misma alianza. De aquí que el indigenismo pueda tomar un carácter más o menos revolucionario, según sea el interés de clase que exprese de manera predominante (...). Por nuestra parte creemos que sólo el indigenismo más revolucionario resultaría coherente consigo mismo".

John Brushwood, historiador de la novela mexicana, trata de darle un nuevo matiz a la novela indigenista cuando afirma:

"El tema indigenista constituye un estilo peculiar de protesta social, ya que envuelve no sólo la parte económica, sino también la cultural. Esta clase de novela es menos una novela de protesta que un análisis cultural" (64).

El indigenismo mexicano tuvo como fenómeno propio el levantamiento popular y rural de los caudillos después de la caída del régimen porfirista, que se había prolongado durante treinta años, basado en el orden social del feudalismo terrateniente heredado del coloniaje español. La base de ese orden social era lógicamente el proletariado indio, y el campesino analfabeto mexicano, quienes despojados del Derecho Natural y Social que les otorgaba, se hallaban relegados a una ignorancia absoluta, sometidos al trabajo forzoso y desprovistos de los más elementales soportes para la subsistencia.

Como lo advertíamos anteriormente, en México, la novela indigenista se confunde con la que surge a raíz de la Revolución. Y así debía ser, puesto que realmente la Revolución mexicana se hizo para "los de abajo" y en México, los que representan esta colectividad son los indios y los peones.

63. Luis Villorio, **Los grandes momentos del indigenismo en México**, El Colegio de México, México, 1950, pp. 222-223.
64. John Brushwood, **México in its novel**, University of Texas Press, San Antonio, 1966, p. 24.

Gregorio López y Fuentes publica su novela **Tierra** en 1932, novela cuya acción se desarrolla en la época de la Revolución Mexicana. Es una de las novelas donde mejor logra al líder revolucionario, Emiliano Zapata.

Dos factores principales trata Gregorio López y Fuentes en su temática: la reforma agraria y la explotación del peón y del indio al servicio de las grandes haciendas.

El terrateniente, el feudalista, el político, la autoridad y el clero se confabulaban en completa armonía para explotar al miserable indígena y al peón. Veamos el siguiente diálogo: "La animación ha sido provocada por la presencia del amo. Se encuentran en la puerta, sombrero en mano. Lo acompañan el administrador. Ni don Bernardo ni su acompañante se han persignado. El cura sale de la sacristía y a grandes pasos se dirige al encuentro del terrateniente, quien le besa la mano. No le ha importado el altar, ni los santos, pero en cambio su reverencia por el cura, pues le conviene que sus peones, tomándolo como ejemplo, respeten y teman al sacerdote.

El cura se lleva al hacendado hacia la sacristía y, ya solos, rompen el formalismo. Se dan fuertes palmadas en la espalda.

—¡Ah, curita tragón de pollos! Ya vino otra vez a explotar a mis pobres indios!

—¿Pobres? ¿Y por quién están así? ¡Hacendado negrero!

Se ríen con carcajadas sordas. El cura saca una botella.

—¿Copa tan temprano?

—Es vino de consagrar, del bueno, del que raspa el gaznate: ¡Coñac cinco letras!

—¡Ah, cura éste más bandolero! (65).

La novela continúa bajo un plano lineal y dentro de una sucesión sistemática hasta mostrarnos al héroe de la obra.

La materia histórica y la ficción novelesca se unen en López y Fuentes, a fin de dar un mayor valor realista y dramático en su novela.

López y Fuentes caracteriza en su obra una de las expresiones más profundas del espíritu de la Revolución: la reivindicación de tierra y del derecho indígena.

65. **La novela de la Revolución Mexicana. Tierra.** Ediciones Aguilar, S.A., Madrid, 1966, p. 253.

Posteriormente López y Fuentes publica su novela **El indio** (1935), novela histórico-costumbrista y novela de tesis. Cada capítulo nos narra una escena real de la vida miserable del indio. La novela plantea el problema social y humano de ese núcleo de parias, sin ideales y sin metas.

La novela está escrita bajo escenas sueltas, con perfecta simetría e hilaridad, basadas en la vida de una tribu indígena de México, en los años de la Revolución. Estas estampas dramáticas y terribles son la más valiente protesta de un pueblo secularmente explotado y oprimido. No hay en la novela personajes definidos, se llaman simplemente "El cazador", "El brujo", "El lisiado", etc., con lo que logra López y Fuentes dar una caracterización al adquirir categoría de verdaderos arquetipos.

La vida infrahumana del indio nos la presenta López y Fuentes con el máximo de dramatismo en todos los capítulos. Así en el capítulo denominado "El águila que cae" nos dice:

"El indígena guardó silencio, como indiferente al peligro. El jefe de la expedición ordenó, entonces que se ataran las manos por la espalda, para lo que fue empleado un cinturón. Después dijo que la soga fuera lanzada por sobre la rama de la ceiba y que se echara un nudo corredizo al cuello del guía.

"Los tres hombres tiraron del extremo de la soga y el joven fue levantado a un metro del suelo. Al ser bajado, se bamboleaba como un ebrio. Y, como no respondiera, fue alzado nuevamente y mantenido por más tiempo en el aire. Cuando presentó los primeros síntomas de la estrangulación, fue bajado otra vez".

Gregorio López y Fuentes ha llevado en esta novela el drama directo del indio con un propósito deliberado: la denuncia social. Sus protagonistas son seres de carne y hueso, a quienes López y Fuentes hace actuar con entera humanidad. Están enmascarados dentro de un ambiente y llevados a la novela con entero realismo. Sus luchas, sus problemas, sus angustias, son las mismas que padecen sus hermanos de raza en todo el continente y el autor lo destaca con sinceridad y valentía.

El indio es, sin duda, una novela en la que el novelista nos muestra al desnudo la verdadera situación del indígena, explotado por terratenientes y gamonales, caudillos y políticos y el clero.

Mauricio Magdaleno. En 1937 aparece su cuarta novela, la que hasta la fecha se considera la mejor: **El resplandor.**

La obra encierra una tragedia colectiva en la población de San Andrés de la Cal, pueblo habitado por indios tlacuacheros, comunidad que constituye el protagonista central de esa tremenda historia de infamias y sufrimientos interminables. Veamos una escena:

"El sol de la tarde quemaba la tierra, y hacia el lado de **La brisa** se agrandaron, como bubas, las nubes turbias y crujió un trueno. Panza arriba, los hombres se tiraron bajo los mezquites, en tanto a la puerta de las guaridas unas mujeres, burros y puercos se obstinaban en arrancar de la tierra un residuo de inmundicia. Ya volvían los que fueron a vender la cal a Actopan. Una muchacha gritó.

—¡No quieren dar ya más que dos centavos por arroba! Más blasfemias para los que se aprovechan de la miseria del indio, en torno a los tlachiqueros que descargan a la sazón el pulque espumescente de los barriles" (66).

En **El resplandor** el arte del novelista toma características que lo llevan a estructurar una valiosa obra social indigenista. Magdaleno nos muestra en la delineación de los personajes, un drama conmovedor y verdadero, que llega hasta el fondo de lo humano. Dos planos principales destaca el novelista: los indios en actitud de protesta y de esperanza a la vez:

"Los indios entrapados en la fe y de sacrificio, reventaban. Se mataban entre sí por sus santos patrones, en las festividades, y no osaban levantar los ojos frente al amo, sabiendo que la divinidad estaba al lado y le amparaba como a un hijo elegido" (67).

En otro párrafo encontramos un cambio de temática:

"—Oiga, tata. Y ¿cuándo nos reparten lo del mentado campo de experimentación?

—Muy pronto. El cojito quedó en cuanto llegaran los fríos.

—¡Animas y que empiecen a levantar presita, porque

66. Mauricio Magdaleno, **El resplandor.** Colección Austral, Espasa Calpe, Buenos Aires, 1950, p. 32.
67. Opus, cit., p. 56.

con eso y Dios mediante, ya no pasaremos hambres aquí!

—Eso será para las cabañuelas. Así lo prometió Saturnino" (68).

El resplandor refleja la atmósfera intelectual del período de Cárdenas, dinámica, **engagée** y militante.

Es una novela de fuerte protesta social. El indio es su tema, y la proyectada audiencia es la clase media instruida de México ampliamente concentrada en la capital de la nación. La novela está ubicada en el período de Calles.

"Novela regional, no urbana, **El resplandor** enfoca una comunidad indígena, Otomí, y es la comunidad misma la que resulta ser la protagonista de Magdaleno. La obra es ambiciosa en estructura y dimensión, el doble de larga que **Los de abajo** y mitad más larga que la novela de Guzmán. Magdaleno se dio cuenta que una dramatización efectiva de la causa indígena requería tratarla como una repetición sin fin de la misma estructura de la explotación, bien a manos del **conquistador** español o de sus herederos **mestizos**. Una tercera parte de su narración la dedicó a los antecedentes imaginarios de los acontecimientos de la novela. El pasado, en términos de Magdaleno, tiene un significado contemporáneo del hombre.

La primera de tres secciones aproximadamente iguales, presenta al miserable pueblo Otomí de San Andrés de la Cal, en su sitio por el sol, en el momento preciso en que el cura los abandona. Desde ese momento en adelante la sección entera es un conjunto de **flashbacks** yuxtapuestos. Primero presenciamos la perenne contienda con los vecinos indios de San Felipe, y las matanzas que hicieron al sacerdote abdicar de su puesto en gesto de desesperación. La narración en tercera persona vuelve entonces atrás, a días anteriores, cuando las bandas armadas revolucionarias se habían movilizado a través de la región, algunas de ellas reclutando indios con promesas —todavía no cumplidas— de pan y tierra. Ahora la narración se remonta tan lejos en el tiempo como le es posible —a la Conquista— para trazar el proceso mediante el cual la familia Fuentes obtuvo el control de **La Brisa**, la hacienda fértil y cultivada a la que el cercano San Andrés sirve de fuente de trabajo y servicio. El primer fanfa-

68. Opus, cit., p. 194.

rrón de los Fuentes llega, resplandeciendo de ambiciones renacentistas y de autofianza, para reclamar **La Brisa** y tomar a los indios de San Andrés en **encomienda**, como sus siervos. Subsecuentes generaciones de Fuentes, menos dinámicas, pero más piadosas y astutas, se alían con la iglesia, que sirve sus intereses, a la vez como pacificadora de los indios y como dispensadora de prestigio aristocrático. Esta estructuración del pasado de San Andrés está claramente de acuerdo con las interpretaciones nacionalistas de la historia que eran corrientes por ese entonces" (69).

Un buen día la esperanza llena el corazón de estos infelices tlacahyachos. Saturnino Herrera, el niño que compartió por algunos años la tragedia del pueblo indígena, que bebió de la misma fuente maternal la leche de las mujeres atomíes y que un día, cuando contaba once años, fue elegido por el Gobernador para llevárselo a la ciudad y educarlo, es ahora el futuro candidato a la gobernación, por el gobierno revolucionario y ha anunciado con gran pompa su visita al pueblo.

Todos los indios lo esperaban casi como un redentor. Tenían la seguridad que el orden social y económico pronto desaparecería con la presencia de Saturnino. El día de la esperanza pronto llega, aparece el candidato, hace mil promesas y les dice a sus coterráneos que su primera preocupación será de abrirle un nuevo horizonte a sus vidas de parias. Todos estos infortunados moradores de la "tierra árida" lo esperan con la fe y la esperanza general. Efectivamente él hizo del pueblo indígena progreso rápidamente y se convierte en gobernador, con la mala fortuna que muy pronto se olvida de su pueblo. Solo piensa en los suyos para explotarlos, a su vez, en provecho personal. Pasa el tiempo, y cada uno de los habitantes recibe el desencanto, la desilusión más grande, pues todas sus esperanzas se frustran. Empero, algunos pocos confían en las promesas de Saturnino y de nuevo él anuncia una nueva visita. Esta vez ya en calidad de gobernador.

A pesar de todo, los indios corren a recibirlo con cariño y lógicamente con algo de esperanzas. Ellos le narran sus tragedias y le piden que cumpla con lo prometido. Saturnino con la duplicidad del político profesional les contesta con

69. Joseph Sommers, **Yáñez, Rulfo, Fuentes. La novela mexicana moderna.** Monte Avila Editores, C.A., Caracas, Venezuela, 1969, pp. 41 y 42.

evasivas a todas sus peticiones. Los indios comprenden una vez más que toda su esperanza ha terminado. "Allá en los pechos, hondo —honduras de pavor, ventisquero de agonía algo se había roto y sangraba. Se hizo un resplandor en las conciencias inocentes y su fuego les quemaba como una hoguera.

"El mismo pensamiento y la misma convicción negábanse a dar forma a la horrenda realidad".

Ese resplandor que les hizo ver la realidad desnuda y cruel, mató toda la esperanza a los habitantes de San Andrés de la Cal. Se va Saturnino y deja a sus esbirros para que obliguen a los indios a trabajar en su provecho.

Esta larga primera parte de la novela extiende la presencia cronológica mediante una serie de flashbacks. Lo más representativo es que esta primera parte introduce a los personajes más importantes de la novela, al igual, que la tremenda historia de San Andrés de la Cal, traza la hegemonía de Fuentes y nos muestra el origen de Saturnino. Al mismo tiempo establece el tono trágico del sufrimiento indígena que se percibe a través de toda la obra.

"La segunda parte, ahora en el presente del período de Calle, sigue un orden estrictamente cronológico. Conduce progresivamente a un clímax, basado en los conflictos que suscita la vuelta de Saturnino a San Andrés. Ahora un político, casado con la única sobreviviente de la familia Fuentes, es candidato a gobernador del Estado y necesita el apoyo de los indios. Sus promesas vencen las dudas y la desesperación de éstos, encendiendo nuevas esperanzas al punto de que sueñan con compartir la bonanza de La Brisa. Se alistan ardientemente, enviando delegaciones en masa para apoyar a Saturnino, mientras él, secretamente, hace planes para restaurar la hacienda arrasada durante la Revolución, utilizando el trabajo de los indios para crear un feudo personal neoporfiriano. Esta segunda parte, apuntando a un inevitable choque de intereses, termina con la triunfal elección de Saturnino.

La tercera sección se encamina hacia el inevitable final trágico. Los indios se dan cuenta gradualmente de que el trabajo que realizan en La Brisa, supuestamente un proyecto experimental, no corresponde a sus propios intereses. Las técnicas brutales del administrador de Saturnino encuentran una desesperada resistencia, que culmina en un disturbio y en la muerte del administrador. Las tropas entran en San Andrés para ejercer represalias en forma de linchamientos masivos. Restablecida una amarga paz, se introducen tácticas más suaves para impulsar el trabajo indio a la tarea continua de desarrollar la hacienda, incluyendo la asignación de un maestro de escuela idealista para el pueblo. Pero la novela termina con la arraigada convicción de los indios sobre sus desgracias inexorablemente repetidas. Ante el horror de los pueblerinos, para quienes el paralelo es demasiado obvio, se escoge a un nuevo niño, en magnánimo gesto gubernamental, para ser educado en la capital del Estado" (70).

El segundo plano lo encontramos dentro de un estado de rebeldía en señal de protesta:

"A fines de noviembre, en ocasión al día de San Andrés Apóstol, hubo un conato de rebeldía de parte de las peonadas de La Brisa. Querían pulque y cohetes.

Rendón les dio la fiesta, consecuente con la costumbre, y les negó lo solicitado. No hubo ni misa —puesto que no se reunió el dinero para traer el cura de Actopan— ni danza de los bailarines en el atrio de la parroquia, ni festividades por la noche. El pueblo estaba definitivamente aplastado. Un grupo de peones, en pleno camino de Pachuca, asaltó un camión que volvía a la capital, cargado de fruta de zimapán. Se hartaron de manzanas y perones y se dieron a la huida con veinticinco pesos que llevaba el chofer" (71).

La reacción oficial se hizo sentir inmediatamente y un camión de soldados llega al pueblo indio donde sus habitantes son severamente castigados.

En **El resplandor**, se dan con gran realismo y con un máximo de objetividad los distintos matices sociales que consolidan el proceso de la Revolución Mexicana. Magdaleno con una prosa sencilla y unitaria plantea con gran dramatismo el problema agrario y la tragedia social del indio. "Pasado el efímero torrente de la abundancia que prodigaron las deudas, se hacía sensible la más cruda necesidad. Tres desesperados se entraron a saco en un troje y ya se fugaban con sus hectolitros de fríjol, rumbo de Sierra Agua, cuando los alcanzó Rendón en persona y los devolvió a la hacienda,

70. Opus cit., pp. 43 y 44.
71. **El resplandor**, obra citada, p. 237.

amarrados codo con codo como forajidos. El suceso trastornó la tranquilidad de los vecindarios, que en masa fueron a pedirle al administrador que perdonara a los hambrientos. Don Melquíades Esparza, inclusive, terció en el asunto, aduciendo razones de peso.

—Es un consejo de amigo, don Felipe. Que les den treinta chicotazos, y sanseacabó.

—¿Eh? A esos tres bandidos los cuelgo mañana en los potreros, para escarmiento.

Y como lo dijo lo hizo. Clamaron los condenados solicitando que les trajera el cura de Actopán, y Rendón festinó la ejecución, disponiéndola para el mediodía. Los ahorcaron en un altozano de la vega, un día luminoso de noviembre, frente a las eras en que palpitaban al viento batiendo los aguasoles, y los entregaron a los deudos en la noche, gracias a la viva intercesión de Esparza'' (72).

Magdaleno muestra a través de toda su obra el problema agrario de México. El indio convertido en un verdadero paria muere de hambre por no tener un salario ni poder cultivar la tierra. El feudalista presiona y oprime al infeliz indio sin que la autoridad y la sociedad le proteja en lo más mínimo.

—"¡Hay hambre en los pueblitos, y el señor administrador no nos da un puño de maicito!

—¡Mandó colgar a tres, ahí en los potreros de la hacienda, no más porque ya no aguantaron y se llevaron unos cuarterones de los trojes!

—Ya llegaron los fríos. ¡Nuestras tierritas no dieron nada!'' (73).

La resignación indígena llega a su fin; cuando ésta llega se produce la rebelión de los "mansos", y ellos mismos se hacen justicia por sus propias manos matando al verdugo del capataz. Aparece rápidamente la fuerza pública para vengar su muerte y la lucha se inicia entre opresores y oprimidos.

Pronto la vida torna a su ritmo cotidiano en San Andrés. Y pronto aparece un nuevo comisionado del —Gobierno de Estado—, Joaquín Rodríguez, quien reuniéndolos amistosamente a los indios les dice lo siguiente:

72. Opus cit., pp. 206-207.
73. Opus cit., p. 223.

—"Se me ha comisionado, como inspector de la zona escolar, para que les dé la grata nueva de que el Gobierno del Estado se va a hacer cargo de la educación de un niño de Villa Herrera en Pachuca" (74).

Mauricio Magdaleno emplea en este final una ironía trágica, profundamente dolorosa. Es un sarcasmo muy bien empleado que llega hasta el fondo de la sensibilidad, pero que sirve para darnos una idea clara de la traición sufrida por los indios de parte de uno de los miembros de su propia raza.

74. Opus, cit., p. 288.

CAPITULO XIII

LOS NOVELISTAS DE VANGUARDIA O DE POSTGUERRA EN HISPANOAMERICA

La generación de vanguardia de la América Hispana, capta con visión exacta el verdadero sentido de la actitud que debe adoptar en el presente y en el futuro. Sus integrantes hablaron a sus contemporáneos de la necesidad de captar el espíritu de esta actitud y no sus frutos. Todos, como un solo hombre, aspiraron a incorporarla a la historia hispanoamericana por lo que América contenía de humanidad en su más alto significado.

Hombres que ambicionaron a que la América fuese también, dentro del concierto universal, un continente en que la cultura obrara como su centro y donde el respeto mutuo y la idea de libertad y soberanía se impusiesen. Sobre este aspecto dice Leopoldo Zea: "Tal es, también, lo que en este otro sentido se quiere expresar cuando se habla de incorporar la América a la historia. Esto es, a una historia que ahora marcha por los carriles de dignidad individual y confort material que no tienen por qué no ser los carriles, las vías, de todos los pueblos. Esta dignidad individual y confort material que reclaman para sí los pueblos de origen occidental, los pueblos modernos, ni tienen por qué no ser también propios de otros pueblos. No tiene por qué haber pueblos fuera de la historia o al margen de la historia, a los que se pueda negar el derecho de alcanzar o realizar la una y el otro. El hecho de que haya sido el mundo occidental el que haya tomado, posiblemente por primera vez, conciencia de los mismos, no implica que ha de ser él el único con capacidad para disfrutarlos. Pues este mundo, al reclamar para sí el respeto a tales derechos, ha hecho, también, conscientes de los mismos a otros pueblos. Una conciencia que, desde su aparición en la historia, tuvo el iberoamericano; conciencia que también encontraba su apoyo en aquellos valores, aparentemente desquiciados por la modernidad, que le permitieron, a su vez, tener una conciencia más amplia de la dignidad, la individualidad y la libertad humanas. Conciencia que en el moderno se fue transformando en un individualismo egoísta que acabó por hacer de su propio individualismo el centro de la historia, la meta no sólo de sus esfuerzos de otros hombres y otros pueblos. Individualismo que acabó haciendo de su yo un yo deshumanizado, el eje de la historia, principio y fin de ella; meta de todo quehacer. Ese espíritu objetivo, de que nos habló el idealismo romántico, que originó la justificación moral de todas las agresiones, de todos los despojos y de todos los sufrimientos que no podían ser, para ese yo transformado en espíritu, civilización o progreso, otra cosa que instrumentos para su desarrollo, pasto para su insaciable apetito" (1).

El idealismo de que nos habla este autor, quizá sea el que se oponga a la incorporación de otros pueblos a la historia que ellos construían, en otra forma que no fuese la de la subordinación. Luego, el mismo Zea agrega: "Asia, Africa y la América Latina serán excluidas de los ámbitos de la modernidad con diversos pretextos. En América, esta exclusión tomará aspectos patéticos, ya que los pueblos excluidos de la nueva historia se sabían con derechos a formar parte de ella, dado su origen europeo. Sin embargo, no son éstos los únicos pueblos, como España, la cual, si bien había representado una de las más brillantes etapas de la cultura europea, de la historia universal, ya no era: su obra pertenecía al pasado, a un pasado que no tenía ya que repetirse. A ese mismo pasado pertenecían las españolas y las portuguesas en América. Los pueblos que surgían de ella llevaban la mancha del pecado de pertenecer a una etapa de la historia que ya había sido" (2). Frente a este rechazo, los pueblos de His-

1. Leopoldo Zea, **América en la historia**, México, Fondo de Cultura Económica, 1957, p. 34.
2. Ob. cit., p. 35.

panoamérica alzaron su voz, buscando en ellos, en su formación, en sus costumbres y en su herencia, la causa del rechazo. De ahí que la historia de la cultura de la América Hispana sea una historia en que sus hombres realizan una permanente lucha, que se torna en favor de todos sus hermanos en lengua y tradición, y donde alterna la admiración por los pueblos que le sirven de modelo, lo cual a su vez constituye amarga queja frente a sus admiradores.

La conciencia de la historia propia de este nuevo continente, tiene su raíz en una realidad que le es propia y original en relación con la de los pueblos no occidentales. Una realidad que, al ser comparada con los pueblos asiáticos, ha sido enfocada con signos negativos.

La América Hispana, por la virtud de sus tierras, por su fauna, flora y habitantes naturales, es una porción llena de potencialidades: mundo del futuro. Pero un futuro que puede vertiginosamente convertirse en presente por obra de sus hombres, que están dispuestos a hacer historia: pronto, el mundo occidental habrá de contar con ella. Le ha faltado a Hispanoamérica la asimilación de su conciencia histórica. Una conciencia histórica propia, concreta; tan propia y concreta como la historia de cualquier otro pueblo. Sobre esta falta de conciencia, agrega Zea: "La falta de conciencia, de su propia historia, de esa historia que día a día, noche a noche, van haciendo los hispanoamericanos en la lucha contra el mundo o contra sí mismo. Esa historia en que el iberoamericano, al igual que todos los hombres, hace para realizar ciertos fines, ciertos valores, sin importar la jerarquía de los mismos de acuerdo con las tablas sin que se les quiere calificar. Una historia que, en alguna forma, es también historia occidental, por lo que ésta representa su pasado, presente y su futuro; pero, más aún que historia occidental, historia del hombre sin más; la historia del hombre en unas determinadas y concretas circunstancias que lo hacen distinto a otras, pero no inferior ni superior, salvo en el cuadro de valoraciones que sobre su propio quehacer vaya estableciendo. Es esta falta de conciencia histórica sobre su propio hacer la que le ha permitido una situación marginal; pero marginal en función de una historia que no es la suya, sino en la forma de haber sido o poder ser; pero no es la de la que está siendo, como un hacer concreto y propio, y no como un querer hacer puro y simple. Es esta falta de conciencia histórica que le impide crear la historia que realiza el occidental, que no es otra cosa que conciencia de ella, conciencia de su propio concreto hacer. Una historia que no sea la forma de lo que fue o de lo que puede llegar a ser; pero nunca en lo que está haciendo. Una historia, la del occidental, original y única, que en todo momento se sienta centro —la historia por excelencia— nunca margen, que fuera algo que sólo ella pueda ser.

A fuerza de querer incorporarse a la historia europea occidental sino a la historia sin más, es limitar esa historia que varios de sus próceres de la emancipación mental de Iberoamérica señalaban la originalidad. Esto es, la capacidad para hacer de lo propio algo universal, válido para otros hombres en situación semejante a la propia. Conciencia que tuvo desde sus inicios el hombre occidental, que no sólo se conformó con hacer válidas sus expresiones concretas para todos los hombres que aceptasen su subordinación a ella de pueblos que no habían tomado conciencia de sí mismos, la conciencia de su propia historia" (3).

Los novelistas de esta época no estuvieron solos dentro de este marco histórico-literario, ni sus innovaciones fueron inmediatas. Esta corriente fue obra conjunta de una prestigiosa generación de escritores y poetas, entre los cuales cabe mencionar a los siguientes: Argentinos: Baldomero Fernández Moreno (1886-1950); Alfonsina Storni (1892-1933); Ricardo Güiraldes (1836-1927); Manuel Rojas (1896); Jorge Luis Borges (1899). Colombianos: José Eustasio Rivera 1888-1928); Luis Carlos López (1883-1950) y Porfirio Barba Jacob (1880-1942). Cubanos: José Manuel Poveda (1888-1926); Mariano Brall (1891-1950) y Alfonso Hernández Cata 1895-1940). Chileno: Gabriela Mistral (1889-1957); Pedro Prado (1886-1952) y Mariano Latorre (1886-1955). Guatemaltecos: Rafael Arévalo Martínez (1884). Mexicanos: Ramón López Velarde (1888-1921); Martín Luis Guzmán (1887) y Mariano Azuela (1873-1952). Panameños: Ricardo Miró (1883-1940). Santo Domingo (antillano o dominicano): Pedro Henríquez Ureña (1834-1940). Uruguayos: Delmira Agustini (1886-1914) y Juana de Ibarbourou (1895). Venezolanos: Rómulo Gallegos (1884-1967).

Esta corriente no fue sólo renovación de las formas del modernismo, sino un movimiento estético. La generación ci-

3. Ob. cit., pp. 31 y 32.

tada se caracteriza por la posición que toma ante la guerra de 1914. Desde el auge del simbolismo, los poetas y prosistas consideraron que la literatura era una revolución permanente. Empezaron por atacar al simbolismo, negaron el principio de identidad, la teoría de casualidad, las formas del espacio y del tiempo.

La inestabilidad del mundo, la violencia política, el desprecio por la vida humana, la desilusión ante la indiferencia de lo valioso, produjeron una serie de expresiones como los ismos de la historia de la pintura, equivalente en literatura a: expresionismo, cubismo y futurismo. En el curso de la guerra, aparece el dadaísmo con sus representantes principales: Tristán Tzara, Paul Eduard, André Breton, Louis Aragon, Paul Morand, Blaise Cendrars, Drieu la Rochela, Valéry Laurand y Max Jacob.

Así surge el movimiento surrealista y, posteriormente, el superrealismo. Toda su literatura influyó extraordinariamente en algunos escritores hispanoamericanos, sobre todo en los colombianos León de Greiff y Porfirio Barba Jacob, en el cubano Mariano Brull, los argentinos Gironde y Güiraldes, el chileno Vicente Huidobro, el uruguayo Casal y los peruanos César Vallejo, Juan Parra del Riego, Alberto Hidalgo, el mexicano Alfonso Reyes y el guatemalteco Miguel Angel Asturias.

Ellos descubrieron que en el fondo de su desafío a todas las convenciones literarias había un sentimiento patriótico: nada menos que el descontento del mundo. Su poesía aspira a enviar un mensaje. Un mensaje de protesta, de solidaridad hispanoamericana y confraternidad humana. Todos ellos lo captaron en magnífico alcance. Esta generación no iba directamente contra las dos generaciones del modernismo, sino con lo que había de sutil en algunos de esos escritores. El modernismo fue una época, más que un núcleo. Desde este momento, la literatura de América ha marcado dos caminos: el uno, el que persigue sólo los fines puramente artísticos; el otro, el que se dirige con perspectivas sociales y nacionales como tema de literatura.

"Este movimiento de renovación en la poesía de la América Hispana, va unido al que en España representaron Federico García Lorca, Jorge Guillén y Rafael Alberti, sin prioridad de España sobre América, como en la era colonial, ni de

América sobre España, como el movimiento modernista de (1880-1910)" (4).

El resultado fue una forma de expresión críptica, una serie de complicadas metáforas, con continuo y elíptico tránsito de una imagen a otra. La búsqueda de la nueva expresión, con cualquiera de los dos fines, produjo un experimento fructífero. Todas las nobles artes se hacen partícipes del movimiento.

La unión del realismo, lo criollo popular y lo culto universal, caracterizan la novela de Postguerra en Hispanoamérica. El paso del modernismo a la realidad criolla es su fenómeno singular. Este marco histórico, en una primera etapa, es el proceso de la novela de Vanguardia o de Postguerra en la América Hispana, y podría situarse entre los años de 1917 a 1927.

Es una etapa llena de brillantes hombres. En esta época aparecen algunos de los novelistas más representativos con que hasta la fecha cuenta la literatura hispanoamericana: Ricardo Güiraldes, Rómulo Gallegos y José Eustasio Rivera.

Lo que primero advertimos en esta trilogía es la presencia de la naturaleza. El tema central es el destino ante la naturaleza y la forma de conciencia de la injusticia social por parte del feudalismo hispanoamericano. Lo telúrico y lo mítico son símbolos representativos dentro de la concepción panorámica de la América Hispana.

En los primeros treinta años del siglo XX, los novelistas conciben una conciencia más clara de su americanismo, y tratan de enfocar la realidad fundamentándose en los problemas económicos y políticos. Se caracterizan por su gran interés en el paisaje, mejor dicho, parecen sentir por primera vez la acción monstruosa de la naturaleza, frente a los primeros atisbos de la civilización.

Los críticos reconocen que hay una diferencia de grados en cuanto a la apreciación del paisaje, y que tales excesos se acentúan en algunos novelistas, como José Eustasio Rivera, Rómulo Gallegos, Mariano Azuela y Ricardo Güiraldes.

La mezcla de lo autóctono, lengua, tipos, costumbres,

4. Pedro Henríquez Ureña, **Historia de la cultura en la América Hispana**, Fondo de Cultura Económica, México, Buenos Aires, 1955, p. 139.

con lo culto y el valor universal, estructura, composición, toma de conciencia social, técnica y fuerza narrativa, está configurada en forma más completa y equilibrada que en los anteriores períodos de la novelística hispanoamericana.

Novelistas representativos de esta generación

Ricardo Güiraldes (1886-1927). Oriundo de la ciudad de Buenos Aires, educado en Francia e hijo de estancieros. Siguió dos carreras: se inscribió en las facultades de derecho y de arquitectura, sucesivamente, pero abandonó en ambas los estudios. Viajero infatigable, asimiló culturas milenarias. En 1910 visitó a España, Francia, Italia, Bélgica, Alemania, los Balcanes, la India y el Japón, regresando en 1913 a Buenos Aires. En 1915 se lanzó a la vida de escritor, con dos obras publicadas simultáneamente: **El cencerro de cristal** y **Cuentos de muerte y de sangre**. Eran estas obras sencillamente "anécdotas oídas y escritas con cariño a las cosas nuestras". Aquí se anota la influencia de los simbolistas y, sobre todo, de Jules Laforque; y en su poesía se anticipó a la generación del **Ultraísmo**. En 1917 escribió **Raucho**, novela de ambiente campesino, de sabor gauchesco, estructurada en la vida desordenada de un joven argentino, de familia rica, de la aristocracia de su tiempo, casta social que, en aquella época y actualmente también, enviaban y envían (de toda la América Hispana) sus hijos a estudiar a París, a fin de evitar las conexiones de más baja condición social, y para que, a su regreso, puedan gobernar a sus países natales con mano férrea e infrahumana.

En esta novela, famosa en América, Güiraldes adoptó la forma autobiográfica. Con un estilo original para buscar la belleza y la representación de las imágenes, nos ofrece en **Raucho** páginas argentinas propias de la vida del campo y, especialmente, los rasgos más característicos y la idiosincrasia del hombre campesino, en contraste con el hombre de la ciudad.

Allí describe la formación del trabajador rural de la Argentina. Un relato, sin complicaciones, de la indicada formación física y moral, en el desarrollo, por decirlo así, rectilíneo, del propio rumbo pampeño. Protagonistas directos y complementarios junto con el paisaje determínanse, pues, recíprocamente, constituyendo la poderosa unidad que caracteriza, desde luego, la obra lograda.

La visión de Güiraldes es la de un poeta lírico, pero las cosas descritas son las que sólo están allí, en la pampa. Sus metáforas, por originales que sean, no escapan nunca del horizonte pampeño. Aun los detalles más realistas son doblemente artísticos, porque están seleccionados por su naturalidad y porque tienen fuerza creativa.

Divide en nueve interesantes partes su obra, y en cada parte enmarca el valor sicológico del relato. Raucho Galván, protagonista, cumple una vida puntualizada en las divisiones de la obra: prólogo, infancia, colegio, trabajo, hastío, nina, abandono y solución.

Este esquema indica el asunto; un hombre, lleno de experiencias mundanas, retorna al campo que lo vio nacer. La infancia de Raucho transcurre en la estancia en contacto con la vida campesina, en donde se desarrolló su pasión por las hazañas del peonaje. Su educación la funda en dos aspectos: los músculos endurecidos por el ejercicio, y el alma fortificada por algún espectáculo enérgico. Raucho trata de imitar habilidades ejercidas por varios peones, cada uno con su especialidad: Víctor Toaba, capataz de haciendas, que de hombre ensayó todo oficio de campo. Ramón Cisneros, domador, estable, y don Nicasio Cano, que conocía todo principio de buen gaucho. Aparecen claros los antecedentes que Güiraldes quiere advertir, rescatando las cualidades de Martín Fierro: libertad y coraje acomodados a las necesidades de la época, que imponen los trabajos límites y garantías a que el paisano debió adaptarse para subsistir. La salvación se la presenta el inolvidable viaje a París, en donde se entrega a una vida disoluta, hasta su total debilitamiento físico y espiritual. Desde lo más bajo, se le impone el retorno a la Argentina y al campo, la solución verdadera. **Raucho** es la historia de un hombre, integrada por la plasmación del campo argentino y el conocimiento de escenarios europeos, permitido por su condición de hombre rico.

Se nota en esta obra una prosa insegura, propia de la corriente de Vanguardia, llena de metáforas que no definen nada. Quizá sea el anhelo de darle al criollismo su valor. Hay una tendencia hacia las formas europeas y, por otro lado, el intento del latido del hombre criollo. Trata de expresar una filosofía social de ambiente y una corriente literaria.

En 1922 publica **Rosaura**, historia sentimental, sencilla, melancólica y de sabor pueblerino. El mérito de la novela no estriba en la sencilla historia del amor trágico, sino en la caracterización de Rosaura. Con estos motivos el autor recurrió a ciertos procedimientos estilísticos, de los cuales son notables: a) el desarrollo gradual de la figura central: Rosaura; b) el simbolismo; c) las imágenes sugerentes; y d) la técnica del estribillo. La personalidad se desenvuelve, poco a poco, y como a compás del interés que el lector siente por ella. Las dos fuerzas en conflicto, o sea, las emociones de Rosaura y la implacabilidad del destino, están representadas en forma de símbolos.

En 1923, después de un viaje por las Antillas, escribe **Xaimaca**, antiguo nombre de Jamaica, que es sencillamente el relato de una aventura sentimental, en prosa firme y concisa, la que le permite describir la belleza natural de Jamaica, una de las islas más pintorescas del mundo. **Xaimaca** representa, dentro de su expresión literaria, la aplicación en el escenario americano de las técnicas estilísticas más recientes de Europa, o quizá el concepto que Güiraldes se formó de ellas. Escrita en forma de diario, esta segunda novela suya contiene las impresiones de un viaje de Buenos Aires a Jamaica. La narración empieza como una crónica de viaje, pero luego se convierte en el relato de un idilio. Se trata, pues, propiamente hablando, de una historia de amor. El estilo literario de la novela surge de dos clases de experiencias: la relativa al medio físico y la asociada a las cosas como iluminadas con matices tenues: "La luz decrece y las montañas acumulan una densa atmósfera violeta".

Xaimaca es un poema romántico, más que una novela. En ella, al exaltar el amor físico a un elevado plano moral, Güiraldes elude toda pintura burdamente realista. Quizá el mérito literario de **Xaimaca** no resida en el tema ni en su sentimiento romántico, sino en su estilo poético. En 1926 da a conocer a **Don Segundo Sombra**, su obra maestra. Don Segundo Sombra, el personaje central de la novela, no es solamente un símbolo: es una personificación conceptual, concreta, sicológica, que sirve de fondo para describir con lujo de detalles el tipo gauchesco, las costumbres y el ambiente pampeño con un realismo de lentes de aumento y matizado de vida poemática.

Güiraldes escribe esta obra cuando ya el tema del gaucho parecía agotado. Ya era cosa vieja la poesía gauchesca, el teatro gauchesco, el costumbrismo gauchesco. Ya parecía haberse dicho todo lo que se sabía sobre el gaucho, sus costumbres, su sicología, su folclor y su territorio. Ya el gaucho físico casi había desaparecido ante las transformaciones modernas de la industria agrícola argentina.

Es entonces cuando Güiraldes va a mirar el gaucho como herencia moral y personificación de lo más hondo y vital de la Argentina, el gaucho que está en él "como en la custodia de la hostia". Es en el fondo una reacción antieuropea, un regreso simbólico a la americanidad fundamental; ya el gaucho, para él, no es el personaje pintoresco ni el representante de la barbarie; es, al contrario, la fuente de una tradición que puede salvar a su país del coloniaje intelectual.

"En cierto modo es el **Antifacundo**. Es, ante el aburrimiento de las exquisitas europeas, la invitación a la pedagogía gauchesca '—hácete duro, muchacho—', dice con la voz y el rebenque Don Segundo.

"Toda esta concepción del gaucho está personificada en **Don Segundo Sombra**, que por eso no es un personaje real, sino una sombra poética. La realidad queda para el ambiente y para los personajes secundarios. La obra está narrada en primera persona: es la historia del niño que descubre la grandeza del gaucho y quiere formarse bajo su ejemplo. Esa es la misión que el gaucho de Güiraldes ha de cumplir para su Argentina y para su América. Cuando esté cumplida su misión pedagógica y reformadora, podrá irse, como Don Segundo Sombra se va y desaparece al final del libro.

"En su aprendizaje desfila vida gauchesca y sus tipos; pero no ya en el tono de costumbrista, sino en el de la revelación poemática. Nada es prehistórico, sino verdadero y necesario. Para crear un símbolo, Güiraldes aplica a lo popular y al caso realista una prosa llena de lirismo y una composición de mucha sabiduría artística. Entre el lenguaje popular metafísico del gaucho y el lenguaje metafórico artístico de Güiraldes llega a crearse una indisoluble unidad temática. Esa fusión de lo popular y de lo artístico, que es una de las características de la novela contemporánea, en nadie llegó antes a tal virtuosismo. Tiene un sabio primitivismo de gesta popular" (5).

5. Arturo Uslar Pietri, **Breve historia de la novela hispanoamericana**, Caracas-Madrid, Ediciones Edine, p. 117.

Los sucesos relatados en la novela se desarrollaron en la provincia de Buenos Aires entre 1900 y 1908, y tiene por principales protagonistas a Don Segundo Sombra y a Fabio Cáceres. Entre las dos figuras se destaca Don Segundo Sombra, quien es resero de profesión, que tiene todas las características del gaucho tradicional. Siempre aparece como una figura modelo dentro de lo corporal, dentro de la lidia del ganado y dominio de la naturaleza. Para el gaucho ideal, Cáceres es el héroe, y para formarlo por su carácter, aquél debe moldear el suyo. Don Segundo lo toma bajo su protección, le guía en sus esfuerzos para adquirir la destreza del resero y, en el desarrollo de su carácter, lo reprende, lo estimula. La esencia de su gobierno paternal se puede resumir en aquella frase lacónica cuando amonesta a Fabio: "Hácete duro, muchacho" (p. 22).

La novela presenta dos fases principales: la una contiene los retratos del viejo resero y de la pampa en que se mueve; la otra, el relato de cómo Fabio se hizo gaucho. El primer móvil de Güiraldes fue interpretar los valores morales y estéticos del gaucho. Hasta la publicación de **Don Segundo Sombra** no se había estudiado la fibra moral de este tipo popular gauchesco en la literatura argentina. Quizá el propósito del autor iba más allá de una representación de tipo ideal del gaucho: procuraba expresar una manera de ser de la mentalidad nativa, y traducirla a la filosofía de los moradores pamperos.

Güiraldes no atribuye a su personaje las habilidades del payador, y en esto Don Segundo difiere de los gauchos clásicos a lo Santos Vega. Pero, en cambio, cuenta con maestría, y entonces, contrariamente en el resto del mundo, su palabra es fácil y fluida, y pierde el aspecto de hombre silencioso para adquirir la sensibilidad de un artista.

El costumbrismo en **Don Segundo Sombra** es muy importante. Güiraldes reprodujo las costumbres que muestran lo más pintoresco de la vida del campesino. El mate y el churrasco, alimentos básicos del hombre de la pampa, aparecen a menudo en la narración. Las riñas de gallos están representadas en verdaderos cuadros dramáticos. En los bailes campesinos se destacan ágiles galanteos de gallo que arrastran el ala... las mujeres tomaron entre sus dedos las faldas, que abrieron en abanico, como queriendo recibir una dádiva o proteger algo (p. 105).

La pampa en **Don Segundo Sombra** surge en la novela. "La pampa al que anda trastabillando muy pronto se lo traga" (p. 165). La significación de la naturaleza no es simbólica: es, sencillamente, una interpretación poética y sirve de respaldo artístico a la representación de los personajes.

Es impresionante la habilidad empleada por Güiraldes para mostrar el escenario del campo. Logra una maestría tal, que nos hace la descripción sin ser propiamente una descripción. El ambiente surge con base en impresiones fugaces, distribuidas poéticamente: "Respiré hondamente el aliento de los campos dormidos. Era una oscuridad serena, alegrada de luminares lucientes como chispas de fuego ruidoso... A lo lejos oí tintinear un cencerro... Los novillos no daban aún señales de su vida tosca, pero yo sentía el olor de la presencia de sus quinientos cuerpos gruesos" (p. 60).

Este mismo procedimiento lo emplea Güiraldes con los dos personajes centrales y aun con los personajes menores. El lector participa con los personajes del ambiente de la novela, disfruta del paisaje, el cielo, la intemperie, el buen tiempo, los caballos, el ganado y todo lo que rodea la pampa.

El autor utiliza en su novela dos corrientes estilísticas: una, que corresponde al habla vernácula de los personajes, y otra, a la expresión culta del novelista.

"Del habla de Don Segundo, no de sus relatos que aceptan forma convencional, surgen ciertas características en que hacen todo un programa literario. Don Segundo es parco de palabras, las deja caer en el tono más opuesto a la declaración que no sea posible, le gusta y emplea la metáfora con precisión como todo gaucho; la broma es uno de sus modos habituales.

El lenguaje de sus personajes rústicos recuerda el tradicional de los gauchescos. Güiraldes reproduce no sólo el dialecto de la gente del campo, sino también su entonación regional, sus chuscas deformaciones ortológicas y sus imágenes. Con su habla, el paisano está vivo en la narración" (6).

Es importante señalar cómo en la novela el protagonista responde a las características atribuidas al héroe romántico. Hasta la edad de catorce años vive en una existencia libre y sin preocupaciones. Justamente en esta edad aparece Don

6. Giovanni Previtali, **Ricardo Güiraldes**, Biografía y crítica, México, Ediciones Andrea, 1965, p. 133.

Segundo Sombra y la vida del joven gira ya sobre una meta. Su encuentro maravilloso constituye el proceso de idealización del mediador por parte del joven. Veamos un pequeño trozo de la novela.

"Inmóvil, miré alejarse, extrañamente agrandada contra el horizonte luminoso, aquella silueta de caballo y jinete. Me pareció haber visto un fantasma, una sombra, algo que pasa y es más una idea que un ser, algo que me atraía con la fuerza de un remanso, cuya hondura sorbe la corriente del río" (7).

Esa idealización continua en la novela y así la vemos de nuevo en la escena de la pulpería. La existencia del joven está ligada a la de Don Segundo estrechamente y así su decisión es irrevocable cuando la toma: "Me voy, me voy —decía casi en alta voz—" (p. 358). El héroe de Güiraldes logra reconocer la existencia del mediador, así como intuye la falta de esencia de éste. Nunca rechaza a Don Segundo Sombra porque percibe en él el ideal que le llevó a la aventura, aunque logra darse cuenta de la imposibilidad de salvar la dualidad entre la realidad y la idealidad. Así el protagonista confrontado con la realidad-idealidad, reconoce al término de su vagabundaje la imposibilidad de la aventura romántica, y trata por todos los medios de acogerse a la realidad que pretendiera escapar. Veamos lo siguiente:

"¡Qué sola me parecía la noche en que iba a entrar! Siempre, hasta entonces, lo tuve a mi padrino y con él me sentí seguro... Me habían indicado el camino. La silbé a la madrina Garúa y eché los caballos a su cola. Lo de siempre. Pero nunca había hecho tan noche sobre mí" (8).

Rómulo Gallegos (1884-1967). Nació en Caracas. Estudió Filosofía y Matemáticas y durante los años de formación se dedicó al magisterio. Como la mayoría de los escritores hispanoamericanos, vivió algunos años en exilio, en España y México. Fundó en 1906 la Revista **La Alborada**, de marcado carácter ideológico, en compañía de Julio Planchart, Julio Horacio Rosales, Enrique Soublette y Salucio González Rincones, la que tuvo efímera vida. Se dio a conocer en las colaboraciones de la revista **El Cojo Ilustrado**. Posterior-

7. Ricardo Güiraldes, **Obras completas**, Editorial Emecé, Buenos Aires, 1962, p. 352.
8. Opus, cit., p. 451.

mente fundó otras dos revistas: **Actualidades** y **La Novela Semanal**. Viajó por Europa en 1929 y en 1936. Fue Ministro de Instrucción Pública en 1936, diputado por el Distrito Federal en el Congreso Nacional, 1937-1940. Presidente del partido de Acción Democrática (1941) y elegido Presidente de la República en 1947, posición de la que fue derrocado por una junta militar y obligado a abandonar su país en diciembre de 1948.

Gallegos logra darle un sentido más equilibrado y más universal al tema del criollismo que ya había sido cultivado por sus antecesores. Su novela está llena de conflictos y de luchas entre el hombre y la naturaleza. La unidad en su composición, la mesura del ritmo, el gusto por la descripción de la naturaleza y la penetración en los aspectos sicológicos y morales del ambiente popular caracterizan la obra de Gallegos.

Cada novela de Gallegos es un mensaje social enviado a sacudir la conciencia de un pueblo. El valor de la obra como tesis, como enfoque de éste o aquél problema que afecta la vida nacional en un momento determinado de su historia, tiene un valor trascendental.

En un comienzo, su orientación literaria parece dirigirse al ensayo de interpretación sicológica, con incursiones en el campo de la pedagogía y de la sicología social, aplicadas a la realidad venezolana, como se anota en sus artículos de esta época publicados en las revistas **El Cojo Ilustrado**, revista de estilo modernista, y en **La Alborada**, de tendencia ideológica.

"Nuestro itinerario marca tres aspectos que determinan el 'menester' del venezolano. La primera incursión nos lleva a un estudio de las ideas político-sociales de su primera producción escrita. Estas fundamentan la arquitectura de su novelística. La segunda irrumpe en el difícil laberinto de estilos. Gallegos recoge los instrumentos de su arte en dos corrientes literarias simultáneas en el tiempo, pero de distinta valencia: el modernismo esteticista y el naturalismo. La tercera expedición nos arrastra por las vendas retorcidas de la sicología para hacer un estudio de sus caracteres principales. Caminos que convergen formando los pilares de la obra 'galleguista' " (9).

9. Angel Valbuena Briones, **Literatura hispanoamericana**, Barcelona, Edit. Gustavo Gili, S.A., T. IV, 1961, p. 351.

En 1913 comienza formalmente su carrera en el campo de la ficción, con un volumen de cuentos titulado **Los aventureros**. Esta obra tiene una importante repercusión, ya que es una sátira directa del caudillismo. En 1915 ensaya sus posibilidades como autor de teatro, y arregla, en forma de drama, uno de sus cuentos, denominado **El milagro del año**. Y ya como novelista publica en 1920 **El último solar** (hoy conocido como **Reinaldo Solar**).

Su personaje central, muy típico en la novela americana, lucha contra el medio hostil que lo rodea. Utiliza un ritmo mezclado de densidad dentro del panorama humano.

Entre la publicación de esta novela y **La trepadora**, Gallegos produce dos cuentos: **La rebelión**, que es, realmente, una novela corta, y **Los inmigrantes** (1922).

La trepadora, publicada en 1924, es una novela de ambiente campesino, en la cual aboga por la integración de castas. Sus dos personajes centrales, Hilario y Victoria, personifican al hombre de espíritu que vencerá sobre el de los instintos, y Victoria es la síntesis triunfadora y optimista del cruce de razas. Emplea la descripción y les da nuevas características a sus personajes.

En 1929 aparece **Doña Bárbara**. En esta obra, Gallegos llega a la más completa fusión de los elementos del arte de novelar y de sus facultades creadoras. Sobre un fondo de naturaleza implacable la acción destaca, con tono romántico, un verdadero esfuerzo heroico. El autor tiende siempre a colocarse en el centro de la naturaleza y en el llano ilímite, mostrándose al habitante llanero, su lenguaje y sus costumbres.

La novela narra con lujo de detalles la lucha implacable entre Doña Bárbara y Santos Luzardo. Doña Bárbara es la fiel representante de la Ley del Llano: la agresión armada, el soborno, la fuerza bruta, y la superstición del ambiente llanero. Santos Luzardo, abogado, viene de la capital y desea imponer al Llano la ley del orden, frente a la barbarie, representada por la ley de Doña Bárbara.

El paisaje tiene categoría de protagonista. Este crea y mata al hombre. A través de toda la novela el paisaje se percibe en toda su grandeza y su fatalidad. Veamos un ejemplo:

> La llanura es bella y terrible a la vez; en ella caben holgadamente, hermosa vida y muerte atroz. Esta acecha por todas partes; pero allí nadie le teme. El llano asusta; pero el miedo del llano no enfría el

corazón: es caliente como el gran viento de su soleada inmensidad; como la fiebre de sus esteros.

El llano enloquece y la locura del hombre de la tierra ancha y libre es ser llanero siempre. En la guerra buena, esa locura fue la carga irresistible del pajonal incendiado, en Mucuritas, y el retozo heroico de Queseras del Medio; en el trabajo: la doma y el ojeo, que no son trabajos, sino temeridades; en el descanso: la llanura en la malicia del cacho en la bellaquería del pasaje, en la melancolía sensual de la copla, en el perezoso abandono: la tierra inmensa por delante y no andar, el horizonte todo abierto y no buscar nada; en la amistad: la desconfianza, al principio, y luego la franqueza absoluta; en el odio: la arremetida impetuosa; en el amor; "primero mi caballo". "¡La llanura siempre!".

El paisaje en la novela exalta con maestría al protagonista —paisaje—, porque él constituye el alma de los personajes. Uno de sus héroes exclama: "Hay que matar el centauro que todos los llaneros llevamos dentro de nosotros, porque el centauro es la barbarie".

La novela se desenvuelve dentro de un simbolismo simplista fácilmente perceptible por el lector. El simbolismo en esta obra ha sido estudiado cuidadosamente. El mundo de Doña Bárbara representa el mundo de la barbarie, mientras que el mundo de Santos Luzardo, a su vez —luz—(ardo), el de la civilización.

"Los símbolos —exagerados hasta por el nombre de los personajes: la barbarie de Doña Bárbara; la Santa Luz, el santo ardor del civilizador Santos Luzardo, etc., son demasiado evidentes. La composición, con simetría y antítesis (a veces tienden a la alegría), suele llevar de lo artístico a lo intelectual: la yegua y Marisela son amansados en procesos paralelos y simultáneos; el hombre civilizado tiene toda la destreza del bárbaro; la bella durmiente es salvaje y hermosa al mismo tiempo; el idilio en contrapunto de voces: Doña Bárbara agoniza entre el bien y el mal: la carga de brujería, agorería, acaba por ceder a un desenlace feliz" (10).

Otros símbolos representativos en **Doña Bárbara** se notan en la presencia del yanqui en la novela. Así, Mr. Danger, en **Doña Bárbara**, y Mr. Builder, en **La trepadora**, son el símbolo de la explotación yanqui. A Mr. Builder lo representa como un extranjero frívolo, mientras que Mr. Danger es un hombre egoísta, inescrupuloso y ladrón.

10. Opus, cit., pp. 351-352.

El americano Anson C. Piper considera que la crítica que hace Gallegos en sus novelas en contra de los yanquis es sumamente justa. "Por mucho que quiera que su país adopte lo mejor de nuestra cultura, sabe que la imitación servil de todo lo norteamericano (a no ser en ciertas ramas puramente técnicas) nunca logrará un espíritu de confianza nacional ni una personalidad independiente" (11).

Refiriéndonos de nuevo al exagerado simbolismo de la novela, E. Suárez C. considera que en virtud de este simbolismo la tesis del escritor triunfa. Posteriormente agrega:

"Llama Gallego a **Altamira** al hato, —estancia—, escenario de **Doña Bárbara**, que su dueño, cuando se inicia la acción, vuelve a redimir, desde la ciudad donde la madre le llevara intentando sustraer al único de sus vástagos del trágico destino de los Luzardo, sobre quienes, nuevos Montescos y Capuletos, pesa una tradición de discordia e intransigencia, fomentada por el violento carácter llanero y la escasez de luces propia de hombres rudos.

¡Altamira! La tierra natal, feroz y generosa, olvidada por Santos Luzardo, el hombre ya civilizado, a punto en que éste se halla en trance de renunciar a ella definitivamente, logra recobrarlo. Y es **alta mira** la que lo guía cuando se decide, un poco por atracción del peligro —señero fácil para quien procede de una raza de hombres habituados a bravearlo de sol a sol— y bastante por reflexión, a reivindicar para las sabanas el derecho a la civilización y para sus pobladores normas de vida digna. A quien personifica todo un pasado hecho de vida enteramente animal, librada al instinto y al egoísmo, en la que la corrupción es el menor de los crímenes, llámala Doña Bárbara. En un yanqui sintetiza el espíritu de rapiña extranjero, siempre flotante sobre el Caribe y sus contornos y bautízalo Mister Danger; a la mujer que ha de compartir el triunfo y el amor con el protagonista y le inspira muchas de sus acciones, llámala Marisela, prestándole, con su nombre evocador de las dos grandes inmensidades azules y la pintura de su físico como de su espíritu, carácter de musa ideal... Y así vamos encontrando en toda la novela una especie de clave". (**Nosotros**, Nos. 254-255, 1930).

Analizando las características principales de **Doña Bárbara**, P. Díaz considera que la novela es eminentemente rea-

11. Anson Piper, **El yanqui en las novelas de Rómulo Gallegos. Hispania**, Vol. 33.

lista. "Pero, al lado de ese realismo, sin que sea paradoja, asoma un fuerte realismo. Bien han notado críticos de distintas latitudes que en esta novela de Gallegos hay una rica cantera de sugerencias. Como apunta Massiani, está cargada de intención. El paisaje de los llanos de Apure y la vida que transcurre en él son como la sustancia primordial del realismo en **Doña Bárbara**. Antes que Gallegos, ningún novelista venezolano había aprisionado lo geográfico con tanta exactitud y emoción. El inmenso escenario de los llanos pasa con todo su vigor, sus misterios y su riqueza folklórica a las páginas de **Doña Bárbara**. Se ha dicho que la naturaleza venezolana es como un protagonista en la obra de Gallegos. Efectivamente, es correcto el aserto. El llano enloquece como la selva. Las inmensas soledades en las que apenas se levanta a largo trecho un rancho, la sugestiva predisposición de las leyendas en el alma popular, el concepto primitivo de la vida, contribuyen a que el observador se identifique con el fenómeno telúrico. Lo geográfico, así tiene magnitud protagónica en **Doña Bárbara**" (12).

Canta claro (1934). Esta novela está estructurada sobre las creencias, costumbres e historia del llano venezolano. El tema dominante es el llano, donde desfilan los paisajes, distintos entre sí, pero parecidos todos en la trocha interminable, ya que allí se conocen los hombres con sus problemas, costumbres y esperanzas y, en medio de él, Florentino, nómada, despreocupado y poeta, que cabalga en medio de la pampa solitaria con una copla en los labios:

Desde el llano adentro vengo
tramoliando este cantar.
Canta claro me han llamado
¿Quién se atreve a replicar?

Hoy te quiero y no te olvido
pa recordate mañana.
Que si me quedo contigo
yo pierdo y tú nada ganas.

"Ser famoso en el llano, en la forma como lo era Florentino, es cosa que tiene su pro y su contra; pero en la misma

12. Pedro Díaz Seijas, **Rómulo Gallegos-Realidad y símbolo**. Editorial B. Costa-Amic, Editor, México, D.F., 1967, pp. 51 y 52.

forma como se está siempre dispuesto a la amenaza traicionera de aquellos a quienes tienen la hazaña de Florentino, también es verdad que no logra destemplar el ánimo del cantador para andar siempre 'con una muchacha enredada en sus coplas'. Pero Florentino era libre como el aire mismo que peina levemente la cabellera verde de los mastrantales, porque la copla era con la remonta de su retinto. De ahí que Florentino no fuera hombre de abandonar su vida errabunda por el amor de alguna muchacha que, al fin de sus cuentas, su fama le proporcionaba muchas" (13).

Canaima aparece en 1934. Novela de la selva guayanesa. Vida, paisaje y tipos humanos. En esta obra nos demuestra Gallegos que en Venezuela existen fuerzas bárbaras que son energías perdidas para el progreso de la nación; ríos inmensos, tierras extensas, hombres que derrochan sus condiciones, muchas veces extraordinarias, en la estéril afirmación de sí mismo. La selva es el templo donde se libra la batalla entre **Cajuña**, el dios bueno, y **Canaima**, el dios malo.

Canaima representa también una queja contra el caudillaje. "El venezolano tiene inclinación a admirar y obedecer al jefe tiránico o a querer serlo él. Esta manera personalista tiene trágicas consecuencias. Sacrifica el egoísmo, las nobles aspiraciones de ley y de orden, tratando de imponer su voluntad. Ello se debe a ser primordialmente individuo de acción, a quien le seduce la aventura, que pone a prueba la fuerza y destreza. Esto implica el olvido de los deberes de ciudadano. La familia de los Ardavines es un ejemplo de los que quisieron ser caciques u opresores del pueblo. La historia central de Marcos Vargas, personaje dotado de cualidades superiores, es simbólica, se dejó vencer por la tentación de ser el **hombre macho** que se impone a la naturaleza y que desprecia la norma por el placer de la violencia" (14).

El forastero aparece en 1936, sigue a **Canaima** en su orden cronológico, y es una obra que toma el aspecto político-social como tema central.

Pobre negro (1937) es novela de mestizaje, de carácter social y político, envuelta en episodios de la guerra federal, con episodios yuxtapuestos, que aparentemente no conser-

13. Alileis León Guevara, **La copla en Rómulo Gallegos**, Edic. de la Universidad de los Andes, Facultad de Humanidades y de Educación, Mérida, Venezuela, 1966, p. 13.
14. Obra citada de Valbuena Briones, p. 356.

van una dirección o integración que dé unidad al conjunto. La novela está dentro de un marco histórico y geográfico, en Barlovento, y en la época esclavista de Hispanoamérica. La sensualidad de los negros, sus alegrías, sus sufrimientos, la injusticia del feudalismo venezolano contra el hombre negro, constituyen la esencia social de la obra.

Sobre la misma tierra (1943), obra inspirada en el lago de Maracaibo, de ambiente urbano, con los comunes problemas del petróleo y con temática de la Guajira, despierta donde habitan viejas castas de indios decadentes, sembrada de cardones y azotadas por el hambre, contrasta notablemente con la vida real de los campos petroleros, llenos de gente foránea sedienta de riqueza y criollos de escasa mentalidad que no captan la propia miseria, la abundancia ajena y la explotación de su misma tierra. La novela consta de tres partes. Primero aparece la Guajira, después el escenario del petróleo, luego la vuelta a la primera tierra. Gallegos explica el drama de la vida de la Guajira en el capítulo titulado "El blanqueo". Gallegos hace énfasis de la vida miserable de los habitantes de esta región sometida a ritos primitivos, la permanente sequía y las enfermedades tropicales. En la tercera parte de la novela, Gallegos se centra en el paisaje, paisaje completamente diferente al de **Doña Bárbara**, de **Canta claro**, de **Reinaldo Solar** y **La trepadora**.

La última novela de Gallegos, **La brizna de paja en el viento**, ya no transcurre en la tierra venezolana sino en Cuba. "El tema de esta novela ya no corresponde al escenario venezolano. Se refiere al problema estudiantil cubano, dentro de la universidad, después de la dictadura de Gerardo Machado. Dos figuras, dos caracteres se contraponen en la novela: Justo Rigores y Juan Luis Marino: uno, el primero, es fruto del mal del caudillismo a que estuvieron sometidos nuestros países durante todo el siglo XIX y parte del presente; el otro, Marino, estudiante descendiente de guajiros, es la justicia y la honradez idealizada" (15).

José Eustasio Rivera (1889-1928), colombiano, oriundo de la ciudad de Neiva, capital del departamento del Huila. Cursó estudios en la Escuela Normal de Institutores de Bogotá, y en la facultad de derecho y ciencias políticas de la Universidad Nacional de Colombia. Colaboró en el grupo lla-

15. Obra citada de Díaz Seijas, p. 104.

mado "Centenarista", grupo intelectual de Bogotá, en el que militaban Eduardo Castillo, Miguel Resch Isla, Luis Alzate Norena, Barba Jacob, Eduardo Nieto Caballero, Armando Solano y Raimundo Rivas. Viajó por Cuba, México y los Estados Unidos de América del Norte. Fue Secretario de una de las comisiones para la demarcación de la frontera colombo-venezolana en 1922. Por este motivo recorrió el Orinoco y otros grandes ríos colombianos, como el Meta y Vaupés, como también los ríos Negro y Caciquire, llegando hasta Manaos. Se le nombró miembro de la comisión investigadora para velar por los intereses de la nación en 1925. Falleció en Nueva York, en 1928, a causa de una hemorragia cerebral.

En 1924 se editó en Bogotá su única novela: **La vorágine**, la cual está calificada por la crítica literaria como una de las de mayor trascendencia en la novelística hispanoamericana. **La vorágine** es un relato emocionante y denso, narrado en primera persona, cuyo personaje central es la atmósfera verde y sofocante de la selva, junto con el tema que induce a la denuncia social. El escenario son los llanos del Orinoco y parte del Amazonas. La selva con sus monstruosidades y maravillas: serpientes, arañas, caimanes, pirañas, caribes, y la majestuosidad de la selva dialogando con el alma atormentada de Arturo Cova.

La vorágine pertenece a la escuela modernista, nacida a fines del siglo XIX y a comienzos del XX, escuela que selecciona y amalgama clásicos, románticos, parnasianos, naturalistas, simbolistas, impresionistas y realistas, a fin de producir la máxima belleza.

Es una obra fundamentalmente americana y obra maestra de América. Escrita no por simples referencias, sino inspirada en la directa contemplación del paisaje colombiano y en la propia realidad. Es un mensaje social y una denuncia sensacional, ignorados en las civilizaciones. Allí hay déspotas y esclavos, allí se comercia con la carne humana. Todo esto ocurre en medio del trópico, se advierte una intención deforme del destino del criollo americano ante la fuerza arrolladora de la naturaleza. Rivera, con su única novela, se coloca a la cabeza del mundo novelado americano, sin que hasta los años de 1940 se le haya superado. Es la novela estructurada por excelencia, que sirve como ejemplo de técnica, de temática de fondo, de caracteres, de dominio literario y lingüístico. En **La vorágine**, con su constante preocupación social, con sus cualidades artísticas depuradas y con su holgura humana, se coloca a la par de **Doña Bárbara, Don Segundo Sombra, El señor presidente, Huasipungo, El mundo es ancho y ajeno, Los perros hambrientos, Los pasos perdidos, El siglo de las luces y Cien años de soledad**, obras que constituyen un verdadero orgullo de las letras hispanoamericanas en el siglo XX.

El mundo de los personajes en **La vorágine** tiene una significación importante en la colectividad. La primera parte es escasa de ellos, pero la segunda está llena de valiosos elementos humanos, entre los cuales descuellan, como lo hemos anotado al principio, Arturo Cova y Barrera. Intimamente ligados a Cova están Alicia y Fidel Franco. Lo físico en los personajes no tiene mayor importancia para Rivera; el valor de ellos se centra en sus caracteres. No son entes literarios, sino humanos, seres de carne y hueso.

Cova, el personaje central de **La vorágine**, es el que conduce y mantiene la acción permanente. Aparte de la selva, ninguno de los otros tiene su categoría. Cova cree en el amor predestinado: "¿Quién podría darme una esposa distinta de la que señalara la suerte?" (p. 23). Su "corazón es como una roca cubierta de musgo, donde nunca faltaba una lágrima" (p. 24). Es Cova hombre vacilante e indeciso, preocupado por la falta de éxitos. "Tengo el presentimiento de que mi senda toca a su fin, y cual sordo zumbido de ramajes en la tormenta, percibo la amenaza de la vorágine".

Barrera se solidariza con el poder ciego y brutal de la naturaleza. Tan inhumano como la selva es este personaje, confabulado con ella para vencer a Cova y a su grupo. Tiene una pulcritud dudosa: "elegante, de botas altas y fieltro gris". Es símbolo de mal, de hipocresía y falta de rectitud. Alicia, la protagonista central femenina, procede de la capital colombiana. Su familia está llena de convencionalismos sociales propios de la época. Según Arturo, es "inteligente, bien educada, sencilla y de origen honesto" (p. 23). Pero también es introvertida, callada, retraída, melancólica, de carácter esquivo, de "alma reconcentrada e inexperta" (p. 129), siempre "encantadora en su misterio".

El escritor colombiano sigue la popular teoría de Taine, que dictamina la influencia del medio en el individuo, en un determinismo, en que cada suceso es la condición de otro y, a su vez, aquél que ha sido la resultante de otro anterior.

El acontecimiento inicial de la novela es la huida ilegal de Alicia, contra la voluntad de sus padres y contra la moral pública. La pareja se refugia en los llanos de Casanare. Allí se encuentra con el contrabandista Barrera, que vende sus empleados como esclavos a las empresas de Pexil y el Cayeno. Alicia y Griselda son raptadas por el maquiavélico personaje, lo que origina la persecución del criminal a través del infierno verde.

"Hay un simbolismo de la acción que tiene como tesis la importancia del hombre al enfrentarse con la naturaleza virgen. Así, las pampas son la superficie que deja resbalar al individuo hacia el terrible torbellino succionador. Los devoró la selva, son las palabras del cónsul colombiano al informar al señor ministro. Rivera tuvo seguidores. Rómulo Gallegos es uno con **Canaima**, 1935, y en ciertos aspectos de **Doña Bárbara**, 1929.

"El brasileño Jorge de Lima, otro en **Calunga**, 1935. Rivera es un observador atento y describe los llanos con acertado pincel. Las emociones de los viajeros ante el paisaje son vivas y están bellamente presentadas. Las faenas camperas de la monta, del ojeo y captura de los vacunos, de la espantada del ganado y la furia de los elementos en el huracán, caracterizan el tipo de vida de esta región, tan similar al de la llanura argentina" (16).

"Un extraordinario acierto de la creación del personaje Arturo Cova. La forma autobiográfica relata la figura del protagonista, que da unidad a la acción y es el intérprete del sufrimiento humano en las soledades de la floresta. Es un héroe anárquico, neurótico, ofuscado, cuya profundidad dramática queda claramente manifestada por su sino trágico. Impone las situaciones, persuade en la decisión a sus compañeros, frustra los propósitos de sus contrarios, y es víctima del embrujo que termina aniquilándolo. ¿Qué importa que atraiga la admiración de las diversas mujeres que se cruzan en su camino, Alicia, Guinela, Clarita y Zoraida. El sabe que se encuentra en la lucha con la muerte. Los estados de locura que atraviesa lo abocan a un frenesí de acción, como si quisiera olvidarse de sí mismo. Este hombre solitario, que no comparte ni los gustos ni los instintos en la fiesta de los in-

16. Obra citada de Augusto Guzmán, p. 113.

dios guahíbos, medita sin descanso sobre la situación. El pensamiento se confunde con el diálogo. La neurosis lo lleva al estado de euforia o a la depresión. El licor lo exalta hasta la intrepidez y la locura violenta. En la crisis nerviosa quisiera cumplir los sueños de gloria que azuzan su personalidad. El orgullo se agranda en el bosque con la realidad adversa y contraria, y su sentimiento de honra ofendida lo dirige a tomar venganza con tenacidad sobrehumana, heroica, ciega a los obstáculos. Tras el criminal enemigo recorre un largo itinerario. El Vichada, el Inírida, el Tapinagua y el Guaimá o Río Negro, con los mitos de la atrevida hazaña. La conducta del héroe comprende siempre. Ora se muestra violento, ora dulce, ora astuto, ora temerario. Un signo fatal lo acompaña. Las palabras **suerte** y **destino** se pronuncian apenas se ha comenzado el libro".

La tónica del presente está indicada ya en la frase "jugué mi corazón al azar y me lo ganó la violencia" (17).

Eduardo Castillo refiriéndose a esta novela dice lo siguiente en su artículo aparecido en **Cromos**, fechado el 13 de diciembre de 1924:

"**La vorágine** es una novela visiblemente autobiográfica. Rivera mismo se encargó de divulgarlo, con ingenua complacencia, al colocar en una de las primeras páginas del libro, como retrato del protagonista, su propia y verdadera efigie. Pero aunque no lo hubiese revelado, siempre habría sido fácil adivinarlo en la delectación con que nos pinta su héroe y nos narra sus hazañas".

Es interesante señalar cómo Rivera ordena cada narrador y elabora su propia filosofía y su propia visión. Al principio Cova tan sólo observa la selva como simple manifestación de la naturaleza. La exalta por su majestuosidad al comenzar la segunda parte:

"¡Ah, selva, esposa del silencio, madre de la soledad y de la neblina! ¿Qué hado maligno me dejó prisionero en tu cárcel verde? Los pabellones de tus ramajes, como inmensa bóveda, siempre sobre mi cabeza, entre mi aspiración y el cielo claro, que sólo entreveo cuando tus copas estremecidas

17. Obra citada de Valbuena Briones, p. 383.

mueven su oleaje, a la hora de tus crepúsculos angustiosos. ¿Dónde estará la estrella querida que de tarde pasea las lomas? Aquellos celajes de oro y múrice con que se viste el ángel de los ponientes, ¿por qué no tiemblan en tu dombo? ¡Cuántas veces suspiró mi alma adivinando al través de tus laberintos el reflejo del astro que empurpura la lejanía, hacia el lado de mi país, donde hay llanuras inolvidables y cumbres de corona blanca, desde cuyos picachos me vi a la altura de las cordilleras!" (Edit. Losada, 1965, p. 93).

Posteriormente el novelista siente el mismo misterio, pero ya como algo espiritual y con angustia:

"Por primera vez, en todo su horror, se ensanchó ante mí la selva advenediza, que a grandes trechos los ayuntan con las palmeras y se descuelgan en curva elástica... ¡Nada de risueñores enamorados, nada de jardines versallescos, nada de panoramas sentimentales! Aquí, los responsos de sapos hidrópicos, las malezas de cerros misantrópicos, los rebalses de caños podridos... Aquí, de noche, voces desconocidas, luces fantasmagóricas, silencios fúnebres. Es la muerte, que pasa dando la vida".

"La actitud de Cova frente al mundo y frente a los otros personajes sufre varios cambios a través de la narración. Lo que comenzó como fuga llega a ser persecución, y los propósitos mismos de esta persecución se van modificando. El sentido de venganza que siente Cova, su orgullo herido, su honor manchado, cambia a medida que se va acercando a las mujeres. Lo que aceptó como una verdad, es decir, su amor por Alicia, más tarde no tiene sentido para él. Le empuja la selva y realmente no comprende los motivos que tiene para perseguir a Alicia. Ya, al final, cuando piensa en el niño que ésta va a tener, emerge el sentimiento paterno y quiere estar con ella y el hijo. Pero ya es tarde. La selva gana; los devora, como le devora a Cova su propio egoísmo.

En cuanto al **tempo** de la narración, lo que se destaca más es la técnica de cristalizar el tiempo para efectos líricos y para interiorizar la narración. La primera sigue más o menos un ritmo normal: la salida de Bogotá de Cova y Alicia, la estancia en las casas de la Maporita y las relaciones con Franco y su niña Griselda, la lucha con Barrera, la vuelta a la Maporita después de sanarse de las heridas recibidas de éste y el descubrimiento del rapto de Griselda y Alicia, el incendio de la Maporita, su salida en busca de Barrera y las mujeres'' (18).

Green ha observado la distancia que separa al narrador de los personajes, de la acción, del autor y del lector en la novela y la divide en distancia temporal, especial y estética, intelectual y moral.

''La primera cosa que observamos al comenzar la lectura de **La Vorágine** es que Rivera ha utilizado la técnica de un prólogo (y, como veremos al final de la novela, un epílogo) para enmarcar su obra. El prólogo toma la forma de una carta firmada por Rivera. Entrega, dice, un manuscrito de un tal Arturo Cova, en el cual respeta ''...el estilo y hasta las incorrecciones del infortunado escritor...''. (Véase lo que dice E. Neale-Silva: **Horizonte humano**, Fondo de Cultura Económica, México, 1960, p. 307). Henos aquí al primer narrador, un narrador no dramatizado, que posee cierto grado de omnisciencia, y decimos cierto grado porque en la misma carta indica Rivera que no conoce el fin de la historia de Cova. ''Le ruego —dice— que se sirva comunicarme oportunamente los datos que adquiere para adicionarlo a guisa de epílogo''. (**La Vorágine**. Prólogo). Rivera, el escritor de la carta (que no es el mismo Rivera, autor del libro, que tiene clara conciencia de lo que acontecerá), sabe lo que va a pasar hasta cierto punto, el punto en que Cova y Alicia salen del barrancón de Manuel Cardoso para evitar el contagio de los apestados que se desembarcan. No vuelve a aparecer Rivera, narrador, hasta el epílogo, con su alusión al último cable que había recibido del cónsul, relacionado con la suerte de Arturo Cova.

¿Qué nos dice esta aparición del narrador? ¿Por qué emplea Rivera la técnica de la carta firmada por él como narrador? ¿Cuáles son las ventajas de este tipo de marco de narración enmarcada, que utiliza Rivera?

Rivera, narrador, pide que aceptemos la historia que sigue como obra de Cova. No va a interponer sus opiniones ni interpretar los hechos. Este silencio autorial, esta actitud de no interferir con la narración trae ciertas ventajas. En la manera en que deja Rivera que sus personajes desenvuelvan sus propios destinos, puede el autor realizar efectos dramáti-

18. Joan R. Green, **La estructura del narrador y el modo narrativo de la Vorágine.** Cuadernos Hispanoamericanos, Nos. 205-207, 1967, p. 106.

cos, que serían muy difíciles de obtener con el uso del comentario directo. Cova nos va a presentar la novela —su novela—, y tenemos que aceptarle a este personaje y a la visión del mundo que nos trae con todas las limitaciones implícitas en cualquier narración en primera persona.

Esto nos lleva al segundo, y el más importante narrador, Arturo Cova. La narración de Cova comienza en un punto cuando ya están próximos a encontrarse con las mujeres que persiguen y no cuando salen de Bogotá, Alicia y Arturo. Cova se sienta a escribir sus memorias para Ramiro Estévanez, presentando su vida como ejemplo o guía a éste, dice:

Va para seis semanas que, por insinuación de Ramiro Estévanez, distraigo la ociosidad escribiendo las notas de mi odisea... Peripecias extravagantes, detalles pueriles, páginas truculentas forman la red precaria de mi narración... No ambiciono otro fin que el de mencionar a Ramiro Estévanez con el breviario de mis pasiones y defectos, a ver si aprende a apreciar en mí lo que en él regateó el destino, y logra estimular para la acción... (**La Vorágine**).

Vemos, sin embargo, que lo que señala Cova como propósito inicial cambia después, y la narración torna a una acusación social, una expresión de nacionalismo y también una reflexión e interpretación de la selva.

Tenemos entonces al narrador principal —dramatizado— contando su historia de una distancia de unos ocho meses. ¿Hasta qué punto corresponden las características y creencias de Cova a las del autor? Como ya hemos dicho, hay los que han visto en Cova el retrato de Rivera. A medida que va penetrando más y más en la selva, Cova siente la magia y el embrujamiento que lo rodea. Llega a la selva a dominarle, y para dar expresión a la multitud de impresiones y experiencias que tan poderosa manifestación de la naturaleza le pueda ocasionar, cede la palabra a otros narradores. Cada uno de éstos trae una visión nueva de la selva, de la vida y del hombre. Hay un cambio de estilo en cada cual. La sensibilidad y el lenguaje de la narración reflejan la condición del que narra.

El próximo narrador que encontramos es Helí Mesa, viejo y triste, que nos cuenta la historia de su huida de Barrera y de los caucheros. Cova, que no ha podido tener todas las experiencias necesarias para darnos la visión de la selva que quiere dar, introduce narradores que añaden a su visión, para llenarla, para completarla, en fin, para profundizarla.

Después de la pequeña narración de Helí Mesa, donde nos cuenta su escape, hay la intercalación, en boca de Mesa, de la historia de la princesita. Técnica no común en la novela naturalista, Rivera nos presenta esta leyenda para hacer resaltar aún más el sentido del embrujamiento de la selva.

Más adelante encontramos a Clemente Silva, y a través de él tenemos otra visión de la selva: la selva cruel, la vida atormentada y brutal de los hombres que trabajan esclavizados. Tenemos aquí en esta parte el comienzo de una protesta y acusación contra las injusticias sociales.

Cuenta después Clemente Silva, la historia de su hijo, y dentro de esta narración relata la escena que tuvo con Balvino Jácome y lo que pasó durante el viaje del visitador. Otra vez se manifiesta el efecto brutalizador de la selva, y la manera en que aplasta las sensibilidades del hombre y transforma las mentes.

Al comenzar la tercera parte de la novela, vemos que es Clemente Silva que está hablando por lo que cuenta y describe, pero notamos que el lenguaje no es el suyo. Ese estilo florido y elocuente es característico de Cova. Es Clemente Silva quien habla, pero por boca de Cova. Cova, observador, ha penetrado en la conciencia íntima de Silva, y deja que Cova —agente— se identifique con el viejo cauchero. Cova nunca habla, pero, para exaltar el lirismo del paisaje, era preciso que la narración fuese hecha por Cova.

El último narrador que hallamos, Ramiro Estévanez, cuenta la horrorizante historia de las matanzas de Funes. Estévanez, arrebatado y gastado por la selva, nos pinta, en su narración, un cuadro de abyección total, y el fracaso completo que causa la selva:

> ...Un sino de fracaso y maldición persigue a cuantos explotan la mina verde. La selva los aniquila, la selva los retiene, la selva los llama para tragárselos... (**La Vorágine**).

La actitud de Cova frente al mundo y frente a los otros personajes sufre varios cambios a través de la narración. Lo que comenzó como fuga llega a ser persecución, y los propósitos mismos de esta persecución se van modificando. El sentido de venganza que siente Cova, su orgullo herido, su honor manchado, cambia a medida que se va acercando a las mujeres. Lo que aceptó como una verdad, es decir, su amor por Alicia, más tarde no tiene sentido para él. Le empuja la selva y realmente no comprende los motivos que tiene para perseguir a Alicia.

Las múltiples narraciones le permiten a Rivera una ampliación de la visión del mundo —en este caso, de esa parte del mundo llamada la selva— y también una flexibilidad en la ordenación y elaboración de esta visión. Rivera no comenta, demuestra. Quería denunciar la vida cruel e insensata de los caucheros, además del efecto aniquilador de la selva. Para conseguir el efecto que quería, puso su narración principal en la boca de Cova, que era poeta. De ahí la justificación de una retórica poetizada, y la distancia cultural y estética que separa a Cova de los otros personajes (con la excepción de Ramiro). La visión de la selva, en toda su complejidad, es la de Cova. Cada narrador, como hemos dicho, ordena su mundo y contribuye a una apreciación por parte del lector de esta complejidad; pero es Cova, observador, quien presenta este mundo. La visión de cada narrador secundario sufre una modificación por el simple hecho de tener que pasar por la pluma del narrador observador de Cova.

Rivera, narrador, vuelve en el epílogo citando las palabras del cónsul colombiano:

"...Hace cinco meses, búscalos en vano Clemente Silva. Ni rastros de ellos... ¡Los devoró la selva! (Epílogo).

"La visión de la selva está completa. La narración termina" (Opus, cit., de Green).

Después de analizar lo anterior, nos deja en claro que **La Vorágine** tiene un prólogo que se transforma en una carta con destino al ministro del gobierno. Es interesante ver el juego literario empleado por Rivera a fin de dar apariencia real a la ficción. El narrador se dirige al ministro, y los dos tratan el caso de Cova, instalando así a éste dentro de un plano real.

En el epílogo al finalizar el libro encontramos el desenlace de la historia referida en el manuscrito.

Carlos Loveira Chirino, (1892-1926), cubano. Escritor autodidacto, salió del pueblo y en él se formó. Fogonero de profesión, organizó sindicatos y obreros. Profesó por convicción ideas socialistas. "Escribí mi primera novela por necesidades de la propaganda socialista", manifestó. Su primera novela, **Los inmorales** (1919), es una disquisición filosófica en contra de la moral burguesa. **Generales y doctores** es el título de su segunda novela, escrita en 1920, y luego, **Los ciegos**, en 1922. **La última lección**, en 1924, y **Juan Criollo**, en 1927. Loveira es un gran observador de la realidad social.

Gustavo A. Navarro (Tristán Marof, 1896), boliviano. Utiliza seudónimo literario con fonética rusa. Abogado, político y escritor, se inicia en la literatura en 1918, con **Los Cívicos**, publicada en La Paz, relato juvenil, de sátira política, donde intuye un directo ataque a una falsa democracia imperante en su país. Después escribe **Suetonio Pimiento,** Génova (1924), de género humorístico, con caracteres realistas, y donde también la sátira juega un papel importante en la falsa y fatua vida que llevan los diplomáticos hispanoamericanos a fin de mantener su vanidosa vida.

Su tercera novela, **Wall Street y hambre**, (Montevideo, 1931), tiene por escenario la ciudad de Nueva York y su fin es el de pintar el desequilibrio social de los Estados Unidos. Se nota una gran inclinación marxista. Boliviano también, y de este marco histórico representativo en la novela hispanoamericana, es **Adolfo Otero** (1896). En 1934 publica, bajo el seudónimo Nolo Beaz, su novela **Horizontes incendiarios,** obra que se constituye en ofensiva literaria en el escritor para respaldar la campaña nacional del Chaco; de ahí que esté estructurado su argumento en virtud de las circunstancias.

"El relato vivo, palpitante, fluido, matizado de humorismo naturalista, demuestra dominio perfecto del arte narrativo. Es un estilo de primera clase, que por las circunstancias especiales de la composición se emplea más con finalidades de diplomacia guerrera que de arte. El libro describe episodios de la campaña y aún del cautiverio de los soldados bolivianos. El autor se inspira en las partes del comando supremo transcritos por la cancillería al exterior. Hemos dicho que la novela es experimental porque, pese al sacrificio del argumento, la obra recoge, si no la experiencia personal del autor, la del pueblo, la del país a que pertenece, en la dramática hora del Chaco" (19).

Otro de los buenos novelistas de este marco histórico es el argentino Arturo Cancela (1892). En (1922) se presenta en el panorama literario con su obra **Tres relatos porteños,** in-

19. Obra citada de A. Guzmán, p. 113.

tegrada por tres novelas cortas. Utiliza un lenguaje sencillo pero de singularidad americana. Gran observador, analiza en sus protagonistas el detalle característico y revelador. Dueño de una prosa fluida dentro de un estilo breve pero conciso. El primero de los relatos, **El cocobacilo de Berlín**, es una característica de la burocracia argentina. El segundo, **Una semana de holgorio**, está escrito en primera persona con un ambiente de fantasía y aun de poesía. Su tercer relato, **El culto de los héroes**, está más cerca de las novelas que del cuento.

Otro novelista popular de esta época en Argentina fue Benito Lynch (1885-1952). Utiliza un claro ejemplo rioplatense. El paisaje, los personajes y el ambiente se tornan unitarios. Sus virtudes de paisajista y sicólogo son notorias en toda su extensión. Se inició con la novela **Plata dorada**, la cual pasó inadvertida al publicarse, para conseguir pocos años después dos grandes éxitos con **Los caranchos de la Florida** en (1926) y **Raquela** (1918). En (1922) publica la **Evasión** y **Las mal calladas** en (1923). La obra maestra de Lynch es **El inglés de los güesos**, publicada en (1924). El gran valor de Lynch es sin duda el de llevar a la literatura el lenguaje vernáculo con estética en medio de una gran prosa narrativa.

Genaro Prieto (1889), chileno. La primera incursión a la literatura va unida a la novela **Un mundo muerto de mal criterio**, publicada en (1926). La sátira es el tema central de su obra. En (1928) publica **El socio**, obra de la cual nos muestra acciones simultáneas y caracteriza diferentes personajes. No se anota una profundidad referente al valor humano.

Daniel Samper Ortega, (1895-1943). Ensayista, novelista y dramaturgo. Nació en Bogotá, capital de Colombia, el 26 de noviembre de 1895 y murió el 2 de noviembre de 1943. En el campo de la novela aportó tres obras: **En el cerezal** (1922), **La obsesión** (1936) y **Zoraya** (1931). La primera de ellas tiene influencia de Jorge Isaacs en su novela **María**; la segunda en estilo y argumento sigue la línea de **Flor de durazno**, del argentino Hugo Blast, y finalmente su novela **Zoraya**, la mejor lograda de las tres tiene marcada influencia del autor de **La gloria de don Ramiro**, el argentino Larreta. Escribió algunas obras de teatro, género que no era su campo. Como lo apunta Gómez Restrepo, en él perdía "uno de sus principales recursos: su habilidad para la descripción", habilidad que bien se revela en tantas páginas de las novelas en **El cerezal** y **Zora-**

ya, obras artísticas que lo colocan entre los buenos prosistas hispanoamericanos" (20).

Augusto Liuti. Guatemalteco. Escribe su novela **La antesala del cielo** en 1948. La acción se desarrolla en la cordillera de los Cuchumatanes en el Departamento de Huehuetenango. "Tanto la naturaleza como por el estilo lento y la religiosidad del autor, este libro parece haber heredado mucho de Pereda. Abundan las descripciones del paisaje, de la cacería y de la pesca. En realidad, no hay más que tres personajes individualizados: el narrador; Turco, su perro feroz, y Nicolás Caba, su guía indio. El único hilo novelesco se basa en la insistencia del narrador en visitar un pueblo de indios muy primitivos y medio salvajes que viven aislados de la civilización. El narrador, como los personajes de Flavio Herrera, acaba de volver de Europa para encargarse de la dirección de su finca después de la muerte del padre. Contra la voluntad de Nicolás, acaban por llegar al pueblo de los indios. Estos no tardan en sublevarse, matando a su propio jefe lo mismo que a Nicolás. Enfurecido, el narrador les dispara y les suelta su perro. Medio delirante, logra volver al pueblo de Nicolás donde lo curan. Su castigo consiste en recordar que por una curiosidad turística mató a esos indios infelices y causó la muerte de sus amigos, Nicolás y Turco. En este libro, los personajes están subordinados a la presentación de la naturaleza como reflejo de la perfección de Dios. En las otras novelas criollas predominan más los personajes" (21).

Leopoldo Seissig, guatemalteco. Publica su novela **Amor y cascajo** (1949), novela que describe la región de la Sierra de las Minas cerca de El Rancho y San Agustín Acasaguastlán en el departamento de El Progreso. Lo mismo que en la novela **Doña Bárbara** de Rómulo Gallegos, la civilización triunfa sobre la barbarie. La novela pinta minuciosamente un campamento minero de la región aludida en el cual se ve amenazado por la barbarie regional. "El libro no tiene una trama que se desarrolle desde el principio hasta el fin. Más bien, consta de una serie de episodios novelescos,

20. Cita tomada del **Diccionario de la literatura latinoamericana**, Colombia, Unión Panamericana, Washington, D.F., 1957, p. 105.
21. Seymour Menton, **Historia crítica de la novela guatemalteca**. Editorial Universitaria, Guatemala, 1960, p. 286.

"romances de la montaña", como indica el subtítulo, los cuales el problema gallegosiano de la civilización de la ciudad frente a la barbarie del campo. Aunque hay un asesinato y varios ejemplos de amores violentos, la barbarie es suavizada por la presentación de mucho folklore. Desempeñan un papel importante las fiestas campestres, los sepelios, las bodas y la brujería" (22).

Alvaro Hugo Salguero, guatemalteco, escribe su novela **La brama** en 1950. La acción se desarrolla en las montañas de Jutiapa. Como lo dice el mismo autor, "**La brama** es una serie de estampas regionales del oriente de Guatemala, sin contenido revolucionario ni intervención social". "Aunque **La brama** se parece algo a **Amor y cascajo** por su construcción basada en una serie de estampas, se distingue de la obra de Zeissig en varios aspectos. En **La brama** predomina el tono violento y la barbarie triunfa sobre la civilización. Hay más descripciones de la naturaleza y el ritmo es más dinámico. El protagonista es más activo. Antes de emprender su viaje a la finca, evoca imágenes del Valle de Asunción Mita, de Atecampa y de Güija. Luego hace un viaje a Honduras con sus "campistos" para comprar ganado y vuelve por Chiquimula, Esquipulas e Ipala. Después de herir a Goyo Lentejo, Aníbal se esconde por la montaña de Suchitán. El protagonista, por su actuación en varios episodios novelescos y por su capacidad de transformarse, le presta cierta unidad a **La brama**. Otro elemento que sirve para eslabonar las estampas es que casi siempre, la última oración de una estampa anuncia la siguiente. Sin embargo, aunque **La brama** tiene un espíritu mucho más criollo que **La antesala del cielo** y que **Amor y cascajo**, sufre del mismo defecto guatemalteco de no ser una novela bien definida. Técnicamente puede clasificarse más con las series de cuadros de costumbres" (23).

Fernando Juárez y Aragón, guatemalteco, publica su novela **El milagro** en 1952. Tiene mucho en común esta obra con **La brama** de su coterráneo Alvaro Hugo Salguero. El espíritu costumbrista domina la novela. "Como en **La brama**, los peones adoran al finquero y la trama principal se basa en los amores de éste con su vecina. Fernando Juárez y

22. Obra citada de Menton, p. 288.
23. Opus, cit., p. 290.

Aragón, hijo de J. Fernando Juárez Muñoz, da a su libro un solo hilo novelesco que predomina constantemente. Como consecuencia de sus amores con el amo don Chico, la niña Vicenta, una "bruja" vecina, resulta encinta. Don Chico, especie de "gran señor y rajadiablos", declara inexorablemente "Que seya varón o que se lo lleve la muerte...". Esa obsesión por un niño varón constituye la trama de la novela" (24).

Malín D'Edrevers, guatemalteca, publica su novela **Mah-Rap** en 1946. La novela es de espíritu criollo pero con elementos sentimentales del siglo XIX. La autora quiere presentar algo de los Kecchíes, al igual que el ambiente rural y pueblerino de la Alta Verapaz.

Carlos Manuel Pellecer, guatemalteco, escribe la novela titulada **Llamarada en la montaña** (1947); Rafael Zea Ruano escribe a **Tierra nuestra** (1952). Las dos novelas son cortas y muestran la influencia de la Revolución Mexicana en el contenido de ellas. En la primera novela "los abusos llenan los capítulos sin integrarse en una historia completa. El peón viejo es despedido de la finca por el nuevo dueño alemán porque ya no sirve. Este posee por la fuerza a la hija de uno de los campesinos. El cacique político lleva preso a Rodrigo Morales, le despoja de su tierra y lo mata aplicándose la Ley de Fuga...

En cambio, **Tierra nuestra** de Rafael Zea Ruano, que contiene solamente setenta y cinco páginas, logra mayor verosimilitud limitándose a exponer los abusos en un pueblecito cerca de Zacapa. Desgraciadamente, no se describe la naturaleza de esa región ni hace más que mencionar los nombres geográficos. Inspirada en **El mundo es ancho y ajeno** del peruano Ciro Alegría, **Tierra nuestra** protesta contra el despojo de una comunidad indígena" (25).

Rosendo Santa Cruz, guatemalteco, publica su novela **Cuando cae la noche** (1943), en la cual se hallan las mismas tendencias de la época en Hispanoamérica. "Conforme a la pauta de la novela criolla, la acción de **Cuando cae la noche** transcurre principalmente en una región rural pero no se limita a un solo lugar. El escenario más frecuente es una fin-

24. Opus, cit., p. 291.
25. Opus, cit., pp. 294-295.

ca de café en la Alta Verapaz, pero el protagonista también actúa en el pueblo cercano de San Miguel Tucurú, en Cobán, la cabecera provinciana, en la ciudad de Guatemala y hasta en el lejano santuario de Esquipulas. El acierto del novelista en su visión panorámica de la nación es que los distintos lugares geográficos no parecen traídos por el pelo. El protagonista se mueve naturalmente de un escenario a otro, escenarios que el autor se empeña en describir con mucho colorido. Se menciona el Petén como procedencia de uno de los personajes, pero no es el Petén lejano y exótico de **La gringa** sino el departamento que linda con Alta Cruz" (26).

Virgilio Rodríguez Macal, guatemalteco. Publicó las siguientes novelas: **Carazamba** (1953) y **Jinayá** (1956). La primera de ellas tiene gran influencia de **La Vorágine** del colombiano José Eustasio Rivera. Al igual que en **La Vorágine**, la mayor parte de **Carazamba** se centra en un viaje tremendo dentro de la región más tropical de Guatemala. En cambio en **Jinayá**, su segunda novela, centra la acción en una finca en el sur del departamento de Alta Verapaz, entre el río Polochic y la Sierra de las Minas. "**Jinayá** representa la decadencia de la novela criolla. Todos los ingredientes están presentes —una región aislada, la naturaleza bella, los indios, los amores ilícitos engendrados por la lujuria del trópico, el mayordomo estafador y la influencia malévola del gobierno— pero el enfoque ya no es objetivo. Todo el libro es narrado en primera persona por el protagonista, de manera que todo se ve por los ojos de un hombre que, en realidad, es un ser muy superficial. Nunca llegamos a conocerlo. Es un héroe **hollywoodesco** que triunfa en todo: las peleas, la cacería, el amor y los pleitos. Luciendo sus conocimientos del derecho, el autor reproduce más de cuatro páginas de la documentación legal empleada para recobrar la finca de Franz. El libro es interesante, porque, igual que en **Carazamba**, Rodríguez Macal sabe urdir tramas llenas de aventura y narrarlas con un estilo muy dinámico" (27).

Enrique Wyld, guatemalteco, escribe su novela **Con el alma a cuestas** (1953). La novela se construye con un conjunto de episodios que reflejan en parte las condiciones socia-

26. Opus, cit., pp. 295-296.
27. Opus, cit., p. 303.

les de los personajes. Trata en muchas ocasiones de romper con el criollismo.

Aqueles Vela, guatemalteco, escribe su novela **La volanda** (1956). "**La volanda**, como tantas novelas guatemaltecas, desconcierta por su construcción desequilibrada. Comienza como si fuera una presentación panorámica de la ciudad de México con personajes anónimos moviéndose en un mundo joyciano. Los primeros tres libros, de los seis que forman la novela, presentan una gran variedad de elementos que integran la ciudad de México. La cámara del autor se mueve rápidamente desde el Paseo de la Reforma hasta los barrios pobres donde viven los pepenadores" (28).

David Vela (1901), guatemalteco, escribe su novela **Un personaje sin novela**, novela eminentemente guatemalteca. "Uno de los mayores encantos de este libro es el lenguaje ingenioso y habrá que remontarse hasta las obras de Isisarri para encontrar tanta abundancia de juegos lingüísticos. Pocos días después de llegar de recluta a Guatemala, dice el protagonista-narrador, "Aprendí también en el zaguán que el capitán tenía muy malas pulgas, explicándose así los piquetazos que en el dormitorio me habían sacado varias veces de mis ensueños". A veces, el autor se entretiene excesivamente con estos juegos" (29).

28. Opus, cit., p. 306.
29. Opus, cit., p. 307.

CAPITULO XIV

EL GRUPO DE GUAYAQUIL

Debido a la problemática de Hispanoamérica, la novela tiene entre nosotros grandes perspectivas. Las diferencias de razas, los mestizajes, las tiranías de los clanes burgueses, la vida infrahumana del hombre del agro, la explotación despiadada del obrero y la existencia azarosa de la clase media, son elementos poderosos para el cultivo de la novela social, ya que en ella aparece la objetividad de la vida miserable de estas colectividades en la América Latina.

La novela social hispanoamericana, en conjunto, es una de las manifestaciones más vigorosas y características de la actual literatura americana.

A partir de 1930, el Ecuador marca una pauta en este género novelístico de América Hispana, pues surge una extraordinaria generación de novelistas. Dos grupos se distinguían entre los novelistas ecuatorianos de entonces: el grupo de Guayaquil y el de La Sierra. Ambos grupos tienen algo en común: reflejar en sus novelas la brutal realidad de los indios, campesinos y de la explotación ecuatoriana y servir como medio de denuncia social de esa infamia, denunciar a gritos la tragedia de ese conglomerado social en pleno siglo veinte.

El grupo de Guayaquil se caracteriza por el tema del sufrimiento del **montuvio**, el cual constituye gran parte de la región de la Costa. Las novelas de este grupo se interesan en describir, de modo realista, los problemas sociales del **montuvio**.

"Los novelistas del Grupo de Quito han adoptado, de un modo militante, la causa socialista de tanto el indio como el **cholo**, o mestizo, de la región andina. Sus novelas sumamente realistas (y, a veces, bastante naturalistas), con los mismos malhechores y víctimas, presentan una descripción de un mundo primitivo, en el cual el explotador y el explotado están eternamente ligados en sus obras, se trata de analizar crítica y objetivamente la estructura imperfecta y desigual que caracteriza la sociedad ecuatoriana. En su deseo de escribir abiertamente los problemas sociales y sicológicos del indio miserable y del trágico cholo frustrado de la Sierra, los novelistas del Grupo de Quito insisten en sus obras que el indio del latifundio es mucho más que una bestia, y que el mestizo de las ciudades representa potencialmente un elemento de buen éxito para la vida social y política de la nación" (1).

El Grupo de Guayaquil se caracteriza por la temática, pues se centra especialmente en los tipos étnico-sociales nativos. **El Cholo**, el **montuvio** y el negro costero se destacan a través de sus obras. El conjunto de escritores de este grupo trataron de dar a su narrativa un valor artístico a fin de que su expresión traspasara una simple fecha histórica. A través del conjunto de novelas del grupo de Guayaquil, sus integrantes como un solo espíritu denunciaron los aspectos negativos de la sociedad ecuatoriana.

"El medio ambiente es descrito con gran profundidad y contra un amplio panorama. Las luchas en pro de la justicia llegaron a ser parte de una gran pintura global. Los de abajo fueron representantes en su totalidad, como seres más humanos que los de la clase alta.

Tenemos a los **Cholos**, los **montuvios** y los negros en íntima relación con las plantas y la vida animal, y profundamente enraizados en las supersticiones y las tradiciones locales. Como son los caracteres más interesantes, resultan plasmados, claramente, como los representativos de su región. Las referencias históricas son usadas para afirmar las ideas acerca de la naturaleza y la composición de la sociedad.

Estos novelistas utilizan intensamente el lenguaje y la sintaxis imitativa del habla de los nativos. Evitan estereo-

1. Antony J. Vetrano. **La problemática psico-social y su correlación lingüística en las novelas de Jorge Icaza**. Ediciones Universal, Miami, U.S.A., 1974, p. 21.

tipar los caracteres utilizando el énfasis sobre los rasgos individuales. Algunos son símbolos de su raza y de su clase social, pues están dotados de una sicología excepcional. La protesta contra la injusticia social es evidente, pero la propaganda es constreñida. En cambio, las cualidades líricas y un sentido de la belleza de la vida en el trópico ecuatoriano, están muy bien representados.

"...Las obras del "Grupo de Guayaquil" han tenido, indudablemente, algún efecto en el proceso social, aunque la descripción realista haya ofendido a muchos lectores. Su literatura hizo obvios ciertos defectos sociales, y dejaron un hermoso legado, para los escritores nuevos, de una serie de novelas que están basadas en la realidad social y que son también obras de arte" (2).

Diferentes opiniones giran en torno de este valioso grupo de escritores denominados el "Grupo de Guayaquil". Algunas críticas peyorativas pero otras eminentemente positivas. "Aunque los autores de Guayaquil reconocieron a los de otros lugares, sintieron también que el área costera del Ecuador y su gente no se encontrarían duplicadas en cualquier otra parte. Y así, colectiva e individualmente, ellos elaboraron su técnica ajustándola a ese material. En forma de grupo, se concentraron en la interacción de cada uno con el medio ambiente, para representar el drama humano, la psicología y los elementos telúricos que los hace tan singulares. A menudo logran un fuerte lirismo al retratar esta influencia recíproca. Individualmente, como artistas encuentran un proceso, con el cual obtienen éxitos notables. Aunque un escritor puede ser más experimental con su técnica que otro, ninguno de ellos imita a sus compañeros, ni a los autores extranjeros" (3).

El Grupo de Guayaquil trabaja bajo una labor común. Ideológicamente podría decirse que forma una línea homogénea, al igual que en su perspectiva artística. Figuras representativas de este grupo son: José de la Cuadra (1903-1941); Alfredo Pareja Díez-Canseco (1908); Demetrio Aguilera Malta (1909); Enrique Gil Gilbert (1913), Joaquín Ga-

2. Karl H. Heise. **El Grupo de Guayaquil.** Playor, S. A., Madrid, 1975, pp. 148-149.
3. **Opus, cit.**, pp. 83-84.

llegos Lara (1909), y un poco más tarde se agrega al grupo Adalberto Ortiz (1914).

José de la Cuadra, (1903-1941). Sobresalió más en el cuento que en la novela. Fue un socialista moderado y sus temas los tomó de la miseria humana. Se destacó más en los cuentos cortos, empero publicó dos novelas que le colocaron en primera fila en el Grupo de Guayaquil. La primera de ellas se publicó en 1934 bajo el título de **Los Sangurimas,** y en 1951 publica su segunda novela **Los monos enloquecidos.**

Como abogado profesional, se relacionó con diferentes causas criminales relacionadas con varios tipos étnico-sociales de la costa ecuatoriana, causas que le sirvieron para su material novelado. Fino observador de los problemas sociales, los llevó con gran cuidado a la literatura.

En **Los Sangurimas,** el patriarcal Nicasio Sangurima, montuvio y a la vez latifundista, es mezclado de una zamba y de un extranjero blanco, en su segunda novela **Los monos enloquecidos,** la familia Hernández de Guayaquil, su ancestro tiene algo de africano, indio y europeo.

"Los tipos étnico-sociales comparten algunos rasgos. Son presentados como la verdadera representación del ambiente, y a menudo como su personificación. Poseen valor y agresividad, que les permite aceptar una desafiante aventura, sin reparar en las posibles consecuencias. Su innato sentido de justicia es tan fuerte que los lleva a la acción directa. Además, el **montuvio** es independiente y trabajador, el **cholo** y el negro son introspectivos, pero este último, a causa de su color, se siente desigual en su identificación con sus conciudadanos" (4).

La descripción de la naturaleza envuelta en el mundo del **montuvio** es la parte central de la narrativa de la Cuadra. Describe al **montuvio** como un ser lleno de vigor, intrépido y apasionado. Las novelas de José de la Cuadra son la relación del drama humano de ese conglomerado **montuviano.** Veamos un párrafo de **Los Sangurimas:**

"...Mi tío Sangurima se calentó. Buscó al gringo y lo mató. Mi mamá no dijo esta boca es mía. Nací yo. Cuando nací, mi madre me atendió como pudo. Pero, en cuanto se al-

4. Karl H., Heise. **El Grupo de Guayaquil.** Editorial Playor, S.A., Madrid, 1975, p. 53.

zó de la cama, fue a ver a mi tío. Lo topó solo. Se acomodó bien. Le tiró un machetazo por la espalda y le abrió la cabeza como coco. Nada más" (p. 456).

"El comentario social **per** se no es el principal objetivo de las novelas de José de la Cuadra. Es incidental, a la creación del contradictorio mundo del hombre costero, con su violencia, matanzas, fantasías y misterios, y hasta en el romance y la ternura. El choque fatal entre los miembros de la familia Sangurima, la petición de ayuda del culto protagonista a un médico brujo y a unos simios semi-humanos en **Los monos enloquecidos**, y el amor del primero por su hija, o el afecto de Nicasio Sangurima por sus nietos, son claros ejemplos de los componentes de ese mundo.

Es tal y como el propio De la Cuadra ha escrito: "Sin afán propagandista, la simple exposición de la verdad campesina entraña la denuncia y llama a la protesta". Sin embargo, su afirmación es demasiado modesta. Su técnica es simple de forma pero no de función. Más que ninguno de sus colegas, José de la Cuadra triunfa al retransmitir la psicología de las gentes que viven a lo largo de la costa ecuatoriana, tanto como individuos que como miembros de grupos específicos. Si el lector siente que la situación social necesita ser corregida, es porque así lo ha experimentado, y ha llegado a ser una parte del mundo del montuvio" (5).

Alfredo Pareja Díez-Canseco (1908). Figura prominente del grupo de Guayaquil. Novelista de ambiente urbano, mueve sus personajes dentro de una línea de miseria y con ellos figuran zambos, mestizos, en diálogos vivaces. Su obra es la siguiente: **La casa de los locos** (1929); **Río arriba** (1931); **El muelle** (1933); **La Beldaca** (1935); **Baldomera** (1938); **Hechos y hazañas de don Balón de Baba** (1939); **Hombres sin tiempo** (1941); **Las tres ratas** (1944); **Los nuevos años: I, La advertencia** (1956); **Los nuevos años: II, El aire y los recuerdos** (1959); **Los nuevos años: III, Los poderes omnímodos** (1964); **Las pequeñas estaturas** (1970); **La manticora** (1974).

Alfredo Pareja Díez-Canseco "declaró su intención de dedicarse a describir la vida de su país. Se mantuvo fiel a ese impulso primero en sus novelas y ensayos históricos; con la única excepción de un estudio sobre Thomas Mann. Mozo

5. **Opus, cit.**, pp. 91-92.

de cordel en Nueva York durante la crisis de 1930, se acordará de esa experiencia proletaria en **El muelle**, su "novela del trópico mestizo", como la definió B. Carrión para la posteridad" (6).

La crítica considera que su mejor novela de tema nacionalista es **El muelle**. Novela naturalista de ágil descripción y de vivos diálogos. Juan y María personifican a los protagonistas mestizos de Guayaquil, con escenas de la vida mundana, enfermedades, miseria e infamia.

Se destaca en esta novela la figura femenina de María del Socorro, figura que la crítica ha considerado una de las más importantes en la novela. Refiriéndose a esa figura dice Nicolás Jiménez: "En **El Muelle** hay esa María del Socorro, la pobre chola cuyas desgracias conmueven, y hay una pintura fiel y realista del medio en que ella y los demás personajes se mueven". Otro personaje femenino de relieve en la obra de Pareja es la mulata Baldomera, protagonista de la novela que lleva el mismo nombre. Ninguno de sus personajes masculinos en la obra de este escritor —con excepción de Claudio Barrera—, en **El Muelle**, tiene la fuerza expresiva de las figuras femeninas.

En **La Beldaca**, nos narra la historia de una balandra que corresponde al mismo título. El libro pinta a los protagonistas llenos de miseria, que son en su mayoría hombres que viven alrededor del mar: cholos, pescadores y vendedores ambulantes. Los otros personajes son representantes de la burguesía. Tanto en **El Muelle** como en **La Balandra**, las descripciones y el paisaje marino predominan.

Hombres sin tiempo fue escrita cuando Pareja se halla detenido en la cárcel **Penal García Moreno**, en virtud de la persecución de la dictadura de turno del Ecuador, una de las más severas que haya soportado el país. La novela se estructuró con el material humano que encontró en la prisión. "Cada uno de los varios personajes, cuyo ciclo se abre y se cierra en el curso de la narración central tiene, al ser evocado, notable fuerza. Margarita, el "gusano" Barcia, Casal... se insinúan notablemente en el recuerdo. El narrador habla en primera persona, en un tono de confesión cálida. Lleva un libro de notas, un diario. En él estampa sus propios pensa-

6. Paul Verdovoye. **Antología de la narrativa hispanoamericana, II, Madrid,** Gredos, 1979, p. 225.

mientos, su peripecia espiritual y la de los otros. Cumple, por fin, la condena. Sale en libertad, desconcertado. Va en busca de un amor, sin hallar meta alguna. Entierra su manuscrito...

Las tres ratas, consigue construir un relato sobrio, proporcionado, interesante, metódicamente desarrollado, con materiales sumamente sencillos. Se revela en este libro como el novelista que, en el Ecuador, mejor domina el oficio. Sin tratar de grandes temas ni trabajar con masas humanas o símbolos; sin la ambición de condensar, en una obra de ficción, el drama social de la clase inferior en la sociedad ecuatoriana; sin el prejuicio político, que nos suele llevar a buscar la llaga para exhibirla o a evadir los temas dolorosos para no disgustar al lector, este pequeño libro de Pareja no solamente nos cuenta, en forma llena de pericia y facilidad una historia interesante, sino que nos da, haciendo una corte vertical, la visión realista de la sociedad en que ubica la narración. Cumple, pues, ese doble objetivo que, de algún tiempo a esta parte, vienen buscando nuestros escritores, pasada la primera etapa de "denuncia y protesta": hacer de sus libros, al par que un documento social, una obra artística. **Las tres ratas** narra las penosas aventuras de una familia de la clase media de ascendencia liberal, que sale a la ciudad de Guayaquil. Tres hermanas son los personajes principales, sobresaliendo la segunda, Eugenia Parrales —una de las tres ratas— que consigue ser, sin duda, una de las mejores creaciones de este autor" (7).

Posteriormente Pareja publica la serie titulada **Los nuevos años**, tomos I, II y III, obra que se refiere a hechos contemporáneos. "La advertencia, primera de la serie, se refiere a la revolución del 9 de julio de 1925, inspirada en la revolución rusa y la marcha sobre Roma. Los progresos realizados gracias a ese movimiento abren el período de los "nuevos años"; no hay que desperdiciarlos: tal es la "advertencia". El defensor de la fe en el porvenir es el joven intelectual, puro e inteligente, Pablo. Llegará más adelante del desengaño. Apenas publica su **Historia del Ecuador**, sale la segunda novela de la trilogía, **El aire y los recuerdos**, que reconstituye

7. Angel R. Rojas. **La novela ecuatoriana**, Fondo de Cultura Económica. México-Buenos Aires, 1948, pp. 196-197.

la situación ecuatoriana después de 1932, en las dos grandes ciudades rivales, Quito y Guayaquil, con el enfrentamiento de las fuerzas de derecha y de izquierda, cuando, después de la derrota de los conservadores, se levanta una parte del ejército. En la tercera novela, **Los poderes omnímodos,** siguen las luchas, dominadas finalmente por el triunfo de un demagogo" (8).

Sus obras las centra generalmente en la parte urbana, mostrándonos el autor las relaciones de las clases trabajadoras con el ambiente que les rodeaba. Sus escenarios son generalmente urbanos, por tal razón Benjamín Carrión considera que: "Pareja encuentra sus gentes en el asfalto de la ciudad caliente. Tirados en los portales del Malecón porteño, esperanzando un poco de pan, acaso, enrabiados ya de justicia y de odio. Gentes que caminan sus pasos de siempre, que trabajan, que comen mal y aman" (9).

En **Don Balón de Baba** (1939), Pareja Díez-Canseco nos lleva a presenciar un cuadro de miseria que explica la situación social existente en una época que se daba en la sociedad ecuatoriana: "...¡Cuánto dolor! ¡Cuánta miseria! Yo veo a la gente morirse de hambre. Y he visto a padres que no tienen con qué enterrar a los hijos que murieron por falta de alimentos. Los niños, ojerosos, raquíticos, pidiendo una limosna, parados frente a las vitrinas de los juguetes, llorando, llorando... ¡Qué horror!... ¡Ah! Inocente, ¡qué crueles son los capitalistas! Y todavía creen que haciendo caridades se remedia todo! ¡Farsantes! Me muero... de pena, no puedo más ya..." (p. 86).

Demetrio Aguilera Malta (n. 1900) en Ecuador. Su obra novelística consta de lo siguiente: **Don Goyo** (1933); **Canal Zone** (1935); **Madrid** (1937); **La isla verde** (1942); **Una cruz en la Sierra Maestra** (1960); **Episodios americanos I. La caballeresca del sol.** (**El gran amor de Bolívar**), (1964); **Episodios americanos II. El Quijote de El Dorado** (Orellana y el Río de las Amazonas), (Novela histórica), (1964); **Episodios americanos III. Un nuevo mar para el Rey** (Balboa, Anayansi y el Océano Pacífico), (1965); **Siete lunas y siete serpientes** (1970) y **El secuestro del general** (1973).

8. Obra citada de Verdevoye, pp. 224-225.
9. Benjamín Carrión, en **El muelle** de Pareja Díez-Canseco. Ed. Tezontle, México, 1945, p. 9.

Inició estudios de Derecho y de Bellas Artes en Guayaquil. Poeta, cuentista, comediólogo y novelista, al igual que dibujante, periodista, profesor, productor de teatro y de cine, y hombre de negocios. Junto con José de la Cuadra, Alfredo Pareja Díez-Canseco, Enrique Gil Gilbert, Joaquín Gallegos Lara, Demetrio Aguilera integró el conocido grupo llamado "Grupo de Guayaquil", el que trabajó bajo una labor de equipo y tras una tendencia ideológica similar.

Aguilera Malta se caracteriza en su arte de novelar por la temática campesina. El tema del "cholo" de la costa seca, se destaca en dos de sus novelas: **Don Goyo** (1933) y **La isla virgen** (1942). Su novela Canal Zone es una crítica cruda sobre las grandes infamias cometidas por el imperialismo de los Estados Unidos en Panamá. Esta novela fue el fruto de una estadía de Aguilera en Panamá. "En la última novela, de título mágico, **Siete lunas y siete serpientes,** la crítica social (contra la Iglesia y los pudientes) se pierde en un universo alucinado de brujería indígena mal que bien dominado por un Cristo caritativo y acusador" (10).

Los personajes preferidos de Aguilera son indios, mestizos, mulatos y zambos del campo ecuatoriano. Escribe preferentemente sobre situaciones de tipo social, que predomina sobre el ambiente sicológico de sus personajes. Este rasgo novelesco se acentúa principalmente en sus primeras novelas.

Sus novelas: **Don Goyo** (1933), **Canal Zone** (1935), **La Isla** (1942) y **Siete lunas y siete serpientes** (1970) son de vital importancia para conocer la condición social de los "cholos" ecuatorianos. En **Don Goyo,** el patriarca de la tribu de los **Cholos**, no sólo se comunica con la flora costera, sino que el árbol mangle constituye un símbolo de la tribu, pues éste es el sustento de ellos al cortar y vender tal clase de madera. Veamos un párrafo representativo:

"Estaba sumergido en el agua, totalmente desnudo, prendido de las ramas vigorosas del mangle caído. Tenía los ojos abiertos y la boca iluminada por una extraña risa, que imponía. Los músculos se habían esponjado. El cuerpo daba una impresión rotunda de fuerza y lozanía. Prieto, rugoso,

10. Paul Verdovoye. **Antología de la narrativa hispanoamericana, 1940-1970** (I), Editorial Gredos, Madrid, 1979, p. 35.

formidable, parecía confundirse con la carne del colosal habitante de la isla" (p. 200).

Aguilera Malta trata de recrearse en el mundo del cholo del campo. El autor describe tal como la colectividad vive en el medio, combinando el mundo telúrico con la parte social.

"**Don Goyo** y **La isla virgen** forman un ciclo completo. La primera novela se concentra en presentar al cholo en una pura e intacta situación donde vive apacible y armoniosamente con la naturaleza, independiente de la influencia ajena. Entonces pasa a verse engolfada dentro de la sociedad moderna, y es engañado, explotado y corrompido. Su vida idílica comienza a derrumbarse. En la segunda novela él no es ya independiente de toda sociedad, pues vive en una especie de sub-cultura y realiza funciones sociales variadas, desde un pequeño puesto oficioso hasta el ladrón profesional. Al final quedará completamente desilusionado. Néstor al perder su mujer por culpa de un cholo bandido, desaparece dentro de la selva, simbolizando así la rebelión del cholo contra toda la sociedad y su retorno a la anarquía autosuficiente. El autor sugiere así una redefinición de la sociedad costera, con un fresco énfasis en el fondo telúrico de la población.

Sin embargo, se recibe pasivamente el mensaje social, que está sumergido dentro de este mundo extraño donde las gentes y los árboles hablan entre sí. Se conoce al cholo más allá de como representante de los de abajo, como si fuera uno como él. Sabemos cómo vive y lucha por sostenerse. Y lo que es más importante, se nos informa lo que es más esencial, y cómo piensa y siente. Comprendiendo su psicología colectiva, a través de las relaciones con individuos tan representativos como él, no es necesario, pues, ser arengado con clichés revolucionarios y retóricos para estar al final favorablemente inclinado hacia esos problemas sociales" (11).

Enrique Gil Gilbert (1912). Uno de los más jóvenes de los autores de este grupo publica su colección de cuentos **Yunga**. La novela de Gil Gilbert está al servicio de reivindicaciones obreras. Publica su novela **Nuestro pan** (1941), novela que describe un realismo descarnado y conmovedor so-

11. Obra citada de Heise, pp. 109-110.

bre la explotación de los recolectores de arroz en la costa ecuatoriana. Esta novela obtuvo el segundo premio en el concurso hispanoamericano de novelas promovido por la editorial Farrar y Rinehart. "Hallamos en el libro una gran riqueza de situaciones, un rico tejido de historias que constituyen el cañamazo del relato, acción movida y apasionante mientras se relatan los procesos de la producción agrícola. La acción, en las tres partes de la obra, transcurre en el campo, cuya amorosa y emocionada pintura hace, con paleta de original colorido. El libro, a lo largo de todo este tramo, es una especie de **Geórgicas** del trópico. La faena del descuajamiento de la selva, de la siembra, la "pajareada", el desembarque de un tractor, que irrumpe en el campo salvaje, revelan en el autor un conocimiento directo de lo que cuenta... La finalidad y la orientación son transparentes. Sigue siendo este libro de "denuncia y protesta". En su cuarta y última parte, la acción va a la ciudad, donde, como ocurre con los montuvios desarraigados, languidece, se pierde en las calles abigarradas y en las complicaciones anímicas y tuerce su destino" (12).

Gil Gilbert en **Nuestro pan**, funde simbólicamente el hombre y el medio ambiente. En la descripción de los recolectores de arroz por parte de los **montuvios** vemos lo siguiente: "De sus manos torcidas, duras como suelas, enrojecidas y lascadas de tanto sobar las espigas, comienza a brotar sangre". Así vemos cómo el recolector mezcla la sangre de su cuerpo, con el fruto que le sirve de sustento. El autor trata de centrar al lector a fin de que pueda captar el sufrimiento del hombre al desangrarse para recibir un mísero salario que tan solo le sirve para supervivir. Observemos cómo Gil Gilbert describe al Capitán Sandoval ordenando el trabajo a la peonada a través de la selva:

> "...Caminar. Desgajados los vestidos. Rotos los pies. Seca la garganta. Con polvo en las hendiduras de la piel. Ya los machetes amellados. Teniendo que cortar los bejucos con las manos. Y las manos rasgadas... Días, días, días. Hay hojas erizadas de espina filosísima, bellas, blancas y verdes, que al pasar aserruchan. El Capitán Sandoval iba adelante, con la frente rasguñada por las espinas, con la cara raspada y deshollada por las hojas. Hojas como el acero que

12. Obra citada de Rojas, p. 191.

despellejan al rozar. El Capitán Sandoval es como bejuco. Alto, delgado, nervudo y ojos de gavilán. Camina firme, como si estuviera siempre marchando y jamás se cansa. Manda con frases cortas. Su voz es gritona.

"—¡Epa! ¡Carajo! Aquí hay que hacer lo que digo! El que quiere hacerlo, se queda, el que no, que cargue con su aparejo. Ya lo saben.

"Y a marchar. Con los pies chorreando sangre.

"Se guiaban oliendo el camino y no viéndolo. Abriéndose paso con las manos. Oyendo sin atender el grito de las catarnicas... El capitán Sandoval parecía ser como el viento. Iba. Iba. Iba. Quizá no se cansaba. Caminaba más rápido" (pp. 103-104).

"Después que el lector se recrea a través de la galería de pinturas verbales que es **Nuestro pan**, comprende que la suma no es tan grande como sus partes. Superficialmente esta novela es la historia de la ciencia, el florecimiento y la decadencia de una dinastía arrocera. Pero hay también la historia soterrada de los montuvios que trabajan en los campos de arroz y el mensaje social de que no son recompensados en sus duras labores. Sin embargo ninguna de estas historias son tan impresionantes como las escenas que describen al olímpico Capitán Sandoval, a los montuvios trabajando el campo o el drama humano" (13).

Joaquín Gallegos Lara (1909). Escribe su novela **Las cruces en el agua**, publicada en 1946, donde narra dramáticamente la historia social de Guayaquil. Gallegos demuestra una concepción madura, una línea revolucionaria definida, y nos deja una novela lograda en la novela contemporánea del Ecuador. Escribe algunas novelas sobre las Antillas, entre ellas **El embrujo de Haití** y **Eladio Segura** (1940).

Gallegos Lara fue un asiduo lector y de fina observación del ambiente que lo rodeaba. Durante diez años trabajó en un carretón entre Guayaquil y las montañas y ahí tuvo la oportunidad de convivir con los **montuvios**, que aparecerán más tarde en su producción literaria.

"Sus amigos y críticos estiman que su propia condición física le condujo directamente a interesarse en los **montuvios** y los **cholos**, y a admirar su viril modo de vida hasta el punto de inspirarle los firmes caracteres masculinos que su imaginación creó.

Gallegos Lara no era de una familia rica, él estaba identificado con la clase baja y veía su redención a través del marxismo.

13. Obra citada de Heise, p. 103.

Mientras De la Cuadra fue el líder artístico del grupo, Gallegos Lara fue su guía espiritual. Parecía tener como compensación a su defecto físico, una concentrada, y a los demás por la fuerza, llegó a ser un maestro de la polémica, alcanzando un papel principalísimo en las continuas discusiones sobre la sociedad y la literatura que tenían lugar entre los miembros del "Grupo de Guayaquil" (14).

Gallegos Lara padecía un grave defecto físico, que casi no le permitía andar. Jamás él sintió el menor complejo, y siempre visitó las barriadas obreras y la condición social de los obreros de las fábricas. Diez años después de morir Gallegos, su compañero de generación Alfredo Pareja Díez-Canseco escribía:

"...Y tú, feo como un apóstol, como un apóstol conocías las calles y las casas y las trajinabas para que las gentes fueran mejores, los ladrones robasen menos y los pobres comieran más. Yo te he visto llorar por el dolor de los otros y reía del tuyo" (15).

La meta central de Gallegos en **Las cruces sobre el agua** radica en la descripción del proletariado urbano. Describe dramáticamente la lucha del **cholo** de Guayaquil para subsistir en el medio que le rodea; Gallegos enfoca la lente hacia las enfermedades de la masa ecuatoriana, las malas condiciones de trabajo, y la alta rata de desempleo. Este novelista es un fino observador para señalar con lujo de detalles los sufrimientos de la clase menos favorecida económicamente que habita la ciudad. Veamos cómo nos describe la tropa cuando se preparaba para lanzarse sobre el pueblo:

"Del empedrado del patio subía un vaho húmedo, a basura y orines de caballo. Guitarreaban miriadas de moscas en la boñiga de los rincones... la tropa se precipitaba a formar...

"—Pero no habrá orden de fuego, ¿verdad general?

----

14. Karl H. Heise. **El Grupo de Guayaquil.** Editorial Playor, S.A., Madrid, 1975, pp. 23-24.
15. Alfredo Díez-Canseco, "Carta a Joaquín", **Letras del Ecuador,** No. 109, (julio-diciembre de 1957), p. 36.

"No era matar lo que podía desagradarle... matar inermes era lo que rechazaba...

"Desde chico,... soñaba en la guerra. El clarín, los gatillazos de los cierres de los rifles, la bandera, todo... le encrespaba la sangre... contra el remordimiento de ametrallar civiles..." (pp. 207-208).

"El autor idealiza la clase trabajadora, pero no esconde sus imperfecciones. Su técnica consiste en hacernos comprender una situación social y en excitar nuestra compasión hacia los seres humanos que los personajes representan. El sentido selectivo de Gallegos Lara y su concentración casi cinematográfica en los bajos niveles de la sociedad, no le impide incluir los aspectos agradables y desagradables de la vida de esos caracteres. Ellos podrían estar alineados en otras partes de la sociedad, pero ni siquiera lo están entre sí. Podrán sufrir privaciones económicas pero disfrutan de placeres intangibles. **Las cruces sobre el agua** perdura por dos buenas razones: su valor artístico y sus reflexiones sociales" (16).

Adalberto Ortiz (1914) fue el más joven de los escritors del **Grupo de Guayaquil**. Nació en la ciudad costera de Esmeraldas, por lo tanto su literatura se mueve alrededor de los negros de Esmeraldas. Pertenecía a una familia mulata. Se inició escribiendo poesía y cuentos cortos, pero también ha cultivado con éxito la novela. Dos novelas fueron escritas por Ortiz, **Juyungo** (1953) y **El espejo y la ventana** (1967). La primera de sus novelas ha sido traducida a diferentes idiomas y ha alcanzado tres ediciones en español. La novela es el efecto de las experiencias directas del escritor en su tierra nativa Esmeraldas. Angel F. Rojas dice de la obra de Ortiz que "Estaban haciendo falta los relatos que se refieren al hombre y al paisaje en una zona litoral poco conocida literariamente... Esmeraldas, ardiente y húmeda, escasamente poblada y rica en reviviscencias negras" (17).

16. Obra citada de Heise, pp. 97-98.
17. Angel F. Rojas. **La novela ecuatoriana.** Fondo de Cultura Económica, México, 1948, p. 213.

En **Yuyungo**, el negro protagonista personifica el medio ambiente de Esmeraldas, a pesar de los conflictos con la sociedad blanca. La lucha por la vida del hombre del negro peón está estrechamente ligada a la naturaleza y a los animales.

"La segunda característica común al **cholo**, el **montuvio** y el negro, es su arrojo o su agresividad, al enfrentarse a las exigencias y los conflictos de la vida. Este rasgo puede describirse como parte de su continua existencia: la confrontación diaria con el medio ambiente, frente a las ocasiones dramáticas y a las situaciones de peligro. Esta es la más permanente característica de la clase baja de las novelas del **Grupo de Guayaquil**, bien distinta de las escritas en otras partes del Ecuador" (18).

En **Yuyungo**, dos personajes prenden fuego a unas tierras de una isla habitada por negros, a fin de que huyan y apoderarse de sus tierras. Un niño del protagonista muere por el fuego. Los culpables son un extranjero y otro cómplice. La justicia no se hace esperar y según la narración dos días después, "han encontrado hecho picadillo a míster Hans y a Tolentino Matambra". Así vemos que los costeros reaccionan rápida y violentamente.

Al terminar la novela se aprecia una comprensión del negro en su tierra nativa. "Tenemos una panorámica visión de su vida, sabemos los distintos modos como se ha ganado el sustento, qué hace para divertirse y cómo establece su interacción con el medio ambiente natural, así como cuáles son sus creencias y sus supersticiones. Aunque el protagonista está más preocupado en examinar y evaluar sus relaciones con el blanco, hace lo mismo con el indio y los otros negros. Hay escenas de injusticia, pero éstas no son diferentes de otras en las novelas del **Grupo de Guayaquil**. El mensaje social es tan sólo secundario. Ortiz trata de dar una lírica pero realista representación de su región nativa y del pueblo que la habita" (19).

Los que se van

A manera de epílogo sobre el **Grupo de Guayaquil** trataremos de la obra **Los que se van** (1930), escrita por tres repre-

18. Obra citada de Heise, p. 55.
19. **Opus, cit.**, p. 123.

sentantes de este grupo: Demetrio Aguilera Malta, Enrique Gilbert y Joaquín Gallegos Lara, obra estructurada por una serie de historias cortas. Cada escritor contribuye con ocho narraciones en las cuales hacen énfasis a los fenómenos sociales de la época. "Todas son referentes a la clase baja de los habitantes de la costa tropical. La atención está puesta en tres vertientes; sus afinidades hacia el medio ambiente, como una física y una "espiritual" entidad; también hacia los camaradas y otros miembros de ese grupo social; y hacia la sociedad en general. La fuerza predominante en todos los cuentos es un afín e intenso tratamiento de las gentes de la costa tropical y el medio físico en general. El libro es un intento ostensible de captar el sabor de un viril modo de vivir, que está siendo olvidado por la sociedad moderna" (20).

Los autores tratan de obviar las largas descripciones y se centran en narraciones cortas bajo un estilo directo y sencillo. Los caracteres generalmente los sitúan en personajes masculinos con todos sus méritos y defectos, siempre luchando con el medio ambiente y con la sociedad que los rodea.

Los caracteres revelan la unión de las razas y culturas de la sociedad. La parte india está señalada por sus creencias raciales y por el amor a la naturaleza. La parte africana se destaca por la tradición religiosa.

"**Los que se van** debe ser considerada como un hito en la literatura narrativa de la costa del Ecuador. Los tipos étnico-sociales utilizados serán la base para los caracteres de las novelas escritas más tarde, por los mismos autores y sus contemporáneos que forman el **Grupo de Guayaquil**. La técnica artística empleada en este libro será el punto de partida para más ambiciosas obras, donde los escritores, como en este caso, no olvidarán al arte en favor de la tesis. Por otra parte, en "esfuerzo colectivo" de acercamiento a su material expresivo, continuará vigente en las obras de todos ellos, tanto en función de grupo, como en el desarrollo individual de cada uno, más allá de las naturales variaciones técnicas, que les proporcionará la experiencia" (21).

Una característica singular de estos autores es la des-

20. Obra citada de Heise, p. 35.
21. **Opus, cit.**, p. 48.

cripción de los tipos étnico-sociales, reflejando la dignidad de sus representantes. El sentimiento de justicia tiene firmes raíces en los valores culturales. El código del honor es muy arraigado y lo defienden a toda costa.

La clase media está muy bien representada también en la narrativa de estos tres escritores. Aparecen los personajes de esta clase social bajo condiciones económicas no muy superiores a las de la clase baja y muy estrecha intelectualmente a la clase alta. Empero vemos casos excepcionales en esta línea, representativo es un miembro de la clase media en la novela **Nuestro pan** de Gil Gilbert, pues el personaje en mención considera que la estabilidad no radica en lo que se hereda, sino en el esfuerzo personal:

"—Hildebrando Eusebio Sandoval: ¡tragasapos!... ¿Qué puedes con tu sola riqueza de cholo? ¿Qué puedes con la plata cosechada indefinidamente por tu padre...? ...necesitas de este título aliñado de premios y de situaciones de bien, de estupendo estudiante. De joven talentoso. De muchacho de porvenir. Uncido a la trenza profesional de tus profesores".

"Además de este único ejemplo, existen algunos personajes de la clase media tratados superficialmente, como tipos de fondo, tales como tenderos, pequeños comerciantes o algunos profesionales, que sirven de instrumentos, para exponer los males de ciertos segmentos de la sociedad. La maestra rural de **Juyungo** de Ortiz es casi ajena al argumento pero, a través de ella, su autor destaca algunos errores del sistema educacional. **En hombres sin tiempo** de Pareja Díez-Canseco, el protagonista es un maestro, pero es también un prisionero, que funciona como un instrumento en manos de su creador, para examinar la historia de la vida de los otros y traer a la luz los problemas sociales del Ecuador" (22).

Los autores a menudo tratan de mostrar las injusticias cometidas por la clase alta en contra de los de la clase baja. Los representantes de la clase están aliados a los extranjeros **Los gringos**, que estructuran la clase opresora de los de abajo. Los extranjeros la mayor parte de los casos son señalados en las descripciones como "asociales". Veamos dos párrafos de **Las cruces sobre el agua** de Gallegos Lara, en los cuales nos muestra la actitud de un extranjero:

22. **Opus, cit.**, p. 66.

"Toda noche, tu padre: ¡cerveza, cerveza!, en mi tierra igual: trabajador no sabe vivir si no emborracha!

"Alfredo no tenía sus bigotes ni su calva:

"Mi padre no es borracho, es que está enfermo.

—Si el paradero está bubónico... di a tu mamá ella no sea bruta... Mándelo pronto a curar al hospital bubónico...

—¿Al lazareto? Para que lo maten.

—Ve, tu Baldeón... Piensa con la cabeza, no con el trasero. En casa el hombre muere... En el hospital... también... Pero hay medicinas, inyección, fiebrómetro... muere, pero no tan seguro" (p. 55).

Algo característico del grupo de los tres novelistas es el deseo de interpretar el ambiente costero en toda su magnitud. La lucha por la supervivencia a menudo se convierte en algo increíble. El trabajo muy escaso, el salario ínfimo y las necesidades básicas de la vida se tornan en problemas infrahumanos. Veamos un trozo de **Las cruces sobre el agua** de Gallegos Lara, en el cual nos muestra la miseria del pobre:

"Al anochecer... estallaba la lucha por la basura recién volcada... Los chanchos... peleaban a mordiscos con los perros. Un anciano de cara de santo... roía un hueso, buscando con torva ojeada de bestia, quien se lo disputaba.

—Barajo, que haya esto en Guayaquil y que la gente duerma tan fresca en el centro. Ratas de dientes de espina de pescado, tiraban arrancándose a trozos, el cadáver de un gato de angora. Los muchachos rebuscaban en pandillas: separarse hubiera significado su víctima de los perros y chanchos feroces; o de los mendigos adultos, no menos bestializados" (p. 58).

La vida rural es tan difícil como la urbana. La lucha contra la naturaleza hostil del nativo costero es miserable. Los ricos poseen casi toda la tierra, y ellos son los que deciden quiénes tendrán trabajo y cuánto ganarán por el jornal, que siempre es mísero. En **Los monos enloquecidos** del escritor De la Cuadra, vemos la lucha del hombre y la naturaleza que a su vez intuye un deseo de venganza:

"Se vengaba la jungla de la presencia de los hombres

que habían ido a turbar su austera soledad hierática y su calma perenne. Disponía de infinitas armas qué utilizar contra la mezquindad, y desplegaba calladamente el tremendo aparato de su fuerza para salir triunfadora en la sórdida lucha empeñada. Tenía sus fiebres y sus alimañas, y tenía, también, sus leyendas y su misterio" (p. 671).

Esa declaración de venganza puede tener significados de la leyenda mágica de la América Latina, que se relaciona estrechamente con la identidad entre el hombre y la naturaleza que los rodea.

"La conclusión de estos novelistas es que la sociedad costera ecuatoriana no es, ni ha sido nunca, favorable a sus miembros pobres. De tal manera como ellos reparten sus varios componentes, se nos está sugiriendo que los tipos pobres poseen las más poderosas y básicas cualidades humanas, y que son los que mejor representan la región. Ellos afirman, largamente, que la justicia social es sufrida por los representantes de lo más bajo de la sociedad, hasta llegar a alcanzar el límite de la intolerancia. Con esta perspectiva histórica, se indica que éstos han estado, constantemente, deseosos de sacrificar la parte anárquica de su naturaleza por la causa del bien común, desde los tiempos de Alfaro hasta el presente.

Finalmente, el tratamiento de la sociedad por el "Grupo de Guayaquil" no es común al de las novelas orientadas socialmente. Descansa más en enfatizar los elementos positivos de los de abajo que en mostrar los elementos negativos de los de arriba. Esencialmente, es un intento optimista. A pesar de tantas calamidades sufridas, y de la sangre vertida, por los caracteres que representan la mayoría de la población, éstos emergen como vibrantes seres humanos" (23).

23. Opus, cit., p. 81.

CAPITULO XV

GRUPO DE LA SIERRA

Tres focos principales se destacan en el grupo de **La Sierra**: Quito, Cuenca y Loja. Este grupo a diferencia del **Grupo de Guayaquil** no tiene una uniformidad temática. El trata con mayor énfasis la problemática del hombre agrario andino, y en especial al tema del peón andino al igual que la tragedia del indio.

El cuento primero desarrolla esa temática y luego la novela la amplía dramáticamente. Figuras representativas del grupo de **Cuenca** son: **Manuel Muñoz, Alfonso Cuesta, G. Humberto Mata, César Andrade y Sergio Muñoz.** Con el grupo de Quito se inicia Sergio Núñez, quien publica su obra **Novelas del páramo y de la cordillera**; Gonzalo Bueno, también quiteño se da a conocer con la colección de cuentos titulado **Siembras.** Puede agregarse al grupo de **Cuenca** el conocido crítico Angel F. Rojas.

En Loja, hacia el sur, encontramos a **Pablo Palacio, Benjamín Carrión, Carlos Manuel Espinosa** y **Eduardo Mora Moreno.** Pablo Palacio es una de las figuras prestigiosas de la ficción ecuatoriana. Benjamín Carrión se destaca especialmente por sus relatos **La manzana dañada,** y Mora Moreno por la colección de sus cuentos titulados **Humo en las eras.**

Característica del grupo lojano es el gran amor por el paisaje. También se destaca por un tono melancólico, quizá como resultado del aislamiento de esa ciudad. El mensaje social se percibe en forma discreta y un realismo amargo se insinúa a través de la obra.

Dentro del grupo de Quito se halla el novelista de talla universal, Jorge Icaza, (Quito, 1906), cuya producción literaria es la siguiente: **Huasipungo,** (1934); **En las calles,** (1942); **Cholos,** (1937); **Media vida deslumbrados,** (1942); **Huairapamushicas,** (1948); **Seis relatos,** (1952); **El chula Romero y Flores,** (1958); **Viejos cuentos,** (1960); **Obras escogidas,** (1961); **Atrapados** 3 Vols.: I, **El juramento**; II, **En la ficción**; III, **En la realidad,** (1972); **Hijos del viento** (Huairapamushicas), (1973).

En el año de 1915 Jorge Icaza se traslada a vivir con sus padres al latifundio de su tío materno. Según el mismo Icaza, en la estadía con su tío, vio los brutales tratos en contra del indio por parte de la burguesía rural ecuatoriana. Esas tremendas experiencias influyen profundamente en las novelas indigenistas del autor. Así lo afirma: "Recibí muchas impresiones de las injusticias que se cometían con los indios de parte de mayordomos y de administradores. En gran parte son las que me sirvieron y las que me sirven para mis novelas".

Por razones económicas Jorge Icaza se ve forzado a suspender sus estudios universitarios. Ocupa diferentes posiciones públicas hasta llegar a ser creador dramático, dejando una producción de siete obras en este género.

"Para él, lo mismo que para los novelistas de aquella época, lo importante era denunciar la injusticia que divide a la sociedad entre explotadores y explotados. Ya no se podía tener la concepción idílica del "indianismo" anterior, y se replicó con el indigenismo "feísta". Pero si se dijo con razón que el naturalismo tuvo cierto dinamismo épico en escritores como Zola, por ejemplo, el "feísmo" de Icaza no es mera reproducción de la realidad, sino exaltación de sus rasgos escandalosos. "Icaza escribe como habla el pueblo ecuatoriano: con rudeza, con franqueza desvergonzada", afirma Albán Gómez (**Presente y futuro de "Huasipungo"**, Mundo Nuevo, No. 49, julio, París, 1970). Este es un testimonio de veracidad. Por otra parte, el ritmo sincopado del estilo de Icaza corresponde a una peculiaridad lingüística que habrá quien haya conversado con serranos. Además, en las frases repetidas en forma de letanías, en la animalización de los personajes por las metáforas, las exclamaciones como gritos de dolor o de rabia, es legítimo comprobar una forma de expresar el sufrimiento, la humillación, los amagos de rebelión de una raza maltratada" (1).

En 1934 aparece la primera novela de Icaza, **Huasipungo**, cuyo nombre viene del vocablo quechua Wássi-casa, y púnku-puerta, forma compuesta de esta lengua. Esta novela es una de las obras más representativas del indigenismo no sólo del Ecuador sino del continente americano. La obra representa un verdadero documento social donde se describe descarnadamente el trágico destino del indígena ecuatoriano. "**Huasipungo** es la novela de la destrucción del hogar del indio, más aún, de su vida misma; libro negro como una pesadilla, violento, bestial, sangrante... He aquí el intento de rebelión frustrado por las carabinas, el incendio, la muerte; sensualidad que hiede, crueldad que se hace blasfemia, cuadro del espantoso abandono de la raza nativa. Más que literatura esto es denuncia, bandera roja de protesta, llamada de angustia a los hombres que todavía creen en la justicia, en la bondad, en los ideales del cristianismo y de la civilización. Libro vulgar, desvertebrado, antiliterario, pero rico en sentimiento humano; literatura que demuestra su razón de ser en nuestro continente primitivo en que los hombres son fines y la naturaleza es la madrastra de los nativos" (2).

Huasipungo es la novela donde se denuncia la espantosa realidad de la vida del indio ecuatoriano. Jorge Icaza desea con su novela llamar la atención para que se efectúe un cambio en la estructura social. La posición de Icaza es muy noble; se basa en la esperanza de que algún día las clases dominantes reconozcan al indio como verdadero ser humano.

Benjamín Carrión, crítico ecuatoriano, refiriéndose a **Huasipungo** y enfocando la novela como denuncia contra la explotación del indio, dice lo siguiente:

"Una novela de indios, que sea el grito de alarma a la conciencia de los hombres del mundo, sobre una injusticia oscura, sobre una imbecilidad siniestra: la explotación de una máquina humana, el indio, con el mínimum de gasto... Con hambre, con frío, con desnudez... No importa que esa máquina humana produzca poco y mal, no importa que se

1. Obra citada de Verdevoye, Vol. II, pp. 37-38.
2. E. Suárez Calimano. **Dos novelas de Jorge Icaza; Nosotros. (Segunda época).** Tomo I, Buenos Aires, 1936.

destruya: el negocio cicateril y tonto consiste en que ese rudimentario implemento de labranza, el indio, no cueste absolutamente nada" (3).

El argumento de **Huasipungo** narra la tragedia de Andrés Chiliquinga y su esposa, Conshi. Sus vidas son el espejo del sufrimiento colectivo de la comunidad indígena. Todos los explotadores del indio son arquetipos de la corrupción socio-moral de la jerarquía de la burguesía ecuatoriana.

"**Huasipungo** tiene el argumento convencional, propio de la novela indigenista de contenido social: la explotación del indio por sus amos. Comparecen en la relación los explotadores ya conocidos: pero en este caso tienen la condición abreviada, estilizada de símbolos. El latifundista, el mayordomo, el teniente, el empresario norteamericano, el gobierno cómplice, la fuerza pública al servicio del gamonalismo. El indio huasipunguero Andrés Chiliquinga es el héroe que en cierto modo encarna a su raza y a su clase. El desenlace se produce cuando los huasipungueros de una hacienda vendida al empresario extranjero se resisten a desocuparla. Interviene la fuerza del Estado y consuma la matanza. Mientras los soldados sofocan el levantamiento disparando a mansalva contra la muchedumbre desarmada, el indio Chiliquinga —piojoso, hambriento, cojo, embrutecido— se le ocurre lanzar la gran frase quichua lapidaria: "¡Ñuncanchic huasipungo!". "¡El huasipungo es nuestro!", que resuena, como un alarido, por todos los ámbitos, pero también como un grito de rebelión. El final, si bien trágico, presta asidero a la esperanza.

La acción tiene un desarrollo fácil y es conmovedora. No ahorra ninguna escena del dolor indio. Aprovecha al presentarlo todas las líneas de su obra y todos los recursos de la exageración, lo teratológico y truculento. Trata, como si dijéramos, de catalogar todos los horrores que, en distintos lugares y momentos, se han desencadenado contra el indio. Nada de la leyenda negra del comendero español y del señor feudal criollo ha sido omitido. El resultado es un tremendo alegato en favor del sobreviviente indígena, abyecto y degenerado, convertido en muchas partes en un subhombre, que

3. Benjamín Carrión. **El nuevo relato ecuatoriano.** Quito: Casa de la Cultura Ecuatoriana, 1950, p. 148.

vegeta con vida, con vida puramente animal en las breñas andinas; un documento social pavoroso y macabro, concebido y escrito con una objetividad desoladora: una proclama revolucionaria que, en medio de la más repugnante miseria e ignorancia ambiente, afirma que el indio empieza a encontrar el camino de su redención" (4).

Icaza trata de mostrarnos en la novela a menudo el orden establecido de las jerarquías sociales. Los latifundistas se ven en escalas: Alfonso Pereira, sobrino del gran latifundista, don Julio Pereira. Los indígenas, al igual que los deudores de la —**Tienda de Raya**— que narra la novela de la Revolución Mexicana, viven siempre endeudados y su deuda nunca acaba, y aún al morir sus herederos continúan pagando. El clero descrito por Icaza en **Huasipungo** colabora con los explotadores, y así hallamos en la novela un párrafo local esbirro de los latifundistas que se presta para aumentar la fortuna de ese clan sin conciencia. Veamos una escena donde un clérigo aconseja enterrar a sus familiares en primeras filas, advirtiéndoles que si así lo hicieren estarían más cerca a —"Nuestro Señor Sacramentado"—, y lógicamente más opción de salvarse. La escena es narrada cuando Andrés Chiliquinga va a pedirle al cura que le ayude a solucionar las diligencias relacionadas con el entierro de su esposa Conshi, quien murió al comer carne de un animal desenterrado por los indios.

"—Los que se entierran aquí, en las primeras filas, como están más cerca del altar mayor, más cerca de las oraciones, y desde luego más cerca de Nuestro Señor Sacramentado —el fraile se sacó el bonete con mecánico movimiento e hizo una mística reverencia de caída de ojos—, son los que generalmente se salvan. Bueno... De aquí al cielo no hay más que un pasito" (p. 163).

"El cura descrito por Icaza en **Huasipungo** aúna en su persona el ser egoísta, complotador de las miserias del indio, débil en carácter y, para culminarlo todo, un epicúreo perfecto. Su apasionado temperamento le impulsa a buscar aventuras sexuales y reacciones sádicas ante sus conquistas amorosas. Su participación en la organización de la **minga** (una institución colectiva de arraigo indio y de fines comuna-

4. Obra citada de Rojas, pp. 199-200.

les) revela al lector el carácter escandaloso de este tipo. Escudado por la santidad del púlpito, se aprovecha de su ascendencia para obtener beneficios materiales para sí mismo, y exhorta al indio para que apoye, física y espiritualmente, la construcción de la carretera. Para obtener los máximos resultados, no vacila en otorgar indulgencias religiosas a los que le apoyan servilmente" (5).

Un extranjero norteamericano representante de la explotación yanqui al indígena se halla personificado en la novela por Mister Chapy, quien es el consejero del latifundista para explotar la madera en la región indígena. El gringo aconseja que los indios de Cuchitambo deben ser removidos de sus posesiones, es decir, de sus huasipungos. Empero don Alfonso considera que tal medida podría tener consecuencias:

"Los indios se aferran con amor ciego y morboso a ese pedazo de tierra que se les presta por el trabajo que dan a la hacienda. Es más: en medio de la ignorancia lo creen de su propiedad. Usted sabe. Allí levantan la choza, hacen sus pequeños cultivos, crían sus animales" (p. 81).

"Los indios se ven obligados a dejar sus huasipungos cercanos al río, para verse en un nuevo cambio al quererse establecer en la ladera de la montaña, el consejero norteamericano ha decidido usar esta última posición para instalar un aserradero. Esta égira no se realiza voluntariamente: tropas militares de la capital han sido llamadas para poder eliminar toda resistencia indígena. La novela termina en un medio de súplica por parte de los indios; en un pasaje muy poético, los indígenas moribundos siguen clamando por justicia en su lengua quechua, "¡Ñuncanchic (nuestro) huasipungo!": (6)

"Al amanecer, entre las chozas deshechas, entre los escombros, entre las cenizas, entre los cadáveres tibios aún, surgieron como en los sueños, sementeras de brazos flacos como espigas de cebada que, al dejarse acariciar por los vientos helados de los páramos de América, murmuraron con voz de taladro:

"—¡Ñuncanchic huasipungo!

"—¡Ñuncanchic huasipungo!" (p. 243).

5. Obra citada de Vetrano, p. 46.
6. **Opus, cit.**, p. 42.

Huasipungo es la verdadera representación de la novela indigenista ecuatoriana, en la cual el autor nos muestra la vida infrahumana del indio en el Ecuador. Allí el indio vive la plena vida de la encomienda colonial. La novela es la expresión más patética de una pintura trágica, escrita con sangre indígena.

La explotación de la trilogía indigenista aquí es más palpable que en otras novelas del mismo género. La novela muestra la explotación del hombre por el hombre, llenando al lector de indignación ante la infamia.

Después de publicar a **Huasipungo**, en el año de 1935 aparece la segunda novela de Icaza titulada **En las calles**. Con esta obra obtiene el Premio Nacional Ecuatoriano, que se otorga a la mejor novela del año. Esta novela revela ya una técnica evolutiva en el novelista. El escenario pasa de lo rural a lo urbano y la acción la sitúa en la ciudad de Quito, capital del Ecuador. Dos grupos se destacan: el grupo de los cholos y las tropas de choque. La novela corresponde a las llamadas novelas de tesis. La tesis se estructura con los jefes políticos, los latifundistas y el clero; la antítesis, los indios que son el elemento para la explotación. Ferrándiz Alborz considera lo siguiente acerca de la novela:

"**En las calles** tiende a... reconciliar al hombre consigo mismo, y a dar significación de humanidad a las masas, precisamente presentando los aspectos opuestos de tal finalidad, presentando la irreconciliación del hombre con el hombre presa, y el sentido absorbente, brutal, ancestral, del hombre presa y de las masas, anulando la auténtica personalidad del hombre, hasta dirigirlo contra los propios fines que el hombre se había labrado. Ese es el humor de Jorge Icaza, presentar el contraste de lo que, con una brutalidad espantosa, nos lleva a la meditación de lo que se debe o no se debe hacer, y esa es su moral: despertar en el hombre el sentido de responsabilidad hacia sus semejantes y hacia sí propio".

El espectáculo de la miseria y de la explotación del hombre por el hombre se sitúa ahora en Quito. El autor mantiene algunos personajes de su primera novela: la burguesía rural, el cura y los caciques del pueblo, personajes que representan la explotación consuetudinaria del hombre masa ecuatoriano.

Lo más importante de la trama novelada **En las calles** radica en el conflicto social del indio y del cholo, en medio de una estructura social hermética que sigue la línea de la conducta de los gobernantes coloniales. Icaza muestra objetivamente con cuadros dramáticos la estructura social urbana ecuatoriana, señalando las lacras sociales y la corrupción, depravación de las clases dominantes sobre el indio y el cholo.

"**En las calles**, Icaza sigue la lucha ideológica de toda su novelística: la de realizar justicia social para todo ciudadano de la sociedad ecuatoriana. El novelista, sin embargo, se supera en la riqueza de detalles objetivo-psicológicos. Al mismo tiempo que presenciamos la corrompida vida de la urbe, somos testigos de los sufrimientos vitales que padecen los angustiados cholos en la ciudad, adonde han ido en busca de una solución para sus sinsabores y desgracias. Nuestro autor nos hace pensar en los escritores naturalistas franceses del siglo XIX, al ofrecernos sus tipos anormales, debido a la fuerza del medio. Es de esa manera que el lector ve el mundo caótico de Quito —un mundo poblado de prostitutas, perversos sexuales, alcohólicos, y una caterva de degenerados en desacuerdo con una sociedad sana.

Podemos señalar que en esta novela —así como en **Huasipungo**— Icaza se esfuerza en delatar la falta de humanismo compasivo, de la comprensión y de la relación fraternal entre los grupos étnicos que forman la sociedad de su país. Una vez más, el autor apela a sus conciudadanos que abandonen los prejuicios en favor del establecimiento de una democracia verdadera, con justicia e igualdad para todos" (7).

La trilogía representada por las novelas **Cholos** (1938), **Media vida deslumbrados** (1942) y **El chula Romero y Flores** (1958), señalan los problemas sociales del cholo ecuatoriano. La trilogía revela el medio socio-económico donde se mueven los personajes novelados, tratando éstos siempre de alcanzar una asimilación cultural del mundo del blanco. Claude Couffon, al analizar esta situación afirma lo siguiente:

"El cholo juega frente a los indios con la superioridad y dispuesto a vengarse en los humildes las afrentas infligidas por los fuertes, es el ejecutante de las órdenes del blanco, es el hombre de confianza encargado de supervigilar y

7. Obra citada de Vetrano, pp. 60-61.

castigar necesariamente al ganado humano de las haciendas y los grandes latifundios, en una palabra, de mantener en la esclavitud a una raza hambrienta y trémula. En ocasiones el cholo se eleva en la sociedad... por préstamos hábiles, importantes dominios y consigue para su provecho la mano de obra indígena de otras haciendas, acabando por tomarse en un momento un cacique poderoso, en tanto que se hunden, arruinados y abatidos, los antiguos señores. Tan ambicioso, tan tiránico como aquéllos a quienes ha reemplazado, estimula en los siervos que domina, los mismos vicios —el alcohol, en particular—, la misma inconsciencia perezosa, la misma desesperación de haber nacido indio. Si la sangre india que corre en sus venas le permite a veces algunas concesiones, ciertas aspiraciones idealistas, rápidamente las reprime, obligando a imponer por la audacia y por la fuerza su aire presente de su "clase superior" (8).

En la trilogía novelada podemos ver las frustraciones del cholo, y la serie de conflictos sicológicos que este medio le proporciona. Icaza profundiza en la caracterización a fin de desarrollar bien sus personajes. Indudablemente el cholo es la figura que más se destaca a través de la trilogía.

En el argumento de **Cholos**, Icaza relata las situaciones sociales, en las cuales Braulio Peñafiel y Alberto Montoya se hallan muy bien caracterizados. El primero es un latifundista blanco, quien sigue la línea de la aristocracia colonial española. El segundo, cholo, es ateo y arquetipo del latifundista que a pesar de sus éxitos económicos se halla frustrado sicológicamente. Las frustraciones de estos personajes están muy bien desarrolladas y forman la temática principal de la novela: un párrafo de la trilogía nos muestra cómo estos nuevos ricos, a pesar de haber alcanzado una escala más en su posición social tienen complejos que parten de su ancestro, los cuales no pueden cambiar, pues constituyen una realidad social.

"Se sentían los visitantes sueltos de sus amarras, ansiando llegar a un primitivismo despellejado de recuerdos y que no desentone con el paisaje: girar, bailar, echarse sobre la hierba cara al cielo, agotarse en los largos paseos, estar en las chozas miserables de los indios y comer cuyes con las

8. Claude Couffon, **Cholos**, Letras del Ecuador, octubre, 1959, p. 18.

manos, sentados en el suelo en esteras mugrientas, apagando la sed de la boca abrasada en ají condes mates de chicha de jera, manejar el hacha hasta las ampollas de las manos. En aquel retazo de vida sentían placer inusitado, ignorando las causas que alegraban ese primitivismo. Sentirse arrastrados por un deseo de saborearse indio en todas las manifestaciones, pero allí, donde nadie les veía, donde nadie podía saber que su satisfacción máxima la han encontrado junto a la tierra y en la libertad dada a su ancestro indio. Esa alegría no era otra cosa que el orgullo melancólico del desterrado que vivió fingiendo y ha vuelto a su sustancia aun cuando la encuentre amarga de salvajismo" (pp. 115-116).

En **Media vida deslumbrados**, la segunda novela de esta trilogía, el autor prosigue el análisis sicológico de sus personajes.

"Apenas se nos presenta el mundo de sus protagonistas —uno lleno de amoralidad, promiscuidad sexual y prejuicios intrarraciales— cuando Icaza nos ofrece una completa configuración de diferentes tipos de cholos. Estos comparten como característica común el resistir, imperiosamente, a la propia identificación con el indio o con otros productos de mezcla social. Por ejemplo, al describir la relación existente entre José María Molina y su hijo, Icaza satiriza al grupo racial compuesto por productos híbridos que, habiendo asegurado su bienestar económico a expensas del indio, hereda un falso sentido de nobleza y asume un aire diferente frente a las desgracias de los cholos menos afortunados" (9). Veamos cómo el autor trata el problema que venimos analizando en el siguiente párrafo:

"Entre los más asiduos clientes del Consejo, se contaban: José María Molina, cholo fornido, de manos enormes, cara cuadrada, botines de rechín, con un haber de raterías como mayordomo, y de crueldades para los indios en su pequeña propiedad del monte donde dicen amasó el dinero suficiente para sostener los estudios de su hijo, hecho ya un doctor en la capital, orgullo del pueblo y motivo de estímulo y envidia de cholería, a quien se le imaginaban deslumbrante en su funda de botainas, jaque y hongo libre de la cotona y

9. Obra citada de Vetrano, p. 75.

de las alpargatas indígenas: razones más que suficientes para presumir de nobleza y usar rumbosidad altanera" (10).

Un tema que trata Icaza en **Media vida deslumbrados** es el relacionado con la lucha del hombre contra la naturaleza que lo rodea. Este tema ya ha sido tratado por las obras representativas del criollismo hispanoamericano: **La vorágine** del colombiano José Eustasio Rivera y la temática de la mayoría de las novelas del venezolano Rómulo Gallegos. Veamos cómo describe el autor los lamentos del indio en la lucha contra el medio hostil de la naturaleza:

—Aura cajuera
—undi para trabajandu,
—undi para trabajandu, ni tierra
arriba ni tierra abaju.
—Guagua sha... Ay... Ay...
—Taita vieju sha... Ay... Ay... Ay...
—Cumu murticina in ludu quidandu.
Ay... Ay... Ay...
—Sin taita amitu qui diga qui'ay
qui'acer pes... Aun qui sía cun acial
tan, cumpalu tan, cun machete tan...
—Qui mandi a Runa brutu... Ay... Ay... (11).

El personaje Serafín, quien suele tener las características sicológicas de los personajes que venimos analizando en estas páginas. Serafín se siente torturado al pensar que puede ser desenmascarada su falsa posición social. Veamos unas cortas líneas sobre el particular:

—Longo Patriarca.
—Conozco a la madre... ¡Vende tortillas!
—Se ha pintado el pelo... Nada más...
....
—Longo atrevido.
—Insolente (12).

"Trágicamente consciente de su fracaso al no ser aceptado en los herméticos círculos de la blanca aristocracia ecuatoriana, Serafín, el rebelde rechazado, parece aceptar estoica-

10. Jorge Icaza. **Media vida deslumbrados**. Editorial Quito, Quito, 1942, pp. 11-12.
11. **Opus, cit.**, p. 59.
12. **Opus, cit.**, p. 109.

mente su situación social. En realidad, Icaza nos lo presenta como un exponente numérico, ya que su sino no es suyo exclusivamente, sino genéricamente: es de todos los cholos.

Es de mucho interés la relación que el novelista ecuatoriano hace —desde el punto de vista socio-literario— del regreso de Serafín a su hogar. Derrotado y amargado con esa sociedad de estatutos sociales rígidos que favorecen a los de arriba, se acerca con paso lento a sus medios naturales, al lugar de su gente. Allí se comunica —embriagándose— con la naturaleza, la cual extiende su bienvenida a su hijo exilado. En ese medio y comunión de hombre y medio ambiente, Icaza abandona momentáneamente su papel de relator objetivo para pintar artísticamente un cuadro de la personificación de la naturaleza, la sinestesia ("con dulzura de triste sabor"), una técnica modernista:

> "Un atardecer que él creyó no llegaría nunca sintió de nuevo sobre su corazón, con dulzura de triste sabor, el paisaje de su pueblo: el río roncando como viejo asmático, los montes verdes, las cañas anaranjadas, en las cunetas los indios, sobre las tapias los pencos.
>
> En la plaza del pueblo, para él, ahora más desierta que de ordinario, el murmullo del agua daba su eterna bienvenida" (pp. 120-121).

Sin embargo, el regreso de Serafín no es celebrado por los otros cholos. Su intento de identificarse con la aristocracia blanca —seguido por su fracaso consecuente— es visto con odio y rencor por los que conocen sus propias limitaciones raciales y que las aceptan resignadamente. Eso es tan cierto que algunos miembros de la comunidad chola reaccionan con un sentir sádico frente al fracasado, ya que ellos no han traicionado lo que son. Según ellos, Serafín ha pecado de presuntuoso. "Nu'es bueno ser soberbio... Dios castiga... Uno tiene siempre que conocerse" (13).

En 1948 aparece **Huairapumushicas** (Quechua: "Hijos del viento"). Esta novela continúa la misma temática del sufrimiento del indio ecuatoriano y en esta ocasión en frente de tres partes que le son hostiles: a) El aristócrata blanco, b) el cholo oportunista y c) la naturaleza. Seis capítulos forman la estructura novelada. "Queremos señalar otra diferencia fundamental entre las novelas que precedieron y ésta: el in-

13. Obra citada de Vetrano, pp. 80-81.

dio que vemos aquí es miembro de una comunidad que conlleva una estructura similar a la llevada por sus antepasados antes de la Conquista. En esta estructura pretérita en donde el novelista sitúa el conflicto social entre el blanco omnipotente y el cholo, convertido en un ente con nociones de superioridad sobre el indio, por una parte, y por la otra, el indio segregado" (14).

En 1958 aparece la novela **El chula Romero y Flores** de Jorge Icaza. Esta obra representa uno de los grandes esfuerzos literarios del escritor ecuatoriano en cuanto a la caracterización se refiere. El protagonista se ha envuelto en una serie de conflictos, frustraciones en virtud de la enajenación en medio de una sociedad que le discrimina. A través de un empleado civil que encarna al protagonista, Icaza trata de reflejar la lucha de su personaje al tratar de querer cambiar la estructura social ecuatoriana.

La crítica tiene diferentes opiniones acerca de la novela. Para F. Ferrándiz Alborz la novela tiene marcado sabor picaresco, y la compara con la novela picaresca española:

> "Los antecedentes, humanos y psicológicos, y también literarios, por el realismo y la fuerza del estilo, de este personaje, hay que buscarlos, y podemos hallarlos, en la novela picaresca española. **El Lazarillo de Tormes, Guzmán de Alfarache** y **El diablo cojuelo**, etc., son los progenitores del Chula Romero y Flores. Toda sociedad en fermentación por desequilibrios de clases, origina estas informaciones típicas: hombres desorientados por su desarmonía moral con el medio. En el personaje de Icaza vemos la prestancia hispánica y la melancolía mestiza hispanoamericana que se anunció en el **Periquillo Sarniento**, del mexicano José F. Fernández de Lizardi... y en los personajes de las **Tradiciones peruanas** de Ricardo Palma. Pero además, como tipo desheredado de nuestro tiempo, la ira, el grito, la protesta, la rebeldía. El pícaro español del siglo XVI vivía conforme a su destino en un medio de destinaciones teológicas, mientras que el pícaro quiteño del siglo XX rebulle indignado contra unas condiciones de vida que él no ha creado y que le impiden afirmar su obra. El español era pústula de una patología social y nacional, el quiteño es una herida que grita rebeldías" (15).

Por otra parte, Kurt L. Levy, uno de los buenos críticos de la novela hispanoamericana considera que "Icaza's latest

14. **Opus cit.**, pp. 33-34.
15. Tomado del prólogo de Jorge Icaza, **Obras escogidas**, Aguilar, México, 1961, pp. 60-61.

novel displays the keen powers of observation, description and true-to- life dialogue as well as that intense social consciousness which marked **Huasipungo**. Yet, while the latter's social message engulfed its entire plot and its relentless gloom encroached upon its artistic essence, the former achieves a clear aesthetic identity through its variety in human experience and maturity of stylistic shading" (16).

Esta conclusión del hispanoamericanista Levy sirve de límite entre la forma artística y la temática entre **Huasipungo** y **El chula Romero y Flores**. El primer crítico aludido, F. Ferrándiz, es demasiado aventurado en su juicio, pues si consideramos las investigaciones de Alexander Parker sobre la novela picaresca, se requiere que el protagonista sea un pícaro para que pueda definirse como tal, y en la obra de Icaza no hallamos tal hecho, al igual que ninguno de sus personajes sirven como biógrafos de sí, factor constante en la narrativa picaresca.

El argumento es muy sencillo, don Ernesto Morejón Galindo, miembro de la burocracia ecuatoriana y político sin éxito, trata de vengarse y así poner fin a los abusos fiscales de la aristocracia. Así se idea la forma de tomar como elemento a su subalterno, el chula Luis Alfonso Romero y Flors, a quien instruye en virtud de su posición superior. El inmediato subalterno las emprende contra el candidato presidencial de turno, don Ramiro Paredes y Nieto, personaje libidinoso y libertino. Este personaje no aparece directamente en la novela, pero su moral se convierte en símbolo de la corrupta sociedad ecuatoriana. En el fondo es similar a **La sombra del caudillo** del mexicano Martín Luis Guzmán, donde tan sólo aparece la sombra como corrupción electoral. Veamos un párrafo de la novela de Icaza:

"Su influencia política fue creciendo de acuerdo al cinismo para bajarse en los diversos partidos. Hizo amistades y descubrió parientes en la oligarquía conservadora. Cotizó como simpatizante en un grupo de izquierda. En las altas esferas burocráticas, a donde le fue fácil entrar dada su categoría de esposo de un apellido ilustre, se declaró liberal" (p. 30).

Otro párrafo de la novela nos demuestra la problemática ancestral: lo indígena —y lo español—, ancestro que conlle-

16. Kurt L. Levy. **El chula Romero y Flores**, Books Abroad, XXXIV, 1960, p. 390

va a crear una serie de problemas psicológicos en los dos grupos sociales —blancos e indios—, que se reflejan ambos en la siquis del cholo.

> "¡Por tu madre! ¡Ella es la causa de tu viscoso acholamiento de siempre!... De tu mirar estúpido... De tus labios temblorosos cuando gentes como yo hurgan en tu pasado... De tus manos de gañán... De tus pómulos salientes... De tu culo verde... No podrás nunca ser un caballero", fue la respuesta de Magestad y Pobreza.
>
> "Porque viste en ellos la furia y la mala entraña de taita Miguel. De taita Miguel cuando me hacía llorar como si fuera perro manavali...
>
> "Porque vos también, pájaro tierno, ratoncito perseguido, me desprecias...
>
> "Mi guagua lindo con algo de diablo blanco...", surgió el grito sordo de mama Domitila (pp. 41, 42).

Los personajes femeninos tienen una función importante en la novela, pues ayuda al autor a desarrollar mejor la trama interna en muchos casos. Esta novela ya emplea la técnica del "Flashback", en diferentes ocasiones. Vemos cómo un personaje femenino poseído de un complejo de culpabilidad exclama: ("Me creen una corrompida... Corrompida...").

> "Aproximadamente a mediados de la novela, una vez que el lector ha sido recordado del tema inicial —el papel de Luis Alfonso como "juez incorruptible" en una sociedad corrupta—, el lector siente la creciente influencia de mama Domitila sobre nuestro protagonista. Traicionado aparentemente para evaluar los hallazgos inescrupulosos descubiertos por Luis Alfonso, saca a luz aquellos relacionados con el candidato presidencial, haciéndolos publicar en la prensa del candidato de la oposición, nuestro chula es 'recompensado' por su veracidad por ser humillado y arrojado de su trabajo. Al sentirse presa de la desesperación y de la desilusión que le sobrevienen en su lucha contra un orden social injusto e intolerable, Luis Alfonso reacciona ofuscado ante el concepto de la justicia. En ese momento, mama Domitila —haciéndose eco del novelista— le imparte al chula un sentido de esterilidad espiritual, al contemplar cuatro siglos de maltrato y explotación continua de parte de 'los de arriba' hacia el pobre indio ecuatoriano:
>
> "¿Qué hacer entonces? ¿Declararse culpable? ¿De qué? ¿De haber denunciado el cinismo de la ratería de un mundo poblado de rateros? Movió la cabeza con violencia. Despertaron sus fantasmas. "Guagua... Guagüitico no les haga caso. Así mismo son. Todo para ellos. El aire, el sol, la tierra, Taita Dios. Si alguien se atreve a reclamar algo para mantener la vida con mediana dignidad le aplastan co-

mo un piojo. Corre no más. Huye lejos...', suplicó la sombra de la madre" (p. 170).

"El mensaje ideológico de Icaza en las últimas páginas de **El chula Romero y Flores** y el de **Media vida deslumbrados** es idéntico. La épica huida del chula de la policía, por haber pasado un cheque sin fondos con el fin de poder sufragar el costo del parto de su mujer —unida a su esfuerzo por luchar valientemente contra el orden falso de la sociedad al denunciar la corrupción, y la muerte de Rosario, debido a la hemorragia durante el parto— sirven para hacer que el chula reevalúe su concepto vital. Ocurre todo esto al mismo tiempo que el cholerío le ayuda a evadir la policía. Entre los suyos de nuevo, nuestro chula acepta, por primera vez, la existencia de un lazo étnico y cultural que aúna la clase chola. Es allí, en ese final viaje de Rosario hacia el campo santo, que Luis Alfonso rechaza, esta vez para siempre, el tipo de vida que antes ambicionaba y, en cambio, se siente lleno de esperanza frente a un futuro que empieza allí:

"Luis Alfonso notó que los vecinos le acompañaban, le entendían —hombres resignados, mujeres tristes—, con la misma generosidad que le ayudaron la noche que tuvo que huir barajándose entre las tinieblas. Tragándose las lágrimas pensó: "He sido un tonto, un cobarde. ¡Sí! Les desprecié, me repugnaban, me sentía en ellos como una maldición. Hoy me siento de ellos como una esperanza, como algo propio que vuelve" (p. 280).

"La función primordial del chula Romero y Flores —la de exponer el fraude fiscal, la corrupción y la hipocresía de la alta sociedad ecuatoriana y, al mismo tiempo, de ambicionar satisfacer su vehemente aspiración hacia su reconocimiento personal" (17).

También pertenecen a este grupo Fernando Chávez, Humberto Salvador, Enrique Terán y Jorge Fernández.

Humberto Salvador (1907). Escribe su primera novela en 1929, de tema urbano: **En la ciudad he perdido una novela**, y de un cuento **Taza de té**, toma el fondo para escribir su novela **Camarada** (1933), novela de ambiente suburbano, obra de tendencia socialista. En 1935 aparece **Trabajadores**, la cual sigue la misma línea de **Camarada**. Hasta el año de 1944 había publicado nueve obras. Se le considera entre los escritores más fecundos y políticos del Ecuador y en sus últimas obras se inclina hacia los temas sicológicos y circunstanciales. "Los trabajadores de todos los países crearemos una nueva humanidad": con esta frase comienza y termina la novela **Trabajadores**. "Está dedicada a la memoria del capitán del ejército del Ecuador, Enrique Terán Guerra, 'pre-

17. Obra citada de Vetrano, pp. 90-91.

cursor y mártir de la revolución social'. Presenta una serie de episodios amargos de la clase media quiteña. Habla en primera persona, ya que finge ser el autor Gonzalo Gálvez, hijo de un militar en retiro, a quien el gobierno persigue por conspirador" (18).

Enrique Terán. Publica su novela **El cojo Navarrete** (1940). La dedica al proletariado ecuatoriano "que un día ha de realizar la revolución". La novela es la historia de un mestizo de la sierra que peleó con los liberales en el año de 1895. La novela trata de crear caracteres, los que logra. "En cuanto a los personajes —afirma Ignacio Lasso en el prólogo de la novela— están destacados con un dibujo firme y con una riqueza de datos auténticos, que nos dan la impresión de haberlos conocido. El general, el licenciado, Luisa María, Rosa Mercedes, el terrateniente candidote e intonso, el cura, Silvestre, el Amable de la pulpería de la esquina de la plaza... Sobre la intriga y el drama de estas gentes se relieva, grandes trozos, como núcleo dinámico, la fiera silueta del Cojo Navarrete, que es una especie de glorificación o apología del coraje y la hombría de nuestro cholo".

Jorge Fernández (1912), novelista de tema campesino y urbano. Sus principales novelas son **Agua** (1937), de tema campesino y **Los que viven por sus manos** (1951), de tema urbano, de tema social y de ataque a la burocracia ecuatoriana.

La novela **Agua** es quizá más de tema indigenista que campesino. "El asunto central está radicado en la lucha de dos comunidades de la sierra, que languidece de sed, se disputan con saña el precioso elemento. Hay muertos y heridos en las feroces peleas, cuyo fondo es el agro misérrimo y reseco, la parroquia rural sucia y hostil. Aquí también encontramos el cura, el teniente político y el terrateniente, en contubernio infame, consumando a mansalva la explotación del indio y del mestizo de la parroquia" (19).

En el grupo de Cuenca se destaca el crítico **Angel F. Rojas** (1910), que introduce nuevas técnicas en la novela ecuatoriana. Se destaca por su valiosa novela **El éxodo de Yangana**, donde nos describe el éxodo de una población que se

18. Obra citada de Rojas, p. 202.
19. Obra citada de Rojas, p. 204.

interna en la selva con ánimo de obtener justicia. Anteriormente a la publicación de ésta apareció su novela **Banca**, en 1940.

Otros novelistas ajenos a los grupos de **Guayaquil** y **La Sierra** son: César Espíndola Pino, autor de la novela **Fuego en la ciudad**; Enrique Avellán Ferrés, escribe su obra **Tablero**; Juan Iñiguez Veintinilla se conoce por su novela **Viento y granizo** y Hugo Larrea con su ensayo novelado **Destino**. Posteriormente se revelan nuevos novelistas como el caso de Adalberto Ortiz, autor de **Historia de un negro, una isla y otros negros**, ganadora del Primer Premio del Concurso Nacional Ecuatoriano de Novelas de 1942, obra que fue publicada en 1943; Nelson Estupiñán Bass, autor de **Yuyungo**, obra muy bien lograda en todo sentido. También Gustavo Vásconez Hurtado con **El camino de las lanchas**, y Blanca Martínez Tinajero con su obra **En la paz del campo**, al igual que Pedro Jijón Salcedo con **Elba** y finalmente Gustavo Lemos R., con **Rosas del invierno** vienen a enriquecer la novela ecuatoriana.

CAPITULO XVI

LA NOVELA CONTEMPORANEA HISPANOAMERICANA (1930-1960)

Los novelistas hispanoamericanos de esta época (1930-1960), tenían casi una consigna unánime: exaltar lo nacional, denunciar la opresión de los feudalistas contra el hombre del agro. Este era el mensaje principal de la novela durante este período. La figura central de ella estaba representada en muchas ocasiones por una característica: fiereza, bondad, osadía y ceguera apasionante en una temática definida que llevaba a epílogos deslumbrantes o de muerte: **Doña Bárbara, Don Segundo Sombra, La Vorágine...**

"Una geografía poblada de peligrosos tremendales, repleta de asombrosa vitalidad, protagonista telúrico que no sólo llenaba de terrores al lector, sino que se dirigía a los personajes por senderos estilísticos de imágenes fuertes, pulidas y cinceladas con afán estético. Lo que Rubén Darío había deseado parecía confirmado: expresar las ideas de Sarmiento con la lengua de don Andrés Bello. Y mucho más aún, crear el lenguaje escultórico, de cuerpo entero, con el color apropiado y la música imprescindible, pero sin debilidad ni desmayos" (1).

Para muchos críticos, esta generación la enmarcan dentro de la corriente o tendencia del criollismo.

Es quizás el verdadero naturalismo americano que siem-

1. María Teresa Babín. **La novela iberoamericana contemporánea.** Universidad Central de Venezuela, Caracas, 1968, p. 112.

pre se mueve hacia lo telúrico, hacia una mayor categoría que tiende a la escuela, a la implantación de lo propio en el ámbito universal. Esta generación crea la novela de habla eminentemente hispanoamericana bajo la tendencia social diversificada, pero siempre exaltando el factor humano, en otras palabras, el factor y el medio que lo rodea. La realidad americana se hace en ella contenido estético vital.

A partir de 1930, que es el período más propio a este marco histórico, los novelistas acentúan rasgos característicos de Hispanoamérica inclinándose notoriamente por los temas sociales, con miras reformistas. Nuestros escritores no adoptan nuevas formas, sino que aplican las técnicas de los novelistas europeos más prestantes de la época. Se observa el efecto de los franceses, con Marcel Proust a la cabeza, que es sin duda la más duradera revelación de la novela contemporánea. Poseyó en mayor grado el don de la penetración y del análisis, lo mismo que el de la imaginación creadora. Su observación se mueve en un espacio cuya profundidad supera en mucho la extensión. Proust, junto con Gide, Maurice, Duhenel, Therive, Girandoux, Fornier y el gran Paul Sartre, que reclama el absurdo de la existencia basándose en la filosofía y en la observación de la realidad cotidiana, son los que más se acercan a la problemática sicológica e individualista que influye sobre los narradores de América Hispana.

Alemania aportó la influencia expresionista con energía creadora, inteligencia, voluntad, emociones e instintos, en las obras de los grandes escritores como Franz Werfel, Arnold Zweig, Stefan Zweig y Tomás Mann. Mann confía en el poder redentor del arte, y nos habla de la música con plena convicción ferviente, mientras que otros novelistas manifiestan angustia y desesperación. "Tenemos, además, el gran checo que escribe en alemán: Franz Kafka, que instaura el universo del absurdo por medio de la intuición poética manejando fantasmas, símbolos, seres con apariencia humana y con reacciones vivientes".

La novela inglesa llegó, en algunos escritores de América Hispana, a sustituir a la francesa y a la alemana en cuanto a su influencia sobre los escritores. La novelística inglesa clama siempre por la renovada fe en la grandeza humana y en el supremo poder de la belleza artística. D. H. Lawrence, con su desafío a la civilización; Aldous Huxley, el super-estructurado, quien une entre sí la comprensión, la cultura refinada, la sensibilidad y el don de equilibrar adecuadamente la realidad circundante; la maestra del monólogo, Virginia Wolf; y James Joyce, con su vivencia síquica permanente. En otros sectores, el predominio de los norteamericanos Faulkner y Hemingway es frecuente y visible.

La tendencia reformista es general en todos los casos. Se alejan del orden de los episodios, la preocupación por el tiempo es fenómeno central, la simultaneidad de los hechos es frecuente, se rompen las tradiciones literarias y se adoptan nuevas formas.

Es la hora de la emoción revolucionaria, de influencia socialista y de prédica marxista. La mayor parte de los novelistas hispanoamericanos de esta época se constituyen como instrumentos de denuncia contra las injusticias de la justicia, de la burguesía, de la burocracia, del feudalismo y del capitalismo foráneos. Su prosa se coloca al servicio de la realidad objetiva, donde nos demuestran los caracteres, conflictos de conciencia, problemas sociales, diálogos, descripciones de la naturaleza de la sociedad, procesos históricos y situaciones de diferente índole.

La novela, a partir de este período, es el equivalente criollo de la novela social en otras literaturas. Nadie ignora que los problemas sociales ocupan inmensas zonas de la novela actual. Dentro de esta marcada temática, puede considerarse aquella que va dirigida a una determinada ideología política; dentro de esta ideología va envuelto lo social, que sin duda predica todas las actividades del siglo, y lo social quiere reflejar artísticamente en la novela las angustias, los esfuerzos, el abandono de las masas humanas, y llama a la puerta de la novela en demanda de atención.

Puede afirmarse que a partir de la cuarta década del siglo XX, surge una nueva modalidad en la novelística hispanoamericana, modalidad que viene a contribuir a la formación de las literaturas nacionales. Esta forma literaria representa una toma de conciencia ante un fenómeno social, características de un proceso histórico que nos demuestra los fuertes vestigios de una economía que reposa en el latifundio y en el dominio de una sociedad jerarquizada fundamentalmente.

"Aunque el florecimiento de la novelística está unido a los fenómenos indicados, su proceso se define por romper en todo momento con los supuestos esquemas clásicos del género. Sus características son un punto de apoyo más para desterrar la visión de la novela como epopeya de la burguesía" (2).

Sobre el particular, expresa Werner Krauss: "Sería más bien, el género surgido de las ruinas de los viejos géneros, relato posibilitado por la presencia de un héroe y un mundo que están divorciados pero guardan entre sí la comunidad suficiente para que aquél se dé" (3).

De estos juicios podríamos deducir que la novela hispanoamericana ha venido desplazando a la historia y a la temática política, llegando este género a colocarse en el puesto central que las dos disciplinas mencionadas ocuparon en el siglo XIX.

Dentro del cuadro general del desarrollo, implícito en estos planteamientos, debe tratarse, en primer lugar, de un grupo de escritores cuya labor es decisiva en su carácter de iniciadores prácticos de la integración de la literatura latinoamericana a la literatura mundial, proceso todavía en gestación.

Debido a la problemática de Hispanoamérica, la novela tiene entre nosotros grandes perspectivas. Las diferencias de razas, los mestizajes, las tiranías de los clanes burgueses, la vida infrahumana del hombre del agro, la explotación despiadada del obrero y la existencia de la clase media, son elementos poderosos para el cultivo de la novela social, ya que en ella aparece la objetividad de la vida infrahumana de estas colectividades en la América Latina.

La novela social hispanoamericana, en conjunto, es una de las manifestaciones más vigorosas y características de la actual literatura americana.

En 1923, el poeta peruano César Vallejo (1892-1938), se inicia en la literatura narrativa con **Fabla Salvaje**, y en 1931 publica **Tungsteno**, novela de números explotados y de protesta social contra la injusticia del imperialismo yanqui. En efecto, Vallejo describe la despiadada explotación de los indios por parte del imperialismo y las injusticias cometidas

2. Rafael Gutiérrez Girardot. **La literatura hispanoamericana hoy: Fondo y superficie**, en Lecturas Dominicales de **El Tiempo**, Bogotá, 20 de agosto de 1967, p. 6.
3. W. Krauss. **Literaturgeschichte als Geschichtlicher Auftrage: Zur dichtungsgeschichte Romanischen Völker**. Leipzig, 1965, p. 95.

por la policía y la clase burguesa. Sus novelas están en plano inferior a su obra poética. **Tungsteno** es una obra eminentemente de protesta social. Su prosa es de estilo periodístico, llana, convencional y tiende a exaltar el ejemplo de Lenín y de provocar una revolución mundial.

El **Tungsteno** fue la única novela escrita por César Vallejo. El objetivo principal es demostrar a través de sus páginas, su compromiso con la clase trabajadora. El autor al concluir la novela, llega a la convicción de que el escritor debe estar, sin moderaciones ni timideces, de parte del proletariado. En un párrafo del relato, en su personaje Servando Huanca, explica cuál debe ser la participación del intelectual con los trabajadores:

"Hay una sola manera de que ustedes, los intelectuales, hagan por los pobres peones, si es que quieren en verdad probarnos que no son ya nuestros enemigos, sino nuestros compañeros. Lo único que pueden hacer ustedes por nosotros es hacer lo que nosotros les digamos y oírnos y ponerse a nuestras órdenes y al servicio de nuestros intereses. Nada más. Hoy por hoy, ésta es la única manera como podemos entendernos. Allí trabajaremos, más tarde, juntos y en armonía, como verdaderos hermanos...". Vallejo en forma sencilla, muestra objetivamente la explotación de que es objeto por una empresa extranjera, un minero peruano, al igual que narra las maneras de su explotación.

El Tungsteno retrata la explotación de los obreros peruanos por los capitalistas extranjeros y la burguesía nacional.

Uno de los personajes considera que "...los gringos y los Marino son unos ladrones y unos criminales... viven y se enriquecen a costa de la vida y la sangre de los indios...".

Para César Vallejo la sociedad capitalista se divide en dos clases fundamentales: ricos y pobres, explotadores y explotados, poderosos y humildes, fuertes y débiles y patrones y obreros.

José Mancisidor (1895-1956). Mexicano, de tendencia marxista. Escribió **La asonada** (1931), novela que enfoca un tema crítico de la Revolución Mexicana, crítica tomada desde el punto de vista comunista. En 1932 da a conocer **La ciudad roja** y **Nueva York revolucionaria,** novelas de propaganda comunista. En 1953 escribió **Frontera junto al mar,** en la cual describe la invasión norteamericana a México, y en 1956 publica **El alba de las sierras** y **Me lo dijo María Kamborá.**

Luis Toro Ramallo (1898-1950), boliviano. Su primera novela, **Un político**, fue publicada en Santiago de Chile en 1925. Su tema es la miseria de dos hermanos, hijos de una pobre mujer que obtenía el sustento vendiendo chicha. También en Santiago de Chile escribe el mismo año su novela **Hacia abajo.** En su novela **Cutimuncu** (1940) y **Oro del Inca** (1945), ha descrito en forma novelada al indio de las mesetas bolivianas. En Chile publica otra novela titulada **Ahumada 75.** Quizá su mejor novela es **Oro del Inca** publicada en Santiago de Chile en 1945. "Relata la historia de Condori, mestizo infeliz devoto de la **Virgen Mamita**, quien con la ayuda de choque, alcalde indigenal de la región de Quila, encuentra uno de los tesoros del Inca, tesoros que se da por seguro fueron escondidos a la muerte de Atahualpa por los nativos. En vez de construir un suntuoso templo para la Mamita, como fue el mandato de ella misma en un sueño, Condori se da a la gran vida en Sucre, Buenos Aires y París. Al volver de Europa arrepentido y sin fortuna, busca de nuevo al indio choque, que le había revelado el primer tesoro, para proponerle la inmediata construcción del templo, con otro tesoro que sólo él podía encontrar" (4).

Serafín Delmar (1901), peruano, político y revolucionario. Cuando pagaba una condena, escribió su novela **Sol: están destruyendo a tus hijos**, aparecida en 1941. Otro compañero de generación y de prisión de Delmar fue **Juan Seoane** (1898), quien también en la cárcel inició su obra **Hombres y rejas**, publicada en 1936.

Claudio Cortés. Boliviano. Su primera novela, **Los avitaminosos**, se publica en La Paz, en 1936. Narración sencilla de un grupo de enfermos a los cuales se moviliza de un hospital de sangre, como refuerzo al frente de batalla, en la guerra del Chaco. Mueren todos por las consecuencias del medio. Aparece su segunda novela en 1937, titulada **La tristeza del suburbio**, descripción naturalista de los barrios bajos de La Paz. Su tercera novela **Esclavos y vencidos** (1939), es la novela dedicada a narrar la vida de un indio aymara, que pasa de la vida de siervo del feudal del Altiplano a soldado en la campaña del Chaco. Su cuarta obra, **Sobre la cruz**

4. Augusto Guzmán. **La novela en Bolivia.** Editorial Juventud, La Paz, 1955, p. 126.

de la espada (1942), narra la revolución paceña del 16 de julio de 1809 y de sus consecuencias. Se le considera más obra histórica que novela, empero tiene ligeros tintes novelados en virtud del diálogo.

José Antonio Osorio Lizarazo (1900-1965). Colombiano, periodista, abogado y político. Autor de las siguientes obras: **La casa de la vecindad** (1930), **La cosecha** (1933), **Garabato** (1939), **El hombre bajo la tierra** (1944) y **El camino en la sombra** (1936), ganadora esta última del Premio de Literatura Esso. Osorio Lizarazo es uno de los más auténticos valores de la novelística colombiana en los últimos tiempos. El ambiente de sus novelas generalmente está localizado dentro de lo urbano y, en algunas, en ambiente campesino. Su propósito es sociológico, didáctico y también de protesta. Emplea una técnica original y no sigue las innovaciones de los novelistas europeos contemporáneos. Su lenguaje es directo, sencillo y sin mayores complicaciones.

Osorio Lizarazo ha sido calificado como naturalista, y sus novelas presentan, en general, un panorama de miseria, de lacras humanas, de degeneración y de vicio. El calificativo también podría aplicársele por su técnica y por su planeamiento un tanto simplista de situaciones, ambientes y personajes. En verdad, la actitud de denuncia y de protesta del autor se sobrepone en veces a los elementos puramente literarios, y así, por ejemplo, sus personajes son endebles y la estructura de la mayoría de sus novelas se malogra ante el deseo de recargar de patetismo y de horror los acontecimientos. Uno de los peligros más comunes de la narrativa nacional, el documentalismo, seduce en ocasiones a Osorio y su obra resulta así demasiado "informada" y muy dirigida hacia fáciles metas.

"Su última novela, **El camino en la sombra**, muestra con claridad las características del estilo narrativo de Osorio; es una larga historia de una familia, trasladada del campo a Bogotá, a fines del siglo XIX. Los acontecimientos históricos, guerras civiles, transformación de la administración pública, incipiente industrialización, modernización del comercio, sirven de marco, de fondo al relato de la descomposición de la familia García. La técnica, indudablemente, pertenece a la novela del siglo XIX: capítulo a capítulo se presenta la evolución cronológica y sociológica de manera lineal. Las relaciones entre los acontecimientos y los personajes son directos, demasiado simples y sin complicaciones. La narración avanza desde grandes trozos generales hasta reducidos enfoques que precisan el planteamiento inicial. Los grandes defectos de la obra son, a mi juicio, la reiteración y la falta de agilidad y de sutileza en la evolución de los personajes. Varios capítulos contienen largos párrafos que habían sido desarrollados anteriormente y que se repetirán después: así, por ejemplo, la miserable situación y las vejaciones a que es sometida la sirvienta de la familia, Matilde, animalizada, pisoteada en su bondad natural. Párrafos enteros nos repiten sus sufrimientos, su fealdad, los insultos que le dirigen, su bondadosa estupidez; los personajes crecen, maduran, envejecen y mueren porque el autor nos entera de ello con todo detalle, pero sin que esa evolución sea literalmente viva ni humanamente convincente. Todo es externo, pegadizo, evidente e innecesariamente recargado. El autor es el Dios omnipotente, el creador absoluto que maneja los hilos de la trama y que no permite al lector el ejercicio de su derecho a la creación conjunta, sino que le entrega todo hecho, todo interpretado, todo analizado, como dije, de manera simplista y reiterativa. Y sin embargo, en esta novela se echan de ver las grandes virtudes de Osorio Lizarazo: seriedad, dedicación, trabajo, seguridad de novelista. Por ello, toda la obra de Osorio Lizarazo merece respeto y consideración, pues representa un importante peso hacia la madurez de un género difícil, que en nuestro país se ve amenazado por la improvisación y la alegre irresponsabilidad" (5).

Mauricio Magdaleno. Nació en Villa del Refugio, Estado de Zacatecas, el 13 de mayo de 1906. Viajó a España, donde publicó parte de su producción literaria. A los veintiún años publicó su primera novela, **Mapimí 37** (1935). Luego **Campo Celis** (1935). El tema principal de estas novelas son la tierra y el campesino. La cuarta novela, **El resplandor** (1937) es la más lograda de cuántas haya publicado y la más estrechamente relacionada con el tema de la Revolución. **Sonata** (1941) es una de las novelas que ofrece mayor complejidad técnica. En 1949 aparecen sus novelas **Cabello de elote** y **Tierra grande.**

El resplandor, cuyo argumento encierra una tragedia colectiva en San Andrés de la Cal, pueblo habitado por los in-

5. Eduardo Camacho Guisado. **Letras nacionales**, Bogotá, Colombia, 1966.

dios trascuachos, comunidad que constituye el protagonista central de esa tremenda historia de infamias y sufrimientos interminables.

En **El resplandor**, el arte de su autor toma características singulares para estructurar una valiosa obra social indigenista. Magdaleno nos muestra, en la delineación de los personajes, un drama conmovedor y verdadero, que toca un fondo humano. Dos planos principales resalta el novelista: los indios en actitud de protesta y de esperanza a la vez:

"Los indios, entrapados de o de sacrificio, reventaban. Se mataban entre sí por sus santos patrones, en las festividades, y no osaban levantar los ojos frente al amo, sabiendo que la divinidad estaba a su lado y le amparaba como a un hijo elegido".

La novela tiene como lo hemos visto anteriormente en el capítulo titulado "La novela indigenista", como tema central el destino de los indios, miserablemente explotados durante cuatro siglos de historia mexicana.

"A pesar de su actitud crítica hacia la sociedad, la visión del mundo de **El resplandor** es meramente la de una etapa más en la Revolución. En primer lugar, expresa el indigenismo que caracterizó al pensamiento mexicano en los años treinta. Su abierta simpatía por los indios está reforzada por una interpretación en blanco y negro de la historia mexicana, que asigna una culpa moral a los mantenedores de las tradiciones hispánico-católicas. Subyacente a esta interpretación está la visión determinista de que la responsabilidad puede remontarse a la codicia de los explotadores. Por implicación, una genuina reforma de la tierra y la eliminación de la corrupción política absolverían a la emergente Revolución de una culpa mayor" (6).

La novela de Magdaleno, novela eminentemente indigenista como nos hemos referido a ella en el capítulo de **La novela indigenista**, es un producto de la década de los años de 1930, la cual representa un avance notorio en el desarrollo de la novela de la Revolución.

6. Joseph Sommers. **Yáñez, Rulfo, Fuentes: La novela mexicana moderna.** Monte Avila Editores, C.A., Caracas, Venezuela, 1969, p. 48.

La novela fue escrita en 1937, y se sitúa históricamente en la época de Calles. La narración de Magdaleno constituye una fuerte protesta social, presentando el sufrimiento del indio como historia que se repite sin fin dentro de una sociedad dedicada a explotarlos, ya en manos del conquistador o bien de la burguesía criolla.

"Por otra parte, mientras que la novela lanza una protesta en contra del despojo de los indios por los herederos de la tradición hispano-católica, el retrato de los indígenas que nos ofrece se muestra una base conceptual de filiación. Tal como nos lo presenta Magdaleno, en sus creencias y en sus acciones. Los otomies de San Andrés son prisioneros de una cultura basada en supersticiones que los mantiene en un estado de ignorancia inocente, surtiendo como defensa solamente el resguardo del estoicismo y la resignación fatalista ante el sufrimiento preordinado. Parecen comportarse de una manera infantil, y su cultura está descrita desde una perspectiva no india. La voz narrativa, más o menos la del autor, cataloga creencias totémicas, una religión empapada de paganismo y una disposición a la medicina popular, todo en un tono que sugiere la inutilidad de estas prácticas en una sociedad occidental. Pocos son los ejemplos de sensibilidad narrativa hacia el papel de tales creencias dentro de la cosmovisión indígena.

El tono anti-intelectual de las novelas anteriores se repite en **El resplandor**. Para Saturnino, las ideas sirven meramente como **slogans**, vehículos de engaño. Para el vate Pedrosa, subteniente político pseudointelectual, constituye el embellecimiento del poder político. Pero vista en un contexto histórico, la novela sirvió un propósito más positivo. El énfasis de Magdaleno en desarrollar una perspectiva histórica; su esfuerzo por establecer la noción de causalidad, por unilateralmente económica que fuera; la nota de protesta que circuló en México cardenista sobre el abuso de los indios en la década anterior; estos elementos representaban un reto para los intelectuales mexicanos de 1930-1940, década del auge del nacionalismo, cuando se buscaban definiciones de la nacionalidad mexicana. En la categoría de la historia literaria, **El resplandor** es la novela indigenista más seria y más elaborada de los primeros treinta años de la Revolución. Extiende el alcance temático de la novela de Revolución, y anticipa en sus innovaciones técnicas, la llegada de la novela moderna" (7).

"**Cabello de elote** es una novela malograda por exceso de problemas y carencia de densidad en el análisis de ninguno de ellos. Al principio da la impresión de que leemos una novela psicológica, pero a medida que avanzamos, los temas se multiplican sin que ninguno de ellos alcance el desarrollo necesario. Ni el ambiente pueblerino, ni los problemas del agrarismo, ni los que plantean los emigrantes europeos, ni los muchos caracteres que en la obra se presentan, están convincentemente desarrollados. Por eso la trama deja la impresión de algo improvisado, mal urdido, mal integrado y farragoso. Tanto Florentina como Casimiro ofrecían mayores posibilidades, pero Magdaleno no supo —o no pudo— hacer de ellos caracteres robustos.

Algo similar ocurre en **Tierra grande**, si bien el argumento tiene un centro de gravedad en la figura de Gustavo Suárez Medrano, el protagonista. Este carácter despótico y criminoso está pintado con enérgico colorido. En esta obra vuelve Magdaleno al tema de la Revolución, pero resalta un poco truculenta y melodramática por el cúmulo de crímenes y hasta incestos que en ella se hacían, imputables todos al carácter central. Pero desde el punto de vista de la composición es superior a **Cabello de elote**" (8).

Ramón Díaz Sánchez (1903). Venezolano. En 1936 da a conocer su primera novela **Nene**, basada en la vida del campamento petrolero y en la que utiliza una técnica de reportaje que lo conduce hacia el plano de lo sicológico. En 1950 publica **Cumboto**, de ambiente negro y de realismo criollista. En esta novela penetra el simbolismo mágico.

Augusto Céspedes (boliviano, 1904). Publica **Sangre de mestizos**, novela en forma de cuentos lineales sobre la misma temática. Esta obra tiene importancia por la vivacidad de sus concepciones y por la elegancia del estilo. La parte cerebral prevalece sobre la emotividad en su narrativa. En 1946 publica su novela social y política **Metal del diablo**. La obra

7. Joseph Sommers. **Novela de la Revolución: criterios contemporáneos**. Cuadernos Americanos, I, 1970, pp. 177-178.
8. Manuel Pedro González. **Trayectoria de la novela en México**, Ediciones Botas, México, 1955, p. 286.

narra con pasión la tragedia de los trabajadores de las minas del estaño.

"El protagonista, gigante a ratos, se estropea de tal modo en la vivisección narrativa y crítica, que al final no queda ni para cadáver. Contrariamente a lo que debe ser el héroe novelesco, el protagonista de este libro resulta negativo y frustrado, ya que no se trata de otra cosa que de mostrarlo en un contraste desproporcionado de grandeza material y de miseria espiritual. Por ese lado no vale ciertamente, sino por la pintura de la realidad social sobre la cual se proyecta con extraño poder hipertrófico el destino personal del magnate" (9).

Miguel Otero Silva (venezolano, 1908). Su obra es la siguiente: **Fiebre** (1939), **Casas muertas** (1955), **Oficina No. 1** (1961), **La muerte de Honorio** (1963), **Cuando quiero llorar no lloro** (1970).

En 1939 publica su nueva novela **Fiebre**, relato de lucha estudiantil, escrito para combatir la dictadura de Gómez, la que Juan Vicente Gómez conserva en el poder hasta 1935. Otero Silva tiene que huir al extranjero por el hecho de haber participado en la rebelión de 1928, regresa después de la muerte del dictador, aún tiene que refugiarse en el exterior al disolver el nuevo gobierno los partidos de izquierda.

"Las preocupaciones sociales y políticas de Miguel Otero Silva constituyen la médula de sus cinco novelas y les dan cierta unidad de pensamiento, dentro de una trayectoria técnica que va desde el corte clásico de la primera hasta la estructura "nueva" de **La muerte de Honorio**, y de la última: original combinación de una arquitectura regular (tres relatos alternados, prólogo y conclusión) y una narración impresionista con frases truncas, recuerdos acrónicos y sinestesia.

Fiebre, subtitulada "novela de la revolución venezolana" y escrita a la memoria de camaradas muertos en la lucha, evoca la revolución de 1928 (primer capítulo), la acción estéril contra el régimen de Gómez (cap. "Montonera"), el presidio (cap. "Palenque"), la alucinación del joven que grita su fe en el porvenir (cap. "Fiebre"). **Casas muertas** denuncia la agonía de un pueblo del Llano, Ortiz, durante la misma dictadura. Uno de los personajes huye del pueblo moribun-

9. Obra citada de Guzmán, p. 162.

do, atraído por el espejismo del petróleo, héroe siniestro de **Oficina No. 1**. A los estertores del pueblo responde el crecimiento, en esta novela, de la nueva ciudad, gracias al oro negro, foco de atracción de los campesinos, hormiguero donde se codean los ingenieros norteamericanos de la compañía, los peones, el cura, el maestro revolucionario, los comerciantes, las prostitutas: intrusión del mundo moderno en un rincón aislado de Venezuela.

En el preámbulo de **La muerte de Honorio**, Otero Silva advierte: "Los personajes y el argumento de este libro son imaginarios. En cuanto a los maltratos que en él se narran, son auténticos y fueron padecidos por venezolanos de carne y hueso en los años inmediatamente anteriores a 1958". Es decir, durante el final de la dictadura de Pérez Jiménez. En el mismo calabozo, cuatro militantes cuentan sus actividades, encarcelamiento y torturas, recordando su niñez y su vida sentimental (en párrafos entre paréntesis). "El barbero", el quinto hombre, detenido por error, se inventa un hijo, Honorio, y dice después que ha muerto, confesando luego a sus compañeros que les ha mentido para tener algo que contar.

La compasión por los hombres, una de las constantes de un Otero Silva, es con más claridad aún el tema de **Cuando quiero llorar no lloro**, título que recuerda el adiós de rubeniano a la juventud; y libro donde se unen en el mismo nombre, Victorio, y en la misma muerte violenta: el estudiante revolucionario torturado por la policía, el delincuente víctima de la injusticia social, el muchacho burgués, que soñaba con escapar a su medio".

Oscar Cerruto (1912). Publica en Chile, en 1935, su novela **Aluvión de fuego**, al finalizar la guerra del Chaco. Este autor enfoca el tema histórico. "El argumento se cumple en diversos escenarios. Nacionalidades indígenas de la república del Kollasuyo, república socialista de obreros, soldados y campesinos solamente de intención y manifiesto. Protagonista principal: Mauricio Santa Cruz, adolescente con imaginación de poeta y voluntad de revolucionario. Su existencia tranquila, en hogar más que menos burgués, con finca y mayordomo. Precisamente cuando el amor le sonríe en la belleza de Clara y Eugenia y comienzan los amores de estudiantes, el fenómeno de la guerra lo saca del quicio. Las multitudes alborotan la ciudad pidiendo la guerra.

"En una rápida visita al fundo militar detiene, enérgico, los malos tratos del capataz a los indios. A poco se alista en un regimiento que, en vez de ir al Chaco, se queda en el altiplano limpiando la meseta de indios emboscados. Tras los abusos militares en las chozas, estalla una sublevación de campesinos que termina en numerosos cadáveres y cabecillas presos" (10).

Gilberto Dwen (1905-1952). Mexicano. Autor de **Como nube** (1928) y de **Cerrazón sobre Nicómaco** (1946).

Jaime Torres Bodet (1902), mexicano también, publica a **Margarita de Niebla** (1929), **La educación sentimental** (1931), **Proserpina rescatada** (1933), **Estrella de un día** y, en 1935, da a conocer su relato **Primero de enero.**

Manuel Rojas (Buenos Aires, 1896). Su obra está representada por la siguiente producción literaria: **El hombre de los ojos azules** (1926); **Hombres del sur** (1926); **El delincuente** (1929); **Lanchas en la bahía** (1932), **Travesía** (1934); **La ciudad de los césares** (1936); **El bonete maulino** (1943); **Hijo de Ladrón** (1951); **Mejor que el vino** (1958); **Punta de rieles** (1960); **El árbol siempre verde** (1960); **El vaso de leche y sus mejores cuentos** (1962); **El hombre de la rosa** (1963); **Sombras contra el muro** (1964); **El bonete maulino y otros cuentos** (1968); **Obras escogidas** (1969); **Obras, Tomo I** (1973).

Nació en Buenos Aires, pero es hijo de padres chilenos. Ha vivido la mayor parte de su vida en Chile y toda su obra es eminentemente chilena. En 1932 publica su primera novela **Lanchas en la bahía**, en la cual utiliza fragmentos de su experiencia en su juventud, y narra en primera persona.

"Cuenta **Lanchas en la bahía** la forma como un adolescente sencillo, que hace el aprendizaje de la vida en forma ruda e improvisada, entra en conocimiento de alguno de los hechos más importantes de la relación humana. La amistad y el amor son dos sentimientos que asaltan a este humilde cuidador de cargamentos, guardián nocturno de la bahía de Valparaíso" (11).

10. Obra citada de Guzmán, pp. 121-122.
11. Raúl Silva Castro. **Panorama de la literatura chilena, (1843-1953)**, Fondo de Cultura Económica, México, 1955, p. 198.

Hábil narrador en todos los géneros, ha dejado una vasta y valiosa obra. Su novela **Hijo de ladrón** es la novela más importante de este autor y lógicamente la más difundida. La novela refleja una autobiografía existencialista donde el monólogo interior juega un papel de primer orden. La novela cuenta la vida de un joven, desde sus primeros recuerdos infantiles hasta la adolescencia. La novela carece de secuencia narrativa, la acción se adelanta o atrasa, y esa técnica de **Flash-backs** contribuye a darle una estructura diferente a sus otras obras. Maneja planos al estilo de Joyce, Huxley y Faulkner. Al iniciar la novela dice que su "memoria salta de un hecho a otro y toma a veces los que aparecen primero, volviendo sobre sus pasos sólo cuando los otros, más perezosos o más densos, empiezan a surgir a su vez desde el fondo de la vida pasada". "Contribuye a darle profundidad, poco usual en la novela, el estilo, que ha sido labrado en forma muy curiosa. En algunos elementos, cuando el protagonista-autor forma parte de un grupo en que se dialoga, la frase es breve y la sentencia se reduce a transcribir con gran fidelidad el estado de cada uno. Pero a veces el autor evoca episodios perdidos en la neblina de los recuerdos, reflexiones de ayer yuxtapuestas al monólogo interno; y entonces el estilo se enriquece en ondas divergentes, en círculos concéntricos de enorme amplitud. Esta manera de componer tiene tal vez patrones en Proust y Joyce, pero aplicada a la experiencia literaria de Chile es novedosa y ha servido para seducir a los lectores de Rojas como muestra de su grande habilidad espiritual aplicada a la novela. De esta suerte, ha logrado componer una novela, **Morosa** o de **Tempo lento**, como le gustan a Ortega y Gasset" (12).

Benjamín Carrión (ecuatoriano, 1889). Su única novela lleva el título de **El desencanto de Miguel García**, publicada en España en 1928. Novela de orientación política y social. "García, el protagonista, es un intelectual de la clase media, que, desde lejos evoca su ciudad y sus pequeñas luchas de campanario, en las que salió mal parado y con un gran poso de desilusión en el espíritu. Es un vencido.

...Puede que la pragmática revolucionaria desapruebe el desenlace del libro y la derrota del protagonista como solu-

12. **Opus, cit.**, p. 201.

ción a la lucha del héroe con el medio. No hay allí asidero para la peca de cierta falta de verosimilitud. Pero esto no impide a **El desencanto de Miguel García** ser una de las buenas novelas ecuatorianas. Hallamos en ella la descripción de un estado de ánimo colectivo, sentido hondamente por toda una generación" (13).

Martha Brunet (chilena, 1911). Autora de **Montaña adentro** (1923), novela corta de la tierra sureña, que fue recibida con beneplácito por la crítica literaria. Posteriormente publica su obra más extensa, **Humo hacia el sur**, en Buenos Aires, 1940, que se distingue por la descripción de rasgos autobiográficos. Esta autora utiliza la visión dramática, caracterizándose por el dominio en el manejo de la acción y por el acertado análisis de caracteres. La obra literaria de Martha Brunet figura en primera fila en la novela chilena contemporánea.

Enrique Amorim (1900-1960), uruguayo. Se inició con **Tangarupá**, relato de la vida gaucha. En 1932 publica **La carreta**, en 1941 lanza su novela **El caballo y la sombra**, en (1944) publica **La luna se hizo con agua**, en 1952 publica **La victoria no viene sola**. Su trama en la mayoría de sus obras es lo nativo y siempre en busca de lo humano, pues plantea a menudo lo social aunque en forma abstracta. Sus últimas producciones literarias son: **Corral abierto** en (1956), **Todo puede suceder** (1956), **Los Montaraces** (1957) y **La desembocadura**, aparecida en (1958).

Analiza el falso concepto de la civilización. "Pero ese hombre siente en las entrañas de su ser el impulso a describir su destino en una conjunción total con las fuerzas de la naturaleza. Para Amorim y otros escritores uruguayos y argentinos de su generación y de una generación posterior, el pensamiento de P. H. Lawrence asume carácter de evangelio: el hombre no se realiza plenamente sino al descubrir su armonía con la mujer y la naturaleza" (14).

Julián Padrón (1910-1954), venezolano. Ha escrito preferentemente sobre temas campesinos. Sus obras son: **La**

13. Obra citada de Rojas, pp. 170-180.
14. Fernando Alegría. **Historia de la novela hispanoamericana.** Ediciones de Andrea, México, 1966, p. 230.

guaricha (1934), **Madrugada** (1939) y **La primavera nocturna** (1950).

Guillermo Meneses, venezolano, (1911). Captó con fina observación la vida de negros, mulatos y zambos en sus tres novelas: **La balandra Isabel llegó esta tarde** (1934), **Canción de negros** (1934) y **Campeones** (1939).

"Su retrato de hombres humildes, su manera de pintar cuadros venezolanos, escenas populares con fondos naturales acusan un firme sentido de la realidad, pero lo colocamos entre artistas por la singular vivacidad con que sostiene el lado interior, sicológico, de sus personajes". (E. Anderson Imbert, **Historia de la literatura hispanoamericana.** Tomo II, p. 243).

Eduardo Zalamea Borda (1907-1963), colombiano. Es autor de una sola novela: **Cuatro años a bordo de mí mismo**, publicada en 1934, con forma de diario, en la que narra la realidad. "A mí me gusta mirar lentamente las cosas, poco a poco, como saboreando ruidos, olores o perfumes, con toda la profundidad de los sentidos".

Cuatro años a bordo de mí mismo lleva como revelador el subtítulo de "Diario de los sentidos". En verdad, lo dominante de ella es el enfoque sicológico, por lo cual responde así a su título y a su carácter posiblemente autobiográfico. Sin embargo, el ambiente está tratado con gran vigor y destreza, en un lenguaje rico en metáforas audaces.

Zalamea no es un novelista que se interesa tanto por lo social como Osorio Lizarazo o Eduardo Caballero Calderón. No obstante, su novela es una mezcla de sicologismo y de realismo que presenta una situación concreta de miseria, violencia, goce sensual, bellezas naturales y complejidades humanas.

Dicha obra ofrece, por otra parte, ciertas novedades técnicas: monólogo interior, tal vez de ascendencia surrealista, audaz metaforismo, lenguaje poético. Su acción tiene lugar en la Costa Atlántica, en la península de la Guajira. Un joven bogotano vive allí largos días de sensualidad, de exploración interior y de irreflexiva participación en la agitada vida de los hombres de las salinas costeras. En verdad, es una visión vigorosa y palpitante del medio y de los personajes. Veamos un párrafo de la novela:

"Aquí se siente llegar ya un aliento de la Guajira. Huele a lo que deben oler las indias. Un olor compuesto de muchos perfumes y aromas. Es la pampa, el desierto, la arena, el sexo y la muerte" (p. 91).

"Culturalmente, y dentro de nuestras letras nacionales, esta novela tiene un mérito que la hará histórica: el haber ensayado en la prosa narrativa, y con buen acierto, el estilo impresionista y renovador que en poesía lírica habría instaurado Juan Ramón Jiménez y que en Colombia vino a producir el movimiento que para bien o para mal, pero acaso un poco tarde, acabó en la patria de Víctor Hugo y con Rubén Darío" (15).

Diómedes de Pereira (1897), boliviano. En 1935 publica en Santiago de Chile **El valle del sol**, su primera novela, donde describe la naturaleza tropical hispanoamericana. "Como novela regional, geográfica, tiene sitio prominente en la narrativa indoamericana. En curso ameno e instructivo se describe la tierra de los bosques y la diversidad de sus habitantes desde los insectos, peces y serpientes, hasta las aves y bestias feroces y los salvajes. Sus descripciones valen tanto por el color pictórico, el aliento poético y la precisión nominativa" (16).

Pereira publica posteriormente su novela **Caucho**, también en Santiago de Chile. Es sin duda la mejor lograda dentro de la estructura literaria. Su última producción **La trama de oro**, igualmente publicada en Santiago de Chile en 1932, es la historia de una nueva exploración en la cuenca del Amazonas. "Argumentos y desarrollo cinematográfico. Páginas descriptivas de vigor subyugante. Escenas inolvidables del régimen de servidumbre impuesto por los caucheros. Es también otro libro interesante que completa la trilogía novelesca de la selva-Perú-bolibrasilera" (17).

Arturo Uslar Pietri, (Caracas, 1906). Su obra está representada en la siguiente producción literaria: **Barrabás y otros relatos** (1928), **Las lanzas coloradas** (1931), **Red** (1936), **El camino de El Dorado** (1947); **Treinta hombres y sus sombras** (1949), **Laberinto de fortuna. Un retrato en la geografía** (1961), **Laberinto de fortuna. Estación de máscaras** (1964), **La lluvia y otros cuentos** (1968), **En busca del mundo**

15. Antonio Curcio Altamar. **Evolución de la novela en Colombia. Instituto Colombiano de Cultura.** Bogotá, 1975, p. 205.
16. Obra citada de Guzmán, p. 116.
17. **Opus**, cit., p. 119.

perdido (1969), **Moscas, árboles y hombres** (1973), **Camino de cuentos** (1975), **Oficio de difuntos** (1976) y **Obras selectas** (1977).

Abogado, profesor de economía y de cultura hispanoamericana, Ministro de Educación, de Hacienda y de Relaciones Interiores, diplomático en diferentes partes: París (1929), Liga de las Naciones (1930-33) y Embajador de la Unesco.

Uslar Pietri es uno de los hombres de mejor formación cultural de Venezuela y uno de los buenos ensayistas actuales de Hispanoamérica, lo mismo que observador sagaz de la historia y de la contemporaneidad.

Inicia sus primeras producciones con **Barrabás y otros relatos**, en el cual utiliza una prosa rica en símbolos que intuyen ya una interpretación de la realidad hispanoamericana. De ahí que Uslar Pietri podría ser incorporado al movimiento de renovación de las formas.

Del conjunto de novelas, la de mayor importancia es **Las lanzas coloradas**, en la que nos entrega una clara visión de los sucesos ocurridos en la guerra de la independencia. Los personajes se mueven dentro de una plenitud sicológica; por eso el autor juega con extrema delicadeza sobre su arte expresionista.

Las lanzas coloradas es una de las mejores novelas de carácter histórico que se han escrito en Venezuela. En ella el autor trata de mostrar los procedimientos de la sustancia telúrica y vivencia, aunque en su caso la vivencia sea histórica y no contemporánea.

"No entré por el camino de la novela histórica por un gusto arqueológico o por manía reconstructiva, sino porque pensé que para expresar lo nacional, fuera del mero paisajismo, había que comenzar por buscarlo en las horas en que alcanzó su más alta y reveladora tensión. Sentía que el impulso destructor y creador de la guerra de independencia se había rebelado de un modo pleno la condición criolla de nuestra humanidad. Fue el primer momento en que el alma criolla pudo entregarse con fruición posesiva a la irrestricta expresión de su ser. Por eso mi novela tiene una mera importancia de marco y todo el esfuerzo de expresar está concentrado en los seres y en su relación con los sucesos" (18).

18. **Presentación**, en "Obras Selectas", p. XIII.

Vista como un todo la problemática en que se mueve el argumento, en el fondo parece que la novela quisiera pintar minuciosamente el marco social de 1813-1814.

"A la novela individual oponía Uslar Pietri la del grupo humano. La Venezuela de 1814 —más que presentación campos— parecía el gran protagonista de su libro" (19).

Evidentemente, si nos detenemos en una serena reflexión, la obra de Uslar Pietri refleja un cuadro colectivo, no sólo de la Venezuela de 1914, sino la perspectiva histórica y evolutiva, la sociedad en devenir, desde el punto inicial del arribo del conquistador hispánico, a propósito de los abuelos de Fernando Fonca, encomenderos esclavistas, "matuno". El autor hace un análisis del proceso feudal-esclavista, muy saturado de religiosidad y empeñado en conventualizar la ciudad.

Con gran acierto, el hispanoamericanista Domingo Miliani ha escrito sobre el particular: "El conocimiento de la realidad social o histórica donde transcurre la obra es valedero motivo de ayuda en el análisis. Permite justamente, el cotejo de los hechos con los imaginarios o recuerdos por Uslar Pietri. Si fuéramos a tomar la sustancia histórica legítima de la novela, no llegaríamos a cubrir una página" (20).

"En **Treinta hombres y sus sombras** hay una serie de buenos relatos inspirados en tradiciones y leyendas locales. Las dos últimas novelas, con una técnica "clásica", son como una crónica de los años de la dictadura del general Gómez y de la situación moral, económica y política en el período subsiguiente, caracterizado por la frustración de la juventud y su escepticismo en medio de la corrupción traída al país por la fiebre del "oro negro". Crisis de una transición ¿hacia dónde? Testimonio de un malestar; vacilación en las escalas de valores. Hay que ver una parodia de cierto tipo de inquietudes lingüísticas vigentes hoy día, cuando en el extracto que damos a continuación, uno de los personajes inventa una palabra que es "anagrama de anagrama", y recita un poe-

19. Mariano Picón Salas, **Literatura venezolana**, Edit. Diana, México, 1954, Cap. XVI, p. 20.
20. Domingo Miliani. **La sociedad en una novela de Uslar Pietri**, "Thesaurus", Bogotá, Boletín del Inst. Caro y Cuervo, 1968, No. 2, p. 322.

ma-bustrófedon. Otro se indigna: "Lo que hay que hacer es la novela en que esté lo nuestro" (21).

Mario Monteforte Toledo (Guatemala, 1911). Su producción novelística está representada por las siguientes obras: **Anaité** (1948), **Entre la piedra y la cruz** (1948), **Donde acaban los caminos** (1953) y **Una manera de morir** (1957).

Anaité es la historia de la civilización de la ciudad de Guatemala en contraposición con la barbarie del Petén. Tiene cierto paralelismo con **Doña Bárbara** y **Canaima** de Rómulo Gallegos, al igual que con **La vorágine** de José Eustasio Rivera. Veamos un trozo:

> Era la primera mañana en tierra habitada por los hombres, después de un eterno ambular por orillas desiertas.
>
> Así todo cambiaba en una noche. Hasta el cielo parecía una hechura nueva tras los dementes rayos del sol que se filtraban por la palma de los techos; hasta el río llevaba yerbajos de tonos chillones. Las garzas bajaban precavidas y se fugaban en parábolas abiertas (22).

En el prólogo, el autor dice que **Anaité** "es una novela mala, pero es una novela, quizás la primera que merece el nombre de tal en la copiosa lista de libros de estampas más o menos bien escritos que se habían publicado en Guatemala en aquel tiempo.

"No cabe duda de que el propósito de **Anaité** fue captar la barbarie de la región remota del Petén. No obstante, hay algunas indicaciones de una ampliación del horizonte del novelista. Alude al dictador guatemalteco; toma en cuenta la Revolución Mexicana y sus sindicatos; se queja de la explotación arqueológica de Guatemala por los norteamericanos; y repara en el peligro de una victoria de los nazis en la Segunda Guerra Mundial que estaba para estallar" (23).

La mayoría de sus obras reflejan situaciones sociales de su país y hace énfasis especialmente en la condición infrahumana en que vive la masa rural. Su novela principal quizá puede ser **Entre la piedra y la cruz**, una de las novelas más revolucionarias que se hayan escrito en Hispanoamérica. "El título simboliza la vacilación del protagonista entre la cultu-

21. Obra citada de Verdevoye, pp. 384-85.
22. Mario Monteforte Toledo. **Anaité**. (Guatemala: Editorial "El Libro de Guatemala"), 1948, p. 27.

ra de los indios —él mismo es indio— y la de los blancos. Profeta de la unión de las razas, Lu Matzar, redentor de los suyos revolucionarios, se casa con la blanca y de nombre significativo Margarita Castellanos. Con **Donde acaban los caminos**, Mario Monteforte vuelve al tema de la fusión de las razas, pero esta vez, el enfoque es menos optimista: a pesar de sus buenas intenciones, el médico blanco no sabe borrar las diferencias entre él y su querida india; ésta se da perfectamente cuenta y vuelve a los suyos, mientras su amante, paralelamente, se casa con la blanca que ha despreciado al maestro indio.

En estas dos novelas encontramos los elementos sociológicos y la denuncia social existente en toda la literatura indigenista. Lo nuevo y peculiar serían: la duda, la angustia, el debate interior del protagonista, sincera y dramáticamente desgarrado por la lucha entre sus deseos idealistas y la realidad ineludible de las costumbres, y sus reflejos personales" (24).

"Monteforte Toledo parece marcado por unos desgarramientos y una inseguridad interior que, acaso sean los factores que definen su obra de novelista. Sea cual sea la posición ideológica, ha expresado en sus libros la dramática condición del hombre centroamericano con una claridad e intensidad que no tienen parangón en la literatura de su tiempo" (25).

Entre la piedra y la cruz, hace énfasis al problema del indio. Quizá pudiera incluirse en el grupo de novelas indigenistas de Hispanoamérica. Veamos un corto trozo que señala la ideología indigenista:

> "Bajó el cura de Sololá y dijo muchas misas, unas en la iglesia, otras a campo abierto, cerca de las cuevas donde a media noche hervía el pom levantando su ofrenda a los rajau de todo lo que hacía falta en el pueblo.
>
> "—Los santos no escuchan cuando se les pide de comer— dijo un hombre con la frente cruzada de arrugas.

23. Seymour Menton. **Historia crítica de la novela guatemalteca. Editorial Universitaria.** Guatemala, 1960, p. 247.
24. Obra citada de Verdevoye, pp. 148-149.
25. Obra citada de F. Alegría, p. 226.

"Los vecinos pensaron que aquello era terrible, pero verdadero" (26).

"Lo que hace que **Entre la piedra y la cruz** se distinga como una novela bien hecha es que todos los elementos nacionales y las notas de protesta social, estén fuertemente ligados por un solo personaje. Como tantos otros protagonistas de novelas hispanoamericanas de los últimos dos decenios, Pedro Matzar es un hombre marginal. Se encuentra 'entre la piedra y la cruz', o sea, entre la cultura de los indios y la de los ladinos. Conserva su importancia primordial durante todo el libro. El acierto de Monteforte consiste en infundirle vida humana a un ser simbólico y en convertir a un ser humano en símbolo" (27).

Refiriéndose Menton a **Donde acaban los caminos** dice: "Lo que es novedoso y de cierta manera desconcertante en **Donde acaban los caminos** es que a pesar de la importancia del mundo indio, esencialmente la obra no es una novela indigenista. Ocurre aquí algo de lo que pasa en **Caos** de Flavio Herrera, es decir, que se combinan el mundo criollo y el mundo del subconsciente. Mientras que Herrera separó los dos mundos casi por completo, Monteforte trata de entretejerlos uno con otro" (28).

En 1957 publica su cuarta novela **Una manera de morir**. La novela tiene una marcada tendencia al comunismo. El protagonista Peralta es un comunista arrepentido que se retira del partido. A primera vista pudiera considerarse una novela anticomunista pero en el fondo no lo es. El conflicto ideológico podría colocarse en cualquier parte del mundo. El verdadero héroe novelado es el campesino Rueda. El nunca traiciona sus ideales y tiene la convicción de que sus actos están bien. Representa la fuerza del campesinado. Rueda se identifica con el dolor y la tragedia de los indígenas de épocas remotas. La novela se divide en cuatro partes y consta de veinte capítulos, a pesar de que el autor no indica ninguna división.

"**Una manera de morir** representa la última etapa en el

26. Mario Monteforte Toledo. **Entre la piedra y la cruz.** (Guatemala, Editorial "El Libro de Guatemala"), 1948, p. 27.
27. Obra citada de Menton, p. 249.
28. Obra citada de Menton, pp. 260-263.

desarrollo de la novelística hispanoamericana. Los elementos criollos han desaparecido; la preocupación nacional no está en consonancia con el cinismo de la postguerra; y las especulaciones freudianas ya han pasado de moda. Esta obra, como las anteriores de Monteforte, refleja el ambiente del momento y es que sus novelas evolucionan con los años. No obstante, revelan ciertos valores del autor que son constantes en cada una de las cuatro novelas; su gran talento para penetrar en el cerebro de sus personajes, su verdadero don de narrador y sus grandes conocimientos del arte de novelar. Ese arte de novelar se destaca aún más en Guatemala, donde hasta la fecha, casi todos los compatriotas contemporáneos de Monteforte han seguido la tradición del género híbrido establecida por Irisarri hace más de cien años" (29).

Enrique Anderson Imbert. Nació en Córdoba, Argentina, en 1910 en el año del cometa Halley, como él lo ha dicho. Su actividad literaria se inició en 1937, con sus cuentos **El mal de Juan Rouski**, publicado por un periódico de La Plata. Publicó en 1934 la novela **Vigilia**, que le valió el Premio Municipal de Literatura de Buenos Aires. En 1937 publicó su primer libro de ensayos, **La flecha en el aire.** Posteriormente publicó los cuentos titulados **Las pruebas del caos**, 1946, y la novela corta, **Fuga**, en 1951. Anderson Imbert ocupa un lugar de primera línea en la crítica de la literatura hispanoamericana. Su obra más conocida en esta disciplina es la **Historia de la literatura hispanoamericana**, que fue publicada en México en 1954, la cual cuenta con más de ocho ediciones. Anderson Imbert es autor de numerosos ensayos de crítica sobre literatura hispánica de sólido contenido. Sin lugar a dudas, el maestro Anderson Imbert es una de las primeras figuras de la crítica de la literatura hispanoamericana.

El cubano **Enrique Labrador Ruiz** (1902), ha publicado las siguientes novelas: **Gaseiformes y laberinto** (1933), **Cresival** (1936), **Anteo** (1940), **Carne de quimera** (1947), **Trailer de sueños** (1949), **La sangre hambrienta** (1950) y **El gallo en el espejo** (1935). Labrador Ruiz ha ensayado técnicas en la narración, a fin de crear en su obra una impresión directa de la vida y de las acciones con simultaneidad.

29. Obra citada de Menton, pp. 275-276.

Otros novelistas representativos de Centroamérica son: Hernán Robleto (1985), de Nicaragua, autor de **Sangre en el trópico** (1930) y **Los estrangulados** (1933); el dominicano Andrés Requema (1908-1952), autor de **Caminos de fuego** (1941) y **Cementerio sin cruces** (1949); el costarricense **Carlos Luis Pallas** (1911), cuya obra **Mamita Juna**, fue publicada en 1941; el panameño **Rogelio Sinan** (1904), quien escribió, entre otras: **Conflicto de sangre** (1946), **Las aventuras en el Lejano Oriente** (1947), **La boina roja y cinco cuentas** (1954), **Los pájaros del sueño** (1957), y su famosa novela **Plenilunio** (1947); el salvadoreño Solarrué (Salvador Salazar Arrué), (1889), autor de: **Cuentos de barro** (1934), **El cristo negro** (1927), **El señor de la burbuja** (1927), **O'Yar Mnadal** (1929), **Remontando el Oluán** (1945) y **Trasmallo** (1954).

Figuras representativas en este marco histórico son también los panameños Ramón H. Jurado (1922), Joaquín Beleño (1922) y Tristán Solarte (1924). Beleño ha publicado una sola novela: **Luna verde** (1951), en donde narra la explotación económica del nativo panameño y la denigrante condición humana impuesta por los prejuicios sociales del consorcio extranjero. Jurado escribió: **San Cristóbal** (1947), luego **El desván** (en 1955), y al final **Desertores**. Las obras de Solarte más representativas son: **El guitarrista** (1950) y **El abogado** (1962).

En Costa Rica se destaca Joaquín Gutiérrez (1918), autor de **Manglar** (1946) y **Puerto Limón** (1950).

El salvadoreño Hugo Lind (1917), con sus obras **El anzuelo de Dios** (1956) y **Justicia, señor gobernador** (1960).

A esta misma generación en Puerto Rico se pueden agregar los nombres de César Andreu Iglesias, autor de **Los derrotados** (1956), y José Luis González, autor de **Paisa** (1950). En Costa Rica se distingue, en esta generación, José Marín Cañas (1904), con sus novelas: **Lágrimas de acero** (1929); **Tú, la imposible; Memorias de un hombre triste** (1931); **El infierno verde** (1935), y **Pedro Arnaéz** (1942).

Carlos Martínez Moreno (1917), uruguayo. Se dio a conocer con sus cuentos **Los días por vivir** (1960). Posteriormente publicó algunas novelas cortas: **Los aborígenes** (1960), **Cordelia** (1961), **El perdón** (1961). Su obra más conocida y comentada es **El paredón**, escrita a raíz de la revolución cubana de Fidel Castro. El tema gira entre el testimonio político y el conflicto humano, entre la visión documental y el drama novelesco.

Mario Benedetti (uruguayo, 1920). Su obra literaria es la siguiente: **Esta mañana** (1949), **El último viaje y Otros cuentos** (1951), **Quién de nosotros** (1953), **Montevideanos** (1959), **La tregua** (1960), **Gracias por el fuego** (1965), **Datos para el viudo** (1967), **Esta mañana** y **otros cuentos** (1967), **La muerte y otras sorpresas** (1968), **Cuentos completos** (1970), **El cumpleaños de Juan Angel** (1971).

Su novela más importante es **La tregua** (1960), escrita en forma clásica de un diario íntimo. La obra hace una crítica a la apatía social, la novela admite admirablemente la posibilidad de un amor compartido con ternura y respeto mutuo, y no acepta sólo el amor bajo el aspecto sexual. Según A. Zum Felde, su "característica consiste en ahincar en el material de experiencia cotidiano, de superficie gris, de circunstancia externamente trivial, para encontrar debajo de ello agudas vivencias sicológicas, peripecias íntimas singulares, procesos de conciencia con profundidad de sentido: la vida exterior lugar común, en el ambiente de la ciudad sentida y revelada en sus adentros, en su dimensión objetiva" (30).

En Honduras, Marcos Reyes (1905-1949), escribió obras de tesis, como **Trópico**, novela que denuncia la injusticia social contra la masa rural en su país.

El El salvador se distinguió Ramón González Montalvo (1908), con sus novelas **Las tinajas y Barbasco, y Napoleón Rodríguez Ruiz** (1910), en cuya novela **Jaragua** toma conciencia de los problemas del hombre del agro de la tierra.

Nicaragua sobresale también por dos escritores, que produjeron en número apreciable obras importantes: Adolfo Calero Orozco (1899), con su novela **Sangre santa,** y Emilio Quintana (1908) con los cuentos **Contra sandino en la montaña** y **Almidó.**

Panamá está representada por Renato Ozores (1910). Sus obras son: **Playa honda** (1950) y **Puente del mundo** (1951); novelas en que describe la vida humilde en los barrios populares.

30. Alberto Zum Felde. **La narrativa en Hispanoamérica, Madrid, Editorial Aguilar, S.A., 1964, p. 449.**

Enrique Serba (1899) es otro cubano que da su aporte a la literatura hispanoamericana con las novelas **Contrabando** (1938) y **La trama** (1956).

En Santo Domingo encontramos a los siguientes escritores de este género: Juan Bosh (1906), quien enriquece la bibliografía con sus obras: **La mañosa** (1936), **Camino real** (1933), **Indios** (1935) y **La muchacha del Guaira** (1955). Manuel A. Amiama (1899), autor de la novela **Viaje** (1940); Horacio Ren (1899) publicó **Los civilizadores** (1924) y **De la sombra** (1959); Angel Rafael Lamarche (1900), quien cultivó la prosa impresionista romántica en **Los cuentos que Nueva York no sabe** (1949); Virginia de Leno de Borda (1904), autora de **Toaya,** novela de tema indianista; Andrés Francisco Requema (1908-1925), quien publicó: **Los enemigos de la tierra** (1936), **El camino del fuego** (1941), **Cementerio de cruces** (1949); Ramón Manero Aristy (1913), autor del libro titulado **Balsi** (1938) y de la **Over** (1939); Frody y Presta Castillo (1913), cuentista de sabor social y autor de la novela **Pablo Mama.**

Puerto Rico tiene en esta generación a Enrique A. Laguerre (1906), autor de las siguientes novelas: **La llamarada** (1935), **Solar Montoya** (1941), **El 30 de febrero** (vida de un hombre interino), (1943), **La Resaca** (1949), **Los dedos de la mano** (1951), **La ceiba en el tiesto** (1956), **El laberinto** (1959), **Cauce sin río, Diario de mi generación** (1962) y **El fuego y su aire** (1970).

Laguerre pertenece a la Generación del Treinta de Puerto Rico, movimiento intelectual nacionalista. Su obra novelística se divide en dos grupos: La primera etapa que incluye la siguiente producción: **La llamarada, Solar Montoya, La resaca** y **Los dedos de la mano**; la segunda comprende: **El 30 de febrero, La ceiba en el tiesto, Cauce sin río, El laberinto** y **El fuego y su aire.**

El primer grupo se caracteriza por el dominio temático de lo telúrico, mientras que el segundo señala un marcado énfasis sobre temas urbanos. Ambos grupos de novelas tienen una temática social muy bien definida.

Sus novelas cubren cronológicamente todos los escenarios de la isla, actividades y clases sociales, y en ellas nos muestra una palpitante realidad.

"En las primeras novelas de Laguerre es indudable la influencia de la novela regionalista hispanoamericana; en sus últimas obras es evidente la asimilación de las técnicas literarias de Willian Faulkner, Ernest Hemingway, James Joyce y otros exponentes de la nueva narrativa universal. En sus novelas más recientes, sin abandonar la crítica social continuamente expuesta en su obra, bucea más en la problemática interior del hombre. El estudio sicológico, siempre manifestado en sus novelas, se hace ahora más profundo; no obstante, sus novelas no pueden clasificarse de psicológicas, por la constante preocupación por los problemas sociales y económicos que en ellas se perciben, pero sí se pueden clasificar dentro de la corriente neorrealista por el equilibrio que establece el autor entre el hombre y su ambiente. Es, pues, el caso de que en la obra de Laguerre, además de ofrecernos la naturaleza, el ambiente, costumbres y problemas sociales puertorriqueños, se destacan tipos psicológicos en conflicto con la sociedad y consigo mismo. Todos los problemas sociales aparecen en sus novelas, al igual que la mayor parte de sus personajes, son tomados de la vidal real y que han sido experimentados por el autor" (31).

El Perú cuenta en este marco histórico con César Falcón, autor de **El pueblo sin Dios** y **El buen vecino Sambria**; Rona Arciniegas (1909), quien escribió **Engranajes** (1931); Fernando Romero (1908), autor de **Doce novelas de la selva, Mar y plaga.**

Venezuela dentro de este marco histórico está representada por Guillermo Meneses (1911). Penetra en la vida popular de negros, mulatos y zambos con sus tres novelas: **Canción de negros** (1934), **La balandra Isabel llegó esta tarde** (1934) y **Campeones** (1935). En 1942 publicó **El mestizo José Vargas.** Las escenas populares que capta en los fondos naturales, lo sitúa como un verdadero artista que refleja el estado sicológico de sus personajes. Otro venezolano es José Fabián Ruiz (1911), autor de **Agua salada** (1939), **Valle hondo** (1934) y **Mar de lava** (1941). Posteriormente, en 1946, publicó **La dolida infancia** y **Perucho González** (1946).

Chile está representado por una brillante nómina, a saber: Francisco Coloane (1910), Nicomedes Guzmán (1914), Juan Godoy (1911), Andrés Saballa (1912), Carlos Sepúlveda Leylos (1900-1941), Lautaro Jancas (1901), Rubén Azocar (1901), Eugenio González (1902), Diego Muñoz (1904), Jacobo Senke (1905), Gonzalo Dreago (1906), Nicadio Tan-

31. Olga Casanova Sánchez. **La crítica social en la obra novelística de Enrique A. Laguerre.** Editorial Cultural, Río Piedras, Puerto Rico, 1975.

gol (1906), Oscar Castro (1910) y Luis Merino Reyes (1912). Todo este núcleo de escritores aportaron una valiosa contribución a la novelística contemporánea.

El Paraguay figura con los nombres notables de Arnaldo Valdevinos (1908), José S. Villarejo (1907), Eudoro Acosta Flórez (1904), Carlos Zubarrieta (1903), Juan Pazán (1900), Raúl Mendonca (1901), Pastor Urbleta Rojas (1905) y Gabriel Casacola (1907).

En la Argentina, un grupo de novelistas escribieron sobre la realidad de ese pueblo y ahondaron en la problemática social. Son dignos de mención dentro de este mismo marco histórico: Julio Fingeret (1901), Isidoro Saqués, Joaquín Gómez Ras, Enrique González Tuñón (1901), Roger Plá (1912), Roberto Arlt (1900-1942), Leonidas Parletta (1902), Lorenzo Stanchira (1900), Luis Sudoño Kramar (1898), Fernando Gilardi (1902), Augusto Pelcino (1906), Bernardo Oerbisky (1907) y Florencio Escardó (1908).

CAPITULO XVII

EDUARDO MALLEA

Eduardo Mallea. Nació en Bahía Blanca, Argentina, el 14 de agosto de 1903. Sus primeras obras tienen un marcado sabor de la local literatura criollista y también del modernismo hispanoamericano. Cronológicamente, su obra es la siguiente: **Cuentos para una inglesa desesperada** (1926), **Nocturno europeo** (1935), **La ciudad junto al río inmóvil** (1963), **Historia de una pasión argentina** (1937), **Fiesta en noviembre** (1938), **Meditación en la Costa** (1938), **La bahía de silencio** (1940), **Todo verdor perecerá** (1941), **El sayal y la púrpura** (1941), **Las águilas** (1941), **Rodeado está el cielo** (1943), **El retorno** (1946), **El vínculo** (1946), **Los enemigos del alma** (1950), **La torre** (1951), **La sala de espera** (1953), **Chaves** (1953), **Novelas cortas y notas de un novelista** (1954), **El cajo de enebro** (1955), **Simbad** (1957), **Posesión** (1958), **La razón humana** (1960), **Las travesías** (1961), **La guerra interior** (1963), **El poderío de la novela** (1965), **El resentimiento** (1966), **La barca de hielo** (1967), **La red** (1968); **La penúltima puerta** (1969), **Gabriel Andarl** (1971), **Triste piel del universo** (1971), y **En la creciente oscuridad** (1973).

La producción literaria de Mallea constituye un aliento universal, y deja un mensaje de fe a la Argentina. La sustancia de sus novelas sirve de medio para la fórmula que lleva, según Mallea, a la salvación de su pueblo, pues parte de las más puras reservas del alma nacional, que lo llevan a una conexión con los valores auténticos de la tierra.

Su novelística, una de las que merecen cálido elogio en Hispanoamérica, tiende al continuo meditar en la corriente del existencialismo de que nos habla Kierkegaard: "Meditar sobre las criaturas humanas como un "estar", como un ser el mundo". Toda su obra está impregnada de un americanismo acendrado, junto con la preocupación de su raza y el porvenir de ésta.

"La novela de Mallea en su esencia fundamental es la angustia del hombre razonador del siglo veinte. Es la crisis emocional que experimenta el hombre al tratar de encontrar razones y explicaciones del mundo caótico e irracional que habita: La ficción de Mallea, sus novelas, cuentos y narraciones, sirve para reflejar esta condición del hombre acongojado, que busca su propia identidad e importancia en un mundo impersonal de artificialidades, engaños y oportunismo materialista. Su ficción es la lucha del hombre argentino, pero también del hombre universal, por reconciliar los valores antiguamente respetados con aquellos valores y actitudes de la actualidad que pretenden imponérselo en perjuicio suyo. Mallea transforma sus ideas y pensamientos no en móviles de acción, no en novela de movimiento, sino en novela de estados de ánimo, de hondas experiencias emocionales y mentales.

Si hubiera de reducirse el pensamiento malleano a su más esencial característica, esta sería la inhabilidad de los hombres para extenderse de una manera cabal. Esta idea es fundamental para comprender el hito temático de la ficción. El concepto quedaría un tanto abstracto si no fuera por las múltiples interpretaciones dadas por Mallea para aclarar mejor el sentido revelado en diversas formas de tirantez emocional a través de sus obras, el concepto forma un leimotiv que llega a dominar el desarrollo narrativo. Para Mallea la falta de entendimiento deriva en gran parte de la falta de comunicación, manifestada en una especie de mutismo o silencio interior. El mutismo de los personajes malleanos representa un retraimiento, un ensimismamiento bajo circunstancias que normalmente exigen una directa confrontación personal. Tal como Mallea la utiliza, que la llame mutismo o la designe con media docena de términos sinónimos, la idea implica una aversión a formar enlaces emocionales con otros, una retirada de contactos normales pero comprometedores, un temor de aventurarse más allá de los límites restringidos de la propia experiencia inmediata. El concepto de mutismo es más que la mera incapacidad de verbalización; implícito es el rechazo de la realidad que rodea al individuo y la negación de su propio lugar dentro de esta realidad. El valor del mutismo en la ficción de Mallea no es tanto que el novelista puntualice un estado psíquico, sino que se sirve de él para crear artísticamente la sobrecarga emocional que pesa sobre sus personajes. Cuando Mallea habla de esterilidad emocional, alejamiento interior, o taciturnidad, él fija y sostiene un estado hostil, un ambiente de incompatibilidad que cala en toda la novela para aumentar su valor como reflejo de la vida. Chaves, Jacobo Uber, Nicanor Cruz, Ana Borel, entre muchos otros personajes malleanos, caminan a solas por su propio laberinto emocional" (1).

"Le silence éternel de ces espaces infinis M'Effraye", es la cita de Pascal con que inicia Mallea su obra. **La ciudad junto al río inmóvil**, un introito y **Nueve novelas cortas.** El introito se titula: **Diálogos en la calle.** Y en él se lee: "Millones de hombres americanos se están buscando. La conciencia soportando el oscuro trabajo subterráneo de la gestación. Hombres de la Argentina que están por nacer en sí mismos... Hacer un nuevo hombre". Aquí está la raíz de toda su obra: la indagación metafísica, el afán de conocer y descubrir el inconsciente colectivo, la creación como tentativa de un hombre nuevo.

Una de las características que suele destacarse en las obras de Mallea es el análisis de la mujer. La mujer malleana tiene otras cualidades singulares: belleza, secreto, misterio: "Parecía venir directamente del tiempo y marchar hasta el tiempo, eternidad que tiene la verdadera belleza de ciertas mujeres muy hondas y muy sabias. Son un poco de mujeres goethianas, de la región mítica, mitad brujas y mitad madres: o terribles como Lady Machetch y lacunares como Ofelia. Pero mujeres al galope largo y silencioso, fragmentos de significado, como un alba de esperanza donde detiene el resero, al borde, en expectativa inmemorial. Mallea descubre esa condición metafísica de algunas mujeres argentinas adustas y humanas como la llanura, pero refinadas y cultivadas como Europa. Y que son el símbolo de la Argentina. Se llaman todas argentinas. Porque también Argentina es nom-

1. Myron I. Lichtblau. **El arte estilístico de Eduardo Mallea. Juan Goyanate** Editor. Buenos Aires, 1967, pp. 20-21.

bre de mujer. Son duales con el hombre. Pero, como pregunta profundamente Artur Morsella: "¿No sería un diálogo sostenido por él mismo con su propia alma? ¿El hombre: el alma sin alma, la mujer...?". La pregunta sería: ¿Es la mujer nuestra alma?, y la respuesta es NO. Por creerlo es que Mallea no llega a entender el amor con una mujer, la compasión, y por eso desemboca en la soledad. No, la mujer no es nuestra alma, como nosotros no somos su cuerpo. Ella es una entidad libre y propia, de significado integrativo; aunque el ser humano completo es la pareja ambos —unidos— el amor" (2).

"De esta angustia no se libra la mujer, que, en la **Historia de una pasión argentina**, es el símbolo de la Argentina Mater. Hay una galería importante de mujeres en la obra de Mallea: además de la soledad —más penosa aún por la incomprensión masculina— tienen otros rasgos comunes: inteligencia, elegancia, en muchos casos superioridad sobre el hombre. Sin embargo, la comunicación se consigue, excepcionalmente, a través de un sufrimiento compartido: Simbad, el buscador de almas y buscador de sí mismo, después de haber tratado en balde de realizar la obra de arte que ennoblece, vuelve a Magda, uniendo su soledad a la de ella" (3).

La novela y el ensayo de Eduardo Mallea representan la aspiración de un nacionalismo superior, ya que desea crear una nueva tabla de valores propios, y de encontrar ansiosamente la definición espiritual profundamente argentina, de un sentido y de un estilo de vida, ese querer saber "quiénes somos y a dónde vamos", de que ya habló Sarmiento hacia 1880, en **Conflicto y armonía de las razas.**

"Si en sus primeras novelas Mallea se destaca, sobre todo, como un gran analista de personalidades complejas, sutiles contempladoras del mundo en quienes el drama de la vida se confunde con el de la cultura, a partir de **Los enemigos del alma** (1950) se introduce ya directamente en la pasión autónoma, en la intemperie total de las almas irredentes y desoladas. La fuerza casi dostoievskiana de tan considerable novela estriba en que casi nada: el arte, el conoci-

2. Manuel Belloni, **Américas**, Argentina, 1966.
3. Paul Verdevoye. **Antología de la narrativa hispanoamericana, 1940-1970**, -II-, Editorial Gredos, Madrid, 1977, pp. 84-85.

miento, la reflexión, le sirven de apoyo en el momento trágico. Son verdaderos precitas, arrastradas por un instinto sordo que parecieron heredar en el mismo minuto en que fueron engendrados. Siguen a **Los enemigos del alma** —con mayor síntesis y concentración que en las novelas juveniles— **La torre** (1951), la altísima dimensión trágica que Mallea había conseguido en libros como **Los enemigos del alma,** encuentra otra salida en una novela como **Chaves,** en que la elementalidad del personaje, oscuro transeúnte del mundo, hundido en la monotonía de su existencia mediocre, más torpe y taciturno que los demás, encuentra la salvación por la ternura; por el viudo recuerdo de la mujer que le amó. En pocas novelas como ésta logra el gran escritor argentino la más discutida sencillez. Aun arrojando un poco el lastre de su finísima cultura, penetra en el secreto de esa alma sencilla que parece humilde a la par de él, y el protagonista se nos trueca en una especie de Cristo popular cuyo dolor y cuyo amor son un símbolo de la humanidad entera" (4).

"Reflejar desde una latitud hispanoamericana la incertidumbre y angustia de la época, fue el primero y novedoso aporte a la novelística de Eduardo Mallea. Le ayudaban para semejante análisis de la interioridad argentina no sólo la abundancia y el rigor de su cultura —contra la nota selvática, de escaso dominio técnico, de costumbrismo y dialectismo pueril que prevaleció durante tanto tiempo en la novelística criolla— sino también su don de crear situaciones y descubrir personajes" (5).

La novela de Mallea es lo que él mismo ha denominado **la novela de conciencia.** Esta conciencia novelística de Mallea se percibe en el afán de estructurar un mundo completo de su interior, al que trata de convertir en una realidad, para lo cual crea un mundo ideal como existencia y destino.

Fiesta en noviembre (1938), se caracteriza por dos modalidades estilísticas en la temática. La novela yuxtapone dos relatos diferentes: la fiesta frívola ofrecida por la señora Rague y el misterioso secuestro y su muerte del joven poeta lleno de idealismo. Las dos diferentes acciones transcurren en forma simultánea. Veamos dos partes que corresponden a cada modalidad con diferente estilo:

4. Eduardo Mallea, **Obras completas,** Emecé Editores, Buenos Aires, p. 10.
5. Obra citada, pp. 18 y 19.

"Semejante a un número que debe aparecer en esencia rigurosamente a tiempo, hicieron su entrada, en grupo, los primeros seis invitados: cuatro mujeres de diversa edad —envueltas en esencias de una misma marca en boga, las cabezas frescas, los peinados húmedos de brillantina—, precedidas por dos diplomáticos maduros, el uno por su cabellera de lírico, crenchas hirsutas de meridional, y el otro con las facciones enjutas y no sanas de un Erasmo consumido por dentro de preocupaciones y de dudas sin desatender por fuera el fausto de los salones. "¡Jílgoles!". El señor Rague retiene entre las dos suyas, sin protocolo, la mano abacial y lechosa del primero y saluda con más continencia al otro, hecho ya instinto en él la idea de que a cierta altura de la vida ya hemos tomado partido con respecto a ciertas camaraderías beatificables y a otras que no lo son y nos traerán disgustos". (Fiesta, 35).

Dio un grito —grito salvaje, infantil, casi ridículo en su monstruosa ineficacia— y corrió hacia el lado donde un lucero inmóvil señalaba en lo alto el fin de la tierra. Tenía las piernas en el aire, corriendo, cuando sonó la descarga. El revoque de la pared blanca saltó hecho tristeza. Se oyó la alarma de un gallo en un campo próximo". (Fiesta, 107).

En **La bahía de silencio** (1940), una de las buenas novelas de Mallea, vemos una confesión clara de la señora de Cárdenas. Esta protagonista representa una de las clásicas figuras de la aristocracia argentina. **La bahía de silencio** "tiene el carácter vasto y enciclopédico que le dictan el apetito cognoscitivo y la pasión vital de un joven Fausto al narrador. Es una suerte de radiografía de la realidad nacional, un desmascaramiento de su falsedad y un reconocimiento de su ignorada realidad profunda. Con el viaje europeo actualiza el contraste y la diferencia de los mundos, animando de un modo penetrante el cuadro de una Europa declinante en la vivencia personal del narrador. La novela dentro de la novela, la problematización del arte y de la literatura contemporáneas, la incorporación de modos narrativos innovadores, ilustran la complejidad y la multilateralidad de la conciencia de Tregua" (6).

6. Cedonil Goié. **Historia de la novela hispanoamericana.** Ediciones Universitarias de Valparaíso. Universidad Católica de Valparaíso, Chile, 1972, p. 205.

Para Mallea, el análisis psicológico tiene que ahondar en lo más íntimo del hombre, tiene que penetrar en estados emocionales que exceden las sencillas manifestaciones exteriores y sintomáticas. Por eso, sus descripciones de almas agínocas suelen revestirse de una raigambre filosófica, si no metafísica, que procura definir la pena emocional a base de sensaciones desasociadas de la realidad tangible comúnmente sentida. Su meta es descubrir a esos seres en su estado de absoluta tensión nerviosa, hoscamente desvinculados del mundo vital que los rodea. Y su prosa intenta captar este desvío emocional con formas lingüísticas que ensanchan libremente estos pensamientos. En **La bahía de silencio**, Mallea retrata a Gloria Bambil, encarnación de la mujer hostil y fría, con estas palabras: "Siempre daba esa impresión: que no hablara desde su entraña, desde su ánimo natural, sino desde un territorio ajeno a ella, físico, de un mundo moral lejano, nada dócil, nada familiar" (p. 490).

En otra ocasión la misma mujer "estaba agarrada a las vegetaciones de sí misma" (p. 472). El retrato agónico de personas se extiende también al mismo ambiente que habitan, produciendo un tipo de prosa que cuadra con el contenido: "La enfermedad del mundo occidental..., una especie de sequedad actuante, de no-vida que actúa como vida y como vida supercivilizada, superconsciente". (Bahía, 342).

"...También, para hacerse sentir más íntimamente los estados de ánimo que describe, Mallea puede materializarlos, tratándolos como objetos concretos o elementos capaces de obrar activamente. Así, Mallea describe la solitaria figura de Ana Borel con referencia especial a su gran angustia, que el autor hace salir de las sombras intangibles para convertirse en cosa real y palpable. Mallea dedica todo un párrafo a la transformación de este concepto abstracto en algo más identificable de nuestra experiencia. Ana está descansando y siente muy próxima "la visita sigilosa" de la angustia que se le acerca. Para la angustia llega a ser una presencia que la sigue, asumiendo la forma de un rostro, "un fantasma de rostro sangrante" que desde su niñez la acecha a cada paso. Por fin, la angustia la invade íntegramente y se torna una inexorable fiebre que le parte la cabeza" (7).

7. **Opus. cit.**, de Lichtblau, pp. 41-42.

Todo verdor perecerá (1941). Mallea sitúa la acción en la región Bahía Blanca y sus protagonistas son dos personas hoscas al igual que emocionales. El autor trata de mostrar los sentimientos más íntimos de una mujer solitaria a través de una gran plasticidad. Además muestra el valor sicológico asociado al protagonista:

"Un viento incesante azotaba la bahía. Los días apacibles eran pocos, y la arena y los médanos venían a cada rato atraídos por aquellos ventarrones intensos. La arena entraba en todos los rincones de la casa, se amontonaba en los umbrales, conquistaba los dormitorios, abría los patios, enceguecía a la gente en la calle. Cada casa quedaba tornada en una isla. Desde el fondo de los más íntimos cuartos se oía el silbido constante, la rabia del viejo viento. Era menester cerrar las ventanas, prender la luz en pleno día, vivir soterrados en las piezas con olor a guiso y pan guardado... Agata odiaba cada vez más ese clima, al que miraba ya como un protagonista influyente en su vida. Sentada en el comedor se quedaba horas encogida, sin hacer nada, oyendo el ruido de la ventolera furiosa. La casa era tremendamente triste; el barrio, casi inhabitado; sólo estaban allí los tamariscos, como ella, desde la infancia, el tiempo inclemente. Cada vez le parecía más imposible pactar con aquella hostilidad natural. Se veía acosada". (Verdor, 32, 33).

En 1953 publica a **Chaves** donde Mallea sintetiza en un solo personaje el concepto del mutismo emocional. En esta obra el autor trata de reflejar el aislamiento del hombre trabajador de aserradero. Un párrafo sirve como modelo representativo donde nos narra la enfermedad de la hija del protagonista:

"La chica salía por momentos de su sopor; entonces el padre le hablaba. Intentaba llegar hasta la fuente donde se refugiaba elusiva la vida, intentaba atraer en la forma de contestaciones esa corriente recalcitrante. Pero la chica le miraba como pidiéndole ayuda, o comprensión, para su doliente desgano, desde el fondo de sus pequeños ojos apagados. El médico llegaba y se iba como un agente del silencio". (Chaves, 47).

Los seres malleanos están siempre al borde de un abismo y bajo la presión de la angustia que los tortura. Sus personajes tanto masculinos como femeninos están en una lucha permanente, una lucha permanente en el sentido socrático.

Ese aspecto ético constituye una constante en Mallea. El fondo de su obra conlleva un fondo metafísico.

"Una dulce claridad inmanente alumbra la vida de los hombres; todo lo demás es incertidumbre, pequeñez y traición". (**Notas de un novelista**, p. 76).

En Mallea hay un drama vivo, palpitante, diríamos su phatos reflexivo, su tragedia pensante. Todo en él está rodeado de amor, lo único que fortifica y anima la lucha por la vida. Para Mallea todos son uno, y él está unido a todos.

"No, no soy yo solo. Otros están en mí tan vivos como yo, como el yo que yo creo, que es uno de los tantos yo". (**El retorno**, p. 29).

Los personajes malleanos como lo hemos anotado anteriormente son la mayoría seres estáticos, conformistas y tradicionalistas conservadores. Chaves es un pesonaje representativo de ese mutismo sepulcral. "Chaves no habla". Su silencio lo envuelve, lo incomunica, lo asila. Su silencio es de la boca, pero también es de los gestos. El silencio es su atmósfera, su identidad, su personalidad. Todos sus movimientos son movimientos callados. Pareciera su corazón un corazón enmudecido, puesto que el corazón habla por la boca, dice por las manos, inquiere por los ojos. Chaves no, no habla y en su mutismo hay, para la estridencia, una agresión; para el orgullo, un orgullo molesto y envidiable; para la gárrula del balcón y el perorante fanatizado de última hora, una palabra no dicha. Una palabra que, quizás, cuando se diga, acuse, señale, apostrofe. Una palabra que ya es temible en su presentida existencia.

El silencio es más fuerte, tiene misterio, tiene magia. Pero ese silencio no está permitido, porque el hombre perdió el derecho, y para ser igual a todos debe hablar, debe decirse para que lo sepan. Aun cuando lo que diga no sirva y los que quieren saberlo no sepan más que su mentira, la realidad de su hipocresía.

"...Pero la conclusión —Chaves no se parece, esencialmente, a ninguna otra forma o resultante de la novelística malleana. Chaves es único: único son sus soliloquios inaccesibles, únicas son sus respuestas mudas, lacerantes para los presumibles interlocutores de idioma externo y superficial. **Mallea se ha desdoblado en Chaves**, ha descansado en su descanso, le ha acompañado en el trabajo simple y hermoso del aserradero, y ha querido la mujer de Chaves, la casa de Chaves, el hijo de Chaves" (8).

Chaves constituye un símbolo que llega hacia el fondo más íntimo de lo humano. Aquí Mallea se proyecta no sólo en lo moral sino en lo estético.

"Chaves se me aparece como un arquetipo en el cual figuran los rasgos más destacados de nuestro naciente espíritu. Indeciso, cercado por infinitas amenazas, lleno de contradicciones en apariencia mortales, sin fruto aún para mostrar, plantado otra vez en esa negatividad que ha sido siempre el origen de lo espiritual, surgiendo de una destrucción y con un horizonte demasiado vasto como para augurar extravíos, muestra ya sin embargo —pese a que quien lo encarna no tiene en absoluto conciencia de ello— un sentido, una tendencia que escapa por cierto a lo tradicional.

"Está definitivamente de vuelta del mundo, lo cual significa haber sobrepasado lo histórico, encontrarse más allá de lo comunitario, de lo económico, de lo científico, de lo estático, de todo lo que la tierra se remonta. Por lo demás, no puede retornar, desandar sus pasos, y en ese camino ha terminado por hallarse desnudo al borde mismo de Dios, de un Dios al que parece encontrar acaso demasiado terrible para no vacilar antes de entregarse a él. Singular acorralamiento, de algún modo tendrá que ser quebrado, porque sobre su filo la vida es apenas posible. Pero, ¿cómo? ¿Cuáles serán las consecuencias de esa posición o actitud en su referencia sobre lo mundano, qué estilo de vida configurará? No es ésta por cierto una pregunta ociosa, aunque quizá sí imposible de contestar. Aventurémonos, sin embargo. Repitamos en principio que este espíritu, a diferencia del occidental, en lugar de apoyarse en una fe primaria en el valor de la palabra humana, parte de un profundo conocimiento de la mendacidad de ésta, conocimiento que no excluye la aceptación de su valor como instrumento utilitario, pero que provoca y provocará peculiares distorsiones y transformaciones tanto en el campo de lo utilitario en general, como en el de lo moral y en el de lo estético" (9).

8. Astur Morsella. **Eduardo Mallea**. Editorial Mac-Co. Buenos Aires, 1957, pp. 69-70-71.
9. H.A. Murena: "**Chaves, un giro copernicano**", en Sur No. 228, Buenos Aires, mayo y junio de 1954.

Chaves es una de las obras más breves de Mallea, apenas cien páginas. Pero en estas reducidas páginas se estructura una valiosa novela donde refleja la realidad palpitante y dramática del hombre del aserradero. La tragedia de una vida humana. Es la historia del silencio, o del mutismo absoluto. Chaves es un hombre que no habla. Siempre permanece callado y encerrado en ese grave mutismo. Ese silencio del protagonista está lleno de cosas esenciales. Chaves es Mallea. "Muerta la niña, muerta la mujer, ya solo Chaves calla. Trabaja, mira a lo lejos, se siente junto al río. No dice nada, porque no tiene nada que decir. Cuando sus compañeros de trabajo, irritados por su silencio, se vuelven hostiles, cuando el capataz, que lo ha defendido, le pregunta si no les contará algo, si no conversará con ellos, Chaves contesta: "No". Y con esto termina la novela. Con una palabra dicha Chaves, que precisamente niega toda la palabra. Chaves habla para insistir en su silencio. Como éste no es una imposición maniática ni un truco, no importa romperlo, y por eso Chaves habla **siempre que hace falta.** Sus palabras son las que le dan valor a su silencio, las que lo hacen ser no mudez, sino humano callar" (10).

"Mallea estructura sus obras con vivida imaginación narrativa para mejor destacar el mensaje filosófico o social que quiere comunicar al lector. Planea con miras artísticas la disposición de los varios elementos de la narración, a veces ajustando el elemento tiempo y el estricto orden cronológico de los sucesos para poner de relieve el drama interior de los personajes, a veces haciendo correr paralelas dos distintas narraciones o uniendo temáticamente varios relatos diferentes entre sí. Y su estilo que siempre logra armonizarse con el tema, llega a reflejar cada desviación narrativa del relato. Procurando evitar en su ficción la estructuración prosaica y convencional, Mallea encasilla el contenido de muchas obras en un marco que refuerza el vigor de la narración y al mismo tiempo la embellece. Así, en **La bahía de silencio,** toda la materia narrada por Tregua en primera persona, es decir, la novela misma resulta ser la materia prima que éste va a presentar a la señora de Cárdenas para que le sirva de consuelo moral. Además, corren por la novela dos narraciones

10. Julián Marías. **Historia de un silencio.** La Nación, Buenos Aires, 1957.

paralelas: la principal que es la biografía de Tregua, y la otra más breve, intercalada sutilmente, que es la angustiada vida de la señora de Cárdenas, con quien el protagonista se identifica muy estrechamente" (11).

La novela **Simbad**, (1957), se caracteriza por la viva experiencia del protagonista Fernando Fe. El joven está siempre lleno de idealismo, y su vida se proyecta con interés y emoción. "En **Simbad** la relación de los treinta años de vida de Fernando Fe, que constituye el cuerpo de la novela, queda circunscrita en un marco que representa, sucesivamente, los cinco días que éste espera a su esposa, que acaba de abandonarlo. En un número considerable de casos, como veremos, esta concepción dualista de materia narrativa contribuye al empleo, en determinados párrafos o páginas, de un bello lenguaje figurado y lírico que representa en el sentido más amplio el mundo de imágenes del novelista. Es la utilización más comprensiva de todo el aparato simbólico o metafórico de que se reviste su prosa; es decir, la imagen de Mallea arranca en el primer instante del plano total de la creación artística, de la contextura misma de la novela" (12).

"Con sus novelas y cuentos Mallea ha aportado a las letras hispánicas importantes valores humanos. Sus temas de la angustia del hombre agregan otro hito al desenvolvimiento del género de ficción; y su manera de tratar estos temas ha roto con el tradicional concepto de la novela. Con su estilo también se ha hecho sentir su presencia, contribuyendo de modo importante al enriquecimiento y a la vitalidad de recursos estilísticos para presentar la materia narrada. Mallea nos ha dado el tormento emocional del hombre del siglo veinte en una prosa que adopta cada posibilidad léxica y gradación verbal para expresar sus dudas, sus incertidumbres, las contradicciones, la condición absurda e ilógica de muchas que son características de su mundo. Mallea ha creado un estilo muy original, muy propio, para trasladar su concepto del dilema humano a la forma verbal" (13).

11. **Opus, cit.**, de Lichtblau, pp. 123-124.
12. Obra citada de Lichtblau.
13. **Opus, cit.**, pp. 162-163.

CAPITULO XVIII

MIGUEL ANGEL ASTURIAS

Miguel Angel Asturias (1899-1974), guatemalteco. Después de estudiar Derecho en Guatemala, el joven Asturias se traslada a París, donde se consagra a estudiar la religión y la sociedad de los mayas en el museo del hombre, llevando a cabo investigaciones antropológicas sobre la civilización de los antepasados de su país bajo la dirección del profesor Georges Reynaud, con quien cooperó en la traducción del **Popol-Vuh**, el libro sagrado o biblia de los quichés de Guatemala. Por ello se deduce que su primera obra creativa fuera el fruto de estos estudios: sus **Leyendas de Guatemala** (1930). La vida en París por esta época ejerce gran influencia sobre Asturias, a través del surrealismo y el expresionismo, corrientes estéticas de la época, las cuales constituyen una revolución estética que se desarrollan paralelamente a la revolución social del siglo XX. "Estas revoluciones —la social y la estética— se entrelazan y se separan, se acercan y se alejan, se atraen y se rechazan en un continuo tejer y destejer. Y en estas estamos todavía. Hay momentos, como los presentes, en que Asturias ha podido decir, por ejemplo: "Nuestra novela debe seguir la vida del pueblo. No podemos refugiarnos en torres de marfil, ser conformistas y aún menos estetas". Pero Asturias no sería el gran novelista social que es sin su bagaje estético, el cual debe dosificar con arte en sus novelas. La eficacia del mensaje de Asturias, su gran valor, y también su originalidad, lo constituye el perfecto ritmo artístico, maridaje de lo social con lo estético, campeando sobre todo ello su extraordinaria imaginación poética y su ímpetu narrativo".

Su segunda novela surge dieciséis años después: **El Señor Presidente** (1946), y en 1949 aparece su libro, **Hombres de maíz**, con que se inicia Asturias como novelista de lo social. En 1950 publica el primer volumen de **Viento fuerte**, que contiene una trilogía sobre la injusticia del imperialismo norteamericano, representado por la poderosa Unit Fruit Co., y cuatro años más tarde se conoce el segundo volumen de esta epopeya bananera: **El papa verde** (1954). Luego se edita un volumen de cuentos o novelas cortas bajo el título de **El alhajadito**, y **Mulata de tal** (1963). La primera es una obra de juventud, escrita en 1926 y publicada en 1961.

En 1967, la Academia Sueca le concede el Premio Nobel de Literatura. Miguel Angel Asturias es el primer novelista de habla hispana que recibe el Premio Nobel. Es quizá uno de los mayores aciertos que ha tenido la Academia Sueca con su decisión. Y consideramos que es uno de los mayores aciertos, sencillamente porque hoy día los novelistas más completos en el arte de novelar se encuentran en Hispanoamérica. Cuando decimos que Miguel Angel Asturias es un Premio Nobel "entero", completo, lo decimos por cuanto él es, ante todo, novelista, pero también un poeta de buena formación, según lo atestigua su volumen de poesías **Sien de alondras** (1943-1948).

En la obra de Asturias se complementa el elemento español y el hispanoamericano. Estos dos elementos, de intensa vitalidad, se mezclan para buscar la originalidad de las dos fuerzas, logrando un excelente equilibrio.

Lo autóctono hispanoamericano es una constante en el escritor de América Hispana desde comienzos del siglo XX, constante que se convierte en una teoría o posición que pretende hacer de América el continente de lo "telúrico". Giros regionales, hombres, fauna y flora, utensilios y actitudes, son corrientes en la descripción y en el diálogo del novelista hispanoamericano. Estos caracteres no debilitan la obra americana: al contrario, le dan una caracterización y una exaltación ordenadas que le permiten una consistencia universal.

"El paso por la experiencia del vanguardismo europeo, concretamente, por lo que se considera hoy la matriz del arte moderno, por la del surrealismo, estará en la prehistoria literaria de un escritor como Asturias. Para esto es válido lo indicado por Octavio Paz respecto a la poesía mexicana: "los poetas mexicanos no se hubieran reconocido en la poesía natural, contenida y delirante a la vez, si no hubieran pasado por la experiencia del surrealismo". Como puede entonces desprenderse de esta observación, cabe decir que para los escritores latinoamericanos el surrealismo no aparecerá como una escuela poética más, sino más bien como la vía para la reconquista del poder nombrar las cosas. Revelación de éstas y nuevos poderes de captación al acceder a ese punto supremo por el surrealismo, en donde lo real y lo imaginario, el pasado y el futuro, lo comunicable y lo incomunicable cesan de ser percibidos como contradictorios. Es lo implícito en aquél como forma de coincidencia inmediata con la realidad.

"Alrededor de 1925, según testimonio del propio Asturias, éste habría llegado a darse cuenta de que en Guatemala "todo", hombres, paisaje, cosas, flota en un clima surrealista, de locura de imágenes yuxtapuestas". Esa experiencia no es fin en sí: es iniciación a la realidad de su América" (1).

De otro lado, sostiene Carlos Rincón que la "superación del criollismo lingüístico asegura la realización del nuevo producto artístico: ya no es la palabra en sí la clave para la novelística, sino que su interés se desplaza hacia el campo propiamente dicho de la significación. Va a la sintaxis expresiva y a las estructuras rítmicas propias de la marca que han puesto en el idioma (hablado) las especialidades nacionales" (2).

Como lo afirma Rincón, la prosa de Asturias está saturada hasta lo más íntimo de lirismo y tradición. El sentido onomatopéyico y la expresión de lo autóctono conduce al lector a observar imágenes sensoriales en su descripción: "el sonido, sugerencia de las palabras, se funde en conjuntos auditivos evocadores, en forma que la escritura se despliega a partir de complejos rítmicos que son la negación misma de

1. **Carlos Rincón**, comentario en la revista **Eco**, Bogotá, Colombia, octubre de 1967, p. 759.
2. **Op. cit.**, p. 580.

toda acumulación estética, a pesar de realizarse por procedimientos descriptivos, lo cual va, dicho sea de paso, contra la célebre distinción lukacsiana entre "describir y narrar". Se salta de la imaginación a la búsqueda de asociaciones concretas mediante la simple evocación de los sonidos" (3).

La mayoría de la prosa de Asturias constituye ese extraordinario mosaico de tradiciones que encierra la antigua literatura indígena, lógicamente sin perder de vista los tremendos conflictos sociales que muestra su obra en toda su extensión. Estos temas nunca se hallan dispersos a lo largo de su producción sino, al contrario, fusionados, formando así un todo que se inicia en el criollismo lingüístico y cae en lo social. La medula de la obra de Asturias se halla en una capacidad transmutatoria de la tradición maya, a fin de crear un universo deslumbrante en la imagen. La vieja leyenda y la tradición vienen a ser la voz común de una región, de su país que habla a través de su pueblo. "El autoctonismo es para el arte americano de nuestro tiempo una peligrosa espada de dos filos, ambos agudísimos. Es indudable que toda obra hecha en tierras hispanoamericanas por creadores nacidos y vividos en aquellos países debe tener, si ha de perdurar, un sello característico y personal. Esto parece perogrullada, pero no lo es tanto si se examina la producción americana en lengua española hasta hace un poco más de un cuarto de siglo. Hay en ella, claro está, particularidades ineludibles de expresión, paisaje, meteorología y ambiente, pero la mayor parte de la literatura decimonona de las naciones iberoamericanas podría haber sido escrita en Europa, con recuerdos de aquellas regiones, o por un extraño con bagaje literario español o francés, hubiera llegado a ellas y las conociese de algún tiempo" (4).

Cuando decimos que Miguel Angel Asturias es un Premio Nobel "entero", según el calificativo de la Academia Sueca, lo decimos porque, aun cuando él es ante todo novelista, es también poeta de altos vuelos (la más reciente prueba de ello nos la ha dado con su **Clarivigilia primaveral**) y es a un mismo tiempo autor dramático. Para los interesados en este género literario, tiene Asturias una obra dramática de

3. **Op. cit.**, p. 561.
4. Miguel Angel Asturias, **Obras Completas**, Edit. Aguilar, S.A., Madrid, 1965, p. 9.

gran fuerza sugestiva: **Solima** (1957). "Pero lo que hace a Asturias un Premio Nóbel "completo" es, ante todo, su calor humano, su conciencia social, su "compromiso". Desde sus vicisitudes, se solidariza con él. Asturias levanta su voz para defender los derechos de su pueblo a las libertades esenciales del hombre, inherentes a la dignidad humana. Y su voz es tan potente, que se oye más allá de los confines de su patria, extendiéndose en simicírculos concéntricos hasta el Cabo de Hornos. Se convierte de esta manera Asturias en un portavoz de la América Latina. Los pueblos oprimidos de Latinoamérica ven en él un paladín" (5).

Uno de los pasos más audaces en el desarrollo de la novela latinoamericana lo da Miguel Angel Asturias, de Guatemala. Es fácil ver una relación entre él y otros predecesores suyos como Azuela (**Los de abajo**), Gallegos, y particularmente (tal vez) Icaza. Posee la indignación, la intensa preocupación por los problemas de su país, pero es superior a ellos en incesante espontaneidad, en furia poética y en fuerza imaginativa. Como ellos, tiene que llevar la carga de un superabundante material de realidades, complejo, abrumador, pero hace uso de él con mayor libertad: libertad que da carácter de juego a su crear, o, por otro lado, de su sueño febril y torbellino.

Su obra se yergue sobre una tierra roída por el hambre y pletórica de verdor bananero, bajo un cielo al que colorean los volcanes: ceniciento, azufrado, candente.

Puede ser una tentación comparar a Asturias con dos figuras predominantes en la evolución de la narrativa occidental moderna: Conrad y Malraux. Conrad marcó por largo tiempo con su **Nostrom**, un nivel elevado para las novelas de la revolución de su fantasía, con una pantalla de luminosa sugestividad, pero de todos modos con cierto carácter de ópera que Asturias ha podido eliminar, por el mero hecho de su innata y viva proximidad al motivo y al material. Al mismo tiempo, me parece que Asturias en su esfera, no le va a la zaga a Conrad en imaginación o efecto tridimensional.

De Malraux se diferencia Asturias entre otras cosas, por la ausencia, en sus obras de romanticismo, de la acción indi-

5. Miguel Angel Asturias, Premio Nóbel de Literatura, 1967. Biblioteca de Estudios Iberoamericanos de la Escuela de Economía de Estocolmo, Tidem, Estocolmo, 1967, p. 3.

vidual, por una relación líricamente vacilante o escéptica con respecto al dinámico acontecer como tal (a pesar del parecido de la técnica filatélica de ambos escritores). Malraux no es ningún simple apóstol de la revolución, pero Asturias todavía lo es menos.

En sus novelas, hasta ahora, la revolución se ha sofocado, desviado, mutilado, vendido, aplazado por tiempo indefinido; es sólo una efervescencia en el fondo, ráfagas de inquietud en el sueño de la sociedad, un vago resplandor como de innumerables luciérnagas en la oscura noche tropical.

Es quizá menos conocido que Asturias, pero es también un poeta eminente. Empezó ya temprano escribiendo poesía folclórica modernista sobre los indios. No se contenta aún con la poesía desbordante y volcánica de su prosa, sino que ha venido con nuevos poemas: **Mensajes indios.** Aparece de nuevo con amplias perspectivas, como cantor e intérprete de los indios, y como tal no tiene en realidad quien le iguale.

Como poeta Asturias posee desenvoltura personal. Se mantiene entre los límites del modernismo latinoamericano, pero aprovecha las posibilidades a su manera. Sigue sus ritmos libres, musicales, con repeticiones y onomatopeyas, con golpeteo de tambores. Hace más intensa la impresión de muchedumbres, en cambio, de danzas golpeando el suelo, de arrebatos de éxtasis que levantan polvareda, y labor acompasada. Hay magia con su espontánea forma, en la que parecen animarse, una despreocupada improvisación y un certero cálculo artístico.

Su vocabulario tiene una constante presión, verdor jugoso, relacionado con insólitos y extraños conceptos. Se vale pocas veces de palabras indias, pero se aprovecha de las singulares posibilidades del español de América.

La crítica en torno a la obra de Asturias se inclina hacia el llamado "realismo mágico", crítica que se alienta de dos vertientes fundamentales: lo mitológico y lo real. Estas dos vertientes representan dos elementos espirituales, el europeo (nacional) y el indio (mágico), que coexisten y van siempre unidos a la mente del autor. A menudo, en diferentes reportajes, Asturias habla de "polidaridad"... entre el escritor y su pueblo, analizando la tarea fundamental del escritor latinoamericano.

"En la obra a realizar en América, el escritor debe buscar, de preferencia, el tema americano y llevarlo a su obra literaria con lenguaje americano. Este lenguaje americano no es el uso del modismo, simplemente. En la interpretación que la gente de la calle hace en la realidad que vive; desde la tradición hasta sus propias aspiraciones populares" (6).

Esta breve declaración de Asturias demuestra la representación de la realidad americana dentro de lo material y lo espiritual. De ahí que la temática asturiana concluye sobre la conciencia y auto-conciencia de los hombres de extracción popular.

Leyendas de Guatemala (1930) es una obra que constituye un gran esfuerzo para llevar a fondo de lo antepasado, visto a través de nubes de fantasía. El ambiente no decora la obra ni es un telón con motivo expresionista; es sencillamente la definición más autóctona de la vida y condición humanas de un conjunto de hombres.

En este libro, prologado por Paul Valéry, Asturias se ha dedicado esencialmente a recoger y difundir las representaciones ancestrales que fluyen en el inconsciente colectivo. Lo mítico del pasado guatemalteco se nota en lo sustantivo de dicha obra, mostrando Asturias una profundidad síquica que le confiere una plena madurez. Su temática se inclina hacia un nacionalismo, hacia un amor por su ancestro, lleno de belleza geográfica, telúrica y cosmogónica.

"Guatemala es un país volcánico. Si tuviéramos delante un mapa orográfico del país, veríamos elevarse hacia las nubes las cimas de sus cuatro volcanes principales. Dos llevan eufólicos nombres autóctonos: Tacaná y Acatengo.

El tercero debió ser rebautizado por los conquistadores, pues su nombre es Santa María. El cuarto no puede tener nombre más apropiado e impresionante: **Fuego.** Un volcán, sujeto a convulsiones. ¿Tiene alguna influencia sobre sus pobladores, sobre sus costumbres y su carácter, sobre la política del país, sobre su literatura? Exista o no relación telúrica en todo caso, es un hecho que Guatemala ha sufrido convulsiones políticas. En cuanto a su literatura... ¿Puede uno dejar de comparar su figura literaria con un volcán? Hemos hablado de la extraordinaria imaginación de Asturias. ¿Qué más natural entonces que calificarla de imaginación de volcán? La prosa de Asturias tiene destellos luminosos como

6. J. C. Miguel Angel Asturias en Montevideo, en **Repertorio Americano,** 10 de marzo de 1950, p. 82.

una erupción volcánica, y fluye a ratos abrasadora como corriente de lava'' (7).

Las **Leyendas de Guatemala** tienen una similitud con la poesía negra, o sea, que ambas tratan de captar, en la forma narrativa, la espiritualidad de los pueblos latinoamericanos, bajo la concepción de una antología nacional. "No obstante el carácter metafísico de su empresa, este procedimiento capacita a Asturias a fundar su obra en el ser espiritual de las masas campesino-indígenas de su país, que a la vez eran la inmensa mayoría de la población y una de las fuerzas motrices más importantes de la historia nacional. Esto es importante porque en otros países, representantes de la misma tendencia literaria, fundaron sus conceptos en la sustancia espiritual nacional, sea en presuntos valores telúricos, testimonios de la cultura colonial o el modo de ser de grupos humanos históricamente ya superados, como los gauchos. Las **Leyendas de Guatemala**, por el contrario, son una especie de cosmogonía de la nación guatemalteca fundada en primer lugar en el tesoro legendario de su pueblo campesino indígena. Castelpoggy los llama uno de los más hermosos y representativos poemas de nuestra América'' (8).

En 1946 aparece su famosa novela **El Señor Presidente**, en que esboza la caricatura de un dictador típico de Latinoamérica y de un régimen sangriento y viciado hasta lo máximo de descomposición moral y social. La mayoría de los personajes de esta obra son mendigos, idiotas, politiquillos, militares, burócratas, burgueses y feudales típicos que forman las sociedades políticas hispanoamericanas.

El Señor Presidente expresa con gran dramatismo la tremenda dictadura de Estrada Cabrera, dando a la crítica social del libro su rasgo singular: "La novela fue escrita sin un plan literario determinado. Los capítulos se fueron sucediendo uno a otro, como si obedecieran al engranaje de un mundo interno del cual era yo simple expositor. Cuando terminé me di cuenta que había llevado al libro —no por medios literarios conocidos... sino por esa obediencia a las imposiciones de un mundo interno...—, la realidad de un país

7. Obra citada de la Biblioteca de Estudios Iberoamericanos de Estocolmo, p. 5.
8. Adalberto Dessau, **Guatemala en las novelas**. Papeles de Son Armandans, año XVI, Tomo LXII, número CLXXXV-VI, pp. 296-297.

americano, tal como es cuando se somete a la voluntad de un hombre" (9).

Sociológicamente, la novela tiene un valor fundamental, cuando observamos que los vínculos humanos primarios desaparecen rápidamente, o no existen, en sus personajes centrales. Son tan inesperadas las rupturas entre parientes y amigos, que los personajes pasan a través de la novela sin establecer un solo contacto humano. El idiota Pelele sirve de ejemplo para nuestro análisis sociológico. El pobre idiota pierde a su madre, su único ser querido, en algún tiempo pretérito. Cuando alguna persona menciona la palabra **madre**, y él, inconsciente, manifiesta que la suya ya no existe, el Pelele pierde la lucidez y pasa al terreno de la locura. Y los demás pordioseros, compañeros de desgracia, en vez de pronunciar una palabra de consuelo, se divierten, burlándose del infortunio de aquél. Entonces el Pelele huye, en busca de consuelo y de amparo, pero a donde quiera que vaya no lo acepta, la sociedad entera lo rechaza: "Entraba en las casas en busca de asilo, pero de las casas lo echaban los perros o los criados. Lo echaban de los templos, de las tiendas, de todas partes".

Entre los pordioseros no existe ninguna relación de amistad. Duermen como bestias, juntos, en el portal del señor, porque no hay nada que pueda cambiar su situación. El comportamiento es el mismo que utilizan los animales cuando es limitada la comida y el hambre es insoportable: "Se juntaban a dormir en el portal del señor sin más lazo común que la miseria, maldiciendo unos de otros, insultándose a regañadientes con tirria de enemigos que buscan pleitos, riñendo muchas veces a codazos y algunos con tirria y todo, revolcones, en los que tras escupirse, se mordían".

"En el fondo, **El Señor Presidente** no sale del ideario político del liberalismo latinoamericano del siglo XIX y principios del XX. Pero la actitud que Asturias adopta frente a los hombres y al pueblo, así como la reducción de todos los fenómenos sociales a una categoría fundamental del comportamiento humano, y al hecho de que el autor funda su imagen de la sociedad en una ley omnipotente que tiene su cau-

9. Declaración de Asturias, reproducida por J. C. Miguel Angel Asturias en Montevideo, en **Repertorio Americano**, 10 de marzo de 1950, p. 83.

sa en las características del ser humano, con condiciones que, más tarde, harán posible la superación temporaria del liberalismo en las ideas y la obra de Asturias. Esta circunstancia y el hecho de que la liquidación de la dictadura está en el interés de toda la nación, así como la tendencia de medir todos los fenómenos sociales en el hombre del pueblo, son las causas de que **El Señor Presidente** tiene una relevancia social que transpasa las fronteras de Guatemala, si bien el engranaje de la sociedad queda más o menos cubierto por el poder omnipresente del miedo" (10).

El Señor Presidente revela desde su comienzo un sentido onomatopéyico que sirve como medio relevante para el ritmo: "Alumbra lumbre de alumbre, luzbel de piedra lumbre: como zumbido de oídos el rumor de las campanas de la oración, maldoblestar de la luz en la sombra de la sombra en la luz. Alumbra lumbre de lumbre sobre la podredumbre, luzbel de piedra lumbre: alumbra, alumbra, lumbre de alumbre... alumbre..., alumbra, lumbre de alumbre..., alumbra, alumbra..., alumbra..., lumbre de alumbre..., alumbra, alumbre... (11).

Música —o imagen o palabra— constituyen el método básico de su prosa, y la realidad se intuye subjetivamente hasta llegar a la objetividad propicia demostrada por medio de un tono poético. El novelista, afirma Asturias, "debe ser el testigo de su tiempo; debe recoger la realidad viva de su país, sus aspiraciones, y explicarse él mismo con el fin de dar la palabra a una conciencia que se expresa a través de los personajes y de las situaciones".

Asturias, al igual que la mayoría de los novelistas hispanoamericanos, tiene en común, como tema central en su literatura, la situación económica y social de nuestros países. El sufrimiento de todos nuestros compatriotas es tan evidente, que el novelista siempre da testimonio en su obra. En **El Señor Presidente**, Asturias utiliza la misma lírica para comunicarnos con la realidad social de su época. Allí caracteriza la descomposición moral y social de un país hispanoa-

10. Miguel Angel Asturias, **Obras Completas**, Edit. Aguilar, S.A., Madrid, 1965, p. 9.
11. Miguel Angel Asturias, **Obras Completas**, Edit. Aguilar, S.A., Madrid, 1968, p. 175.

mericano. Su novela no se concibe fuera del contorno de la cultura pre-hispánica, en este caso particular, la cultura maya, lo mismo que el fiel reflejo guatemalteco. Asturias se halla apasionadamente vinculado a su país, heredero de un precioso pasado cultural en contraste con un tremendo feudalismo, dualidad que traslada a su obra en toda su extensión y en donde una continua protesta se torna inseparable ante la situación de los indios.

Es innegable que **El Señor Presidente** guarda analogía con **El infierno**, de Dante.

Como lo señalaba anteriormente, la novela empieza con una invocación dirigida al príncipe de las tinieblas... "lumbre, lumbre de alumbre, Luzbel de piedra-lumbre, sobre la podredumbre, Plutón cloquea, Pape Satán, alipe" (VII, 1), (12).

Y los pobres indigentes que viven en "el portal del señor", vestíbulo del infierno guatemalteco, habitan, según la novela de Asturias "...sin más lazo común que la miseria, maldiciendo unos de otros, insultándose a regañadientes con tirria de enemigos que se buscan pleito, riñendo muchas veces a codazos con tierra y lodo, revolcones en los que, tras escupirse, rabiosos, se mordían" (13).

Observamos esta misma analogía en los habitantes del vestíbulo, en el **Infierno**, de Dante, los que también riñen y gritan:

> Quivi sospiri, pianti, e alti guai
> risonaban per l'aere sanza Stelle,
> per ch'io al cominciar ne lagrima!
> Diverse lingue, orribili favelle,
> parole di dolore, accenti d'ira,
> voci alte e fioche, e suon di man con elle...
> (III, 22-27).

Al hacer un estudio comparativo Asturias-Dante, observamos que en el círculo octavo Dante castiga a los estafa-

12. Ulrico Hoelpi, **La divina comedia**, Milano, 1960.
13. Carlos J. Alberto. **El curioso infierno dantesco en El Señor Presidente. La Novela Iberoamericana Contemporánea, Universidad Central de Venezuela, Caracas, 1969.**

dores, y en la novela encontramos timadores dentro y fuera del gobierno. "Nadie negará que el señor presidente es un gran hipócrita, pero ¿qué diremos del auditor de guerra? Toca el armonio en la iglesia y asiste a la primera misa todos los días. En el **Infierno** los ladrones ocupan el círculo octavo; y en la novela abundan los ladrones, pero el jefe de sanidad militar se distingue con el asunto del sulfato de soda. Sacrifica ciento cuarenta soldados por ganarse algunos pesos" (p. 29).

Recuérdese que San Miguel y sus ángeles luchan contra Lucifer. El arcángel derrota a Lucifer, y según la versión de Dante, lo arroja a la región más oscura y profunda del infierno. Sin embargo, colabora con Luzbel guatemalteco. Después se enamora de Camila y hasta llega a tenerle lástima a una mujer que busca a su hijo. Pero se casa con la hija de un enemigo del presidente y esto constituye un crimen contra el Estado: por esto lo meten en la cárcel. "Se puede decir entonces que **El Señor Presidente**, el príncipe de las tinieblas triunfa y el pobre San Miguel ocupa el lugar en el infierno que corresponde a Lucifer. Por consecuencia, en Guatemala todo queda pervertido. Se odia la virtud y se atropellan los derechos de los inocentes. La manera de halagar al señor presidente, "ultrajar públicamente a las personas indefensas" o "enriquecer a costillas de la nación" (p. 161).

O mejor: "El delito de sangre era igual: la supresión de un prójimo constituía la adhesión más completa del ciudadano al señor presidente. Dos meses de cárcel, para cubrir las apariencias, y derechito después a un puesto público de confianza..." (p. 164). En el infierno dantesco se les fija a las almas el castigo que merecen: en el Consejo de Guerra le parece al licenciado Carvajal "Un sueño mitad rito, mitad comedia bufa". Contesta el auditor: "Déjese de cuento... aquí no hay pelo ni apelo"... (p. 192).

Doroty Sayers dice que la ciudad de Dite es: "...The image of the city in corruption; the progressive disintegration of every social relationship, personal and public. Sexuality, ecclesiastical and civil office, language, ownership, counsel, authority, psychic influence, and material interdependence —all the media of the community's exchange are perverted and falsified, till nothing remains but the descent into the final abyss where faith and trust are wholy and forever extinguished" (14).

En 1949 publica **Hombres de maíz**, novela que en ocasiones se emparenta con **Leyendas de Guatemala**. En **Hombres de maíz**, Asturias mezcla la leyenda y la realidad; de ahí que se considere como el principio de su novela social. Normalmente, el autor pretende tomar todos los elementos del mundo mítico de los mayas para crear un ambiente que refleja la lucha de los nativos indígenas contra el mestizo y el blanco. El título está sacado de la mitología maya-quiché, según la cual el hombre fue creado de maíz.

Hombres de maíz es una serie de relatos cortos que estructuran elementos legendarios ligados a hechos que sirven de denuncia social, escritos con una delicadeza poética tal, que perfilan ambientes de cuento al estilo de Rubén Darío. En su temática se encuentran los hombres que consideran el maíz como parte de sí mismos y como alimento sagrado, y los que lo utilizan como mercancía y trafican con este cereal, que constituye el principal alimento de Indoamérica.

En esta obra su prosa se inclina por algo épico en lo popular. Las palabras tienen algo verdadero y profundo. La novela tiene en las "dimensiones ocultas de las palabras, sus matices, su fragancia", aspecto propio de donde la literatura toma pie para divinizar el cultivo del maíz. "Los personajes de la obra nunca están solos, sino rodeados por las grandes voces de la naturaleza, las voces de los ríos de las montañas" (15).

Para el indio, muchas de las palabras son sagradas y, en consecuencia, la dimensión es distinta de la que se puede dar en español. Por esta razón, Orellana Riera suele denominar a **Hombres de maíz** como "novela mitológica por la sucesión de hechos fantásticos, tratados en una línea de exaltación legendaria y mágica" (16).

Hombres de maíz y el **Popol-Vuh** tienen una estrecha relación temática: en ambas obras los hombres fueron formados de maíz. Los "hombres de maíz", es decir, los prota-

14. Doroty Sayers, **The Divine Comedy**, Vol. I, Pengrin Book. Std. (Maiformondsworth, 1955), p. 185.
15. Obra citada de Rincón, p. 584.
16. Orellana Riera, **Miguel Angel Asturias**, Santiago de Chile, 1954, p. 35.

gonistas centrales de la novela, son los indios que constituyen la mayoría de la población guatemalteca. Antes de publicarse dicha obra, Asturias anunció el tema de ella: "...se inspira en la lucha sostenida entre el indígena del campo que entiende que el maíz debe sembrarse solo para alimento, y el hombre que lo siembra para negocio... un drama o una parte del gran drama de esta América nuestra" (17).

El maíz "sembrado para comer es sagrado sustento del hombre que fue hecho de maíz. Sembrado por negocio es hambre del hombre que fue hecho de maíz". Según Asturias en la concepción mítica del indio se conciben dos tipos de hombres de maíz: los que viven dentro de la mágica belleza de la naturaleza, y los que parten del grano sagrado como negocio predilecto para aumentar sus riquezas.

"Estos últimos se desarraigan, pierden su raíz, no sólo en un sentido metafórico, sino de una manera literal y efectiva, se convierten en vagabundos sobre la tierra, negadores del sacro crecimiento vegetal. Por eso la semipresencia de lo picaresco en toda la producción de Asturias y en esta obra en particular: el movimiento insensato en busca de sustento, el peregrinaje absurdo, viento que pasa y repasa y se hace ruina, "desmerecerá la tierra y el maicero se marchará con el maicito a otra parte, hasta acabar él mismo como un maicito descolorido en medio de tierras opulantes", con la nostalgia del reposo en el viento de sus ojos, el recuerdo de la inmovilidad primera que imitaba el Gaspar Ilóm, y que equivale al paraíso perdido" (18).

"La verdad, para Asturias, no se halla en la correspondencia que se puede establecer entre un cuento y los sucesos factuales que relata y que le dieron origen, sino que algo es más real mientras más profundamente transmite esos hechos hacia lo inolvidable, rescate el mito de su circunstancial inicio, aunque para eso tenga que destruir y desmemorizar parte de lo que aparentemente sucedió. Los seres humanos, ciegos, perdidos en un mundo bajo, sólo poseen sus mitos para orientarse en la oscuridad, para comprender su esencia desperdigada en el tiempo. La realidad comienza a imi-

17. Declaración de Miguel Angel Asturias en Montevideo. **Opus, cit.**, p. 33.
18. Ariel Dorfman, **Hombres de maíz. El mito como tiempo y palabra. Anaya**, Madrid, 1971, p. 237.

tar esa leyenda, el hombre se transforma en el instrumento que prologa a otros seres, que toca para otros oídos. Así en el acto poético, el de Asturias y el de sus personajes, se encuentra el individuo con su ser social, se palpan lo real y lo imaginario, el tiempo se eterniza y la eternidad se hace mortal, se reconcilian los dos tipos de hombres de maíz, cuya oposición y lucha se ha mostrado por fin como una intensa síntesis solidaria, dos dimensiones de un único hombre irreductible. Mito y movimiento se sostienen mutuamente, se necesitan para poder existir: la eternidad se alimenta en la vagabunda movilidad de los seres humanos, fluctuaciones imperfectas en las venas del tiempo, y ese correr es posible porque se sustenta en el acompañamiento perdurable de lo imaginario" (19).

Asturias se coloca siempre al lado del pueblo, del pueblo que constituye el verdadero pasado de la historia nacional de Guatemala. El autor nos muestra cómo los indios son despojados de su tierra donde cultivan el maíz sagrado y de sustento.

"La transformación del mito del maíz es un nuevo mito portador de una metafísica de la historia nacional, parece apropiada a abarcar la totalidad de la historia de Guatemala" (20).

Los episodios principales que se destacan en la novela son los siguientes: Rebeldía de Gaspar Ilóm contra los maiceros; traición de Tomás Machojón y la leyenda de su hijo; la fidelidad de Candelaria Reinosa al joven Machojón; la persecución de los maiceros por el coronel Chalo Godoy y la venganza alucinante a que lo someten en el Tembladero los poderes mágicos de los brujos de las luciérnagas; el episodio de los hermanos Tecún y la familia Zacotón; la historia de Goyo Yic y su mujer; la de Nicho Aquino; la de Hilario Sacayón; de la cual Asturias toma la esencia para aumentar la leyenda dentro de la fantasía oral.

Los enlaces estructurales de estos episodios no continúan una línea de hechos sucesivos, sino que aparecen inesperadamente cuando el efecto mágico tiene efecto. Así el lector va descubriendo la acción de los personajes.

"La novela presenta la desintegración de la comunidad

19. **Opus, cit.**, p. 258.
20. Obra citada de Adalberto Dessau, p. 306.

de Gaspar Ilóm, símbolo de las tradiciones ancestrales magnificadas por fuerzas mágicas vengativas. El envenenamiento del cacique ideado por el coronel Chalo Godoy y consumado por la traición de Tomás Machojón y su mujer, desencadena el castigo al cumplirse la maldición de los brujos de las luciérnagas en los culpables y sus hijos; en la destrucción que abarca hombres, mujeres y niños inocentes, como los de la familia Zacatón. El joven hijo de don Tomás Machajón muere destruido por las luciérnagas desatadas por los brujos vengadores y don Tomás sucumbe entre las llamas de un maizal que él mismo incendió.

El tema sociológico manejado por Miguel Angel Asturias, se convierte en una tragedia movida por la ciega fatalidad de las tragedias clásicas, pero realizada en recursos que no previeron ni pudieron imaginar Sófocles y Eurípides. Son recursos usados por Asturias con pasmosa habilidad. Tal parece que el Brujo del Envoltorio del **Popol-Vuh**, en acto de reciprocidad agradecida, le hubiera entregado el objeto sagrado, suma de poderes mágicos que llevaba en secreto y no mostró nunca a sus acompañantes.

El recurso predominante en las situaciones mágicas recurrentes en el mundo creado por el novelista, es la metamorfosis. Prevalece el nahualismo: la creencia en que un hombre puede convertirse a voluntad en el animal que protege desde su nacimiento y volver a la forma humana en frecuentes momentos de su vida. Así puede estar simultáneamente en un lugar como hombre y en otro como nahual" (21).

En un plano más amplio, **Hombres de maíz** representa un intento épico de presentar en forma más profunda el concepto del **Popol-Vuh**, que constituye un sueño constante en el campesino guatemalteco. En esta novela, Asturias quiere penetrar en el mundo mitológico de los indígenas tratando así de hallar su identificación al igual que la de su pueblo. La leyenda que nos entrega Asturias en **Hombres de maíz** parte de una conciencia y subconciencia colectivas a fin de narrar la mitología de sus antepasados lo más literalmente posible, y dar así testimonio de la injusticia social que ha vivido el indígena de Guatemala.

21. Concha Meléndez. **El mito viviente en "Hombres de maíz"**. El libro y el pueblo, No. 63, México, 1970, p. 34.

En un corto pasaje, Gaspar Ilóm explica a su mujer la razón para ir a la venganza contra los "maiceros".

> "—Ve, piojosa, diacún rato va a empezar la bulla. Hay que limpiar la tierra de Ilóm de los que botan los árboles con hacha, de los que chamuscan el monte con las quemas, de los que atajan el agua y el río que corriente duerme y en las pozas abre los ojos y se pugre de sueño... los maiceros... esos que han acabado con la sombra, porque la tierra que cae de las estrellas incuentra onde seguir soñando su sueño en el suelo de Ilóm, o a mí me duermen para siempre. Arrejuntá unos trapos viejos para amarrar a los trozados, que no falte totoposte, tasajo, sal, chile, lo que se lleva a la guerra" (22).

"Lo que en el libro expresa mejor la atmósfera de sorpresa y de violencia que reina en el país, como de costumbre, la presencia del elemento militar. La figura del coronel Chalo Godoy y la de sus hombres, van definiendo cada vez más, del primero al último capítulo, esta atmósfera. El desprecio que Asturias manifiesta por los militares es todavía más claro en **Hombres de maíz** que en **El Señor Presidente**. En el capítulo relativo a Chalo Godoy, su figura, la del subteniente y las de los componentes de la patrulla de la "Montada", resaltan como propias de seres patibularios. Se trata siempre de tipos con "cara de los que crucificaron a Dios", como el capitán, secretario de la "Mayoría" que recibe la denuncia de la huida de la mujer de Nicho Aquino, en Correo-Coyote: Asturias lo presenta como un "veterano de apalear gente". En el mismo capítulo el "Curandero venado" explicando al "correo", dentro del mundo sobrenatural, la muerte del coronel Chalo Godoy, habla de su altanería que terminó por dejarlo "Un pequeño militar de juguete, para cumplir su vocación. Los militares tienen vocación de juguete".

Si éstos son los representantes de la ley, es lógico que la que representen sea sólo una ley injusta. La prueba está en el fin del ciego Goyo Yic y de su compadre, culpables sólo de haberse bebido aquello en que fundaban sus esperanzas de riqueza. Los dos terminaron en la cárcel, esto es, en un mundo en donde todo es "peor".

> "En la cárcel no hay malo, todo es peor. Peor el dolor de estó-

22. Miguel Angel Asturias, **Hombres de maíz**, Editorial Losada, Buenos Aires, 1949, p. 12.

mago, peor la pobreza, peor la tristeza, pero lo peor de lo peor". (**Hombres de maíz**, p. 140).

De este modo Asturias presenta al hombre de América bajo el peso de una constante injusticia que, a veces, lo empuja también a una religiosidad desesperada y, en más de un caso, blasflema. En la feria de Santa Cruz de las Cruces, hay alguien que se abraza espasmódicamente a la cruz con necesidad desesperada de confesión y de ayuda; abrazo que tiene todas las características de una lucha por quitarse el peso de una vida dolorosa e insoportable" (23).

Antes de iniciarnos con el análisis de la trilogía de **Viento fuerte**, es importante señalar el valor de las palabras de Asturias en la siguiente entrevista:

"Sin oír el grito, la voz de nuestra gente en la tierra, el lamento del mestizo que viene a nosotros con la esperanza de algo diferente, sin conocer todo este tembloroso, sufrido y agitado mundo... no puede existir literatura en nuestro país... Esta es mi regla general, "mi compromiso credo" (24).

En el año de 1950 se publica su primer volumen de **Viento fuerte**, que constituye la trilogía contra la guerra del imperialismo de Guatemala, imperialismo representado por la poderosa United Fruit Company. Dicha trilogía: **Viento fuerte**, **El Papa verde** (1954) y **Los ojos de los enterrados** (1960), unido a un ambiente de protesta social y a una línea definida, asociándose los elementos realistas de una geografía humana con elementos bien logrados en medio de un fuerte colorido típico. En esta trilogía se contempla el poder del trust frutero, el cual penetra concretamente en la vida política, económica y social de Centroamérica.

A fin de formarnos una conciencia sobre la trilogía, **Viento fuerte**, **El Papa verde** y **Los ojos de los enterrados**, es preciso saber cómo se hallaba la situación económica y política en Guatemala en el período a que el novelista hace referencia.

"Sabemos que los cultivos del país son el maíz, suficiente tan sólo para el consumo local, el café y el banano, este último introducido en gran escala por la empresa norteame-

23. Giuseppe Bellini, **La narrativa de Miguel Angel Asturias**. Editorial Losada S.A., Buenos Aires, 1969, pp. 83-84.
24. An Interview with Nobel Prize winner Miguel Angel Asturias. **Atlas**. Vol. 14 (December, 1967), p. 57.

ricana, la United Fruit Co., que domina la economía de toda América Central y, por consiguiente, la vida política de estos países. La permanencia en el gobierno de pequeños déspotas en tales territorios, el sofocamiento de cada tentativa de renovación, deben de imputarse, en primer lugar, a la situación indicada, con el resultado de un odio creciente, en las clases intelectuales y populares, hacia los representantes del capital norteamericano y por consiguiente, hacia los Estados Unidos.

Las condiciones de vida de la mayor parte de las poblaciones centroamericanas son miserables. Por lo que concierne más directamente a Guatemala, país en que la población india oscila entre el 14% en la zona de Amatitlán sobre la costa, y el 96% en el departamento de Totonicapán sobre el altiplano, baste considerar que, según estadísticas todavía válidas, aunque no sean recientísimas, el régimen alimenticio del trabajador rural consiste, sobre todo, en maíz, fríjoles y chile; por consiguiente la productividad del campesino guatemalteco es baja porque sufre de desnutrición, parasitismo y malaria, a lo que se añaden los efectos deletéreos del aguardiente, de mala calidad y que se vende a bajo precio. Este estado de cosas demuestra la absoluta ineficacia del colosal desarrollo económico de la United Fruit Co., en el país para el mejoramiento concreto del tenor general de vida.

El grado de sujeción económica a los Estados Unidos, está probado con la evidencia de las estadísticas, las cuales señalan para el año de 1959 una exportación de 64.6 millones de dólares, contra una importación de los Estados Unidos de 73.7 millones.

La United Fruit Co. inició su penetración en el país alrededor del año 1870 y, ateniéndose a fuentes recientes, poseía en el año 1939 plantaciones por un millón y medio de hectáreas, cien naves para el transporte de la fruta y dos mil cien millas de ferrocarriles. Naturalmente esta situación puede consolidarse gracias a la convivencia de gobernantes locales. El mal es, por consiguiente, claramente imputable aún, a la consolidación de los regímenes dictatoriales que son la expresión de intereses particulares, el de la United Fruit Co., y el de un restringido círculo latifundista en cuyas manos está el resto de la tierra no poseída por la compañía.

El período áureo, si así se puede llamar, de la United

Fruit Co., fue el de la dictadura del general Jorge Ubico Castañeda que tuvo en sus manos el poder desde 1931 a 1944, bajo un régimen de policía y de violencia que nada tenía que envidiar a aquel de Estrada Cabrera, más bien, en algunos casos lo superaba patentemente en la organización represiva. La caída de Ubico fue determinada por los acontecimientos coaligados contra las potencias del Eje, durante la segunda guerra mundial. En efecto, las victorias de la democracia dieron valor a los opositores del general y esperanza a los intelectuales y al pueblo" (25).

El imperialismo económico con todas sus consecuencias, nos da por resultado el grupo de novelas citadas anteriormente que se proponen denunciar las tremendas injusticias de la explotación bananera. Este imperialismo económico, político y social tiene su origen a fines del siglo XIX, según lo analiza Hernández Sánchez Barba:

> ...A fines del siglo XIX, los Estados Unidos abandonan su actitud de indiferencia expectante respecto de Hispanoamérica, y comienzan a interesarse en ella como mercado para sus productos y como **campo de inversión** para su capital. Comenzó por México, a fines del siglo XIX, invirtiendo en empresas mineras y ferroviarias, y a medida que la actividad industrial cobraba impulso y el capital, fortalecido, demandaba expansión, se fue extendiendo a todo el continente sudamericano. La apertura del Canal de Panamá puso ambas vertientes del continente al alcance del comercio y la inversión norteamericana. Resultado de este proceso fue la clara hegemonía económica norteamericana en el Nuevo Mundo y la dependencia de Hispanoamérica respecto del nuevo imperialismo económico. Esto, unido a los factores políticos y militares de las relaciones entre ambas Américas de que hablaremos inmediatamente, trajo como consecuencia un creciente resentimiento y animadversión hacia los "gringos" o los "yanquis" que vino a sustituir la admiración casi idolátrica que se le profesara durante el siglo XIX.
>
> (**Hernández Sánchez Barba**, 7, II, pp. 416-433).

Viento fuerte describe el drama de la explotación infrahumana de los campesinos por arte de la "Tropical Platanera", los cuales sólo esperan un milagro divino o humano que los salve de su tragedia. Es una novela en que el autor relaciona la vida del pueblo frente a sus conceptos mágicos pues en los capítulos describe el "viento fuerte" desencade

25. Obra citada de Bellini, pp. 90 al 92.

nado por el brujo Rito Fenaj. El título de la novela, **Viento fuerte**, alude al "viento fuerte", al huracán tropical que suele destruir todo a su paso, pero al mismo tiempo en forma simbólica intuye el viento fuerte de las reivindicaciones sociales del obrero de las bananeras. Veamos dos escenas que nos indican la doble dimensión del título:

"—Las conclusiones están a la vista, no hay que sacarlas ni enunciarlas. ¿Para qué, si se ve? Por unos puñados de dinero, por el dominio de estas plantaciones, por la riqueza que, aun fragmentadas en dividendos anuales, son millones y millones de dólares, perdimos el mundo, no la dominación del mundo que es diferente, ahora somos dueños de todas estas tierras, de estas tentaciones verdes, somos señores; pero no debemos olvidar que el tiempo del dominio es limitado y que llegará la hora de Dios, que es la hora del hombre...

—¡"El viento fuerte"!— dijo el ingeniero Smollet, para cortar por lo sano; él era un hombre práctico y aquella perorata le parecía un mal sermón dominical.

—El ingeniero lo ha dicho; pero no el "viento fuerte" que él ha explicado aquí como algo espantoso, como una fuerza incontrastable de la naturaleza... La hora del hombre será el "viento fuerte", que de abajo de las entrañas de la tierra alce su voz de reclamo, y exija, y barra con nosotros..." (26).

Y al final del diálogo, el ingeniero dice a manera de conclusión:

—Estos amigos son el diablo mismo, qué diablo verde —dijo el ingeniero a Lester Mead—; pero, efectivamente, lo que a ellos les ha parecido un motivo de danza, va a ser danza macabra si no se rectifican los procedimientos. El viento fuerte, como usted lo ha dicho, será la revancha de esta gente trabajadora, humilde, sufrida, explotada" (27).

Indudablemente ese "viento fuerte" de que nos habla Asturias es la simbología de la lucha social, la única esperanza de esa grande masa obrera explotada por muchos años.

La alusión por parte de **Asturias** de que los muertos cieran los ojos cuando hay justicia, es una leyenda que no só-

26. **Viento fuerte**, tercera edición, Edit. Losada, Buenos Aires, 1962, p. 110.
27. **Opus, cit.**, p. 111.

lo pertenece al pueblo guatemalteco, sino que es conocida universalmente, y ella define la posición de la novela en la trilogía bananera.

Tres personajes centrales se destacan en la novela, Adelaido Lucero, Lester Mead y Leland Foster, y además hay que agregar el principal de todos "El Papa Verde", omnipotente de la "Tropical Platanera S.A.", el que desde su oficina determina el curso de los hechos. Veamos un trozo de la novela que caracteriza al misterioso "Papa Verde":

> "—El Papa Verde, para que ustedes lo sepan, es un señor que está metido en una oficina y tiene a sus órdenes millones de dólares. Mueve un dedo y camina o se detiene un barco. Dice una palabra y se compra una República. Estornuda y se cae un Presidente, General o Licenciado. Frota el trasero en la silla y estalla una revolución" (28).

Otro párrafo de la novela nos muestra claramente el estado en que se hallaba la política centroamericana frente al poder de los Estados Unidos.

"(...) Puede que nosotros no veamos el triunfo, ya que la vida tal vez no nos alcance para acabar con el Papa Verde; pero los que nos sigan en trinchera, sí, si es que se mueven como nosotros, como el viento fuerte que cuando pasa, no deja nada en pie, y lo que deja, lo deja seco".

Este pasaje indica la significación del título de novela. El "viento fuerte" que algún día pondrá término a la injusticia social de la "Tropicaltanera", o sea, la del imperialismo yanqui.

"Frente a un mundo mecánico y rutinario, que no ha sabido encontrar el ritmo del país y ha quedado siempre en la condición de importado provisorio, gente de presidio, como los militares de la tropa de ocupación, se alzan las figuras de Leland Foster y de Lester Mead. El clima corrosivo de los trópicos consume en el aburrimiento y en la ambición —alcohol y amores híbridos y deshonestos—, a los que no han sabido alcanzar el ritmo genuino de la vida local. Pequeños engranajes de un mundo dominado por el misterioso "Papa Verde", los hombres "importados" se condenan por

28. M. A. Asturias, **Viento fuerte**, Buenos Aires, 1955, p. 99.

sí mismos. Son personajes que no pueden mostrar dimensiones humanas; si las tuvieran no responderían más al rol pasivo que han aceptado en la máquina de la "Tropical Platanera S.A.".

Lejos de ser un punto débil de la narrativa de Asturias, estos personajes constituyen uno de los medios más válidos para expresar su abierta condena del mundo del dinero, entendido como fin en sí mismo. Ni siquiera el "Papa Verde" presenta dimensiones humanas; en él encontramos la única característica, vacía y mezquina, del poder material. La estatura del "Papa Verde", no obstante del poder, queda empobrecida frente a Lester Mead cuando éste le pide una política más humana y de miras más amplias hacia los agricultores privados. El "Papa Verde" y Lester Mead representan dos mundos claramente antitéticos:

> "Ya estaban frente a frente. El Papa Verde en un sillón giratorio, viéndolo con dos ojuelos insignificantes, detrás de dos gruesos lentes montados en aros de carey color de ébano muy oscuro, y él también viéndolo".

...El examen de la situación, como se establece bajo el peso del capital norteamericano en los países de Centroamérica, lo dirige el escritor con despiadada dureza, precisamente a través de la acción y las palabras de Lester Mead. Su misma nacionalidad pone al personaje al resguardo de las represalias de un sistema político totalmente esclavizado a la "Tropicaltanera". El tema de la corrupción y la subversión de toda idea de justicia por obra del dinero y de los intereses de las grandes empresas económicas estadounidenses, había sido ya tratado por otros escritores hispanoamericanos, por Jorge Icaza en Huasipungo, por Ciro Alegría, por Alfredo Pareja Díez-Canseco, y con particular crudeza, es un desconcertante cuadro de perversión por Demetrio Aguilera Malta en su primer novela-documento Canal Zone. Pero Asturias formula en **Viento fuerte** un acto de acusación más circunstanciado y convincente, denunciando la obra de corrupción ejercida sobre la nación por el capital extranjero" (29).

29. Obra citada de Bellini, pp. 102 al 105.

El Papa Verde es una novela compleja, pero nos demuestra una vez más el dominio económico yanqui en toda su dimensión. Por medio de Geo Maker Thompson nos deja percibir la historia de la Tropical Platanera, S.A., en forma dramática desde su fundación hasta que el mismo Geo Maker Thompson llega a ser el verdadero Papa Verde. Veamos el fin de la novela:

> "Petrificado recibió el presidente de la Compañía la noticia del derrumbe de su política frutamielera. Geo Maker Thompson, ahora principal accionista del más gigantesco consorcio frutero, acababa de ser nombrado en su lugar. Oyó sus pasos. Sus pasos de plantador de bananos. En los vidriados pisos de madera preciosa se copiaba, de abajo a arriba, la imagen del **Papa Verde**. Venía del brazo de Aurelia. Amigos y enemigos le seguían. Krill entre ellos. Krill, el último pececillo de los que alimentan las ballenas azules".

"Aunque Asturias insiste en la omnipotencia de la Frutera, a través de todo el libro se siente un espíritu rebelde. Cuando Maker Thompson emprende su campaña de apropiarse de todos los terrenos a orillas del Motagua, su criado Chipo Chipo huye y va de casa en casa aconsejando a los guatemaltecos que no se los vendan. También lo abandona su novia Mayarí, quien prefiere alejarse hasta suicidarse para no participar en la explotación de su pueblo. Diez años después, y a través de todas las otras partes del libro, el grito rebelde "¡chos, chos, moyón, con", se asocia con Juambo el sambito, criado mulato de Geo Maker. Cuando la compañía acapara la mayor parte de los terrenos por la Costa del Pacífico, hasta se oyen revolucionarios: "Repártanlas... repartan las tierras... repartan las tierras... Repártanlas, repártanlas". Aunque casi todos los herederos de Lester Mead se dejan sobornar por la Compañía, Lino Lucero sigue luchando por la integridad guatemalteca" (30).

En **Los ojos de los enterrados** el pueblo guatemalteco se convierte en protagonista activo, y este es el personaje central de la novela. El tema de fondo se refiere a una tradición legendaria, según la cual los muertos encuentran la paz definitiva sólo cuando haya cesado la injusticia. De ahí que

30. Seymour Menton, **Miguel Angel Asturias: Realidad y fantasía, Anaya**, Madrid, 1971, p. 112.

Asturias, con este libro alcanza "en esa línea ascendente de la toma de conciencia de un pueblo... una magistral descripción de masa en marcha, en planos de sombra y de luz, de realismo y de magia" (31).

Toda esa injusticia sólo terminará cuando el pueblo organizado tome por la fuerza sus propios derechos. Esta obra, en cuanto a la elaboración definitiva y en lo tocante a la captación de la realidad y su relación con la metafísica, está muy bien tratada por V.N. Luteisikova, quien comprueba que "Es la primera novela de Asturias con un fin optimista, iniciando una nueva fase en la trayectoria de su autor y el desarrollo de la novela latinoamericana en general" (32).

La novela está estructurada sobre esta base conceptual, ya que su acción se extiende desde el fracaso de la huelga de los trabajadores en la costa del Atlántico, hasta la caída de Ubico en 1944, y trata, en un sentido más directo, la expansión del movimiento huelguístico al territorio de la costa del Pacífico.

La unión indisoluble de la dictadura y el poder de la compañía frutera se patentiza cuando dice Asturias:

"Derrocar a la fiera militar de turno dejando a la Frutera intacta era engañarse, y atacar a la compañía con el dictadorzuelo encima, era imposible.

"Había que acabar con los dos al mismo tiempo".

La realidad de la situación social que Asturias nos presenta en su novela es pues, la causa de la revolución, entrelazada ésta a una faceta histórica. Su protagonista, Tabio San, participa primero en una conspiración para asesinar al dictador. Después del fracaso observa: "Operaba con gentes que no comprendían demasiado y no se les ocultaba que en una revuelta popular, ellos también peligraban, sobre sus intereses" (33).

"Asturias nos presenta la participación del pueblo obrero en el proceso que lleva la caída de la dictadura y al triunfo sobre la bananera. El obrero explotado, aunque siempre presente en todas las novelas, hasta ahora era una presencia secundaria y hasta un tanto marginal. Consciente de la injus-

31. Obra citada de Dessau, p. 306.
32. **Opus, cit.**, p. 390.
33. **Opus, cit.**, p. 390.

ticia de su suerte, quejoso —en alguna ocasión vengativo, como el Hermenegildo Puac de **Viento fuerte**—, causante del huracán que asola (sic) la Costa Pacífica..., no ha cobrado conciencia todavía de la enorme fuerza que posee si se organiza debidamente en sindicatos que se dediquen a luchar por sus derechos. En esta novela se nos presenta esta tercera fase: la aparición de una clase organizada que en colaboración con estudiantes, intelectuales y profesionales de conciencia social, se enfrenta al mismo tiempo a la dictadura y a la bananera, logrando el triunfo sobre ambas. Amanece la justicia social, y los enterrados —que según la creencia indígena permanecen con los ojos abiertos mientras predomina la injusticia— ahora podrán cerrar sus ojos y descansar.

"Desde el punto de vista ideológico, la novela se caracteriza por un rechazo y condenación de todo imperialismo – benigno o rudo— y por la exaltación de la extraordinaria fuerza del **movimiento obrero organizado**, fuerza eficaz para luchar contra la dictadura como contra las fuerzas económicas imperialistas" (34).

La novela muestra una transfiguración mitológica que conlleva hacia una relación entre mito y realidad. Así en **Los ojos de los enterrados** se toma una nueva concepción del mito, o sea de la prefiguración de la realización a través de la conciencia histórica a partir de 1944.

"Esto le permite ver, en **Los ojos de los enterrados**, la realización creadora y libre de los hombres, precisamente en la vida activa de los deberes diarios del hombre de extracción popular, que describe como el forjador de su destino.

Así, pues, el mito resulta un contenido que, según las circunstancias históricas, reviste formas distintas: desde la mágica hasta la científica. Si estas formas revelan como relativas, el mito, como lo concibe Asturias, es un elemento constitutivo del ser humano y, por ende, duradero" (35).

Weekend en Guatemala (1956), novela inspirada en parte por la célebre pintura de Diego Rivera: **La gloriosa victoria**. Esta obra se aleja del sentido metafísico, a fin de mostrar una realidad directamente en la situación social de un

34. Angel Luis Morales, **La trilogía bananera de Miguel Angel Asturias**, Anaya, Madrid, 1971, pp. 207 y 208.
35. Adalbert Dessau, **Mito y realidad en "Los ojos de los enterrados" de Miguel Angel Asturias**, Anaya, Madrid, 1971, p. 229.

país dominado por el imperialismo extranjero. "Este libro, **Weekend en Guatemala**, A. D., intenta recordar y desvelar la realidad de la guerra (corta, y aunque trágica, terrible), en que había sumido el país, ante el concertado silencio que había seguido a los acontecimientos. El caso es que caminado el tiempo, me dije que el novelista le debe respeto a los hechos, y comprendí que al final de la trilogía tenía que adaptarse a ellos" (36).

Esta novela parte de la base histórica, la que se construye con base en los elementos que contribuyeron a derrocar el gobierno de Arbenz. Veamos cómo Don Félix, el feudalista cuyas tierras se repartieron entre los indios, se mofa de la debilidad de su pueblo agrario: "Ciento sesenta millones de gringos y gringas y gringuitos y gringotes... ¡Ja... ja...! la compañía más poderosa de la órbita del Caribe... ¡ja... ja...! la Iglesia Católica de Nueva York, del país y del mundo entero... ¡Ja... ja! Tres presidentes de tres repúblicas, por lo menos, ¡ja... ja...! cadenas de periódicos y agencias noticiosas...! ¡Ja... ja...! Cataratas de dólares, bombardeos, jefes militares de alta graduación listos para entregarse al ver que la cosa se pone a favor nuestro... y un ejército alquilado... ¡Ja, ja...! (37).

Asturias con un esmerado realismo relata toda la intervención de Estados Unidos, al igual que de la serie de patrañas inmorales de los yanquis para hacer comprometer a indígenas como dirigentes del partido comunista, sin que ellos pudieran concebir de qué se trataba la teoría marxista. Veamos cómo nos cuenta el autor lo que la revista **Visiones** publica sobre un pobre indígena:

"...Temeroso, el cabecilla comunista Diego Hum Ig, de que en su casa encontráramos literatura marxista y fotografías de Lenín, Stalin y Mao Tse-Tung, nos recibió en la puerta, al que esto escribe, y a un honorable vecino del lugar, y rodeado de perros feroces, ametralladora en mano, contestó a nuestras preguntas" (38).

36. Declaración de Asturias, reproducida por J. Corrales, **Tres escritores latinoamericanos en París**, M. A. Asturias, en Insula, abril de 1963, Buenos Aires.
37. Miguel Angel Asturias, **Weekend en Guatemala**, Editorial Goyanarte, Buenos Aires, 1956, p. 107.
38. **Opus, cit.**, p. 106.

Dentro de los representantes de los Estados Unidos se halla gente de la peor moral. Por ejemplo, el caso de Mister Maylan había sido "flagelador de negros en Atlantic City, vestido de Ku-Klux-Klan..., ahora iba a ser exterminador de indios..." (39).

"De todas las novelas de Miguel Angel Asturias, **Weekend en Guatemala** es la más difícil de clasificar como novela... Aunque los personajes son distintos, la unidad se deriva de que todos están reaccionando frente al mismo fenómeno, la invasión de los liberacionistas. También hay unidad novelesca en que el autor se esfuerza por distribuir la acción en distintas partes del país y entre distintos grupos de la población... El panorama geográfico incluye la capital, la ruta del Pacífico, el norte cerca de Gualán, Antigua, la ruta del lago de Atilán, los bananales, probablemente de Tiwuisate, y el mundo sin límites de los indios que desempeñan papeles importantes en tres capítulos. No obstante, también se ven los acontecimientos desde el punto de vista de la contraespía capitalina, del guía de turistas, de la familia de un liberacionista, de un oficial del ejército nacional, de los miembros del sindicato bananero, de un finquero esclarecido y de su sobrina, que estudia en los Estados Unidos. El tiempo de los ocho capítulos, junto con el tema principal, le da al libro una unidad novelesca. El primero y el último capítulos transcurren en períodos de tiempo muy limitados: un fin de semana y quizás unas semanas respectivamente. Tres capítulos, "Ocelote 33", "La Galla" y "Los agrarios", describen la situación antes de la invasión y terminan con la victoria de los liberacionistas. La acción de los otros tres capítulos, "¡Americanos todos!", "El bueyón" y "Cadáveres", comienza durante el ataque y se prolonga hasta después de la pacificación. "El bueyón", aunque es el capítulo más breve del libro, se proyecta dos generaciones en el futuro. Los capítulos no están en orden cronológico, de manera que esa combinación de tiempo muy limitado y el salto de años enteros, igual que en **El Señor Presidente, Hombres de Maíz y El Papa Verde**, produce el efecto de un cuadro cubista" (40).

39. **Opus, cit.**, p. 122.
40. Seymour Menton, **Miguel Angel Asturias: Realidad y fantasía, Anaya,** Madrid, 1971, pp. 119-120.

Dos novelas más publica inmediatamente después de la trilogía bananera y de **Weekend en Guatemala: El alhajadito** (1961) y **Mulata de tal** (1963). La primera es una obra de juventud escrita en 1926 y publicada en treinta y cinco años después. Las reminiscencias infantiles y los recuerdos propios de su edad llenan la obra. En **Mulata de tal**, Asturias vuelve al mundo mágico de las **Leyendas de Guatemala**. Esta novela tiene una concepción lingüística, pues se advierte un lenguaje más libre dentro de lo mítico, pero sin abandonar el amor ancestral, matizándola con creencias de demonios indios y con creencias católicas, también en una lucha permanente.

El alhajadito es una especie de leyenda, dividida en tres apasionantes cuentos. Esta novela está situada en una Guatemala intemporal, donde lo real aparece en forma irreal.

El alhajadito nos lleva a ver los orígenes en tiempos remotos. Su estructura está construida sobre el poder mágico del sueño que en el fondo es un vaso comunicante para expresar una filosofía existencial. La novela trata de mostrar una realidad por medio de un subjetivismo circundante. Veamos un trozo:

"Levantó la cabeza. Las realidades misteriosas, el pasado palpable en lo impalpable, presente en lo que se tocaba, en el aire que respiraban, en el agua que bebían, en las raíces de los árboles gigantes, en los esqueletos del cementerio sumergido, en los ojos del viejo que cabeceaba de muerte en un sueño dulce.

En la carne sentía como codornices. Trechos de su cuerpo que se quedaba temblando bajo sus ropas interiores. Algo así como ríos de cosquillas afluentes de su persona. Ríos secretos que alimentaban su secreto, el gran misterio" (41).

"En el libro confluyen diversos temas. Asturias ha afirmado que la redacción de **El alhajadito** ha constituido para él un extraordinario entretenimiento, un libre desahogo de su vena creadora. Pero sobre todo domina el profundo reclamo de la memoria, la atracción del mundo remoto de la infancia que se rehace vivo y actual. Dar una clave de **El alhajadito** es tanto más arduo por cuanto surgen múltiples reflexiones

41. Miguel Angel Asturias, **El alhajadito**, Goyanante, Buenos Aires, 1961,p. 13.

y son numerosos los puntos de los cuales podemos partir para una interpretación de la obra. Si el libro representa para Asturias el goce de la creación, revela sin embargo una preocupación más profunda: la de llegar al diálogo con un mundo que se abre sólo a los iniciados para darles el sentido del destino humano.

El "charco del limosnero" amenaza en todo el libro como presencia inquietante y es la puerta que parece introducir en el misterio. El agua está casi siempre presente en el sueño como fuente delirante de angustia.

El alhajadito presenta un tema que torna con insistencia en las páginas del libro: el tema de la muerte. La noción del tiempo introduce el sabor amargo del fin. Asturias afirma el valor del tiempo en cuanto pasado y recuerdo. La vida, la felicidad terrena, no son valores reales, quedan anclados a la muerte y al recuerdo. En el "charco del limosnero" está la vida de los difuntos que atrae con movimientos alucinados. El charco es una prosa miserable, un camposanto privado de cruces en cuyo fondo se agita una vida misteriosa: los esqueletos de los anegados se mueven, toman posiciones, levantan en alto las manos, se disponen en actitudes amorosas, "atravesados por reflejos y peces que juegan entre sus costillas como en jaulas sin corazón" (42).

En la segunda parte de la novela vemos en un corto trozo la presencia del tema de la muerte desde el punto de vista simbólico de la nave fantasma:

> "Hasta ahora, en presencia de la muerte, después de quién sabe cuántos días y noches de navegación, nos dábamos cuenta exacta de las cosas apreciándolas por sus dimensiones reales, por sus colores, por ellas mismas, y no por la sombra que proyectaban" (43).

En la novela **Mulata de tal** surge de nuevo el tema del que vende el alma al diablo, a cambio de dinero. El verdadero símbolo infernal es el dinero, que todo lo corrompe.

"Surge en este caso —y en otros muchos— una realidad subjetiva que, en **Mulata de tal**, se carga de una fantasía endiablada, enriquecida con frecuentes referencias a la cosmo-

42. Giuseppe Bellini, **La narrativa de Miguel Angel Asturias**, Editorial Losada, S.A., Buenos Aires, 1969, pp. 189-190.
43. Obra citada de Asturias, p. 98.

logía indígena, modificada, recreada por la imaginación inagotable del **Gran lengua** que es Miguel Angel Asturias. Este tipo de novela mágica, burlesca, es un caso en la literatura actual y posiblemente la más insólita de la lengua española" (44).

El elemento social predomina en **Mulata de tal**. Si consideramos como social el símbolo de mulata, hallamos que ésta corresponde a la mezcla de dos diferentes culturas que al correr del tiempo se fundieron dándonos el mestizo, que a su vez representa el símbolo de una clase oprimida, humillada y explotada por el terrateniente. Asturias toma a este tipo social como unidad vital en la acción novelada. Veamos algunas referencias sobre el particular:

> "—¿Todavía hay antropófagos?
> —Jamás se han acabado. No es que se coman el cadáver, materialmente, pero se hartan de carne humana los que explotan al hombre de trabajo, hacendados, cafetaleros, dueños de ingenios, en los que se confunden los cristianos y las fieras" (45).

Considerando al mestizo elemento explotado por el capitalismo, no dudamos que éste es fiel representante del símbolo de Mulata. Así concluimos que el elemento social en la novela constituye una realidad viva y dramática vista a través del realismo mágico de Asturias.

"Reforzando este mismo aspecto social de **Mulata de tal**, se puede decir que el motivo o arranque de la narración es de índole además de moral, social: la ambición de Yumi en llegar a ser rico y poderoso en Quiavicús. Este campesino, que representa el pueblo guatemalteco, es lanzado a una tragedia por la ambición del dinero para superar a su rico compadre, Timoteo. No vacila en entregar lo que más quiso, su mujer, al diablo Tazol con tal de que sus ambiciones se vean alcanzadas. Asturias critica directamente el hecho en sí, e indirectamente la civilización que perturbó la mente y la visión de la vida auténtica del indio, introduciendo preocupaciones negativas: la riqueza y su adquisición a toda costa. El autor

44. Paul Verdevoye, "Miguel Angel Asturias y la 'Nueva Novela' ", **Revista Iberoamericana**, No. 67, 1969, pp. 28-29.
45. Miguel Angel Asturias, **Mulata de tal**, tercera edición, Editorial Losada S.A., Buenos Aires, 1968, p. 37.

confronta así su tema universal —la ambición, y un hecho social de consecuencias— ser rico, ser poderoso para dominar a los demás. Desde que sintió Yumi la loca necesidad de enriquecerse dejó de ser feliz. La ambición le arrojó a una cadena de negativas aventureras que le llevaron hasta la muerte" (46).

"Para imitar una célebre fórmula de los clásicos sobre el arte griego, nos atreveríamos entonces a decir que el arte de Asturias presupone la mitología de su país. Novela y mitología mantienen una relación necesaria. Esa mitología es la manera de ver la naturaleza y las relaciones sociales, un medio con que los hombres de una determinada comunidad dominan las fuerzas de lo objetivo dentro del círculo de la imaginación. En sí misma por ello, esa imaginación está llena de elementos artísticos ingenuos. Es elaboración "artística" inconsciente" (47).

Mulata de tal es una novela representativa en cuanto la creación mágica y en su fantasía extraordinaria. Toda la obra está llena de demonios, brujos y "chimanes" que muestran la fuerza diabólica, fuerza dominante en la concepción síquica del mundo espiritual indígena en Guatemala. La influencia del mundo cosmogónico antiguo es evidente, y gira a través del ancestro espiritual de la masa india. Veamos un trozo de la novela:

> "Arboles, cerros, valles, todo sobre la superficie inestable de terrenos que se convertían en las aguas de un mar iracundo, todo insostenible derrumbándose en masas apocalípticas, los pilares de las casas como piernas de borrachos, los techos por el suelo de un sentón y las paredes, entre rajaduras que abríanse y cerrábanse, cayendo por pedazos, mientras las cornisas ondulaban igual que si por ellas corriera el temblor hecho ser.
>
> Polvo y silencio. Luna, polvo y silencio. Luna, polvo, piente.
>
> Calor y silencio. Bocanadas de hogazas, hartagazos rojos de incendios que tenían el horizonte de granate. El calor iba aumentando. Las hojas empezaban a tostarse. Era trágica la inmovilidad de los árboles, su impasibilidad de huir, de escapar, de esconderse de las llamas. Era la mulata que regresaba. No cabía duda. Era la mulata que regresaba (...), (48).

46. Vicente Cabrera, **Ambigüedad temática de Mulata de tal. Cuadernos Americanos**, México, 1972, No. 1, p. 212.
47. Obra citada de Rincón, p. 585.
48. M. A. Asturias, **Mulata de tal**. Edit. Losada, S.A., Buenos Aires, 1963, p. 63.

"Dos concepciones opuestas del mundo y de las cosas se encuentran continuamente en el libro. La conclusión inevitable a que se llega es que, con la conquista española, en el mundo indígena moralmente sano precisamente por su contacto íntimo con la tierra, entraron las fuerzas del mal, el demonio cristiano, el único verdadero enemigo del hombre" (49).

Su última obra lleva el nombre de **Maladrón** (1969), y se refiere a la Conquista. Tiene por subtítulo "**Epopeya de los Andes verdes**", y un epígrafe revelador, su tesis "Ellos y los venados, ellos y los pavos azules poblaban aquel mundo de golosina. De otro planeta llegaron por mar seres de injuria...". En esta novela Asturias lleva al mito hacia una dimensión histórica. Los datos históricos se sitúan hacia 1556. **Maladrón** no puede analizarse como una obra histórica en el sentido tradicional, sino como la reconstrucción de una imaginaria aventura de la Conquista, formada por tres fases o círculos, planteando cada uno un aspecto específico de la Conquista.

"Si en el primero de los círculos Asturias había descrito la causa de la importancia del mito por los indios, en el segundo muestra otro ángulo no menos interesante de la vida americana; la trasculturación y el sincretismo. Nativos y españoles igualmente supersticiosos, intercambian ideas y actitudes. **Maladrón** acaba como ídolo venerado por los indios al lado de Cabracán y los españoles sobrevivientes llevan el alma llena de sensibilidad indígena. Asturias sitúa al mismo nivel a dioses precolombinos y españoles: todos son, en efecto, producto de una cultura. De lo que se trata en realidad no era de adorar a éste y aquél, sino de tener ésta o aquella visión del mundo de la que la religión no es sino una manifestación" (50).

El ambiente indígena se da en formas expresivas aborígenes a través de toda la novela. La primera parte de **Maladrón** está saturada de poesía. A través de la magia de su palabra la historia se transforma en verdadera fábula, en algo maravilloso, mágico, que se une íntimamente a lo religioso

49. Obra citada de Bellini, p. 208.
50. Ricardo Navas Ruiz, **Maladrón: Mito y conquista,** Papeles de Son Armadans, Año XVI, Tomo LXII, número CLXXXV-VI, p. 195.

ancestral. Esa descripción del mundo indígena guatemalteco recuerda la atmósfera del **Popol-Vuh**, donde una realidad se transforma en algo mágico lleno de atmósfera de irrealidad:

> "La cordillera de los Andes Verdes, cerros azules perdidos en las nubes, va desde el silencio de aquel campo de quetzales muertos en batalla, hasta las cumbres de la tierra más antigua de la tierra, los Cuchumatones, entre la parla sin fin de los cazadores y el silvido de los llama —las lluvias; entre el asalto de la tribu y las siembras y resiembras de lo bello, flores sean dichas, de lo dulce, frutas sean dichas, dicha todo: el cultivo de los cereales y las artesanías de hielo, maderas pintadas, utensilios de barro, instrumentos musicales y jícaras dormidas en viaje. La primera tierra que descubre el navegante, desde la Mar del Sur, es ésta. La contempla extasiado. Es la nube terrenal en que nace el maíz. El primer grano de maíz que hubo en la tierra. El puma rosado se refugia en sus colinas antes de bajar el tiempo del cielo. Tempestades blancas. Rebaños de témpanos de hielo. Costas y majestad del mar cubierto por glaciares. Espumas salobres y borrascas de látigo de nieve, antes de bajar el tiempo del cielo al fruto, edad del árbol, del cielo al trino, edad del pájaro, del cielo a la palabra, edad del hombre. Libertad del primer pino".

"Con la celebración de la belleza paradisiaca del mundo mesoamericano y su primitivo orden feliz, el motivo dominante en **Maladrón** es la condena de la conquista española la que dicho orden ha destruido. La visión de una España evangelizadora resulta repudiada netamente por Asturias —ya lo había hecho, por otra parte, en **La audiencia de los Confines**, celebrando al Padre Las Casas—. De la Conquista el escritor, en **Maladrón**, denuncia los aspectos más negativos, la codicia y la violencia. Después de las escenas de guerra —no muchas, a la verdad, pero eficaces— de la conquista de los Andes Verdes y la derrota del pueblo Mam, con la presentación escalofriante de los horrores que la guerra implica, la acción bélica ya no aparece en primer término; en su desarrollo constituye sólo un fondo vago y lejano, más allá del panorama verde en el que se mueven los protagonistas. Permanece, sin embargo, su significado trágico, junto con una interpretación sagrada del sacrificio humano. La figura del Maladrón —o sea de quien en el Gólgota rechazó la salvación que el Cristo le ofrecía— es el Dios verdadero de la Conquista" (51).

51. Giuseppe Bellini. **El laberinto mágico de Miguel Angel Asturias.** Papeles de San Armadans. Tomo LXII, No. CLXXXV-VI, p. 220.

La condena de la conquista española se anota a través de toda la novela, condena que aparece al contacto del indio con el conquistador, y se da tras una raíz mítica americana, raíz muy fuerte en la siquis indígena que se halla estrechamente ligada al concepto de la vida y de la muerte del indio del Nuevo Continente. Carlos Fuentes considera que "Asturias es uno de los grandes renovadores de la novela latinoamericana. Deja de tratar al indio de una manera documental, para penetrar en la raíz mágica, mítica a través del lenguaje". Veamos cómo a través de ese lenguaje Asturias nos presenta esa protesta llena de trascendencia mítica, trascendencia mítica que a su vez se convierte en lo real maravilloso del continente americano:

"—El fraile en su modorra os llamaba: ¡Réprobos! ¡Voltarios! ¡Girasoles!

—Los mismos...

—¿No creéis en el Señor Jesucristo?

—No lo negaremos tanto como lo hacen con sus hechos los que se llaman conquistadores en su sólo nombre. Nuestro credo amparado por la cruz de Gestas, el ladrón, cubre mejor las ganancias y riesgos de la Conquista.

Al par del tuerto que contestaba a Ladrada, seguía el manchego Antolinares, los caballos y la Trinis. Blas Zenteno les alcanzó en la oscuridad con un ave de mediano tamaño para mostrarles en qué consistían los pájaros de fuego. Al levantarlos las alas fulgieron luces de mohoso brillo de oro humedecido...

—El color del tesoro sepultado en el fondo del "lodo que tiembla"— dijo la india.

—Sabréis —explicó Zenteno— Gunakil explicome la industria que se dan para estas fiestas, apresando días antes a los pájaros, untándoles luego debajo de las alas luciérnagas y otro resplandor de animales cocuyos. Por eso se ven en lo oscuro luminoso. Avivan con el movimiento del vuelo la lumbre que llevan bajo las alas" (52).

52. Miguel Angel Asturias, **Maladrón**, Editorial Losada, S.A., Buenos Aires, 1969, pp. 123-124.

CAPITULO XIX

ALEJO CARPENTIER

Alejo Carpentier (n. 1904), cubano por nacimiento, de educación europea pero profundamente hispanoamericano, es tal vez uno de los escritores más cultos de lengua española en nuestro tiempo. Ha viajado extensamente por diferentes partes del mundo. Estudió durante largo tiempo en París. Musicólogo y antropólogo, ha escrito libretos de ballet, cantatas, óperas bufas, relatos sobre literatura afro-americana y es autor de la primera historia de la música cubana publicada en su país, lo mismo que de la primera novela de tema afro-americano en Cuba. En 1924 dirigió la revista **Carteles,** y hacia 1923 editó la **Revista de Avance**, en colaboración con Jorge Mañach, Juan Marinello, Francisco Ichaso y Martí Casanovas. En Francia colabora con figuras prominentes del surrealismo, André Breton, Raymond Queneau y Roberto Desnos. Al igual que muchos escritores latinoamericanos, pasó algún tiempo en la cárcel por expresar libremente su pensamiento ideológico.

La obra literaria de Carpentier tiene en común el anhelo de mostrar el valor de las raíces autóctonas y antiguas con el fin de que expliquen y justifiquen el proceso de la sociedad moderna, y el de intuir una especie de iluminación de la realidad, lo que el mismo Carpentier ha llamado "Lo real maravilloso". Uno de los grandes valores de la obra del escritor cubano es el de tomar la expresión del ámbito antillano, de su poesía, de sus misterios, en el pasado y en el presente.

Carpentier pertenece a la generación de Vanguardia,

grupo que en las Antillas reincorpora la temática afro-espiritual a la literatura universal. Carpentier señaló este fenómeno, cuando dijo: "Se verificó un proceso de acercamiento a lo negro enfatizado por el hecho de que los escritores y artistas de la etapa cosmopolita habían cerrado los ojos, obstinadamente, ante la presencia del negro en la isla, avergonzándose de ellos... ahora, en reacción contra este espíritu discriminatorio, se iba lo negro con un entusiasmo casi excesivo, hallando en su ámbito ciertos valores que se preferían a otros, tal vez más líricos pero de mucha más fuerza" (1).

En Cuba, Carpentier participó en el Vanguardismo, en el llamado "Grupo minorista". Aquí sus integrantes descubren las innovaciones del arte europeo, el expresionismo, el cubismo, el dadaísmo. Refiriéndose al grupo musical, dice Carpentier: "La aversión por el teatro lírico en general y por la ópera italiana en particular, el antiwagnerismo, un antirromanticismo casi agresivo, la desconfianza hacia todo lo que oliera a siglo XIX, formaba parte de la estética de ese grupo" (2).

En lo literario, esta generación rompe con los patrones tradicionales; sin embargo, advierten que en Madrid ella está en plena evolución, lo mismo que en las capitales hispanoamericanas. Quizá por esta razón se identifican de nuevo con "...una España muy olvidada desde los días de la Independencia". Al respecto, explica Carpentier: "Iniciόse entonces de la conciencia nacional muy debilitada por veinticinco años de cosmopolitismo imitativo". La promoción vanguardista cubana se une a la generación del 27, lo cual da lugar a una etapa de apreciación de los poetas clásicos españoles, tales como Quevedo, Góngora y Lope de Vega. José Arrón, refiriéndose a la vanguardia, dice lo siguiente: "Lo que para el andaluz de Granada desemboca en gitanismo... en la cuenca del Caribe, sin gitanos qué enaltecer y sin gauchos qué memorar... lleva al encuentro del negro" (3).

Y en **Música de Cuba**, dice Carpentier: "Por lo mismo

1. Alejo Carpentier, **Variaciones sobre un tema cubano**, En "Las Américas", 2 de marzo de 1950, pp. 21-22.
2. Ibídem.
3. Klaus Müller Bergh, **Alejo Carpentier**, Editorial Las Américas, Nueva York, 1972, p. 220.

que con ello se disputaba a los intelectuales de viejo cuño, se iba con unción a los juramentos ñañigos, haciéndose el elogio de la danza del diablito. Así nació la tendencia afrocubanista, que durante más de diez años alimentaría poemas, novelas, estudios folclóricos y sociológicos. Tendencia que, en muchos casos, sólo llegó a lo superficial y periférico, al negro bajo palmeras ebrias de sol, pero que constituía un paso necesario para comprender mejor ciertos factores poéticos, musicales, étnicos y sociales que habían contribuido a dar una filosofía propia a lo criollo".

Al establecerse en París en 1928, convive y colabora con los compositores franceses Darío Milhaud y Mario Francois Gaillard, el brasilero Heictor Villa-Lobos y el cubano Alejandro García Caturla. En esta ciudad ingresa al movimiento surrealista que, junto con el vanguardismo, ha de influir poderosamente en su obra. Conoce a André Breton, quien le invita a colaborar en la Revolución superrealista: allí conoce a la vez a Louis Aragon, Tristán Tzara, Paul Eluard, Georges Sadoul, Benjamín Feret y a los pintores Giorgio de Chirico, Ives Tanguy y Pablo Picasso.

Su larga temporada de exilio en Europa le despertó una sólida conciencia nacional que se desarrollaría en sus novelas posteriormente, donde Carpentier valoriza lo americano y en donde se advierte ya su intención de descubrir lo "real maravilloso" de este continente. "Sentí ardientemente el deseo de expresar el mundo americano. Aún no sabía cómo. Me alentaba lo difícil de la tarea por el desconocimiento de las esencias americanas. Me dediqué durante largos años a leer todo lo que podía sobre América, desde las cartas de Cristóbal Colón, pasando por el Inca Garcilaso, hasta los autores del siglo XVIII. Por espacio de ocho años creo que no hice otra cosa que leer textos americanos. América se me presentaba como una enorme nebulosa que yo trataba de entender, porque tenía la oscura intención de que mi obra se iba a desarrollar aquí, que iba a ser profundamente americana".

Klaus Müller Bergh, en su valioso estudio biográfico mítico sobre Alejo Carpentier, considera que existe un perfecto equilibrio entre el signo y el significado, entre el contenido y el estilo con que Carpentier le da forma a su obra. "A la afirmación de los valores positivos de América corresponde la tarea máxima de definir, matizar y fijar características esenciales de seres y objetos del continente americano, que él ha impuesto a sí mismo. El ansia de interpretar y superar el tiempo asoma en peculiares funciones expresivas del verbo y en el uso singular del subjuntivo. Y el resplandor mítico de los personajes se refleja en la propensión por renombrar objetos con nombres cargados de valor simbólico, y en el afán de crear una segunda realidad abstracta, luminosa y pura, estructurada por un lenguaje suntuoso y ornado".

Ecué-Yamba-O es la primera novela negroide de Carpentier publicada en 1933. La versión original la escribió en la cárcel de La Habana. Así lo declara él mismo: "Me encarcelaron en 1927 por firmar un manifiesto contra el (presidente Machado)... En la prisión, empecé a escribir mi primera novela: **Ecué-Yamba-O** (voz lucumí que significa algo así como "Dios, loado seas". Me pusieron en libertad condicional... Fue entonces cuando nació el término afrocubano... Fue, en fin, una toma de conciencia nacional. Con frecuencia asistimos a los "rompimientos" ceremonias de iniciación, nuñigos en regla" (4).

La novela gira en un fondo realista y mitológico de la provincia cubana. Se nota un predominio de los ritos religiosos, de las fórmulas de encantamiento, de las costumbres de ancestro africano, en contraste con un medio de la civilización moderna.

Ecué-Yamba-O se mantiene bajo la corriente del criollismo hispanoamericano, y se convierte en un documento patético de lucha del hombre en su ámbito, pero sin tocar aún las fronteras de la dimensión temporal de ese hombre ante la lucha interior por definirse existencialmente. Fernando Alegría, en **Alejo Carpentier: Realismo mágico que es,** dice: "...novela semidocumental sobre el mundo mágico primitivo de un sector de la población negra en Cuba. Parte importante juegan en ella los ritos religiosos, las ceremonias de iniciación, las fórmulas de encantamiento, el substrato ñañigo de gentes que viven en una etapa de representación colectiva, prelógica y mística, en el medio mismo de una civilización moderna".

Carpentier aporta una nueva concepción de la realidad

4. Alejo Carpentier, **Confesiones sencillas de un escritor barroco**, Cuba, 3 de abril de 1954, No. 2:31.

de la isla, tanto en lo temático como en la incorporación del folclor cubano, el cual lo lleva a un plano artístico al mezclar el costumbrismo y las tradiciones autóctonas llevándolas a un plano universal. Quizá la valorización más justa de esta novela parte de las palabras del propio autor recogidas por Claudie Tell en dos ocasiones: "Recontre avec Alejo Carpentier" y "Problemática de la actual novela latinoamericana".

"Au début du XXe siécle, l'influence du naturalisme français de Zola a été capitale. Zola Jouissait d'une véritable audience en Amérique Latine. Il se rendait par exemple jusqu'á une mine ou a un lleu de travail déterminé puis il écrivait un roman a propos de ce qu'il venait. Mais il faut se détacher de cette "observation": Ainsi, dans mon premier roman: **¡Ecué-Yamba-O!**... J'ai suivi un chemin absolument parallèle...

"En una época caracterizada por un gran interés hacia el folklore afrocubano, recién descubierto por los intelectuales de mi generación, escribí una novela... cuyos personajes eran negros de la clase rural de entonces. Debo advertir que crecí en el campo de Cuba en contacto con campesinos negros e hijos de campesinos negros, que más tarde, muy interesado por las prácticas de la santería y del "ñañiguismo", asistí a innumerables ceremonias rituales. Con esta documentación "escribí una novela, que fue publicada... en pleno auge del 'nativismo' europeo. Pues bien, al cabo de veinte años de investigaciones acerca de las realidades sincréticas de Cuba, me di cuenta de que todo lo hondo, lo verdadero, lo universal, del mundo que había pretendido pintar en mi novela había permanecido fuera del alcance de mi observación. Por ejemplo, el animismo del negro campesino de entonces; las relaciones del negro con el bosque; ciertas prácticas iníciacas que me habían sido simuladas por los oficiantes con una desconcertante habilidad. Desde entonces desconfío, de modo cada vez más fundado, de toda una literatura que solían presentarnos, hasta hace poco, como la más auténtica de América"...:

"Une visión locale et ruraliste d'un pays ne signifie rien".

En **Ecué-Yamba-O** hay un anhelo frecuente de mostrar un cuadro realista y documental del sector negro cubano despreciado, olvidado y marginado hasta entonces. Refiriéndose a la atemporalidad de **Ecué-Yamba-O**, Tomás Larreda dice:

"Proponiéndose crear una especie de trasfondo temporal simbólico, Carpentier ha inventado una dimensión estática del tiempo, producto de una yuxtaposición de distintos momentos del devenir político criollo. Pero Menegildo Cué, el protagonista, ni siquiera vive en ese tiempo enrarecido. Representante "puro" de la cultura negra, su noción del acaecer no está regulada por el reloj de la cultura blanca oficial. Según el autor, tanto para él como para sus hermanos de raza, el tiempo nunca se integra en historia; es una especie de cielo vital que fundamenta innúmeros presentes sin relación entre sí. La inconsistencia de **Ecué-Yamba-O** radica en el hecho de no haberse establecido la necesaria relación entre esas dos concepciones de lo temporal y, en el caso —discutible— de la del negro, el haberse reducido a una elemental noción de la inmediatez natural y a una sensual percepción —cada vez más creciente— del propio yo. El negro parece quedar fuera de los avatares históricos, ser ente de pura naturaleza" (5).

En 1944, o sea once años después de publicarse **Ecué-Yamba-O**, aparece su segunda obra de ficción **Viaje a la semilla**, en que se refleja la nueva tendencia de la novelística contemporánea en la América Hispana. Esta narración describe maravillosos episodios del pasado americano, episodios que continuaron en otros cuentos, ensayos y novelas de Carpentier. Sobre el particular, afirma él mismo: "Me apasiono por los temas históricos por dos razones: porque para mí no existe la modernidad en el sentido que se le otorga; el hombre es el mismo en diferentes edades, y situarlo en su pasado puede ser también situarlo en el presente. La segunda razón es que la novela de amor entre dos o más personajes no me ha interesado jamás. Amo los grandes temas, los grandes movimientos colectivos. Ellos dan la más alta riqueza a los personajes y a la trama. Por ello no me extraña que el ambiente colonial de **Viaje a la semilla** reaparece en **Oficio de tinieblas**".

Sobre **Viaje a la semilla**, Klaus Müller considera que el fantástico punto de partida es nada menos que la reversibilidad del tiempo, personificado por la figura de un viejo al co-

5. Tomás Barreda, Pedro. **Alejo Carpentier: Dos visiones del negro, Dos conceptos de la novela**, "Hipania", Vol. 55, No. 1, p. 35.

mienzo de la narración. "A medida que se cobra el hilo del tiempo, cambia el punto de vista sicológico del marqués, el cual se "desvive" de viejo a mozo y al niño. Las imágenes se deslizan ante los ojos del lector con creciente velocidad para hacerse luego completamente borrosas al reintegrarse la criatura a las entrañas de la madre y perderse por último el semen derramado en la oscuridad uterina" (6).

El reino de este mundo

Esta novela fue escrita en 1943, a raíz de un viaje de Carpentier a Haití, y publicada en 1949; por lo tanto, su argumento se desarrolla en virtud del contacto con lo "real maravilloso". Carpentier considera que el mundo americano revela lo real maravilloso como fuerza singular, porque allí "...todavía no se ha terminado de establecer... un recuento de cosmogonías", y concluye que "...por la virginidad del paisaje, por la formación, por la ontología, por la presencia fáustica del indio y del negro, por la revelación que constituyó su reciente descubrimiento, por los fecundos mestizajes que propició, América está muy lejos de haberse agotado su caudal de mitologías".

La narración contenida en **El reino de este mundo** abarca un período que no "alcanza el lapso de una vida humana" como lo dice el autor en el prólogo. El relato se inicia algunos años antes de la Revolución Francesa, y termina algunos años después de 1820. Las acciones comprendidas en la novela abarcan un período de cincuenta años aproximadamente donde se narra con precisión una serie de secuencias históricas de Haití, durante la segunda mitad del siglo XVIII y principios del XIX.

El prólogo de la novela podría considerarse como una introducción al surrealismo lleno de elementos rituales afroespirituales, rica en ornamentación onírica y pletórica de sensualismo. Pero, cada personaje, cada episodio y la referencia de la época posee una realidad histórica. Veamos un cuadro que nos sirve de ejemplo más amplio para comprender el desarrollo del surrealismo en la novela: "Para empezar, la sensación de lo maravilloso presupone una fe. Los que no creen

6. Klaus Müller, **Ob. cit.**, p. 43.

en santos no pueden curarse con milagros de santos, ni los que no son quijotes pueden meterse, en cuerpo, alma y bienes, en el mundo de **Amadís de Gaula** o **Tirante el Blanco.** Prodigiosamente fidedignas resultan ciertas frases de Rutilio en los trabajos de Persiles y Segismunda, acerca de los hombres transformados en lobos, porque en tiempos de Cervantes se creía en gentes aquejadas de manía lupina. Asimismo el viaje del personaje, desde Toscana a Noruega, sobre el manto de una bruja. Marco Polo admitía que ciertas aves volaran llevando elefantes entre las garras, y Lutero vio de frente al demonio a cuya cabeza arrojó un tintero. Víctor Hugo, tan explotado por los tenedores de libros de lo maravilloso, creía en aparecidos, porque estaba seguro de haber hablado, en **Guernesey**, con el fantasma de **Leopoldina.** A **Van Gogh** bastaba con tener fe en el **Giraso**, para fijar su revelación en una tela. De ahí que lo maravilloso invocado en el descreimiento —como lo hicieron los surrealistas durante tantos años— nunca fue una artimaña literaria, tan aburrida al prolongarse, como cierta literatura así rica "arreglada", ciertos elogios de la locura, de los que estamos muy de vuelta" (7).

La acción novelada se desarrolla bajo el protagonista central **Ti Noel.** Se trata de un negro esclavo cuya vida corre a lo largo de toda la novela. **Ti Noel** se nos ofrece como la figura que da unidad a la obra, tanto en el sentido espacial como temporal. En efecto, el período de cincuenta años antes iniciado es justamente el período de la vida del esclavo desde que aparece hasta su desaparición, que marca el final de la obra.

Gracias a **Ti Noel** conocemos a Mackandal, y el influjo que éste ejerce sobre aquél sirve a Carpentier para darnos una imagen del mandinga brujo y manco. Por Ti **Noel** conocemos también a Boukman, el iniciado Jamaiquino. **Ti Noel** es también quien nos sirve de guía para conocer a Sans-Souci, el palacio fabuloso de Henri Christophe, a la ciudadela de **La Ferriere** al igual que nos lleva a conntenokar ek syokucui de Corhejo Breile. Y él mismo nos conduce a conocer ese reino imaginario de negros libres:

7. Carpentier, Alejo. **El reino de este mundo.** Editorial Universitaria, Santiago, Chile, 1971, pp. 12-13.

"Ti Noel comprendió que aquel repudio de los gansos era un castigo a su cobardía. Mackandal se había disfrazado de animal durante años para servir a los hombres, no para desertar del terreno de los hombres. En aquel momento, vuelto a la condición humana, el anciano tuvo un momento de lucidez. Vivió, en el espacio de un pálpito, los momentos capitales de su vida; volvió a ver a los héroes que le habían revelado la fuerza y la abundancia de sus lejanos antepasados del Africa, haciéndoles creer en las posibles germinaciones del porvenir. Se sintió viejo de siglos incontables. Un cansancio cósmico de planeta cargado de piedras, caía sobre sus hombros descarnados por tantos golpes, sudores y rebeldías" (8).

O. Belec dice que Carpentier en esta novela "supera el folklorismo pintoresco e introduce en el negrismo importantes problemas histórico-sociales" (9). En ella se unen dos planos: el realista del autor y el mágico de los personajes. Este último, continúa el investigador checo antes citado, "está constituido por el reflejo del gran drama revolucionario en las mentes del pueblo negro haitiano". Veamos algo relacionado en la novela:

"Pero, en ese momento, la noche se llenó de tambores. Llamándose unos a otros, respondiéndose de montaña a montaña, subiendo de las playas, saliendo de las cavernas, corriendo debajo de los árboles, descendiendo por las quebradas, y caucas, tronaban los tambores radás, los tambores congós, los tambores de Bouckman, los tambores del Vodú. Era una vasta percusión en redondo, que se estrechaba. Una tormenta, cuyo vórtice era, en aquel instante, el trono sin heraldos ni maceros. El rey volvió a su habitación y a su ventana. Ya había comenzado el incendio de sus granjas, de sus alquerías, de sus cañaverales. Ahora, delante de los tambores corría el fuego, saltando de casa a casa, de sembrado a sembrado. Una llamarada se había abierto en el almacén de grano, arrojando tablas roinegras a la nave del forraje. El viento del norte levantaba la encendida paja de los maizales,

8. **Opus. cit.**, pp. 155-156.
9. O. Belec. **Kubanstě Literature.** (La literatura cubana), Praga, 1964, p. 21.

trayéndola cada vez más cerca. Sobre las terrazas del palacio caían cenizas ardiendo" (10).

Es digno de observar que no existe una acción continua ni un lazo aparente de una sucesión lógica: por lo tanto en la atmósfera se intuye una esencia eminentemente surrealista.

La novela abarca aproximadamente de cincuenta a sesenta años de historia de la isla de Haití, historia que se refiere al marco de la vida de un solo hombre. En cuanto a la evolución histórica de Haití, se divide en cuatro partes: la primera abarca desde la "Revolución por el veneno" de Mackandal, siglo XVIII. La segunda, desde la Revolución Francesa hasta 1802 (la muerte del general Leclerc). La tercera se concentra en el año 1820 (la caída de Henri Christophe); la cuarta transcurre en Roma y el ascenso de los mulatos.

El argumento de fondo desde donde proyecta la acción fundamental es el del esclavo negro **Ti Noel**. En virtud de ello surge un contraste lógico: los esclavos contra los esclavistas:

"Por más que pensaba, Ti Noel no veía manera de ayudar a sus súbditos nuevamente encorvados bajo la traílla de alguien. El anciano comenzaba a desesperarse ante ese inacabable retoñar de cadenas, de renacer de grillos, esa proliferación de minerías, que los más resignados acaban por aceptar como prueba de inutilidad de toda rebeldía" (11).

El reino de este mundo es una extraordinaria novela de aventuras basadas en hechos históricos. El propósito principal de Carpentier en esta obra es mostrar que el mundo fantástico del negro se convierte en una verdadera realidad en América. Así esa fantasía se transforma en un hecho sociohistórico que el lector percibe desde las primeras páginas hasta el fin. En el prólogo declara Carpentier: "Esto se me hizo particularmente evidente durante mi permanencia en Haití, el hallarse en contacto cotidiano con algo que podríamos llamar lo real maravilloso. Pisaba yo una tierra donde millares de hombres ansiosos de libertad creyeron en los poderes licantrópicos de Mackandal, a punto de que esa fe colectiva produjera un milagro el día de su ejecución. Cono-

10. Alejo Carpentier. **El reino de este mundo.** Eudeba, Buenos Aires, 1971, pp. 126-127.
11. **Opus cit.**, p. 217.

cía ya la historia prodigiosa de Bouckman, el iniciado jamaiquino. Había estado en la ciudadela La Ferriére, obra sin antecedentes arquitectónicos, únicamente anunciada por las prisiones imaginarias del Piranese. Había respirado la atmósfera creada por Henri Christophe, monarca de increíbles empeños, mucho más sorprendente que todos los reyes crueles inventados por los surrealistas, muy afectos a tiranías imaginarias, aunque no parecidas. A cada paso hallaba lo real maravilloso" (12).

Para finalizar haremos mención acerca del título de la novela **El reino de este mundo,** título que está lleno de sutiles pero básicas implicaciones dentro de su significado. Quizá Carpentier alude a la antinomia tierra-cielo, vida-muerte, carne-espíritu. Por tal razón en las últimas páginas de la obra encontramos la alusión al mismo, al igual que al reino de lo terrenal:

"Pero la grandeza del hombre está precisamente en querer mejorar lo que es. En imponerse tareas. En el Reino de los cielos no hay grandeza qué conquistar, puesto que allá todo es jerarquía establecida, incógnita despejada, existir sin término, imposibilidad de sacrificio, reposo y deleite. Por ello, agobiado de penas y tareas, hermoso dentro de su miseria, capaz de amar en medio de las plagas, el hombre sólo puede hallar su grandeza, su máxima medida en el Reino de este mundo" (13).

Si observamos a fondo el análisis de Carpentier en la terminología "lo real maravilloso", como por ejemplo, la presentación de los agrimensores. Las meditaciones —resúmenes de **Ti Noel**—, tienen sentido sólo en el plano abstracto y conceptual dentro del fondo del análisis. Dos términos acerca del doble carácter de los episodios (el "maravilloso" y el conceptual) nos presuponen un perfecto equilibrio. Hay toda una gama de matices desde lo maravilloso y concreto hasta lo general y universal. Así Carpentier supera la identificación de "lo real maravilloso" con el método de la creación artística.

"Una sucesión de hechos extraordinarios, ocurridos en la isla de Santo Domingo, en determinada época que no al-

12. **Opus, cit.**, pp. 14-15.
13. **Opus, cit.**, p. 156.

canza el lapso de una vida humana, dejando que lo maravilloso fluya libremente de una realidad estrictamente seguida con todos sus detalles". (Véase el prólogo, p. XV).

Con relación a las visiones motivadas de **El reino de este mundo**, tomadas de la realidad histórica y concreta, Emil Voleck considera que la posición del autor "deja a un lado la motivación causal concreta entre los núcleos épicos respectivos y acentúa su impacto inmediato e independiente. No obstante, no se ha originado un caos; al contrario, el haberse liberado de la descriptividad histórica completa, o sea, una especie de 'poda' del enmarañamiento histórico, permitió a Carpentier crear un nuevo orden de lo universal. En ningún caso, pues, es el único criterio de la selección de los episodios el grado de su carácter extraordinario, singular 'maravilloso'. La posición del autor es altamente activa: la realidad lineal y caótica (o regida eventualmente por otras leyes), la transforma según su idea subjetiva y apriorística en forma cíclica, es decir, cualitativamente diferente y basada en un sencillo mecanismo de algunas constantes abstraídas. Se trata, pues, de un respeto 'arbitrario' de la realidad histórica... Con la búsqueda 'arbitraria' de constantes y esencias de la realidad latinoamericana, con la estructuración consciente y deliberada de esta última en un nuevo orden de valor general, con todo esto, Carpentier sobrepasa los límites de la posición realista hasta la expresionista" (14).

Lo histórico y lo mágico

En **El reino de este mundo** se une lo histórico y lo maravilloso en perfecta armonía. La narración de lo real maravilloso es un apasionante relato sobre un período de la vida haitiana entre 1760 y 1820. Justamente este período enmarca la época del levantamiento de esclavos (1791) y la feliz terminación del imperio del rey Christophe. El autor así lo explica en el prólogo cuando dice:

"...el relato que va a leerse ha sido establecido sobre una documentación extremadamente rigurosa que no solamente respeta la verdad histórica de los acontecimientos, los

14. Emil Volek: **Análisis e interpretación de El reino de este mundo.** Ibero-Americana Pragensia —Año 1967—, Praga, pp. 23-41.

nombres de personajes —incluso secundarios—, de lugares y hasta de calles, sino que oculta, bajo su aparente intemporalidad, un minucioso cotejo de fechas y de cronologías", (p. 16).

Grosso modo podemos decir que la línea general de la narración pertenece a la historia y articula sus partes principales sobre los personajes de Mackandal, Bouckman, Paulina Bonaparte y Henri Christophe. Aun utilizando Carpentier estos personajes históricos, toma lo que él mismo llama a lo "real maravilloso" una alteración de la realidad y artísticamente la distribuye en el espacio en el relato. Aunque a menudo hace mención de los matices de color de la piel de los personajes, no intenta el autor restarle importancia a este factor en el desarrollo histórico de la isla. El conflicto entre blancos y negros, sólo se intuye en la novela. Pero la perspectiva histórica no solamente se altera por la omisión, o por otros fenómenos secundarios sino que Carpentier lleva su ficción a un plano más remoto de la simple historia. Así, por ejemplo es claro el caso de Monseñor Leonormand de Mezy y su criado, Ti Noel. Este último personaje es uno de los protagonistas importantes, elemento de ficción que dominará la historia de la novela. Ti Noel es el elemento de ficción con el cual Carpentier señala el proceso histórico de Haití hasta transformar la historia en un proceso "real maravilloso".

Un caso representativo de la ficción es ese maravilloso fragmento donde Carpentier describe la ejecución de Mackandal, al cual asiste Ti Noel. En una de las partes del capítulo el autor nos muestra la dualidad entre el punto de vista de los amos y el de los esclavos. Esa oposición del punto de vista de los blancos, el de los negros, es realmente admirable cuando el novelista nos lleva por la ficción hasta llegar a mostrarnos la metamorfosis de Mackandal, pues éste se transforma mágicamente en animal.

"Los amos interrogaron las caras de sus esclavos con su mirada. Pero los negros mostraban una despechante indiferencia. ¿Qué sabían los blancos de cosas de negros? En sus ciclos de metamorfosis, Mackandal se había adentrado muchas veces en el mundo arcano de los insectos, desquitándose de la falta de un brazo humano con la posesión de varias patas, de cuatro élitros o de largas antenas. Había sido mosca, ciempiés, falena, comején, tarántula, vaquita de San Anton y hasta cocuyo de grandes luces verdes. En el momento decisivo, las ataduras del mandinga, privadas de un cuerpo que atar, dibujarían por un segundo el contorno de un hombre de aire, antes de resbalarse a lo largo del poste. Y Mackandal, transformado en mosquito zumbón, iría a posarse en el mismo tricornio del jefe de las tropas, para gozar del desconcierto de los blancos. Eso era lo que ignoraban los amos; por ello habían despilfarrado tanto dinero en organizar aquel espectáculo inútil, que revelaría su total impotencia para luchar contra un hombre ungido por las grandes loas".

Carpentier mantiene al lector en una tensión dramática bajo la ficción cuando nos señala lo siguiente:

"Mackandal estaba ya adosado al poste de torturas. El verdugo había agarrado un rescoldo con las tenazas. Repitiendo un gesto estudiado la víspera frente al espejo, el gobernador desenvainó su espada de corte y dio orden de que se cumpliera la sentencia. El fuego comenzó a subir hacia el manco, sollamándole las piernas. En ese momento Mackandal agitó su muñón que no habían podido atar, en un gesto conminatorio que no por menguado era menos terrible, aullando conjuros desconocidos y echando violentamente el torso hacia adelante. Sus ataduras cayeron, y el cuerpo del negro espigó en el aire, volando por sobre las cabezas, antes de hundirse en las ondas negras de la masa de esclavos. Un solo grito llenó la plaza.

—¡Mackandal Sauvé!" (p. 51).

Hasta el momento Carpentier se centra en la línea histórica de los esclavos; empero todo parece indicar, que por los poderes mágicos de Mackandal escapará por arte de magia de la muerte, pero de nuevo la voz narrativa cae a los hechos reales.

"Y fue la confusión y el estruendo. Los guardias se lanzaron, a culatazos, sobre la negrada aullante, que ya no parecía caber entre las casas y trepaba hacia los balcones. Y a tanto llegó el estrépito y la grita y la turbamulta, que muy pocos vieron que Mackandal, agarrado por diez soldados, era metido de cabeza en el fuego, y que una llama crecida por el pelo encendido ahogaba su último grito. Cuando las dotaciones se aplacaron, la hoguera ardía normalmente, como cualquier hoguera de buena leña, y la brisa venida del mar levantaba un buen humo hacia los balcones donde más de una señora desmayada volvía en sí. Ya no había nada que ver", (p. 52).

El capítulo finaliza en la misma página citada, presentándonos de nuevo a Ti Noel, quien sirve de tema en el relato, a la vez que señala la virilidad de los negros esclavos y dando un tinte casi mágico.

Aquella tarde los esclavos regresaron a sus haciendas riendo por el camino. Mackandal había cumplido su promesa, permaneciendo en el reino de este mundo. Una vez más eran burlados los blancos por los altos poderes de la otra orilla. Y mientras Monsieur Leonarmand de Mezy, de gorro de dormir, comentaba con su beata esposa la insensibilidad de los negros ante el suplicio de un semejante —sacando de ello ciertas consideraciones filosóficas sobre la desigualdad de las razas humanas, que se proponía desarrollar en un discurso colmado de citas latinas— Ti Noel embarazó de jimaguas a una de las fámulas de cocina, trabándola, por tres veces, dentro de uno de los pesebres de la caballeriza, (p. 52).

El último capítulo de la cuarta parte, y el último del libro, muestra precisamente a Ti Noel en su final metamorfosis mágica, (la del ganso) y hace énfasis de que es completamente imposible renunciar a la condición humana sin regresar a la verdadera realidad.

Ti Noel comprendió obscuramente que aquel repudio de los gansos era un castigo a su cobardía. Mackandal se había disfrazado de animal, durante años, para servir a los hombres, no para desertar del terreno de los hombres. En aquel momento, vuelto a la condición humana, el anciano tuvo un supremo instante de lucidez...

Pero la grandeza del hombre está precisamente en querer mejorar lo que es. En imponerse tareas. En el Reino de los Cielos no hay grandeza que conquistar, puesto que allá todo es jerarquía establecida, incógnita despejada, existir sin término, imposibilidad de sacrificio, reposo y deleite. Por ello, agobiado de penas y de amar en medio de las plagas, el hombre sólo puede hallar su grandeza, su máxima medida en el Reino de este Mundo, (pp. 155-156).

Posteriormente escribe **Guerra del tiempo**, en la cual Carpentier recoge tres relatos y una novela: **Viaje a la semilla**, **El camino de Santiago**, **Semejante a la noche** y **El acoso**. Esta obra crea una obsesión permanente ante una preocupación profunda, a fin de lograr nuevas dimensiones temporales para la creación del tiempo narrativo. Todo parece indicar que el título viene del primer acto de la comedia "El servir a señor discreto", de Lope de Vega: "¿Qué capitán es éste, qué soldado / de la guerra del tiempo más deshecho de la mar"?

En **El camino de Santiago** y **Semejante a la noche**, la angustia del hombre frente al implacable transcurso de las horas se resuelve, pues, mediante la creación de un tiempo mítico, lo que equivale a la negación absoluta del tiempo histórico, comentado por Philip Rahy en **The myth and the power house**:

"One way certain intellectuals have found of coping with their fear is to deny historical time and induce in themselves through aesthetic and ideological means a sensation of mythic time —the eternal past of ritual. The advantage of mythic time is that it is without definite articulation, confounding past, present, and future in an undifferentiated unity, as against historical time which is unrepeatable and of an ineluctable progression. The historical event of myth that, recurring again and again, is endlessly present" (15).

El acoso

La novela **El acoso** fue escrita en Caracas en 1955 y publicada en 1956 en un libro titulado **Guerra del tiempo**, libro que contiene además de la novela tres cuentos: **El camino de Santiago**, **Viaje a la semilla** y **Semejante a la noche**.

La estructura de la novela está construida bajo una visión eminentemente musical. A primera vista **El acoso** está estructurada bajo la forma de una sonata vienesa. Es decir: Exposición, reexposición, desarrollo y coda final.

La novela consta de tres capítulos, cada uno dividido en breves períodos: el primero en tres, el segundo en trece y el tercero en dos.

La novela presenta la historia de un ex-revolucionario en una situación difícil, motivada sobre el trasfondo simbó-

15. Obra citada de Klaus Miller, p. 60.

lico de la ejecución de la sinfonía **Heroica** de Ludwin van Beethoven en una sala de conciertos de La Habana.

La primera parte de la novela (de unas 16 páginas) se inicia antes de comenzar la sinfonía y termina con los primeros compases del cuarto trozo musical. Como todo poema sinfónico se inicia la novela dentro de la descripción del poema sinfónico —sinfonía—, en este caso la **Heroica** de Beethoven. Esta parte que se basa en una estricta forma de la estructura **sonata** explica la exposición de la forma que en términos literarios sería la historia de la novela, en este caso de narrar cómo entra apresuradamente un hombre al concierto —el acosado— que solicita un boleto. Veamos cómo Carpentier nos lo presenta:

"Los músicos entraban en la escena, levantando sus instrumentos dejados en las sillas; iban a sus altos sitiales los trombones, erguíanse los fagotes en el centro de las afinaciones dominadas por un trino agudo; los oboes, probadas sus lengüetas con mohínes golosos, demoraban en pastoriles calderones. Se cerraban las puertas; menos la que quedaría entornada hasta el primer gesto del director, para que los morosos pudieran entrar de puntillas. En aquel instante, una ambulancia que llegaba a todo rodar pasó frente al edificio, ladeándose en un frenazo brutal. "Una localidad" —dijo una voz presurosa. "Cualquiera" —añadió impaciente, mientras los dedos deslizaban un billete por entre los barrotes de la taquilla. Viendo que los talonarios estaban guardados y que buscaban llaves para sacarlos, el hombre se hundió en la obscuridad del teatro, sin esperar más. Pero ahora llegaban otros dos, que ni siquiera se acercaron a la contaduría. Y como se cerraba la última puerta, corrieron adentro, perdiéndose entre los espectadores que buscaban sus asientos en la platea. "¡Eh!" —gritó el de las rejas. "¡Eh!". Pero su voz fue ahogada por un ruido de aplausos. Frente a él quedaba un billete nuevo, arrojado por el impaciente. Debía tratarse de un gran aficionado, aunque no tuviera cara de extranjero, ya que la audición de una sinfonía, ejecutada en fin de concierto, lo había merecido un precio que era cinco veces el de la butaca más cara. De ropas muy arrugadas, sin embargo: como de gente que piensa; un intelectual, un compositor, tal vez. **Pero el hombre que agoniza oye, de repente, una respuesta a su imploración. Desde el fondo de los bosques que lo rodean, donde duerme, bajo la lluvia de octubre, la futura**

Pastoral, responde a la llamada del Testamento, el sonido de las trompas de la Heroica..." (16).

El segundo tiempo de la sinfonía está acorde con la segunda parte del primer capítulo de la novela. Aquí se inicia el proceso de lo síquico, la tragedia de lo inconsciente. Justamente aquí está la correlatividad temática de nuestro tema: un drama surrealista dentro de un proceso social.

La angustia del —acosado— la tragedia espiritual que se origina está perfectamente delineada por Carpentier cuando dice:

"(...ese latido que se abre a codazos, ese vientre en borbollones; ese corazón que me suspende, arriba, traspasándome con una aguja fría; golpes sordos me suben del centro y descargan en las sienes, en los brazos, en los muslos; aspiro a espasmos; no basta la boca, no basta la nariz; el aire me viene a sorbos cortos, me llena, se queda, me ahoga, para irse luego a bocanadas dejándome apretado, plegado y vacío; y luego el subir de los huesos, el rechinar, el traco; quedar encima de mí, como colgado de mí mismo, hasta que el corazón, de un vuelo helado, me suelte los costillares para negarme de frente, abajo del pecho; dominar este sollozo en seco; respirar luego, pensándolo; apretar sobre el aire quedando; abrir lo alto; apretar ahora; más lento: uno, dos, dos, uno, dos..." (17).

La sinfonía cambia de tonalidad temática a fin de describir la angustia del protagonista perseguido por la sociedad. Así la sinfonía se transforma de un "sol mayor" a "mi bemol", tono propicio para describir una situación de esta clase. La sinfonía nos presenta un proceso creciente de un impulso dramático por medio de síncopas iniciales, para lo cual el compositor usa flautas, clarinetes y trompas. Beethoven nos presenta este efecto musical con base en contratiempo, Carpentier usa también un ritmo binario en el cual expresa trilogías:

1- "Ese latido que me abre a codazos";
2- "Ese vientre en borbollones";
3- "Ese corazón que me suspende".

16. Alejo Carpentier, **El acoso**. Edit. Jorge Alvarez, Buenos Aires, pp. 13 y 14.
17. **Opus, cit.**, pp. 16 y 17.

Y luego observamos: "golpes sordos que me suben del centro y descargan":

1- "En las sienes",
2- "En los brazos",
3- "En los muslos".

"El aire me viene a sorbos cortos":

1- "Me llena",
2- "Se me queda",
3- "Me ahoga".

Termina la segunda parte del primer capítulo también en un ritmo estrictamente binario, expresado por medio de las palabras: "uno, dos, uno, dos, uno, dos".

Sin orden lógico siguen presentándose detalles en la novela que a la postre forma un todo armónico, característica de la fantasía del surrealismo. Todos estos detalles producen gran tensión y sensación de misterio. La música crea en el protagonista un símbolo que la lleva al recuerdo del Juicio Final. Así encontramos lo siguiente en la novela:

"Creo en Dios Padre Todopoderoso, Creador del Cielo y de la Tierra, y en Jesucristo su único Hijo, Nuestro Señor, etc." (18).

La tercera parte del primer capítulo nos conduce a la casa de Estrella. Después de múltiples cosas, llegan a un punto culminante:

"Luego de ese prodigioso Scherzo, con su torbellino y sus armas, es el final, canto de júbilo y de libertad, con sus fiestas y sus danzas, sus marchas exaltantes y sus risas y las ricas volutas de sus variaciones. Y de aquí que, en medio, reaparece la muerte..." (19).

Después de analizar rápidamente estas tres primeras partes del primer capítulo deducimos que esta primera parte puede ser concebida como una forma-sonata, es decir, contiene una exposición de tres temas, su desarrollo y la recapitulación o el final.

El segundo capítulo de la novela rompe la secuencia narrativa. Carpentier nos lleva a diferentes lugares y una serie de Flash-baches se percibe constantemente. Veamos un ejemplo:

18. **Opus, cit.**, p. 18.
19. **Opus, cit.**, p. 31.

"Eran calzadas de columnas; avenidas, galerías, caminos de columnas, ¡luminadas a giorno, tan numerosas que ninguna población las tenía en tal reserva, dentro de un desorden que ninguna población las tenía en tal reserva, dentro de un desorden de órdenes que mal paraba un dórico en los ejes de una fachada, junto a las volutas y acantos de un corintio de solemnidad, pomposamente erguido, media cuadra, entre los secaderos de una lavandería cuyas cariátides desnarizados portaban arquitrales de madera" (20).

Posteriormente encontramos al **Acosado** en diferentes situaciones. La angustia por la permanente persecución, la crisis de religiosidad que lo agobia, los recuerdos de su infancia, de su universidad, de la lucha política y de la desviación ideológica con el desarrollo de la forma sonata.

Aquí Carpentier logra unir los elementos del relato –personajes, lugares, hechos– uniéndose hasta formar un todo en el conjunto novelado.

Esta segunda parte nos estructura una narración retrospectiva en las trece variaciones del capítulo. Esta segunda parte comprende el desarrollo de la acción en dos planos: el primero sigue el movimiento cronológico-espacial del hombre perseguido por todas partes desde la noche fatal y su entrada al concierto; es el "presente" retrospectivo que concierne directamente a la palabra, los flash-backs.

La acción de esta parte de la novela —con excepción de la variación novena— está narrada en una voz omnisciente. Aquí la forma sonata toma ya los principios de la fuga.

Aclaro que el tratar de hacer una comparación de una forma musical a una forma literaria dentro de las estructuras formales plantea dificultades y mucho depende de la persona que la presenta como de la persona que la percibe en la lectura.

Las cuatro primeras partes de la segunda parte de la novela se abre como si fuese una **Fuga** con diferente exposición de motivos a saber: enfermedad-muerte; reclusión-aislamiento; Santis-Spiritus; universidad-inocencia; comida-hambre; culpa-castigo, etc.

El desarrollo del segundo tema del segundo capítulo, es

20. **Opus, cit.**, p. 42.

decir, a partir de la variación quinta donde surgen múltiples dificultades por el exceso de flash-backs, hasta llegar a la variación novena que ofrece rasgos diferentes: está encerrada entre paréntesis; comienza con puntos suspensivos. El narrador se identifica con la del acosado, quien narra la acción en primera persona bajo un monólogo interior directo.

"...aunque haya tratado de encubrirle, de collarlo, lo tengo presente, siempre presente: tras de un olvido que no fue olvido cuando volvía a encontrarse dentro de aquella tarde, sacudía la cabeza con violencia, para barajar las imágenes, como el niño que ve enredarse sucias ideas al cuerpo de sus padres; tras de muchos días transcurridos es todavía el olor del agua podrida bajo los nardos olvidados en sus vasos de cornalina; las luces encendidas por el poniente, que encierran las arcadas de esa larga, demasiado larga, galería de persianas; el calor del tejado, el espejo veneciano con sus hondos biseles, y el ruido de caja de música que cae de lo alto, cuando la brisa hace entrechocarse las aguas de cristal que visten la lámpara con flecos de cierzo" (21).

Luego el capítulo termina con la variación décima a la trece siempre imitando la forma de la fuga.

El tercer capítulo de la novela nos muestra que el concierto toca a su fin. El acosado trata de burlar a sus perseguidores bajo el trasfondo del tercero y cuarto movimiento de la sinfonía. Veamos lo siguiente:

"En el umbral de la puerta sin batiente, lo esperaba el perro, ladrando con desgano. "No valgo el trabajo de una mordida" —pensó el hombre, atravesando el jardín erizado de estacas. Luego de hundirse hasta los tobillos en un lodo escamado de yesos, alcanzó la calle. La idea de atravesar la ciudad por los caminos de árboles y columnas para llegar a las lejanías de estrella se hizo inadmisible. Su cansancio estaba más allá del cansancio. Era un denso sopor de todos los miembros, que aún se le movían, como llevados por una energía ajena. Estaba resignado a abandonar la lucha, a detenerse de una vez y esperar lo peor; y sin embargo seguía andando sin rumbo, de acera a acera, extraviado en la calle que conocía" (22).

21. **Opus, cit.**, p. 87.
22. **Opus, cit.**, p. 103.

En esta última parte trataremos de analizar la fase final de la forma sonata que se llama coda final. En esta forma suele repetirse de modo más condensado la exposición de la forma sonata, y agrega al máximo un final o coda. En la novela la primera parte no está vinculada al final de la segunda, sino que forma con la última parte una perfecta unidad.

El tercer capítulo está dividido en tres unidades a saber:

1- La música y sus símbolos que estructuran la imagen de los perseguidores siempre en la mente del acosado;

2- El deseo de huir el acosado, y

3- Motivos del leit-motiv del acosamiento.

El que Carpentier haya utilizado la forma **fuga** se deriva de la voz latina **fuga** (huida), forma que sugiere la huida de una voz por un camino, como si huyese de las otras que tratan de perseguirla. Veamos algunos ejemplos: "...Los de afuera, los que se esperan, también miraban hacia el cuello marcado de acné —no mirarlo, no mirarlo. "Quita el seguro", dijo el alto, el que nunca olvidaba lo que debía hacerse en esos momentos, arruinando la huida" (23).

Posteriormente encontramos: "Y creerán los dos que he salido con el público, revuelto, envuelto; creerán que mi cara se les ha perdido entre tantas caras, que mi cuerpo se ha confundido con demasiados cuerpos juntos para que pudiera verlo; y me buscarán afuera, en el café, bajo las pérgolas, tras de los árboles, de las columnas, en la calle de la talabartería, en la calle de la imprenta de tarjetas de visita; pensarán, a lo mejor, que he subido al piso de la vieja, por ocultarme entre las negras gentes del velorio; acaso subirán, y verán el cuerpo, encogido en su caja de tablas de lo peor; acaso me busquen hasta en el Mirador, sin sospechar que mis cosas puras, mis cajas de compases, mis primeros dibujos, están dentro del baúl" (24).

La tercera sección del último capítulo estructura perfectamente la coda, es decir, resume perfectamente todo el tema ya que el concierto concluye, la lluvia continúa, la sala está vacía de espectadores, dos de ellos se acercan a un palco y disparan. Los disparos se confunden con el ruido de la

23. Ibídem, p. 120.
24. **Opus. cit.**, p. 120.

tormenta que arrecia por momentos. Luego el policía de turno que ha sido llamado cierra el cuadro con lo siguiente: "Uno menos" dijo el policía recién llamado, empujando el cadáver con el pie. "Además, pasaba billetes falsos" —dijo el taquillero, mostrando el billete del General con los ojos dormidos. "Démelo" —dijo el policía, viendo que era bueno: "se hará constar en el acta" (25).

Sobre la estructura exterior de **El acoso** dicen lo siguiente R. Reedy y Joseph R. Jones:

"La estructura exterior de la novela se divide en tres partes con dieciocho secciones, cada una de las cuales es un párrafo. La primera y tercera sección de la primera parte presentan al taquillero en la contaduría de una sala de conciertos donde va a presentarse la **Heroica** (la sinfonía número tres) de Beethoven. Aparece el Acosado en la segunda sección de la primera parte y penetramos inmediatamente en la mente del protagonista para escuchar su monólogo interior mientras está sentado en la sala de conciertos donde se ha refugiado para escapar de unos terroristas a quienes él había traicionado. Toda la segunda parte de la novela está relacionada con los últimos seis días de la vida del fugitivo. Después de haber descubierto a las autoridades el complot terrorista, se esconde en el mirador de la casa de la antigua nodriza, una vieja negra moribunda. Por los recuerdos y comentarios del protagonista conocemos algo de los incidentes anteriores, desde su viaje de las provincias a La Habana hasta el momento en que entra corriendo en el teatro. En la primera sección de la tercera parte sigue otra vez el monólogo interior del Acosado mientras escucha las últimas notas de la **Heroica**. La segunda sección nos vuelve al taquillero y rápidamente llega a su conclusión la acción de la obra" (26).

En cuanto a la técnica narrativa del autor, agregan los citados profesores:

"En su técnica narrativa el autor utiliza dos distintos puntos de vista. Las acciones y pensamientos del taquillero se narran en tercera persona, mientras que las del Acosado se narran a veces en primera persona singular con un tipo de monólogo interior de frases entrecortadas que parecen bro-

25. **Opus, cit.**, p. 125.
26. Daniel R. Reedy and Joseph R. Jones. **Narraciones ejemplares de Hispanoamérica.** (Prentice-Hall, Nueva Jersey, 1967, p. 119).

tar de su angustiada subconciencia. La **Heroica** de Beethoven sirve de marco que encierra la acción temporal de la obra. Dentro de los cuarenta y seis minutos de su duración nos es narrada la novela. Con la incorporación de los temas de la traición, la persecución y el miedo, los cuales sirven de lazos que unen los acontecimientos y personajes, el autor ha logrado una verdadera obra maestra, ejemplo sobresaliente de su género" (27).

El simbolismo religioso de la novela es indudablemente otro de los temas fundamentales. **El acosado** nos ofrece una serie de símbolos, que giran alrededor de varios motivos: pureza, culpa, juicio final, castigo, perdón (absolución).

El héroe de la novela trata de buscar su salvación en Dios a toda costa. Así vemos cuando dice: "¡Ah! ¡Creo! ¡Creo! ¡Creo! Creo que padeció bajo el poder de Pilatos, que fue crucificado y sepultado; que descendió a los infiernos y que al tercer día resucitó entre los muertos" (p. 196).

La **Heroica**, en efecto, aviva estos recuerdos y lo llevan a recordarse de Dios, en los días de juventud que quizá le proporcionen alguna esperanza.

"Comprendo ahora por qué los de la fila no miran sus programas; comprendo por qué no aplaude entre los trozos: se tienen que colocar en orden, como en la misa se coloca el Evangelio antes del Credo, y el Credo antes del Ofertorio; ahora habrá algo como una danza; luego, la música, saltos, alegre, con un final de largas trompetas como las que embocaban los ángeles del órgano de la catedral de mi primera comunión; serán quince, acaso veinte minutos; luego aplaudirán todos y se encenderán las luces. Todas las luces" (p. 155).

Al fin el acosado se dirige a la iglesia. Desea arrepentirse de todos sus malos actos. Se esconde en la sacristía. El sacerdote al encontrarle casi le da con un palo al considerar que era un ladrón. El infeliz acosado cae a los pies del representante de Cristo en la tierra. Se lanza sollozando. Desafortunadamente el representante de Dios en la tierra —así el autor lo señala en la novela— observa que el acosado lleva el libro de la Cruz de Calatrava. Este libro se puede adquirir en muchas partes hasta en casas de brujerías, por lo tan-

27. Reedy and Jones, p. 119.

to el sacerdote le echa de allí insinuándole que vuelva mañana. Toda la acción se efectúa a través de la música de la **Heroica** de Beethoven.

De ahí, pues, que el acosado se arraigue una vez más a la imagen de Dios. Pero el símbolo religioso está unido a la vivencia de su infancia. La negra nodriza llega a su mente; ella había sido su real madre, por tal razón el autor nos deja percibir cómo evoca el joven la letanía del **Kyrie eleison** que reza con toda devoción:

"...la que calmó mi hambre primera con la leche de sus pechos, la que me hizo conocer la gula con la suave carnosidad de sus pezones,... la que me nutrió con la más pura savia de su cuerpo, dándome el calor de su regazo, el amparo de sus manos que me sopesaron en caricias, la que me acogió cuando todos me echaban, yace ahí, en su caja negra, entre tablas de lo peor, diminuta, como encogida la cara sobre el hielo... ¡Señor, ten misericordia de nosotros! ¡Cristo, ten misericordia de nosotros!", (pp. 202-203).

Esa unión del símbolo religioso y la vivencia síquica de su infancia nos demuestra que la nodriza lo había cuidado de la tosferina en Sancti-Spiritus, lugar de donde procedía. Carpentier nos deja percibir que en el lomo del libro del joven se lee: "**por expreso. Procedencia: Santi-Spiritus**" (p. 179). Todo parece indicar que aquí radica la clave de por qué el "**Espíritu Santo**".

Otro símbolo religioso con relación a los nombres que el Acosado está en estrecha relación es, sin duda, Estrella y su casa. La carga simbólica de este personaje es de intensa magnitud. Estrella es el astro que "puso Dios sobre la expansión de los cielos para alumbrar sobre la tierra", (Ge., 1, 17).

Es necesario señalar que Carpentier se refiere a los pasajes unidos con Estrella, bajo un concepto eminentemente erótico. Veamos una descripción:

"Su cabeza desempeñaba un papel secundario en la vida sorprendente de una carne que todos alababan en parecidos términos, identificados en los mismos gestos y apetencias, y que ella, subida en su propio zócalo, pregonaba como materia jamás rendida, de muy difícil posesión real, arrogándose derechos de indiferencia, de frigidez, de menosprecio, exigiendo siempre, aunque se diera en silencio cuando la apostura del visitante o la intuición de sus artes le parecían dignas de una entrega egoísta que invertía las situaciones, haciendo desempeñar al hombre el papel de hembra poseída al pasar. Su cuerpo permanecía ajeno a la noción del pecado. Se refería a El, desintegrándolo de sí misma, personificándolo más aun cuando aludía al lugar que lo centraba, como hubiera podido hablar de un objeto muy valioso guardado en otra habitación de la casa'' (p. 214).

El libro tiene múltiples significados simbólico-religiosos, que muchas veces pudiera pensarse que el autor quiere comparar la vida de Jesús, "Hijo de Dios", con el dramatismo político de la época en que se movía el acosado. Por tal razón no olvidemos que la acción se sitúa en los años anteriores y posteriores a la caída del régimen de Gerardo Machado en los cuales Carpentier pone de manifiesto la situación de dos épocas: una caracterizada por el idealismo de la revolución y la otra por la degeneración. Regresando de nuevo al simbolismo religioso, el atentado al "Canciller" pudiera aludir "el complot para prender a Jesús", (Mat. 26,2). "Los tiempos del tribunal" quizá pudieran compararse con el período de las predicaciones y sacrificios por parte de Jesús y sus discípulos frente a los fariseos. "Todo había sido justo, heroico, sublime en el comienzo...", (p. 229).

La obra termina con la conclusión del acto de la sinfonía **Heroica**:

"Afuera, en el café, bajo las pérgolas, tras de los árboles, de las columnas, en la calle de la talabartería, en la calle de la imprenta de tarjetas de visita; pensarán a lo mejor, que he subido al piso de la vieja..., acaso me busquen hasta el mirador... Nadie se queda en un teatro cuando ha terminado el acto. Nadie permanece ante un escenario vacío, en tinieblas, donde se muestra. Cerrarán las cinco puertas con cerrojos...", (p. 271).

Indudablemente la interpretación del sentido de la sinfonía se convierte en la novela. La descripción simbólica que rebasa lo consciente llega al terreno de lo inconsciente y aquí toca al camino de la fantasía que nos hemos dedicado a estudiar a través de toda la obra de Carpentier. En esta novela lo fantástico no se expresa por signos folklóricos sino por símbolos diferentes que sugieren la trayectoria de los perseguidores y el acosado. Por tal razón vemos cómo cuando termina la sinfonía los perseguidores terminan su misión. Una vez que muere el acosado se percibe más a fondo el drama social que expresa la revolución dentro de un sentido eminentemente simbólico.

Los pasos perdidos

En 1953 publica **Los pasos perdidos**, en la cual nos enfrenta a un mundo desconcertante y caótico de la civilización moderna. La degeneración de ésta hacia formas vacías de contenido verdadero, ha engendrado un arte y un progreso que no responden ya a las exigencias más profundas del hombre, cuya personalidad desaparece frente a la civilización y a la técnica. Carpentier plantea el pasado, el de un buscar, dentro de sí mismo, para encontrar su pujanza e incorporarla a una creación futura.

Los pasos perdidos, novela de personajes, tiene sus antecedentes y fuentes literarias en las siguientes obras: **El Orinoco ilustrado** (1741), del padre José Gumilla; **Viaje a las regiones equinocciales**, del barón Alejandro de Humboldt (1816); Peisen in British Guiana (1847), de Richard Schomburgh, y **Von Roscina Zumorinoco** (1923), de Theodor Roch-Grünberg.

Los pasos perdidos es una novela eminentemente americana: el continente de las posibilidades y el continente del futuro. Pero, sin limitarse a un regionalismo americanista, y por encima de cualquier localismo pintoresco, nos introduce al mismo tiempo en el ámbito universal de una cultura occidental decadente. Hay, pues, una integración de lo particular americano en lo universal humano, a través de lo ágil del estilo, en que se advierte claramente la formación musical y la tendencia simbolista del autor.

El estilo de Carpentier en **Los pasos perdidos** es culto, pero en contraste ágil. Es un lenguaje con que describe lo externo, decantado a través de la perspectiva del narrador. Dentro de un párrafo sólido, macizo, se orienta funcionalmente, ascendiendo hacia un plano histórico que lo lleva a presentarnos una protesta social bajo una maravillosa fantasía. Veamos un ejemplo:

"Al pie de ruinas contempladas sin orgullo de vencedor, yo había puesto el pie, más de una vez sobre los cuerpos de hombres muertos por defender razones que no podían ser peores que las que aquí se invocaban. En ese momento pasaron carros blindados —desechos de nuestra guerra—, y al cabo del trueno de sus cremalleras pareció que el combate de calle hubiera cobrado una mayor fortaleza de Felipe II, las descargas se fundían por momentos en un fragor compacto que no dejaba oír ya el estampido aislado, estremeciendo el aire con una ininterrumpida deflagración que acudía o se alejaba, según soplara el viento, con embates de mar de fondo. A veces, sin embargo, se producía una pausa repentina. Parecía que todo hubiera terminado. Se escuchaba el llanto de un niño enfermo en el vecindario, cantaba un gallo, golpeaba una puerta. Pero, de pronto, irrumpía una ametralladora y volvíase al estruendo, siempre apoyado por el desgarrado pulular de ambulancias. Un mortero acababa de abrir fuego cerca de la catedral antigua, en cuyas campanas topaba a veces una bala con sonoro martillazo" (28).

En la descripción de Carpentier se observa un carácter de actualidad permanente, donde el siglo XX asiste a escenas remotas de un tiempo que no transcurre. Dicho carácter se fija también en la acción, que de pronto envejece entre líneas, cobrando categoría eterna de rito. También observamos una marcada preferencia del autor por las formas verbales del presente de indicativo que alterna con el imperfecto, tiempo pasado que emplea con el mismo valor del presente.

El vocabulario constante en su obra es ante todo el de un músico de escuela. La sensibilidad musical del artista se revela siempre, ya que da preferencia a los vocablos relacionados con la cadencia y el ritmo y, por ello, su prosa se transforma esencialmente en ritmo, dentro de la más perfecta armonía, en un proceso de continuo ascenso y de abstracción, entregándonos un panorama que inconscientemente pasa de lo concreto a lo abstracto, de lo particular a lo universal. El uso de la fantasía para expresar la naturaleza en Carpentier se anota frecuentemente en la novela. Veamos lo siguiente:

"Como habíamos quedado solos en el comedor, fue hacia una especie de armario con casillas, del que se desprendía un grato perfume a yerbas silvestres, cuya presencia, en un rincón, me tenía en curiosidad. Junto a frascos de maceraciones y vinagrillos, las gavetas ostentaban los nombres

28. Alejo Carpentier, **Los pasos perdidos**. Compañía General de Ediciones, S.A., México, 1971, p. 57.

de plantas. La joven se me acercó y, sacando hojas secas, musgos y retamas, para estrujarlas en la palma de su mano, empezó a alabar sus propiedades, identificándolas por el perfume. Era la Sábila Serenada, para aliviar opresiones del pecho, y un Bejuco Rosa para ensortijar el pelo; era la Bretónica para la tos, la Albahaca para conjurar la mala suerte, y la Yerba de Oso, el Angelón, la pitahaya y el Pimpollo de Rusia, para males que no recuerdo. Esa mujer se refería a las yerbas como si se tratara de seres siempre despiertos en un reino cercano aunque misterioso, guardado por inquietantes dignatarios. Por su boca las plantas se ponían a hablar y pregonaban sus propios poderes. El bosque tenía un dueño, que era un genio que brincaba sobre un solo pie, y nada de lo que creciera a la sombra de los árboles debía tomarse sin pago. Al entrar en la espesura para buscar el retoño, el hongo o la liana que curaban, había que saludar y depositar monedas entre las raíces de un tronco anciano, pidiendo permiso" (29).

Carpentier le da un singular tratamiento al tiempo y al espacio. Pero ese tiempo se desdobla: existe el presente de la acción y coincide con él un pasado que se remonta a muchos siglos atrás, en continuo retroceso hacia el comienzo de los siglos. El tiempo es una temática constante y de gran fuerza; así lo expresa el mismo Carpentier, cuando dice:

"La idea dominante de la novela es la de una evasión posible en el tiempo". Pero lo más original es esta concepción conceptual. El tiempo se mantiene siempre en la función del espacio y termina identificándose con él".

En relación con esa cultura decadente tradicional europea de la que hicimos mención al comienzo del análisis de **Los pasos perdidos**, G. R. Coulthard, en el tercer capítulo de **Race and color in Caribbean Literature**, considera que este fenómeno junto con los elementos primitivos de América, señalan una de las características de la literatura del caribe entre 1925-1960: "The literature of the Caribbean islands, whether spanish, French or English poses a community of themes and of subject matter which is no doubt due to similarities in historical and social development, and to similar ethnic composition. The theme... I have called the re-

29. **Opus, cit.**, p. 90.

jection of european culture... has been handled by a sufficiently great number of the more outstanding writers of the area to make it worthy of analysis".

Coulthard señala que el ocaso de la civilización europea tiene diversas causas, en las que sobresalen las siguientes: la fuerza anti-imperialista, de cariz marxista; la corriente superrealista, entre **1920-1930**; la influencia de las ideas de Oswald Spengler (1880-1936), delineadas en **La Decadencia de Occidente** (1918): "If the other writers of the Afro-antillas movement of the 1930's such as the Cubans **Guillén, Ballagas, Carpentier, Guirago**, etc., were not exactly under the spell of Spengler, their super-evaluation of the primitive elements in Caribbean life certainly has its distant roots in **Spengler's** theories of Western cultural exhaustion". En efecto, estas ideas fueron profundamente asimiladas por Carpentier a través de la corriente superrealista, cuando escribió en la revista **Imán**, en la cual cita a Philippe Soupault, que sintetiza la actitud de los iconoclastas franceses ante el tremendo drama de su propia cultura:

"Soy de los que no temen afirmar que el espectáculo ofrecido por Europa, actualmente es el de una decadencia. Por mis escritos, mis palabras, mis gestos, me esfuerzo en señalar esa muerte, por lo demás bastante ignominiosa, que merece esta península inútil y de prepararle un bello entierro. Europa agoniza suavemente, tartamudeando, babeando, fanfarroneando, amén... Pero Europa es una moribunda afectada por una enfermedad contagiosa. Los continentes que aceptaron con más o menos agrado su lepra, el tragarse el microbio llamado "civilización europea", admirablemente caracterizada por una burguesía triunfante, tendrán ardua tarea que comprender si quieren verse librados de ese mal...".

Si al finalizar **Los pasos perdidos** la temática no concluye por un completo rechazo a la cultura occidental, es quizá porque el novelista encuentra una fusión entre lo americano y diferentes corrientes culturales. Este hecho está mencionado también por Coulthard, cuando dice: "In Cuba and Puerto Rico, although find-anti-imperialism as a very common theme in poetry, novels and short stories also a great interest in the Negro elements in Cuban life amounting in the period 1926-1940 to a veritable literary fashion, there is no direct rejection of the tradition of European culture and civilization, only an attempt to find a distinctive and Cuban tonality in the concert of world culture, which is not same thing at all".

Klaus Müller considera que "desde el primero al último capítulo, la acción fluye dentro del cauce determinado por el autor. Así, las jornadas que constituyen los seis capítulos obedecen a un plan de 211 días, marcado por fechas concretas, que da una unidad de tiempo a la novela situándola con exactitud entre el 4 de junio y el 30 de diciembre del mismo año. En cuanto a este tiempo cronológico lo trabaja aparentemente, para hacer una perfecta sucesión en que los días fluyen sin interrupción. En otras ocasiones, para dar mayor agilidad a la prosa, crea esta ilusión mediante otras técnicas" (30).

Los elementos centrales de **Los pasos perdidos** descansan en el tiempo, la fuerza y el ritmo. El mismo Carpentier, en **Tiempos y diferencias** (México, 1954, pp. 20 y 59), expresa: "El hombre ha remontado la escala del tiempo... ha encontrado constantes que relacionan al hombre de hoy con el hombre que vivía varios milenios".

Respecto de lo nacional, es indudable, sin embargo, que una asimilación de giros, de elementos de estilo, de dinámica primigenia, pueda trascender del folklore a la partitura artísticamente concebida.

Al sugerir que los elementos centrales de esta novela están en el tiempo, la fuerza y el ritmo, caemos en las polémicas que se han suscitado en torno a las estructuras músico-literarias. Carpentier inicia y concluye su obra bajo una estructura musical literaria. Es una sinfonía en permanente acción. Debido a la convicción de método que sigue este autor, nos encontramos, directa o indirectamente, obligados a estudiar el propósito que él persigue en otro plano, o sea, su sicología, sus reacciones, al plano social e histórico presentado en la novela, y llevaremos a un plano primordial los elementos estructurales comunes del tiempo, la fuerza y el ritmo. El protagonista de **Los pasos perdidos** viaja por el camino de la vida, hasta penetrar en el fondo de ella, pero no puede encontrar el sentido real, dice Carpentier, "pues ha perdido la puerta de su existencia auténtica".

30. Klaus Müller Bergh, **Alejo Carpentier**, Editorial Las Américas, Nueva York, 1972, pp. 104-105.

Esta referencia, afirma Carlos Fuentes, "nos remite a un tercer tiempo. Alejo Carpentier ha dicho que el arte pertenece, no a la génesis, ni a su apocalipsis gemela, sino a la revelación. La revelación es el tiempo de la historia humana consciente, que a su vez es un centro solar de aspiraciones: la revolución; sí y no; tercer tiempo ambiguo, ya no inapelable como la gestación o la catástrofe. La revelación es Víctor Hugles, el oportunista, el cínico, el hombre de acción y también el sensualista que de alguna manera, aun la más terrible, quisiera darle cuerpo a sus ideales. La revolución es Esteban, el joven soñador en La Habana del siglo XVIII —el siglo de las luces— para quien la idea, nacida de sus secretas lecturas de Voltaire y de Rousseau, es un árbol de aire, un mar de luces; para Esteban, toda encarnación es inferior a la esperanza" (31).

El siglo de las luces

En 1958 aparece su novela **El siglo de las luces**, tal vez una de las novelas más importantes de Alejo Carpentier, y considerada por la crítica como la obra maestra. La profundidad del lenguaje, sus ricos matices estilísticos, su sensibilidad musical, su simetría y su consonancia une el poder evocador a fin de mostrarnos personajes y paisajes, donde logra extraordinariamente una espléndida recreación del universo a través de los temas: "el amor", "la lucha" y "la revolución".

La novela se inicia con estos dos largos párrafos:

"Detrás de él, en acongojado diapasón, volvía el albarca a su recuento de responsos, cruceros, ofrendas, vestuarios blandones, bayetas y flores, obituario y réquiem, y había venido éste de gran uniforme, y había llorado aquél, y había dicho el otro que no éramos nada..., sin que la idea de la muerte acabara de hacerse lúgubre a bordo de aquella barca que cruzaba la bahía bajo un tórrido sol de media tarde, cuya luz rebrillaba en todas las olas, encandilado por la espuma y la burbuja, quemante en el descubierto, quemando bajo el toldo, metido en los ojos, en los poros, intolerable para las

31. Carlos Fuentes. **La nueva novela hispanoamericana**, Joaquín Mortiz, México, D.F., 1969, p. 52.

manos que buscaban un descanso en las bordas. Envuelto en sus improvisados lutos que olían a tintas de ayer, el adolescente miraba la ciudad, extrañamente parecida, a esta hora de reverberaciones y sombras largas, a un gigantesco lampadario barroco, cuyas cristalerías verdes, rojas, anaranjadas, colorearan una confusa rocalla de balcones, arcadas cimborrios, belbederes y galerías de persianas, siempre erizadas de andamios, maderas aspadas, horcas y cucañas de albañilería, desde que la fiebre de la construcción se había apoderado de sus habitantes enriquecidos por la última guerra de Europa'' (32).

Pues bien, estos dos intensos párrafos llenos de enumeraciones en la novela, llenos de colorido, de música y de gerundios, nos llevará a través de cuatrocientas páginas, la visión, y el estudio novelado de uno de los grandes hechos acaecidos en las tierras del Nuevo Mundo: el fenómeno de la Revolución Caribe.

El siglo de las luces se divide en siete capítulos, los que a su vez se subdividen en partes numeradas, con excepción de las dos correspondientes al capítulo final, que carecen de numeración.

El capítulo primero comprende once partes y transcurre casi totalmente en La Habana. La acción se puede situar hacia finales del siglo XVIII, o sea, en vísperas de la Revolución Francesa.

El siglo de las luces rebusca una vez más en el pasado, indaga en el presente, se proyecta hacia el futuro. En muchas ocasiones la acción no necesita del diálogo o de la escenificación: fluye con lentitud, apoyándose una palabra en la anterior y ésta en la siguiente, desarrollando así la idea que amplía vigorosamente. Podríamos decir si no es exagerado que la novela es un largo ''solo'' de Carpentier, donde toda la vibración sonora del concertino recorre artísticamente todo el pentagrama de su instrumento.

En el segundo capítulo, que comprende 12 partes, se desarrolla con una variedad de escenarios geográficos y en medio de un ambiente eminentemente histórico donde se rememoran las ideas que Francia exporta, mientras los pueblos

32. Alejo Carpentier, **El siglo de las luces**. Editorial La Universidad Popular, Bogotá, Colombia, 1960, pp. 15-16.

proyectan sus revoluciones en un siglo que va a transformar completamente las estructuras de sus sociedades. Veamos lo siguiente:

"Cuando pensaba en la ciudad natal, hecha remota y singular por la distancia, Esteban no podía sino evocarla en colores de agua fuerte, con sus sombras acentuadas por la excesiva luz de lo iluminado, con sus cielos repentinamente cargados de truenos y nubarrones, con sus calles fangostas, llenas de negros atareados entre la brea, el tabaco y el tasajo. Más carbón que llamas había en el cuadro de un trópico que, visto desde aquí, se hacía estático, agobiante y monótono, con sus paroxismos de color siempre repetidos, sus crepúsculos demasiado breves y sus noches caídas del cielo en lo que tardábase en traer las lámparas —largas noches alargadas por el silencio de quienes entraban en el sueño antes de oír la voz del sereno cantando las diez por María Santísima, sin pecado concebida en el primer instante de su Ser Natural" (33).

El estilo sigue siendo el mismo, largos párrafos llenos de una fantasía desbordante. Luego Carpentier nos muestra la caracterización de la nueva coyuntura épico-social: "Luciendo todos los distintivos de su autoridad, inmóvil, pétreo, con la mano derecha apoyada en los montantes de la máquina, Víctor Hugues se había transformado, repentinamente, en una alegoría. Con la libertad, llegaba la primera guillotina al Nuevo Mundo".

Como vemos la guillotina entra en acción. La controversia religiosa, las fuerzas "humanísticas" de Esteban frente al convencimiento revolucionario de Víctor, los fines burgueses de la revolución, la auténtica luz que se abre camino entre la sangre, entre las turbiedades y vicisitudes de la revolución. La libertad para el negro no es más que la transformación del hombre que nació con la piel oscurecida en clase explotada. Posteriormente agrega Carpentier en la novela:

"Víctor mismo reconocía que, desde su llegada a La Habana, había perdido todo contacto con una actualidad que era apasionadamente seguida en Saint-Domingue. "Para empezar —decía Ogé—, un reciente decreto autoriza al hombre de mi color (y con el dedo señalaba sus mejillas más oscuras

33. **Opus, cit.**, p. 67.

que su frente), a desempeñar allá cualquier cargo público. La medida es de una importancia enorme. **E-nor-me**". Ahora, pujando el tono, alterando el diapasón, robándose la palabra, avanzaban Víctor y Ogé a saltos, en una exposición interesante y confusa, donde Esteban lograba arrancar, de paso, algunos conceptos precisos: "Hemos rebasado las épocas religiosas y metafísicas; entramos ahora en la época de la ciencia". "La estratificación del mundo en clases carece de sentido". "Hay que privar al interés mercantil del horroroso poder de desatar las guerras". "La humanidad está dividida en dos clases: los opresores y los oprimidos. La costumbre, la necesidad y la falta de ocios impiden la mayoría de los oprimidos darse cuenta de su condición: la guerra civil estalla cuando la sienten". Los términos de libertad, felicidad, igualdad, dignidad humana, regresaban continuamente en aquella atropellada exposición, justificando la inminencia de un Gran Incendio que Esteban, esta noche, aceptaba como purificación necesaria; como un Apocalipsis que estaba anhelante de presenciar cuanto antes, para iniciar su vida de hombre en un nuevo mundo" (34).

Como podemos anotar, la revolución alumbrará ya todo el mundo de la posrevolución: el negro ha dejado de ser un esclavo, una clase social infrahumana; el negro ha tomado conciencia de su problemática en la problemática de todo hombre explotado por una burguesía inhumana e incomprensible.

El tema fantasmal de la guillotina se aprecia en diferentes partes de la novela bajo una fantasía convertida en realidad. No hay modo de situarnos en el tiempo presente. Tampoco es un libro del pasado, de los llamados históricos, ni un episodio nacional común y corriente. Carpentier nos sitúa en aquellos años de la Revolución Francesa en diferentes lugares del Caribe, manteniéndonos retrospectivamente en las horas de la realidad remota. Veamos un ejemplo:

"Y como la curiosidad de presenciar las ejecuciones era siempre viva donde todos se conocían de vista o de tratos – y guardaba éste sus rencores contra aquél, y no olvidaba el otro alguna humillación padecida... — la guillotina empezó a centralizar la vida de la ciudad. El gentío del mercado se

34. **Opus, cit.**, p. 85.

fue mudando a la hermosa plaza portuaria, con sus aparadores y hornillas, sus puestos esquineros y tendentes al sol, pregonándose a cualquier hora, entre desplome de cabezas ayer respetadas y aduladas, el buñuelo y los pimientos, la corosola y el croyaldre, la anona y el pargo fresco. Y como era muy apropiado para tratar de negocios, el lugar se transformó en una bolsa volante de escombros y cosas abandonadas por sus amos, donde a subasta podía comprarse una reja, un pájaro mecánico o un resto de vajilla china" (35).

Volviendo a una cita anterior donde dice Carpentier: "Con la libertad llegaba la primera guillotina al Nuevo Mundo", y uniéndola a ésta, podemos advertir que el propósito del autor en esta obra es disertar sobre el problema de la libertad e igualdad del hombre, o en otras palabras, de la filosofía de la Revolución.

Entre aspectos del impacto de la Revolución en el Caribe, Carpentier intuye con particular insistencia las repercusiones que provocó en la suerte de los negros.

Carpentier hace énfasis en repetidas ocasiones sobre el Decreto del 16 pluvioso del año II aboliendo la esclavitud. Pero este decreto trajo algunos problemas como por ejemplo el de negarse algunos a cultivar los campos. Veamos cómo a través de una fantasía extraordinaria Carpentier describe la situación:

"Por lo pronto, Víctor Hugues decretó el trabajo obligatorio. Todo negro acusado de perezoso o desobediente, discutidor o levantisco, era condenado a muerte. Y como había que llevar el escarmiento a toda la isla, la guillotina, sacaba de la plaza de la victoria, se dio a viajar, a itinerar, a excursionar; el lunes amanecía en Le Noule, el martes trabajaba en Le Gozier, donde había algún convicto de holgazanería; el miércoles daba razón de seis monárquicos, ocultos en la antigua parroquia de Sainte-Anne. La llevaban de pueblo en pueblo, pasándola por las tabernas. El ejecutor y sus asistentes la ponían a funcionar en vacío, mediante copas y propinas, para que todos quedaran enterados de su mecanismo. Y como a esos paseos no podía trasladarse la escolta de redoblantes que, en la Pointe-a-Pitre, servía para acallar cualguier gritería postrera a los condenados, cargaban con una

35. **Opus, cit.**, p. 131.

gran tambora en el carricoche —tambora que comunicaba una ferviente alegría a las demostraciones. Los campesinos, deseosos de comprobar la fuerza de la máquina, ponían troncos de bananos en la báscula —nada se parece más a un cuello humano, con su haz de conductos porosos y húmedos, que un tronco de banano— para ver cómo quedaban cercenados. Y hasta llegóse a demostrar, por zanjar una porfía, que la cuchilla no era detenida por un mazo de seis cañas de azúcar" (36).

Describir un cuadro tan macabro de los efectos de un decreto que podría ser la liberación de la esclavitud equivale a mostrar el fracaso de la acción revolucionaria. Empero, Carpentier parece intuir que la culpa de esta situación podría compartirse en dos fracciones, entre los negros que no entendieron bien la noción de libertad, y los hombres de la Revolución que trajeron la letra pero no la realidad del decreto de libertad.

Klaus Müller considera que esta novela "es la culminación de la tendencia hacia una visión progresivamente más amplia y universal de la realidad americana patente en las novelas de Carpentier. Es el fruto de un lógico desarrollo que le lleva desde la interpretación relativamente local de elementos africanos en Cuba, pasando de Haití, en **El reino de este mundo**, y el descubrimiento de prototipos de ciudades, pueblos y remotos rincones del continente en **Los pasos perdidos**, a la composición de una "sinfonía del Caribe", donde los sonoros temas, entonados en la Revolución Francesa, repercuten en el ancho y tornasolado mundo de las Antillas. A esas razones podemos agregar que la obra también señala la dirección en que, según el autor, debe marchar su narrativa y la novela hispanoamericana. Claude Fell apuntó cómo en la opinión de Carpentier: "Le roman Sud-Américan doit montrer la transformation de groupes en mouvement, en action. C'est pourquoi mes romans ont peu de personnages. Mon prochain roman **El año 59**, inspiré par la Révolution Cubaine, será d'ailleurs un roman sans personnages. Les cas individuels ne sont plus possibles. Le roman est devenu un moyen d'exploration de certaines collectivités, et un bien entre le particulier et l'universel" (37).

36. **Opus, cit.**, pp. 183 y 184.
37. Obra citada de K. Müller, p. 61.

El siglo de las luces no puede aceptarse como una simple crónica histórica; es necesario estudiar a fondo su simbología, que nos presenta la injusticia y la tragedia. En esta simbología fluye la Revolución, la cual surge a través del tiempo y nos da la perspectiva del destino del tiempo. "Las palabras no se pronuncian en vano", advierte una cita de la novela.

La melodía que utiliza Carpentier va más allá de la melodía: lo social.

Los personajes principales de la novela son manejados por el autor a fin de señalar las transformaciones de la época. Víctor Hugues, activo revolucionario en el período de la Revolución Francesa, se convierte en figura dominante en las colonias antillanas. Su misión ambigua a menudo se centra en divulgar la Declaración de los Derechos del Hombre y aunque con doble faz, en ocasiones trata de proteger a los esclavos de las injusticias de los colonos y de la guillotina, al igual que trata de liberar a los negros de la esclavitud existente, empero su actuación se rige por actos con doble cara. Así lo presenta Carpentier:

> "...su actuación hipostática-firme, sincera, heroica, en su primera fase; y desalentada, contradictoria, logrera y hasta cínica, en la segunda".

Así vemos que Víctor Hugues es la imagen de un revolucionario de dos caras: "firme, sincera, heroica en su primera fase; y desalentada, contradictoria, logrera y hasta cínica, en la segunda". Es un revolucionario de ocasión. Cuando menos se piensa traiciona sus ideales para sostener una posición conveniente a sus intereses. Cuando Sofía lo recrimina por restablecer la esclavitud dice: "Lo siento. Pero soy un político. Y si restablecer la esclavitud es una necesidad política, debo inclinarme ante esa necesidad".

Algo representativo en la novela es la de que los personajes están siempre en segundo plano frente a las descripciones del paisaje, los edificios y los acontecimientos históricos. Veamos una descripción casi documental de Carpentier:

> "Primero aparecían las frutas en germen, semejante a verdes obalorios, cuyo áspero zumo tenía un sabor de almendras heladas. Luego, aquel organismo iba cobrando forma y contorno, alargándose hacia abajo para definir el perfil cerrado por un mentón de bruja.

Le salían colores a la cara. Pasaba de lo musgoso a lo azafranado y maduraba en esplendores de cerámica-cretense, mediterránea, antillana siempre— antes de que las primeras manchas de la decrepitud, en pequeños círculos negros comenzaran a horadar sus carnes olorosas a tanino y yodo".

En la novela se contraponen las ideas de la ilustración con la realidad americana:

Una vez convencidos de la veracidad literaria del ambiente, aceptamos la realidad de la novela. La Revolución Francesa, Sofía, Víctor Hugues, el Caribe, los edificios coloniales, Esteban, el mar: cada cosa ocupa el lugar que Carpentier le ha señalado en la obra.

La visión de la revolución, por ejemplo, está dada en diferentes niveles: el ritmo épico de la acción; los sentimientos y decisiones de los personajes; la indiferencia de los elementos de la naturaleza; la bondad de la ley aboliendo la esclavitud y el rigor implacable de la guillotina; la corrupción del poder. La revolución se desmorona y cae en manos de Napoleón, pero las ideas de la revolución continúan vivas, porque como dice la cita de Zohar que abre la novela, "las palabras no caen en el vacío" (38).

Carpentier en **El siglo de las luces** presenta la lucha colectiva del antillano contra los opresores colonialistas. Así la rebelión de los negros de Port-au-Prince es un presagio de libertad. Empero Carpentier nos muestra esa lucha colectiva bajo dos niveles: la lucha que persigue un fin común y la lucha individual guiada por intereses parciales. De todas maneras se percibe que los hombres y las ideas revolucionarias llegaban al punto culminante en el Caribe. Víctor Hugues, el héroe de la novela, es de todo: panadero, masón, antimasón, rebelde, representante consular, etc. Es un hombre ávido de poder y de acción. Sofía, la figura en contrapunto de Víctor, se destaca por una sensualidad desmedida.

"Víctor Hugues es un personaje histórico, pero no inventariado en los anales de la revolución. Alejo Carpentier ha reivindicado y escrito ahora la novela de esta sorprendente existencia, lo que nos parece muy bien. Ni el héroe ni a sus compañeros de camino los conocemos desde adentro. Sólo su crónica, sus hechos identificables, sus huellas directas. El autor nos los mantiene alejados y nunca sabremos nada de causas, motivos o explicaciones psicológicas. Los deducimos" (39).

38. Helmy F. Giacoman, **Homenaje a Alejo Carpentier.** Las Américas Publishing Co., New York, 1970, pp. 310-311.
39. **Opus, cit.**, pp. 320-321.

Tres personajes más en la lista de la novela se caracterizan por sus actos: Sofía, Carlos y Esteban; los dos primeros hermanos y el último primo.

La base principal del autor es tomar la visión histórica a fin de mostrar la lucha del hombre por lograr una vida mejor. Las marcadas descripciones de la novela con acumulación de detalles sirven para señalar la situación casi infrahumana del hombre común que habita las colonias:

> "Centenares de casas pobres quedaban reducidas a los horcones esquineros con tambaleantes pisos de madera alzados sobre fangales, como escenarios de la miseria, donde familias resignadas hacían el recuento de las pocas cosas que les quedaban —con la abuela malmeciéndose en el sillón de Viena; la embarazada, temiendo que en tal desamparo se le presentaran los dolores; el tísico o el asmático envuelto en mantas, sentados en los ángulos del tablado—. De las aguas sucias del puerto emergían mástiles de veleros hundidos entre botes volcados, que flotaban sin rumbo hasta trabarse en racimos. Sacábase a tierra algún cadáver de marinero, con las manos enredadas en una maraña de cordeles. En el Arsenal, el ciclón había corrido por lo bajo, esparciendo las maderas de las naves en construcción, acabando con las frágiles paredes de las tabernas y casas de baile...".

La novela retrata a través de todas sus páginas con agudos detalles, un trozo épico de historia americana que se daba en un momento singular en las colonias.

> "Carpentier presenta al hombre con la fuerza vital que está en perenne lucha. Sin embargo, él ve el entendimiento del ser racional buscando significado a la furia ciega y, a su vez, pretendiendo dar sentido al ciclo temporal de cada hombre individual. Carpentier muestra el sentido de la lucha del hombre en las obras humanas, pero sólo en aquéllas que contribuyen al beneficio de la especie. A la interrogante sobre el propósito de la actividad batalladora, el autor ofrece una respuesta ética, de responsabilidad moral en su novela. Históricamente el autor despliega esta postura moral al presentar al hombre rebelándose contra los opresores de la libertad humana" (40).

40. Juan Barroso, **"Realismo mágico" y "Lo real maravilloso" en El Reino de este mundo y El siglo de las luces.** Ediciones Universal, Miami, Florida, 1977, p. 66.

El recurso del método

El recurso del método (41), analiza bajo un "realismo mágico" propio de Carpentier una larga fila de "caudillos ilustrados", y se centra en el **Primer magistrado** arquetipo del "Tirano Ilustrado".

En el fondo lo que Alejo Carpentier quiere mostrar con la dictadura del **Primer magistrado**, es la historia de numerosas dictaduras latinoamericanas pretéritas como presentes. Muchos de los hechos narrados bajo el estilo de lo "real maravilloso", son exactos. Es el caso por ejemplo de un dictador como Gerardo Machado, quien fue derrocado por una huelga general.

El espacio en la obra está lleno de ironía. El tema y la estructura novelada se dan al concluir la novela. El protagonista exiliado se halla por tercera vez en París. El lector considera que la acción se realizará allí, pero al finalizar la obra el espacio parisiense se transforma en ambiente americano...

> "Y empezó a vivirse, allí bajo techo de pizarra, en latitud y horas que eran de otra parte y de otra época... La mañanita se llenaba de un olor a café recio, colado en media de lana, endulzado por un melado de caña que la zamba conseguía a un costado de La Madelaine, a donde sabía ir ya sin perderse... (42).
>
> Comía sólo alimentos criollos:
>
> "...el desayuno ranchero de huevos en salsa de mucha guinsilla, fríjoles refritos, tortillas de maíz, chicharrones de cerdo y queso blanco, trabajado con mano de almirez y presentado en hojas de lo que fuese —con tal que fuese verde— a falta de hojas de plátano" (43).

Lentamente olvidaba los nombres célebres de políticos europeos, reemplazando los de allí por los nativos de acá...

> "El primer Magistrado iba olvidando los apellidos de los hombres políticos de acá, importándole poco lo que en Europa ocurriera" (44).

41. Alejo Carpentier, **El recurso del método**, Editorial Siglo XXI Editores, S.A., México, 1974.
42. **Opus, cit.**, p. 318.
43. **Opus, cit.**, p. 318.
44. **Opus, cit.**, p. 319.

Refiriéndose a la pérdida del espacio del tirano dice Bárbara Bockus Aponte:

"El tirano ilustrado pierde el espacio donde ejercía su tiranía, e irónicamente, luego rechaza el otro espacio, fuente de su ilustración", y el supuesto refugio de su vejez, en una tentativa de recapturar el espacio originario. El espacio total de la novela se restringe en el capítulo final a un cuarto pequeño lleno de olor de la comida criolla, y en el epílogo a un lugar de dimensiones aún más mínimas; un panteón en el Cementerio Montparnasse. Allí como ironía final, queda burlada la ilusión última del protagonista de estar enterrado con tierra de su patria, porque la Tierra del Sagrado Suelo Patrio que se suponía guardaba en un arca de mármol no era más que un puñado de tierra del Jardín de Luxemburgo" (45).

La estructura narrativa de **El recurso del método** está construida bajo un doble punto narrativo: a) Un narrador omnisciente y b) el del **Primer magistrado** —en primera persona—. Esta doble visión nos permite conocer la historia novelada.

Algo que nos sugiere un significado especial desde el punto de vista del signo, es la frecuente designación del Primer Magistrado, pues no se puede enfocar a qué dictador exactamente se refiere, ya que es un símbolo de un dictador ilustrado. Veamos un párrafo que señala la corrupción del dictador:

"Detrás de la casa, un bosquecillo de granados sombreaba el discreto sendero por donde, al anochecer, conducía el Doctor Peralta alguna mujer embozada a la alcoba del Primer Magistrado. ("—No vaya usted a morir como murió el presidente Félix Faure"— decía, invariablemente, el secretario al dejar su encargo en manos del amo. "Atila y Félix Faure fueron los dos hombres que con más gusto murieron", respondía también invariablemente, el Primer Magistrado" (46).

Por medio de las anécdotas históricas, el novelista nos intuye una serie de dictadores latinoamericanos cuyos nombres aparecen en el contenido narrativo: Porfirio Díaz,

45. **Revista Iberoamericana**: "La creación del espacio literario en **El recurso del método**", Nos. 96-97, 1976, p. 572.
46. **El recurso del método**, obra citada, p. 141.

Juan Vicente Gómez, Gerardo Machado, Estrada Cabrera y José Gaspar Francia. Carpentier olvidó hacer mención directamente de otros dictadores de la América Hispana.

El novelista nos muestra una de las masacres del Primer Magistrado:

> "A las amables ampolletas de cloruro de etilo destinadas a poner como un dedo de hielo en el escote de las mujeres, sucedieron las bombas lacrimógenas, pasmoso invento, ahora estrenado por las fuerzas policiales; la caballería cargó, al azar, contra farándulas y alegorías; el chillido de las matasuegras y cornetas de cartón se transformó en gritos de atropellados y sableados, y en pánico trastrueque de formas y de colores, fueron sustituidos los disfraces por uniformes militares. Un tornasol de pintas se neutralizó en doble gama de añil y arena. Por fulminante disposición presidencial quedaron suspendidos los carnavales y la Prisión Modelo se llenó de máscaras. Y hubo aullidos y estertores, y garrotes apretados, y fresas de dentista girando en muelas sanas, y palos y latigazos, y sexos taconeados, y hombres colgados por tobillos y muñecas, y gentes paradas durante días sobre ruedas de carretas, y mujeres desnudas, corriendo a cintarazos por los corredores, despatarradas, violadas, de pechos quemados, de carnes penetradas con hierro al rojo; y hubo fusilamientos fingidos y fusilamientos de verdad, salpicaduras de sangre y plomo de máuseres en las paredes de reciente construcción, aún olientes a mezclas de albañil" (47).

Así vemos que la obra es una novela que muestra la vida y acción de un dictador.

El recurso del método tiene una estrecha analogía con **Yo el Supremo** en diferentes aspectos. Ninguna de las dos nos dan un punto de referencia concreto donde suceden los hechos en la Latinoamérica, sino que nos sugieren la realidad a partir de una toma de conciencia.

Refiriéndose a la violencia en la novela dice G. Puisset:

> "Toutes les menaces du monde estérieur font ressurgir l'imago mauvaise qu'il projette à son tour d'une façón agressive, destructice. C'est ainsi que les forces centrifuges manifestées par les souièvements de Galván et d'Hoffmann, les révoltes des étudiants, et du peuple, son vécues como autant de manifestations de l'imago maléfique, et provoquent des colères dévastatrices, des ripostes annihila-

47. **Opus, cit.**, p. 208.

trices, conformes au caractère de toute Puissance lié a l'imago maternelle c'est le "recurso del método". Et c'est avec cette imago mauvaise et toute-puissante que le Magistrado fait alliance lors de ses retrouvailles avec une Nature biologique agressive, violence, qui lui insufle son propre pouvoir arbitraire, absolu et destructeur et qui va constituir le contenu de sa fontion de Président" (48).

48. **Rationalisme, Irrationnel, "Rationalite": Aspectos de ce Ternaire et Polarite dans El recurso del método.** En Hommage à Jean-Louis Flecniakoska. Tome II. Université Paul Valéry - Montpellier, 1980.

CAPITULO XX

JUAN CARLOS ONETTI

Juan Carlos Onetti, uruguayo (1909). Su producción literaria consta de lo siguiente. Novelas: **El pozo** (1939), **Tierra de nadie** (1941), **Para esta noche** (1943), **La vida breve** (1950), **Los adioses** (1954), **Para una tumba sin nombre** (1959), **El astillero** (1961), **Juntacadáveres** (1964), y los siguientes libros de cuentos y relatos: **Un sueño realizado y otros cuentos** (1951), **La cara de la desgracia**, relatos (1960), **El infierno tan temido** (1962), **Tan triste como ellos**, relatos (1963), **Cuentos completos** (1967), **La novia robada y otros cuentos** (1968), **Los rostros del amor**, antología (1968), **Cuentos cortos completos** (1968).

Su obra se proyecta en ciudades sobre las dos márgenes del Río de la Plata en donde sus personajes nacen, viven y mueren rodeados de la soledad, del fatalismo y la mayoría de ellos fracasados, tratando de evadirse de la realidad, y en ese escape sicológico se hunden en el mundo fantástico onírico.

La obra de Onetti comprende siete novelas y algunos libros de cuentos. El mundo de sus personajes está saturado de pesimismo, soledad, fracaso y fatalismo. El amor en ellos se inclina a un materialismo morboso. La visión de su narrativa se cumple en forma múltiple y fragmentaria, modalidad propia de hechos ocurridos en grandes ciudades.

Su primera novela **El pozo** (1939), señala una línea freudiana incontrovertible: "Lo curioso es que si alguien dijera de mí que soy "un soñador" me daría fastidio. Es absurdo. He vivido como cualquiera o más. Si hoy quiero hablar de los sueños, no es porque no tenga otra cosa que contar. Es porque se me da la gana simplemente. Y si elijo el sueño de la cabaña de troncos, no es porque tenga alguna razón especial. Hay otras aventuras más completas, más interesantes, mejor ordenadas. Pero me quedo con la de la cabaña porque me obligará a contar un prólogo, algo que me sucedió en el mundo de los hechos reales hace cuarenta años. También podría ser un plan el ir contando un "suceso" y un sueño. Todos quedaríamos contentos" (1).

Además su primera novela nos muestra su escepticismo con relación al compromiso personal. Así, Eladio Linacero confiesa su falta absoluta de conciencia social. "Eladio, mezcla de cohibición y descaro, es el prototipo de extranjero. Vive desconectado del mundo, varado en una isla, a la deriva en un minúsculo rincón al margen de la humanidad, sin ninguna posibilidad de incorporarse al caudal. Comienza y termina en sí mismo. Lo que explica su única ambición: "escribir la historia de un alma, de ella sola, sin los sucesos en que tuvo que mezclarse, queriendo o no". Aunque, por supuesto, "queriendo o no", forma parte de la comunidad inconsciente de los solitarios, la diáspora de los desvinculados. Aun en su alienación, o por su causa de ella, es el representante de un tiempo, de un estado de ánimo, de una época. Es este hecho el que da validez a sus experiencias" (2).

Algo particular en las novelas de Onetti radica en el aislamiento. En **El pozo**, Linacero fracasa en las relaciones con los personajes que los rodean, y ante tal fracaso trata de expresar sus sueños a los extraños. Veamos lo siguiente:

"Salió antes que yo y nunca volvimos a vernos. Era una pobre mujer y fue una imbecilidad hablarle de esto. A veces pienso en ella y hay una aventura en que Ester viene a visitarnos o nos encontramos por casualidad, tomamos y hablamos como buenos amigos. Ella me cuenta entonces lo que sueña o imagina y son siempre cosas de una extraordinaria pureza, sencillas como una historia para niños" (3).

Una de las características en la novela de Juan Carlos

1. Juan Carlos Onetti, **El pozo**. Editorial Arcos, Montevideo, 1967, p. 9.
2. Luis Harss, **Los nuestros**. Edit. Sudamericana, Buenos Aires, 1971, pp. 218-219.
3. **El pozo**, obra citada, p. 27.

Onetti es la evasión. En su primera novela **El pozo** se puede leer algo relacionado con esta particularidad: "Me gustaría escribir la historia de un alma, son los sucesos en que tuvo que mezclarse, queriendo o no. O los sueños. Desde alguna pesadilla, la más lejana que recuerde, hasta las aventuras en la cabaña de troncos" (4).

El sueño está determinado por la realidad, y la idea brota cuando el protagonista se inicia en la acción: "Si elijo el sueño de la cabaña de troncos, no es porque tenga una razón especial. Hay otras aventuras más completas, más interesantes, mejor ordenadas, pero me quedo con la cabaña, porque me obligaría a contar un prólogo, algo que sucedió en el mundo de los hechos reales hace unos cincuenta años. También podría ser un plan de ir contando un "suceso" y un sueño. Todos quedaríamos contentos" (5). Así vamos observando, cómo el novelista en el prólogo nos señala que cuando desea narrar el mundo onírico, ordena los elementos narrados en forma lógica.

Labuk y Mabel en **Tierra de nadie**, son personajes que encarnan la realidad y el sueño. "Puede ser que la mujer que se acomodaba el vestido debajo de los muslos en el café, no tenga nada que ver con la Labuk que recuerdo ahora". Estas evocaciones diurnas son solamente sueños. Los sueños se dan en diferentes situaciones, advirtiendo el deseo de ampliar la historia vivida. En la novela **Para esta noche**, el autor indica el mismo tema a través del sueño, en donde une el sueño y lo real.

"Labuk era callada y sucia, simple. Sólo vivía, en realidad, en la cama en su mundo ardiente y lúbrico (...). Una bestia, bestia, bestia".

"El sueño, considerado como actividad insomne, es la vida: permite su realización en diversos niveles temporales y espaciales con vivencias simultáneas. No se renuncia a ningún camino, lo que significa que tampoco se elige ninguno; se manejan las posibilidades de eternidad e infinito y, por ello, el hombre no se compromete con nada, ni siquiera reconoce su muerte" (6).

4. Juan Carlos Onetti, **Obras completas**. Aguilar, S.A., México, 1970, pp. 50-51.
5. **Opus, cit.**, p. 51.
6. X. Moreno Aliste. **Origen y sentido de la farsa en la obra de Juan Carlos Onetti**. Université de Poitiers, 1973, p. 36.

Otra particularidad en las novelas de Onetti puede ser por hallarse en ellas varios narradores. En todas sus novelas hay una línea que sirve de guía, que a pesar de los múltiples narradores, se destaca en el relato y va hacia un punto que convergen las demás. Todo el texto de las novelas parte de la conciencia narrativa, es decir, el valor interno. Todo lo que gira a través de ese mundo interno es el resultado de tensiones de la conciencia narrativa. Tanto en **La vida breve** como en **Juntacadáveres**, las unidades narrativas son muy frecuentes llegando a ser la base del discurso narrativo.

Una nueva característica de las novelas de Onetti gira a través de lo temporal bajo un tipo externo y otro interno. Así **La vida breve** parte del 23 de agosto al 15 de febrero. Encierra un mes de invierno, la primavera y el verano. **Juntacadáveres** encierra cien días. **El astillero** parte de un invierno, desde junio a septiembre.

El marco temporal de sus novelas no es lo más importante. El tiempo interno tiene una gran trascendencia, ya que por ejemplo en **La vida breve** el tiempo interno va de seis meses a veinte años, al considerar la vida de Brausen, quien se inicia en su juventud y llega a los cuarenta años cuando escribe. En **Juntacadáveres** Larsen se revela desde su juventud cuando tenía veinte años hasta que el protagonista tiene cincuenta. **El astillero** también abarca un relato de unos treinta años. A medida que avanzan las tramas de las novelas observamos que el tiempo cronológico y el interno se unen formando así un tiempo nuevo, en el cual señala que el hombre vive el presente pero con características de pasado.

"En definitiva, el hombre existe en un vacío creado por la soledad, el aislamiento y la indiferencia, cualidades que nos recuerdan el hombre angustiado de la novela existencialista. Pero si bien estas novelas plantean una situación similar, en ellas el personaje tiene la posibilidad de asumir su condición libremente y luchar por forjarse una existencia auténtica. En cambio el personaje onettiano no se le permite elegir una vida auténtica a partir de la toma de la conciencia del absurdo que surge del choque entre el hombre y el mundo. El ser que vaga por estas novelas está condenado, por una filosofía determinista y fatalista, al fracaso en cuanto se esfuerza por superar su condición. Como resultado lo vemos en un estado de paralización y de abstracción del mundo exterior que culmina en la búsqueda de un refugio en un tiempo pasado y en sueños que sustituyen la realidad insoportable" (7).

El pozo es una novela lineal que no ofrece complicaciones en la estructura novelada. Eladio Linacero en sus primeras páginas se revela como el protagonista central, cuando se dispone a empezar el relato: "Me gustaría escribir la historia de un alma, de ella sola, sin los sucesos en que tuvo que mezclarse, queriendo o no" (8).

La vida que evoca el protagonista central E. Linacero se inicia con una imagen adolescente y finaliza a los cuarenta años, justamente en los sueños diurnos de adulto. La ideología del autor se percibe a través de algunos personajes de la novela. Esta se refleja por medio de Lázaro, compañero de E. Linacero, quien vocifera y en ella se nota las convicciones sociales. El compañero de Lázaro, E. Linacero se nos aparece como un chancho burgués. "Esto lo exaspera y hace que se embrolle más rápidamente. Claro que esto no dura mucho. Es lástima porque me divierte. Lázaro pierde la paciencia, se enfurece y se pone a insultar.

> "—Mirá... Sos un desclasado, eso. Va, va... Sos más asqueroso que un chancho burgués, eso" (9).

En la actitud de E. Linacero respecto a los obreros, se da su formación ideológica. Lázaro le grita "fracasado" pero él no quiere darse por entendido, y por esto replica a su amigo. "Pero Lázaro no sabe lo que dice cuando me grita 'fracasado'. No puede ni sospechar lo que contiene la palabra para mí. El pobre tipo me grita eso porque una vez, al principio de nuestra relación se le ocurrió invitarme a una reunión con los camaradas. Trataba de convencerme usando argumentos que yo conocía desde hace veinte años, que hace veinte años me hastiaron para siempre... Conocí mucha gente, obreros, gente de los frigoríficos, aporreada por la vida, perseguida por la desgracia de manera implacable, elevándose sobre la propia miseria de sus vidas para pensar y

7. Flori, Monica Roy. **El tema de la creación literaria en la narrativa de Juan Carlos Onetti.** Ann Arbor, Michigan, U.S.A., 1981, p. 181.
8. Juan Carlos Onetti, **El pozo.** Editorial Arca, Montevideo, 1967, p. 9.
9. **Opus, cit.**, p. 38.

actuar en relación a todos los pobres del mundo. Habría algunos movidos por la ambición, el rencor o la envidia. Pongamos que muchos que la mayoría" (10).

Linacero tal vez aceptaría las reivindicaciones de "los de abajo" en forma abstracta, de una forma general, pero jamás en un plano concreto y real. Veía en los obreros a solo un grupo de gentes de "algo hecho de pureza infantil, candoroso, recio, leal, con la que siempre es posible contar con las circunstancias graves de la vida".

En Linacero se da también una especie de nacionalismo morboso, quizá como sustituto de una clara ideología social. E. Linacero considera a Lázaro como representante de una raza, o tal vez de una cultura nacional con caracteres especiales. "Es posible que haya caído preso y en este momento algunos negroides más brutos que él lo estén enloqueciendo a preguntas y golpes. Pobre hombre, lo desprecio hasta con las raíces del alma, es sucio y grosero, sin imaginación" (11).

El soñador

Para entender a cabalidad la novela **El pozo**, de Juan Carlos Onetti, se requiere entrar a fondo en el mundo freudiano. Todo el relato está impregnado de ese mundo fantástico del sueño. El primer capítulo abiertamente manifiesta el mundo de los sueños: "Lo curioso es que, si alguien dijera de mí que soy un "soñador", me daría fastidio. Es absurdo. He vivido como cualquiera o más. Si hoy no quiero hablar de los sueños, no es porque me da la gana, simplemente. Y si elijo el sueño de la cabaña de troncos, no es porque tenga alguna razón especial. Hay otras aventuras más completas, más interesantes, mejor ordenadas. Pero me quedo con la de la cabaña porque me obligará a contar un prólogo, algo que me sucedió en el mundo de los hechos reales hace cuarenta años. También podría ser un plan al ir contando un "suceso" y un sueño. Todos quedaríamos contentos" (12).

El modelo es sin equívocos el "sueño de la casa de los troncos", donde se unen dos polos: el real y el imaginario,

10. **Opus, cit.**, pp. 39-40.
11. **Opus, cit.**, p. 37.
12. Juan Carlos Onetti, **El pozo**. Editorial Arca. Montevideo, 1967, p. 5.

polos que aunque diferentes se unen y se encabalgan a través de casi todo el relato. Ese continuo sueño se realiza en la vida adulta del protagonista de la novela, pues él aparece a los cuarenta años. El sueño puede dividirse a la vez en dos grandes proyecciones del personaje principal: sueño erótico y sueño de trascendencia ideal. Ester proporciona el sueño erótico. En la esfera idealista se proyecta a un hombre de acción: cazador en Alaska, dedicado al contrabando en Holanda, y marinero en Arrak. Todas las imaginaciones corresponden a una mentalidad de adolescente, a pesar de que se sitúa en una vida adulta. "En Alaska estuve aquella noche, hasta las diez, en la taberna del 'Doble Trébol' " (13).

Tanto los sueños eróticos como los de trascendencia ideal, están regidos por una línea similar: la pureza. Ambos nacen de la realidad cotidiana en que vive el personaje. En la realidad, Ester "era tan estúpida como las otras, avara, mezquina, acaso un poco sucia; en el sueño ella me cuenta lo que sueña o imagina y son siempre cosas de una extraordinaria pureza, sencillas como una historia para niños".

El amor adolescente juega también un papel importante en **El pozo**. Ana María es el primer amor juvenil que se refleja en la novela. "Puede parecer mentira: pero recuerdo perfectamente que desde el momento en que reconocí a Ana María —por la manera de llevar un brazo separado del cuerpo y la inclinación de la cabeza— supe que todo lo que iba a pasar esa noche. Todos menos el final, aunque esperaba una cosa con el mismo sentido" (14).

Progresivamente Onetti va desarrollando el tema del amor adolescente. "Y si uno se casa con una muchacha y un día se despierta al lado de una mujer, es posible que comprenda, sin asco, el alma de los violadores de niñas y el cariño baboso de los viejos que esperan con chocolatines en las esquinas de los liceos". El tema del amor adolescente es frecuente en la novela: "Debe haber alguna obsesión ya bien estudiada —dice E. Linacero al seguir a Ana María— que tenga como objeto la nuca de las muchachas, las nucas un poco hundidas, infantiles, con el vello que nunca se logra peinar. Pero entonces yo no lo miraba con deseo". Así la presen-

13. **Opus, cit.**, p. 16.
14. **Opus, cit.**, pp. 10 y 11.

cia de las niñas adolescentes va generando una especie de adoración y de éxtasis. "La edad de Ana María la sé sin vacilaciones: 18 años. 18 años, porque murió unos meses después y sigue teniendo esa edad cuando abre por la noche la puerta de la cabaña y corre, sin hacer ruido, a tirarse en la cama de las hojas" (15).

Luis Harss considera que la visión de **El pozo** es una "pequeña furia interna que inspira en el protagonista una triste lujuria. El absurdo amor que por ella siente, que existe enteramente en el sublimado reino del ensueño, es un cínico frente tras el que se disimulan sentimientos de culpa y remordimiento... De hecho, en sus primeras obras —**El pozo**—, **Tierra de nadie**, **Para esta noche** (1943), los personajes son poco más que episodios de sus propios procesos mentales. Son fantasías pasajeras, de existencia tenue y errátil; sueños soñados por un autor que, a su vez, es soñado por ellos. Se volatilizan fácilmente. Son realidades secundarias, subsidiarias, sin ningún peso dramático" (16).

En 1941 publica su novela **Tierra de nadie**, la que obtiene el segundo premio en un concurso de la Editorial Losada. Novela que capta la vida de las ciudades rioplatenses. Onetti trata de darle a Montevideo y a Buenos Aires una manera de ser. "Con **Tierra de nadie** no se inventa ni mucho menos la novela montevidiana, sino que el escenario y su fauna se ponen al día, se corresponden con una nueva realidad, o al modo Wildeano, la inventan en la ficción para que la realidad la imite, ya que ambos procedimientos se conjugan en toda creación literaria, si a ésta se la encara sociológicamente" (17).

Al presentar su novela **Tierra de nadie** cuya acción transcurre en Buenos Aires, Juan Carlos Onetti afirma categóricamente: "Pinto un grupo de gentes que aunque puedan parecer exóticas en Buenos Aires son, en realidad, representativas de una generación; generación que, a mi juicio, reproduce, veinte años después, la Europa de post-guerra. Los viejos valores morales fueron abandonados por ella y todavía

15. **Opus, cit.**, p. 10.
16. Luis Harss, **Los nuestros**. Editorial Sudamericana, Buenos Aires, 1971, pp. 226-227.
17. Angel Rama, **Origen de un novelista y de una generación literaria**. Editorial Arca, 1967, p. 75.

no han aparecido otros que puedan sustituirlos. El caso es que en el país más importante de Sudamérica, de la joven América, crece el tipo del indiferente moral, del hombre sin fe ni interés por su destino. Que no se reproduce al novelista haber encarado la pintura de ese tipo humano con igual espíritu de indiferencia'' (18).

El protagonista central de **Tierra de nadie** es Aránzuru, abogado, el cual a lo largo de la novela abandona el estudio, a sus amigos y se entrega a la vida mundanal con una prostituta y al final se inclina por el robo y con tratos comerciales con Larsen.

> ''Larsen estaba despatarrado en la silla, inclinado hacia la luz, recortándose las uñas con el cortaplumas. Aránzuru recogió el sombrero y encendió un cigarrillo.
>
> ''—Bueno, quedamos en eso. Lo hago enseguida, esta noche. Padre turco, la noche árabe. Más de catorce años y siete meses. Duerma y vaya mañana. Ya sabe. Diga que se enteró que lo buscan y no sabe por qué. ¿Estamos?
>
> ''—Sí, doctor —repuso Oscar—. Por mi parte... Pero ir, así, me entiende, a meterse en la trampa.
>
> ''Larsen intervino, sin abandonar las uñas:
>
> ''—Vos hacé lo que dice el doctor.
>
> ''—Vaya mañana. Diga, en todo caso, que usted está seguro que tiene más de veinte años.
>
> ''—Sí, sí. El desarrollo. Bueno'' (19).

Onetti intensifica en esta obra su visión agónica de la realidad. Abandona la narración íntima por medio del ''testigo'' y examina su panorama de una manera fría, distanciada, implacablemente cruda y cruel. Con una técnica claramente inspirada por **Manhattan Transfer** de Dos Passos, de múltiples historias simultáneas cuyos fragmentos se alternan y se interpretan con rapidez y agilidad, el autor presenta a sus personajes —pistoleros, criminales, **macrós**, prostitutas, pseudointelectuales, organizadores sindicales, canallas, simples figuras a la deriva—, sin introducir previamente al lector a sus complicadas interrelaciones ni explicarle sus antecedentes, dejando que estos datos se infieran vagamente mediante alusiones e indicios indirectos, contenidos en trozos de recuerdos y conversaciones en el transcurso de la

18. **Opus, cit.**, p. 76.
19. Juan Carlos Onetti, **Obras completas.** Editorial Aguilar, México, 1970, p. 122.

vida cotidiana, una vida tediosa y gris, de una sordidez casi increíble.

Y como si fuese suficiente el constante desfilar de tristes recuerdos amorosos, desoladas escenas de alcoba, abandonos, estafas, cínicas discusiones sobre arte o política, abortos, suicidios y frustrados intentos de escape, Onetti pone en boca de sus personajes tersas expresiones del mismo nihilismo que exudan los cuadros tan deprimentes de esta novela. Aránzuru, la figura que con más frecuencia aparece en sus páginas, formula su filosofía del destierro, de la separación del hombre y el mundo circundante, en estos términos: (20)

> "Pensó que estaba perdida la amistad del hombre con la tierra. Qué tenía de común con los colores del cielo, los árboles raquíticos de la ciudad, sus múltiples oscuras y alguna luz de ventana, sola en la noche. Qué tenía de común con nada de lo que integra la vida, con las mil cosas que la van haciendo y son ella misma, como las palabras hacen la frase" (21).

Juan Carlos Onetti señala que la descomposición moral constituye algo particular en el medio que habita, llegando a considerar que se refleja en el diálogo de dos personajes de la novela: Llarvi y Casal:

> "—No hay nada que hacer aquí. Cualquier cosa que uno se invente para hacer este asunto europeo, no nuestro. Por más palabrerío americano que se le quiera dar, aunque usted lo escriba en lunfardo. No hay nada.
>
> "—¿Por qué se preocupa, entonces? No hay nada —dijo Casa—. Un hombre evolucionado no debe hacer nada. Fíjese en los constructores, en cualquier orden de cosas. Da lástima. Toda la vida chapaleando en miserias. Mire la política, la literatura, lo que quiera. Todo es falso y lo autóctono lo más falso de todo. Si aquí no hay nada para hacer, no hago nada. Si los gringos les gusta trabajar, que se deslomen. Yo no tengo fe. Algún día tendremos una mística, es seguro; pero entretanto somos felices" (22).

"Onetti ha pintado este cuadro social con pinceladas recias y certeras, desnudando hasta sus raíces el mal que opri-

20. James East Irby, **La influencia de Willian Faulkner en cuatro narradores hispanoamericanos.** Universidad Autónoma de México, México, D.F., 1956, pp. 86-87.
21. Juan Carlos Onetti, **Tierra de nadie.** Buenos Aires, 1941, p. 17.
22. **Opus, cit.**, pp. 123-124.

mía a su patria adoptiva. Pero la completa ausencia de este panorama de valores positivos indica claramente que el propio autor está infectado por la misma enfermedad. Es difícil —como antes apuntamos— distinguir a veces entre la visión de Onetti y la de sus criaturas. En efecto, en cierto momento, parecen ser una y la misma. Con todo, es interesante notar que, en un comentario hecho al margen de su novela, se encuentra evidencia de un sentido moral en Onetti, sentido que reacciona frente a las escenas que ha evocado. Dice el narrador, al referirse al tipo de "indiferente moral" que frecuenta las páginas de **Tierra de nadie**: "Que no se reproche al novelista haber encurado la pintura de ese tipo humano con igual espíritu de indiferencia". Como en el caso de Faulkner de Santuario, la aparente amoralidad de un autor que casi se regocija en ofrecer al lector cuanta violencia y perversión encuentra a la vista, puede atribuirse a un terrible asco interno, a una sensibilidad exacerbada y traumatizada. **Tierra de nadie**, como **Santuario**, es una novela de trauma y de derrota. La repulsión que siente el novelista se traduce en un cuadro infernal, nauseabundo, en que no aparece ningún elemento positivo. La visión de Onetti, como la de Faulkner, es contemplativa, vencida por el mal en todo, menos una oscura resistencia estoica y pasiva" (23).

Para esta noche (1942) es la tercera novela de Onetti. La novela toma estrechos sentimientos de la guerra mundial que se llevaba a cabo en aquella época.

La historia se bifurca en dos partes opuestas pero complementarias. En la simultánea proyección de los dos hilos de la historia, se percibe lo temporal.

"Onetti demuestra considerable habilidad al esbozar los antecedentes y circunstancias generales de su historia y de sus protagonistas mediante la colocación de indicios fragmentarios o indirectos aquí y allá, en conversaciones, recuerdos y pensamientos, sin que el novelista tenga que intervenir con explicaciones al margen de la acción o de la conciencia de los personajes. Un buen ejemplo es el diálogo entre Martins y Ossorio, terso y reconcentrado a la manera de Hemingway o James M. Cain, en el que se dan, por medio de sobreentendidos y alusiones parciales, algunos detalles re-

23. Obra citada de Irby, p. 89.

lativos a la guerra, el sitio, los barcos, etc. Es en **Para esta noche**, también donde por primera vez va Onetti más allá del estilo lacónico de sus dos primeras novelas, para cultivar en ciertos momentos el párrafo de largas oraciones envolventes, muy a la manera de Faulker, que en su lento y tortuoso avance mantiene en suspensión imágenes del pasado y del presente y que, al enfocarse en el plano más propiamente descriptivo, amontonan detalles, gestos, ruidos e impresiones en un caudaloso y heterogéneo flujo verbal. Pueden ofrecerse como ejemplo las siguientes reminiscencias de Morasán: (24)

> Como si el curso de la vida hubiera cesado repentinamente y un principio sin fondo por donde navegaba zumbando el cobre lo separara de la noche y los excitantes días y semanas que habían precedido a la noche, y el resto de su vida fuera a comenzar allá, recién después de atravesar el abismo, en el otro borde, se abandonó a la mentira de estar con Barcala en el restaurante a la casa del partido, comiendo en mangas de camisa, no en este pasado verano que tuvo que vivir oculto en un altillo, sin armas, como si estuviera desnudo frente a la puerta que una patada podía echar abajo, esperando que llegaran a buscarlo en cualquier momento para ponerlo frente a Barcala, volverlo a ver así, más fuerte que él, única cosa que tenía en el mundo por saberse incapaz de resistir la cara del otro colocada delante de la suya; mirándolo en silencio, con sus ojos tristes de mulato, sin decirle palabra, tal como él sabía que Barcala había de mirarlo si alguna vez volvían a encontrarse" (25).

La vida breve (1950) bifurca desde las primeras páginas dos mundos en los cuales se moverá el protagonista principal:

> "Mundo loco —dijo una vez más la mujer, como remedando, como si lo tradujese.
>
> "Yo oía a través de la pared. Imaginé su boca en movimiento frente al hálito de hielo y fermentación de la heladera o la cortina de varillas tostadas que debía estar rígida entre la tarde y el dormitorio, ensombreciendo el desorden de los muebles recién llegados. Escuché, distraído, las frases intermitentes de la mujer, sin creer en lo que decía" (26).

La bifurcación de los dos mundos se observa desde el comienzo, sin superponerse, y en diferentes planos nos va en-

24. **Opus, cit.**, p. 95.
25. Juan Carlos Onetti, **Para esta noche**. Buenos Aires, 1943, p. 51.
26. Juan Carlos Onetti. **Obras completas**. Editorial Aguilar, México, 1970, p. 435.

tregando Onetti la historia de Brausen o Juan María Arce. El mundo de Brausen se caracteriza por lo cotidiano, la responsabilidad, el hastío y el amor. En un pasaje encontramos la descripción del novelista:

> "Entre tanto, soy este hombre pequeño y tímido, incambiable, casado con la única mujer que sedujo a mí, incapaz, no ya de ser otro, sino de la misma voluntad de ser otro. El hombrecito que disgusta en la medida en que impone la lástima, hombrecito confundido en la legión de hombrecitos a los que fue prometido el reino de los cielos. Asceta, como se burla Stein, por la imposibilidad de apasionarse y no por el aceptado absurdo de una convicción eventualmente mutilada. Esto, yo en el taxímetro, inexistente, mera encarnación de la idea Juan María Brausen, símbolo bípedo de un puritanismo barato hecho de negativas —no al alcohol, no al tabaco, un no equivalente para la mujer—, nadie, en realidad".

El mundo de la realidad va apareciendo en Brausen. Así, en cierta ocasión Brausen aprovecha la ausencia de una vecina, y visita el apartamento. El casto amante de una sola mujer se inclina por ser a la vez el amante de una prostituta. En la primera tentativa de entrar en contacto con la Queca, Brausen recibe el primer castigo por parte de una de sus amantes de ella. Aquí aparece su doble, el de Juan María Arce, enfrentado de hecho a la violencia. Aquí el amor cotidiano cambia substancialmente:

> "Si la olvido (piensa, mientras la mira caminar por la pieza), podría desearla, obligarla a quedarse y contagiarme su silenciosa alegría. Aplastar mi cuerpo contra el suyo, saltar después de la cama para sentirme y mirarme desnudo, armonioso y brillante como una estatua, efebo por la juventud transmitida a través de epidermis y de mucosas, desbordante de mi vigor de tercera mano".

En el plano de la realidad Arce trata de matar a la Queca a fin de purificarse como él lo dice: "para quedarme vacío de todo lo que había tenido que tragarme desde la adolescencia, de todas las palabras ahogadas por pereza, por falta de fe, por el sentido de la inutilidad de hablar".

Algo importante para señalar es la vida interior de Brausen. En esta aventura Brausen se libera de las fuerzas de la imaginación. Así la novela adquiere profundidad en el tiempo y en el espacio. El autor va ordenando sus anécdotas tanto en lo temporal como en el espacio. Además se ven en forma marcada los planos de lo teórico y de lo práctico.

El mundo de lo real constituye idea de salvación, manera de vencer la desesperación y de reconocer el mundo del absurdo. "Yo besaré los pies de aquél que comprenda que la eternidad es ahora, que él mismo es el único fin, que acepte y se empeñe en ser él mismo, solamente porque sí, en todo momento y contra todo lo que se oponga, arrastrado por la intensidad, engañado por la memoria y la fantasía. Beso sus pies, aplaudo el coraje de aquél que aceptó todas y cada una de las leyes de un juego que no fue inventado por él, que no le preguntaron si quería jugar".

"Toda la novela entonces adquiere profundidad en el tiempo y en el espacio. En vez de contar tres historias más o menos novelescas que se yuxtaponen en universos incomunicados y regidos por sus propias leyes, el libro ordena en un mismo cuadro espacial y temporal sus anécdotas; ese territorio común de las tres historias es la creación narrativa: el tema esencial que permite su existencia simultánea...

Proyectada sobre el cuadro de la ficción rioplatense de los últimos años, esta novela (y la obra entera de Juan Carlos Onetti que le sirve de antecedente) adquiere un significado peculiar. Ante todo parece fácil clasificar a Onetti como un novelista de la ciudad y un novelista del realismo, oponiéndolo a un Güiraldes, a un Benito Lynch, a un Amorin (en su primera época), a un Espinola, y emparejándolo a un Manuel Gálvez (en su período prehistórico), a un Roberto Arlt, a un Amorín (segunda época), a un Eduardo Mallea, a un Felisberto Hernández (antes del onirismo), a un Leopoldo Marechal en su único intento totalitario (Adán Buenosayres). Un examen comparado de sus respectivas obras lo deja a Onetti solo. Y no porque no sea posible esgrimir reparos a sus creaciones. Cualquiera advierte la sospecha monotonía de sus personajes, la unilateralidad en el método descriptivo, el (a veces excesivo) simbolismo de sus acciones y caracteres, el desarrollo deliberadamente barroco que entorpece la lectura, los rasgos aislados de mal gusto. Pero ninguno de los nombrados en su categoría (ciudadana y realista) alcanza la violencia y lucidez de sus testimonios, la calidad segura de su arte que sabe superar el realismo superficial y se mueve con pasión entre símbolos" (27).

27. Emir Rodríguez Monegal, **Narradores de esta América. Editorial Alfa**, Montevideo, pp. 165-169.

Los adioses (1954). La novela se desarrolla a través de un testigo, quien es dueño de un almacén y un ex-tuberculoso. Por medio de este testigo y sus amigos conocemos la historia novelada.

> "Acepté una nueva forma de la lástima (declara el testigo), lo supuse más débil, más despojado, más joven. Comencé a verlo en alargadas fotos de **El Gráfico** con pantalones cortos y una camiseta blanca inicialada, rodeado por otros hombres vestidos como él, sonriente o desviando los ojos con, a la vez, el hastío y la modestia que conviene a los divos y los héroes. Joven entre jóvenes, la cabeza brillante y recién peinada, mostrando, aún en la grosera retícula de las sextas ediciones, el brillo saludable de la piel, el resplandor suavemente grasoso de la energía, varonil, inagotable".

> "La técnica misma de la novela explica la ambigüedad general. Al elegir un único punto de vista para contar su historia (el derrotado y obsceno testigo), al presentar sus relaciones en el orden en que van ocurriendo para ese par de ojos, Onetti ha pagado tributo a la técnica que ha impuesto, desde el siglo pasado, Henry James. También en James el punto de vista, aparentemente objetivo, pero subjetivismo, de un testigo es clave de la ambigüedad" (28).

"**Adioses** puede ser considerada como una novela que expresa la visión existencial de Onetti sobre el absurdo de la condición humana y su teoría del conocimiento que limita al ser a un conocimiento subjetivo y parcial. Sin embargo, a otro nivel, es una novela sobre la técnica de la novela, trabajada primordialmente por el uso particular que hemos visto del narrador y la narración. El narrador es un alter ego del autor implícito que expresa sus preocupaciones sobre la creación literaria y considera la novela como ámbito de experimentación narrativa" (29).

El astillero (1961) continúa la misma línea de Onetti en sus novelas anteriores: el tedio, la falta de comunicación, la sensualidad cotidiana y el hastío recorren a través de la novela. "Sospechó, de golpe, lo que todos llegan a comprender, más tarde o más temprano: que era el único hombre vivo en un mundo ocupado por fantasmas, que la comunicación era imposible y ni siquiera deseable, que tanto daba la lástima como el odio, que un tolerante hastío, una participación

28. **Opus, cit.**, p. 178.
29. Flori, Monica Roy, **El tema de la creación literaria en la narrativa de Juan Carlos Onetti**. Ann Arbor, Michigan, U.S.A., 1982, pp. 117-118.

dividida entre el respeto y la sensualidad eran lo único que podía ser exigido y convenía dar". Así el novelista sintetiza esa soledad, esa pérdida de la comunicación, y el hastío de un mundo hermético que gira a través de sus páginas sin mayor esperanza.

Aparece el protagonista Larsen en la ciudad de Santa María con un pasado nada recomendable. El lector va descubriendo morosamente y retrospectivamente la vida de Larsen: la falta de amor y de comunicación.

"Lo que Larsen no soporta es la vida. Soporta la mentira del sexo, la mentira de las adolescentes en flor, la mentira de los viejos visionarios con negocios en ruina, la mentira de la policía y hasta la mentira de otros suicidas. Pero cuando se enfrenta con la mujer rugiendo y sangrando, huye. Esa es la vida. Pero este cínico, este sórdido, este vulgar macro, es un romántico de corazón, un almita sensible que se acoraza de podredumbre y cino y llanto fingido, para no aceptar que el mundo viola la inocencia, que las mujeres que queremos dejan un día de ser muchachas, que la vida irrumpe en el mundo destrozándolo todo.

La última delirante fuga de Larsen por el círculo final de su infierno es una fuga de la vida misma. Como Eladio Linacero, que huía de su ámbito en **El pozo** (1939) por la ruta de los sueños que se cantaban; como Juan María Brausen que escapaba de una mediocre realidad suburbana en **La vida breve** (1950), inventándose otra personalidad y hasta creando un mundo entero, este nuevo protagonista de Onetti, enfrentado con las raíces mismas de la vida, se fuga por la muerte. Toda la novela tiene la marca simbólica del regreso al país de los muertos. Así como Ulises desciende en busca de las sombras en **La Odisea**, y Eneas bajo el Averno y Dante se hunde en la ciudad de Dite, Junta Larsen regresa a Santa María y a la muerte final" (29).

La novela gira a través de tres principales personajes: Larsen, la mujer y el patrón. La historia novelada puede resumirse como el deseo de un hombre que desea entrar a la casa de patrón sin éxito. Quizá **El astillero** podría ser la continuación de un capítulo de **La vida breve**, y temáticamente parte probablemente de la novela **Juntacadáveres**.

Con la muerte de Larsen concluye la novela. Murió sin gloria, y llegó al sepulcro sencillamente tras una muerte común diaria. En la ciudad **El rosario** figura el nombre verdadero, y así aparece una identidad que sólo sirve para la lista de los muertos. Así el autor nos revela que la vida de su protagonista Larsen fue una vida sin sentido. "Murió de pulmonía en El Rosario, antes de que terminara la semana, y en los libros del hospital figura completo su nombre verdadero" (30).

30. Juan Carlos Onetti, **Obras completas**. Aguilar, S.A., México, 1970, p. 1201.

CAPITULO XXI

ERNESTO SABATO

Ernesto Sábato (1911), Rojas, Argentina. Su obra está representada en la siguiente producción literaria: **Uno y el universo** (1945), **El túnel** (1948), **Hombres y engranajes** (1951), **Heterodoxia** (1953), **El otro rostro del periodista** (1958), **Sobre héroes y tumbas** (1961), **El escritor y sus fantasmas** (1963) y **El ángel y el abismo** (1974).

Sábato estudió Física-matemática en la Universidad de La Plata, posteriormente en París y luego en los Estados Unidos. Por el año de 1941 abandonó la ciencia y se dedicó a la literatura.

Difícil fue la lucha interior de Sábato para optar por la ciencia o la literatura. "Nos dice en **El escritor y sus fantasmas** que durante años que vivió en el mundo matemático pudo llegar hasta sus más admirables construcciones mentales: la teoría de la relatividad, la teoría de los quanta; encontrando al fin que estas construcciones eran tan admirables como abstractas y completamente inútiles para las inquietudes existenciales más profundas y comenzó a ver que el hombre debía volver a ese género de concretez que el arte daba de manera ejemplar". "Es superfluo advertir que no pretendía yo encontrar la clave del magno problema de nuestra época: sufría en carne propia la vivencia de ese mundo cosificado y abstracto producido por la ciencia moderna y que tiene en esa misma ciencia su más alto (pero también su más pérfido) paradigma" (1).

1. Joaquín Neyra, **Ernesto Sábato**. Ministerio de Cultura y Educación. Buenos Aires, 1973, p. 44.

Sábato está obsesionado por el destino del mundo ante una sociedad dominada por la ciencia sin conciencia. A este mundo Sábato huye. Así el escritor nos plantea algo que toca con lo divino y lo humano en el último capítulo de **Hombres y engranajes**:

"Esto debería bastar para probarnos que el mundo tiene algún misterioso sentido y para convencernos de que, aunque mortales y perversos, los hombres podemos alcanzar de algún modo la grandeza y la eternidad. Y que, si es cierto que Satanás es el amo de la tierra, en alguna parte del cielo o en algún rincón de nuestro ser reside un Espíritu Divino que incesantemente lucha contra él, para levantarnos una y otra vez sobre el barro de nuestra desesperación" (2).

El túnel (1948). Esta novela parte desde el punto de vista de un "narrador-protagonista", en primera persona. La novela alcanza una estructura personal, de ahí que narre hechos de la vida interior, de conciencia. Los motivos que configuran este tipo de narración son elementos de la realidad, los deseos, la falta de comunicación, las aspiraciones metafísicas, y las frustraciones y la soledad de la existencia angustiada del protagonista Juan Pablo Castel.

La secuencia narrativa de la novela suele alterarse, a fin de dejar al lector conocer desde el comienzo el final de la trama. El asesinato de la mujer se va desarrollando en sus páginas a fin de mostrar las razones que llevaron al protagonista a realizar el crimen. La historia interna de la tragedia es lógicamente el valor vital de la novela.

Al romper Sábato el orden temporal logra mantener en tensión al lector hasta el final. Al iniciarse el capítulo IV, el autor nos dice: "Una tarde, por fin, la vi por la calle. Caminaba por la otra vereda, en forma resuelta, como quien tiene que llegar a un lugar definido a una hora definida" (3). El lector espera qué ocurrió en ese encuentro, pero el novelista desvía el tema contándonos la vida interior del protagonista en el tiempo que dejó de verla.

"La verdad es que muchas veces había pensado y planeado minuciosamente mi actitud en caso de encontrarla. Creo haber dicho que soy muy tímido; por eso había pensa-

2. **Opus, cit.**, p. 45.
3. Ernesto Sábato, **El túnel**. The MacMillan Company, New York, 1965, p. 13.

do y repensado un probable encuentro y la forma de aprovecharlo. La dificultad mayor con que siempre tropezaba en sus encuentros imaginarios era la forma de entrar en conversación" (4).

El túnel toca el campo existencialista de Sartre o de Albert Camus. Juan Pablo Castel, narrador, protagonista, muestra la influencia del existencialismo. "Según Sartre, el esencial estado de solipsismo sólo puede evitarse en la existencia humana gracias al logro de una relación de ser a ser, de sujeto a sujeto. Y esto es justamente lo que intentará el personaje de la obra que ocupa nuestra atención: Juan Pablo Castel —un cabal "existente" según tendremos ocasión de comprobarlo— pretende lograr salir de su soledad básica en contacto con María, un ser tan existente como él. Su ansia de ser entendido es absoluta, hay en él un afán imperioso de obtener una real comunicación" (5).

La incomprensión, la soledad, la falta de comunicación es motivo principal para que Juan Pablo Castel escriba su historia, "la débil esperanza de que alguna persona llegue a entenderme. Aunque sea una sola persona". Es el grito de angustia, del protagonista por el afán de ser comprendido, de tener comunicación en un mundo de ciegos. María aparece en su vida en "una exposición de Castel donde se exhibe su cuadro "Maternidad", y allí se revela un detalle que impresionó a Castel: "En el salón de primavera de 1946 presenté un cuadro llamado "Maternidad". Era por el estilo de muchos otros anteriores; como dicen los críticos en su insoportable dialecto, era sólido, estaba bien arquitecturado. Tenía, en fin, los atributos que esos charlatanes encontraban siempre en mis telas, incluyendo "cierta cosa profundamente intelectual". Pero arriba, a la izquierda, a través de una ventanita, se veía una escena pequeña y remota; una playa solitaria y una mujer que miraba el mar. Era una mujer que miraba como esperando algo, quizá algún llamado apagado y distante. La escena sugería en mi opinión, una soledad ansiosa y absoluta" (6).

Castel mira a una muchacha que se fija en algo que

4. **Opus, cit.**, p. 14.
5. H. F. Giacoman y otros. **Los personajes de Sábato.** Emecé Editores, Buenos Aires, 1972, p. 62.
6. **El túnel**, obra citada, p. 12.

para el pintor tenía importancia: "Una muchacha desconocida estuvo mucho tiempo delante de mi cuadro sin dar importancia, en apariencia, a la gran mujer en primer plano, la mujer que miraba jugar al niño. En cambio, miró fijamente la escena de la ventana y mientras lo hacía tuve la seguridad de que estaba aislada del mundo entero: no vio ni oyó a la gente que pasaba o se detenía frente a mi tela" (7).

Este es el primer paso para iniciar la amistad con María; lo que más le atrae al protagonista es la posibilidad de hallar a alguien que lo "entienda", y llegar a una completa "comunicación". Desde la primera aparición de María a Castel, él sólo pintó para ella, así se inicia el problema existencialista en la novela: el amor será de carácter existencial. María es a la vez objeto de su realización: sólo ella le da oportunidad de dar rienda suelta a sus sentimientos:

...Mi corazón latía con evidencia y sentí que se me abría una oscura pero vasta y poderosa perspectiva: intuí que una gran fuerza, hasta ese momento dormida, se desencadenaría en mí".

Profundizando un poco más en el problema existencial, hallamos en Castel un deseo de comunicación permanente. María a su vez expresa soledad cuando dice: "...Sentí que eras como yo y que también buscabas ciegamente a alguien, una especie de interlocutor mudo".

Así encontramos que ambos desean comunicación, ambos se esperan y ambos quieren compartir su vida.

"En esta novela corta, llena de tensión, que puede leerse como una descripción psicológica del fracaso mental del hombre hipersensible, solitario, Sábato ha creado un relato existencialista lleno de angustia, que constituye el símbolo de la soledad implícita en el existir. Imbuido de la ansiedad que caracterizó los años de posguerra, de lo que es producto, **El túnel** se estructura en principio sobre dos temas de carácter pesimista: la soledad y la alienación de un hombre en un universo caótico y sin sentido, y la idea, estrechamente vinculada, de la imposibilidad de lograr cualquier comunicación eficaz, para no mencionar la comunicación duradera y profunda de dos seres humanos" (8).

7. **Opus, cit.**, p. 13.
8. **Los personajes de Sábato**, obra citada, p. 108.

La personalidad de Castel se revela a través de visión de la humanidad. El ser humano se refleja no como individuo sino como tipos que pertenecen a grupos o categorías. "Diré, antes que nada, que detesto a los grupos, las sectas, las cofradías, los gremios, y en general, esos conjuntos de bichos que se reúnen por razones de profesión, de gusto o de manía semejante".

Las personas que se hallan vinculadas con su profesión reciben un trato igual; se refiere especialmente a los pintores y a la crítica como "unidad profesional". Dice así:

"Pero, en fin, ya está hecho, aunque todavía tendría mucho que decir acerca de ese asunto de las exposiciones: las habladurías de los colegas, la ceguera del público, la imbecilidad de los encargados de preparar el salón y distribuir los cuadros. Felizmente (o desgraciadamente) ya todo eso no me interesa; de otro modo quizá escribiría un largo ensayo titulado **De la forma en que el pintor debe defenderse de los amigos de la pintura**" (9).

Esos hombres "aglomerados" según Castel, tienden a romper el contacto personal del mundo. El existencialismo le interesa el hombre de carne y hueso, el verdadero hombre. Los miembros de estas organizaciones tienen la manía de la "repetición del tipo", "la jerga" y "la vanidad de creerse superiores al resto de los hombres"; con estos términos Castel los califica.

"Junto al peligro de entrega a ese mundo, objeto sistemáticamente organizado y al que por el hecho de pertenecer el hombrearriesga su existencia auténtica, está el posible abandono de la cotidianidad, pequeña burguesa en la que el hombre se instala confiadamente, entre objetos tranquilizadores que le ocultan su esencial desamparo. Los existencialistas se preocupan básicamente por evitar el olvido de la muerte y de todas las situaciones angustiosas, las situaciones-límites a las que alude Jaspers. Por eso que la vida elevada es vida estrecha, limitada por todos lados" (10).

Los frecuentes sueños en la novela crean la unidad temática y estructural. Los sueños más o menos tocan el tema de la soledad y de la incomunicación. Tres sueños y algunas pe-

9. **El túnel**, obra citada, p. 18.
10. **Opus, cit.**, p. 79.

sadillas son percibidos por el protagonista. El primer sueño se produce al enterarse de que María es casada. En medio de una crisis sicológica Castel refiere el sueño:

"Visitaba de noche una vieja casa solitaria. Era una casa en cierto modo conocida e infinitamente ansiada por mí desde la infancia, de manera que al entrar en ella me guiaban algunos recuerdos. Pero a veces me encontraba perdido en la oscuridad o tenía la impresión de enemigos escondidos que podían asaltarme por detrás o de gentes que cuchicheaban y se burlaban de mí, de mi ingenuidad. ¿Quiénes eran esas gentes y qué querían? y sin embargo, y a pesar de todo, sentía que en esa casa renacían en mí los antiguos amores de la adolescencia, con los mismos temblores y esa sensación de suave locura, de temor y de alegría. Cuando me desperté, comprendí que la casa del sueño era María" (11).

El primer sueño centrado en la casa corresponde en el subconsciente a María. El primer sueño de Castel retrospectivamente configura los primeros amores de su infancia. María es la mujer ideal del protagonista y de ahí el recuerdo permanente.

El segundo sueño se revela más agresivo. Se presenta justamente un mes después de haber iniciado su relación con María. En el sueño alude al engañò de Allende, su marido.

"Teníamos que ir, varias personas, a la casa de un señor que nos había citado. Llegué a la casa, que desde afuera parecía como cualquier otra, y entré. Al entrar tuve la certeza instantánea de que no era así, de que era diferente a las demás. El dueño me dijo: Lo estaba esperando.

Intuí que había caído en una trampa y quise huir. Hice un enorme esfuerzo, pero era tarde: mi cuerpo ya no obedecía. Me resigné a presenciar lo que iba a pasar, como si fuera un acontecimiento ajeno a mi persona. El hombre aquél comenzó a transformarse en pájaro de tamaño humano. Empezó por los pies: vi cómo se convertían poco a poco en unas patas de gallo o algo así. Después siguió la transformación de todo el cuerpo, hacia arriba, como sube el agua en un estanque. Mi única esperanza estaba ahora en los amigos, que inexplicablemente no habían llegado: cuando por fin llegaron, sucedió algo que me horrorizó: no notaron mi transfor-

11. **El túnel**, obra citada, p. 44.

mación. Me trataron como siempre, lo que probaba que me veían como siempre. Pensando que el mago los ilusionaba de modo que me viera como una persona normal, decidí referir lo que me había hecho. Aunque mi propósito era referir el fenómeno con tranquilidad, para no agravar la situación irritando al mago con una reacción demasiado violenta (lo que podría inducirlo a hacer algo todavía peor), comencé a contar todo a gritos. Entonces observé dos hechos asombrosos: la frase que quería pronunciar salió convertida en áspero chillido de pájaro, un chillido desesperado y extraño, quizá por lo que encerraba de humano; y, lo que era infinitamente peor, mis amigos no oyeron ese chillido, como no habían visto mi cuerpo de gran pájaro; por el contrario, parecían oír mi voz habitual diciendo cosas habituales, porque en ningún momento mostraron el menor asombro. Me callé, espantado. El dueño de casa me miró entonces con un sarcástico brillo en sus ojos, casi imperceptible y en todo caso sólo advertido por mí. Entonces comprendí que nadie, nunca sabría que yo había sido transformado en pájaro. Estaba perdido para siempre y el secreto iría conmigo a la tumba" (12).

El inconsciente refleja el dolor de Castel por engañar al esposo de María. El sentido del sueño es eminentemente moral.

El tercer sueño se presenta en el período más crítico de su desorden mental. El sueño se percibe sólo en grandes rasgos mostrando la pérdida ascendente de su personalidad. El sueño aparece al descubrir que Hunter es amante de María.

> "Espiando desde un escondite me veía a mí mismo, sentado en una silla en el medio de una habitación sombría, sin muebles ni decorados y, detrás de mí, a dos personas que se miraban con expresión de diabólica ironía: una era María, la otra era Hunter".

La novela es muy rica en símbolos que nos ayudan a estructurar la historia. Por ejemplo el continuo repetir de la palabra "mar" nos revela que hay una afinidad simbólica con el título de su cuadro "Maternidad", título que aparece en diferentes formas a través de la narración. Cuando se exhibe el cuadro, Castel justamente conoce a María, quien se

12. **Opus, cit.**, pp. 63-64.

hallaba mirando el cuadro y la que se encontraba en el punto de la maternidad de la pintura y en este mismo instante se refleja una mutua comprensión entre los dos. Esto es justamente lo que buscaba Castel. Hay evidencia de una correspondencia efectiva, evidencia que se presenta a través de una carta:

> "He pasado tres días extraños: el mar, la playa, los caminos me fueron trayendo recuerdos de otros tiempos. No sólo imágenes: también voces, gritos y largos silencios de otros días. Es curioso, pero vivir consiste en construir futuros recuerdos; ahora mismo, aquí frente al mar, sé que estoy preparando recuerdos minuciosos, que alguna vez me traerán la melancolía y la desesperanza.
>
> "El mar está ahí, permanente y rabioso. Mi llanto de entonces, inútil; también inútiles mis esperas en la playa solitaria, mirando tenazmente al mar. ¿Has adivinado y pintado este recuerdo mío o has pintado el recuerdo de muchos seres como tú y yo?
>
> "Pero ahora tu figura se interpone: estás entre el mar y yo. Mis ojos encuentran tus ojos. Estás quieto y un poco desconsolado, me miras como pidiendo ayuda.
>
> María" (13).

El recibir la carta fue una sorpresa para Castel. La carta repetía la palabra "mar", que Castel relacionaba con la maternidad. Pero oscuros pensamientos invadían la mente de Castel que reflejaba un acto de violencia. Aquí se inicia el proceso del crimen. Toma el cuchillo con el que piensa cometer el homicidio de María, y al mismo tiempo se detiene a mirar su obra de arte, que destruye en pequeños pedazos. La agresión contra el cuadro es un anticipo de agresividad que culminaría con la muerte de María. Castel dice:

> "Entonces, llorando, le clavé el cuchillo en el pecho. Ella apretó las mandíbulas y cerró los ojos y cuando yo saqué el cuchillo chorreante de sangre, los abrió con esfuerzo y me miró con una mirada dolorosa y humilde. Un súbito furor fortaleció mi alma y clavé muchas veces el cuchillo en su pecho y en su vientre.
>
> "Después salí nuevamente a la terraza y descendí con un gran ímpetu, como si el demonio ya estuviera para siempre en mi espíritu. Los relámpagos me mostraron, por última vez, un paisaje que nos había sido común" (14).

"De hecho, el asesinato que comete en la persona de María le

13. **Opus, cit.**, p. 45.
14. **Opus, cit.**, p. 100.

> permite completar su jornada simbólica, su jornada inversa. Su cuarto, al final del libro, es un símil de su propia mente, un lugar de donde jamás podrá escapar. En pocas palabras: al haber matado a su "madre", retorna al útero. Por primera vez es capaz de considerar, desde su cuarto, que el mundo exterior es normal. Sin embargo, está totalmente 'asegurado' contra él. Al final de sus confesiones nota que las paredes de lo que llama su 'infierno' serán cada día más herméticas" (15).

Grosso modo, la acción de la novela se estructura desde el momento de la incomunicación y el instante del asesinato de María. Antes del crimen Castel dice: "Tengo que matarte, María. Me has dejado solo". Ese yo constante del protagonista busca unirse al otro.

"El problema de la soledad se relaciona íntimamente con la idea de la imposibilidad de un intercambio espiritual duradero entre los seres humanos, porque **El túnel**, en toda su extensión, excluye la comunicación afectiva y la perpetuación de aquel mágico momento inicial de compañerismo entre el artista y el espectador ante la obra. Sábato sugiere esta imposibilidad oponiendo con sutileza cinco obstáculos específicos en la estructura ficticia: la dificultad de establecer contacto y comunicación, la inadecuación del lenguaje como instrumento de conversación profunda, el carácter imperfecto y fugaz de toda relación, la incapacidad humana del perpetuar estos momentos transitorios mediante elementos físicos tales como el sexo o aun la muerte y la naturaleza radicalmente distinta del hombre y la mujer" (16).

En 1961, Ernesto Sábato publica su segunda novela **Sobre héroes y tumbas**, novela rica y compleja en caracteres, la cual muestra un drama cíclico de la humanidad. El autor desea reflejar dos tipos de realidades: la diurna y la nocturna. Por esta razón uno de los personajes de la novela gira a través de su mundo onírico: "Sueño siempre con fuego, con pájaros, con pantanos en los que me hundo, o con panteras que me desgarran, con víboras. Pero sobre todo con fuego, al final siempre hay fuego".

Sobre estas dos realidades Sábato se ha referido en **El escritor y sus fantasmas**. "En mi novela pretendí dar a la

15. **Los personajes de Sábato**, obra citada, p. 105.
16. **Opus**, cit., p. 124.

realidad toda su extensión y profundidad, incluyendo no solo la parte diurna de la existencia sino la parte nocturna y tenebrosa. Y siendo Fernando Vidal el personaje central y decisivo, todo lo que a él se refiere era importante y debía ser transcripto, muy especialmente aquello que fuera su obsesión fundamental, aunque aparentemente tuviera muy poco que ver con los sucesos luminosos o diurnos. Su informe es la gran pesadilla de Fernando y expresa, aunque sea simbólica y oscuramente, la clave de esa región enigmática donde hacen y deshacen destinos" (17).

Es incontrovertible que Sábato toma referencias al mundo de los sueños de los que nos habla la escuela surrealista. Sus personajes se mueven en un mundo sicológico especial. La "fatalidad interior" actúa sobre la base de traumas ocurridos en zonas remotas de la infancia. El conflicto triangular padre-madre-hijo, bajo la forma de memoria inconsciente, hace que en toda relación amorosa necesite del padecimiento de un tercero. En su adolescencia fue Bruno; posteriormente en sus relaciones con la ciega, necesitó la presencia física del ciego paralítico; en su tragicómico matrimonio, los celos alternativos de Szenfeld, Shapiro y la madre de su esposa; con Norma Pugliese, la ambigua figura de la señorita González Iturrat" (18).

Uno de sus personajes, Bruno, advierte división de personalidades: "Siempre pensé que en él habitaban varias personas diferentes" (19). Otro de sus personajes, Fernando nos habla de las mismas divisiones en el "Informe sobre ciegos". "No sé lo que pasará con los otros. Yo sólo puedo decir que en mí esa identidad de pronto se pierde, y que esa deformación del 'yo' de pronto alcanza proporciones inmensas" (20).

El "Informe sobre ciegos" cumple una función vital en la novela. Narrado en primera persona, el "Informe" nos muestra al protagonista en diferentes aspectos, especialmente en el aspecto del inconsciente. Fernando Vidal Olmos vive bajo una tensión angustiosa acerca del destino del hom-

17. Ernesto Sábato, **El escritor y sus fantasmas.** Buenos Aires, 1963, p. 19.
18. H. F. Giacoman. **Homenaje a E. Sábato.** Anaya, 1973, p. 163.
19. Ernesto Sábato, **Sobre héroes y tumbas.** Buenos Aires, 1970, p. 411.
20. **Opus. cit.**, p. 271.

bre. Fernando dice: "La idea de que estuviéramos gobernados por un Dios omnipotente, omnisciente y bondadoso me parecía tan contradictoria que ni siquiera creía que se pudiese tomar en serio".

Fernando también tiene una serie de rebeliones contra lo constitucionalizado en la sociedad: los sentimientos convencionales y los tabúes aceptados por la sociedad. Fernando quiere romper con las formas consuetudinarias de la vida. Su libertad está condicionada a su soledad. Esa soledad casi patológica parte de la falta de afecto en su vida: "Nadie en su sano juicio podría sostener que el objetivo de estos papeles ("Informe") sea el de despertar simpatía hacia mi persona. He aquí, por ejemplo, uno de los hechos desagradables que como muestra mi sinceridad voy a confesar: no tengo ni nunca he tenido amigos... jamás he sentido afecto por nadie, ni creo que nadie lo haya sentido por mí".

Esa condición especial de su vida, explica muchas de las acciones violentas de Fernando, como por ejemplo cuando pequeño torturaba los pájaros y las hormigas.

"Los animales que aparecen en el 'Informe' raras veces forman parte de frases hechas (Ej. 'Cerebro de moscas') y nunca sirven de elemento decorativo. Interesan principalmente por su capacidad de sugerir agresión y repulsión. Así, entre los más amenazantes se encuentra el pájaro que hiere con el pico, el vampiro que chupa la sangre de su víctima, y el pulso que estrangula con su abrazo. Otros, como la serpiente y el tiburón también son agresivos y además símbolos tradicionales del mal. La mayoría de los animales pertenece a la categoría de los repugnantes: ratas, murciélagos, toda clase de reptiles, batracios, cucarachas, tarántulas, gusanos, etc. El pez, como también un gran número de los animales mencionados arriba desempeña un papel en los importantes episodios de metamorfosis" (21).

En el capítulo XII se identifica con un gran pájaro que lo enceguece, produciéndose una identificación por doble aspecto: actitud y similitud. A medida que avanza la historia Fernando se transforma: "Mi cuerpo se iba convirtiendo en el cuerpo de un pez. Mis extremidades se transformaban re-

21. Obra citada de H. F. Giacoman, pp. 151-152.

pugnantemente en aletas, y sentí que mi piel se cubría de duras escamas".

Sábato estructura la novela bajo diferentes procedimientos, pero cuatro de ellos se imponen sobre los demás: narración, diálogo, descripción y exposición.

La narración fluctúa entre la primera y la tercera persona. La historia más importante está narrada en primera persona, y es el caso del "Informe". La narración en tercera persona, omnisciente se emplea en pocas ocasiones en la novela. Veamos un ejemplo: "La noche estaba fría y nublada; el silencio de la madrugada era profundo. Se oyó el eco lejano de una sirena de barco y luego nuevamente la nada. Durante un rato Martín permaneció inmóvil, pero agitado".

"Sábato usa, además y profusamente, otro procedimiento: el **dialogal**, encaminado a aumentar su intimidad con el lector. El diálogo directo y el matizado están abundantemente utilizados. El criterio que ha determinado el uso de estas diversas formas dialogales, obedece a necesidades internas de la acción. El procedimiento dialogal en su forma directa es absolutamente necesario cuando se quiere transmitir al personaje sin artificios, vivaz, dinámicamente; cuando, además, se quiere enfrentar a los protagonistas, entregándolo directamente en un dramático primer plano. Así, resultan especialmente importantes para la delineación de los personajes y su conflictualidad interna, por ejemplo, los diálogos de Alejandra y Martín en la segunda parte (capítulos XXI y XXIV), el de Martín y Bucich que cierra el libro y el de Fernando con la profesora de Norma (capítulo XI, 'Informe que, además del sarcasmo y los sofismas, provee una jugosa escena humorística' "(22).

La secuencia narrativa se da en **Sobre heroes**, en un proceso narrativo donde se cruzan planos, y se articulan personajes, episodios y hechos. Se efectúan transiciones de un capítulo a otro, generalmente naturales o fuertes, pero no abruptos.

La parte histórica es muy importante en la evolución de la trama. Este libro es el que Sábato llama **Leitmotiv**. El capítulo XII anuncia la guerra civil y por lo tanto la acción de Lavalle:

22. **Opus, cit.**, p. 83.

"Ciento setenta y cinco hombres, rotosos y desesperados, perseguidos por las lanzas de Oribe, huyendo hacia el norte por la quebrada, siempre hacia el norte. El alférez Celedonio Olmos cabalgaba pensando en su hermano panchito, muerto en Quebracho Herrado, y en su padre, el capitán Patricio Olmos, muerto en Quebracho Herrado. Y también, barbudo y miserable, rotoso y desesperado, cabalga hacia el norte el Coronel Bonifacio Acevedo. Y otros ciento setenta y dos hombres indescifrables. Y una mujer. Noche y día huyendo hacia el norte, hacia la frontera".

Diferentes ciclos se desarrollan a través del contrapunto histórico. "El contrapunto llega a su clímax al repetirse la misma escena que sirvió de cuadro final al primer ciclo: el coronel Danel descarnando el cadáver putrefacto de Lavalle. Pero aquí el alma del general habla a las lágrimas de su subordinado, desahoga su tribulación por la muerte de Dorrego, hace la apología del sargento Sosa. Esto es, se muestran los errores y crímenes de la patria y se rinde homenaje al hombre del montón, al rostro invencible representante verdadero de la nacionalidad que en un tachito —diminuto de afecto—, es decir, en su modesto corazón, guardará para siempre la reliquia del héroe" (23).

Sobre héroes y tumbas está estructurada minuciosamente. Un conjunto de temas que como un mosaico se van uniendo armónicamente hasta encontrar una estructuración perfecta. Hallamos en la novela realismo, sicoanálisis, mitología, filosofía, conciencia social, etc.

El realismo se da en **Sobre héroes** en forma social. Pueden verse los relatos donde señala los abusos de los extranjeros y de los feudales desde el siglo XVIII hasta el siglo XX.

Sábato nos entrega en diferentes planos gentes y ambientes. En la obra de Sábato se da un nacionalismo enfocado hacia la realidad el "ser" argentino. Sábato nos demuestra este fenómeno cuando él mismo lo explica:

"Hay probablemente dos actitudes básicas que dan origen a los dos tipos feudalistas de ficción: o se escribe por juego... o se escribe para bucear la condición del hombre.

Si denominamos **gratuito** aquel primer género de ficción que sólo está hecho para procurar esparcimiento o placer,

23. **Opus, cit.**, pp. 100-101.

este segundo podemos llamarlo **problemático**, palabra que a mi juicio es más acertada que la comprometida; pues la palabra compromiso suscita una cantidad de discusiones y de equívocos entre los extremos del simple compromiso con un partido o una iglesia (actitud, por otra parte, indefendible) y el extremo de eso que podemos llamar problematicidad.

Esta clase de ficción repudia el ingenio y la superficial intriga que precisamente caracterizan al género lúdico. A esa superficial intriga se opone el apasionado interés que suscita la complicación problemática del ser humano...; y el trivial misterio de la novela policial o del relato fantástico es reemplazado aquí por el misterio esencial de la existencia, por la dualidad del espíritu y por la opacidad que inevitablemente tienen los seres vivientes" (24).

Así vemos que **Sobre héroes** es una novela de gran problematicidad pero no comprometida. Sábato rompió sus vínculos con el comunismo a fin de adoptar una posición libre. La temática de Sábato tiene una universalidad en su novela, y él ha tratado de que la individualidad nacional tome trascendencia universal. En **Sobre héroes** la idea central parte de la condición humana. Veamos algo al respecto:

"En medio de continuos relámpagos comenzaron a caer algunas gotas, vacilantemente, tanto como para dividir a los porteños —sostenía Bruno— en esos dos bandos que siempre se forman en los días bochornosos de verano: los que con la expresión escéptica y amarga que ya tienen medio estereotipada por la historia de cincuenta años, afirman que **nada** pasará, que las imponentes nubes terminarán por disolverse y que el calor del día siguiente será aún peor..., y los que, esperanzados y candorosos, aquellos a quienes les basta un invierno para olvidar el agobio de esos días atroces, sostienen que "esas nubes darán agua esta misma noche" o, en el peor de los casos, "no pasará de mañana". Bandos tan irreductibles y tan apriorísticos como los que sostienen que "este país está liquidado" y los que dicen que "saldremos adelante porque siempre aquí hay grandes reservas".

En resumen: las tormentas de Buenos Aires dividen a sus habitantes como las tormentas de verano en cualquier

24. **El escritor, "Exploradores, más que inventores"**, pp. **93-94.**

otra gran ciudad actual del mundo: en pesimistas y optimistas. División que ...existe a **priori**, haya o no tormentas de verano, haya o no calamidades telúricas o políticas. Y..., aunque eso es válido para cualquier región del mundo donde haya seres humanos, es indudable que en la Argentina, y sobre todo en Buenos Aires, la proporción de pesimistas es mucho mayor, por la misma razón que el tango es más triste que la tarantela o la polca o cualquier otro baile de no importa qué parte del mundo" (25).

"Lo que resalta, ante todo, si comparamos el libro de ensayos y la novela de Sábato, es que nos hallamos ante un autor que posee una idea clara, detallada y profunda de la dinámica social de la Argentina de hoy, y que sabe deducir las consecuencias de la historia, proyectarlas hacia el presente y en algunos casos hacia el porvenir. Sábato conoce a su país y sabe explicarlo racionalmente. Pero claro, más y menos que una explicación racional. Sábato también lo sabe; sabe que una novela no se escribe con la cabeza simplemente. Y desde luego nadie puede acusarle de exceso de racionalismo en sus novelas. Lo que ocurre es que en sus novelas hay distintas capas, distintos núcleos. A distintos niveles, en los lugares más inesperados, "a la vuelta de la esquina" de cada capítulo, frente a la armazón lógico-sociológica con que se nos explica —a veces con lirismo, otras caricaturalmente, cínicamente, con ironía o comicidad— la estructura del Buenos Aires de hoy —y al fondo de todo el país, que sostiene y hace posible la gran urbe— se mueven los personajes. O aparecen las grandes corrientes del pasado" (26).

En su novela **El túnel** como en **Sobre héroes y tumbas**, el tema central es una verdadera tragedia. En la primera novela Juan Pablo Castel mata a María Iribarne; en la segunda muere el padre de Alejandra de cuatro balazos. Castel mata a María, aunque ella lo comprende: "Existió una persona que podría entenderme. Pero fue, precisamente, la persona que maté". La ambigüedad en los hechos en Castel se relaciona también a menudo con los protagonistas de **Sobre héroes**. El título de su primera novela **El túnel**, contiene una

25. **Sobre héroes y tumbas**, obra citada, pp. 331-332.
26. Obra citada de Giacoman, p. 216.

significación de laberinto, pero al mismo tiempo hay una esperanza de luz. También el título de su segunda novela **Sobre héroes y tumbas**, está lleno de presagios fúnebres y de luz. Los personajes masculinos —Castel y Martín— en **El Túnel** y en **Sobre héroes** tienen en común una melancolía que se puede señalar en ambos en forma similar.

La soledad y el pesimismo es otra fase **Sobre héroes**. Sábato, al igual que Eduardo Mallea y Juan Carlos Onetti, le teme a la soledad del ambiente que le rodea. Bruno, uno de los protagonistas de **Sobre héroes**, dice:

"Los argentinos somos pesimistas, porque tenemos grandes reservas de esperanzas y de ilusiones, pues para ser pesimista hay que previamente haber esperado algo. Este no es un pueblo cínico, aunque está lleno de cínicos... es más bien un pueblo de gente atormentada... (gente que) protesta, siente rencor. El argentino está descontento con todo, y consigo mismo... está lleno de resentimientos..." (27).

La obra de Sábato a más de ser eminentemente histórica es eminentemente existencialista. Lo histórico y lo existencial van unidos de la mano a fin de mostrarnos la crisis existencialista a través de la historia. Tanto en **El túnel** como **Sobre héroes** resalta el pensamiento filosófico de Sábato. En **El túnel** exclama: "En todo caso, había un solo túnel, oscuro y solitario: el mío" (28).

Castel en **El túnel** busca a toda costa el amor total, pero fracasa y esto lo empuja al crimen de su amada. Las ideas filosóficas van estrechamente unidas a los estados sicológicos, la desesperación metafísica y a la postre a lo patológico. Castel se halla en un mundo de dudas y exclama: "...A veces creo que nada tiene sentido. En un planeta minúsculo en medio de dolores... morimos, mueren y otros están naciendo para volver a empezar la comedia inútil" (29).

Ese amor trágico se da también en **Sobre héroes**. Martín-Alejandra, protagonistas en el amor también fracasan. Martín y Castel desean algo similar: la comunicación, la comprensión y el amor. Pero ambos se frustran. A pesar de toda la oscuridad del panorama los dos siguen luchando. La angustia se torna en esperanza y en fe. Bruno lo explica:

27. **Sobre héroes**, obra citada, p. 168.
28. **El túnel**, p. 10.
29. **Opus, cit.**, p. 46.

"Si la angustia es la experiencia de la Nada... ¿no sería la esperanza la prueba de un sentido oculto de la Existencia, algo por lo cual vale la pena luchar? Y siendo la esperanza más poderosa que la angustia (ya siempre triunfa sobre ella, porque si no, todos nos suicidaríamos), ¿no sería que ese Sentido Oculto es más verdadero, por decirlo así, que la famosa Nada" (30).

Sábato considera que vivimos en una verdadera crisis que se refleja indudablemente en la literatura, y especialmente en la narrativa, género que presenta los grandes problemas sociales. Sábato dice que "si en cualquier lugar del mundo es duro sufrir el destino del artista —observa— aquí es doblemente duro, porque además sufrimos el angustioso destino del latinoamericano" (31).

Eduardo Mallea, refiriéndose a la preocupación de Sábato, dice: "A Sábato le preocupa principalmente el hombre abocado al horror y a la tragedia de la raza humana. En medio del espíritu mercantil, del realismo anquilosado, de los trágicos resultados de la Revolución Industrial, o sea, frente a la civilización tecnocrática, Sábato centra su atención en el hombre sacrificado y martirizado por la cultura que el ser humano creó. Aboga por una expresión novelística, en la tradición cervantista, totalizadora, y orientada hacia la exploración de la condición humana, por una novela crítica de nuestra civilización materialista, y por ende salvadora" (32).

Desde las primeras páginas de la novela asoma un símbolo arquetípico: el dragón y la princesa. El dragón, según las leyendas mitológicas guarda templos y tesoros; la princesa durmiente significa lo inconsciente y es símbolo del ánima. Martín siente cómo se duerme Alejandra, pero él no puede dormir y esto le angustia:

"Como si el príncipe —pensaba— después de recorrer vastas y solitarias regiones, se encontrase por fin frente a la gruta donde ella duerme vigilada por el dragón. Y como si, para colmo, advirtiese que el dragón no vigila a su lado amenazante como lo imaginamos en los mitos infantiles sino, lo que era más angustioso, dentro de ella misma: como si

30. **Sobre héroes y tumbas**, p. 178.
31. **El escritor y sus fantasmas**, p. 8.
32. Eduardo Mallea. **Crisis de la novela o novela de la crisis**, pp. 629-630.

fuera una princesa dragón, un indiscernible monstruo, casto y llameante a la vez, candoroso y repelente al mismo tiempo: como si una purísima niña vestida de comunión tuviese pesadillas de reptil o de murciélago.

Y los vientos misteriosos que parecían soplar desde la oscura gruta del dragón-princesa agitaban su alma y la desgarraban" (33).

Los héroes de la novela, por ejemplo, Fernando, Martín, etc., son héroes simbólicos a la manera de los textos de Jung. Para el suizo el mito existe y tiene estrechas analogías con otros mitos al igual que con la significación de los sueños. En la obra de Sábato el mito se repite a menudo dándonos un sentido simbólico evidente. Veamos por ejemplo un sueño que se repetía en Fernando frecuentemente:

"...veía un chico (y ese chico, hecho curioso, era yo mismo, y me veía y observaba como si fuera otro) que jugaba en silencio a un juego que yo no alcanzaba a entender. Lo observaba con cuidado, tratando de penetrar el sentido de sus gestos, de sus miradas, de palabras que murmuraba. Y de pronto, mirándome gravemente, me decía: observo la sombra de esta pared en el suelo, y esa sombra llega a moverse no sé lo que puede pasar. Había en sus palabras una sobria pero horrenda expectativa. Y entonces yo también empezaba a controlar la sombra con pavor. No se trataba, inútil decirlo, del trivial desplazamiento que la sombra pudiere tener por el simple movimiento del sol: era **otra cosa**. Y así, yo también empezaba a observar con ansiedad. Hasta que advertía que la sombra empezaba a moverse lenta pero perceptiblemente. Me despertaba sudando, gritando. ¿Qué era aquello, qué advertencia, qué símbolo?" (34).

Ese repetido sueño nos revela un arquetipo de la sombra de la que nos habla Jung. Ese arquetipo de la sombra está ligado estrechamente al inconsciente personal de que nos habla Jung. La sombra que se le aparece con frecuencia a Fernando en los sueños es simbólica que se refleja en un espejo:

"Si uno está en situación de ver su propia **sombra** y soportar el saber que la tiene, sólo se ha cumplido una pequeña

33. **Sobre héroes y tumbas**, p. 124.
34. **Opus. cit.**, pp. 268-269.

parte de la tarea: al menos se ha trascendido lo **inconsciente personal**. Pero la sombra es una parte viviente de la personalidad y quiere entonces vivir de alguna forma. No es posible rechazarla ni esquivarla inofensivamente (para uno mismo y para el "mundo circundante"), (35).

Quizá al elegir Sábato el mundo de los ciegos en su novela relacione el sentido del arquetipo de la sombra con la proyección existencial de su obra. El relacionar diferentes puntos de **Sobre héroes** con la concepción de Jung, se trata de comprobar una línea similar a la interpretación del sabio suizo que a su vez amplía profundamente el pensamiento de Sábato.

"Al final comprobamos que tal como afirma Northrop Frye —las novelas se hacen con novelas (o también con novelas y con mitos y leyendas), y que **Sobre héroes y tumbas** es gran literatura y como tal está en el medio de la mezclada corriente de la gran literatura, por la que descienden los arquetipos de tiempos inmemoriales. Pero la razón primera y última de su fuente original reside —como ya lo dijimos— en la sustancia de vida de esos personajes que esperan, luchan y mueren en esas páginas, esa cálida sustancia de vida por la que nacen de nuevo en el épico relato de su pueblo y de todos los pueblos" (36).

Para Jung el mito es una realidad síquica y esa realidad mítica es una realidad superior a la material. Así Sábato quiere reflejar una realidad del mundo mítico en su obra. En **Sobre héroes** el mundo mítico se relaciona no sólo con lo percibido por los sentidos sino que va al mundo de lo misterioso y de lo mágico. Sábato tomó como algo suprarreal los sueños, y así entra al mundo del inconsciente. También los mitos que parten de la intrahistoria son frecuentes en sus novelas. "En **Sobre héroes** no es necesaria la referencia concreta a mito alguno, ya que esto puede no ocurrir, y sin embargo el mito está allí, sólo sugerido debajo de la trama. La historia no se sale de su marco humano, pues se apoya en realidad inmediata; pero hay una serie de elementos extraños, mágicos, que crean una atmósfera que podríamos llamar mítica" (37).

35. C. G. Jung. **Arquetipos e inconsciente colectivo.** (Pantheon, 1959), p. 26.
36. Obra citada de Giacoman, pp. 357-358.
37. **Opus, cit.**, p. 363.

En la novela **Sobre héroes** hallamos una serie de mitos que quizá se remontan a cosmogonías bien de occidente o de oriente. Además se enriquece la antología con arquetipos propios de la literatura universal al igual que de la sicología, Fernando puede tener una similitud a Edipo o Prometeo. En el "Informe sobre ciegos" Sábato nos entrega una serie de problemas que se relacionan directamente con el inconsciente del mundo, en el mundo de la suprarrealidad que está bajo la influencia de los arquetipos simbólicos. Los mitos que utiliza Sábato en **Sobre héroes** están ligados a la historia universal, la Biblia, y ese fluir de la pre-historia llena de la mitología de las religiones antiguas.

"Con la etimología así dada nos encontramos con un apellido que se asocia con Démeter. De esa manera se las arregla para enlazar la familia con la tierra (Démeter — Olmos), es decir, que si bien el apellido se relaciona con el árbol – que es un símbolo de lo masculino— la tierra en la cual esta masculinidad está arraigada y que vive en las profundidades del principio masculino, es la Tierra Madre, madre de toda la vegetación. El árbol es el centro del simbolismo vegetal, establece una relación entre el cielo y la tierra, representa la vida, se apoya en la realidad pero se lanza verticalmente hacia arriba. Sugiere los movimientos y miembros de la forma humana. La tierra significa una base sólida para la vida, así como también profundidad y sustancia. La tierra, como la mujer, es sustancia. Al llamar Olmos a la familia y derivar el apellido de Démeter, las intenciones del autor son múltiples. Por una parte, quiere asociar la familia profundamente a la tierra mediante la fusión de la diosa y el árbol" (38).

38. **Opus, cit.**, p. 365.

CAPITULO XXII

MARIA LUISA BOMBAL

María Luisa Bombal. (Chile, 1911-1980). En 1934 da a conocer su novela **La última niebla** y en 1938 **La amortajada**, novelas que ya señalan los cambios sustanciales que aportaría la nueva novela contemporánea hispanoamericana: abandono de técnicas naturalistas por técnicas surrealistas predominantemente de carácter onírico. La autora une lo humano y lo misterioso dentro de un telón mágico, a fin de darle un tono apasionado a lo sensual. Conduce al lector por una fuerza de visión a cambio de técnicas estilísticas. Une el subjetivismo dentro de una nube de impresionismo, con el ánimo de darles mayor fuerza a sus relatos.

Lucía Guerra-Cunningham, especialista en la obra de María Luisa Bombal, refiriéndose a la obra de la escritora chilena, considera que "En las primeras obras de María Luisa Bombal, se concibe a la mujer como un ser instintivo y vital cuyos impulsos son reprimidos por el orden social burgués; a partir de 1939, fecha de su publicación del cuento 'Islas nuevas', se observa una omisión de las circunstancias sociales específicas en las cuales transcurre la existencia de la mujer latinoamericana. La autora comienza a dar mayor énfasis a la esencia de lo femenino íntimamente ligado al ciclo cósmico y amplía los límites de su circunstancia al mundo moderno en general. Por lo tanto, si en **La última niebla, La**

amortajada y **El árbol**, la esencia femenina era tronchada por las regulaciones de la institución matrimonial, en sus obras posteriores **Islas nuevas, Trenzas** y **La historia de María Griselda**, el conflicto proviene básicamente de los valores positivistas del mundo moderno que es incapaz de reconocer los atributos misteriosos y ancestrales de la mujer.

"Este cambio de énfasis nos ha conducido a dividir su obra en dos etapas, según las características de la heroína y el tipo del conflicto presentado. Ambas etapas constituyen, sin embargo, una totalidad significativa por medio de la cual María Luisa Bombal responde a preguntas que cada día adquieren mayor validez. Aunque generalmente se ha estudiado su narrativa desde un punto de vista formal, la preocupación más importante de la autora se relaciona con una definición de la mujer y su lugar en el mundo.

Al explorar los antecedentes ideológicos y estéticos en la formación de María Luisa Bombal, se destacan experiencias, lecturas y contactos personales que reflejan una orientación general en su producción literaria. Si bien estos factores resultan valiosos para la comprensión de su obra, debemos señalar que los contenidos y la originalidad de su creación artística han sido los verdaderos valores que han convertido a María Luisa Bombal en una de las más importantes escritoras hispanoamericanas. (**La narrativa de María Luisa Bombal**. Editorial Playor, Madrid, 1980, pp. 24-25-26).

Las heroínas en la obra de María Luisa Bombal son seres completamente enajenados. Sus personajes femeninos giran en contorno de una sociedad burguesa, y tratan de defenderse de ese mundo hostil que las oprime. Para su defensa, la autora se basa en el mundo mítico, empero sus heroínas terminan enajenadas, y siempre se hallan dentro de un mundo de ensueños unidas al poder mágico de la naturaleza.

Entender el sentido mítico de Medusa en las obras de Bombal es de gran importancia. La reina de las gorgonas, Medusa, simboliza el efecto de lo social, lo sexual y lo espiritual. "Las gorgonas, tres hermanas —Medusa, Euríale y Esteneo—, son monstruos. Simbolizan así el enemigo interior a combatir. Las deformaciones monstruosas de la psique se deben a las fuerzas pervertidas de tres pulsiones: social, sexual y espiritual. La pulsión espiritual y evolutiva va implícita en las otras dos. La reina de las gorgonas, Medusa, debe simbolizar la perversión de la pulsión espiritual: el estancamiento vanidoso" (1).

Sobre estas bases míticas gira la temática de Bombal a través de **La última niebla, El árbol** y **La amortajada.** El efecto social se percibe en las heroínas, es decir, la opresión de la sociedad burguesa. La presión sexual se observa en la figura repulsiva y atractiva de Medusa, y por último el efecto espiritual se da en los personajes femeninos a través de los diferentes diálogos y de lo maravilloso de la naturaleza. La opresión social del mundo burgués, impone un camino sin alternativa a las mujeres que nos describe María Luisa. Así, sus víctimas que son los hombres que caen en sus garras, no escaparán. Las heroínas son seres inducidos por Medusa, que en el fondo tiene una dicotomía inseparable: Mujer, Medusa. Medusa, hermana de Euriale y Estemo, símbolo de mujer guerrera quien atrae y horroriza a la vez.

Algunos especialistas consideran que Medusa transformó sus cabellos en serpientes y su sino estaba dirigido a – petrificar al hombre que la mirara— porque tuvo amores con Poseidón, precisamente en el templo destinado a la diosa de la sabiduría, a Palas Atenea. Fue Palas Atenea, por medio del héroe Perseo, hijo de Zeus y de Danae, el encargado de matar al espíritu negativo, la perversión. El héroe (hijo de dios y de mujer mortal) "matará y dominará la influencia de la perversión que reina en el mundo" (2).

Alfred Adler, analizando la sicología individual en forma consciente o inconsciente, considera que "el interés social, como todas las posibilidades humanas innatas, se desarrolla según el estilo de vida autoconsciente, del individuo" (3).

Este interés social, representado por hombres y mujeres, nos induce al deseo de perfección, o en otras palabras "el afán de superioridad" dentro del interés social. Pues bien, ¿qué sienten las heroínas de Bombal? Sencillamente sienten el complejo de inferioridad y a su vez la venganza con el sexo opuesto. Es en el fondo, una neurosis colectiva del

1. Paul Diel, **El simbolismo en la mitología griega,** Editorial Labor, Barcelona, 1976, p. 88.
2. **Opus, cit.,** p. 87.
3. Adler, Alfred, **Superioridad e interés social.** Fondo de Cultura Económica, México, 1964, p. 32.

elemento femenino en un orden burgués imperante, lo cual desemboca en un estado sin control del **símbolo medusino** que lleva a una conducta femenina insana a un nivel social e individual.

La opresión social del mundo burgués, impone un camino sin alternativa a las mujeres que nos describe María Luisa. Así, sus víctimas que son los hombres que caen en sus garras, no escaparán. Las heroínas son seres inducidos por Medusa, que en el fondo tiene una dicotomía inseparable: Mujer, Medusa.

La última niebla (4), novela simbólica, desea expresar la preocupación síquica femenina en una sociedad hostil burguesa. La voz narrativa y Regina quieren explicar el espejo de su destino. Las dos se dan en forma de contrapunto: Regina, con deseo de transformar el orden social establecido, y la narradora de una pasividad, sin ánimo de progreso ni dinamicidad. De ahí que la voz narrativa se halla fuera de un mundo histórico y atrapado por un continuo ensueño.

La unidad de la novela se efectúa a través del conflicto de los sexos. Lo primero que debemos determinar es cómo la voz narrativa explica en la casa de Daniel, el súbito matrimonio.

"—Mi prima y yo nos casamos esta mañana. Tuve dos segundos de perplejidad.

"Por muy poca importancia que se haya dado a nuestro repentino enlace, Daniel debió haber advertido a su gente —pensé escandalizada" (5).

El relato comienza elaborando una conciencia concreta, entre lo masculino y lo femenino. Al analizar la primera esposa de Daniel, la voz narrativa la describe como "muchacha huraña y flaca a quien adoraba, y que debiera morir inesperadamente tres meses después" (6).

Al observar la agresividad de Daniel a la narradora después del matrimonio vemos lo siguiente: "A la verdad, desde que el coche franqueó los límites de la hacienda, mi marido se había mostrado nervioso, casi agresivo. Y era natural. Hacía apenas un año recorría el mismo trayecto con su prime-

4. María Luisa Bombal, **La última niebla**, Editorial Andina, Buenos Aires, 1979.
5. **Opus, cit.**, p. 37.
6. **Opus, cit.**, p. 38.

ra mujer". "Es la mirada hostil con la que de costumbre acoge siempre a todo extranjero" (7).

Si Daniel quiere tener venganza con la narradora, indudablemente ha visto algunas afinidades con la muerta. Veamos cómo la narradora es prima de Daniel y observemos en segundo lugar que la narradora en el momento del matrimonio es ya adulta. La narradora a través del diálogo muestra la arrogancia de Daniel:

"—¿Sabes que has tenido suerte al casarte conmigo?

—Sí, lo sé —replicó, cayéndose de sueño.

—¿Te hubiera gustado ser una solterona arrugada, que teje para los hombres de la hacienda?

Me encojo de hombros.

—Ese es el porvenir que aguarda a tus hermanas" (8).

Otra forma del dominio es considerar que la narradora no tiene atractivos:

"—Hasta los ocho años, nos bañaron a un tiempo en la misma bañera. Luego, verano tras verano, ocultos de bruces en la maleza, Felipe y yo hemos acechado y visto zambullirse en el río a todas las muchachas de la familia. No necesito ni siquiera desnudarte. De ti, conozco hasta la cicatriz de tu operación de apendicitis" (9).

La niebla, símbolo de un amor perdido, ha triunfado. En medio de la bruma, la narradora proyecta sus sueños de un amor frustrado. En medio de la niebla trata de recordar sus sueños reprimidos:

"...desde hace mucho, flota en mí una turbia inquietud. Cierta noche, mientras dormía, vislumbré algo, algo que era tal vez su causa. Una vez despierta, traté en vano de recordarlo; noche a noche, también en vano, de volver a encontrar el mismo sueño" (10).

La naturaleza se halla llena de olor masculino. Los árboles se asimilan a símbolos fálicos. La mujer se desnuda y se ve su cuerpo a la luz de la tarde a través de los árboles.

"Me voy enterrando hasta la rodilla en una espesa arena de terciopelo. Tibias corrientes me acarician y penetran. Como en brazos de seda, las plantas acuáticas me enlazan

7. **Opus, cit.**, p. 40.
8. **Opus, cit.**, p. 40.
9. **Opus, cit.**, p. 39.
10. **Opus, cit.**, p. 44.

el torso con sus largas raíces. Me besa la nuca y sube hasta mi frente el aliento fresco del agua" (11).

La narradora permanece bajo el sueño irreal del fiel amante. Todos sus pensamientos giran en torno a esta figura. El sueño erótico se da en medio del bosque, rodeado de la naturaleza en donde añora una juventud perdida:

"La carne se me apega a los huesos y ya no parezco delgada, sino angulosa. Pero, ¡qué importa! ¡Qué importa que mi cuerpo se marchite, si conoció el amor!

Y qué importa que los años pasen, todos iguales. Yo tuve una hermosa aventura, una vez... Tan sólo con un recuerdo se puede soportar una larga vida de tedio. Y hasta repetir, día a día, sin cansancio, los mezquinos gestos cotidianos" (12).

Empero, ese sueño irreal la empuja a un enfrentamiento con la realidad. La narradora en una tensión permanente se ve obligada a reconocer la derrota. Por tal razón siente un cansancio en que hay "días en que me acomete un gran cansancio y vanamente renuevo las cenizas de mi memoria para hacer saltar la chispa que crea la imagen. Pierdo a mi amante" (13). La mujer entra lentamente en la realidad. Este hecho se efectúa por medio de una carta al amante.

"Y ahora, comprendes por qué volvía Daniel? ¿Qué me importaba su abrazo? Después venía el hecho, convertido ya en el infalible rito, de darme de beber, después era el gran descanso en el amplio lecho" (14). "Todo fue un capricho, un inofensivo capricho de verano. Tú eres mi primer y único amante" (15).

Regina a su vez llega a una seria crisis con su amante, crisis que le induce al suicidio:

"Sé que la piedad es el sentimiento adecuado a la situación, pero yo tampoco lo siento. Inquieta, doy un paso hacia la ventana y apoyo la frente contra los cristales empañados de neblina. Trato de hacer palpitar mi corazón endurecido" (16).

11. **Opus, cit.**, p. 48.
12. **Opus, cit.**, p. 63.
13. **Opus, cit.**, p. 40.
14. **Opus, cit.**, 79.
15. **Opus, cit.**, p. 80.
16. **Opus, cit.**, p. 94.

La narradora es consciente del fracaso y busca un refugio en la alucinación. Ese refugio está en la niebla que sirve para localizar la casa del amante.

"...doy vueltas y vueltas sin resultado alguno. La niebla, con su barrera de humo, prohíbe toda visión directa de los seres y de las cosas, incita a aislarse dentro de sí mismo".

Seguimos bajo la misma línea de descontrol de la siquis de la narradora que intenta cortar sus alucinaciones en las imágenes enajenadas. Las alucinaciones se hacen más fuertes y cuando ella vuelve en sí encuentra a Regina en un estado similar. El drama es la causa perdida de un nuevo ensueño.

"Y siento, de pronto, que odio a Regina, que envidio su dolor, su trágica ventura y hasta su posible muerte. Me cometen furiosos deseos de acercarme y sacudirla duramente, preguntándole de qué se queja, ella que lo ha tenido todo, amor, vértigo y abandono" (17).

En el ensueño la narradora busca de nuevo el suicidio, sin éxito. El único refugio posible es la entrega a la muerte-vida, que es indirectamente una forma de suicidio:

"Lo sigo para llevar a cabo una infinidad de pequeños deberes y menesteres; para cumplir con una afinidad de frivolidades amenas; para llorar por costumbre y sonreír por deber. Lo sigo para vivir correctamente, para morir correctamente, algún día" (18).

Aceptando las reglas del juego impuesto se considera a sí misma como un ser fracasado e inepto ante las normas impuestas por su padre. El matrimonio impuesto a fin de complementar el ritual social burgués que representa el aceptar las convenciones que le ataron a su padre.

Con estas citas que hemos tomado, María Luisa Bombal nos presenta la opresión burguesa a la mujer.

El árbol

Una de las figuras más importantes dentro del relato **El árbol** es Brígida, la cual se centra en su desafortunado matrimonio con Luis. Casada a los diecinueve años, había llega-

17. **Opus, cit.**, p. 101.
18. **Opus, cit.**, p. 103.

do al matrimonio llena de esperanza y pasión. Pero todo resultó al contrario, su esposo seguía el convencionalismo de la vida burguesa y la vida se hacía hostil. La personalidad de Brígida es diferente al convencionalismo social de la época, por lo tanto se le considera en contra de las costumbres paternas, por lo cual su padre le asigna un rótulo especial: "Brígida era la menor de seis niñas todas diferentes de carácter. Cuando el padre llegaba por fin a su sexta hija, tan perplejo y agotado por las cinco primeras que prefería simplificarse el día declarándola retardada. No voy a luchar más, es inútil. Déjenla. Si no quiere estudiar, que no estudie. Si le gusta pasarse en la cocina oyendo cuentos de ánimas, allá ella. ¡Si le gustan las muñecas a los dieciséis años, que juegue! Y Brígida había conservado sus muñecas y permaneciendo totalmente ignorante" (19).

Brígida acepta inconscientemente que su personalidad es negativa dentro del marco social. Acepta las reglas que le imponen su padre y la sociedad y se declara como ser inadecuado y negativo. Resignada al infantilismo y al matrimonio que se le ha impuesto, sólo viene a ser de nuevo la convención de su padre:

"¿Por qué se había casado con él? Porque al lado de aquel hombre solemne y taciturno no se sentía culpable de ser tal cual era: tonta, juguetona y perezosa. ¿Por qué se había casado con ella? Para continuar una costumbre, tal vez para estrechar la vieja relación de amistad con su padre" (20).

De nuevo la autora hace énfasis al matrimonio burgués. Luis, esposo de Brígida, representa la imagen paterna y la continuación del sistema social. "...nunca me has contado tampoco lo que dijo tu madre cuando te empezaron a salir canas a los quince años". "No tienes corazón, no tienes, solía decirle a Luis. Latía tan adentro el corazón de su marido que no pudo oírlo sino rara vez y de modo inesperado" (21). Con estos antecedentes se enfrenta Brígida a la vida matrimonial.

La decisión de Brígida de abandonar a su marido aún no se ha efectuado. En la mente sólo hay una conciencia li-

19. **Opus, cit.**, pp. 108-109.
20. **Opus, cit.**, p. 117.
21. **Opus, cit.**, p. 110.

mitada de sus grandes problemas. La unión cósmica con el árbol anuncia un bienestar síquico. Ella quiere ser el árbol infantil y luchar con la disciplina de su marido-padre:

"Allí estaba el romero recibiendo serenamente la lluvia que lo golpeaba, tranquilo y regular. El cuarto se inmovilizaba en la penumbra, ordenado y silencioso. Todo parecía detenerse, eterno y silencioso. Todo parecía detenerse, eterno y muy noble. Eso era la vida. Y había cierta grandeza en aceptarla así, mediocre, como algo definitivo, irremediable. Mientras del fondo de las cosas parecía brotar y subir una melodía de palabras graves y lentas que ella se quedó escuchando: "Siempre", "Nunca" (22).

Brígida es una de las heroínas que logra algún éxito en la obra de Bombal. Brígida logra obtener alguna liberación y toma conciencia en sus motivaciones.

La amortajada

En **La amortajada** se dan diversas voces narrativas que estructuran la realidad novelada. La novela se aprecia en un grado de omniscencia, y Ana María, la muerta, medita y nos da conclusiones. Por ella sabemos la historia narrativa. Dentro del conjunto de voces narrativas aparece el velorio y el entierro de Ana María. El lapso es muy corto, va de una noche hasta la madrugada del día siguiente, cuando el féretro se lleva a la cripta de la familia. En sus condiciones mentales la amortajada considera cómo morir por segunda vez:

"Había sufrido la muerte de los vivos. Ahora anhelaba la inmersión total, la segunda muerte: la muerte de los muertos" (23). Llegar a una segunda muerte presupone una liberación de la sociedad burguesa. La liberación se inicia gradualmente con la primera muerte y avanza también gradualmente.

El narrar desde la conciencia de un ser muerto, la autora nos sugiere que a los vivos no se les permite presentar un hecho real, o sea que la mujer está privada de libertad y condenada a la locura, al ensueño y a la desesperación. En una

22. **Opus, cit.**, p. 119.
23. **Opus, cit.**, p. 91.

palabra está condenada a la enajenación permanente. La muerte para la amortajada era vital para comprender "ciertas cosas".

¿Era preciso morir para saber ciertas cosas? Ahora comprende también que en el corazón y en los sentidos de aquel hombre ella había hincado sus raíces; que jamás, aunque a menudo lo creyera, estuvo enteramente sola: que jamás, aunque a menudo lo pensara, fue realmente olvidada" (24).

Vemos cómo el ser sobrenatural con el ánimo de llegar a la segunda muerte ha alcanzado una escala de liberación.

Ana María busca la venganza por medio de Fernando. Ella creía, según la amortajada se lo decía, que estaba forzada a aceptar los deseos de Fernando. Veamos los castigos a base de sus desdenes:

"Pero nunca pudo huirlo. Ensayó, sí, muchas veces. Pero Fernanda sonreía indulgentemente a sus acogidas de pronto glaciales; soportaba, imperturbable, las vejaciones, adivinando quizás que luchaba en vano contra el extraño sentimiento que la empujaba hacia él, adivinando que recaería sobre su pecho, ebria de nuevas confidencias" (25).

Ana María triunfa en su venganza. Fernando dudó siempre cuál debía ser la actitud más apropiada con Ana María.

"Hasta que te encontré, cuando se me hería en mi orgullo dejaba automáticamente de amar, y no perdonarlo jamás. Mi mujer habría podido decírtelo, ella que no obtuvo de mí ni un reproche, ni un recuerdo, ni una flor en su tumba.

Por ti, sólo por ti Ana María, he reconocido el amor que se humilla, resiste la ofensa y perdona la ofensa. ¡Por ti, sólo por ti!

Tal vez había sonado para mí la hora de la piedad, hora en que nos hacemos solidarios hasta del enemigo llamado a sufrir nuestro propio mísero destino" (26).

Vemos cómo Fernando está bajo el poder de Medusa, sin perder la conciencia de hallarse aprisionado. El amor pa-

24. **Opus, cit.**, p. 30.
25. María Luisa Bombal, **La amortajada, Casa de las Américas, Cuba, 1966,** p. 116.
26. **Opus, cit.**, p. 51.

ra su amada se torna en una tortura lejos de ser algo espiritual. Fernando anhela la muerte de Ana María como única solución para obtener su liberación:

"Cuantos entran en el cuarto se mueven ahora tranquilos, se mueven indiferentes a su cuerpo de mujer, lívido y remoto, cuya carne parece hecha de otra materia que la de ellos.

Sólo Fernando sigue con la mirada fija en ella; y sus labios temblorosos parecen casi articular su pensamiento. Ana María, ¡es posible! ¡Me descansa tu muerte!

Tu muerte ha extirpado de raíz esa inquietud que día y noche me azuzaba a mí, un hombre de cincuenta años, tras tu sonrisa, tu llamado de mujer ociosa" (27).

27. **Opus, cit.**, p. 65.

BIBLIOGRAFIA

Abreu Gómez, Ermilo. **Martín Luis Guzmán.** Empresas Editoriales, S.A., México, 1968.

Adler, Alfred. **Superioridad e interés social.** México, D.F., Fondo de Cultura Económica, 1964.

Alcalá, Hugo. **Ensayos de norte a sur.** México, D.F., Ediciones de Andrea, 1966.

Alegría, Fernando. **Historia de la novela hispanoamericana.** México, D.F., Ediciones de Andrea, 1966.

Alfarere Durán, Vetilio. **Apuntes para la bibliografía de la novela en Santo Domingo.** Ciudad Trujillo, enero-junio de 1958.

Aliste, X. Moreno. **Origen y sentido de la farsa en la obra de Juan Carlos Onetti.** Université de Poitiers, 1973.

Altamar, Antonio Curcio. **Evolución de la novela en Colombia.** Bogotá, Instituto Caro y Cuervo, 1957.

Azuela, Mariano. **Cien años de novela mexicana.** México, D.F., Editorial Botas, 1942.

Amorós, Andrés. **Introducción a la novela hispanoamericana actual.** Madrid, Ediciones Anaya, S.A., 1971.

Anderson Imbert, Enrique. **Historia de la literatura hispanoamericana.** México, D.F., Fondo de Cultura Económica, Vols. I y II, 1954.

Anderson Imbert, Enrique. "Formas en la novela contemporánea", en Crítica **Interna.** Madrid, Ediciones Taurus, 1960.

Anderson Imbert y Florit. **Literatura hispanoamericana.** New York, Holt, Rinehart and Winston Inc., 1969.

Angarita Arévalo, Rafael. **Historia crítica en la novela en Venezuela.** Berlín, 1938.

Antología de la literatura dominicana. Ciudad Trujillo. Publicación del Centenario de la Independencia, dos tomos, 1944.

Ara, Guillermo. **La novela naturalista hispanoamericana.** Buenos Aires, Universidad de Buenos Aires, 1965.

Arciniegas, Germán. **Latinoamérica, el continente de siete colores.** Edited by Ma. Vicher and Soto Harcout, Brace, C. World Inc., U.S.A., 1967.

Arnoldson, Suekker. **La conquista española de América.** Madrid, Insula, 1960.

Arrón, José. **Esquema generacional de las letras hispanoamericanas.** (Ensayo de un método), Bogotá, Instituto Caro y Cuervo, Imprenta Patriótica, 1963.

Babín, María Teresa. **La novela iberoamericana contemporánea,** Caracas, Universidad Central de Venezuela, 1968.

Balaguer, Joaquín. **Historia de la literatura dominicana.** Ciudad Trujillo, 1965.

Barlagelata, Hugo. **La novela y el cuento hispanoamericano.** Montevideo, 1947.

Barroso, Juan VIII. "**Realismo mágico**" y "**Lo real maravilloso**", en **El reino de este mundo y El siglo de las luces.** Ediciones Universal, Miami, Florida, 1971.

Bellini, Giuseppe. **La narrativa de Miguel Angel Asturias.** Editorial Losada, Buenos Aires, 1969.

Belloni, Manuel. "Américas", Argentina, 1966.

Belec, Emil. **Kubansté Literature,** Praga, 1964.

Brushwood, John. **México in its novel.** University of Texas. Press, San Antonio, 1966.

Briceño Jáuregui, Manuel. **Estudio histórico-crítico de "El desierto prodigioso y prodigio del desierto" de don Pedro Solís y Valenzuela,** Bogotá, Colombia, Instituto Caro y Cuervo, 1983.

Camacho Guisado, Eduardo. **La poesía de José Asunción Silva.** Ediciones de la Universidad de Los Andes, Bogotá, 1968.

Capdevila, Arturo. **Los Incas.** Biblioteca de Iniciación Cultural. Barcelona, Madrid, Buenos Aires, Editorial Solar, S.A., 1937.

Carballo, Emanuel. **Diecinueve protagonistas de la literatura mexicana del siglo XX.** México, D.F., 1965.

Carilla, Emilio. **El romanticismo en la América Hispana.** Madrid, Editorial Gredos, S.A., 1967.

Carrión, Benjamín. **El nuevo relato ecuatoriano.** Quito, 1963.

Castagnaro, R. Anthony. **The early Spanish American Novel.** New York, Las Américas Publishing Company, 1971.

Castillo, Homero. **Historia bibliográfica de la novela chilena.** México, Buenos Aires, Ediciones de Andrea, 1958.

Castro Arenas, Mario. **La novela peruana y la evolución social.** Lima, José Godard, Editor. (Sin fecha de edición).

Castro Silva, Raúl. **Panorama de la novela chilena, (1843-1953),** México, 1953.

Coulthard, Gabriel. **Race and colour in caribean literature.** London, Oxford University Press, 1962.

Curcio Altamar, Antonio. **Evolución de la novela en Colombia.** Bogotá, Instituto Caro y Cuervo, 1951.

Dessau, Adalberto. **Mito y realidad en "Los ojos de los enterrados" de Miguel Angel Asturias.** Madrid, Anaya, 1971.

Díaz Seijas, Pedro. **Orientaciones y tendencias de la novela venezolana,** Caracas, 1969.

Díaz Seijas, Pedro, **Rómulo Gallegos: realidad y símbolo,** México, Ed. B. Costa-Amic, Editor, 1967.

Diccionario de la literatura latinoamericana. Colombia, Unión Panamericana, Washington, 1957.

Diel, Paul. **El simbolismo en la mitología griega.** Editorial Labor, Barcelona, 1976.

Díez-Echarry y Race Franquesa, J.M. **Historia de la literatura española e hispanoamericana.** Madrid, Editorial Aguilar, S.A., 1968.

Dorfman, Ariel. **Hombres de maíz. El mito como tiempo y palabra.** Madrid, Anaya, 1971.

Dorfman, Ariel. **Imaginación y violencia en América.** Santiago de Chile, Editorial Universitaria, 1970.

Escobar Uribe, Arturo. **El divino Vargas Vila.** Bogotá, Editorial Gráficas "Venus", V.I, 1967.

Fals Borda, Orlando. **Subversión y cambio social.** Editorial Tercer Mundo, Bogotá, 1968.

Flórez, Angel y Silva Cáceres, Raúl. **La novela hispanoamericana actual.** New York, Las Américas Company, 1971.

Flascher, John. **México contemporáneo en las novelas de Agustín Yáñez.** México, Editorial Porrúa, 1969.

Flori Roy, Mónica. **El tema de la creación literaria en la narrativa de Juan Carlos Onetti.** Ann Arbor, Michigan, U.S.A., 1981.

Fuentes, Carlos. **Nueva novela hispanoamericana.** México, D.F., Editorial Joaquín Mortiz, 1969.

Garganigo, John y Rela, Walter. **Antología de la literatura gauchesca y criollista.** Montevideo, Editorial Delta, 1969.

Garganigo, John F. **El perfil del gaucho,** Montevideo, Ed. Síntesis, 1966.

García, Antonio. **Sociología de la novela indigenista en el Ecuador.** Quito, Casa de la Cultura Ecuatoriana, 1969.

Guerra Cunnigham, Lucía. **La narrativa de María Luisa Bombal.** Madrid, Editorial Playor, 1980.

Giacoman, H.F. **Homenaje a Ernesto Sábato.** Madrid, Ed. Anaya, 1973.

Giacoman, H. F. **Homenaje a Alejo Carpentier.** New York, Las Américas Publishing Co., 1970.

Gómez Gil, Orlando. **Historia crítica de la novela hispanoamericana.** New York, London, Toronto, Ed. Holt, Rinehart and Wiston, 1968.

González, Manuel Pedro. **Tayectoria de la novela en México.** México, D.F., Ediciones Botas, 1957.

Goíc, Cedomil. **Historia de la novela hispanoamericana.** Chile, Univ. Católica de Valparaíso, 1972.

González Prada, Manuel. **Nuestros indios.** México, 1945.

Guzmán, Augusto. **La novela en Bolivia.** Proceso (1847-1954). La Paz, Librería Editorial Juventud, 1955.

Hanke, Lewis. **La lucha española por la justicia en la Conquista.** Madrid, Editorial Aguilar, 1959.

Harss, Luis. **Los nuestros.** Buenos Aires, (sin fecha de edición ni editorial).

Heise, H. Karl. **El grupo de Guayaquil.** Madrid, Playor, 1975.

Henríquez Ureña, Max. **Panorama de la literatura hispanoamericana.** México, Fondo de Cultura Económica, Tomo I, 1954.

Henríquez Ureña, Max. **Panorama histórico de la literatura cubana, (1492-1952).** New York, Las Américas Publishing Company, Tomo II, 1963.

Henríquez Ureña, Max. **Panorama de la literatura dominicana.** Río de Janeiro, 1945.

Henríquez Ureña, Pedro. **Historia de la cultura de la América Hispánica.** México, Fondo de Cultura Económica, México, 1955.

Henríquez Ureña, Pedro. **Obra crítica.** México, D.F., Fondo de Cultura Económica, 1975.

Irby, James E. **La influencia de William Faulkner en cuatro narradores hispanoamericanos.** México, D.F., Universidad Autónoma de México, 1956.

Jozef, Bella. **Historia Da Literatura Hispano-Americana.** Petrópolis, Rio de Janeiro, Editorial Vozes, 1971.

Kayser, Wolfang. **Interpretación y análisis de la obra literaria.** Madrid, Editorial Gredos, 1961.

Laso, Raimundo. **La novela andina.** México, D.F., Editorial Porrúa, 1973.

Leal, Luis. **Mariano Azuela, vida y obra.** México, D.F., Ediciones de Andrea, 1961.

Lewald, H. Ernest. **Latinoamérica: sus culturas y sociedades.** Toronto, Ontario, Canadá, McGraw Hill Book Company, 1973.

Levy, Kurt. **Vida y obra de Tomás Carrasquilla.** Medellín, Colombia, Editorial Bedout, 1958.

Lichtblau, Myron I. **El arte estilístico de Eduardo Mallea.** Buenos Aires, Juan Goyanate, Editor, 1967.

Mallea, Eduardo. **Poderío de la novela.** Ensayistas hispánicos. Buenos Aires, 1965.

Martínez, José Luis. **Literatura mexicana del siglo XX.** México, 1949.

Meléndez, Concha. La novela indianista en Hispanoamérica, (1832-1889). Río Piedras, Ediciones de la Universidad de Puerto Rico, 1961.

Meléndez, Concha. **El mito viviente en Hombres de maíz.** Buenos Aires, Editorial Losada, 1949.

Menton, Seymour. **Historia crítica de la novela guatemalteca.** Guatemala, Editorial Universitaria, 1960.

Menton, Seymour. **Miguel Angel Asturias: Realidad y fantasía.** Madrid, Anaya, 1971.

Menton, Seymour. **La novela colombiana: Planetas y satélites.** Bogotá, Editorial Plaza & Janés, 1978.

Montezuma de Carvallo, Joaquín. **Panorama das literatura das Américas.** Angola, 1958.

Morales, Angel Luis. **La trilogía bananera de Miguel Angel Asturias.** Madrid, Anaya, 1971.

Morsella, Astur. **Eduardo Mallea.** Buenos Aires, Editorial Mac-Co, 1957.

Monteforte Toledo, Mario. **Anaité**, Guatemala, Editorial "El Libro de Guatemala", 1948.

Monteforte Toledo, Mario. **Entre la piedra y la cruz.** Guatemala, Editorial "El Libro de Guatemala", 1948.

Morinigo, Mariano. **El tema de nuestra novela.** Buenos Aires, Ediciones de Cardón, 1966.

Müller Berh, Klaus. **Alejo Carpentier. Estudio biográfico-crítico.** New York, Las Américas Publishing Company, 1972.

Navarro, Joaquina. **La novela realista mexicana.** México, Editorial Compañía General de Ediciones, S.A., 1965.

Niedergan, Marcel. **Les vingts Amèriques Latines.** Tomo II. Paris, Editions du Souil, 1962.

Olivera, Otto. **Breve historia de la literatura antillana.** México, 1957.

Orjuela, Héctor. **"De sobremesa" y otros estudios sobre José Asunción Silva.** Bogotá, Instituto Caro y Cuervo, 1967.

Osorio Lizarazo, J. A. **Gaitán: vida, muerte y permanente presencia.** Buenos Aires, Colección Meridiano de América, V. II, 1952.

Ospina, Uriel. **Problemas y perspectivas de la novela americana.** Bogotá, Ediciones Tercer Mundo, 1964.

Ots Capdequi, José María. **El estado español en las indias.** México, D.F., Fondo de Cultura Económica, 1941.

Parker, Alexander. **Los pícaros en la literatura.** Madrid, Editorial Gredos, S.A., 1971.

Parra, Juan Darío. **Orígenes de la novela venezolana**, Maracaibo, 1973.

Passafari, Clara. **Los cambios en la concepción y estructura de la novela mexicana.** Rosario, Argentina, Universidad Nacional del Litoral, 1968.

Paz, Octavio. **El laberinto de la soledad.** México, D.F., Fondo de Cultura Económica, 1959.

Picón Salas, Mariano. **Literatura venezolana.** Caracas, Editorial Diana, 1952.

Prada González, Manuel. **Propaganda y horas de lucha.** (Véase Biblioteca de la Cultura Peruana, No. 9, París, 1938).

Previtali, Giovani. **Ricardo Güiraldes: Biografía crítica**, México, D.F., Ediciones de Andrea, 1965.

Rama, Angel. **Origen de un novelista y de una generación.** Montevideo, Editorial Arca, 1967.

Reedy Daniel and Jonse, Joseph. **Narraciones ejemplares de Hispanoamérica.** New Yersey, Prentice-Hall, 1967.

Riera, Orellana. **Miguel Angel Asturias.** Santiago de Chile, 1954.

Rivera, O. **Miguel Angel Asturias. El Señor Presidente y otras obras.** Santiago de Chile, 1954.

Rodríguez Alcalde, Leopoldo. **Hora actual de la novela en el mundo.** Madrid, Editorial Taurus, 1959.

Rodríguez Monegal, Emir. **Narradores de esta América.** Montevideo, Editorial Alfa.

Rojas, F. Angel. **La novela ecuatoriana.** México, D.F., Fondo de Cultura Económica, 1948.

Rosenblat, Angel. **La población indígena y el mestizaje en la América.** Buenos Aires, Editorial Nova, 1954.

Sacoto, Antonio. **El indio en el ensayo de la América Española.** New York, Las Américas Publishing Company, 1971.

Sayers, Doroty. **The divine comedy.** Vol. I, Pengrin Book, 1955.

Sánchez, Luis Alberto. **Proceso y contenido de la novela hispanoamericana.** Madrid, Editorial Gredos, 1966.

Sánchez C., Olga. **La crítica social en la obra novelística de Enrique A. Laguerre.** Puerto Rico, Editorial Cultural, Río Piedras, 1975.

Silva Castro, Raúl. **Panorama de la literatura chilena, (1843-1953).** México, Buenos Aires, Fondo de Cultura Económica, 1965.

Somers, Joseph. **Yáñez, Rulfo, Fuentes: La novela mexicana moderna.** Caracas, Venezuela, Monte Avila Editores, 1969.

Suárez, E. Calimaco. **Dos novelas de Jorge Icaza; nosotros.** (Segunda época). Tomo I. Buenos Aires, 1936.

Tablada, José. **Historia del arte en México.** México, D.F., Compañía Nacional Editora Avilas, 1927.

Tamayo Vargas, Augusto. **La novela iberoamericana contemporánea.** Caracas, Universidad Central de Venezuela, (sin fecha).

Thibaudet, Albert. **Historia de la literatura francesa.** Buenos Aires, Editorial Losada, S.A., 1966.

Torres Rioseco, Arturo. **Nueva historia de la gran literatura iberoamericana.** Buenos Aires, Emecé, Editores, 1961.

Torres Rioseco, Arturo. **La novela en la América Hispana.** Berkley, 1939.

Tomashjesukj, Boris. **Teoría Literary.** Moscú, 1925.

Tovar, Antonio. **Lo medioeval en la Conquista y otros ensayos americanos.** Madrid, Seminarios y Ediciones, S.A., 1970.

Uslar Pietri, Arturo. **Breve historia de la novela hispanoamericana.** Caracas, Madrid, Ed. Eime, 1960.

Valbuena Briones, Angel. **Literatura hispanoamericana.** Barcelona, Editorial Gustavo Gili, S.A. U, IV, 1966.

Valcárcel, Daniel. **La rebelión de Túpac-Amaru.** México, D.F., Fondo de Cultura Económica, 1960.

Vargas Llosa, Mario. **García Márquez de Aracataca a Macondo. La novela hispanoamericana actual.** New York, Las Américas Publishing Company, 1971.

Vásquez Amaral, José. **The contemporay Latin American Narrativa.** New York, Las Américas Publishing Company, 1970.

Verdevoye, Paul. **Antología de la narrativa hispanoamericana, 1940-1970.** Tomo II. Madrid, Editorial Gredos, 1977.

Vetrano, Anthony J. **La problemática psicosocial y su correlación lingüística en las novelas de Jorge Icaza.** Miami, Ediciones Universal, 1974.

Volek, Emil. **Análisis e interpretación del "Reino de este mundo", de Alejo Carpentier.** Praga, 1967.

Zamora Vicente, Alonso. **Qué es la novela picaresca.** Buenos Aires, Editorial Coumba, 1970.

Zea, Leopoldo. **América en la historia.** México, D.F., Fondo de Cultura Económica, 1957.

Zum Felde, Alberto. **La narrativa en Hispanoamérica.** Madrid, Editorial Aguilar, S.A., 1964.

Zum Felde, Alberto. **Proceso intelectual del Uruguay.** Montevideo, Ediciones del Nuevo Mundo, Tomos I y II, 1967.

diagramado e impreso en
tercer mundo editores
bogotá - colombia
mayo de 1989